走遍全球 GLOBE-TROTTER TRAV

泰 国
Thailand

日本《走遍全球》编辑室 编著

中国旅游出版社

本书的使用方法

本书使用的符号、省略号

本文中以及地图中出现的 ❶ 表示旅游咨询中心。其他符号参考下文。

表示所介绍的城市的位置

前往方法
去往目的地的方法
- **AIR**：飞机
- **BUS**：巴士
- **RAIL**：火车
- **MRT**：地铁
- **BTS**：BTS
- **BOAT**：船
- **TAXI**：出租车

实用信息

旅游小贴士
- @ 网吧
- ❶ 旅游咨询中心
- 开 开馆时间
- 营 营业时间
- 休 休馆日、定期休息日
- 费 入场费用、运费、住宿费
- 住 住址
- TEL 电话号码
- FAX 传真号码
- URL 网址（省略 http://）
- E 邮箱地址
- TAT 泰国政府旅游局

景点名称的泰语表示。可以用手指给当地人看

Thailand Central

华富里 *Lopburi* ลพบุรี

太阳王路易十四世的大使曾经到访过这座拥有光辉历史的名城

华富里在9世纪被称为"拉乌"，是泰人建立的孟王国的一座小城。之后，该城经历了许多王朝时期和阿瑜陀耶王朝时期，那莱王将它定位为第二城市，由此才变为城塞得到极大的发展。他助瓦流时期的佛像，高棉风格的神殿，巴洛克式窗户的泰式宫殿等，都在向世人诉说着这座古城的历史。

※本站广场内竖立着了生碑

交通
从费谷出发
BUS 从北部巴士总站出发需要大约2小时10分钟，4:50～20:30区间，每20分钟一班车。一等座150泰铢，二等座115泰铢。从选停的利匹亡律辉刚甲荣里大车站，根据人员集合情况有比较多的街台车（小型跑车），从这里去老城区特别方便。大约所需要2小时，120泰铢。

RAIL 从华兰蓬站出发1天17次，所需时间2～3小时。根据列车不同，二等座64～94泰铢，三等座28～58泰铢。特快、快速列车204～374泰铢。

从城区（阿瑜陀耶）出发
BUS 所需要时间1小时20分钟。一般需要46泰铢。从北部城区的巴士经过老城区的枸陀、抄都、青寺塔等车到时会有停休休息之的车到新城区的巴士总站。
RAIL 所需时间1小时15分钟。一般需要13泰铢。（特快列车需要20泰铢）

实用信息
车站寄存行李
- 24小时
- 1天10泰铢

旅游小贴士
桃色巴士
连接新城区和老城区的巴士在蓝色和黄色共同使用，6:30-19:00区间运行，10泰铢。

那莱王宫
- 周三～周日 8:30～16:30
- 周一、周二、节假日
- 接文翁吉阁内博物馆
- 周三～周日 8:30～16:30
- 周一、周二、节假日
- 150泰铢（外国游客费用）

华富里 漫步

城市分为东部的新城区和西部的老城区两部分。巴士总站在新城区，火车站在老城区。主要的景点都集中在老城区。从巴士总站到老城区大约有2公里。老城区的景点都可以步行浏览观光，半天即可转完。

华富里 主要景点

那莱王宫（国家博物馆）
Phra Narai Ratchaniwet Palace   Map p.170

※那莱王宫在这来了生碑

那莱王宫建于1665年，经历了12个年头，融合了泰国、高棉、欧洲等多国的建筑宫殿的风格建设而成。中心的宜殿是披文蒙吉阁宫殿（Phiman Mongkut Pavilion），由拉玛四世在1856年建造。里面按照年代顺序展示着拉玛四世的遗留物品、高棉的美术品、大城（阿瑜陀耶）王朝时代的华富里佛像等美术品，像是变成了一个博物馆。其旁边相邻的是一座

餐厅 / 咖啡厅 R C
商店 / 旅行社 S T
水疗馆 & 美容店 / 按摩店 / 夜店 E M N
各种学校 L
酒店 / 旅馆 H G

- F 带换气扇的房间
- AC 带空调的房间
- D 多人间（一个人的费用）
- S 单人间（一个人住1间的费用）
- T 双人间、大床房（两个人住1间的费用）

罗莎比安餐厅 泰国料理
Rosabieng Restaurant   Map p.74-B1
- 罗莎比安餐厅的饭菜风然选择控制辣辣程度的微辣食物，吃到口中时，那股正宗的香辣调料的味道也会在口中弥漫。餐厅的外部都是道坦菜100泰
- 3 Soi 11, Sukhumvit Rd.
- 0-2253-5868
- 0-2253-5869
- 每天 11:00～24:00

普拉内塔原的素坤逸展示店 推荐的亚洲杂货商店
planeta organica sukhumvit showroom   Map p.75-F5
- 在清迈郊外袭击的有机棉，经过收获、纺纱、染色、编织、然后缝制等一系列工序，这样的过程打造出来的肌肤特别好的感觉，做出让起来都
- 18/3 Soi 49, Sukhumvit Rd.
- 0-2662-6694
- www.planeta-organica.com
- 周五、周日 11:00～18:00

曼德拉水疗馆 水疗
Mandara Spa   Map p.67-E3
- 曼德拉水疗馆位于湄南河沿岸的高级旅游区酒店内。面向河岸，有可以上度享受东瓜馆风情的一满了彩色的鸡卵花，显然如此的风
- Royal Orchid Sheraton Hotel & Towers, 2 Soi 30, Charoen Krung Rd.
- 0-2266-0123
- 0-2639-5478

暹罗凯宾斯基大酒店 高档酒店
Siam Kempinski Hotel   Map p.72-1
- 暹罗凯宾斯基大酒店于2010年开业。远离了城市的喧嚣，提供一个市内度假胜地。楼房规模的第三个泳池，有天，有的房间可以从平台出来后直接进入泳池。
- 991/9 Rama 1 Rd.
- 0-2162-9000
- 0-2162-9000
- www.kempinskibangkok.com
- R C 9400 泰铢～
- E C A D M V
- 303 间   免费
- 免费

正文与地图共同使用的符号

- H 酒店
- G 旅馆、青年旅舍
- R 餐厅
- C 咖啡厅
- S 商店
- T 旅行社
- E 水疗＆美容
- M 按摩
- N 夜店
- L 各种学校
- @ 网吧
- ⓘ 旅游咨询中心

地图中的符号

- ● 刊登的景点
- ✈ 机场
- 🚌 公交客运站、公交公司办公室
- 公交站
- 双条车站、迷你巴士站
- 🚕 出租车乘车点
- ⛴ 港口
- 加油站
- ★ 市场
- 美食街
- 7/11 24 小时便利店
- B 银行
- M 博物馆、美术馆
- ☎ 电话局（可打国际长途）
- Ⓧ 警察局、派出所、旅游警察局
- 図 学校
- 医院
- ⚑ 大使馆、领事馆
- 🛕 寺院（泰国佛教寺院）
- 中国寺院、庙宇
- 清真寺（伊斯兰寺院）
- 印度教寺院
- 基督教堂
- ∴ 古迹、遗址、名胜
- 国家公园

信息栏中使用的符号

- ☏ 电话号码
- FAX 传真号码
- URL 网址（省略 http://）
- CC 可以使用的信用卡种类
- A 美国运通卡
- D 大来卡
- J JCB 卡
- M 万事达卡
- V VISA 卡
- 客房数
- 带泳池
- WiFi 客房内有 Wi-Fi
- NET 客房内可接有线网络

■使用本书之前

　　编辑部始终致力于刊登正确、最新的信息，但随着当地的规则和手续的频繁变更，或对某些条款的具体解释有认识上的分歧，因此，若非本社出现的重大过失，因使用本书而产生的损失或不便，本社将不承担责任，敬请谅解。在使用本书时，请根据自身情况和立场来选择适合自己的信息和建议。

■关于本书中信息

　　本书始终以"尽可能搜集详细的、最新的信息"为原则，但是随着时间的推移，各种信息都可能发生变更，因此，本书所记载的数据仅供参考，请一定在当地再次确认。书中还附带读者来信，虽然内容有一定的主观性，但为了让其他读者能更为感同身受，编辑部在刊载时尽量忠实于原文。

■关于泰语及英语的标注

　　在本书中，城市名称及主要景点有泰语的标注，可作为指引方向等用途。

　　在用英语和中文表示泰语时，并无统一规定。因此，有时即使是同一名称，本书的中、英文标注和其他出版物或当地的标注可能也会存在差异。

■关于地址的标注

　　本书中各景点或设施的地址都省略了城市名。邮寄物品时，要在地址栏写上城市的名字（如果是岛屿就写岛屿的名字）和国名（Thailand）。

■关于网址和邮箱

　　用网页直接发送邮件的时候，邮箱地址都已省略。有时地址会有变更，请多注意。

■关于酒店和旅馆的费用

　　文中所记载的费用，如果没有特殊标明，均指带有浴室（或淋浴）、带卫生间的一室的费用。多人间的宿舍费为一个单人床位的费用。另外酒店附带早餐。旅馆的早餐是另外收费的。根据酒店不同，会另外交税（7%）和服务费（10%），所以预约订房的时候请确认。根据住宿季节和预约方法，费用也有可能变动。

走遍全球 GLOBE-TROTTER TRAVEL GUIDEBOOK
泰 国
—— Contents

8 特辑1　文化遗产和自然瑰宝
泰国的世界遗产
大城（阿瑜陀耶）	9
素可泰	10
西沙外寺	11
甘烹碧	12
泰国的世界遗产名单	13

14 特辑2　泰国之北，大街小巷
清迈　南邦　帕府
北方玫瑰，古都清迈	14
流连南邦，放松身心	16
在帕府感受蓝染之美	18

20 特辑3　隐蔽的海滨胜地
一起去拷叻吧！
古老的达瓜巴	20
拷叻的海滩	21
想在拷叻优雅度过的最佳度假地	22

24 特辑4
充满诱惑力的泰国美食
绝品 80 道！
简单方便地点餐必吃的泰国菜菜单	24
路上的美食天地，流动美食小摊	29
点面条的方法！	29
入口即化的甜蜜，泰国的甜品	30
南国风味，泰国水果	31

33 特辑5　决定版泰国特产，买买买!
美食＆生活用品！
一起去采购丰富多样的特产
回忆旅行中的味道，泰国食品	32
适用于夏季的便利店化妆品	32
华丽的高级特产 护肤品	32
既可爱又实惠的泰国杂货	33

基本概况
泰国概况 ·················· 1
泰国早知道 NAVI ·················· 6

曼谷 BANGKOK 35

到达曼谷 机场指南·················· 36
曼谷的旅游咨询中心·················· 37
从素万那普国际机场到市内·················· 38
去往地方旅游的起点·················· 40
曼谷交通指南·················· 44
曼谷早知道 NAVI·················· 54
轻松逛曼谷·················· 56
曼谷交通图·················· 57
曼谷景点分区介绍
　大王宫周边·················· 78
　律实地区周边·················· 89
　中国城·················· 93
　石龙军路，是隆路周边·················· 97
　遥罗广场、叻差达蒂路周边·················· 100
　素坤逸路周边·················· 102
　曼谷郊外的景点·················· 104
曼谷娱乐&夜生活·················· 107
治愈水疗馆向导·················· 111
泰式按摩·················· 114

推荐商店·················· 115
周末市场·················· 123
餐厅介绍·················· 125
酒店和旅馆·················· 132

曼谷近郊和泰国中部 THAILAND CENTRAL 153

曼谷近郊和泰国中部早知道 NAVI·················· 154
大城（阿瑜陀耶）·················· 156
华富里·················· 170
佛统（那坤巴统）·················· 172
北碧（干乍那武里）·················· 174
　旧泰缅铁路和桂河大桥之旅·················· 176
桑卡拉武里·················· 184
　三塔山口·················· 185
帕塔亚（芭堤雅）·················· 186
罗勇·················· 198
沙美岛·················· 200
庄他武里（尖竹汶）·················· 204
达叻（桐艾）·················· 206
　哈特列克村·················· 207
阁昌岛·················· 210
亚兰·················· 221

泰国北部 THAILAND NORTH 223

泰国北部早知道 NAVI·················· 224
清迈·················· 226
清莱·················· 260
美斯乐·················· 267
湄赛·················· 269
清盛·················· 271
金三角·················· 273
清孔·················· 274
夜丰颂·················· 275
拜县·················· 280
南奔·················· 283
南邦·················· 284
帕尧·················· 287
难府·················· 288

出发前必读！旅行中遇到的麻烦······517　　紧急时刻的医疗用语······519

益梭通	341
孔敬	342
乌隆（乌隆他尼）	346
班清	348
廊开	351
西清迈	357
黎府	358
那空拍侬	362
塔帕农	364
穆达汉	365

泰国南部
THAILAND SOUTH　367

泰国南部早知道 NAVI	368
海上运动	370
碧武里（佛丕）	372
华欣	374
春蓬	382
素叻他尼	385
阁沙梅岛（苏梅岛）	388
阁帕岸岛	407
阁道岛	411
那空是贪玛叻	421
拉廊	423
普吉岛	426
拷叻	450
阁兰达岛	453
皮皮岛	457
甲米岛	463
董里	471
合艾	475

帕府	291
彭世洛	293
素可泰	296

泰国东北部
THAILAND NORTHEAST　307

泰国东北部早知道 NAVI	308
呵叻（那空叻差是玛）	310
披迈	317
素林	320
帕侬蓝遗址	324
四色菊	326
考菩维安遗址	328
乌汶（乌汶叻差他尼）	330
春梅	334
空坚	338
黎逸	339

旅行的准备和技巧
TRAVEL TIPS　479

前往泰国	480
旅游的手续和准备	481
旅游的信息收集	483
泰国与周边各国边境城市一览表	484
泰国岛屿＆海滩名单	485
旅游的季节	486
旅行的行李和服装	488
货币兑换和旅游预算	490
出入境手续	493
交通入门	499
巴士之旅	499
租借汽车和租借摩托车之旅	502
飞机之旅	502

火车之旅	505
在泰国获取各国的签证	510
通信状况	511
酒店相关事宜	512
饮食相关事宜	514
旅行中遇到的麻烦	517
紧急时刻的医疗用语	519
提前了解泰国	520
泰国历史年表早知道	523
泰国美术史概观	524

专　栏

乘坐长途巴士的注意事项	43
参加旅行团去参观郊外的景点	106
购物后还可以返还增值税	124
回国前在温泉放松	151
骑自行车或摩托车游览大城（阿瑜陀耶）	158
乘坐嘟嘟车的注意事项	169
周末夜间市场	233
参加观光团来游览清迈	242
清迈的购物区	247
清迈有名小吃　来品尝泰北金面吧	251
从清迈乘船来清莱	259
清莱旅游和环山漫游	266
在南邦和大象进行全方位的接触	286
素可泰的水灯节盛会	306
象群漫步城市的素林大象节	323
帕依蓝的节日	325
乌汶蜡像节	333
泰国首屈一指的奇特节日——鬼节	359
南国生产的红酒	360
周末就来购物天堂吧！	381
阁沙梅岛（苏梅岛）路边市场	396
潜水者的天堂， 　让我们在阁道岛开始潜水吧！	420
一起来挑战攀岩吧	466
关于带入飞机内的液体物品的限制	493
乘坐长途巴士时请注意防盗	501
乘火车跨越国境	506
在泰国能够喝到的各种酒	516
泰国美术史概观	524

泰国概况

国旗

中间的深蓝色象征着王室，其两边的白色代表着宗教，外侧的红色象征着国民。

正式国名

泰王国 Kingdom of Thailand（自由之地 泰国 Prathet Thai）ประเทศไทย

国歌

《泰王国国歌》(*Phleng Chat*)

在火车站和巴士总站、机场，每天 8:00 和 18:00 播放两次国歌。播放国歌时大家要保持肃立。在电影院和剧院等正式放映和演出前，也会播放国歌或者国王赞歌，那个时候也要起立。

面积

约 51.3 万平方公里

人口

约 6740 万

首都

首都通称曼谷（Bangkok）。其泰语正式名称为"天使之城，伟大之都，翡翠佛居住之都，因陀罗神居住的坚不可摧的大城之都，拥有九颗宝石的世界伟大之都，神之化身居住的天堂，各王宫的幸运之都，因陀罗神赐予、毗湿奴神建造之都"。行政名称为"天使之城，伟大之都"，一般称作天使之城。

国家元首

玛哈·哇集拉隆功 Maha Vajiralongkrn

国家政体

君主立宪制

民族构成

泰族所占比例为 75%，华人所占比例为 14%，其他民族包括马来族、高棉族、克伦族、苗族、汶族、瑶族、拉祜族、傈僳族、阿卡族等所占比例为 11%。

宗教

佛教所占比例为 94%，伊斯兰教所占比例为 5%，基督教所占比例为 0.5%，印度教所占比例为 0.1%，其他宗教所占比例为 0.4%。

语言

通用语言为泰语。面向外国人的高档酒店或高档餐厅等经常使用英语，一般日常生活中很少使用。

→提前了解泰国 p.520

货币和汇率

泰国的货币是泰铢（Baht）。辅助货币是萨当（Satang），100 萨当等于 1 泰铢。

→货币兑换和旅游预算 p.490

20 泰铢（新票）　　**50 泰铢（新票）**

100 泰铢　　**500 泰铢（新票）**

1000 泰铢　**25 萨当**　**50 萨当**

1 泰铢　**2 泰铢**　**5 泰铢**　**10 泰铢**

电话的拨打方法

泰国国内通话

泰国国内的电话号码里没有市外区号，一般固定电话从 0 开始 9 位数，手机是 08 或 09

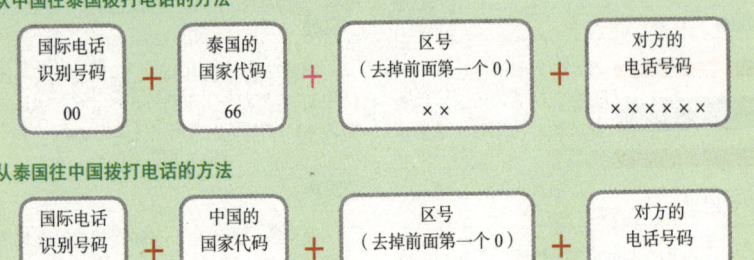

从中国往泰国拨打电话的方法

国际电话识别号码 **00** + 泰国的国家代码 **66** + 区号（去掉前面第一个0）×× + 对方的电话号码 ××××××

从泰国往中国拨打电话的方法

国际电话识别号码 **001/007/008/009** + 中国的国家代码 **86** + 区号（去掉前面第一个0）×× + 对方的电话号码 ××××××

开始十位数的号码。无论从哪里打向哪里，都要从0开始输入所有的号码才能拨通。

→通信状况 p.511

节假日（主要节假日）

根据泰历计算的节假日（★符号），具体日期每年都有变化。如果节假日和周六、周日重合时，作为倒休，周一休息。

1月	1日	新年
2~3月	泰历3月15日★	万佛节【通常在2~3月满月的那天】
4月	6日	查克利王朝纪念日
	13~15日	宋干节/泼水节（泰国正月）（根据地区不同，多少有些差异）
5月	1日	劳动节
	5日	国王登基纪念日
	泰历6月★	农耕节
	泰历6月15日★	佛诞节【通常在5~6月满月的那天】
7月	泰历8月15日★	三宝节【通常在7~8月满月的那天】
	泰历8月16日★	守夏节
8月	12日	王妃诞辰日（母亲节）
10月	23日	五世王纪念日
12月	5日	万寿节（父亲节）
	10日	宪法纪念日
	31日	除夕

→旅游的季节 p.486

营业时间

以下是一般营业时间的介绍。

【银行】
周一~周五 9:30~15:30
周六・周日、节假日休息
（根据各分行的情况，多少会有些不同）

【商店或超市】
每天 10:00~22:00 左右

【餐厅】
高级餐厅下午会暂时关闭，也有只在夜间营业的餐厅。摊位小吃在深夜或一大早也开业，所以任何时间段都可以买到东西吃。

【便利店】
一般都是24小时营业。

电压和插座

泰国的电压是220V、50Hz，和中国相同。泰国当地的插座多是A、BF、C型，可根据自己所带电器的插头考虑是否携带插头转换器。

现在在这里可以经常看到可通用插口的不同形状的插座

视频・DVD

泰国的视频格式（PAL格式）和中国相同，但在泰国市场上销售的影像光碟在中国国内的DVD机器上无法播放。泰国的DVD的代码是3（中国是6）。

小费

高级场所适当地给一些会比较礼貌。

【酒店】
要付给为自己搬运行李的服务生和房间服务员20泰铢左右的小费。

【餐厅】
像有些中档餐厅已经包含服务费，那么只

需要付一些零钱即可；如果餐费中不包含服务费，那么一般付给餐费10%左右的小费，最多不超过100泰铢。

【出租车】

不用给小费。

【泰式按摩、水疗】

一般的按摩房可根据满意度，按1小时20泰铢、2小时50泰铢的标准付给小费。曼谷的话大概会翻倍。如果有按摩师张口要100元人民币的话，千万不要理他。水疗馆根据店内情况付给100泰铢左右小费。

饮用水

泰国的自来水不可直接饮用。中档以上酒店每天会提供免费的纯净水。在24小时便利店或超市，1瓶300毫升的纯净水大概卖6~10泰铢。

酒店客房里提供的免费纯净水

气候

泰国地处热带，终年气温炎热。南部是马来半岛，北部是山岳地带，东北部是高原地带，各地气候稍有不同。泰国全年分为雨季、干季、暑季三个季节。

→旅游的季节 p.486
→旅行的行李和服装 p.488

从中国飞往泰国的时间

中国北京到泰国曼谷的飞机飞行时间一般要5个多小时。从深圳直飞时间大约3小时。

时差和夏时制

泰国时间比中国时间晚1小时。即中国中午的12:00是泰国的11:00。泰国不实行夏时制。

→前往泰国 p.480

邮政

泰国邮局的营业时间根据各分局的情况略有不同。大致营业时间如下：

周一 ~ 周五　　8:30~16:30
周六　　　　　9:00~12:00
周日及假日　　休息

素万那普国际机场内的邮局只接收邮政业务，24小时营业。

邮费：向中国发航空信时，明信片需要12~18泰铢，信件10克及以内需要14泰铢，每超过10克，加收5泰铢。

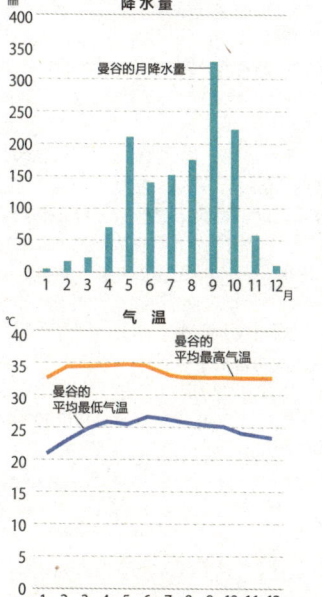

→通信状况 p.511

出入境

【签证】

中国游客赴泰旅游可以在曼谷国际机场、普吉国际机场、甲米国际机场移民局检查站申请停留期不超过15天的落地签证。申请落地签证时，需要填写TM88表格，准备4厘米×6厘米证件照片一张，准备手续费1000泰铢（仅泰币，不退还），并须出示相当于10000泰铢/人或20000泰铢/家庭的现金或等值外币，不超过15天往

3

返机票（电子票打印版）。

如果要在泰国滞留超过规定范围的日期，则需要办理签证。详情请咨询泰国大使馆。（→p.482）

【护照的剩余有效期限】

入境时距离有效期限在6个月以上才能进入泰国。

【出入境时需要的文件】

进入泰国时，需要填写出入境卡。有需要的人填写海关申报单。

→旅游的手续和准备 p.481
→出入境手续 p.493

税金

在泰国购物，几乎所有的商品都要交纳7%的附加税（VAT）。符合条件的还会返还附加税，所以不要忘了办理相关手续。酒店住宿、在餐厅的消费等在泰国国内消费的服务附加税不在返还的范围内。

→购物后还可以返还附加税（VAT）p.124

安全和纠纷

简要说一下关于安全的情况，在外国游客比较多的地区或者交通工具（夜间长途汽车等）内，偷盗案件频发。出来游玩的铁则就是贵重物品要随身携带。旅游景点处通过各种手段诈骗外国人金钱的犯罪事件也是屡禁不止。所以，十分有必要提前阅读纠纷防范对策。一旦卷入纠纷应及时和旅游警察联系。到时有会说外语的负责人处理纠纷。

旅游警察　☎1155（可以说英语）
警察　☎191、123
急救　☎1554（可以说英语）

→旅行中遇到的麻烦 p.517

年龄限制

未满18周岁者禁止购买烟及酒精类产品。

度量衡

泰国长度单位和中国一样一般用米表示，重量单位用克表示。

其他

【禁烟令】

在泰国，开空调的密闭公共场所禁止吸烟。官方规定的禁烟场所如下所示。

在营业时间内的禁烟场所

公共交通工具（公交车、出租车、旅客专列、游船、飞机、学校大巴）

安装空调的建筑物内（候车室、网吧、运动场馆、餐厅、电梯、商场或酒店的大堂、酒吧及夜店）

建筑物内（剧院、图书馆、理发店、成衣铺、美容院、美体水疗馆、药店、百货商场、无住院部的医疗机构、宗教仪式场所和卫生间）

其他（公共码头、电话亭）

学校、机关、运动场馆、医疗机构、博物馆、美术馆、交通机关、餐饮店等多数非特定的公共场所他大都是禁烟的。

对违反者的惩罚

处以2000泰铢的罚款。

关于携带、持有免税香烟的条例

从国外带入泰国境内的烟卷数量为200支（1条），雪茄、烟丝、鼻烟等不超过250克。如果超出以上范围，每条罚款4785泰铢并予以没收。在素万那普国际机场的到达口大厅会有突袭检查。在泰国国内持有免税香烟也有限制，烟卷大概不能超过两条，雪茄、烟丝、鼻烟等不能超过500克。

【香烟、酒精类产品的销售限制】

香烟：禁止展出销售，因此，不会被陈列出来售卖。

酒精类：只有11:00~14:00和17:00~次日0:00可以销售。还有一些餐饮店在以上两个时间段以外也不会提供酒类。不过，很多私人小商店在规定时间外也在销售酒类。选举的前一天18:00以后至当天的0:00禁止酒类贩卖及餐饮店提供酒类。与佛教和王室相关的节日里也限制餐饮店提供酒类。

【禁止乱扔垃圾】

根据条例规定，在曼谷及泰国的各大城市内乱扔垃圾者最高将被处以2000泰铢的罚款。

THAILAND
泰国早知道 NAVI

曼谷 → p.35

曼谷是泰国的首都，从另外一种意义上可以说是泰国的国中之国。关于人口和城市规模等，是国内任何城市都无法与之相比的，相应地，景点也多。商店或餐厅酒店等面向游客的设施丰富多样，简直就像一个独立的国家。喜欢散步的人无论在这里多少天都不会感到厌烦吧。如果控制力不强，还有可能会陷入这座魔性的城市中无法自拔。这里可以灵活运用陆上、水上交通，让我们在这里无死角地尽情游玩吧。

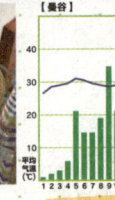

上图：罗汉寺佛堂
下图：可以吃到最流行美食的摩登城市

南部 → p.367

普吉岛的芭东海滩

从欧亚大陆向南延伸，包括马来半岛的根部，直到马来西亚国境的部分都是泰国的南部。特别是越靠近南部，伊斯兰特色就越浓厚，大街上行走的人们，穿着伊斯兰特色服饰的也在不断增加。正因为这里东西两侧都被海洋包围，所以还有很多不为人知的美丽海滩。普吉岛和甲米所在的安达曼海一侧和阁沙梅岛或阁道岛等所在的泰国湾一侧，各地区的雨季时间不同，去之前要慎重考虑去的时期和乘坐的交通工具再做决定。

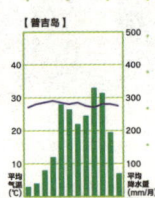

泰国南部的主要城市
- 华欣 → p.374
- 阁沙梅岛（苏梅岛）→ p.388
- 阁帕岸岛 → p.407
- 阁道岛 → p.411
- 普吉岛 → p.426
- 皮皮岛 → p.457
- 甲米岛 → p.463

地图标注
清莱・夜丰颂・清迈・北部・素可泰・大城・曼谷・北碧・缅甸・帕塔亚（芭堤雅）・华欣・泰国湾 Ao Thai・阁道岛・阁帕岸岛・阁沙梅岛（苏梅岛）・南部・普吉岛・甲米岛・安达曼海 Andaman Sea・合艾・马来西亚

北部 →p.223

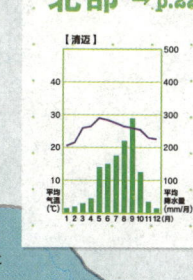

与老挝和缅甸、中国云南省相连接的山岳地带，以及湄南河（昭披耶河）北面素可泰周边地区被称为泰国的北部地区。以清迈为中心的山岳地带，很久以前是一个称为大城王国的独立国家，曾经被缅甸殖民，但是保留了独特的文化。即使现在也可以看到寺院建筑等独具特色的建筑物。这里也有很多居住在山里的少数民族，拜访各个山中村落的徒步旅游也十分受欢迎。

在清迈零星分布的寺院里巡游也别有一番滋味

泰国北部的主要城市
- 清迈→p.226
- 清莱→p.260
- 湄赛→p.269
- 金三角→p.273
- 夜丰颂→p.275
- 拜县→p.280
- 南奔→p.283
- 彭世洛→p.293
- 素可泰【世界遗产】→p.296

东北部 →p.307

东北部地区又被称作伊森（ISAN），位于海拔150~200米的呵叻高原的干燥大地上。在湄南河流域可以看到很多和老挝文化相通的地方。在伊森南部的柬埔寨国境沿线零星地分布着高棉历史遗迹，以及吴哥（Angkor）帝国时代的名胜古迹。虽然这里除了高棉历史遗迹和自然公园等景点外，有名气的景点不算太多，但游客可以乘坐巴士或者火车等，悠闲地在这里领略异域风光。

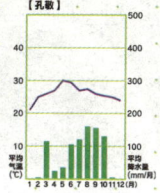

廊开可以把湄南河尽收眼底的佛像

泰国东北部的主要城市
- 呵叻（那空呵差是玛）→p.310
- 披迈→p.317
- 素林→p.320
- 乌汶（乌汶叻差他尼）→p.330
- 乌隆（乌隆他尼）→p.346
- 廊开→p.351
- 黎府→p.358

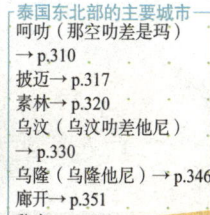

宽广的泰国！

泰国的面积约51.3万平方公里，根据地区不同，气候、风土、文化也各不相同。本书把泰国分为曼谷、中部、北部、东北部、南部五大区域进行介绍。按行政分区，华欣虽然位于中部，但因为有海滩，所以本书记载在了南部。

中部 →p.153

中部地区包含和柬埔寨国境相邻的东部沿海地带，以及北碧等与缅甸国境相连的山岳地带。曼谷附近有遗址城市大城、除了"战场架桥"之外周边的自然环境也特别适合徒步旅行的北碧、从海上运动到夜店等运动派的旅游胜地芭堤雅、东部海岸地带的海边宁静小城和阁昌岛等，在这里汇集了很多富有变化性的丰富多彩的景点。

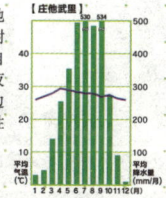

每年宽度都在逐渐缩小的芭堤雅海滩

泰国中部的主要城市
- 大城（阿瑜陀耶）【世界遗产】→p.156
- 北碧（干乍那武里）→p.174
- 帕塔亚（芭堤雅）→p.186
- 沙美岛→p.200
- 达叻（桐艾）→p.206
- 阁昌岛→p.210
- 亚兰→p.221

文化遗产和自然瑰宝
泰国的世界遗产
World Heritage Sites in Thailand

泰国现有五处文化遗产和自然遗产被记录到了世界遗产名单。不论哪一处世界遗产，都是跨越未来的珍贵继承，拥有无可替代的价值。在泰国旅游时，请一定要亲身体验一下这些景点的伟大。

大城卧佛寺
Wat Lokayasutha ▶ p.161

在遗址聚集地的西边，有一座长达28米的卧佛像，1956年由泰国艺术局进行了修复。那种厚重大气的形态，让参拜的人们内心归于平静

菩斯里善佩寺
Wat Phra Sri Sanphet ▶ p.160

是位于大城王宫遗址南部的寺院。当时宫中的仪式在这里举行。过去这里有一座用黄金覆盖的佛像，高达16米，但是后来被缅甸军摧毁。如今剩下的是一座巨大的三基佛塔，里面保存着三位王族人士的遗骨。

查瓦塔那拉寺
Wat Chaiwatthanaram ▶ p.165

这座寺庙是1630年，普帕拉赛·东国王为缅怀亡母所建造的寺院。据说为了纪念与柬埔寨的战争胜利，所以建成了高棉式建筑。被缅甸军破坏后，于1987年进行了修复。但至今仍保留有很多被破坏的佛像

大城（阿瑜陀耶）
Ayutthaya

1351 年由乌通王建国后，大城（阿瑜陀耶）王朝经历了 417 年的繁华盛世。大城（阿瑜陀耶）在 1767 年因缅甸军的攻击被彻底破坏。残缺不全的佛像，仿佛静静地诉说着对当时繁华的眷恋。

大佛寺
Wat Mahathat ▶ p.161

大佛寺在 13 世纪建造而成，是大城最重要的寺院之一。佛塔高达 44 米，巨大无比，后遭缅甸军破坏。现存有许多值得一看的遗迹，例如表情神秘的佛像头部等。

隐没在森林中的王朝和祈愿所
Sukhothai
素可泰

素可泰王朝诞生于13世纪，是泰国最早的王朝。第三代国王兰甘亨王朝达到鼎盛时期，此地建造了数量众多的寺院。王朝衰退后，无数的遗迹群经过数百年的时间，逐渐被森林所隐没，但是经过联合国教科文组织和泰国艺术局的修复，素可泰作为历史公园重新复苏。

西春寺
Wat Sri Chum ▶ p.302

西春寺位于历史公园的西北，被人为是素可泰最具代表性的一座寺院。礼拜堂的墙壁厚达3米，里面有高达15米的巨大佛像。这尊开眼佛庸意"无畏"，静静地注视着前来拜谒的人们。

玛哈泰寺
Wat Mahathat ▶ p.300

玛哈泰寺位于历史公园的城墙内中心，是素可泰规模最大的寺院。里面有无数的佛塔、礼拜堂、佛像以及池塘等。中心部含苞莲花状的佛塔是素可泰独特的建筑风格，周围佛塔的样式是受斯里兰卡和兰纳王国等国家的影响建造而成的。

西沙外寺
Wat Sri Sawai ▶ p.300

西沙外寺最大特点是寺内有三座大小不同的高棉式塔堂建筑。位于历史公园城墙内偏南。过去这里是柬埔寨人建造的印度教神殿，但是到了素可泰王朝时代成了佛教寺院，塔堂上雕刻的精致浮雕颇具观赏价值。

银贡寺
Wat Trapang Ngoen ▶ p.301

银贡寺位于玛哈泰寺的西侧，中间隔着一个叫作"银池"的水塘。无风的日子里，含苞莲花状的佛塔与坐佛倒映在平静的水面上，异常美丽壮观。不远处还有浮雕砖壁，上面表情温和的游佛也值得一看。

11

素可泰王朝的第二大城市
Sri Satchanalai
西沙差那莱

素可泰王朝时代由第二领导人统治，仅次于王都的第二大城市。当时建造了很多寺院，其寺院遗址至今也保留在历史公园内。

上：西拉塔纳玛哈泰寺。建造于素可泰王朝之前。中心有高棉时代风格的建筑

右：群象寺。建于13世纪左右，位于历史公园城墙内的中心位置。由38头大象支撑着佛塔和基台，大部分的大象鼻子已经丢失

支撑素可泰王都的城塞城市
Kamphaeng Phet
甘烹碧

曾经隶属素可泰王朝管辖，也是一座重要的军事基地城市。至今这里还遗留着坚固的城墙和数量众多的寺院遗址，由此可以看出当时的繁华。

上：在玉佛寺遗留的三尊佛像。在曾经是辽阔的王室寺院院内，几处遗址零星地分散在其中

右：西伊里亚伯特寺。位于城墙西北的森林中。据说之前寺院墙壁上东、南、西、北四处都有佛像，但只有西边的佛像得以保存至今

泰国的世界遗产名单

文化遗产

古都大城（阿瑜陀耶）
Historic City of Ayutthaya
1991年登录 ▶ p.8~9、156

菩斯里善佩寺

古代城市素可泰和周边的古代城市群
Historic Town of Sukhothai and Associated Historic Towns
1991年登录 ▶ p.10~12、296

上：展示出土品和挖掘现状的博物馆
下：博物馆附近的寺院坡西那依寺（Wat Po Si Nai）院内，展示着挖掘现场的原貌

班清的古代遗迹
Ban Chiang Arcaeological Site
1992年登录 ▶ p.348

以有独特旋涡花纹的土器为特征的古代遗迹。发现时评判是7000~6000年前的文物遗迹，因此吸引了很多人的关注。但目前判断为5000~4000年前（公元前3000~前2000年）的文物遗迹。

西沙外寺

自然遗产

通艾-会-卡肯野生物保护区
Thungyai - Huai Kha Khaeng Wildlife Sanctuaries
1991年登录 ▶ MAP 文前图正面A4~B4

交通方法 去往周边的国家公园可以利用北碧的旅行社（→p.181）报名游玩。

北碧郊外，一直延伸到和缅甸国境交界处，有两处纯天然无人为参与的自然野生动物保护区。一般禁止入内，但是在周边国立公园可以感受、接触丰富大自然的一角。

©Department of National Park, Wildlife and Plant Conservation, Thailand

东巴耶延山考艾山森林
Dong Phayayen - Khao Yai Forest Complex
2005年登录 ▶ MAP 文前图正面C5

交通方法 由于乘坐公共交通工具不方便，从曼谷可以租车来这里，或者是参加旅游团来这里。

©Department of National Park, Wildlife and Plant Conservation, Thailand

左上：通艾-会-卡肯野生物保护区内的那莱思安野生动物保护区
左：艾-纳雷松野生动物保护区

上：设计好的森林散步线路
下：硕果累累的葡萄酒厂下的葡萄园地

此森林地带位于曼谷和阿叻（那空叻差是玛）的中间，泰国东北部去往呵叻高原的入口位置。里面有国立公园和野生动物保护区。2005年登录时，确认记载了哺乳类动物112种，鸟类392种，两栖类和爬行类动物200种。最近种植栽培了葡萄，酿造葡萄酒，山间旅游也特别引人注目。

应季的花朵缤纷盛开

泰国之北，
大街小巷。

清迈　　　　南邦　　　　帕府
Chiang Mai.　Lampang.　Phrae

清迈
南邦
帕府
曼谷

沉淀的历史与传统、享受当下的豁达氛围，漫游泰国北部的大街小巷，一定能在这个国家发现你未曾注意到的魅力。

Chiang Mai
> p.222

北方玫瑰，古都清迈

古都清迈，被喻为在滨河河畔绽放的玫瑰。走在残留着古代王朝风貌的街道上，在这种舒适愉悦的氛围中，可以感受到当地人饱满的精神力量。

❶ 旧市区的寺院——潘道寺（・・p.236）

清迈应季产品都集中在尼曼海明路

尼曼海明路（→p.247）是聚集服饰杂货的商店、餐厅和咖啡馆等引领这座城市趋势潮流的街区。在漫步各家店铺的同时，收获的战利品也会逐渐增多哦。

❷聚集了时尚的咖啡馆和商店　❸文雅的展列商品　❹仅仅散步就可以心旷神怡　❺织物商品店的可爱人偶

周末夜晚的清迈，经常热闹如过节

周六夜里的无阿拉依街道，周日夜里的拉查达蒙街道，都会变成热闹非凡的夜间市场。悠闲地边走边吃在这里闲逛，是清迈周末的一大特色乐趣。

❻笑脸迎面的夜间市场　❼打电话边做料理　❽看首饰看得入迷的女人们　❾个性十足的小商品琳琅满目

尼曼海明路推荐的咖啡馆&商铺

C 泥巴咖啡馆 Din Dee
MAP p.228-A3
住 Chiang Mai Univ. Art Center, Nimmanhaemin Rd.
电 0-5328-9046
网 www.dindeecafe.com
营 周二~周日 9:00~18:00
休 周一
CC 不可使用

S 色洒盘迈店 Srisanpanmal
MAP p.228-A2
住 6 Soi 1 Nimmanhaemin Rd. 电 0-5389-4717
营 每天 10:00~18:00
CC A D J M V

泥巴咖啡馆位于清迈大学的艺术中心内，土墙的建筑彰显出沉稳的氛围。里面有各种三明治套餐（200泰铢）等。灵活使用了城市内的食材做出来的饭菜对身体也很好。

本商店有丰富的兰纳风格服装，是由居住在泰国北部山岳地带少数民族制作的传统特色。可以一边和老板娘聊天一边鉴赏物品。衬衫或者裙子（各750泰铢）也特别受欢迎。

15

Lampang p.284

流连南邦，放松身心

好像缓缓流淌的旺河一样，在南邦静静地感受时间的慢慢流逝。漫步在河边，感受黄昏的临近，不知为何，内心十分放松。

❶ 在城市中流淌着的旺河

乘花马车游览这条渗透着无数历史记忆的街道

南邦由于经历了多个王朝的统治,因此保留了多姿多彩的文化痕迹。在这样的城市中漫游,乘坐着有名的花马车四处闲逛,偶尔也尝试一下骑手的感觉。

❷位于城镇西南郊外的寺院,南邦案寺→p.284 ❸保留着古时候的一栋栋房屋 ❹行走在街上的南邦著名的花马车

ⓒ 粉色咖啡酒店
The Prink Cafe' & Hostel

MAP p.285-B1　住 262-264 Talatkao Rd.
电 08-3581-6921　营 每天 8:00～20:00
CC 不可使用

本咖啡酒店位于咖特空塔(Kad Kong Ta)西边一座时尚的建筑物内。在这里可以品尝咖啡等饮料和果汁及自制冰激凌等。特别适合散步途中进来歇歇脚。

傍晚的咖特空塔(Kad Kong Ta),可以在此尽情游玩

曾经作为城市交易中心的咖特空塔(Kad Kong Ta),在周六和周日举行夜市。随着夜幕降临,可以听到夜空下人们爽朗的欢声笑语。

❺日光渐渐倾斜 ❻在夕阳中散步的母亲和孩子们 ❼夕阳落下,夜店开始营业 ❽微笑着弹奏乐器的老人和孩子 ❾等待自己点的菜品上桌的男子

Phrae p.291

在帕府感受蓝染之美

泰国乡村的人们钟爱的蓝染棉布衬衫是帕府的特产。 我们来参观一下使用天然蓝色颜料印染的工作室, 一起去感触古代的智慧以及技艺的高深。

❶旧街市上的温布利大宅(→ p.292) ❷帕府的街上猫很多 ❸❹旧街道上一排排绚丽的房屋 ❺售卖新鲜蔬菜的女性
❻傍晚开始出现的流动摊位

青出于蓝，是自然之厚重色彩

KAYI先生的蓝染工作室被绿树所环抱。在坛子里用染液把布浸透，这时布是混浊的茶色，但是把布提起来接触空气之后，一眨眼就变成了蓝色。只有天然的蓝色才能产生这种厚重的色彩，让我们再一次感受到大自然的丰富。

❼ KAYI先生的工作室位于郊外　❽❾ 一排盛满染液的坛子　❿ 工作室的周边绿树环绕　⓫ 天然的靛青叶　⓬⓭ 天然蓝独有的厚重色调　⓮ 天空蔚蓝的柔和色调

⑤ 卡瓦纳蓝染坊 Kaewwanna Natural Indigo

p.291-B2 外　160 Moo 8, Nacakorn　08-9960-4502　每天 9:00~17:00　不定休
不可使用

KAYI先生的工作室采用传统的蓝染工艺。在这片绿地上还有许多染色工作室、商店和咖啡馆等。这里的服装和小商品均为天然蓝独有的色调，上面自然地加上一些装饰，更显独特。因为这间工作室位于街市的南郊，比机场还要往南，所以即便是当地的司机也没有多少人知道此地。在住处提前确认好地点，租用双条车前往最保险。

19

隐藏的海滨胜地
一起去拷叻吧!

拷叻位于普吉岛以北车程约 80 公里的地方,开车需要 1 小时左右。面对安达曼海的是连成一片的美丽海滩和一排排的度假设施。周围多山的地形也是大自然的恩赐,使这里与喧嚣隔绝,是一个可以让人尽情享受度假乐趣的南国乐园。▶ p.450

Thailand Beach Resort

海滩的延长线 Petkasem 大街一带是拷叻的繁华地带。街市中的邦尼昂市场是一个每周一、周三、周六开放的观光市场。在拷叻以北约 20 公里的地方是古老的达瓜巴,保留着中国移民建造的古老街道,是历史爱好者非常感兴趣的地点。

拷叻周边 Khao Lak

安达曼海

- 达瓜巴 Takua Pa
- 古老的达瓜巴 Old Takua Pa
- 考索国家公园↑
- 邦萨卡海滩 Haat Pakweeb
- 白砂海滩 White Sand Beach
- 黑砂海滩 Black Sand Beach
- 萨罗晋酒店 The Sarojin
- 拷叻大象营地 Khaolak Elephant Camp
- 邦昂昂海滩 Haat Bang Niang
- 邦尼昂市场 Bang Niang Market
- 冲发瀑布 Chong Fa Waterfall
- 纳昂海滩 Haat Nang Thong
- 海啸纪念馆 Tsunami Memorial
- 拷叻拉古那度假村 Khaolak Laguna Resort
- 拷叻国家公园 Khao Lak / Lam Ru National Park
- 黄砂海滩 Yellow Sand Beach
- 甲米岛
- 0 10km
- 兰皮瀑布 Lampi Waterfall
- ↓普吉岛

邦尼昂市场里有小吃和小商品出售,适合边走边逛

古老的达瓜巴的二层部分可以顺着步行道上去,上面是一排排中国风格的房屋

Petkasem 大街沿街有许多商店和餐厅

古老的达瓜巴保留着浓郁的中国文化色彩,租用双条车前往最方便

纳昂海滩的拷叻拉古那度假村（→p.22）的附近是黄砂海滩

纳昂海滩的小河口处有许多铁矿砂，因此被称为黑砂海滩

距拷叻以南20公里是瀑布，里面有一个水池般大的瀑布潭，可供游泳

邦萨卡海滩的萨罗普酒店（→p.23）周边是白砂海滩

　　拷叻有6个海滩，都禁止进行发动机之类的噪声活动。拷叻度假村的风格就是要宁静悠闲地度过假日。海滩的名称也十分特别，是以它的颜色命名的，有黄砂、黑砂、白砂海滩等。去参观不同颜色的海滩也是别有一番乐趣。如果想要享受周边自然的景色，可以去观赏附近的几处瀑布，有的还可以在潭中游泳，所以请备好泳衣再出发。

在拷叻大象营地（⌚每天9:00~16:30 ⏱1小时1400泰铢，40分钟1000泰铢）可以来骑大象

在2004年发生的苏门答腊岛海洋地震中，因海啸被冲上陆地的警备艇作为海啸纪念馆被原封不动地保存下来

在拷叻中心附近一带顺流淌的冲发瀑布，可以租赁自行车或摩托车环游瀑布周边

想在拷叻优雅度过的
最佳度假地

Thailand Beach Resort

这里为大家推荐拷叻最豪华的度假胜地。有餐厅、水疗、健身房等，不用外出也可以享受这些设备。还为活动派人士准备了游艇、烹饪教室等不会让住宿者感到无聊的一些节目。不论是想要无所事事的悠闲感，还是想去体验各种不同的活动，都可以满足你的需求。

拷叻拉古那度假村 * KhaoLak Laguna Resort MAP p.450-B

是位于拷叻南部的一个大型度假胜地。大厅和客室都是泰国传统的木质建筑装饰风格，充满了异国风情。所有的客室都附带私人阳台，面向美丽的海滩。商店和餐厅的多个区域都可以徒步到达。

住 26/8 Moo 7, Khao Lak Beach, Khuk Khak
TEL 0-7642-7888 FAX 0-7648-5203
URL http://www.khaolaklaguna.com
AC S T 4550 泰铢～
CC A D J M V
房间数 154 间 带泳池 WIFI 免费

热烈迎接所有客人的主要楼宇

庭院内建造的东方风格的客房。床上附带帐幔

餐厅阳台面向海滩。一边感受着从海洋吹来的海风一边享受美食

椰树林立，充满了热带风情

造形自由不规则的游泳池。边角处有极可意按摩浴缸

萨罗晋酒店 *The Sarojin* p.450-A

　　萨罗晋酒店位于拷叻北部,坐落于有白砂海滩之称的邦萨海滩(→p.450)对面。占地广阔,客室装修时尚,安静且大气。附近有瀑布,满潮时还可以在小岛一样的沙滩上享受私人用餐,推荐情侣或新婚夫妇前来尝试。

住 60 Moo 2, Khuk Khak, Takua Pa
TEL 0-7642-7900　FAX 0-7642-7906
URL http://www.sarojin.com
费 AC S T 14300 泰铢
CC A D J M V
房间数 56间　带泳池　WiFi 免费

海边餐厅"EDGE",正对海滩的部分是酒吧

用蓝砖铺成的泳池

浴室里的浴缸是椭圆形的,十分宽敞。花洒也有两种模式

毛巾也被叠成了各种可爱的造型,让人都不忍心使用

公馆式客房

宽广的庭园里有泳池、池塘和独栋的泳池餐厅"edicu",早餐是单点形式,到下午5点之前可以在前台免费领取供泳池葡萄酒

泰国菜菜单

充满诱惑力的泰国美食绝品80道！简单方便地点餐 必吃的 อร่อยมาก

新鲜的调味料和充分使用香草的美味泰国菜，在这里可以品尝正宗的味道。

辛辣程度：
- 🔥🔥🔥 最辣：适合非常能吃辣的人
- 🔥🔥 中辣：有一些人吃起来感觉辣
- 🔥 微辣：不太能吃辣的人也能够承受
- （无标记）不辣：任何人都可以放心地吃
- 🍀 有香菜

调味料比较重的 汤 Thai Style Soup

可以不用和米饭一起吃，是作为主食的料理，比较方便，也叫作泰国风味汤（也有人和米饭一起吃）。具有代表性的有两种；一种是含香料的泰国酸辣汤；另外一种是类似火锅的清汤。1～2人可以用大点的碗，超过2人就得用下面烧炭火的小火锅了。

酸辣虾的丰富种类

酸辣虾的汤分为两种：一种是里面放入椰奶或者牛奶等奶油般的酸辣汤；一种是不放牛奶的清汤。点餐时如果能选这个说明你是真的懂行！

小火锅

↑酸辣虾 🔥🔥🍀
ต้มยำกุ้ง

浓郁的香草味道和酸辣味浑然成为一体的汤内加入大虾，这才是真正的泰国特有的汤。里面放入了柠檬草的根和柑橘的叶子进行提味，不要误食。

酸辣虾的点餐方法

基本	椰奶	配料
酸辣虾	清汤（不放）	虾，最流行的吃法
	酸辣汤（放）	海产品，特别奢侈
		鸡肉，种类变化多端

海鲜大杂烩 🔥🍀
โป๊ะแตก

里面放了多种海产品，特别奢侈的汤的一种。汤的味道也适合很多人的口味，虽然有点辣，但是和酸辣虾不同的是这里面不放柠檬草。

↑粉丝丸子汤 แกงจืด 🍀

清汤的一种，不辣，任何人都可以放心地食用，配料用蒸鱼丸子和粉丝、豆腐等，可根据喜好搭配。

↑椰奶鸡汤 ต้มยำไก่ 🔥🍀

酸辣虾底汤放入椰奶做出来的椰奶鸡汤。椰奶汤和鸡肉搭配，做成咖喱风味配上米饭吃特别美味。

实用泰语

- 哪个是推荐的招牌菜？ แนะนำอะไรคะ
- 不要辣 ขอไม่เผ็ดค่ะ
- 不要香料 กรุณาอย่าใส่ผักชีค่ะ
- 真好吃 อร่อยค่ะ

注意语句后面男女用法不同，这里列举的是女性使用的情况。

绝对要品尝的 泰国咖喱
Thai Style Curry

使用各种香料和香菜等配料煮出来的咖喱风味料理，泰语叫作"KENN"。多种材料口味合一，味道鲜美。

马散麻咖喱汤 แกงมัสมั่น

曾经在"世界最美味的料理排行榜"上排名第一。阿瑜陀耶时代，与波斯和阿拉伯贸易往来，小豆蔻姜、肉桂、姜黄粉等异国风味调味料进口而来。根据伊斯兰戒律做出来的料理较多。配料基本上都是鸡肉，最近也使用了鸡肉以外的肉类。

泰式绿咖喱汤 แกงเขียวหวาน 🌶🍀

绿色咖喱的一种，里面混合了青椒的微辣和椰奶的甘甜，加上香草的清香，是只有南国才能尝到的正宗的高档料理。绿色小丸子是泰国的小茄子，口感松软，略带苦涩。配菜一般用鸡肉，也有的店铺放入猪肉、牛肉、虾、丸子。

泰式绿咖喱汤在露天的饮食店也有卖

白米饭

红米饭

米饭也可以选择
有的餐厅不只有白米饭，还备有红米饭。

泰式牛肉椰奶咖喱 แกงเผ็ด
也叫作"辛辣的椰奶咖喱"，在泰国南部经常可以吃到。是一种南国风味，一般都会放入生姜，味道麻辣。

泰式娘惹咖喱汤 แพนง 🌶🍀
主汤里放入大量椰汁煮透，口感浓厚。多搭配米饭及甜味的副菜一起食用。配料一般选用鸭肉或鸡肉。

用香料调味，口感清爽的泰式沙拉
Thai Style Salad

在以鱼为原料制成的NAMPLA（鱼酱）和MANAAO（一种类似柠檬的小型柑橘类水果）的基础上，再加入碎辣椒制成酱汁，浇在蔬菜或肉类上做成泰式沙拉。泰语叫作"YAM"。

泰式烧茄子沙拉 ยำมะเขือยาว 🌶🌶🍀
用烧茄子做成的沙拉，烧好的茄子中会带有淡淡的苦味，口感独特。

泰式海鲜沙拉 ยำวุ้นเส้น 🌶🌶🌶🍀
把粉丝用鱼酱和MANAAO（泰式柠檬）调味。再放入煮熟的章鱼和虾等海鲜，奢华无比。多做成辛辣口味。

泰式牛肉沙拉 ยำ 🌶🌶🌶🍀
将烧好的牛肉切成薄片并用香料调味，是一道口感十足的沙拉。由于使用了大量大蒜，所以味道十分辛辣。

泰式海鲜什锦沙拉 ยำส้มโอ 🍀
放入大量的章鱼和虾等海鲜。还有口感清脆的洋芹，十分可口。

泰式什锦沙拉 ยำทะเล 🌶🌶🌶🍀
使用柚子肉做成的沙拉。柚子的酸甜清爽与虾干、花生仁等有嚼劲的食物一起放入口中，另有风味。

25

当地美食
地方菜
Local Foods

泰国国土以曼谷为中心分为中部、北部、南部和东北部，每个地区都有其独特的文化。如果到当地去的话，一定要尝尝那里的特色菜。

← 泰式烧鸡 ไก่ย่าง
将整只鸡用各店的秘制汤汁腌制，并用远火烤熟，皮焦肉嫩，美味多汁，难以抗拒。

← 泰式烧猪颈 คอหมูย่าง
将猪前颈的肉用调味料腌制后烤熟，肥肉很少，嚼劲十足，肉香浓郁。

东北部
东北部是泰国的贫穷地区，人们大多去外地打工。因此东北部的菜系遍布全国，如今成了泰国各地都可以吃到的著名料理。由于地理位置较近，有的也会被认为是越南菜系。

泰式米粉 ก๋วยจั๊บญวน
由于原型是越南的面食，所以有"越南风味米粉"之称。用米粉和木薯淀粉做成的半透明的面条与猪肉搭配，再放入鱼糕风味的香肠、鸡蛋等多种配料，造型美观，妙趣横生。

里面放着切得比较细的香肠，和速溶咖啡一起组成一份套餐，食用起来比较有氛围感。

泰式煎蛋 ไข่กะทะ (ไข่กระทะ)
煎盘里的细香肠和煎蛋，最适合与速溶咖啡一起享用。
用专用的小型煎盘制成圆形的煎蛋，上面放上香肠、碎肉末和葱花。可以根据喜好倒入调料或酱汁食用。一般多为早餐食用，在东北部的一些酒店的早餐菜单里可以看到。

泰式肉末沙拉 ลาบ 🌶🌶
把肉末、鱼酱、调味料混合拌成的沙拉。在发源地有时会用生肉制作，但经过烹调后似乎更容易被更多人接受。

泰式青木瓜沙拉 ส้มตำ 🌶~🌶🌶🌶 →
将未熟的青木瓜斜削成竹叶状薄片，再根据各人喜好放入番茄、四季豆、干虾之类的配菜。使用臼和杵将鱼酱与各种香料混合制成沙拉。比一般的泰式沙拉要辣一些。

南 部
安达曼海与泰国湾之间的细长半岛是泰国的南部。由于靠海，所以海鲜十分丰富，全部以辣调味，在靠近马来西亚的地区多信仰伊斯兰教，所以料理也充满异国风情。

← 泰式鲜虾炒球花豆 ผัดสะตออักุ้ง 🌶
球花豆产自泰国南部，拥有独特的味道。和鲜虾一起炒别有风味。

泰式香料拌饭 ข้าวยำ
非常新奇独特的一道菜品。沙拉风格的拌饭。松散的米饭粒中加入豆芽、四季豆和切成细丝的柠檬草，浇上酱汁后食用。

肉骨茶 บักกุดเต๋ →
原产于中国的菜品，在马来西亚和新加坡也很常见。汉语叫作"肉骨茶"。做法是把猪肋骨肉切成大块，放入茴香、肉桂、丁香等中式香料用土锅煮熟。

北 部
泰国的北部在19世纪前是兰纳王朝。多山地形、气候稳定。因此，更适合喜好刺激性较小菜品的人士。

泰式排骨咖喱 แกงฮังเล
类似于邻国缅甸的一道咖喱风味炖菜。使用生姜、大蒜、姜黄以及罗望子等调料炒制配菜，再用油慢慢炖直至配菜柔软。

泰式姜黄咖喱面 ข้าวซอย 🌶 →
在使用了姜黄等的黄色咖喱酱汁中放入较粗的中华面，再放上一些油炸面作为点缀。根据喜好还可以放入腌菜、葱花和柠檬。

泰国的奢侈菜
海鲜
Seafood

用实惠的价格就可以吃到虾或螃蟹等海鲜也是泰国的优势之一。新鲜的海产品一定会让你大饱口福。

泰式螃蟹
ปูผัดผงกะหรี่ 🔥

泰国餐厅和海鲜馆里相当受欢迎的一道菜。螃蟹用咖喱酱炒制，再倒入鸡蛋液盛盘即可。葱香蛋软，十分下饭。

咖喱螃蟹的花样做法

[去除蟹壳，只取肉身]
เนื้อปูผัดผงกะหรี่（没有一家店说不好吃的）

[带蟹壳做成]
ปูนิ่มผัดผงกะหรี่

椰汁大虾
ฉู่ฉี่กุ้ง 🔥

倒入大量椰汁，用红咖喱炒制大虾。适合搭配米饭和小菜一起食用。有的餐厅会把大虾稍微炸一下。

泰式鱼饼 ทอดมันปลา

将鱼肉糜团成圆形后压扁过油炸。若里面掺入四季豆会更加美味可口。使用虾做的话就叫作"泰式虾饼"。

泰式粉丝蒸虾
กุ้งอบวุ้นเส้น

将虾和粉丝一起上锅蒸，生姜和葱香十分勾人食欲。酱汁渗入较粗的粉丝中，味道极好。如果不放虾而是放入螃蟹的话就叫作"泰式粉丝蒸蟹"。

泰式虾饼

泰式烤虾 กุ้งเผา

将大虾用炭火等烤制做成。一般会把虾纵向剥开。这是一道独具泰国特色的豪爽料理，可以放于大胆地去品尝。

油炸蟹肉 หอยจ๊อ

将蟹肉和猪肉末用葱和慈姑等混合调味后，用豆皮卷成细筒状。然后过油炸制并切成适当大小。是一道很好的下酒菜。

泰式清蒸贻贝
หอยแมลงภู่อบ

将贻贝与大量罗勒一起放在土锅或铁锅上蒸制，香气四溢。烹调方法简单，主要靠食材的新鲜取胜。

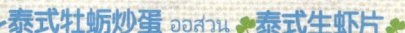

泰式牡蛎炒蛋 ออส่วน

用牡蛎和鸡蛋炒制而成的一道浇汁菜。小型的牡蛎口感酥脆，令牡蛎爱好者欲罢不能。下面铺着的一层豆芽也十分松脆可口。

泰式生虾片
กุ้งแช่น้ำปลา

一种泰国风味的生虾片。与苦瓜和生蒜一起蘸辣汁食用。

泰式香蕉叶鱼肉丸 🔥🔥
ห่อหมกปลา

将鱼肉糜用红咖喱或椰汁调味后蒸制，外形可爱但却十分辛辣，请多注意。有的餐厅会把香蕉叶作为容器使用。

27

泰国米做成的美味料理
米饭类
Rice Dishes

松软爽口的泰国米做成炒饭更加美味。

泰式菠萝蒸饭
ข้าวอบสับปะรด

以菠萝作为容器，是一道极富热带风情的蒸饭。由于烹制时间较长，请尽量提早点餐。

泰式海鲜炒饭 ข้าวผัด
独具泰国风味的海鲜炒饭。松软的泰国米喷香可口。放入虾仁的叫作"泰式虾仁炒饭"；放入蟹肉的叫作"泰式蟹肉炒饭"（ข้าวผัด）。

泰式虾酱炒饭
ข้าวคลุกกะปิ

一种用虾酱（将虾肉发酵制成的调味料）做成的炒饭。可以添加蛋饼丝、青木瓜碎、甜辣口味的煮猪肉、中式香肠、切成圆片状的四季豆和青椒等华丽的配菜。配菜请与米饭充分混合后食用。

清迈酸肠炒饭
ข้าวผัดแหนม

使用一种叫作清迈酸肠的泰香肠做成的炒饭。酸肠切碎，口感柔软，有劲道。

更多
热门料理！
Popular Foods

泰国菜讲究食材与烹调方法在搭配上的多样变化。还有很多非常受人们喜爱的泰国菜。

露兜树叶卷鸡肉 ไก่ห่อใบเตย
把鸡肉块用露兜树叶包裹起来后炸制。露兜树叶的淡淡余香堪称一绝。取出里面的鸡肉，蘸蜂蜜等调味汁食用。

泰式蒜蓉空心菜 ผักบุ้งไฟแดง
用中国的调料炒制空心菜。用大火快炒以保持口感香脆。有的高档餐厅会花时间将空心菜纵向切成细长条后炒制。

泰式火锅 สุกี้
火锅在泰国被称为"SUKI"。汤汁还可以做成杂烩粥。有MK、COCA等专卖店。

口感清爽的
泰国啤酒
Beers

在便利店或超市出售国产和进口等多种啤酒。1罐大概30泰铢起价。

泰国胜狮啤酒 Beer Singha 在国外，是泰国啤酒的代表。	**胜狮清啤** Singha Light 度数是3.5%左右，是这里面的啤酒中度数最低的。	**Cheers 啤酒** Cheers 口感清淡，可以开怀畅饮。	**狮牌啤酒** Beer Leo 狮子的标志，以价格便宜取胜的啤酒。	**象牌啤酒** Beer Chang 度数高达6.2%。是相当受欢迎的啤酒。

Export 啤酒 Chang Export 口感稍许醇厚。	**Federbrau 啤酒** Federbrau 走高端路线的啤酒。评价两极分化。	**象牌生啤** Chang Draft 是象牌啤酒的生啤系列，口感清爽。	**象牌清啤** Chang Light 酒精度4.2%，低卡路里的啤酒。	**嘉力啤酒** Heineken 采用了成功的品牌战略，作为海外啤酒知名度极高。

注：在泰国，酒类买卖是有时间限制的。只有11:00~14:00和17:00~次日0:00可以买到酒类。其他时间段买不到。可能在一些小型的个人商店能够买到，但在商场和便利店买不到。（→p.4）

路上的美食天地，
流动美食小摊
Food Stalls

在小摊位上享用美食也是泰国的一大优势。赶时间的时候，或者肚子不那么饿的时候，可以来上一份小吃。

← 炒河粉 ผัดไทย
使用米粉做成的泰式炒面。用泰国酱油的甜辣汁调味。根据需要可以挤入柠檬汁或撒上花生碎。豆芽菜、香蕉花、韭菜可以当作菜码与河粉一齐食用。

白鸡盖饭 → ข้าวมันไก่
泰国相当有名气的一种蒸鸡盖饭。下面的米饭也是和鸡汤一起蒸制而成的。如果放上炸鸡的话叫作"炸鸡盖饭"（ข้าวมันไก่ทอด）。

← 猪脚盖饭 ข้าวขาหมู
将猪脚煮至酥软与米饭一同食用。多配上焯好的青菜和煮蛋。浇上甜辣汁后食用。

← 杂碎米粉 ก๋วยจั๊บ
波浪状的宽米粉配上中式调味制成的高汤，配菜一般为大量的动物内脏。

罗勒炒肉 ผัดกระเพรา →
罗勒与肉一同炒制而成的菜品，菜名最后是所用肉类的名称。例如，用猪肉炒的时候就叫作罗勒炒猪肉。泰国人最喜欢和米饭搭配一起食用。味道辛辣，请多注意。还可以在上面放上一个油炸荷包蛋。

泰式鸡蛋饼 หอยทอด →
放入小型贝蛎摊成的鸡蛋饼。又薄又硬。经常与炒河粉在同一个摊位出售。

点面条的方法！

在泰国，选择面条也是需要一些窍门的。现在让我们一起来掌握品尝美味面条的基本要领吧。

① 选择面条的种类 →

面条 บะหมี่
黄色的小麦面，比中式面条要细一点。

泰式米线 ก๋วยเตี๋ยว
用米做的面条，根据粗细，叫法也不相同。

 ① 森米 เส้นหมี่
细粉似的细面条。

 ② 森莱克 เส้นเล็ก
像是乌冬面的粗面条。

 ③ 森雅 เส้นใหญ่
类似刀削面似的宽面条。

② 选择是否带汤

NAMU น้ำ
带汤

或者

PEN แห้ง
不带汤

③ 完成

BAMI NAMU บะหมี่น้ำ
带汤的中华面

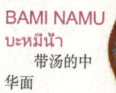

BAMI PEN บะหมี่แห้ง
不带汤的中华面

④ 上菜

可以根据自己的口味选择调味料

调味料的种类
❶ NAMUTA（甜口）砂糖 น้ำตาล
❷ NAMUPURA（咸口）鱼酱 น้ำปลา
❸ PURIKUPON（辣口）辣椒粉 พริกผง
❹ PURIKUNAMUSOMU（酸口）放入辣椒的醋汁 พริกน้ำส้ม

充满诱惑力的泰国美食 绝品80道！

入口即化的甜蜜

泰国的甜品 ✻ Thai Sweets ✻

观光和购物的休憩中途，品尝一下南国特色的甜点放松放松。

姜汁芝麻汤圆
บัวลอยน้ำขิง
把芝麻汤圆泡在姜汁里面，这是一款中式甜品。辣辣的味道也特别受欢迎。

冰激凌（椰奶冰激凌）
ไอศกรีมกะทิ
椰奶味道的冰激凌是南国独有的特产。味道十分清新，让人感到舒爽。

杜果糯米饭
ข้าวเหนียวมะม่วง
蒸熟的糯米上浇上椰浆，然后搭配成熟的杜果果实。

140泰铢

95泰铢

杜果套餐
Mango Tango
新鲜的杜果和杜果布丁、杜果冰激凌放在一个盘子里。杜果套餐是特别受欢迎的代表甜点。

杜果萨尔萨
Mango Salsa
浓郁的杜果酱汁里加上新鲜的杜果和杜果布丁，可以说是利用杜果到极致。

椰奶汤圆 รวมมิตร
红薯、芋头、豆子等喜欢吃的配料上浇椰奶和刨冰进行食用。

在摊位上或超市里发现了就尝尝看 ✿ 令人怀念的**泰国传统甜品**

花糕 ขนมชั้น
使用类似木薯粉材料做成的紫红色点心。颜色和形状多种多样。

粉蕉糯米糍粑
ข้าวเหนียวแก้ว
蒸的糯米点心。使用粉蕉染成绿色制作而成。

传统点心专卖店

马蹄糕
ตะโก้แห้ว
木薯粉上覆盖一层椰奶的果冻，可以品尝到两种口感。

鸭黄绿豆糕 จ่ามงกุฏ
将鸭蛋黄和绿豆馅做成盖子的形状。喜宴上必不可少的甜品。

绿豆椰肉丸 ลูกชุบ
用豆子制成皮、放入椰肉做成的丸子。颜色和形状各不相同，但味道一样。

邦瓦
Baan Kwan
这里制作和销售泰国传统的点心。每天都有40种以上的果子出售。1个5泰铢左右。

MAP p.71-F5
住 1040/26 Soi 44/2, Sukhimvit Rd.
☎ 0-2392-6698
URL www.kanombaankwan.com
營 每日 8:00～20:00
CC 不可使用

鸡蛋炸面 ฝอยทอง
把鸡蛋搅拌加热，然后在鸡蛋上挂一层糖浆，固定成形，口味甘甜。

蛋黄球 ทองหยิบ
将蛋黄和糖放一起煮，团成丸子状。在喜宴上经常使用这种点心。

鸭黄糕 ทองเอก
用鸭蛋黄制作的甜点，烘焙后，稍微干一些就在表面做成造型。

粉蕉椰糕 ขนมม้วย
将土薯粉和椰奶等材料混合好后，放进小的茶碗里蒸一下。

30

泰国水果 ✲ Thai Tropical Fruits ✲

南国风味

泰国南部的水果种类非常丰富。来这里尽情品尝水灵灵的甘甜水果吧。

吃的方法 Ⓐ 可以在摊位上买到切好薄片的 Ⓑ 切开食用 Ⓒ 把皮剥开食用 Ⓓ 切开后把果实取出来

菠萝蜜
ขนุน
菠萝蜜的皮很厚，里面的黄色果实紧密地排列着。

番荔枝
น้อยหน่า
比棒球小一圈。成熟的果实非常甘甜。

番木瓜
มะละกอ Ⓐ Ⓑ
把番木瓜切成薄片，冷冻后，和榨出来的泰国柠檬汁一起饮用。

龙眼
ลำไย Ⓒ
剥开龙眼的薄皮，就会发现里面装着透明的果实，味道甘甜。

菠萝
สับปะรด Ⓐ
摊位上卖的菠萝已经剥好了。水分很多，口味甜美。

火龙果
แก้วมังกร Ⓑ
剥开皮食用，口味清淡。

莲雾
ชมพู่ Ⓐ Ⓑ
有绿色的也有粉色的。水分多，有淡淡的甘甜的味道。

柚子
ส้มโอ Ⓓ
剥开后可以直接吃，也可以拌在泰国沙拉里食用。

山竹
มังคุด Ⓓ
外表看上去十分俏皮。里面白色的果实特别甘甜。

荔枝
ลิ้นจี่ Ⓒ
雨季的果实。皮是宝石红色，颗粒与中国的也差不多。

番石榴
ฝรั่ง Ⓐ Ⓑ
番石榴有苹果和梨两种水果的味道。富含水分。

杨桃
มะเฟือง Ⓑ
外貌呈星星形状的奇特外形。酸甜可口，水分较多。

椰子
มะพร้าว Ⓓ
切开椰子的外壳，饮用里面的果汁。里面白色的果肉也可以食用。

红毛丹
เงาะ
外观比较奇特，长了一圈像毛的东西。里面是白色透明、类似龙眼的果实。

榴莲
ทุเรียน Ⓓ
给人的印象是一种"有臭味的水果"。改良后的也有没臭味的品种。

杧果
มะม่วง Ⓐ Ⓒ
可以加工成布丁，在中国也可以品尝到。浓厚的甘甜味道。

小摊上的水果怎么样？

可以当成在城市散步时的零食补充维生素

在泰国路边的小摊上，可以买到各种各样的水果。如果走路走累了，推荐过来补充一下水分和维生素。方便食用，切好后可以装袋。附带一根竹签。1袋20泰铢～

在未成熟的杧果上涂一层辣辣的调味料食用。

| 杧果 | 番木瓜 | 西瓜 | 菠萝 |

31

美食 & 生活用品
泰国特产，买买买！
一起去采购丰富多样的特产

从泰国食品到化妆品、护肤品、泰国杂货等应有尽有。泰国的特产有如宝库，多种多样。让我们一起去看看这些"好吃的"和"好用的"泰国特产吧。

Thai Foods
回忆旅行中的味道
泰国食品

←14泰铢
泰式杯面
泰国的方便面几乎被"MAAMAA"和"YAMUYAMU"两大品牌占领了大部分市场。这里介绍的是"MAAMAA"杯面。除了大家熟悉的酸辣虾口味（米粉面），还有咖喱鸡肉味以及酸味极重的红腐乳味等多种口味。

15泰铢（大盒装，小盒装13泰铢）

百力滋
酸辣虾味、肉末沙拉味
酸奶油味 & 洋葱味
泰国原产的三种口味。其中酸辣虾味和肉末沙拉味经常被作为泰国特产。有12袋装的大盒装及和中国一样的小盒装。

泰式咖喱酱 ←13～20泰铢
由于泰国菜中需要使用多种新鲜的调味料，选购起来比较麻烦，如果使用这种酱包会比较方便。只要准备好配菜，就可以简单地做出正宗的泰国菜。有酸辣虾、娘惹咖喱、椰奶鸡汤等多种口味。

卡尔的海苔卷 ←25泰铢
包装上是一位微笑的大叔。泰国限定的海苔口味。用棕榈油炸制而成。

泰国坚果 ←185泰铢
高级餐厅BLUE ELEPHANT出售各种用调味料制成的商品。其中这款泰国坚果香味浓郁，很适合作下酒菜。

Cosmetics
适用于夏季的
便利店化妆品

华丽的高级特产
护肤品 ## Spa Goods

←30泰铢

←83泰铢
驱蚊液
配合蚊子讨厌的柠檬草精华制成的喷雾。天然素材，不伤肌肤。

紫苏珍藏润肤油 A ←1550泰铢
特含紫苏精华，滋润肌肤。是一个畅销的系列。

天然香皂
泰国有名的Abhaibhubejhr商标的天然香皂。有山竹、桑叶、姜黄等多种香皂。除直营店以外，在超市或便利店也可以买到。

东方触碰 B
由4种芳香油和按摩棒组成一套。将芳香油涂在身上，用按摩棒慢慢按摩，香气四溢，能让人精神放松。

←1150泰铢

←1150泰铢

身体乳 C ←1150泰铢
富含柠檬草成分的身体乳在沐浴后涂抹，可全身使用。

涵庭美容液 C
让肌肤持久保持滋润的美容液。

护肤品商店名单
A 塔普里水疗中心 Thann Sanctuary
MAP p.72-C3
2nd Fl., CentralWorld, 4/3 Ratchadamri Rd.
☎ 0-2658-6557
URL www.thann.info
每天 10:00-22:00
CC A D J M V

B 潘普利商店 → p.117
C 哈恩商店 → p.118

32

Thai Goods
既可爱又实惠的 泰国杂货

美食 & 生活用品

泰国特产，买买买！

260泰铢（4个装）

象形沉香 F
圆形的大象轮廓，非常惹人喜爱。燃烧后也是以这种形状熄灭。

390泰铢

大象玩偶 A
蓝染的大象玩偶。棉花填充。一拉象尾巴会发出声音。

180泰铢（一只）

兔子玩偶 A
小兔子身着蓝染的日式服装，合掌的姿态十分可爱。

90泰铢

烛台 E
用杧果木削成圆形并在上面雕刻大象或花朵等图案，笔触素朴。

筷子235泰铢 筷子架100泰铢

柚木筷和珍珠贝壳筷子架
自然曲线的柚木材质筷子和精致的花朵造型的珍珠贝壳筷子架，装点餐桌，别有风趣。

380泰铢

大象布偶 G
在华丽的缅甸裔孟族居住地制作的大象布偶，圆滚滚的形状，十分可爱。名字叫作"猛犸象"。

金色90泰铢，褐色80泰铢

杯垫 F
用薄木板刻成花形或泰国传统图案的杯垫。

720泰铢

青瓷蚊香台 F
淡色调的青瓷炼制而成的蚊香台。稍有些重量是作为室内装饰品很受人们欢迎。

490泰铢

拖鞋 D
麻制的拖鞋，肌肤触感极好。鞋绳处装饰着薄绢做成的花朵，十分美观。

590泰铢

钱袋 G
使用少数民族鲜艳的古布制成的钱袋，容量不小，非常实用。

少数民族花纹的小包
使用傈僳族颜色鲜艳的传统花纹作为装饰制成的小包，造型十分美观。
大：220泰铢 中：170泰铢 小：120泰铢

150泰铢

山竹香皂 D
外形美观的天然香皂。富含山竹精华，预防肌肤问题。

120泰铢

Noni 香皂 E
从选材到制作都严格监管的放心产品。

450泰铢~

开运挂件 C
用翡翠或琥珀做成大象或乌龟等吉祥动物的挂件。

390泰铢

泰国文字指环 B
可以买一个有泰国文字的独特指环作为旅行纪念品。多数人都选择自己姓名的首字母，这张图片上的字母是"M"。

大430泰铢，小330泰铢

芳香纸花环 D
在手工制作的纸花环上滴上几滴精油就变为了芳香花环。精油单独销售，有柠檬草和薰衣草等17种味道。

泰国杂货商店名单
- A 蓝房子 → p.118
- B 希斯特玛工艺品店 → p.119
- C 精灵饰品店 → p.115
- D 奇科工艺品店 → p.115
- E 齐木丽商店 → p.116
- F 和平商店 → p.116
- G 高瓮的竹子饰品店 → p.116

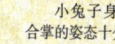

曼谷

Bangkok

曼谷的正式名称

　　天使之城，伟大之都，翡翠佛居住之都，因陀罗神居住的坚不可摧的大城之都，拥有九颗宝石的世界伟大之都，神之化身居住的天堂，各王宫的幸运之都，因陀罗神赐予、毗湿奴神建造之都。

Bangkok

文前图正面-C5

曼谷 *Bangkok* กรุงเทพฯ

充满活力的瞬息万变的魅力大都市

关于具体的出入境手续
出入境手续→ p.493
出入境卡片的填写方法→ p.494
机场大楼的缩略图
→ p.496~497

素万那普国际机场
（曼谷国际机场）
Suvarnabhumi
International Airport
MAP 文前图内有扩大图
呼叫中心＆咨询台
TEL 0-2132-1888
URL www.suvarnabhumiairport.com

迁都到曼谷的拉玛一世的雕像

旅游小贴士

曼谷有两座机场
　　在曼谷有两座机场，一座是素万那普国际机场，另一座是曼谷廊曼国际机场。根据航空公司不同，利用的机场也不相同，请确认清楚。泰国微笑航空公司两座机场都有可能使用，根据目的地不同，出发的飞机场也不一样，所以这点也要注意。
只使用素万那普国际机场的航空公司
　　泰国国际航空公司
　　曼谷航空公司
只使用廊曼国际机场的航空公司
　　飞鸟航空公司
　　泰国东方航空公司
　　亚洲航空公司
　　Scoot 航空公司
　　Solar Air 航空公司
两个机场都使用的航空公司
　　泰国微笑航空公司

机场的三位字母缩写
　　两座机场在机票上的标示（三位字母的缩写）：
　　素万那普国际机场：BKK
　　曼谷廊曼国际机场：DMK

　　泰国的首都曼谷，人来人往，行色匆匆。高架铁路穿梭在林立的高楼大厦之间，过往的车辆拥堵在道路上。如果你觉得泰国是一个很悠闲的国家，为此来游玩的话，那么你看到这个大都市的样子一定会感到惊讶。时尚现代的商店和餐厅数不胜数，夜生活的种类丰富多样。既能够参观异国风情的寺院，也可以去感受经过洗练的都市文化。这是一座有历史的城市。

到达曼谷　机场指南

　　素万那普国际机场（曼谷国际机场）位于曼谷市街向东27公里处，于2006年正式开放，是泰国的空中门户。机场有4000米和3700米的滑行跑道，共计4条，占地面积3200公顷，机场大楼占地56.3万平方米，24小时全天候运管，是东南亚首屈一指的国际机场。
　　机场大楼从地下一层到地上六层共7层，到达层在二层。办完入境手续后，通过取行李区，然后走到4层楼高的通风口即为到达大厅。

这里有问讯处、酒店咨询、手机公司、旅行社、货币兑换等柜台。可以一次解决很多事情。从这里去往曼谷市区内，出租车区域在一层，机场高铁（去往市区的高速铁路）在地下一层。

素万那普国际机场到达大厅

■ 在机场能完成的事情尽量在机场内完成

收集信息：出了到达大厅在左侧有 TAT（泰国政府旅游局）的柜台。可以前去咨询前往市区的方法等。

货币兑换：过了行李提取处和海关后在到达大厅会有一个写着"EXCHANGE"的银行货币兑换处。汇率比城市里面还要低很多，所以只需要兑换当时所需费用。地下一层的机场高铁站内的货币兑换处要比机场内其他的兑换处划算。

银行的货币兑换处和 ATM 在出发层（四层）和地下一层都有设置

住宿的安排：如果没有提前安排住宿，走到机场毫无头绪的旅客，可以去到达大厅的 THA 柜台窗口（泰国酒店协会）寻找住宿的地方。这里有曼谷市区内中级以上的主要酒店。这里比酒店标价有折扣，如果告诉他们预算，他们还会为你推荐相对应的酒店。便宜的住宿或旅馆他们这里没有相关的资料。

曼谷的旅游咨询中心

曼谷市内有两个主要的旅游咨询中心。除了这两个以外，在繁华的街道上也有小型的咨询报刊亭。

● 曼谷咨询中心
Bangkok Information Center

Map p.76-A3

曼谷市运营的面向旅游者的咨询服务中心。这里有很多关于曼谷市内景点的宣传册。所有区域还配有详细的英语。餐厅和商店的宣传册也可以在这里找到。

来这里可以查阅曼谷的相关资料

● 泰国政府旅游局 TAT
Tourism Authority of Thailand

Map p.64-A5

TAT 是泰国掌管旅游的政府组织。这里有关于酒店的清单和景点介绍的宣传册。因为这里聚集了泰国全境的资料，宣传册的种类也有很多。所以申请资料的时候，要说清楚具体想要了解哪方面的信息。

综合了泰国全境相关资料的 TAT

■ 通过报纸、杂志、免费宣传册等收集想了解的信息

灵活地运用以下媒体获取曼谷最新的信息。各种庆典、酒店以及餐厅内的活动、大甩卖等。

英文媒体：英文报纸 *Bangkok Post* 和 *Nation*，会刊登最新的活动和有关电影的信息。免费的宣传册有 *GURU*、*BK MAGAZINE*。

▶ 旅游小贴士

在机场购买 SIM 卡

素万那普国际机场的到达大厅里有三家泰国电话公司（AIS、TAC、TrueMove）的店铺，可以在那里购买 SIM 卡。预存话费式的 SIM 卡 50 泰铢起，根据通话套餐不同价格也不一样。如果运气好，还可能收到免费发放的 SIM 卡。

▶ 实用信息

曼谷咨询中心
- 17/1 Phra Athit Rd.
- ☎ 0-2225-7612~4
- FAX 0-2225-7616
- 每天 9:00~19:00
- 位于宾克劳桥（Prapinklao）附近。距离考山路大街比较近。

泰国政府旅游局 TAT
- 1600 New Phetchaburi Rd.
- ☎ 1672、0-2250-5500
- FAX 0-2250-5511
- URL www.tourismthailand.org
- 每天 8:30~16:30
- 乘坐地铁在碧武里站（Phetchaburi）下车。从第二个出口向站台（西）徒步走 7 分钟。

交通工具咨询处
机场高级轿车
可以在素万那普国际机场的官网上进行预约。
URL www.suvarnabhumiairport.com
TEL 0-2134-2323-5
打表出租车
TEL 0-2132-9199
公交车
TEL 0-2246-4262
机场高铁
TEL 1690
URL www.srtet.co.th

十分热闹，但也让人感到像是强行推销的机场高级轿车

旅游小贴士
从机场出来乘坐打表出租车时要注意的事项
从自动预约机拿的纸不要扔掉
使用自动预约机时，乘坐出租车的司机姓名和车辆号码也都打印了出来。拿着这张纸，如果丢失物品时方便联系，或者如果对司机不满时，投诉的联系方式他们也有记载。如果司机找借口想要回这个纸条，完全可以拒绝。
收费道路的费用由乘客承担
收费道路的费用和费用是分开的，由乘客承担。有些司机利用乘客不了解情况，欺骗顾客索要比实际金额更高的过路费。所以不要让司机代缴过路费，缴费时向司机要收据，这样可以避免被骗。
不要理会主动打招呼的司机
当你在公交车或出租车处排队时，如果有人问你"打车吗"，最好不要搭理，可以避免带来麻烦。

乘坐出租车的技巧
在航站出发楼层（四层）的外面，乘坐来载乘送客、又要出发的打表出租车时，可以省去通过柜台时的50泰铢手续费。比起一层的出租车配车大厅，遇到不良司机的概率会降低。但是最近戒备比较严格，很难乘到。

从素万那普国际机场到市内

如果深夜抵达素万那普国际机场，还是先找一个住宿的地方住下来比较安心。如果无论如何都想在飞机场等到早晨，可以去出发大厅（四层）或地下一层的凳子上休息。

交通工具使用方法指南

■ 机场高级轿车
在行李收取处或到达大厅的柜台办理申请。
费用：根据所去地方的距离和车型种类的不同而不同。如果去曼谷市内是800泰铢起步，去往市中心地带的话需要1300~1500泰铢。包括收费道路。申请使用的时候在柜台支付。CC A J M V
定员：根据车的种类不同，最少3人。（1个人起也可能发车）
运行时间：24小时
所需时间：根据交通拥堵状况和收费道路出口的远近而各不相同，一般需要30分钟到1小时。

■ 打表出租车
航站楼一层的第四出口和第七出口并排着很多向外的自动预约机。轻触触摸屏，会出来一个印有号码的打印的纸条。当有出租车开到纸条上印有号码的地方时可以乘坐。背对着航站楼大厅，从左向右有1~50的号码，从天花板上悬挂下来的电子屏幕上标示着号码。

TAT里面搜集了全泰国的相关资料

费用：打表的费用（去曼谷市里需要230~280泰铢）+ 手续费50泰铢。**到达目的地后，要给司机打表显示数字并加上50泰铢的金额。**有很多乘客会在结账时忘了，所以在这里提醒一下。收费道路的费用（根据路途不同在25~75泰铢）由乘客支付。出发的时候一定要确认一下计价表的数字是不是初始的"35"，计价表是否已经开始走字了。
定员：4人
运行时间：24小时
所需时间：根据交通拥堵状况和收费道路出口的远近而各不相同，一般需要30分钟到1小时。

■ 机场巴士A3
从机场航站楼大厅一层第八出口出来后，穿过前面的道路，可以发现停车场前的道路上有乘车处。在这里可以乘坐橘黄色的新型空调公交（→p.48）。
行车线路：经过机场南的素坤逸路开往BTS乌东素社（Udom suk）车站。
费用：30泰铢。
运行时间：6:00~20:00。6:00~9:00和16:00~20:00时间段是30分钟一班车。9:00~16:00是1小时一班车。
所需时间：约40分钟。

从素万那普国际机场到市内

■ 机场高铁（ARL：通往机场的铁路）

素万那普车站位于机场航站楼地下一层，是连接机场和市区的高架铁路，总共有8站。中途的目甲汕车站与MRT碧武里车站，终点站帕亚泰车站与BTS帕亚泰车站相连接。

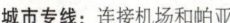
机场高铁各站都停的城市专线

城市专线：连接机场和帕亚泰的各站都停的列车，需要27分钟。5:56～次日0:30，12～15分钟发一班车。费用是15～45泰铢（到目甲汕站需要35泰铢，到帕亚泰站需要45泰铢）。之前开通的快速列车停运了。

■ 酒店的高级车

如果预约高档酒店，有的会提供到机场进行迎接的高级车。比机场高级车还要贵一些，但是发生纠纷的概率几乎为零。有时候所来车辆为奔驰、宝马，可能会让你感到消费得物有所值。

■ 公交车

公交车在机场内的公交中心（Public Transportation Center）乘坐。前往公交中心，可以从机场大楼二层出发，乘坐机场内往返的免费区间车7~8分钟。区间车有两种：一种是快车（Express）；一种是普通车（Ordinary）。普通车所花费的时间会长一点。建议乘坐快车。

机场出发的公交车

线路：线路有好几条。方便游客的是550路公交车［开往恰图查克方向，经过MRT叻抛350车站（Lat Phrao）、拍凤裕庭路车站（Phahon Yothin）］、554路公交车（经过廊曼国际机场前，开往兰实方向）等。

费用：34泰铢。在售票窗口或者乘车后在车内支付。

运行时间：550路是5:00～次日0:00，554路是4:00～22:00。间隔20~30分钟一班。

所需时间：1~2小时。

公交中心

从市内去往素万那普国际机场

打表出租车：酒店前等待客人的司机，一般素质不高的人比较多，这点要多加注意。如果拜托行李员打车的话，这样的车就会开过来，他们也不打表，张口就要500泰铢等。所以不要理睬这样的司机，使用流动着的出租车，或者车内附带智能手机、利用打车软件GRABTAXI的出租车。

机场高铁：可以在BTS帕亚泰站或MRT碧武里车站换乘。MRT在进站的时候要进行行李检查，如果拿着体积大的行李会比较麻烦。推荐在BTS帕亚泰站换乘。

机场巴士A3：在BTS乌东素社（Udom suk）车站第五出口下面的公交车站。

利用酒店的高级车：这个比较放心。费用最低也需要1000泰铢左右。如果是便宜的酒店，即使说是酒店的出租车，也有很多来酒店前等待客人的打表出租车，大部分都是不打表，张口就要400~500泰铢。所以还不如自己去打流动的出租车。

公交车：参考文前图反面的线路图，在线路上的公交站点等着。在机场是由航站楼大厅发车，到达公交中心。

🌟 旅游小贴士

混乱拥挤的机场高铁

2010年开通的机场高铁，刚开始的时候车票打折，运行列车表也有过变更，现在给人的印象是有时也会运行错误。最开始运行的快车，无法维修车辆，现在已经停运。

早晚特别拥堵的机场高铁

早晨和傍晚特别拥堵，这个时间段如果带着大件的行李去中转站会特别麻烦。

便利的GRABTAXI

如果有智能手机就可以用打车软件GRABTAXI。打车软件使用的是英语。根据酒店的不同，有的地方还会提前收25泰铢的手续费。可以不用乘坐在酒店前等待客人、信口开河地说"到机场500泰铢"的出租车了。
GRABTAXI顾客服务
☏ 0-2021-2500

华兰蓬火车站椭圆形的屋顶和白色的外观

去往地方旅游的起点

曼谷位于泰国国土近乎中央的位置，是作为泰国国内交通枢纽的一座城市。火车站有三座，分别为：中国城附近的华兰蓬火车站，王宫对面的吞武里车站，还有延伸到郊外的摩诃柴线路起点的大罗斗圈火车站。国内航线的机场有素万那普国际机场和廊曼国际机场两个。长途巴士总站在东、南、北三个方向各有一个。

铁路旅游的起点

华兰蓬火车站
MAP p.67-F1~F2
交 MRT 华兰蓬火车站出来沿着过道可以直接进入火车站（第二出口）。这里是公交 29 路的终点。25 路和 40 路也经过车站正面。
电 1690、0-2621-8701
URL www.railway.co.th

■ 华兰蓬火车站（曼谷车站）สถานีรถไฟ กรุงเทพ（หัวลำโพง）

宽敞的空间里人来人往

华兰蓬火车站是泰国铁路的起点，也是泰国国内最大的火车站。鱼糕形状的火车站，每天都有很多开往北方、南方、东北方向的列车。火车出发集中在早晨和傍晚，所以周围的道路会变得非常拥堵，如果乘坐公交车或者打车要注意一下。如果着急可以利用 MRT。

车站的出入口有面向南方的正面和面向运河的西面两个地方。MRT 华兰蓬火车站到西边的出入口有一条通道。内部有一个空调大厅，里面有凳子，等车的人可以在此休息。没有空座的时候，人们可以坐在地上，因为拥挤不堪，没有办法在里面直着行走。大厅的左右两侧有商铺和饮食店，从正面入口进来的左侧二层还有咖啡馆和旅行社。

■ 华兰蓬火车站指南

铁路咨询处（Rail Travel Aid）：在这里可以咨询火车的时刻表或车费等相关问题。可以使用英语，工作人员也都很亲切。列车时刻表和费用表

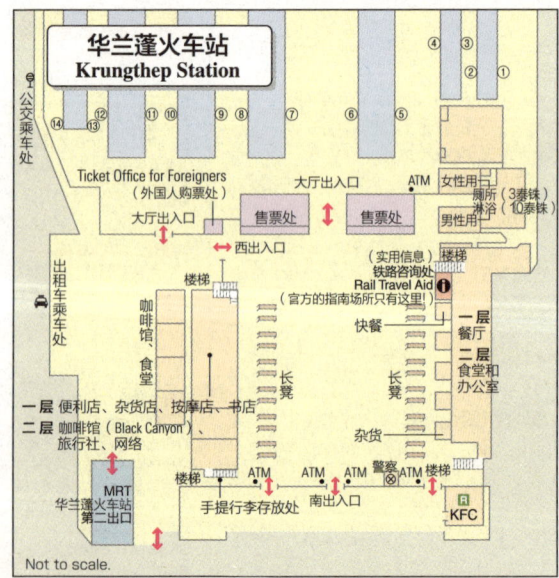

铁路咨询处的前面有僧侣专用凳子

可以免费领取。

售票处：从正面入口向里面走，来到大厅入口，左右两侧是售票处。左边有1~11号售票口。右边有12~22号售票口。大部分售票口都标示"All Train Tickets"，可以在窗口购买任意列车的车票。预售票提前60天可购。通常左边窗口换成"Postponment of Journey, Refund of Fares"时表示更换或者退票专用窗口。虽然屏幕上有显示，但窗口有的摆出"Closed"的牌子，暂不办理。这种情况也要注意。另外可以使用信用卡支付。（CC M V）

排成一列的售票窗口

外国人购票处 Ticket Office for Foreigners：对着售票处，左边有一个玻璃隔开的小屋。这里是专供外国人购票的地方（开 每天 6:00~20:00），可以使用英语。

餐饮：餐饮摊（右侧一层里面）和快餐店、咖啡馆、餐厅（右侧二层）等餐饮设施种类齐全。正面右角有 KFC。

厕所、淋浴房：向售票处走，靠右侧里面。收费，厕所 3 泰铢，淋浴 10 泰铢。每天 4:00~22:30 开放。

手提行李存放处：从正面出入口向大厅里走，在左侧通向二楼楼梯的边上，银行 ATM 的后面。费用根据行李的尺寸大小，1 个一天 20~80 泰铢。小型背包 20 泰铢，大型背包 60 泰铢。每天 4:00~23:00 开放。

货币兑换：从正面进来，左侧二层有银行的兑换中心，ATM 位于正面入口进来后的左右两侧。

网络：从正面进入，左侧商铺的二层，有一家收费的网络区域。

酒店：车站没有住宿设施。车站周围有几家便宜的住处和中级的酒店。

吞武里火车站（旧称小曼谷火车站）สถานีรถไฟ ธนบุรี

吞武里火车站位于大王宫和国家博物馆的对岸，开往佛统府和北碧府方向去的列车在这里出发。目前的规模是在原来的基础上扩建的。南边连接医院的相关设施。新站比老站向西大约迁移了500米，从老站可以坐双条车到新站。新站的周围建了一个大型的生鲜市场。

保存下来的老车站和蒸汽机车

■ 大罗斗圈火车站 สถานีรถไฟ วงเวียนใหญ่

大罗斗圈火车站的站台有杂货店和食摊，还有市场

从这里可以乘坐地方列车前往曼谷郊外的小渔村马哈猜。到终点站马哈猜车站需要 1 小时，花费 10 泰铢。马哈猜周围有很多卖海产品的店铺，也有面向港口的餐厅。最适合当天往返的一日游。

旅游小贴士

预订车票

可以预订的车票只有一等座、二等座和卧铺票。三等座（Ordinary）则不可以提前预订。前往郊外的中短途火车，只有接近发车的时间时才能买票。

华兰蓬火车站的注意事项

在火车站里面经常有拿着 ID 卡巡逻的工作人员，当他们看到不熟悉旅途的外国旅客时就会前来搭讪说可以给予帮助。但是他们大部分都和火车站周围的旅行社合伙，欺骗旅客说"火车旅行有点危险"、"距离下班车要2个多小时才能来"等，引诱旅客乘坐价格较高的巴士或者出租车。如果发现可疑的地方，可以去铁路咨询处确认详情。

要注意火车站周围的旅行社

火车站前的大街旁有很多旅行社。每家都标着大大的 TAT 字样或者看起来像是泰国公共机构的标识。实际上它们只是通过了 TAT 的认证。虽然可以预约酒店、火车、飞机等，但发生纠纷较多，评价很差。这些旅行社向游客推荐高价旅游线路，欺骗游客说火车今天停运，最好乘坐巴士（除了观光用的特别火车以外，泰国的大部分火车每天都在运转）。需要特别注意。最好不要咨询火车站周围的旅行社。

吞武里火车站
MAP p.58-A2
交通 乘坐湄南河快艇或渡口的轮船，在 N11 处下来。之后步行 16 分钟即到。或者乘坐双条车（7 泰铢）。

大罗斗圈火车站
MAP p.66-B4
交通 从 BTS 西罗姆线的大罗斗圈乘坐出租车过来。走过来需要 9 分钟。

关于火车之旅 → p.505

曼谷 — 去往地方旅游的起点

从市内去往素万那普国际机场的方法
费用等详细信息→ p.39

素万那普国际机场详图
→ p.496~497
国际线路向国内线路换乘事项→ p.495

旅游小贴士
引入定期航班B787的飞鸟航空

飞鸟航空，刚开始的时候叫作LCC，全部线路投入使用了最新的机型B787。另外也准备了很多机内的服务，提供安全舒适的空中旅行。
Tel (03) 4579-5788
URL www.flyscoot.com

廊曼国际机场
Don Mueang International Airport
MAP 文前图反面-E1外
Tel 0-2535-1192
URL www.airportthai.co.th

旅游小贴士
往返于素万那普国际机场和廊曼国际机场之间的方法

素万那普国际机场航站楼一层公交站点可以免费乘坐区间巴士，5:00～次日0:00之间运营，8:00~11:00和16:00~19:00是12分钟一班车，其他时间段是30分钟一班车（需要出示换乘的机票）。如果打车前往，就需要30分钟~1小时。加上收费道路的费用，总共250泰铢左右。两座机场间的换乘，至少需要3小时30分钟（MCT）。时刻表上如果不能比这个时间富余，就不能购买换乘的机票。自己乘坐换乘航班分别购买机票的时候要注意之间的中转时间。

廊曼国际机场的新线路公交

2015年11月，廊曼国际机场新增机场开往市区的新公交（Airport Limo Bus Express）。路过奔集，开往隆披尼公园（9:30～次日0:00，隔30分钟发一次车）和开往考山路（4:00~20:30，隔一小时发一次车）。两个线路，1个人150泰铢。车内可以使用Wi-Fi。

关于飞机之旅→ p.502

航空旅游的起点

在曼谷，运营泰国国内航空线路的有素万那普国际机场（曼谷国际机场）和廊曼国际机场两个。廊曼国际机场现在主要是由LCC（格安航空公司）使用。根据航空公司不同，降落的机场也不一样，这一点要注意。

■ 素万那普国际机场（曼谷国际机场） สนามบิน สุวรรณภูมิ

国内航线和国际航线都在同一个航站楼内，C~F登机手续办理柜台是国内航线专用。像曼谷航空公司，原来主要做国内线，后来才开通国际航线，因此，国际航线也可以在这些柜台办理登机手续。

素万那普国际机场从国际航线到国内航线的换乘口

■ 廊曼国际机场 สนามบิน ดอนเมือง

泰国亚洲航空和飞鸟航空等的一部分航线在曼谷北部的廊曼国际机场发抵。

■ 从市内前往廊曼机场的交通

BTS、MRT等和公交换乘： 北部公交总站出发经过莫奇站（Mo Chit）第三出口（MRT恰图查克公园站第二出口），开向廊曼国际机场的公交A1线路。7:30~次日0:00，12~20分钟就会发一班车，需要20分钟，30泰铢。战争胜利纪念碑出发的公交A2是7:00~次日0:00，30分钟一班车，需要40分钟，30泰铢。

出租车： 根据乘坐地点不同，在曼谷市内打车一般需要30分钟~1小时。收费道路另外计算，需要170~220泰铢。

公交车： 在华兰蓬火车站前乘坐29路公交车，需要1小时，21泰铢。从素万那普国际机场出发，在公交中心（→p.39）乘坐554路公交车，所需时间1小时，34泰铢。

火车： 从华兰蓬火车站到机场前的廊曼车站，乘坐开往北方和东北方向的火车，需要40分钟~1小时。运费根据所乘车辆种类会有所不同，二等座31~161泰铢，三等座25~155泰铢。

■ 国内线的登机手续

一般在飞机起飞2小时前开始办理登机手续，起飞前30分钟停止办理。机场比较拥挤的时候，如果按照时间踩点去的话很有可能赶不上航班。所以去机场要留有富余的时间。办理登机手续和搭乘的时候，要拿着护照准备好。在办理登机的时候，有一个行李安全检查环节。

廊曼国际机场办理登机手续的区域

巴士旅游的起点

1958年,在美国的援助下建立了友谊高速公路,以这条公路为基础充实完善了交通道路网。以曼谷为起点,开通了前往国内大部分主要城市的巴士线路。巴士网络覆盖了国内主要城市,线路和班次也比较多。铁路网比较匮乏,所以巴士是最为便捷的交通工具。大巴的种类各种各样,从不带空调的普通巴士到带有空调的大巴、座位间隙较为宽松舒适的沙龙风格VIP大巴,可以根据个人的预算进行选择。曼谷的巴士总站根据前往的方向不同,分别有3处。

■ 北部巴士总站(莫奇特·麦)สถานีขนส่ง หมอชิตใหม่

从这里出发有去以下方向的巴士。清迈、素可泰等北部地区和廊开、乌隆он尼等东北部方向,大城(阿瑜陀耶)等中部地区,以及亚兰方向。也有去芭堤雅的巴士。巴士总站面积很大,根据线路的不同,售票窗口也不一样。从售票处到巴士乘车处有将近10分钟的路程,所以去之前要留出富余的时间。主要建筑物有3层,三层是前往东北方向,一层是开往北部地区、中部地区和帕塔亚(芭堤雅)、亚兰等东部地区的售票处。二层是办公室。售票处的大屏幕文字颜色有蓝色和橘黄色两种,橘黄色代表普通巴士二等空调车,蓝色代表一等空调VIP巴士。

24小时运营的北部巴士总站。在巴士总站找目的地的售票窗口也很费工夫

■ 东部巴士总站(亿甲米)สถานีขนส่ง เอกมัย

这里每天都有前往帕塔亚(芭堤雅)、沙美岛、达叻等东海岸方向的巴士。在素坤逸大街对面的建筑物里有售票大厅,里面有乘坐巴士的站台。

■ 南部巴士总站(萨泰)สถานีขนส่ง สายใต้ใหม่

这里每天都有前往华欣、阁沙梅岛、普吉岛、合艾、也拉等南部地区的巴士,和前往佛统(那坤巴统)、北碧(干乍那武里)等西部地区的巴士。大厅内有多家商铺和餐厅。

南部巴士总站的售票处

泰国巴士公社
☎ 1490(客服)
URL www.transport.co.th

北部巴士总站
MAP 文前图反面 D1~E1
去往北部地区的咨询电话
☎ 0-2537-8055
去往东北方向的咨询电话
☎ 0-2272-5242、0-2272-5299
交 乘坐BTS素坤逸线水牛桥站第三出口,出来后打车,或者从MRT甘烹碧站第一出口出来乘坐摩托车或者打的。也可以乘坐公交车,从公交站第一出口出来向左转,步行约300米的左侧。96路、104路、122路、145路、159路、536路公交3分钟左右就能到达。连接北部巴士总站和南部巴士总站的公交需要35泰铢。

东部巴士总站
MAP p.71-E5
☎ 0-2391-8097
交 BTS素坤逸线亿甲米站第二出口出来即到。如果打车前来,只告诉司机在亿甲米站下车,可能会把你送到BTS车站的楼梯处。所以一定要提醒司机在巴士车站。

东部巴士总站给人留下狭窄的印象

南部巴士总站
MAP 文前图反面-A2外,p.87-A
☎ 0-2894-6122
交 从市内乘坐公交28路、30路、66路、507路、511路、524路等。

关于巴士之旅→p.499

🌸 旅游小贴士
关于巴士费用
即使同样线路,根据公司不同,巴士车内的设备和运费也不相同。

乘坐长途巴士的注意事项 *Column*

长途巴士内偷盗事件频发,要对其予以注意。特别是在清迈和阁沙梅岛地区景点的民营巴士比较多,在车内提供的饮料里放入安眠药,趁乘客熟睡的时候进行偷盗。所以贵重物品要好好保管,抵达目的地时要确认是否有异常,下车前一定要确认。(相关事项:p.501专栏)

自由自在游曼谷

曼谷交通指南

在大都市曼谷漫游，一定要灵活地运用公共交通工具：高架铁路 BTS（轻轨），泰国国内唯一的 MRT（地铁），连接市区的很多条公交线路，湄南河快艇和轮渡。另外，还有出租车和嘟嘟车、载客摩的(摩托车改造的出租车)。如果能够记住各个换乘车站，无论去哪里都十分轻松方便。

熟练乘坐公交，接触的外面世界会更广

BTS、MRT主要线路图

图例：
- BTS素坤逸线
- BTS是隆线
- MRT
- 机场高铁

站点：
- 拍凤裕庭 Phahon Yotin
- 恰图查克公园 Chatuchak Park
- 邦绥车站
- 邦绥 Bang Sue
- 周末市场
- 莫奇 Mo Chit
- 叻抛 Lat Phrao
- 甘烹碧 Kamphaeng Phet
- 水牛桥 Saphan Khwai
- 叻差达披色 Ratchadaphisek
- 苏撻萨 Sutthisan
- 阿里 Ari
- 汇权 Huai Khwang
- 拍凤裕庭路 Phahonyothin Rd.
- 打靶场 Sanam Pao
- 叻差达披色路 Ratchadapisek Rd.
- 泰国文化中心 Thailand Cultural Centre
- 战争胜利纪念碑
- 战争胜利纪念碑 Victory Monument
- 帕亚泰 Phaya Thai
- 拉查普拉罗普 Ratchaprarop
- 拍喃9路 Phra Ram 9
- 目甲汕 Makkasan
- 碧武里 Phetchaburi
- 拍喃9路(拉玛九世大街) Rama 9 Rd.
- 帕亚泰 Phaya Thai
- 国家体育场 National Stadium
- 叻差他维 Ratchathewi
- 素万那普国际机场
- 华兰蓬 Hua Lamphong
- 奇隆 Chit Lom
- 新碧武里路 New Petchburi Rd.
- 暹罗（中心车站）Siam (Central Station)
- 奔集 Phloen Chit
- 娜娜 Nana
- 华兰蓬火车站
- 叻差达蒂 Ratchadamri
- 素坤逸 Sukhumvit
- 是隆 Si Lom
- 亚索 Asok
- 蓬膨 Phrom Phong
- (延长线正在施工中)
- 山艳 Sam Yan
- 素坤逸路 Sukhumvit Rd.
- 通罗 Thong Lo
- 亿甲米路 Soi Ekkamai
- 沙拉玲 Sala Daeng
- 隆披尼公园
- 隆披尼 Lumphini
- 邦瓦 Bang Wa
- 是隆路 Silom Rd.
- 通罗 Thong Lo
- 亿甲米 Ekkamai
- 景隆路
- 琼龙西 Chong Nonsi
- 拍喃4路(拉玛四世大街) Rama 4 Rd.
- 素蜡塞 Surasak
- 孔提 Khlong Toei
- 东部巴士总站
- 拍昆仑 Phra Khanong
- 郑信大桥 Saphan Taksin
- 诗丽吉王后国际会展中心 Queen Sirikit National Convention Centre
- 翁辜 On Nut
- 拜林 Bearing

BANGKOK TRANSPORTATION GUIDE

曼谷的陆上交通

■ MRT（地铁）

泰国唯一的地铁

于 2004 年开始运营，是泰国第一条地铁。正式名称是 MRT（Mass Rapid Transit）。现在正在运行的全长 20 公里的 1 号线，一共有 18 站地。从华兰蓬火车站，沿着拉玛四世大街向东行驶，然后沿着叻差达披色大街向北行驶，经过周末市场，和国家铁路邦绥站相连。途中在是隆与 BTS 沙拉玲车站相连，在素坤逸与 BTS 亚索站相连，在恰图查克公园与 BTS 莫奇车站相连，在碧武里与机场高铁的目甲汕站相连。

运行时间是 6:00~ 次日 0:00。6:00~9:00 和 16:30~19:30 间隔是 5 分钟以内。除此之外的时间段是 10 分钟以内的间隔。每趟车有三节车厢。为了安全起见，站台安装了安全门。

进站时行李需要安检

为了防止带入危险物品，地铁入口处有行李安全检查。包和大点的行李，都必须让安检人员检查后才可以通过。所以携带大件的行李和旅行箱时要特别注意。

MRT 的票价和车票的种类

票价：起步价 16 泰铢，每多坐一站地就要加 2~3 泰铢。最高 42 泰铢。

车票种类：一种是 IC 芯片内置叫作"Token"的硬币式单程券（单程旅行票 Single Journey Token），另外一种同样是内置了 IC 芯片的卡式车票（储值卡式车票 Stored Value Card 和日卡 Day Pass）。

单程旅行票：只能用 1 次。可以在自动售票机购买。进站时，将票贴在检票机的感应位置，进站口就会打开，可以通过。出来时，将车票投入检票机，出站口就会打开。

储值卡式车票：可以多次使用。提前充值。每次使用都会从卡中扣除相应的运费。可以在窗口购买，第一次购买时要充值 300 泰铢，其中 50 泰铢是卡的押金。卡里可以充值 100~500 泰铢。通过检票口时，将卡贴在检票机的感应位置，门就会打开。下车的时候，同样将卡贴在感应位置，此时会扣除相应的费用，在检票机的窗口上显示卡的余额。

日卡：日卡分为四种，每种都可以在规定的有效期限内随便使用。可以在窗口购买。使用方法和储值卡式车票相同。

提前充值的储值卡式车卡

名称	有效期限	费用（括号内是日平均价格）
1 日票	发行当天	120 泰铢
3 日票	3 天	30 泰铢（76.7 泰铢）
15 日票	15 天	600 泰铢（40 泰铢）
30 日票	30 天	1400 泰铢（46.7 泰铢）

※ 在窗口如果支付 300 泰铢以上可以刷信用卡（CC A M V）

地铁的使用方法

1 地铁站可以购买单程硬币式车票。可使用硬币 1、5、10 泰铢，纸币 20、50、100 泰铢。找零只有硬币。乘客可以在售票机画面的线路图上找到目的地的车站，然后触摸画面，显示金额。语言可以选择泰语或者英语。也可以在有专线工作人员的窗口，告知车站的名字进行购买

2 这个是单程硬币式车票。和棋子差不多大小

3 放在检票口的感应部分（上面有车辆插图，长方形），红色的进站口就会打开

4 下车时，向检票机的箭头标示的小投意孔投入硬币车票，检票口就会打开

45

■ BTS（轻轨）

穿梭于曼谷中心地带繁华街道的高架桥式铁路。一班车由三四节车厢组成，运行时间为 5:15~次日 0:51。夜里和白天每隔 6~8 分钟一班车，早晚高峰每隔 2~3 分钟一班车。运行线路有**素坤逸线**，从周末市场莫奇站出发经过战争胜利纪念碑、暹罗湾，去往素坤逸大街到拜林。2 号线——**是隆线**，从国家体育场出发，经过叻差达蒂大街，穿过隆披尼公园和帕蓬大街的一侧，渡过湄南河就到邦瓦车站。两条线路在暹罗车站相连。车内带有空调，是不会堵车的特别便利的交通工具。有的车站里还有便利店和货币兑换处。

车体的标志性颜色和泰国国旗相同，为白色、红色、蓝色

每个 BTS 车站都配有多部电梯

不会堵车的便利交通工具

BTS 的票价和车票的种类

票价：最低 15 泰铢。每经过一定数量的车站，就会多收 3~10 泰铢。最高 52 泰铢。

车票的种类：有三种，第一种是单程票，第二种是单日票，第三种是可充值式卡。

单程票 Single Journey Ticket：票价是 15~52 泰铢（根据距离，会有 3~10 泰铢的变动）。可以在自动售票机购买磁条卡式车票。售票机只能使用 1、5、10 泰铢硬币（有的车站配备了可以使用纸币的新型售票机）。如果没有带零钱，可以在窗口进行兑换。在车站大厅的价格表上，找到前往目的地所需的金额，确认好后，按一下售票机上显示标有相同数字的车票价格。按键变亮后，投入相应金额的硬币就可以出票。车票规定了有效期限，进场后经过 120 分钟如果没有出来，就不能通过检票口了。如果要出来，就必须追加 40 泰铢的费用。

单日票 One-Day Pass：单日票的票价是 130 泰铢。购物时，移动的场所相对集中，利用单日票特别方便。有一点要注意的是，使用期限为购买当日，不是购买后 24 小时。

兔子卡 Rabbit Card：有充值卡和次数卡两种（一张卡可以多人同时使用），在自动售票机上没有卖的，可以去柜台窗口购买。

可充值式卡：第一次购买的金额为 200 泰铢，其中包括发行手续费 50 泰铢，卡的押金 50 泰铢（退还卡时，可以返还押金）。另外的 100 泰铢可以作为运费使用。卡内金额最多可以充值到 4000 泰铢。卡购买后有效期为 5 年。

次数卡：根据可以使用次数分为四类，所有的有效期都是 30 天。27 泰铢以上区间如果重复使用就会有折扣。使用中不可以退。

名　称	可以利用次数	费用（括号内是 1 次的金额）
15 次票	15	405 泰铢（27 泰铢）
25 次票	25	625 泰铢（25 泰铢）
40 次票	40	920 泰铢（23 泰铢）
50 次票	50	1100 泰铢（22 泰铢）

※ 如果支付 300 泰铢以上可以使用信用卡（CC AJMV），只能在 6:00~22:00 期间使用）

车票的购买方法

首先在线路图上确认现在的位置和目的地的站名

确认好目的地之后，确认票价表上的价格

选择相对应 **1** 的票价，按下按键（如是 15 泰铢，就选择 15）。
→按下后，所按键就会点亮，在 **2** 投入相对应车票的硬币。
→ **3** 从此处出带有磁卡的车票。
→ **4** 如果有找零，就在右下口出来。

● 曼谷交通指南 　曼谷

检票口的通过方法

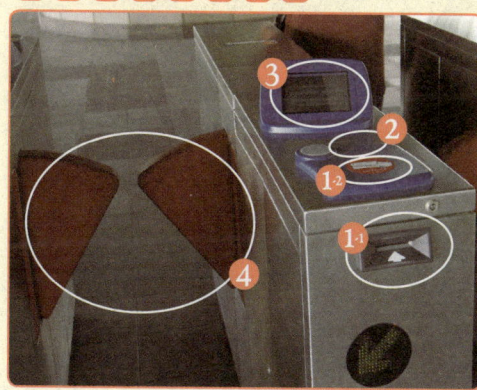

1-1 将单程票和单日票插入前面的槽中，就会在检票机上面 2 位置的槽中出来。从槽中拿出票后进站门就会打开

1-2 兔子卡（Rabbit Card）贴在图上 1~2 显示的位置，进站门就会自动打开

2 出站的时候，基本上一样。单程票会被回收。单日卡会从图中 2 的位置出来，注意不要忘记取走

3 如果使用的是兔子卡（Rabbit Card），就是在图中 3 的位置显示余额和次数票剩余的次数

4 红色的进出站门打开后尽快通过。门关得很快，注意不要被夹住

使用 BTS 时的注意事项
■ 进站门关闭得比较快
　　进站口有两个红色的挡板从两侧银色的检票机伸出来。将车票投入后，两片红色挡板就会打开，行人便可以通过，但是挡板关闭得速度也很快。如果不快点通过，就会被夹住，一定要注意。

■ 携带大件行李时
　　当两手都拎有大件行李时，可以请检票口处的工作人员检票，利用员工通道通过。

■ 不要越过站台的黄线
　　如果稍稍越过站台上的黄线，站台上的警务人员就会鸣笛示意。

■ 连接 BTS 车站天桥的主要建筑
国家体育场车站：群桥（MBK）中心（东急百货公司、曼谷帕色哇公主酒店），暹罗发现中心百货公司（暹罗中心）

暹罗车站：暹罗中心百货公司（暹罗发现中心百货公司）、暹罗曼谷、暹罗广场、暹罗模范百货

沙拉玲车站：是隆综合商厦（中心百货公司）、塔尼亚广场、BTS 一侧（塔尼亚）

亚索车站：21 站台，罗宾逊广场，素坤逸喜来登大酒店，时代广场，交易中心大楼，枢纽大楼

蓬鹏车站：商业中心，泰国 EM 第二期商城

47

■ 公交车

公交车连接曼谷市区,是市民出行特别方便的交通工具。其中有很早之前就投入使用的没有空调的破旧公交车,也有带空调、可以免费使用 Wi-Fi 的新型公交车,划分出很多种类。有公交公司运营的线路,也有民间企业委托运营的线路,使用方法和收费体系是相同的,没必要过多担心。曼谷市内有将近 200 条线路。

主要的公交车种类

红色公交
车厢特别旧,没有空调。靠近停下的公交车,走过去打个手势就可以乘坐,只要交了钱在哪里下车都可以。

白色公交,粉色公交
白色公交车设计简洁,车厢的喷漆是新的,车框架还是老的,也没有空调。和红色公交的区别只是颜色上的不同,收费标准是一样的。

旧型空调公交
旧式公交车身主要是绿色,配有乳白色的彩带,车厢侧面大多植入了广告。车厢比较旧。费用比新型空调公交要稍微便宜。

新型空调公交
车厢的颜色喷涂了天蓝色和橘黄色,是一种近代公交车。空调效果较明显,乘坐起来很舒适。有的此类公交车附带免费的 Wi-Fi。

NVG 公交(黄色公交)
喷涂黄色漆的新型公交,使用天然气作为燃料。中国制造,车里附带空调,但车门上口留有很大的缝隙,特别不可思议的设计。使用此类型的公交线路逐渐增加了。

微型公交
乘客较多,有特定线路的公交车。车厢的颜色是橘黄色,没有空调。所有的此类公交车都是 2010 年引进的新车,车上的座位等要比红色公交舒服。

公交车的使用方法

■ 关于公交车的线路编号

公交线路以编号进行区分。车费由车型决定。即使相同的线路、相同的距离,也会因为乘坐公交车类型不同而车费不同。

■ 获取公交车线路图

公交车上一般会标出主要途经车站,只有很少一部分用英语标示,其他的都只用泰语标示。如果想灵活地乘坐公交车,那就从市场上买一本公交线路图吧。公交线路图会标出所有的公交线路,特别简单易懂。主要街道和标志性建筑物会有泰语标记,可以给司机指一下想下车的地方,是特别方便贴心的设计。

■ 公交车的乘坐方法

曼谷的公交车站有很多种类,有的带车站棚子和长椅,有的只有车站棚子,有的只有标识等。如果站台的标识上有你想乘坐的公交车编号,那趟公交就会经过这个站。但是也有很多车站没有标出公交车的编号,当公交车进站后,确认好公交编号后,向司机示意要乘车。

公交车站的站牌上标示着经过公交车的编号,不过也会发生变更,要注意

如果不打手势,只在那里站着等,司机就会不停车直接开走。也有示意司机乘车,但司机不停车直接开走的情况,那只能等待下一趟车了。

■ 车费的交付方式

上公交车后,乘务员就会拿着一个金属的桶状的收费箱前来收钱。把车费给他后就会收到一张车票(发票)。尽量准备一些 20 泰铢的零钱,偶尔会在车上查票,所以下车前要妥善保管好车票,不要丢掉。空调车是按照距离收费的,所以上车的时候必须告诉乘务员目的地。但大多数乘务员不懂英语,泰语的发音也很难。事前多练习几遍要去站点的发音,带着地图。或者拜托酒店的人,将自己的目的地用泰语写在纸上,到时给乘务员看那张纸也可以。

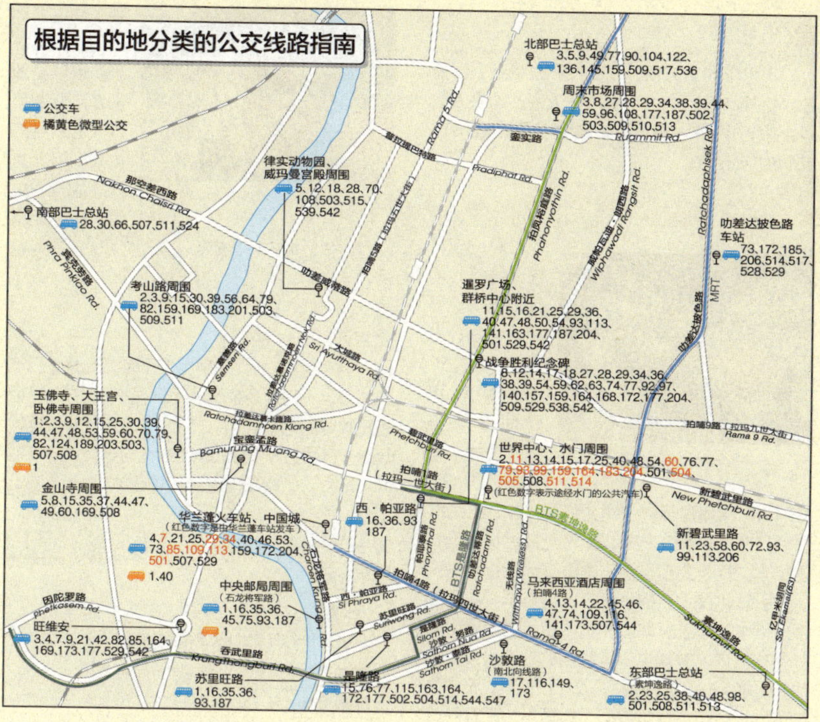

曼谷 · 曼谷交通指南

根据目的地分类的公交线路指南

■ 公交车的下车方法

曼谷的公交站台没有写站名，车内也不广播，所以只能上车的时候告诉乘务员要去目的地的名字，拜托乘务员到站的时候提醒你（但是大部分乘务员不会说英语）。或者只能依靠地图凭感觉行事了。快到目的地的时候，按下车门附近的按钮，下车铃就会发出声响。司机就会在最近的公交站台停车。堵车的时候或者在十字路口等停车时，如果下车铃声发出声响，也有可能当时当地就给你打开车门。公交车站之间距离较近，即使稍微超出一点也没关系。另外下车的时候要注意后面（左侧）行驶而来的摩托车。

■ 乘坐公交时的注意事项

在人多拥挤的时候要注意防盗。贵重物品不要放在裤子的后面口袋或者背着的包内。车厢内禁止吸烟、喝酒。司机开车有点蛮横不规矩，一定要抓好扶手之类的。

留意指示牌

服务台玻璃的右下方一般会放着一块指示牌。一定要注意指示牌的内容。
蓝色文字指示牌： 照常运行的公交车。
红色文字指示牌： 仅部分区间运行。
黄色文字指示牌： 走收费道路。
橘黄文字指示牌： 只在高峰点运行的、只在主要车站停的快速公交。

公交车票价格表（截至本书调查时）

红色公交	根据线路需要 6.5~7.5 泰铢（走收费道路会追加 2~3 泰铢，深夜追加 1.5 泰铢）
白色公交，粉色公交	9 泰铢
旧型空调公交	起步 8 公里 12 泰铢，之后每增加 4 公里就会增加 2 泰铢，最多 20 泰铢
新型空调公交	起步 4 公里 13 泰铢，之后每增加 4 公里就会增加 2 泰铢，最多 25 泰铢
NGV（黄色公交）	起步 4 公里 15 泰铢，之后每 4 公里增加 2 泰铢，最多 27 泰铢。也有的线路一次性收取 10、12 泰铢
微型公交	9 泰铢

（车票价格会根据原油价格的变动而做出相应的调整）

■ 出租车

出租车非常方便，可以把你直接送到目的地。曼谷的出租车费用也不是太高，如果人数多，乘坐出租车，根据距离有的时候还会比 BTS 或 MRT 要便宜。

曼谷的出租车有两种

用红色和蓝色整体喷涂的出租车，很多车体都是新的

即使打表式出租车也要先商量清楚

截至目前，曼谷有两种出租车。一种是打表式出租车，根据行驶的距离和时间收取车费。这种车的顶部有"TAXI-METER"标识。另一种出租车已经很难见到，车顶只有"TAXI"的标识，是可以讨价还价式出租车。打表式出租车不管距离远近都可以到达，所以建议大家乘坐打表式出租车。不管哪种出租车，除了车站前和机场等特别设置出租车停车位置或有规定停车限制的地方（公交车站周边等），基本上在哪儿都可以停车。泰国的打车方式是将手臂微微向下方倾斜。副驾驶前的风挡玻璃位置，如果有亮着红色"ว่าง（空车）"字样的牌子就代表是空车。

打表式出租车

讨价还价式出租车

打表式出租车的乘坐方法

出租车停稳后，打开副驾驶座的门，告诉司机目的地。如果司机同意了就可以上车了（根据目的地的方向，时间段，司机不知道去目的地的线路，或者语言无法沟通的情况，可能会被拒载。下雨或堵车等被拒载的情况比较多）。

乘车后，要确认让司机打表。可以随便坐在副驾驶位置或者后排的位置，但如果坐在副驾驶位置，一定要系好安全带。车门是手动的，自己打开，下车时要把门关好。

支付方法

到达目的地后，按照计价表显示金额进行支付即可，不用给多余的小费。不过有的司机擅自就把找零的尾数当作小费了，也有的司机找零的尾数就不要了。比如说 61 泰铢的车费，你给他 100 泰铢，有的司机就会嫌麻烦找给你 40 泰铢。

■ 打表出租车的费用

行驶距离	费用
0~1 公里	35 泰铢（起步价）
1~10 公里	每增加 1 公里就会增加 5.5 泰铢
10~20 公里	每增加 1 公里就会增加 6.5 泰铢
20~40 公里	每增加 1 公里就会增加 7.5 泰铢
40~60 公里	每增加 1 公里就会增加 8 泰铢
60~80 公里	每增加 1 公里就会增加 9 泰铢
80 公里~	每增加 1 公里就会增加 10.5 泰铢
行驶速度每小时 6 公里以下时 1 分钟 2 泰铢	

※ 使用呼叫中心叫车需要追加 20 泰铢的出车费。
※ 使用素万那普国际机场、廊曼国际机场配车柜台的车需要追加 50 泰铢的费用。
※ 没有夜间行驶费等其他费用。

出租车的定员

一般规定是乘坐 5 人，如果司机答应多拉几人也可以。曾经有人目睹从一辆出租车上下来 8 个成年人。

打表式出租车的注意事项

偶尔会有司机在计价器上做手脚，骗取乘客高额的乘车费。如果发现计价器的数字增长得很奇怪，可以用英语或者汉语抱怨指责几句，要求他路边停车。像高档酒店前等一些外国人用车比较多的地方，等待拉客的出租车司机一般不用计价器，直接说多少钱就能把你送到目的地。这种情况最好还是寻找别的出租车。避免乘坐待客的出租车，尽量乘坐流动着的出租车。整体来说，这些待客的出租车司机素质偏低，乘坐出租车的时候果断放弃也很重要。

BANGKOK TRANSPORTATION GUIDE

曼谷

曼谷交通指南

■ BRT（快速公交）

BRT（快速公交）开通于2010年，是一种新型的交通系统。连接了一些车站的专用线路（优先通行线路）。

在车站等待发车的BRT（快速公交）

很少堵车，总长度约16公里，12站，全程下来大约30分钟。车票在10~20泰铢（截至本书调查时，暂定全线5泰铢）。线路是以BTS琼龙西连接的沙敦站为起点，一直南下，沿着湄南河向西画一个大圈，直到BTS是隆线的Talat Phlu站相连的Ratchapruek车站。

■ 嘟嘟车

具有泰国特色的交通工具

嘟嘟车是小型的摩托三轮，有华丽的外观，是泰国独特亮丽的风景线。如果去泰国游玩，建议乘坐嘟嘟车体验一次。不过因为风直接迎面而来，乘坐时间长了也会不舒服吧。有些可恶的司机和不良商铺勾结欺骗消费者，所以乘坐时要慎重。一般嘟嘟车不作为正式的交通工具，有些外来的游客，因为好奇，花费100泰铢乘坐嘟嘟车，作为旅游纪念的比较多。

乘坐嘟嘟车的方法和费用

嘟嘟车停了之后，首先要和司机商量价格。有的嘟嘟车司机一看是外国人要乘坐，就会狮子大开口，索要很高的车费，下面给大家列举一下嘟嘟车的价格，大家可以参考价格和司机商量。下雨的时候和堵车的时候价格会上涨。车子行驶过程中可能会有急刹车，建议抓紧扶好。

■ 嘟嘟车费用

步行约10分钟的距离	30~50泰铢
步行约20分钟的距离	50~80泰铢
步行约30分钟的距离	80~100泰铢
步行30分钟以上的距离	100泰铢~

作为旅游的纪念之行可以乘坐嘟嘟车，但是如果距离比较远的话还是建议利用出租车。因为出租车更安全舒服。

■ 摩的

摩的是后座承载客人的摩托车。一般在路口的入口处待客。和司机商量要去的位置，基本哪儿都可以去。堵车严重的时候乘坐摩的十分方便。但是事故多发，乘坐的时候考虑清楚。

■ 摩的费用

在街道内穿梭，费用是10泰铢~。最近摩的收费表有很多都已贴了布告，乘坐之前最好查看一下。如果距离比较远要和司机商量。

在路口等待客人的摩的司机们

■ 双条车

双条车是在小型或中型的货车车厢内增加了长椅的交通工具。辅助了公交运行。在小地方比较多，曼谷市区很少能够见到。穿梭于沙敦路上，十分方便。在公交站点看到有双条车开过来，向司机做个打车手势后，车就会停下，车顶处安装响铃，按响铃后，双条车就会在下个公交站点停车。费用是7泰铢。

在住宅区和郊外有很多线路

■ 迷你小巴

迷你小巴是小型面包车改装的，连接曼谷和郊区的城市。数小时内可以到达麦克隆、安帕瓦、大城（阿瑜陀耶）、碧武里、帕塔亚、华欣等城市，十分方便。起点在战争胜利纪念碑周围等城市中，没必要到巴士总站乘坐。运费是1小时的路程70泰铢~。

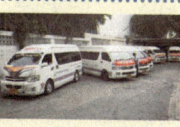
去郊外的时候特别方便

51

曼谷的水上交通

曾经曼谷的运河南北纵横，运河内的船只就像路上跑的车辆一样，穿梭前行。不过现在市区大部分运河都被填平，留下来的湄南河与几条运河就像城市的清新剂，凉爽的风吹来，多少会有一种坐船旅游的氛围。下面介绍一下主要的水上交通种类。

■ 湄南河快艇

湄南河南北延伸，湄南河快艇承担着北到巴革（Pakkred）、暖武里（Nonthaburi），南到拉玛九世桥叻差布拉那（Ratburana）的航运任务。运营时间是 5:50~20:00。早晚发船较为频繁，白天每隔 15~20 分钟一班。费用可以在港口码头的柜台支付，或者上船后交给乘务人员。和公交车一样，有的船只期间会进行检票，所以下船前要妥善保管好票据，不要扔掉。沙敦码头（→ p.56）和 BTS 的郑信大桥站车站相连接。如果要去大王宫、黎明寺，可以乘坐 BTS 到郑信大桥站下车，换乘湄南河快艇，也是别有一番风情。同时，还可以参观湄南河沿岸遗留的曼谷古代建筑和寺院。

■ 船的种类和航运时间

湄南河快艇分为五种，有的是各站停，有的是特快急行，由船上的旗帜颜色来区分。码头也都标有颜色，颜色相同的船只才可以停靠。全天都在运营的只有蓝色旗帜的船和橘黄色旗帜的船。

蓝色旗帜船

航运区间：夜市码头~CEN 沙敦~N13 帕阿堤

航运时间：每天 9:30~21:30 期间，时隔 30 分钟一班。CEN 沙敦~夜市码头区间是 16:30~22:50。

橘黄色旗帜船

航运区间：N30 暖武里~CEN 沙敦~S3 拉吉新空寺

航运时间：每天 5:50~19:00 期间（周六、周日、节假日 6:00~），时隔 5~20 分钟一班。

黄色旗帜船

航运区间：N30 暖武里~CEN 沙敦~S4 叻差布拉那

航运时间：只有周一~周五运营，6:15~8:20 期间，时隔 8~10 分钟一班，从 N30 暖武里出发，去往 CEN 沙敦的船只；17:00~17:30 期间，时隔 30 分钟有去往 S4 叻差布拉那的船只；7:00~7:20 期间，时隔 15 分

白色船只就是漂亮的湄南河快艇

注：最近的船只停靠处是夜市码头

钟有从 S4 叨差布拉那出发，去往 N30 暖武里的船只；16:00~20:00 期间，时隔 20 分钟有从 CEN 沙敦出发，去往 N30 暖武里的船只。

绿色旗帜船
航运区间：N33 巴革~CEN 沙敦
航运时间：只有周一~周五运营，6:10~8:10 期间，时隔 15 分钟有从 N33 巴革出发的船只；16:05~18:05 期间，时隔 20 分钟有从 CEN 沙敦出发的船只。

无旗帜船（普通船）
航运区间：N30 暖武里~S3 拉吉新空寺
航运时间：只有周一~周五运营，6:45~7:30 和 16:00~16:30 期间，时隔 20~25 分钟一班。

■ **湄南河快艇使用方法**
　　在船坞等待船只的到来，船进栈桥后，从后面进入。船尾部有船上的工作人员，通过吹响有特点的笛子发出信号，告诉大家船接近了，或船要出发了。下船的时候没有什么信号，如果乘坐的人员较少，有时就不靠站直接开走了，如果担心就详细地问一下船员。

■ **湄南河快艇使用费用**

蓝色旗帜船	150 泰铢（区间是 40 泰铢。CEN 沙敦~夜市码头区间是 20 泰铢）
橘黄色旗帜船	15 泰铢
黄色旗帜船	根据航行的距离结算，20 泰铢、29 泰铢
绿色旗帜船	根据航行的距离结算，13 泰铢、20 泰铢、32 泰铢
无旗帜船（普通船）	全程分为三段区域。同一区域内是 10 泰铢，2 段区域是 12 泰铢，3 段区域是 14 泰铢。区域划分请参考线路图

（费用会根据原油价格的浮动而变更）

通票（随便乘坐的船票）
　　蓝色旗帜的湄南河快艇连接玉佛寺和考山路附近码头，是面向旅游者团体的特殊船。如果购买 150 泰铢的单日票，1 天内可以随便乘坐。还带有简单的旅游指南书，第一次乘船时可以免费领一瓶饮料。也可以去夜市码头。

■ **渡船**
　　往返于湄南河两岸的渡船。2~3 分钟就可以到达对岸。比起从桥上走着过去要舒服很多。航行时间根据线路不同也不一样，基本上集中在 5:00~22:00。为了方便频繁地往返，早晚高峰的时候通常为乘客超过满员的状态。主要的线路如下：

● 象港（玉佛寺）~万岚渡口（诗丽拉吉医院旁边）
● 拍昌渡口~万岚渡口（诗丽拉吉医院旁边）
● 大殿渡口（卧佛寺）~郑王寺
● 西·帕亚~昆桑市场
● 沙敦（香格里拉大酒店）~石龙军路

■ **渡船的费用**
费 根据乘坐渡船的地方不同，3~4 泰铢。河的两岸都有收费处，乘船或者下船的时候在收费处交钱。

■ **水上出租船**
　　水上出租船的船身非常漂亮，细长形状。线路根据个人喜好而定，费用是 1 小时一个人 1000 泰铢左右（如果和泰国人同行，或者会说泰语的话，收 400 泰铢）。根据场所或时间有很大的变动。也有很多服务较差的船，建议大家乘坐那些在渡口设有桌子的出租船，这样可以避免不必要的纠纷。

■ **水上出租船主要的乘坐场所**
河畔城市渡口　　　　　　　　MAP p.67-E3
　有带晚餐的豪华船观光。
N3 西·帕亚码头　　　　　　　MAP p.67-E3
N9 象港码头　　　　　　　　　MAP p.60-A4
N30 暖武里码头　　　　　　　 MAP p.52

■ **运河摆渡船**
　　曼谷的运河有很多条都已经被填，如果行船不知道会不会堵塞。运河里的水很脏，注意溅起来的水。现在还有行船的只有塞萨运河（Saen Saeb）。以普拉特纳姆为起点运营，有西线路和东线路。
西线路： 潘法李拉特（国王拉玛七世博物馆旁边）~ 普拉特纳姆。需要 15 分钟。
东线路： 普拉特纳姆 ~ 萨旺·克隆坦（运河的分支点）~ 西布鲁安寺（敏布里市场）。需要 40 分钟。

■ **塞萨运河乘船的费用**
　　航行时间一般在平日 5:30~20:30，周六 6:00~19:30，周日 6:00~19:00。早晚会比较拥堵。全程下来需要 1 小时。
费 根据距离收费，10~22 泰铢

曼谷 · 曼谷交通指南

泰国人比起从桥上走着过去，更愿意花钱乘坐渡船过去

BANGKOK AREA NAVI
曼谷 早知道NAVI

泰国的首都曼谷，可分为三部分，一个是有大王宫和玉佛寺的老城区，一个是向外延伸的商业地带和购物中心，另外一个是郊外的新型住宅区。一般来说，旅游者如果掌握了主要的六个区域的特征和位置，那么在曼谷城内旅游就会变得非常容易。

高楼林立的大都会曼谷

AREA 1 集中主要寺院的泰国发祥地

大王宫周边 → p.78
พระบรมมหาราชวัง

大王宫周边
拉达纳哥欣岛是曼谷名副其实的发祥地。周围被湄南河和劳茨运河包围，这里有大王宫和玉佛寺等著名景点。在岛屿的外侧有漫长而古老的城市街道，是曼谷老城区的韵味所在。曼谷主要的寺院和观光景点都主要集中在这一区域内。

对岸的吞武里地区
湄南河东岸对面的地区是吞武里地区，湄南河西岸是最初曼谷王朝的所在地。至今这里依旧保留了浓厚的传统市民文化风情，曼谷市内，大部分运河都已经被填平，没有填的运河就集中在这里。游客们可以乘坐游船观赏沿岸的民宅，可以看到大部分屋门玄关都面向运河。

三座并排的塔是玉佛寺的象征

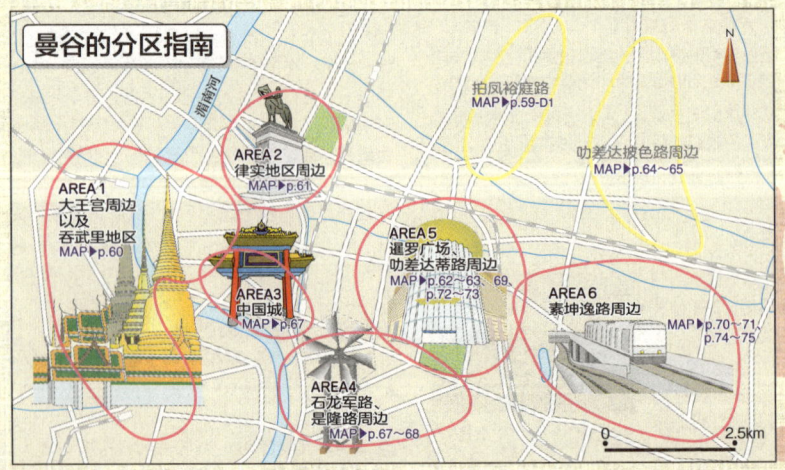

曼谷的分区指南

- AREA 1 大王宫周边以及吞武里地区 MAP▶p.60
- AREA 2 律实地区周边 MAP▶p.61
- AREA 3 中国城 MAP▶p.67
- AREA 4 石龙军路、是隆路周边 MAP▶p.67～68
- AREA 5 暹罗广场、奶差达蒂路周边 MAP▶p.62～63、69、p.72～73
- AREA 6 素坤逸路周边 MAP▶p.70～71、p.74～75
- 拍凤裕庭路 MAP▶p.59-D1
- 奶差达披色路周边 MAP▶p.64～65

54

AREA2 大街，政府街，还有古老的住宅街道
律实地区周边 → p.89
เขตดุสิต

律实地区曾是拉玛九世普密蓬居住的集拉达宫周边。宽广的大街和建筑用地上零星地分布着一些政府办公大楼。街道的外侧和王宫周边一样，分布着古老的城市街道的老城区。这里有很久之前就已开张的餐厅。在湄南河沿岸，还分布着一些古老的教堂和历史悠久的学校。

宏伟欧式风格的泰国旧国会大厦

AREA3 华人聚集的泰国异域风情
中国城 → p.93
ไชน่าทาวน์（ชุมชนชาวจีน）

中国城是位于泰国曼谷内的一个城区，中心大街是耀华叻路，这里充满了活力和喧嚣声。有美味的鱼翅饭店，夜里出现的大排档小摊，并排而列的金店，错综复杂的小道。喜欢逛街的人无论在这里待多长时间都不会感到厌烦。1999年这里建了华丽的牌楼，道路路标上也用英语"CHINA TOWN"进行了标示。中国城正在不断地向旅游景区方向发展。

充满中国风情的街区，周围金店特别多

曼谷

●曼谷 早知道 NAVI

AREA4 代表曼谷的新旧商业街
石龙军路、是隆路周边 → p.97
ถนนเจริญกรุง ถนนสีลม

是隆是"风车"的意思。古时候有用来制作粉的风车

拍喃4路（拉玛四世大街）和湄南河沿岸的石龙军路包围的区域，是泰国的经济中心，也是泰国主要的商业中心。曼谷王朝建立的时候，沿着湄南河建起的石龙军路就是当时的经济中心，当时特别繁华。如今，这里有写字楼、商店、酒店、古老的住宅街，很有特色。

AREA5 大型商场聚集的购物中心
暹罗广场、叻差达蒂路周边 → p.100
สยามสแควร์ ถนนราชดำริ

这里聚集了大型的购物中心，是名副其实的购物者的天堂。周边有泰国最著名的朱拉隆功大学、高档酒店、高档餐厅所在地朗双胡同，以及曼谷市民休闲场所——隆披尼公园。背面有一座杂乱的批发市场——水门市场。前来购买廉价衣服的曼谷市民经常在这里流连忘返。

聚集大型购物中心的叻差达蒂路周边

AREA6 这里有很多面向外国人的酒店和餐厅
素坤逸路周边 → p.102
ถนนสุขุมวิท

这里是面向外国人公费旅游一族的高级住宅区。有很多价格适宜的中高档酒店和面向外国人的商店和餐厅。

BTS高架桥穿过的素坤逸路

路上的行人中外国人的比例较高。从素坤逸路向里延伸的胡同中，有很多时尚的商店、餐厅、咖啡馆和水疗馆，令人目不暇接。道路旁边有东部巴士总站。

其他区域

曼谷除了以上主要的区域以外，还有一些热闹的地方：MRT（地铁）穿过的**叻差达披色路周边**，这里零星分布着一些高档酒店和迪斯科等夜店；战争胜利纪念碑和周末市场所在的 **Phaholyothin Rd. 周边**也热闹非凡。另外，郊外也零星分布着类似主题公园的景点。

战争胜利纪念碑周边作为街区的交通枢纽，也是一大购物区

55

灵活乘坐曼谷的交通工具

轻松逛曼谷

曼谷市内有五种交通工具，包括MRT(地铁)、BTS(高架铁路)、公交车、BRT(快速公交)、湄南河快艇等。如果能够灵活地掌握各交通工具的换乘要领，那么就可以把主要的观光景点和商业购物中心尽收眼底。灵活乘坐出租车、嘟嘟车、摩的等交通工具，可以使你不用步行就能游览全城。

方便在曼谷市内游玩的方法

郑信大桥站可以实现水、陆两种交通工具换乘

乘坐BTS是隆线，到郑信大桥站后，从前进方向检票口出来，然后从左侧的楼梯下来，一直直行就可以到达沙敦码头（左下地图）。在这里可以乘坐从客流下游（左侧）驶来的湄南河快艇，包括普通船，以及悬挂橘黄色、蓝色旗帜的快艇。需要注意的是，黄色旗帜的快艇不在大王宫周边的码头停靠。

参观大王宫周边景点后，沿着来时的线路返回，从沙敦车站换乘BTS前往繁华的市区；如果坐到是隆线的终点站——国际体育馆车站，那里和群移中心商场连接，再向前走，能够到达暹罗车站（中心车站），那里和暹罗广场、暹罗中心、暹罗发现中心相连。周六和周日还可以在暹罗车站换乘素坤逸线，终点站是莫奇，那里离周末市场特别近，可以步行前往。

湄南河快艇不会堵！

曼谷市内的交通堵塞特别严重，乘坐公交车或出租车外出要花很长时间。尤其是从酒店集中的是隆路和素坤逸路周边到大王宫周边的景点区域，特别浪费时间。如果要避免拥堵，建议乘坐湄南河快艇。BTS是隆线的郑信大桥站与湄南河快艇的沙敦码头相连接，从距离上看似是绕远了，其实很快就能到达，不会浪费时间。同时也可以体验到高架铁路和水上运输这些具有曼谷特色的交通工具。

乘坐湄南河快艇，体验水都风情

乘坐湄南河快艇

前往大王宫和玉佛寺
▶ N9 象港码头下船

前往卧佛寺和郑王寺（黎明寺）
▶ N8 大殿渡口下船

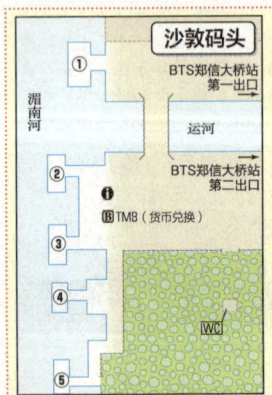

沙敦码头栈桥指南

① 通往对岸的渡船。费用3.5泰铢，在对岸支付。5:00~23:00期间随时都可以出发
② 去往湄南河快艇上游方向
③ 去往湄南河快艇下游方向。20:00~23:30期间，曼谷河滨夜市的接送船从这里出发
④ 下面酒店和购物中心的接送船
　河畔城市，千禧希尔顿，文华东方酒店，曼谷半岛酒店，曼谷华美达广场湄南河畔酒店，曼谷安纳塔拉河畔酒店
⑤ 曼谷河滨夜市的接送船（16:00~20:00期间运行，20:00~23:30在③处出发），皇家兰花喜来登酒店的接送船

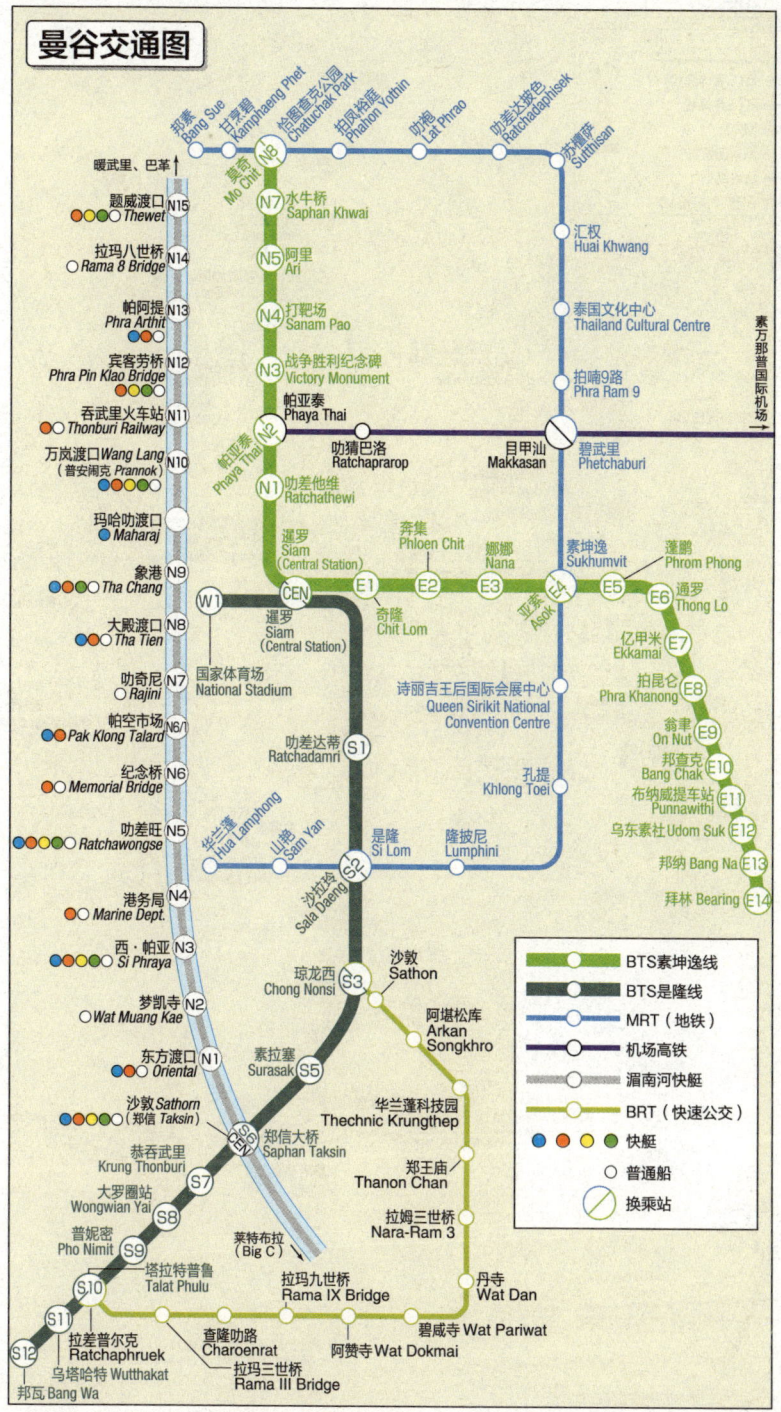

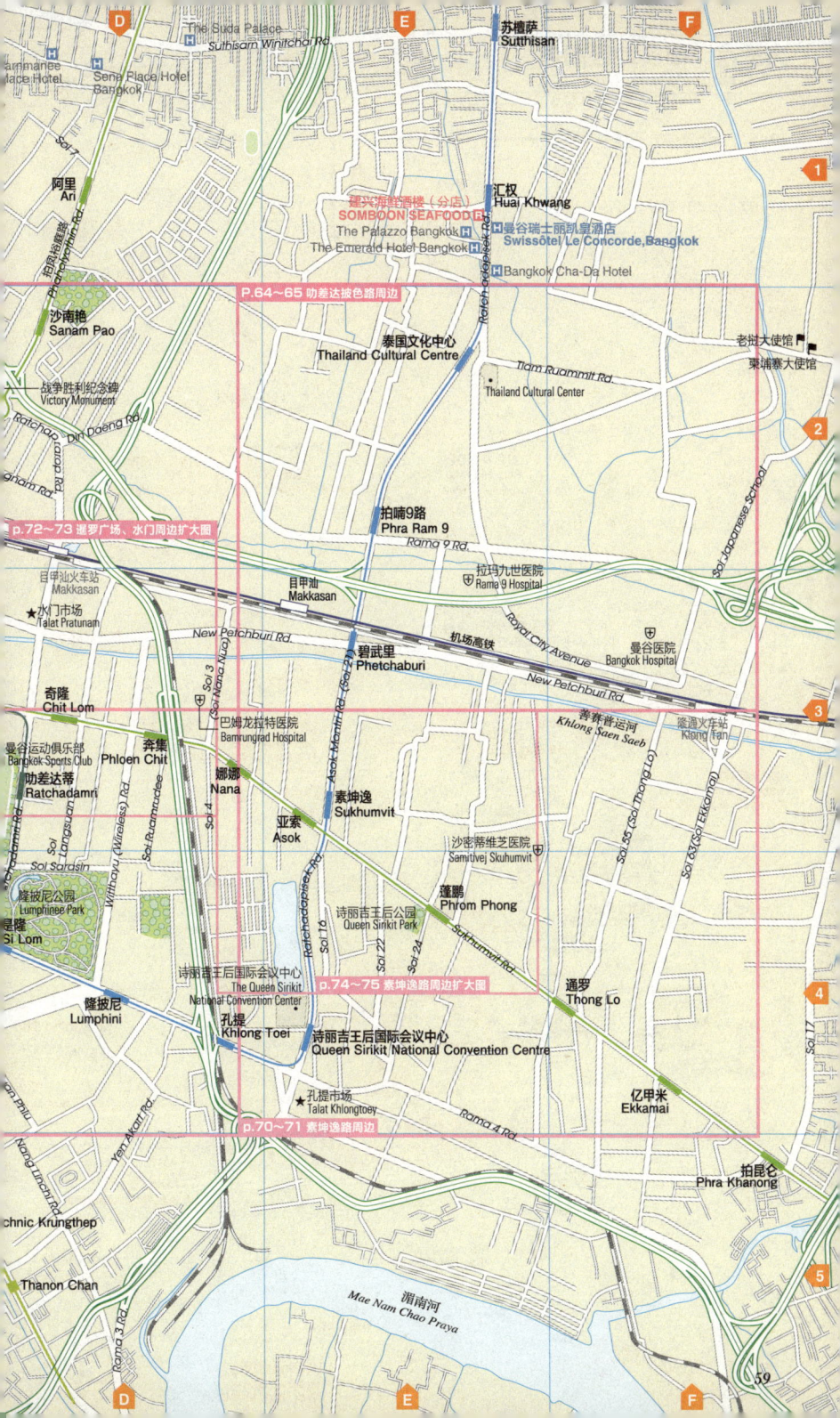

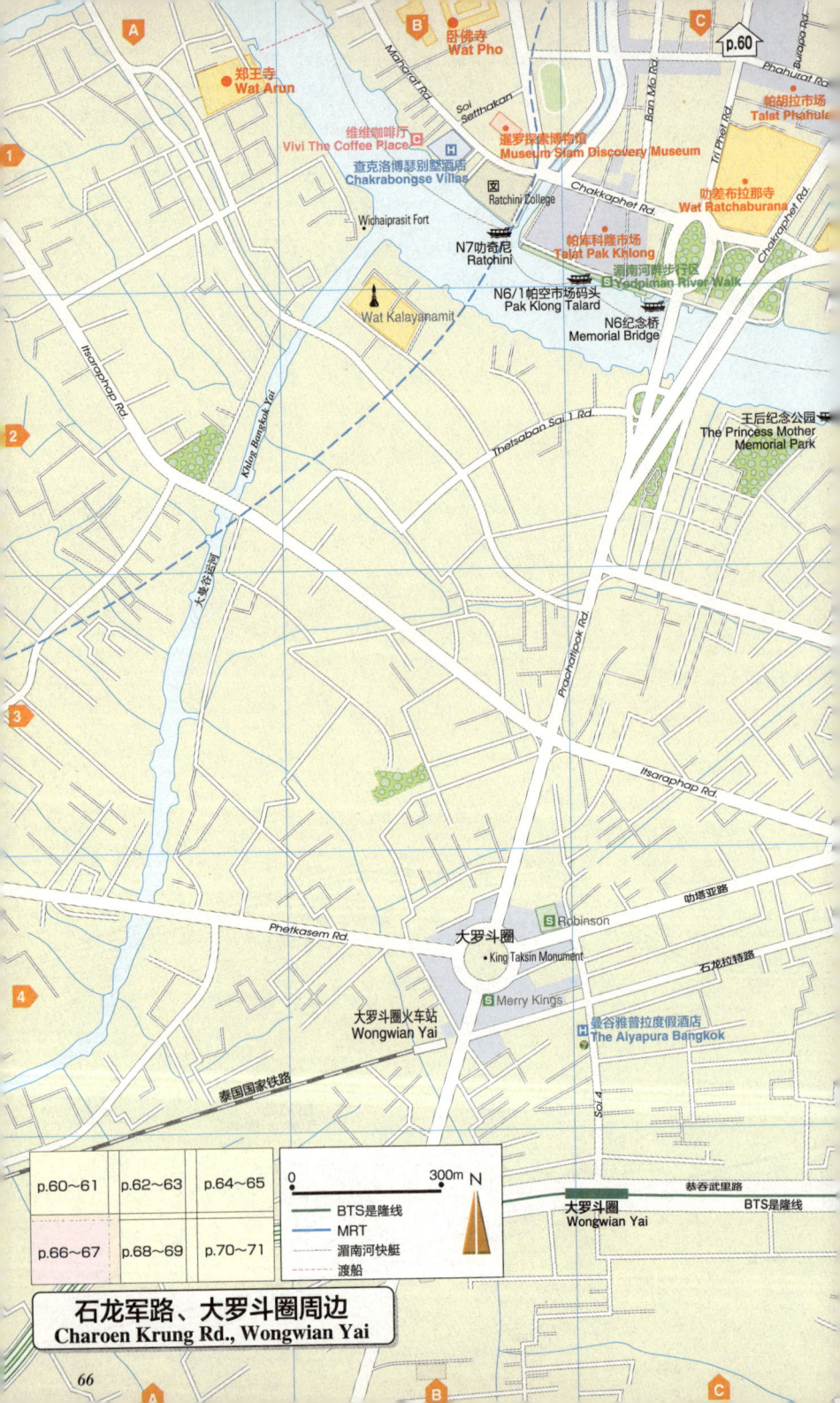

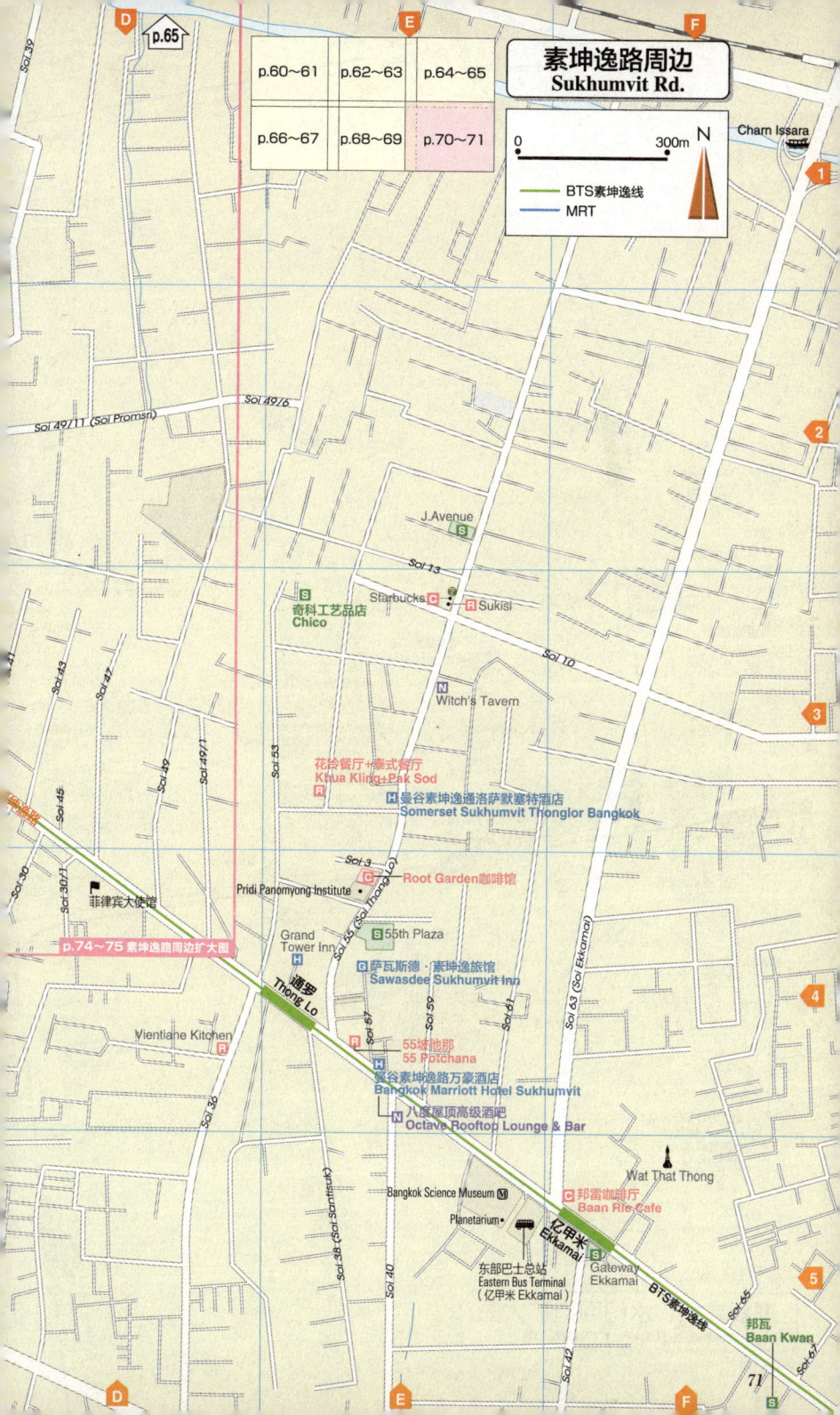

曼谷景点分区介绍

让我们在历史的中心尽情欣赏豪华绚丽的寺庙吧

大王宫周边

พระบรมมหาราชวัง

所有游客都会选择参观的玉佛寺

前往方法

BUS 战争胜利纪念碑站乘坐39、44、159路公交车；水门广场站乘坐60、511路公交车；素坤逸路站乘坐2、25、48、508、511路；是隆路站乘坐15路；石龙军路乘坐1、15路；大罗门圈站乘坐43、82路。
BOAT 湄南河快艇N13、N9、N8渡口步行。

玉佛寺和大王宫
☎ 0-2623-5500
⏰ 8:30~15:30
休 无。玉佛寺的正殿和大王宫有时会禁止入内。(→p.80栏外)
💰 500泰铢（包括参观皇室纹章、货币博物馆。附赠一张门票，可以进入宫殿内任意一个地方，有效期为一周。）
前往方法：附近经过的公交车有1、2、3、9、12、15、25、39、44、47、48、53、59、82、201、506、507、508、512路。N9象港码头步行3分钟即到。

大王宫周边　漫步在曼谷发祥地

　　缅甸军队打败大城（阿瑜陀耶）王朝后占领了泰国。后来郑信将军建立新的王朝，把缅甸军队从泰国赶了出去，并在现在的吞武里定都。不过郑信王朝仅经历一个朝代就被现王朝的拉玛一世所取代。拉玛一世迁都到湄南河对岸，即如今曼谷所在位置，为现代的曼谷发展奠定了基础。拉达那哥欣岛被运河环抱，有玉佛寺、菩提寺、玛哈泰寺等著名寺院。这里是现在曼谷的发祥地。岛屿的外侧保留着称作曼谷老城区的古老街道。

玉佛寺 Wat Phra Kaeo

Map p.60-B4

泰国规格最高的皇家寺院

วัดพระแก้ว

　　1782年，玉佛寺随着迁都曼谷开始建造，于1784年竣工建成。正殿供奉的主佛是祖母绿色的翡翠佛，这里也因此被称为玉佛寺。这里不仅有来自世界各地的游客，泰国当地每天来参拜的人也有很多。

■ 正殿 The Main Hall

　　据说供奉着祖母绿色佛像的正殿是以大城（阿瑜陀耶）王宫为原型建造的。佛像的高度是66厘米，宽度是48.3厘米。佛像名为"拉达那哥欣"（意为因陀罗神的宝石），也是现在王朝的别称。每年有三次在季节转换的时候举行庄严的仪式，届时国王将亲自为玉佛更换服装。正殿内的一整面墙上雕刻着佛祖的生平和佛教宇宙观的炫彩壁画，将翡翠佛渲染得十分神秘。正殿禁止拍照。

在泰国最受尊崇的守护佛——拉达那哥欣佛（翡翠佛）

■ 普拉·西·拉塔那舍利佛塔 Phra Sri Ratana Chedi

　　普拉·西·拉塔那舍利佛塔是由拉玛四世主持建造，以大城（阿瑜陀耶）王宫内的佛塔和菩斯里善佩寺为原型建造的黄金佛塔。佛塔的样式据说是素可泰时期传入的斯里兰卡风格。塔内收藏着佛陀的舍利。

金碧辉煌的普拉·西·拉塔那舍利佛塔

■ 藏经阁 Phra Mondop
纯粹的泰式风格的佛塔，塔尖耸入云端。塔内收藏着原版佛经（不对外开放）。

■ 王室宗祠 Prasat Phra Thepbidon
王室宗祠的特征是吴哥寺常见的高棉风格佛塔，塔顶装饰着象征摩诃迦罗神的标识。

■ 其他景点
在环绕玉佛寺的走廊内部，雕刻着泰国有名的叙事诗《罗摩衍那》（泰语版）、《拉玛坚》，壁画中人物表情十分丰富。藏经阁佛塔的北侧是吴哥寺的精致模型，据说拉玛四世参观吴哥寺后感慨颇深，为了能让国民都能够欣赏这座精美的建筑，下令建造于此。

藏经阁和前面的小型宗祠

恶魔和猿神支撑的玉佛寺

走廊内部雕刻的《拉玛坚》的一个场景

守护境内的神

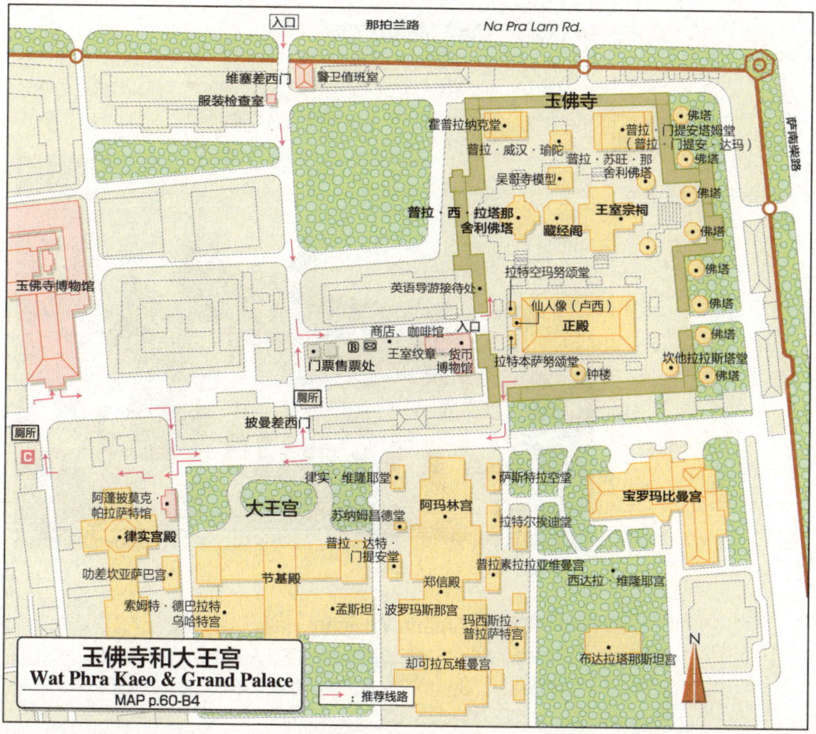

曼谷 · 大王宫周边

玉佛寺和大王宫
Wat Phra Kaeo & Grand Palace
MAP p.60-B4

咨询处
☎ 0-2623-5500
内线：1830、3100。
🌐 www.palaces.thai.net

旅游小贴士
参观皇室相关景点时注意服装

参观玉佛寺、大王宫、威玛曼宫殿时，穿着无袖衬衫或短裤等露出皮肤的服装会被禁止入内。在入口处有服装检查，如果有服装不符合要求的旅客可以在此租借衣服（服装免费，但需要使用护照或信用卡作抵押）。入口周边的大街有很多商店的工作人员，会主动跟服装不符合要求的外国游客打招呼，向游客推销租赁他们的收费服装。但是玉佛寺内可以免费提供，所以不要理会这些商店的推销员。

参观与皇室相关场所的时候要注意穿着

大王宫 Grand Palace
历代君王居住的地方

Map p.60-B4~B5

大王宫与玉佛寺在同一区域，里面有很多现王朝历代君王居住过的宫殿。

■ 节基殿 Chakri Maha Prasat Hall

节基殿耸立于大王宫正中央的位置，是一座白色壮丽的建筑物。拉玛五世为了纪念却克里王朝100周年下令建造，竣工完成于1882年。建筑风格融入了维多利亚式建筑风格和纯泰式建筑风格。

节基殿是一座完美融合泰式风格和欧式风格的建筑

■ 律实宫 Dusit Maha Prasat Hall

律实宫位于节基殿的西侧，1789年由拉玛一世主持建造。作为大王宫内最古老的建筑物，历代国王的登基仪式都在此进行。其白色的墙壁和色彩缤纷的屋顶相搭配，衬托出建筑物的雄伟壮丽。

拥有多层屋顶的律实宫，非常壮观

■ 阿玛林宫 Amarin Winichai Hall

阿玛林宫位于节基殿的东侧，是一座东西纵深的建筑物。父亲节（国王诞生日）或一些国家重要的活动仪式在此进行。内部摆放着国王的宝座，上面有表示国王宝座的九段圆锥伞。

■ 其他的观光景点

从玉佛寺到达进入大王宫，左侧方向可以看到的是宝罗玛比曼宫。这座宫殿由拉玛四世主持建造，是拉玛五世一家居住的宫殿。后来的集拉达宫建成之前，包括拉玛九世在内，历代泰国君王都居住于此。

郑王寺 Wat Arun（黎明寺 Temple of the Dawn） Map p.60-A5
小说题材的原型

在大城（阿瑜陀耶）时代，郑王寺只不过是一座叫作玛喀寺的小寺院，后来吞武里王朝的郑信王下令将寺院改为专门供奉翡翠佛的皇室寺院。郑信王去世后，在新的却克里王朝，皇室寺院和翡翠佛被移到了对岸的玉佛寺。

■ 佛塔是郑王寺的象征

从湄南河对岸就可以看到一座大的佛塔，曾经是三岛由纪夫小说《黎明寺》的题材。早晨阳光下的佛塔熠熠生辉，夕阳来临后，更具有另一番风情，美不胜收。拉玛二世和拉玛三世期间（1809~1851），在耸入云端的大佛塔周围建立了4座小塔。大佛塔是印度教中的湿婆神居住的圣地，整个塔的形状取材于凯拉萨山。表

装饰精致的佛陀

面上镶嵌着无数陶瓷碎片，在阳光的照射下闪闪发光。另外，塔内还装了一些小的装饰钟，随风摇曳，发出苍凉的声音。大佛塔和周围相似的4座小佛塔分别收藏了代表着佛陀的降生、佛陀的顿悟、初次宣讲佛法和佛陀圆寂的佛像。参观时不要遗漏了这些佛像。

■ 郑王寺有两座佛堂

佛塔的正面以及湄南河的对面各有一座佛堂。其中一座佛堂在郑王寺建造的时候就当作正殿使用，当时叫作"玛喀寺"。堂内供奉着大大小小各种佛像。另外一座是礼拜堂，堂内有青铜佛塔和80尊佛像。现在供奉在玉佛寺内的翡翠佛，在吞武里王朝时代曾供奉在这里。

耸立在湄南河岸的大佛塔

在大佛塔的阳台平台处可以向远处眺望，非常壮观

曼谷 ● 大王宫周边

郑王寺
开 每天 8:30～17:00
费 50 泰铢（外国游客费用）
交 在卧佛寺附近的大殿渡口乘坐渡船可以到达。费用是 3 泰铢。

🔶 旅游小贴士

小心上当受骗

大王宫、玉佛寺、郑王寺和卧佛寺周边，有的骗子或嘟嘟车司机会和外国游客搭讪，说"今天有特别的活动进不去"等。然后把游客骗到宝石店或西装店购物。这些人带去的店铺大部分都是欺诈消费者的店铺，所以在这些地带周边如果有人和你打招呼不要理睬他们。
（→ p.517）

拍照时注意布景

从郑王寺渡口下船后，会看到很多专门拍纪念照的布景，脸的地方空着。看上去像是免费的，其实是收费的。在旁边或者附近的商店有人负责看守，如果发现有人拍照就过来要40泰铢。仔细看会发现布景的下方有小字写的"40泰铢"。如果知道收费还继续使用的话另当别论，总之为了避免不愉快的事情发生尽量不使用布景。

这就是造成麻烦的元凶

寺内有很多小佛塔

卧佛寺
开 每天 8:00~16:30，卧佛的大堂是 8:30~16:00
费 100 泰铢（外国游客费用）
交通 附近经过的公交有 1、2、3、6、9、12、25、32、44、47、48、53、508、512 路等。从玉佛寺（→p.78）步行 10 分钟即可到达。从大殿渡口步行 3 分钟可以到达。

旅游小贴士
早晨在卧佛寺做仙人体操
位于卧佛寺内的按摩室前，每天 8:00 开始都有仙人体操课堂。可以自由参加（进入寺院收门票）。

仙人体操可以让人从大清早就神清气爽

卧佛寺的按摩
开 每天 8:00~17:00
费 30 分钟 220 泰铢，1 小时 360 泰铢，使用香草按摩 1 小时 480 泰铢，足底按摩 45 分钟 360 泰铢

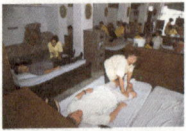
在这里可以感受到真正地道的按摩

寺内佛堂上刻画的人体经脉图

卧佛寺 Wat Pho（菩提寺 Temple of Reclining Buddha） Map p.60-B5
供奉着巨大卧佛，是泰式按摩的大本营

1788 年，卧佛寺由拉玛一世主持建造。寺院有泰国最早的大学（医学＝泰式按摩的大本营），还有巨大的卧佛，因此特别有名。

■ 最大的看点就是大觉佛陀
寺院的一大景点是巨大的卧佛。长 46 米、高 15 米的佛像金光闪闪，占据了大堂的大部分空间。佛像横卧着表示佛祖已经大彻大悟，达到了涅槃的境界。

卧佛的脚掌里面装饰着须弥山图、贡品、诸神和婆罗门教的教义等 108 幅由贝壳镶嵌而成的吉祥图。佛陀的扁平足也有佛教的教义，代表佛祖超凡脱俗的 32 种身体特征之一。

横卧整个大堂的卧佛

■ 代表历代国王的佛塔突破天际
走进环绕正殿的走廊，首先看到的是林立的佛塔。所有的佛塔都由陶瓷片装饰而成，特别是四座大的佛塔，代表着拉玛一世到拉玛四世 4 代国王。其他的小佛塔也就是墓碑，里面安放着遗骨。以前是皇族专用的，现在只要布施都可以把遗骨放进去。

■ 可以在此享受按摩
在卧佛寺，与卧佛同样有名的是传统的泰式按摩。寺院内东侧的沙南差路有两间东厢房可以进行按摩。

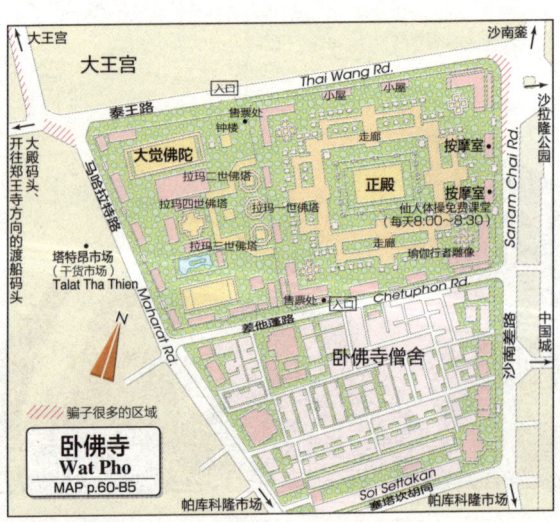

善见寺 Wat Suthat
寺庙周围是佛教用品街
Map p.60-C4

善见寺有拉玛一世主持修建的皇家寺院。1807年开始施工，花费了27年才竣工完成。宽广的寺院内有一座礼拜堂，堂内供奉着一尊高8米、宽6.25米的大佛。佛像的底座安葬着1946年驾崩的拉玛八世的遗骨。

善见寺正面有一座看似像红色牌坊的建筑，那就是秋千棚（Sao Ching Cha）。建筑外形看起来比较奇特，这是印度教为了供奉湿婆神建造的大型秋千支架。高度约21米，建成于1784年，比善见寺历史还要久远。1935年以前，每到泰历的2月份都会在这里举行祭祀仪式，4名婆罗门教的祭司登上像小船似的秋千，剧烈地摇晃，用嘴去衔秋千顶部的金钱袋子。但是祭司坠落死亡事件不断发生，拉玛七世下令废除了此项仪式，自那之后没有举行祭祀活动。泰历2月的祭祀仪式是为了庆祝婆罗门教毗湿奴神和湿婆神降临世间。

外形特别像牌坊的秋千支架

拉查波比托寺 Wat Ratchabophit
设计比较时尚的佛教寺院
Map p.60-C5

拉查波比托寺是拉玛五世于1869年主持修建的寺院。从开始施工到竣工完成花费了20年的时间。正殿的外墙使用了中国产瓷砖，窗户经过了精雕细刻，踏入正殿，就会看到从天花板上悬挂下来的吊灯，拉玛五世喜欢西洋风格的建筑，这座寺院也是投其所好。据说，该寺院还受到法国凡尔赛宫殿的影响。

叻差那达寺和罗哈·帕萨塔
Wat Ratchanada & Loha Phrasat
内部有卖护身符的市场
Map p.61-D4

正殿的建造受到了缅甸风格的影响，正殿周围建造了37座小塔，就是罗哈·帕萨塔。具体展示了佛祖及他的弟子们居住的地方，可以上到顶层。在寺院停车场的一个角落，有一个卖护身符和佛教用品的"普拉"市场。

玛哈泰寺 Wat Mahathat
这里有免费的静坐教室，外国人也可以参加
Map p.60-B4

玛哈泰寺是由拉玛一世主持建造的寺院，在这里进行编撰佛经典籍的工作。现在玛哈泰寺已经成为泰国佛教占多数位置的大宗派的中心，并且设有僧侣学习的佛教大学。寺院内也开设了面向一般人和外国人的英语静坐教室，如果感兴趣可以前去听讲。

善见寺
开 每天 8:30~21:00
费 20泰铢（外国游客费用）
交 附近经过的公交车有15、35、47、48、508路等。从民主纪念碑出发步行10分钟即可到达。

拉查波比托寺
开 每天 8:00~17:00
费 免费

围成一圈的佛塔非常美观

叻差那达寺
开 每天 9:00~20:00
费 免费

罗哈·帕萨塔林立，建筑外观让人感到不可思议

玛哈泰寺
开 每天 8:00~17:00（寺院内到20:30）
费 免费

玛哈泰寺在曼谷的规格特别高，数一数二

🛈 旅游小贴士
大王宫周边新兴场所

沿着玛哈泰寺附近的湄南河，有一个玛哈叻渡口，码头周边再次开发，有一座两层楼的建筑，建筑内有咖啡馆和餐厅，最近成为新兴的比较火的场所。如果逛寺院走累了，可以来此休息片刻。
S 玛哈叻渡口
Tha Maharaj
MAP p.60-A4~B4

露天中庭的位置有好多摊位

大王宫周边

布旺尼威寺
开 每天 6:00~18:00
免费

考山路附近的著名寺庙

国柱神庙
开 每天 6:30~18:30
免费

在境内可以随时演出的传统活动

美托拉尼女神祠堂
开 每天 24 小时
免费

供奉女神像的白色祠堂

暹罗探索博物馆
住 4 Sanam Chai Rd.
电 0-2225-2777
开 周二~周日 10:00~18:00
休 周一
费 300 泰铢（外国游客费用）
交 卧佛寺的南面。附近经过的公交车有 1、25、44、48、508、512 路。48 路公交车终点站在附近，很容易找到。

展示精巧的模型或互动型产品，内容十分充实

布旺尼威寺 Wat Bowornniwet Map p.77-F3~F4
普密蓬国王出家修行的著名寺庙

布旺尼威寺是拉玛三世的储王于 1826 年下令建造的，是出家修行的蒙库王子（后来的拉玛四世）创造的法宗派的大本营。法宗派因戒律严明而闻名于世，皇室成员有很多该派的信徒。刚刚谢世的普密蓬国王（拉玛九世）以前也在这里出家修行过一段时间。

国柱神庙（城市的柱子）Lak Muang Map p.60-B4
曼谷的象征意义上的中心

神圣的柱子耸立在大堂的中心

国柱神庙建成于 1782 年 4 月 21 日，是曼谷城市的市柱。在泰国有很多印度教的信徒，根据印度教教义的习惯，建造新城市的时候要建立一根相应标准的柱子，用来祈祷永久发展。现在的柱子是拉玛四世时代重建的。据说高 2.73 米、直径 76 厘米的柱子里蕴含着可以实现愿望的灵力，每天都有很多人前来参拜。

美托拉尼女神祠堂（大地女神像祠堂）Phra Mae Thorani Map p.60-B3
供奉涌出救世洪水的大地女神

供奉着拧绞头发的女神雕像

美托拉尼女神祠堂位于沙南銮的东北方向，由拉玛五世的王妃主持修建。里面供奉着大地女神美托拉尼。传说当年佛祖坐禅的时候，遭到了妖魔的袭击，这时美托拉尼女神从地面现身，拧绞自己的头发，召唤出洪水，把妖魔冲走，保护了佛祖的安全。因此，有很多虔诚的信徒诚心地信奉着大地女神。另外，美托拉尼女神也是曼谷市自来水公司的象征标志。

暹罗探索博物馆 Museum Siam Discovery Museum Map p.60-B5
泰国的历史及其文化认同

暹罗探索博物馆搜集了有关泰国人是如何进化发展的、从哪里而来、背负着哪些历史文化、和周边国家的交流情况达到什么程度、在世界史中是如何定位的等关于泰国和泰国人的各种资料。大部分的展示都有英语标注。

国家美术馆 National Art Gallery　Map p.76-B4~C4

多数展示的是泰国画家作品

国家美术馆位于隔着宾克劳路（Phra Pinkrao Rd.），国家剧院的斜对面。展示了以泰国艺术家近现代绘画为主的艺术作品。

国家美术馆内也展示了国王的作品

国家美术馆
- 住 4 Chao Fa Rd.
- 电 0-2284-2639
- 开 周三~周日 9:00~16:00
- 休 周一·周二·节假日
- 费 200 泰铢（外国游客费用）

国家博物馆 National Museum　Map p.60-B3

可以再次概览泰国佛教美术史

国家博物馆在拉玛五世时代的 1874 年成立于大王宫内，1887 年搬迁到了现在的位置。这座建筑物本身是为储君准备的宫殿，拉玛五世时代废除了储君制度，于是将宫殿作为博物馆使用了。国家博物馆是泰国国内最大的博物馆，收藏品在 1000 件以上。馆内整齐地陈列着从古代到近代的美术品和出土文物，根据年代进行了有序划分。宽广的场地并列了很多展览馆，即使大体游览一遍也需要 1 小时。古代的文物中，从泰国东北部世界遗产班清（→p.348）发掘的出土文物一定要看。关于其他的展示品可以参考专栏"泰国美术史概观"（→p.524）。

说到一些具有代表性的作品，可以在堕罗钵底王朝的展品中，看一下如来立体等特色展品。另外，还有石头法轮，这是佛陀第一次说法的象征。在室利佛逝帝国的展品中，最出名的就是猜亚（→p.386）遗迹中发掘出来的观音菩萨像。在华富里（→p.170）的展品中，有很多精美的青铜像。在素可泰（→p.296）的展品中，最吸引人的是泰国独创的佛像——行走佛。

像这样在博物馆内浏览一遍展品之后，就会切实感觉到泰国的美术是和佛教一起发展起来的，有着密不可分的关系。并且也能亲身感受到对泰国来说，宗教占有多么重要的位置。

博物馆收集了泰国全国的佛教美术品

国家博物馆
- 住 Na Phra That Rd.
- 电 0-2224-1333
- 开 周三~周日 9:00~16:00
- 休 周一·周二·节假日
- 费 200 泰铢（外国游客费用）
- 交 从卧佛寺步行 7 分钟即可到达。

曼谷　大王宫周边

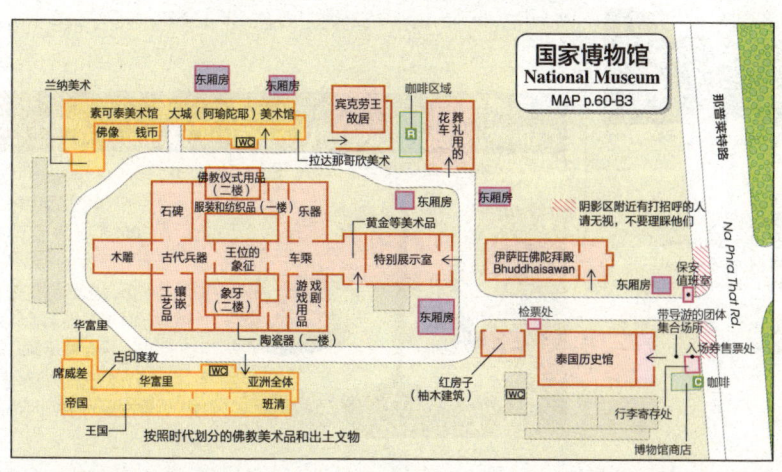

巴苏孟要塞
开 每天 24 小时
费 免费
交通 从考山路步行 7 分钟左右即可到达。

不时地重新喷刷涂料使要塞洁白如新

帕恰迪波国王（拉玛七世）博物馆
住 2 Larn Luang Rd.
电 0-2280-3413
开 周二～周日 9:00~16:00
休 周一
费 免费
交通 附近通过的公交车有 15、79、159、511 路等。

纪念拉玛七世国王的博物馆

民主纪念碑
交通 从考山路步行 6 分钟即可到达。

考山路
交通 附近通过的公交车有 2、3、6、9、15、30、39、44、47、59、79、82、183、201、203、503、506、509、511、512、532 路等。

考山路不仅仅吸引了很多外国游客，也聚集了很多泰国的年轻人

硬币博物馆
住 Chakraphong Rd.
电 0-2282-0818
网 coinmuseum.treasury.go.th（泰语）
开 周二～周日 10:00~18:00
休 周一
费 免费

巴苏孟要塞 Phra Sumen Fort   Map p.76-C1
曼谷防卫据点之一

　　巴苏孟要塞矗立在湄南河和邦朗普运河的分岔口处，距离考山路比较近。迁都曼谷的时候，为了防止外敌入侵，从现在的邦朗普运河沿着孔翁昂运河修建了城墙和 14 座要塞。后来大部分都被破坏，金山寺附近的玛哈坎要塞和这个巴苏孟要塞保留了下来。要塞周边修建了公园，已经成为背包客和当地居民休闲的场所。

帕恰迪波国王（拉玛七世）博物馆   Map p.61-D3
King Prajadhipok Museum
纪念第七代国王

　　帕恰迪波国王博物馆开馆于 2002 年 12 月，是为了纪念现在却克里王朝第七代国王帕恰迪波而修建的。博物馆展示了国王从年幼时代到青年时代，即位登基，移民英国，到 1941 年客死他乡整个生平的资料，非常丰富。这里还有很多古代的照片，意味深长。

民主纪念碑 Democracy Monument   Map p.60-C3~p.61-D3
泰国民主化的象征

民主纪念碑是为了纪念 1932 年 6 月 24 日掀起的民主立宪革命而建，由当时的内阁主持建造。高 24 米的 4 座塔内刻画着关于革命的梗概。此处有个大型的交通环岛。

4 座像羽毛一样的纪念碑

考山路 Khao San Rd.   Map p.60-C3, p.77-D4~E5
面向外国人的旅馆街道如今已成为泰国人的观光景点

　　考山路街道上到处都是小旅馆，是世界闻名的背包客旅游者的胜地。当初为了吸引旅游者，引进了很多旅游公司和餐厅等，形成了一座城市。时尚的咖啡厅、酒吧、商店等也有很多，吸引了很多泰国年轻人。

硬币博物馆   Map p.76-C5
Coin Museum Treasury Department Thailand
通过体验性展示得知世界和泰国硬币的历史

硬币博物馆在考山路附近，是 2014 年开业的博物馆。里面展示了为什么有了硬币、硬币是怎么制作的等货币的起源和泰国与世界硬币的历史。结合着影像，吹着风，坐在摇晃的地板上，通过体验性展示学习货币的起源。

用与现实中的事物相比较来说明重量

86

皮皮邦郎菩博物馆 Pipitbanglamphu　Map p.77-D1
介绍曼谷有历史渊源的区域文化

　　皮皮邦郎菩是曼谷内部有历史渊源的地区，这里介绍了此区域的文化。在此可以深刻地感受到泰国历史的深度，以及吸纳中国、马来西亚等多种多样的民族或文化影响的泰国历史文化。通过展示的古代城市街道，可以想象到至今仍在考山路附近营业的塔夫亚百货商场当初创业时候的样子，好像能够进入再现的古代咖啡馆。

皮皮邦郎菩博物馆
住 Phra Sumen Rd.
电 0-2629-1850
开 每天 10:00~18:00
费 100 泰铢（外国游客费用）
在入口处要脱了鞋才能进入馆内。

也可以在展示时进入

吞武里地区 Thonburi　Map p.87
延伸到湄南河西岸的古都

大罗斗圈中央有勇猛的郑信大帝的像

　　吞武里地区延伸到湄南河西岸，却克里王朝迁都曼谷之前的 1767~1782 年，郑信王在此定都。这片区域现在最热闹的地方是大罗斗圈火车站附近。
　　以大王宫前广场为起点，横跨宾客劳桥，延伸到南部巴士总站的宾克劳路周边有大型商业中心和电影院、餐厅等，是一条典型的商业区域。通常人特别多，非常热闹。

皇家庆典御舟博物馆
住 80/1 Arun Amarin Rd.
电 0-2424-0004
开 每天 9:00~17:00
费 100 泰铢（外国游客费用）拍照费用 100 泰铢，录像费用 200 泰铢。
交 从横跨曼谷诺伊运河的阿隆·阿玛林大街的桥畔附近，穿越湄南河边前往住宅区中间的小路，有指示牌，按照指示行走。经过阿隆·阿玛琳大街的公交车有 19、57、81、91、157、169 路等。

皇家庆典御舟博物馆　Map p.60-A3
Royal Barge Museum
陈列奢华丽工艺的船

　　皇家庆典御舟博物馆位于曼谷的诺伊运河上，是停放皇家用船的船坞。里面保管的船都经过了仔细加工。其中，最为重要的是国王专用船——素攀那红（御船）。全长 46.15 米，是拉玛六世时代建造的船。

以泰国传说为题材的船首像

需要 50 名划桨手才可以行驶。船头细而尖利，中间向上凸起。原型是婆罗门教的天神梵天的圣鸟。TAT 的标志是由素攀那红的船头和郑王寺的图案组合而成的。

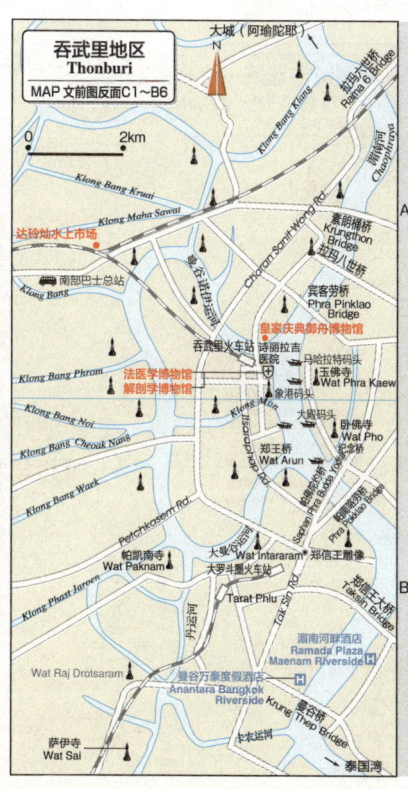

曼谷 / 大王宫周边

帕塔动物园
☎ 0-2434-1803
開 每天10:00~18:00
料 200泰铢（外国游客费用）
交 公交车40、79、123、511路等通过动物园前。穿过宾客劳桥，经过第一个大的十字路口下车。此时乘务人员就会说"帕塔"到了。

诗丽拉吉医院
交 从万岚码头步行走5分钟即可到达。

法医学博物馆
開 周三~下周一 10:00~17:00
休 周二・节假日
料 200泰铢

外科病房是一栋2层的建筑物，一层入口处有窗口，可以在那里领取"游客"字样胸卡，戴在胸前进入馆内。里面还设有寄生虫学博物馆、病理学博物馆、泰国医药学博物馆。

解剖学博物馆
開 周一~周五 9:00~12:00、13:00~16:00
休 周六・周日・节假日
料 免费

位于诗丽拉吉医院解剖学研究院（旧建筑）三层右侧走到尽头。

帕塔动物园 Pata Zoo
带有乡土气息的百货店屋顶上的动物园

Map p.60-A1

从很早之前这个百货店的六层和七层（屋顶）就有动物园，里面饲养着黑猩猩或大猩猩等一些稀有动物。很多人都会想问在这个地方养动物真的合适吗？在这里可以隔着网子向动物喂食。六层主要是爬虫类动物，里面展示了南国特有的珍奇物种，仅仅是蛇就展示出了很多种类。

体验向泰国特色的稀有动物喂食

诗丽拉吉医院内的博物馆
Museums in Siriraj Hospital
关于医学的展示室

Map p.60-A3

用树脂固定的人体标本

在皇族也使用的诗丽拉吉医院内，有几个地方是医学的博物馆。特别是法医学博物馆和解剖学博物馆，不仅在泰国人中很受欢迎，在外国游客中也很受欢迎。

法医学博物馆（西威博物馆）
Songkram Niyomsane
Forensic Medicine Museum

法医学博物馆内展示了被手枪打穿的头盖骨、切断的手腕、交通事故受害者满身是血的照片等，以及与所有的犯罪或者事故相关、法医学上认为有必要鉴定的遗体。博物馆内有一件和博物馆别名相同的"西威"的实体标本特别引人注目。西威在20世纪50年代几年的时间内杀害了5名儿童，企图食用其内脏以达到长生不老的效果。

解剖学博物馆 Congdon
Anatomical Museum

这座博物馆是被誉为泰国现代解剖学之父空敦教授的实验室。展品包括神经系统以及消化器官的内脏标本和病理标本。除了这个之外，还陈列着数十具使用福尔马林浸泡的遗体，其中包括连体双胞胎，患有水头症的儿童。从畸形胎儿到成人都有。

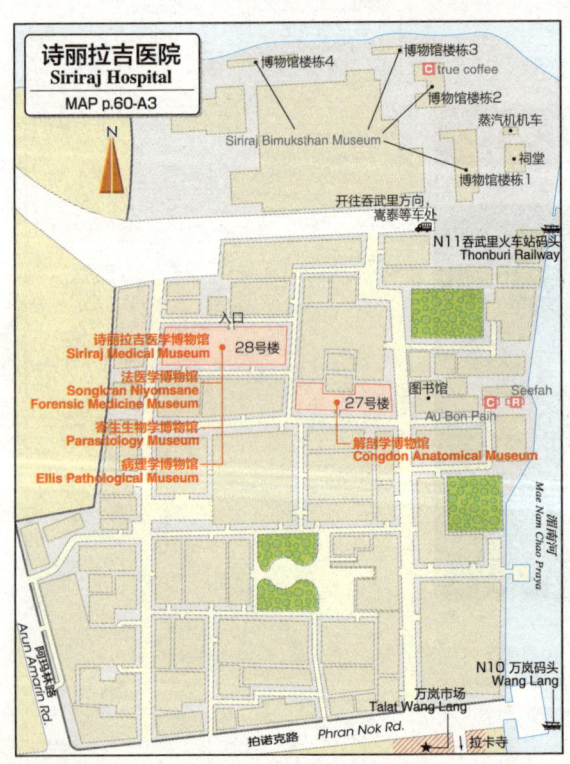

88

曼谷景点分区介绍

泰国的政治中心，充满绿色气息的城市绿洲

律实地区周边

เขตดุสิต

曼谷

●大王宫周边／律实地区周边

律实地区周边　行政机关集中的行政街区和古老的城市街道

律实地区是泰国的行政中心。汇集了国王家族的寝宫、国会大厦、首相府、联合国机构和各种行政机关。宽广的大街纵横交错，景点也零零散散地分布着，出门的时候就灵活利用出租车吧。有一点要注意的是附近几乎没有商店和餐厅。北部是古老的住宅街区。

律实地区的象征——旧国会大厦

前往方法

BUS 从战争胜利纪念碑站乘坐28、72、515路公交车。从水门地区乘坐99路公交车。
BOAT 乘坐湄南河快艇在N15题威渡口、N14拉玛八世桥码头步行即可到达。

维曼默宫（拉玛五世博物馆）
Wimanmek Mansion Palace
Map p.61-E1

简直就是皇室主题公园　　　　　　　　พระที่นั่งวิมานเมฆ

维曼默宫实际上是拉玛五世（朱拉隆功大帝）生活的寝宫。拉玛五世去世后宫殿一直空着，在曼谷建都200年的时候，时任王妃诗丽吉主持整修，1983年开始对外开放。"维曼默"是"云端"的意思，这是一座三层建筑，全部由柚木建造，除了门等需要附加的部分以外，整座建筑没有使用一根钉子，完全都是木材的榫卯结构。宫殿的设计由主持建造石云寺的丹隆亲王负责。现在博物馆里面展示了一些从世界各国收集的餐具和日常用品，可以亲身感受到皇家的奢侈生活。宫殿顶层是浴室，有第二次世界大战期间被联合军队轰炸留下来的走廊烧过的痕迹。可以在导游的讲解下前来参观。

宽广的庭院内除了维曼默宫，还零星地分布着一些小型西式建筑。这些小型建筑都是和皇家有关的博物馆。包括展示已故的作为摄影家也特别有名的拉玛九世普密蓬摄影作品的建筑、王妃个人藏品的美术作品展览建筑，还有停放着皇室仪式中使用马车的车库，等等，都值得一看。凭任何宫殿的门票都可以进入。

场地内零星分布着漂亮外观的西洋馆

散布其中的西洋馆展示着和皇室相关的展示品

维曼默宫
开 周二~周日 9:30~16:00（进入馆内截至15:15）
休 周一・节假日
费 100泰铢（外国游客费用。包括了进入玉佛寺和大王宫的入场券。玉佛寺从入场当天开始一周内有效）
英语旅行团是11:00和14:00举行，一天两次。大约需要花费45分钟。这里和大王宫一样对服装检查比较严格。
交 附近经过的公交车有12、18、28、56、70、108、125、510、515、539路等。

来参观柚木材质的雄伟宫殿吧

可以从维曼默宫殿侧面进入

阿南达沙玛皇家御会馆
开 周二～周日 10:00~17:00
休 周一，有活动之日
费 150泰铢（外国游客费用）
交通 附近经过的公交车有70路。位于维曼默宫占地内。女性不能穿短裙入内。包头用的布售价为40泰铢。

阿南达沙玛皇家御会馆（旧国会大厦）
Anantha Samakhom Palace
Map p.61-E1

泰国中的欧式建筑

　　阿南达沙玛皇家御会馆位于绿树成荫的叻差达披色路（Ratchadamnoen Nok Rd.）尽头，是一座气势宏伟的大宫殿。1907年，拉玛五世下令建造此宫殿，1915年拉玛六世时期完成，并用于迎接来宾和举行国家仪式。宫殿外墙使用意大利进口的大理石建造，和举世闻名的云石寺用的材料一样，上面雕刻着现代时尚的图案。建筑物周围的庭院统一采用了文艺复兴时期的建筑风格，华丽无比，让人有一种置身于欧洲的错觉。宫殿内部悬挂着颂扬拉玛六世以前君王的壁画，壁画的作者是意大利画家伽利略·奇尼。拉玛五世看到伽利略·奇尼的作品后十分欣赏，把他请到曼谷进行了这幅壁画的制作。1932年立宪革命后曾作为国会大厦使用。宫殿旁边建立了新的国会大厦，所以这座宫殿现在只进行皇室的一些活动。

云石寺
开 每天 8:00~17:00
费 20泰铢（外国游客费用）
交通 附近经过的公交车有 5、16、23、72、157、201、503路。

走廊内供奉着各种佛像

用大理石雕刻的狮子

云石寺（大理石寺院）Wat Benchamabophit
Map p.61-E2~F2

白色大理石的寺院光彩夺目

纯白色和橘黄色相对比的大理石寺院十分美丽

云石寺建立于1899年，是由拉玛五世主持修建的一座皇家寺院。除了屋顶，建筑物的其他部分几乎都是使用大理石建造，所以也被称为"大理石寺院"。这里使用的大理石全部都是从意大利的卡拉拉市运来的。屋顶使用的砖也和普通的不一样，是一种烧法奇特的呈橘黄色的砖。镶金边的窗户上安装了染色拼花玻璃。拉玛四世的王子丹隆亲王特别擅长泰式欧式相结合的建筑风格。左右对称的正殿非常雄伟，里面供奉了一尊临摹了北部彭世洛玛哈泰寺（→p.294）内佛像的青铜佛像，据说这尊佛像是泰国最漂亮的佛像。佛像的底座下，安葬着创造者拉玛五世的遗骨。

　　正殿周围的走廊里供奉着世界各地样式的佛像，有一种佛像博物馆的氛围。这里也有一尊瘦成皮包骨头的犍陀罗佛像。

金山寺（黄金山丘）Wat Sraket
Map p.61-D4~E4

金山寺
开 每天 7:30~17:30
费 寺内免费。进入佛塔内部需要20泰铢（外国游客费用）
交通 附近经过的公交车有8、15、37、39、44、47、49、60、79、169、512路。

可以眺望整个曼谷的人造山丘

　　金山寺坐落在沿河而建的山丘上，就像一座城堡。顶层耸立着一尊巨大的佛塔。因为佛塔特别醒目，所以又被人们称为"黄金山丘"。这座山丘是拉玛三世仿照大城（阿瑜陀耶）黄金山丘（→p.156）建造的。在这个基础上拉玛四世修建了佛塔。1950年山丘整体用混凝土加固，佛塔上用黄金瓷砖铺贴，成了现在这样的风格。塔尖的高度约78米。佛塔的周围有走廊，可以远眺整个曼谷市。佛塔的内部收藏着拉玛五世捐赠的佛祖舍利。有两个楼梯通往露天平台，用米黄色涂刷的混凝土外墙螺旋上升。中间有几处挂着小型的钟，泰国的参拜者们心怀愿望敲钟向上爬。

山丘顶点的露天平台上耸立着通往天际的佛塔

从山脚下仰望，金山寺就像一座城堡

站在小山上可以眺望曼谷的古代城区

旅游小贴士
金山寺的读音
泰语的发音很难，根据说话人不同，"金山寺"的发音很容易让人误解。

印卓威汉大佛寺
开 每天 6:00~22:00
费 免费
交 附近经过的公交车有6、30、43、49路。

印卓威汉大佛寺 Wat Intrawiharn   Map p.61-D2
寺内有巨大的黄金佛像

印卓威汉大佛寺里面供奉着一座高32米的立佛，非常有名。佛像建造于1867年，由一位名为"銮波涛"的高僧主持修建。佛像脚下献花的人络绎不绝。寺内有一座建筑用来打坐，里面供奉着銮波涛高僧打坐的佛像。佛像栩栩如生，特别真实，令人惊讶。

镀金的脚趾上供奉着鲜花

巨大的佛像俯视着周围的一切

律实动物园 Dusit Zoo   Map p.61-E1~F1
这里有很多东南亚动物

这是一座以大池塘为中心的动物园，面积较大。里面不仅仅有大象、河马等，还设有小型游乐园，有供小孩乘坐的过山车等设施。池塘里面停泊着各种颜色的小船，市民可以在此休息。这里也有第二次世界大战中的防空洞遗址。

律实动物园
址 71 Rama 5 Rd.
电 0-2281-2000
网 www.dusitzoo.org
开 周一~周四 8:00~18:00
周五~周日 8:00~21:00
票 150泰铢（外国游客费用）
交 附近经过的公交有5、18、28、70、108、510、515、542路。

在泰国动物园大象也特别受欢迎

旅游小贴士
动物园在儿童节那天人特别多
泰国每年1月的第二个周六是儿童节，小孩可以免费进入动物园参观，这一天，不仅动物园内人满为患，周边道路也会大拥堵。

集拉达宫 Chitrada Palace   Map p.61-F1~F2
皇室家族的寝宫

集拉达宫是前任国王拉玛九世普密蓬一家居住的宫殿。周围有护城河，围墙上有持枪的士兵不间断地巡逻。据说内部除了宫殿和庭院以外，还有研究用的稻田、旱田和牧场。禁止入内参观。

皇室家族生活的寝宫，内部景观不详

拉玛五世骑马铜像屹立在宽广道路的中央位置

拉玛五世骑马铜像
附近经过的公交车有70路。

拉差达慕泰拳馆
附近经过的公交车有49、53、503路。夜里就乘坐出租车吧。

题威花市
附近经过的公交车有3、16、23、30、32、53、65、72、99、505、506路。可以在N15题威码头乘坐湄南河快艇。

玻贝市场
附近经过的公交车有53路。从善赛普运河坐船在玻贝码头下即到。

拉玛五世骑马铜像 Statue of Rama V Map p.61-E1
深受国民尊敬拥戴的国王

旧国会大厦前面宽广道路的正中央矗立着一尊巨大铜像，是为了纪念拉玛五世登基40周年而设立的，当年国王出游时在巴黎铸造。作者是法国雕刻家乔治·索罗。建造费用来自感恩拉玛五世功绩的市民捐款。拉玛五世是对泰国近代化发展做出巨大贡献的一代明君，至今也深受国民尊敬拥戴，来这里参观的人络绎不绝。特别是其10月23日的忌日（法定节假日），周边都会堆满祭奠的花圈等。拉玛五世的铜像，除了此处之外，在石云寺和朱拉隆功大学也有两尊。

拉差达慕泰拳馆 Ratchadamnoen Boxing Stadium Map p.61-E3
曼谷市两座泰拳馆中的一座

泰拳搏击是在泰国非常流行的运动，拉差达慕泰拳馆是两个常用的泰拳馆中的一个。1945年竣工完成。这座泰拳馆隶属皇室，迁至郊外的隆披尼泰拳馆（→p.107）隶属陆军。选手的实力方面相差得并不多，但是从规格上讲，这座泰拳馆要更上一层。每周日、周一、周三、周四有拳击比赛。详情请见→p.107。

每周激战四天的拳赛

题威花市 Talat Thewet Map p.61-D1, p.147-A1~A2
充满绿色气息的盆栽市场

题威花市位于善普塞运河的河口位置。北边是海鲜副食品市场，南边是沿着运河分布的鲜花市场。鲜花市场出售盆栽花卉和装饰用的袖珍画像等。

这里集中了很多盆栽店和园艺店

玻贝市场 Talat Bo Bae Map p.61-F4
廉价服装市场

玻贝市场是一个热闹非凡、特别有活力的市场。这里主要经营服装批发，便宜的服装堆积如山。这里还会看到国外的买家前来购买。

运河沿岸的玻贝市场

曼谷景点分区介绍

充满活力的街区，泰国的中国城

中国城

ไชน่าทาวน์ (ชุมชนชาวจีน)

曼谷

●律实地区周边／中国城

中国城 即使累到走不动也想参观的街区

从大王宫或玉佛寺所在的拉达那哥欣岛出发，经过石龙军路向东行走，不久便可来到一个古老的区域，里面有很多不算高的建筑物。通过街道上到处都是汉字的招牌可以看出，这里就是曼谷的中国城。街道上有特别显眼的招牌，如金店、中药店、鱼翅餐厅，还有特别多的商铺和中国寺院等，即使身处泰国，也能感受到浓郁的中国文化气息，喜欢在街道闲逛的游客在这里逛多久都不会感到厌倦。

从MRT华兰蓬火车站步行前往中国城特别方便

前往方法

MRT 华兰蓬火车站步行大约10分钟。
BUS 从战争胜利纪念碑站乘坐204、542路公交车。从水门地区乘坐73路公交车。从素坤逸路乘坐1、75路公交车。从大罗斗圈乘坐4、7、85、169、529路公交车。
BOAT 乘坐湄南河快艇在N5 叻差旺渡口下来步行即可到达。

泰语标出的街区的名称，英语标注则是"CHINA TOWN"　　古老建筑物上的装饰

金佛寺 Wat Trimit　　Map p.67-E2~F2
在中国游客中特别受欢迎的黄金大佛

金佛寺是因为在新建的大堂里放置了一尊黄金佛像而知名的寺院。这个佛像高3米、重5.5吨，用纯度为60%的黄金铸造而成。原来这尊佛像放置在市里废弃的寺院内，在移至金佛寺之前一直被泥灰覆盖。1953年转移这尊佛像的时候，用吊车吊起来，因为过重，转移工作无法顺利实施。结果放在了室外，被雨淋了一个晚上。第二天重新搬运佛像的工作人员发现，因为雨水冲刷，表面的泥灰被冲掉，露出了闪闪发光的金色光芒。他们试着把所有的泥灰都清理干净后，一尊金黄闪闪的黄金佛像就出现在了人们的面前。为了躲避缅甸军队的掠夺，长期被泥灰覆盖的黄金佛像，经过长眠之后觉醒了。可能是人们对这尊佛的神秘传闻感兴趣，不仅东南亚人，每天还有很多从中国来的游客在这里参观。

金佛寺
开 每天8:00~17:00（可以参拜黄金佛像。寺院内的博物馆
开 周二~周日，8:00~16:30。
休 周一）
费 黄金佛像参拜费用40泰铢。殿内的博物馆100泰铢（外国游客费用），院内免费。
交 通过附近的公交车有1、4、25、501、507、529路等。MRT华兰蓬火车站第一出口步行4分钟即可到达。

旅游小贴士

寺院内部的博物馆

放置黄金佛像的大堂中有金佛寺的历史和关于曼谷中国城的博物馆，可以在此了解居住在当地的华人侨民的历史。这里也有耀华叻路周边的模型，非常值得一看。

黄金佛像

寺院内有黄金佛像和各种展示品

93

耀华叻路

🚇 从MRT 华兰蓬火车站第一出口步行8分钟即可到达。

耀华叻路 Yaowarat Rd. `Map p.67-D1~E2`

充满活力的中国城的中心街道

黄金的价格是时价

耀华叻路贯穿中国城的中心部，像舞狮的狮子一样蜿蜒。这条街可以说是曼谷中国城的代名词，街道两边全都是收售黄金的店铺。不仅是中国人，泰国人也喜欢把存的钱用来买金首饰佩戴，每一家金店买金饰品的顾客都特别多。特别是耀华叻路周边的一些信用高的大店非常受人们欢迎。另外到了夜里，会出现很多小摊，每天晚上都非常热闹。有的小摊还可以吃到鱼翅、燕窝等中国城特有的食物。美味的餐厅这里也不少。

位于曼谷中心的中国城

中国城牌楼

开 每天24小时
费 免费
🚇 从MRT 华兰蓬火车站第一出口步行6分钟即可到达。

中国城牌楼 Gate of China Town `Map p.67-E2`

耀华叻路观光区的象征

金佛寺对面的环岛中央有一座华丽的牌楼，这座牌楼是为了庆祝泰国前任国王拉玛九世普密蓬72岁寿辰，于1999年5月由中国居民建造的。当今的泰国王朝和华人的关系特别深，可以说一直以来如果没有华侨的相助，就没有现在的泰国的经济。即使现在，财政界一些有实力的人大部分也是华侨。作为泰国华侨大本营的曼谷中国城，一直都没有出现具有中国特色的建筑物。这座牌楼建成后，在道路标识上加了英语的"CHINA TOWN"，还配备了指路标志，自此中国城的旅游观光资源被重新认识。指路标志还标注了游览中国城的推荐线路和简单的解说，方便来中国城观光的游客作为参考。

🔸 旅游小贴士

持续保持中国传统文化的城市

中国城的居民大多来自潮州，即使现在也保留了很多中国的传统文化。每年春季的阴历正月，耀华叻路封路，举行舞狮子的活动，鞭炮声震耳欲聋。到了秋天，进入斋月，这里挤满了挂着黄色斋月标记的招牌或旗帜的小摊。

色彩鲜艳亮丽的牌楼

龙尾爷街 Itsaranuphap Rd.

细长的小路两边全是生鲜食品商店

Map p.67-E1

龙尾爷街连接石龙军路和耀华叻路，细长的小路两边挤满了食品店铺，形成了一条细长的市场。这条街上有很多前来购物的行人、运货物的小车、送货的单车等，纵横交错拥挤不堪，稍不留神就可能被什么撞到。这里不只是有鱼、肉、蔬菜和水果，还有很多不常见的加工食品。

龙尾爷街也卖一些连见都没见过的食品

7月22日环岛 July 22 Rotary

中国城的中心

Map p.67-E1

席卷整个欧洲的第一次世界大战时期，泰国国王拉玛六世应协约国的请求，决定于1917年7月22日参战。为了纪念这件事，就把石龙军路北侧的路命名为7月22日道路。自那以后，道路中心的地方建设了一个大型环岛，即现在的7月22日环岛。环岛的中央是绿色和喷泉并存的美丽公园。

7月22日环岛的喷泉白天喷水，和晚上的氛围截然不同，请注意

隆通市场 Khlong Thom

这里是真正的跳蚤市场？

Map p.61-D5

这一带的中心是被称为隆通市场的百货商店街，这里有很多杂货，价格非常便宜。周边平时卖摩托车配件和电器，周五、周六、周日夜里路边挤满了小摊。不知道这些货物是从哪里入手的，也不知道谁会买这些商品，不可思议。

白天出售工业产品

龙尾爷街

每天早晨到晚上

MRT 华兰蓬火车站第一出口步行14分钟就可到达。

7月22日环岛

MRT 华兰蓬火车站第三出口步行7分钟就可到达。

旅游小贴士

翻天覆地的变化

石龙军路周边正在进行地铁施工，车站建设的同时，古老城区街道也被破坏了。也许是这个原因，中国城周边建设成了思乡怀旧的氛围。

新的夜店诞生？

位于石龙军路和7月22日环岛之间有一条娜娜胡同（Soi Nana, Map p.67-E1~E2），里面有一座由古老的商店改造的建筑，酒吧和餐厅等接连开业，一直吸引人们的目光。

隆通市场

周五、周六、周日晚上出来的露天小铺又被称为夜间市场（夜市）。

MRT 华兰蓬火车站第一出口步行17分钟即可到达。公交车15、35、40、47路经过隆通市场附近。

曼谷 中国城

95

路边卖护身符的小店

米特拉攀
交通 从 MRT 华兰蓬火车站第一出口步行 7 分钟即可到达。

帕胡拉市场
交通 附近经过的公交有 40、159 路。

在这里可以买到印度的纱丽服，连衣裙也有

三聘街
交通 从 MRT 华兰蓬火车站第一出口步行 13 分钟即可到达。

小商贩在三聘街采购批发杂货

帕库科隆市场
交通 附近经过的公交有 1、25、73、529 路。湄南河快艇的 N6/1 帕库科隆市场码头附近。

这里不仅有鲜花，还有贡品用加工的花

米特拉攀 Mittraphan
Map p.67-E1~E2

信者得永生

这片地区的路边上可以买到佛像等护身符。大家都会用放大镜认真地搜索自己想要的物品。这里不仅有护身符，也有单只的鞋子和没有扇叶的电风扇等很多不值钱的东西。

好的护身符交易价格也高

帕胡拉市场 Talat Phahulat
Map p.66-C1

中国城旁边的印度城

市场周围印度人比较多，印度人开的布料店出售着颜色艳丽的布料。也有餐馆和茶馆，在这里可以吃到印度风味的咖喱饭。

三聘街 Sampheng Lane
Map p.67-D1

狭窄的道路上开满了店铺

这条狭窄的街道在首都迁到曼谷、中国城创建时，是一条挂满红灯笼的、十分热闹的欢乐街。现在街道的两边并排开满了批发店铺，有玩具店、布料店、西装店、鞋店和服装店，住宿相关的店也有很多。这里也有餐饮大排档。

帕库科隆市场 Talat Pak Khlong
Map p.66-B1~C1

蔬菜和花的大市场

这个市场主要交易蔬菜、水果和鲜花等。有些人在这里批发后去城市里面零售。去泰国寺院参拜时必不可少的茉莉花也可以在这里购买。这里 24 小时营业，特别符合曼谷风格。旁边的桥畔有一尊拉玛一世的大坐像，平时供奉鲜花的人一直不断。到了晚上，公园的周围会变成一座排满了服装店的露天市场，泰国的年轻人在这里会集。这里能以比较便宜的价格买到 T 恤衫和牛仔裤等。

帕库科隆市场沿湄南河部分已经改造，2015 年湄南河畔步行区开业，2 层平台式建筑，有咖啡馆和商店，迎着凉爽的河风在上面信步游走，十分舒适。

在二楼还有露天咖啡馆，不过有点热

曼谷景点分区介绍

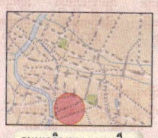

紧靠游乐街和商业街

石龙军路、是隆路周边

石龙军路、是隆路周边　泰国经济中心

新旧建筑并存的石龙军路

曼谷以前是以运河为主要交通线路的水都，后来应外国人"希望有马车可以行走的道路"的请求，拉玛四世开始修建了曼谷第一条道路——石龙军路。这条道路沿着湄南河铺设，经过西·帕亚路（Si Phraya Rd.）、苏里旺路（Suriwong Rd.）、是隆路（Silom Rd.）、沙敦路（Sathon Rd.）四条大街，一直延伸到拉玛四世大街（Rama 4 Rd.）。西·帕亚路周边还保留着古老的街区。苏里旺路和是隆路周边集中了酒店、娱乐街和餐厅，是特别适合游客前往的区域。沙敦路周边较多高层的写字楼，形成了一条近现代化的商业街。

马里安曼神庙 Wat Maha Uma Devi　Map p.68-A4
曼谷的印度教世界

马里安曼神庙也被称作摩诃庙（印度寺院），寺院屋顶上装饰着无数个印度教神像，非常美观。寺院内经常飘着参拜者供奉的线香的烟，有一种独特的气氛。

建筑物整体都进行了装饰

扬纳瓦寺 Wat Yannawa　Map p.67-E5~F5
珍贵的船形佛塔

为纪念逐渐消失的舢板船而建造的寺院

据说这座寺院是拉玛三世为了纪念当年湄南河看到的欧洲各国近现代大型船队，逐渐消失的舢板船而建造的寺院。以船为主题，具备船舱和甲板构造的船形佛塔。寺院自身规模也很大，正殿是一座巨大的建筑物。

前往方法

MRT 是隆站步行前往。
BTS 是隆线郑信大桥站、琼隆西站、沙敦站步行前往。
BUS 从战争胜利纪念碑乘坐17路、547路公交车。从水门地区乘坐77路、164路公交车。从大罗斗圈乘坐173路、177路公交车。
BOAT 从湄南河快艇的N3西·帕亚码头、N2孟凯寺码头、N1东方渡口、CEN沙敦码头步行前往。

旅游小贴士

受欢迎的文化景点

吉姆工厂（The Jam Factory）位于渡船西·帕亚码头对岸、科隆市场旁边，以前此处是制造冰的工厂，经过改造，变成了书店、咖啡馆、画廊并存的文化景点。庭院遍布植被，这里还有有机食物市场。

杂乱的市场旁边竟然有如此宁静的地方，这种落差十分有趣

马里安曼神庙
开 每天 8:00~20:00
票 免费
交 BTS 是隆线站第三出口步行8分钟即到。

扬纳瓦寺
开 每天 8:00~20:00
票 免费
交 BTS 是隆线郑信大桥站第四出口，或者从湄南河快艇的CEN沙敦码头步行前往。

97

华兰蓬寺
开 每天 6:00~22:00
费 免费
交 MRT 山艳站第一出口步行，紧邻车站。

建筑物庞大，光辉灿烂

帕蓬路
交 BTS 是隆线站第一出口步行 2 分钟即可到达。MRT 是隆站第二出口步行 6 分钟即可到达。

帕蓬路附近有几家氛围特别好的酒吧

毒蛇研究所
电 0-2252-0161~4
开 周一～周五 8:30~16:30（周六·周日·节假日～12:00）
休 无
示范表演是周一～周五 11:00，14:30（周六、周日、节假日只有 11:00）。表演开始前 30 分钟，有一个关于深刻理解毒蛇相关知识的幻灯片要放映，所以要早点出门。
费 200 泰铢（外国游客费用）
交 从 MRT 山艳站第二出口步行 4 分钟即到。

华兰蓬寺 Wat Hualamphong Map p.68-B3
在曼谷积攒功德可以来这里

华兰蓬寺是一座位于拉玛四世大街和西·帕亚路的交叉路口的大寺院。在曼谷市内的寺院中特别有名，每天都有很多参拜者前来参拜。

帕蓬路 Phatphong Rd. Map p.68-C3
道路上尽是露天小摊和摇摆舞厅

帕蓬路是一条与泰尼亚路平行的道路，在泰尼亚路西侧，作为一条游客街而知名。里面有两条平行的小路，帕蓬 1 路和帕蓬 2 路。白天人烟稀少，每天 16:00 以后各种小摊开始聚集营业，放眼望去，整条街道都被露天小摊覆盖，值得前来游玩。到夜里，摇摆舞厅等一

露天小摊和摇摆舞厅并设的街道

些地方也开始营业，一些逛够了可以买特产的路边小摊的外国游客会到这里会集。在这条路上可以买到服装、盗版 DVD 光盘、山寨名牌手表、皮包、工艺品等。店铺从傍晚开始营业，第二天的凌晨 1:00 左右打烊。另外，在这个地方一定不要去打招呼拉客的地方。

■ 在帕蓬购物

帕蓬是一条完全面向外国游客开放的街道。小摊上卖的特产在其他地方也可以买得到，而且这里的价格要比其他地方贵。明智的选择是在这里看看样子而去别的地方买。

毒蛇研究所（泰国红十字协会）Snake Farm Map p.68-C3
进一步了解关于毒蛇的知识

这里是一所研究毒蛇血清的机构。据说这里的毒蛇研究所仅次于巴西的研究所，规模上在全球排名第二。从入口进入后，正面对着的建筑物就是毒蛇研究所。在这里不仅能够了解到毒蛇的相关知识，还可以参观每天捕捉毒蛇的示范表演。表演结束后是和蛇合影留念的时间。

和蛇一起合影留念

隆披尼公园 Lumphinee Park
宽阔的绿洲 Map p.69-D3~E3

สวนลุมพินี

隆披尼公园位于市中心，总面积57.6万平方米。公园被配有喷泉的池塘或树木环绕，可以让人忘记一时的喧嚣。早晨在这里跑步、晨练，中午可以悠闲地在这里散步或午睡小憩。池塘内有大蜥蜴，特别有南国风范。傍晚时分气氛也不错，但天色变暗以后尽量不要入内。夜里最好也不要接近公园周围的小道。

大型池塘内有大蜥蜴，不是鳄鱼，请放心

亚洲河滨广场夜市 ASIATIQUE The Riverfront
畅游夜市主题公园 Map p.58-B5

เอเซียทีค เดอะ ริเวอร์ฟร้อนท์

在湄南河沿岸有一条古老的仓库街，经过再次开发后，2012年作为娱乐设施一条街重新开放。宽广的场地内有很多模仿古老仓库的建筑，里面挤满了各种商店，有泰国杂货、时尚物品、小商品等。关于饮食设施，在石龙军路两边有连锁快餐店，在湄南河沿岸有高档餐厅。另外，加里普索夜总会有人妖表演秀，这里也有巨大的观览车——亚洲的天空等，整个晚上都可以在此玩乐。

如果要逛夜市就来这里吧

这里还有很多可爱的杂货摊

隆披尼公园
- 开 每天 4:30~20:00
- 费 免费
- 交通 紧邻MRT是隆站第一出口。从BTS是隆铃叻差蒂站第二出口、沙拉玲第四出口步行3分钟即可到达。

亚洲河滨广场夜市
- 住 2194 Charoen Krung Rd.
- URL www.thaiasiatique.com
- 开 每天 17:00~次日 0:00
- 交通 从BTS郑信大桥站下车步行25分钟才能到达。在车站前的沙敦码头乘坐免费的定期航船（16:30~23:30），或者乘坐湄南河快艇的蓝色旗帜船（16:30~22:50，20泰铢），到达夜市码头。也可以乘坐走石龙军路的1路公交车（红色公交和黄色公交的两种迷你公交车）。

曼谷 ● 石龙军路、是隆路周边

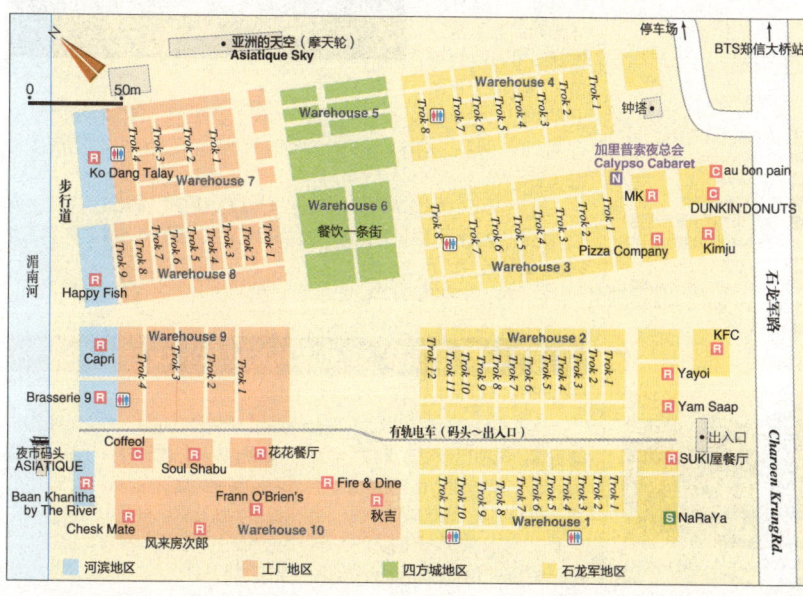

曼谷景点分区介绍

大型购物中心汇集的购物天堂
暹罗广场、叻差达蒂路周边

สยามสแควร์ ถนนราชดำริ

前往方法
BTS 暹罗站、素坤逸线奇隆站、是隆线的叻差达蒂站步行即可到达。
BUS 从战争胜利纪念碑乘坐17、34、36、164、177、547路公交车。

暹罗广场、叻差达蒂路周边　购物天堂，没有买不到的东西

水门周边的商业中心

从叻差达蒂路（Ratchadamri Rd.）到暹罗广场（Siam Square）周边一带汇集了大型商场和超大型市场，是曼谷数一数二的购物中心。从便宜的服装到超级高档名牌服装应有尽有。

吉姆·汤普森故居
住 6 Soi Kasem San 2, Rama 1 Rd.
电 0-2216-7368
开 每天 9:00~17:00
费 100泰铢（25岁以下50泰铢）

可以按照导游指南参观。内部禁止拍照。场地内有商铺、咖啡馆和餐厅。
交 从BTS是隆线国家体育场站第一出口步行4分钟即可到达。

吉姆·汤普森故居
The Jim Thompson House
泰国丝绸大王生活居住过的建筑

Map p.72-A3　p.150-A1

บ้านจิมทอมป์สัน

　美国人吉姆·汤普森作为泰国的丝绸大王被大家知晓。他生前居住的房屋现在作为博物馆开放。这是一座柚木材质的泰国传统风格古老房屋，分为六间独立的建筑物。里面收藏着很多珍贵的古代美术收藏品，看起来赏心悦目。家具和日常用品等也是从各地古老建筑调过来的珍奇异品，还有从周边各国收集来的佛像和书画、陶瓷品等贵重收藏品。

按导游指南参观故居

　追溯起源，这位丝绸大王还有在作为CIA前身的谍报机关工作过的经历。第二次世界大战刚结束，他就来到泰国定居下来，成功实现了丝绸事业的产业化。不过，1967年，他去马来西亚的金马仑高原休假旅行，却神秘失踪，至今下落不明。

苏安·帕凯德宫殿
住 352 Sri Ayutthaya Rd.
电 0-2245-4934
开 每天 9:00~16:00
费 100泰铢（外国游客费用）

里面有休息时用的椅子，可以在这悠闲地度过。
交 从BTS帕亚泰车站第四出口出发，步行4分钟即可到达。

宫殿建筑物的二层由走廊连接着

苏安·帕凯德宫殿 Suan Pakkad Palace
休闲的都市绿洲

Map p.72-B1~C1

วังสวนผักกาด

　这座宫殿是拉玛五世的孙子琼泼托殿下夫妇为迎宾而建造的泰国传统房屋，现在已经对外开放。宫殿内展示了该夫妇收集的古代美术收藏品。进场的参观费用作为新生代艺术家的奖金。庭院内深处有一座小的建筑物，是从大城（阿育陀耶）迁来的漆器展览室。宫殿由两座建筑组合而成，内侧的墙壁上描绘的是从《拉玛坚》里引用的故事，讲述了佛陀一生中的很多故事，用金彩的涂料绘成，非常漂亮。

四面佛寺 Thao Maha Brahma
泰国最赚钱的寺庙

Map p.72-C4

四面佛寺位于交叉路口的一个角上，来往的人常年不断，非常多，因为这里供奉着印度教大神梵天。这座寺庙被称为泰国最赚钱的寺院，前来参拜的人络绎不绝。另外想达成心愿的人们为了向神表达敬意还经常在寺庙前面跳祭祀的舞蹈。在这里可以免费看到衣着鲜艳亮丽的泰国传统舞蹈，所以也有观光的游客前来参观。

爱神寺和象鼻神寺
Phra Trimruti, Phra Phikkhanet
和爱情有关的参观景点

Map p.72-C3

爱神寺和四面佛寺齐名，是在曼谷特别受欢迎的参观景点。里面供奉着三相神，据说在爱神寺参拜有走桃花运的效果，特别是周四的21:30前来参拜，特别灵验。

爱神寺的旁边有座象鼻神寺，供奉着能够带来财运或者艺术方面成就的佛像。

周四夜里，四周都被前来向神祈祷的女性挤满了

水门市场 Talat Pratunam
服装店云集

Map p.72-C2~73-D2

水门市场位于叻猜巴洛路西侧，是一座如迷宫般的市场。市场内几乎所有的店铺经营的都是服装，牛仔裤和马球衫等这里卖得特别便宜。不仅店铺比较多，男装、女装都特别丰富。当然在这里还可以讨价还价。狭窄的道路上有一些食品小摊，很有泰国特色。

全年都在大甩卖

暹罗广场周边 Siam Square
年轻人聚集的街道

Map p.72-A4~B4

曼谷年轻人中特别受欢迎的购物中心里面，暹罗广场周边也算是最早开发的。西边是巨大的购物大厦群侨中心和东急百货，东边是高档酒店诺富特酒店，北面是大型的购物中心暹罗中心、暹罗发现中心和暹罗模范百货等，被这些建筑包围着的暹罗中心也有很多店铺。这里有很多原创设计商店，里面的商品也特别有品位。

2014年开业的暹罗广场有很多餐厅和商店

四面佛寺
开 每天 6:00~23:00
费 免费
交通 从BTS素坤逸线奇隆站第六出口出来，步行2分钟即可到达。

前来四面佛寺参拜的人络绎不绝

爱神寺和象鼻神寺
开 每天24小时
费 免费
交通 从BTS素坤逸线奇隆站第六出口出来，步行5分钟即可到达。伊势丹的前面。

看上去就像能够带来财运的金佛像

水门市场
交通 乘坐公交13、14、23、77、113、174、511、512路。

暹罗广场
交通 BTS暹罗站下车即到。

曼谷 暹罗广场、叻差达蒂路周边

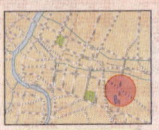

曼谷景点分区介绍

这里集中了面向外国人的酒店、商店和餐厅

素坤逸路周边

ถนนสุขุมวิท

前往方法

MRT 素坤逸站步行前往。
BTS 从素坤逸线的奔集车站、娜娜车站、通罗车站、亿甲米车站出去后步行即可到达。
BUS 从战争胜利纪念碑站乘坐38、513路公交车，在水门地区乘坐38、511路公交车。

旅游小贴士

素坤逸和"Skumpint"

素坤逸的泰语发音，换成英语的标识为"Skumpint"，不过，"素坤逸"更接近原来的发音。

胡同的编号

胡同是大街道延伸出去的小道。素坤逸路胡同的标号规则为北侧是奇数，南侧是偶数。南北的胡同数量不同，7号胡同的对面是6号胡同，23号胡同的对面是18号胡同，51号胡同的对面是34号胡同，越差越多。

夜间酒吧一条街

从素坤逸路4号胡同到扎·兰德马克酒店，从BTS娜娜车站到13号胡同的步行街上，特别是11号胡同，从23:00开始露天小摊、酒吧陆续营业。周边的娜娜娱乐广场夜里1:00~2:00多打烊，路边小摊的热闹程度达到最高潮。

素坤逸路周边 不同人种、不同国籍的人在大街上穿梭

从曼谷中心向东延伸的素坤逸路有很多面向外国人的各种档次的酒店、商店和餐厅，有很多外国人来往于此。白天这里充满国际气息，晚上则充满杂乱的氛围。

路边摊上卖一些面向外国人的特产，包括花纹艳丽的T恤和亚洲的杂货

素坤逸路 Sukhumvit Rd.

Map p.70-A1~71-F5, p.74~75

拥有多彩面目的大街　　　　　　　　　ถนนสุขุมวิท

乘坐BTS素坤逸线，从暹罗开往翁聿方向，在奔集车站有高架桥与铁道的交叉口。从这里开始就是素坤逸路，经过帕塔亚（芭堤雅）和达叻，一直延伸到遥远的柬埔寨边境。从素坤逸路延伸出来的很多小胡同也各有特色。

■ 3~5号胡同周边

以3号胡同的优雅酒店为中心聚集了一批阿拉伯、非洲的居民。这里有很多中近东和印度美食，还有穆斯林餐厅。看到在闪亮装饰的店内享用美食的人们，不禁想这里真的是泰国吗？

■ 4号胡同（娜娜胡同）

这里有曼谷的第二大娱乐街娜娜娱乐广场（→p.110），周边也有很多酒吧。暂且不说白天如何，一旦到了夜里，这里就是一片充满活力的区域。往深处行走是寂静的住宅区。

■ 3~21号胡同

这里密布着中档到高档的酒店，很多外国游客往来于此。5号胡同、7号胡同、11号胡同也有很多夜市。

■ 亚索·蒙特利街道（21号胡同）周边

21号胡同也叫作亚索·蒙特利街道，这里有堪廷彦馆（→p.103）。地铁口处周边以前曾经是叫作亚索市场的蔬菜和水果市场。自从出入口建成后规模缩小了，现在还有在经营水果的店铺。交叉路口附近有亚索·牧童巷（→p.110），是一条和娜娜娱乐广场齐名的娱乐街。3号胡同到亚索·蒙特利街道每天晚上挤满了向游客开放的露天店铺，有民间艺术品、服装和杂货等。露天店铺排列在大道两侧，偶数侧只分布在4号胡同周边，数量较少，店铺打烊也比较早。

■ 22号胡同、31号胡同周边

22号胡同位于帝王皇后公园酒店周边，有很多按摩店和KTV店铺。31号胡同有很多面向当地居民的夜市。

■ 55号胡同周边

这条胡同也被称为通罗胡同，胡同中零星地分布着比较受欢迎的餐厅。对面的胡同为38号胡同，在此胡同与素坤逸路的交叉口处分布着美味的高档餐厅。

通罗胡同（55号胡同）有很多面向泰国有钱人和外国人的店铺

堪廷彦馆（堪廷彦夫人故居）Kamthieng House　Map p.74-C2
泰国人以前的生活

流经清迈的滨河河畔，有一座19世纪中期的跃层式房屋，居民搬迁后成了博物馆。馆内再现了当时的生活状况，可以从这里了解到那时泰国人朴素的生活。一层房间内也有狩猎用工具和农耕用具。另外，考虑到河流会泛滥，所以把厨房设在了二层，从这里可以看出泰国人民生活的智慧。

之前当作谷物仓的建筑是泰国北部的山岳少数民族的展示馆。展示了孟族、瑶族、阿卡族、傈僳族、卡莲族等一些山岳少数民族的色彩艳丽的服装和生活用品。

旅游小贴士
从步行天桥过亚索胡同的交叉口

素坤逸路和亚索·蒙特利路的交叉口，交通量特别大，红绿灯也是最长时间都不变换，所以过路口特别麻烦。不过自从BTS亚索站到对面和到换转塔连接了步行天桥，就可以不用考虑红绿灯地很安全地过去了。

堪廷彦馆
- 131 Asok Montri Rd.
- 0-2661-6470~5
- 周二～周六 9:00~17:00
- 周日・周一・节假日
- 100泰铢
- BTS素坤逸线亚索站出口步行4分钟即可到达。MRT素坤逸站第一出口步行即到。

这里展示了泰国的传统生活

堪廷彦馆的入口处有一家在泰国受欢迎的咖啡连锁店

诗丽吉王后公园 Queen Sirikit Park　Map p.75-D4
都市里的宽阔公园

为了纪念诗丽吉王后的生辰，1992年8月5日的5点55分开始开放的大公园。据说这个具体的时辰是根据占卜得出来的吉辰良日。宽阔的公园一直延伸到高楼林立的素坤逸路，早晚都有很多人在这里跑步锻炼，白天来这里悠闲散步的人也不少。

诗丽吉王后公园
- 每天 5:00~20:00
- 免费
- 从BTS素坤逸线蓬鹏站第六出口出来即到。

面向大路的地方还有喷泉

这里有科学博物馆，其中天象仪特别受儿童欢迎

素坤逸路周边・曼谷

103

曼谷景点分区介绍

郊外的景点跟着旅行团观赏会比较方便

曼谷郊外的景点

安帕瓦

乘坐公交车或者火车,班次少,不太现实。如果乘坐可以看萤火虫的观光船会错过返程的公交车,建议通过曼谷出发的旅行团前来观光。

停泊在运河上的船只几乎都是做生意的商店船

美功铁道市场

在战争胜利纪念碑附近的迷你小巴车站(p.63-D2)前往美功方向(所需时间大约1小时,70泰铢)。如果坐火车前往的话可以在大罗斗圈车站6:25出发,7:27到达马哈奇异车站。乘坐车站附近的渡船经达对面的巴莱姆车站。8:05出发,9:50到达美功车站。费用20泰铢。火车返程的时候还可以参观到市场"让路"的场景。返回时是在刚才说的老特站,开往战争胜利纪念碑方向。火车时刻表有时会有变动,乘坐前要确认清楚。

陶瓷岛

从大王宫周边乘坐32路公交车,从水门附近乘坐505路开往帕克莱特方向的公交车,在离终点较近的寺院下车。告诉乘务员要去陶瓷岛,乘务员就会告诉你在哪处下车。下了公交车去寺院内部的后门,有一个码头乘坐渡船去。如果打出租车,从曼谷市内到这里需要220泰铢。

直接出售刚出锅的甜点

安帕瓦 Amphawa
至今仍然保留着的曼谷原始风景

Map 文前图正面 -B6

曼谷郊外有一座城市叫作安帕瓦,这座城市是以运河的交叉口为发展契机的。作为一座可以向现代人展示曼谷古代使用运河线路情况的城市,最近几年特别受欢迎。周末会特别热闹,主要是泰国当地游客。主要的景点有沿运河而建的相互连接的商铺和在运河里停泊着的很多食堂船只。在岸边设的台阶和石头墩上坐下来,品尝食堂船上点的料理,体验泰国风格的享乐。傍晚出发的船只旅行会在周边的运河行驶,如果运气好,还能看到无数只萤火虫集体出现在树上、一起闪烁的壮观场景。

可以看到曼谷的原始风貌——沿着运河的细道和在水上穿梭的船只

美功铁道市场
Talat Maeklong (Talat Rom Fup)
每次火车通过都"让路"的市场

Map 文前图正面 -B6

在铁路线上摆着生鲜食品,上面还有遮阳的棚子。这是一条废弃的铁道吗?但是听到原处传来警笛声,四周突然一片忙乱。铁道上的蔬菜和水果都往铁路的两边角落靠放,遮阳棚也向角落里折叠起来。露出的铁道上面,从远处驶来的是柴油火车。当火车通过后,遮阳棚再次伸展开,铁路上又恢复了原样,就像什么都没发生过似的,突然出现了一个市场。火车每天3次往返,共经过6次。每次火车经过都会"让路"的神奇市场。

大家在慌忙地收拾,把铁道露出来

柴油火车通过狭窄的市场

陶瓷岛 Ko Kret
以传统甜点和烧制品闻名的岛屿

Map 文前图正面 -C5

曼谷沿湄南河向北的郊外有一座陶瓷岛,阿瑜陀耶时期迁都曼谷时居住在此的以孟族较多。这里以制作传统的甜品而出名,周末有很多泰国的游客前来拜访。这里烧制的壶和水瓶也特别有名，在码头的周边有很多卖甜点和烧制容器的店铺。

丹嫩沙多水上市场 Damnoen Saduak Floating Market
Map 文前图正面 -B6
流传至今的水上都市风情

充满活力的水上市场

丹嫩沙多水上市场位于曼谷西南大约80公里处。丹嫩沙多运河建造于1868年拉玛四世时期，保留了传统的文化，为了招徕游客，政府在这里开发了市场。运河的左右两侧是茂密的热带树木，承载着蔬菜、水果的小船在狭窄的水路上往来。商家高亢的吆喝声不绝于耳，这些吆喝的人是一些戴着独特帽子的劳动妇女。高峰时期，卖东西的小船和载着游客的船在运河里穿梭，特别混乱，不过相应的也是一条活力十足的亮丽风景线。

市场一般在天亮时刻到14:00左右开始营业，最热闹的时间段是7:00~9:00，下午比较闲散。

达玲灿水上市场 Talingchan Floating Market
Map p.87-A
只有周末才有的水上观光市场

达玲灿水上市场只有周末才开始营业，是一个面向游客开设的市场。在运河上漂浮的舢板两侧有很多摆摊的船，游客可以在舢板上的座位上点餐。可以品尝以海鲜为主的泰国菜。市场附近建设有舞台，会举行泰国的传统舞蹈，可以免费欣赏。路上有很多露天小店，无论是哪一边都特别热闹。由于曼谷市内到这里交通特别方便，所以在泰国人中达玲灿水上市场也特别受欢迎。另外，这里还有以此为起点，2小时左右的环绕周边运河的小船旅行，参观佛教寺院和兰花农场等。

桑普兰河畔 Sampran Riverside
Map 文前图正面 -C5
可以看到泰国的传统文化表演

桑普兰河畔是为了向外国游客介绍泰国传统文化和习俗而建造的主题公园。特别受欢迎的泰国文化表演有传统舞蹈指甲舞和泰拳模拟比赛、剑术对战、泰式婚礼等。这些活动在泰国风的房屋内进行表演。以前叫作"玫瑰花园"。

再现古典而优雅的结婚仪式

旅游小贴士

周末去陶瓷品
平日大部分店铺都关闭了，如果要去，最好周末过去。

丹嫩沙多水上市场
为了早上尽早到达，最好参加旅行团来这里。曼谷市内的旅行社基本都有来这里的项目。如果自己前来，可以在南部巴士总站乘坐78路公交车，但是如果要在市场内转的话就要乘坐小船，用桨梁手摇的船每艘可搭载2~4人，30分钟，500泰铢。

达玲灿水上市场
在暹罗中心、伊势丹，BTS车站附近的碧武里大街乘坐79路公交车，需要40分钟，17泰铢。在吞武里一侧行驶，由两车道变成一车道，稍微往前一点向左拐。在道路的丁字路口的地方下车。左侧向里延伸的道路上有个市场。运河上漂浮着小船和舢板。返程是从丁字路口附近的7-11前面乘坐79路公交车。

小船旅行
99泰铢

在舢板上享受美食是泰国人的爱好之一

桑普兰河畔
电 0-3432-2588
网 www.sampranriverside.com
开 泰国活动每天10:00~12:00，13:30~18:00
库隆市场 每天10:00~17:00
费 泰国传统活动体验（10:00~12:00）500泰铢
泰国活动和表演秀（13:30~18:00）500泰铢
交通 参加旅行团会比较方便。从曼谷市里坐车来此需要300泰铢左右。

曼谷 ● 曼谷郊外的景点

桑普兰大象动物园
☎ 0-2429-0361
開 每天 8:30～17:30
费 600泰铢

大象表演秀一天举行3次，鳄鱼表演秀一天举行5～6次。
交通 通过旅行团前来参观比较方便。位于桑普兰河畔不远处，如果说是鳄鱼农场的话就是说的这里。

桑普兰大象动物园
Samphran Elephant Ground & Zoo
去看聪明大象的表演吧

Map 文前图正面 -C5

在这里比较有名的是动物园里的大象曲艺表演秀。大象足球PK战、跳舞大会和使用大象的战争再现等节目逐一上演，让人们在此认识到大象的智慧。

再现古代使用大象的战争，特别震撼

北榄鳄鱼湖动物园
☎ 0-2703-4891
開 每天 8:00～18:00
费 350泰铢

鳄鱼的表演秀是每一个小时举行一次。

拉开架势，鳄鱼和人的表演秀

北榄鳄鱼湖动物园
Samut Phrakan Crocodile Farm & Zoo
令人提心吊胆的人与鳄鱼对决

Map 文前图正面 -C6

曼谷东南部的北榄鳄鱼湖是世界最大的鳄鱼养殖场。这里原本是为了养殖用于皮革制品的鳄鱼，1950年建造的养殖场，现在有约13万平方米的面积，养殖了3万多只鳄鱼。这里有小鳄鱼以及体长9米的大型鳄鱼，在这里可以喂鳄鱼。鳄鱼饲养员和鳄鱼的对决表演秀特别受欢迎。例如饲养员骑在鳄鱼的背上把头放进鳄鱼张开的嘴中等各种各样的表演。

穆安波兰
☎ 0-2323-4094
URL www.ancientcity.com
開 每天 9:00～19:00
费 9:00~16:00 700泰铢，16:00~19:00 350泰铢
交通 公交车25、511路等开往达纳姆公园方向，然后在那里换乘36路公交车或者1140路公交车。需要1小时30分钟。

穆安波兰（古城）
Muan Boran (Ancient City)
可以体验变成巨人的感觉

Map 文前图正面 -C6

再现素可泰的名胜古迹

这里是将泰国国内名胜古迹做成迷你模型的主题公园。在与泰国国土形状相似的区域内，与实际相同位置处放置了大城（阿瑜陀耶）和素可泰等各地零散分布的寺院和王宫。在这里转一圈，就可以把泰国主要的景点都尽收眼底。

参加旅行团去参观郊外的景点 Column

参观郊外的景点可以参加旅行社的旅行团，十分方便。

温迪旅行社 Wendy Tour
MAP p.150-A2
住 9th Fl., Siam@Siam Design Hotel & Spa Bldg., 865 Rama 1 Rd.
☎ 0-2216-2201　FAX 0-2216-2202
URL www.wendytour.com　E yoyaku@wendytour.com
開 每天 9:00~18:00

H.I.S. 旅行社
● sukcai 大厅
MAP p.74-B2~B3
住 11th Fl., Times Square Bldg., Soi 12-14, Sukhumvit Rd.

☎ 0-2022-0945　FAX 0-2229-4730
URL www.his-bkk.com　開 每天 9:00~17:30

● Travel wonderland SIAM
MAP p.72-B4　☎ 0-2115-1350
開 10:30~19:00　休 年末年初、泰国正月

熊猫旅行社 Panda Travel Agency Ltd.
MAP p.73-D4
住 L22-23 Lobby Fl., President Tower Arcade (Annexed to Inter Continental Bangkok), 973 Phloen Chit Rd.
☎ 0-2656-0026　FAX 0-2656-0027
URL www.pandabus.com/bkk
E bkk@pandabus.com
開 每天 9:00~18:00

曼谷娱乐 & 夜生活

男人之间的较量
去看泰拳比赛吧

泰拳是泰国独特的格斗技。
曼谷有两座泰拳比赛场馆，
基本上每天都有安排比赛，
不用担心会错过比赛。
泰拳比赛是在独特的氛围内进行真正的对决。

拉差达慕泰拳馆
Ratchadamnoen Boxing Stadium
MAP ● p.61-E3

住 1 Ratchadamnoen Nok Rd. 电 0-2281-4205
URL www.rajadamnern.com 开 周一·周三·周四 18:30～；周日 17:00～，20:00～
费 三层 1000 泰铢；二层 1500 泰铢；前排看台席位 2000 泰铢
CC 不可使用

拉差达慕泰拳馆创立于1945年。古老的建筑，昏暗的灯光让人感受到这座泰拳馆的历史。二层看台和三层看台是水泥看台。

隆披尼泰拳馆
Lumpinee Boxing Stadium
MAP ● 文前图正面-C5

住 Ram Intra Rd. 电 0-2282-3141
URL www.muaythailumpinee.net
开 周二·周五 18:30～；周六 16:00～，21:00～
费 三层 1000 泰铢；二层 1500 泰铢；前排看台席位 2000 泰铢
CC 不可使用

隆披尼泰拳馆创立于1956年。2014年搬迁到廊曼国际机场附近，是一座近现代风格的泰拳馆。

周日白天的免费观战
电视频道7
TV Channel 7
MAP ● 文前图反面-E1

会场位于电视局内，每周周日的下午会举行免费的泰拳比赛。场内特别混乱。开场时间是 12:00 左右，那个时候去可以确保能有观看的座席。

住 998-1, Soi 18/1 (Soi Ruamsirimit), Pahonyothin Rd.
电 0-2272-0201
开 周日 14:00～16:30
费 免费。VIP 席位 300 泰铢

■ 购买门票的注意事项

到达场馆后，会有穿着工作服的女员工过来接待外国人。这名员工会向你推荐"在前排看台席观看比赛更清楚，也方便拍照""今天只有前排看台席位"等。但是要买哪层看台要根据自己的情况，商量后再决定。购票的时候也要注意对方出的价格。在售票窗口买票会显示当天入场费用。二、三层看台的票要在售票窗口购买。相反，如果在售票窗口购买前排看台席位，会被告知从工作人员那里购买。另外，显示的金额通常是一般比赛时的价格，特殊比赛的时候会涨价。

曼谷娱乐 & 夜生活

欢笑的娱乐殿堂
欣赏人妖表演秀

提到泰国夜生活的时候，一定避不开泰国最有名的人妖秀。在豪华舞台上进行表演的人物，很难想到曾经是男性。观看人妖华丽的表演，也是出来愉快旅行的重要一环。表演结束后，可以凭着规定的票据在出口的通路上和出演的演员合影。

N 克里普索人妖秀
Calypso Cabaret　　　　　　　MAP ● p.58-B5
- ASIATIQUE The Riverfront
- 0-2653-3960　每天 20:15, 21:45
- 1200 泰铢　CC J M V

克里普索可以说是泰国第一的老剧场了。在美女特别多的泰国，美丽的人妖也有很多。表演者华丽妖艳，给大家奉献滑稽幽默的多彩演出。

N 曼波舞
Mambo　　　　　　　MAP ● 文前图反面 -D6 外
- 59/28 Sathu Rama 3 Rd.
- 0-2294-7381~2　每天 19:15, 20:30, 22:00
- 1000 泰铢（VIP.1200 泰铢）　CC J M V

这里的舞台相当宽广，布景也很大。座椅舒适，可以悠闲地欣赏台上的美女（或者人妖）。不过去此地交通不方便，很难抵达。

注：观看人妖秀，通过旅行社（→p.106）预约，进场会很便宜。

曼谷娱乐 & 夜生活

泰国风
俱乐部、酒吧

在泰国有专门的舞厅和俱乐部，这里说的和那些不同，楼内有很多桌子，在那些桌子狭小的缝隙间跳舞，就像是在舞台上演出一样，演出屋和酒吧混合在一起的小地方也称为迪斯科。

■ 泰国风的迪斯科、酒吧的游玩方法

以曼谷为中心，泰国各地的迪斯科和酒吧，一般没有入场费用。点一杯啤酒，或碳酸饮料（或者1瓶）就可以进场。或者是团体进来点一瓶威士忌，由此既可以代替入场费，也能派上一些用场（1瓶酒能进多少人，根据酒的种类和店铺的规定有所差异）。进场后，一般点苏打和可乐加冰的混合饮料等，自己制作饮品。这里的规则就是去的人越多越能够享受更多的优惠。

N 俱乐部酒吧 The Club　　MAP ● p.77-D4
- Khao San Rd.　0-2629-2255
- 每天 22:00~次日 3:00
- CC A D J M V（500 泰铢~）

这个俱乐部位于考山路上，是泰国年轻人经常来的俱乐部。有一个大型的天井，让人感觉就是像在海底。内部装修经常变动，每次去都有一种新鲜感。

N 好莱坞判定处
Hollywood Awards　　MAP ● p.65-D2
- 72-1 Ratchadapisek Rd.　0-2246-4311~3
- 每天 21:00~次日 2:00　CC A D J M V

好莱坞判定处位于叻差达披色路向里一点的地方。是一家大型的泰国迪斯科。深夜的时候乐队登台演唱，活动和歌谣秀层出不穷。有点无法自拔的氛围。费用是一个人 200 泰铢，带有一杯饮料。或者买一瓶酒（约翰尼·沃克 1200 泰铢等）可以进几个人。

曼谷娱乐 & 夜生活

泰式酒吧

泰国的酒吧一般到夜里后就开始进行现场演奏。演奏乐队的品质也是参差不齐,不过音量都特别大。

N 阿坡泰卡
Apoteka
MAP p.74-B1

- 33/28 Soi 11, Sukhumvit Rd. 0-2615-0909
- apotekabangkok.com
- 周一~周四 17:00~次日 1:00;周五·周六 17:00~次日 2:00;周日 15:00~次日 0:00 AJMV

素坤逸路上有条 11 号胡同,这里有很多餐厅、酒吧。在这里的酒吧里可以听到正宗的布鲁斯演唱。泰国人乐队、泰国人与外国人混合的乐队轮流在这里演出,啤酒 160 泰铢~。

N 棕色糖酒吧
Brown Sugar
MAP p.61-D3

- 469 Phra Sumen Rd. 0-2282-0396
- www.brownsugarbangkok.com
- 周二~周四 17:00~次日 1:00(周五·周六~次日 2:00) 周一 ADJMV

棕色糖酒吧是爵士和布鲁斯演奏特别有名的老店。在色拉新路经营多年,搬迁到考山路附近的运河旁边后店铺比以前扩张了。

N 葡萄酒酒吧
Wine Pub
MAP p.63-D3

- Pullman Bangkok King Power, 8/2 Rangnam Rd.
- 0-2680-9999 每天 18:00~次日 2:00
- ADJMV

这里的红酒价格适宜,特别受欢迎。一杯红酒 200 泰铢~,这里的饭菜量足,基本价位在 450 泰铢~。这里既是一座酒吧,也是一座餐厅。十分方便。

N 萨克斯风酒吧
Saxophone
MAP p.63-D2

- 3/8 Victory Monument, Phayathai Rd.
- 0-2246-5472 www.saxophonepub.com
- 每天 18:00~次日 2:00 ADJMV

萨克斯风酒吧是一座经营多年的酒吧,在曼谷提到爵士乐,首先就想到这家酒吧。演唱从每天晚上 8:00 左右开始,啤酒 110 泰铢~。周日还有爵士乐演唱会。

曼谷娱乐 & 夜生活

欣赏绝美风景
屋顶上的夜市

最近曼谷的酒吧和餐厅接连不断在高楼的顶层或者屋顶开业。可以一边欣赏远处曼谷的夜景,一边享用美酒和美食。

N 八度屋顶高级酒吧
Octave Rooftop Lounge & Bar
MAP p.71-E4

- Bangkok Marriott Hotel Sukhumvit, 2 Soi 57, Sukhumvit Rd.
- 0-2797-0140 www.facebook.com/OctaveMarriott
- 每天 17:00~次日 2:00
- ADJMV

曼谷素坤逸路万豪酒店(→p.135)的 45 层有一个大堂,那里有通往屋顶的楼梯,可以到达 48 层屋顶,屋顶上有一座酒吧。360 度无遮拦,可以向远处眺望。这片区域高层建筑物少,特别是东部的素万那普国际机场和南部方向的视野十分宽阔。一杯葡萄酒 350 泰铢~,啤酒 195 泰铢~,费用价格适中。

N 雀巢酒吧
Nest
MAP p.74-A1

- 9th Fl., Le Fenix, Soi 11, Sukhumvit Rd.
- 0-2255-0638 www.thenestbangkok.com
- 每天 18:00~次日 2:00 ADJMV

雀巢酒吧位于酒店屋顶上,非常受欢迎。这里有地上铺满沙子、海滩风格的空间,有桌子、座位、大型的沙发,根据个人喜好随便选择。这里有 80 种以上的原创菜肴,价位在 300 泰铢~,有充满南国风味的新鲜水果和使用香草的奢侈美味。这里的玻璃尺寸也非常巨大。

N 云店47
Cloud 47
MAP p.68-C4

- 47th Fl., United Center, Silom Rd.
- 09-1889-9600 www.cloud47bangkok.com
- 每天 17:00~次日 1:00 JMV

是隆路的写字楼的顶层有一家酒吧 & 小餐馆。是西面开口特别大的构造,店内有一半上面都有屋顶遮盖,所以小雨的话不用担心。这里还有分开的小空间和用玻璃罩里围起来的红酒储藏柜。在平台的二层还有沙发的座位。泰国狮牌啤酒小瓶 160 泰铢,生啤 180 泰铢,价格适宜。云店 47 的入口在面对是隆路的建筑物内,穿过去,在里面面,不太好找,要注意。

109

曼谷娱乐 & 夜生活

泰国舞蹈

舞者身穿艳丽服装，舞姿优雅。市内有几家餐厅在晚饭的时候上演泰国舞蹈。可以在品尝泰国美味的同时欣赏泰国的舞蹈，可谓一举两得。

® 萨拉利南
Sala Rim Naam　　　MAP ● p.67-E4

- 住 Mandarin Oriental Bangkok, 597 Charoen Nakhon Rd.
- ☎ 0-2659-9000
- 营 每天晚餐 19:00~22:00，表演 20:30~21:30
- CC ADJMV
- 费 每人 2400 泰铢（套餐菜单，附带一瓶饮料）

萨拉利南是东方酒店直接运营的餐厅，从酒店乘坐专用渡船渡过湄南河，对岸的豪华泰式寺院风格的建筑就是这家餐厅。店内多为套餐。午餐时，可以品尝到正宗的泰国菜，但没有舞蹈表演。

® 萨拉泰普
Sarathip　　　MAP ● p.67-E5~F5

- 住 The Shangri-La Hotel, 89 Soi Wat Suan Plu, Charoen Krung Rd.
- ☎ 0-2236-7777　营 18:30~22:30
- 费 泰国菜套餐 1500 泰铢~（可以一个一个的单点）
- CC ADJMV

香格里拉大酒店（→ p.136），面向湄南河的方向有个平台，上面有泰国菜餐厅。每天晚上都有泰国舞蹈表演。座位可以选择露天的平台处和带空调的房间。舞蹈表演者在两处中间进行表演，不管坐在哪个位置都可以欣赏舞蹈。

® 伦泰普
Ruen Thep　　　MAP ● p.68-A4

- 住 286/1 Silom Rd.　☎ 0-2635-6313
- URL www.silomvillage.co.th
- 营 每天 19:00~21:00（表演 20:15~）
- 费 700 泰铢（要预约）　CC ADMV

伦泰普位于是隆大厦里面，是隆大厦是隆路旁边的有商店和餐厅的综合大厦。表演节目有 5~7 种，饭菜只有套餐。冬荫功汤之类特别受欢迎的料理由小器皿呈上。

曼谷娱乐 & 夜生活

夜　店

曼谷有好几处集中酒吧、餐厅等的特别热闹的地方。这些地方一般都免入场费和座位费，只需要买一瓶啤酒就可以。如果只是自己喝，价格会格外便宜，有时候会有一些店里的女性工作人员过来劝酒，最好不要听她们的花言巧语。

Ⓝ 亚索·牧童巷
Soi Cowboy　　　MAP ● p.74-C3

在连接亚索·蒙特利路（21 号胡同）和 23 号胡同的地方，有很多戈戈舞酒吧。这些店经常改造，充满活力。

Ⓝ 皇城大街
Royal City Avenue(RCA)　　　MAP ● p.65-D4~E5

皇城大街位于拉玛九世大街和新碧武里大街之间，两侧有很多大型酒吧。开业以来几经浮沉，最近再次恢复以前的繁华。

Ⓝ 娜娜娱乐广场
Nana Entertainment Plaza　　　MAP ● p.74-A2

从素坤逸路 4 号胡同（娜娜胡同），往里走一点的左侧有座围绕中庭建造的 3 层建筑物。楼里和中庭有很多酒吧。楼内的大部分是戈戈舞酒吧，中庭是开放的露天酒吧。周边的道路也逐渐有新的酒吧开业。

Ⓝ 帕蓬路
Phatphong Rd.　　　MAP ● p.68-C3

帕蓬 1 路和帕蓬 2 路是平行的两条小道，自古以来就是两条游乐街。有戈戈舞酒吧和演出秀酒吧等，有很多怪异气氛的店铺接连排列。这里多次发生欺骗外国人的事件，来这里要多加小心。特别是二楼的店铺，出门拉客的店铺特别危险。虽然酒吧不强制消费，但是在那里工作的女性会强行劝酒，一定不要中她们的圈套。

在曼谷变漂亮的 Spa & Esthetic
治愈水疗馆向导

一些高级水疗馆在曼谷不断开业。这里是与喧嚣闹市隔绝的治愈空间。可以让身心变得更加美丽。这里有名气的水疗馆顾客都特别多，特别是傍晚以后和周末想来这里必须要提前预约。

让美丽的你变得更加漂亮

曼谷 ● 曼谷娱乐&夜生活／治愈水疗馆向导

乐水疗
SPA by Le Méridien
水疗

◆乐水疗位于苏里旺路上的曼谷艾美酒店（→p.134）内。大堂和水疗馆内部的墙壁上贴着圆形的石头，这也是乐水疗独特的风格。这里有7个房间，乳白色的墙上设计出弧形的球状空间，特别像置身于宇宙飞船的球形之中，让人特别有安全感。这里也有两间情侣使用的房间。这里特别舒适惬意，使用的是意大利的高级品牌。

Map p.68-B3~C3
住 6th Fl., Le Méridien Bangkok, 40/5 Suriwong Rd.
電 0-2232-8888　FAX 0-2232-8999
営 每天 9:00~23:00　CC A D J M V
費 放松修复按摩（90分钟）2800泰铢
泰国巴厘尼兹式按摩（60分钟）1400泰铢
脸部深层清洁（60分钟）2000泰铢
热带水果全身套餐（45分钟）1400泰铢
椰子沙粒按摩（45分钟）1400泰铢

使用大自然的素材营造出宇宙的空间氛围

突出照明效果的新型装饰

天堂水疗馆
Devarana Spa
水疗

◆以古代泰语"天国的庭院"来冠名的"天堂水疗馆"。位于曼谷老字号高档酒店——曼谷喜都天阙大酒店（→p.135）内。现在发展成了特别流行的酒店内高级水疗馆。水疗馆入口的楼梯建造成古代神殿的形状来欢迎客人。用矿物颜料进行装饰后给到访者一种不可思议的宁静感。等候区的构造也很神秘，用薄薄的布遮盖住柔和的灯光，坐在这种环境的沙发上，内心也会被治愈。天堂水疗馆在曼谷也特别受欢迎，如果决定去曼谷的话，最好提前预约。

Map p.69-D3~D4
住 Dust Thani Bangkok, 946 Rama 4 Rd.
電 0-2636-3596　FAX 0-2636-3597
営 每天 8:00~22:00
CC A D J M V
費 天堂特色按摩（90分钟）3200泰铢
薰衣草传统按摩（60分钟）2100泰铢
天堂特色洗浴（30分钟）600泰铢

室内的主题基调是乳白色，营造出轻松的氛围

大堂的装饰简直就像古代的神殿

111

曼德拉水疗馆
Mandara Spa　　　　　　　水疗

◆ 曼德拉水疗馆位于湄南河沿岸的高级度假酒店内。在面向河畔的露台设有异域风格的接待室，房间内配有淋浴及暖气设施。窗户很大，可以眺望远处的风景。

Map p.67-E3

住 Royal Orchid Sheraton Hotel & Towers, 2 Soi 30, Charoen Krung Rd.
TEL 0-2266-0123　FAX 0-2639-5478
URL www.mandaraspa.com
营 每天 10:00~22:00
CC A D J M V

东方水疗馆
The Oriental Spa　　　　　水疗

◆ 东方水疗馆位于曼谷文华东方酒店（→p.134），是可以对身心都起修复作用的沙龙。不仅在外国游客中受欢迎，在当地的上流社会也特别受欢迎。来这里必须要预约。木质的装修营造出一种优雅的气氛。

Map p.67-E4

住 Mandarin Oriental Bangkok, 597 Charoen Nakhon Rd.
TEL 0-2659-9000 ext.7440
营 每天 9:00~22:00　CC A D J M V
费 东方特色身体按摩（2小时）5800泰铢~

博塔尼卡水疗馆
Spa Botanica　　　　　　水疗

◆ 博塔尼卡水疗馆是位于曼谷素可泰酒店内的高级水疗馆。这里大部分采用各种香草之类的天然材料进行水疗服务。水疗室有阳台和极可意按摩浴缸等，构造都有所不同，预约时请确认清楚。

Map p.69-D4

住 The Sukhothai Bangkok, 13/3 Sathorn Tai Rd.
TEL 0-2344-8888　FAX 0-2344-8899
营 每天 9:00~22:00
CC A D J M V

板岩树水疗馆
Banyan Tree Spa　　　　　水疗

◆ 板岩树水疗馆是沙敦路石板高楼里面的一家特别受欢迎的水疗馆。一共有16间房，其中有6间是面向情侣、可以两人同时进行护理的房间。里面还有配有海鲜食品的水疗咖啡馆。

Map p.69-D4

住 Banyan Tree Bangkok, 21/100 Sathorn Tai Rd.
TEL 0-2679-1052　FAX 0-2679-1053
URL www.banyantreespa.com
营 每天 9:00~22:00
CC A D J M V

沙慕哈拉水疗馆
COMO Shambhala　　　　水疗

◆ 时尚的酒店里有一家时尚的水疗馆。装饰多用白色、米黄色和棕色，给人一种明朗的印象。按摩完后可以在旁边的餐厅品尝海鲜食品。

Map p.69-D4

住 Metropolitan by COMO, Bangkok, 27 Sathorn Tai Rd.
TEL 0-2625-3355　FAX 0-2625-3300
URL www.comoshambhala.com
营 每天 8:00~21:30　CC A D J M V

水疗馆 1930
Spa 1930　　　　　　　　水疗

◆ 1930水疗馆面对一条寂静的道路，类似欧洲山间小屋的建筑物，是1930年为皇室而建的。在优雅的氛围中可以心情很好地接受按摩。按摩完后可以在院子里漫步。

Map p.73-E4~E5

住 42 Soi Tonson, Lumphini
TEL 0-2254-8606　FAX 0-2254-8607
URL www.spa1930.com
营 每天 9:30~21:30（最晚进场 20:00）
CC A J M V

香格里拉酒店气水疗馆
Chi, The spa at Shangri-la　　水疗

◆ 有着西藏风格的装饰，任何地方都给人一种神秘的感觉。是位于"世外桃源"般的酒店内的一家高级水疗馆。通过身体内的"气"的顺畅循环，保持身体的美丽和健康，具备美容养颜功效。

Map p.67-E5~F5

住 The Shangri-La Hotel, 89 Soi Wat Suan Plu, Charoen Krung Rd.
TEL 0-2236-7777
FAX 0-2236-8579
URL www.shangri-la.com/bangkok
营 每天 10:00~22:00
CC A D J M V

格兰迪水疗馆
The Grande Spa 水疗

◆格兰迪水疗馆位于素坤逸路喜来登大酒店（→p.135）内部，是曼谷开业比较早的高级水疗馆。店内环境非常安静，装饰多为柚木，给人感觉特别高档。在安静的单间内享受按摩，身心都会感觉很放松。这里的员工都在英国进行过1年的培训学习，在男性顾客里面也特别受欢迎。

独特厚重的氛围

Map p.74-B3

住 Sheraton Grande Sukhumvit Bangkok, 250 Sukhumvit Rd.
TEL 0-2649-8121　FAX 0-2649-8820
营 每天 8:00~23:00（进场时间~22:00）
CC A D J M V
费 格兰迪面部护理（70分钟）
　　　　　　　　　　　3700 泰铢
　　格兰迪泡泡浴（75分钟）3200 泰铢
　　高级面部护理（75分钟）3200 泰铢

有很多商务人士为了寻求片刻安宁来此放松身心

曼谷

治愈水疗馆向导

我的水疗馆
My Spa 水疗

◆我的水疗馆使用天然材料的产品，所有产品都对身体特别有好处。价格适宜，特别受游客欢迎。因为顾客较多，所以尽可能去之前预约。

Map p.74-B2~B3

住 3rd. Fl., Times Square Bldg., Sukhumvit Rd.
TEL 0-2653-0905
营 每天 9:00~22:00
CC A D J M V
费 面部特殊护理（30分钟）700 泰铢

十水疗馆
Spa Ten 水疗

◆水疗馆位于暹罗@暹罗艺术大酒店（→p.138）10层内。里面的装修和古代文明遗迹相似。这里的特色按摩（1小时）是1600泰铢，在窗户很大的房间内做按摩，心情也会感觉很好。

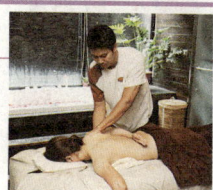

Map p.150-A2

住 10th Fl., Siam@Siam, 865 Rama 1 Rd.
TEL 0-2217-3000
FAX 0-2217-3030
营 每天 10:00~23:00
CC A D J M V

花子东京
Hanako Tokyo 水疗

◆花子东京是泰国国内使用日本化妆品最早的水疗馆。30分钟的按摩，基本流程是洁面、按摩、蒸干、毛孔去污、修复和化妆，费用是550泰铢，价格适宜，特别受欢迎。

Map p.72-A4

住 424 Soi 11, Siam Square, Rama 1 Rd.
TEL 0-2255-8630~2
URL www.hanako.co.th
营 每天 9:00~21:00
CC A D J M V

N.I.C. 奈尔美甲沙龙
N.I.C. Nail Salon 美甲

◆这所沙龙是在曼谷最早开业的正宗美甲沙龙。在写字楼里不太显眼，但是王室的人经过此处也忍不住会进来，特别受欢迎。回头客也很多。指甲美容的设计可以选择，根据季节也会随时推出新款。

Map p.74-B2~B3

住 3rd Fl., Times Square Bldg., Between Soi 12 & Soi 14, Sukhumvit Rd.
TEL 0-2250-0322　URL www.nicnail.com
营 周一~周六 9:30~19:30
休 周日　CC A D J M V
费 奈尔特色产品（丙烯）2200~2500 泰铢

113

让人全身放松的 Thai Massage
泰式按摩

放松

按摩的好坏和店铺及按摩师的资质有很大关系,能不能遇到好的店铺和按摩师也靠运气。按摩完,如果没有不满的话,一般1小时给20泰铢起的小费,2小时给50泰铢起的小费。

曼谷拉瓦那店
Lavana Bangkok

泰式按摩

◆曼谷拉瓦那店店内由玻璃隔开,窗户很大,特别宽广。按摩室基本是由木制品为主基调进行装修的,特别高档。费用比较公平合理。

Map p.74-B3
- 住 4 Soi 12, Sukhumvit Rd.
- TEL 0-2229-4510　FAX 0-2229-4514
- URL lavanabangkok.com
- 营 每天 9:00~次日 0:00（最晚进场时间为23:00）
- CC A D J M V
- 费 泰式按摩 1 小时 450 泰铢~

健康岛水疗按摩馆
Health Land Spa & Massage

泰式按摩

◆健康岛水疗按摩馆是一座充满高档氛围的大型西式建筑物,干净整洁的护理室,贴心周到的服务,十分受大家欢迎,并且有多家连锁店。从地铁素坤逸站步行3分钟就可以到达亚索分店,十分方便。

Map p.74-C2
- 住 55/5 Asok Montri Rd.（Soi 21）
- TEL 0-2261-1110
- URL www.healthlandspa.com
- 营 每天 9:00~23:00
- CC A J M V（1000 泰铢以下需要加3%的手续费）
- 费 泰式按摩 2 小时 500 泰铢

萨拜泰式按摩
Sabai Thai Massage

泰式按摩

◆从BTS沙敦站下车即到,非常方便,大家可以随便进入。细长的大厅内,整齐地摆放了足底按摩用的沙发,十分壮观。泰式按摩服务在店铺最里面。这里也有泰国北部发明的用木头敲打的按摩。

Map p.68-C3
- 住 16/2 Silom Rd.
- TEL 0-2632-7579
- 营 每天 10:00~次日 1:00
- CC 不可使用
- 费 泰式按摩 1 小时 250 泰铢
  特色按摩 1 小时 500 泰铢

77/1 号胡同的按摩街
Massage Shops on Soi 77/1

泰式按摩

◆BTS翁苏站下车,附近有素坤逸路77/1胡同,里面聚集了很多按摩店,有很多手艺高超的按摩师。大部分按摩店1小时150泰铢~,价格适宜。给20泰铢的小费,他们会特别高兴。

Map 文前图反面-G7
- 住 Soi 77/1, Sukhumvit Rd.
- 营 每天 9:00~22:00（根据按摩店不同,有所差异）
- CC 大部分店铺都无法使用

木先生足底按摩馆
Moku Thai Traditional Massage

足底按摩

◆创始人木先生编制的一套按摩方法,吸取了台湾的碎石保健法和卧佛寺的按摩方法等。虽然在按摩的时候感到疼痛难忍,后悔来这个店,但是按摩完后会清爽很多。如果要指定木先生按摩,需要预约。

Map p.75-D3
- 住 106/3 Soi 22, Sukhumvit Rd.
- TEL 08-6789-1569
- 营 每天 9:00~21:00
- CC 不可使用
- 费 足底按摩 1 小时 300 泰铢
  身体按摩 1 小时 300 泰铢

从泰国丝绸到杂货 *Shopping*
推荐商店

欢迎来到购物的天堂——曼谷

曼谷的商品丰富多彩，亚洲的杂货、高级泰国丝绸、陶瓷品等特别受欢迎。不仅有实用性而且有装饰美观性，还有适宜的价格，特别适合当作特产送给朋友。让我们感受一下这里的气氛，带着有泰国特色的礼物回去吧。

曼谷 泰式按摩／推荐商店

奇科工艺品店
Chico

推荐的亚洲杂货商店

Map p.71-E3

◆奇科工艺品店的老板也是该店的设计师，一些老板原创的工艺品摆放在狭窄过道上。花生形状的枕头独一无二，使用手工丝绸制作，售价为700泰铢。使用水牛角制作的勺子和剪纸刀，做工精美，光泽艳丽，有一种独特的异域风情。店内还有喝茶室，也有小憩时吃的零食、冷饮，作为咖啡馆也特别受欢迎。这里有时还会使用应季的水果制作布丁等，手工制作的甜点非常美味。

住 109 Soi Renoo, Soi 53, Sukhumvit Rd.
电 0-2258-6557　FAX 0-2258-6558
URL www.chico.co.th
营 周三～下周一 9:30～18:00
休 周二　CC J M V

从BTS科隆站下车，乘坐摩托车前往仅需10泰铢

店里摆设着受欢迎的商品，当地人也特别乐意前往

普拉内塔原创素坤逸展示店
planeta organica sukhumvit showroom

推荐的亚洲杂货商店

Map p.75-F5

◆在清迈郊外栽培的有机棉，经过收获、纺织、染色、编织，以及缝制等一系列工序，纯人工制作出来的产品。对肌肤特别好的衬衫、毛巾、被单等，都是用起来舒心愉悦的上等品。

住 18/3 Soi 49, Sukhumvit Rd.
电 0-2662-6694
URL www.planeta-organica.com
营 周五～下周三 11:00～18:00
休 周四
CC J M V

接近相等店铺
near equal

推荐的亚洲杂货商店

Map p.75-F4

◆本店铺有从泰国以及亚洲各国网罗的杂货和一些原创的商品，是一家时尚的精选商铺。手工制作的首饰特别可爱，并设的餐厅（二层）也很受欢迎。

住 22/2 Soi 47, Sukhumvit Rd.
电 0-2258-1564
FAX 0-2258-1565
营 每天 10:00～21:00
CC A D J M V

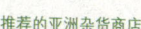

精灵饰品店
JINGLING

推荐的亚洲杂货商店

Map p.72-B3~B4

◆设计灵感来源于中国的文化，出售一些使用翡翠或琥珀制作的手工护身符。每件饰品都有绳子，适用于手机挂架和钥匙链的装饰品等。这里有各种题材的饰品，售价在450泰铢～。

住 Exotique Thai, 4th Fl., Siam Paragon
电 0-2610-8000
营 每天 11:00～21:00
CC A J M V

115

高耸的竹子饰品店
Lofty Bamboo

推荐的亚洲杂货商店

Map p.72-A4

◆ 高耸的竹子饰品店出售一些时尚的原创饰品，是由泰国北部山区的少数民族自古以来使用的编织物和小物品加上现代风格而设计制作的。原本是为了让经济贫困的山岳民族和少数民族的人们生活条件更好而开发的公平贸易。这里开发出售一些"让消费者满意、消费者想买"的商品，价格适宜。饰品大多使用充满希望、光明的天然颜色，看上去会比较新。还有一些设计独特的包包，自己使用、当作礼物送人都特别合适。

住 02A13, 2nd Fl., MBK Center
TEL 0-2611-7121
URL www.loftybamboo.com
营 每天 10:30~20:00
CC J M V（500 泰铢以上可以使用）
考山路有分店（MAP p.77-E4~E5）

适合度假旅游的色彩鲜艳的服装

木质装修的店内有很多可爱的小物品

冲那波店铺
the Chonabod

推荐的亚洲杂货商店

Map p.77-F1

◆ 本店铺出售一些年轻泰国设计师画图设计的原创商品。以泰国传统花样为主题的T恤，时尚的同时，也能让人感到一股朴素的氛围，十分有趣。店铺位置是在考山路步行圈内。

住 131 Samsen Rd.
TEL 08-9494-5669
营 每天 13:00~20:00
CC 不可使用

唐铭梦手工艺品店
Tamnan Mingmuang

推荐的亚洲杂货商店

Map p.68-C3

◆ 本店主要经营以笼子为中心的编织品。使用藤等蔓生植物或竹子，按照古代的编织手法进行编织。因为使用的为纯天然材料，所以制作出来的商品也有一种质朴的感觉。使用越久手感越好。

住 3rd Fl., Taniya Plaza, Silom Rd.
TEL 0-2231-2120
FAX 0-2231-2139
营 每天 11:00~19:00
CC A M V

和平商店
Peace Store

推荐的亚洲杂货商店

Map p.75-D3

◆ 本店经营具有亚洲风情的杂货和装饰品。还有一些孟族的特色物品。高级青瓷的蚊香台十分受欢迎。

住 7/3 Soi 31, Sukhumvit Rd.
TEL 0-2662-0649
URL www.peacestorebkk.com
营 周四~下周二 10:00~18:00
休 周三
CC J M V

齐木丽商店
Chimrim

推荐的亚洲杂货商店

Map p.75-F4

◆ 小小的店内挤满了泰国原创的杂货。NONI 的商品 120 泰铢，从材料的选择到制造都由老板进行把关，制作的商品让人放心。

住 14/7 Soi 43, Sukhumvit Rd.
TEL 0-2662-4964
FAX 0-2662-4965
营 周二~周日 10:00~17:30
休 周一
CC A D J M V

考恩商店
Koon

推荐的亚洲杂货商店

◆ 本商店出售在素可泰郊外的西·萨差纳莱生产的瓷器和帕尧府的名人婆婆手工制作的编织包等等，是在其他地方很难看到的商品。

Map p.75-E5
住 2/12 Soi Pirom, Soi 41, Sukhumvit Rd.
TEL 09-4438-3819
营 周四～下周二 10:00~18:00
休 周三
CC J M V （500 泰铢以上可以使用）

索湄艺术商店
Sop Moei Arts

推荐的亚洲杂货商店

◆ 本商店是为了帮助泰国北部山区的克伦族而成立的。商店对克伦族人民制作的民族工艺品进行深加工，加上现代化的设计，提高商品的价值，然后再进行销售获取利润。这里的商品多为手工制作的包和手工织布等，有很多珍贵商品。

Map p.75-F3
住 Soi 49/11, Sukhumvit Rd.
TEL/FAX 0-2714-7269
URL sopmoeiarts.com
营 周二～周六 9:30~17:00
休 周一·周日
CC A J M V

卡美劳特钟表店
Camelot

推荐的亚洲杂货商店

◆ 本商店是制作泰式钟表的商店，表盘上有泰国的数字。从座钟到壁挂钟，大大小小有400多种。小型的钟表在250泰铢左右。有的钟表框上面刻有大象、猫的图案，特别可爱。

Map 文前图反面 -F1
住 12 Soi 33, Lat Phrao Rd.
TEL 0-2513-8882
FAX 0-2512-4219
营 每天 9:00~18:00
CC A D J M V

珍珠线工艺品店
Gemline

推荐的亚洲杂货商店

◆ 珍珠线工艺品店经营白蝶贝和水牛角加工制作的各种商品。包括餐具、饰品和置物盒等，种类丰富多彩。而且商店经常推出新的商品，无论什么时候前往都可以挑选一番。因为商店有自己的工厂，所以也可以接受订单。

Map p.74-C3
住 2/2 Soi 20, Sukhumvit Rd.
TEL 0-2258-1505
FAX 0-2259-6698
营 周二～周六 10:00~20:00
休 周日
CC J M V

潘普利商店
Pañpuri

水疗用品

◆ 有一种珠宝店的感觉，是充满高级感的水疗用品商店。这里的商品使用签约农家自己栽培的天然材料制成，售价1000泰铢左右。使用香气扑鼻的茉莉花制作的产品特别受欢迎。

Map p.72-C4~73-D4
住 Lobby Fl., Gaysorn, 999 Phloen Chit Rd.
TEL 0-2656-1199
营 每天 10:00~20:00
CC A J M V

马特萨普拉商店
Mt. Sapola

水疗用品

◆ 本商店经营以桑普拉（泰国本草学）记载的植物为原料制作而成的香皂等一些水疗用品。薰衣草、橙子、柠檬草、酸橙、山竹等十几种香味的肥皂1个155泰铢。

Map p.72-B3
住 4th Fl., Siam Paragon, 991 Rama 1 Rd.
TEL 0-2129-4369
URL www.mtsapola.com
营 每天 10:00~21:00
CC A D J M V

曼谷　推荐商店

117

哈恩商店
HARNN

水疗用品

Map p.72-B3

◆泰国有名的高档水疗用品店。活用泰国自古传承下来的香草的功效的自然系列产品对保养肌肤很有帮助。这里有三间护理室，可以进行水疗（最晚接待时间为 19:30）。

住 4th Fl., Siam Paragon, 991 Rama 1 Rd.
TEL 0-2610-9715
URL www.harnn.com
营 每天 10:00~21:00
CC A D J M V

阿伯商店
erb

水疗用品

Map p.72-B3

◆知名商店，泰国国际航空公司也在这里采购化妆品。一般使用东南亚特有的花瓣和香草制作。这里也有可爱的箱包，有很多使用这个牌子的忠实粉丝。

住 Exotique Thai, 4th Fl., Siam Paragon, 991 Rama 1 Rd.
TEL 0-2610-8000（Siam Paragon）
URL www.erbasia.com
营 每天 10:00~22:00
CC A D J M V

吉姆·汤普森泰国丝绸商店（总店）
Jim Thompson Thai Silk

泰国丝绸

Map p.68-C3

◆泰国丝绸的大本营。无论是设计还是质量，都是无可挑剔的优质品。商品种类有很多，有衬衫、夹克衫、裤子等常见衣物，还有裙子、手绢、领带、使用丝绸制作的文具盒和儿童玩的布娃娃等。这里接受定制，丝绸料子 1 米 600 泰铢左右，一般从订货到完成最短只需要 3 天。吉姆·汤普森泰国丝绸店在主要的高档酒店和购物中心有分店，不过从种类上说，这里的总店最为齐全。二层设有咖啡店，是很少有人知道的好地方。

住 9 Suriwong Rd.
TEL 0-2632-8100　FAX 0-2632-8111
URL www.jimthompson.com
营 每天 9:00~21:00
CC A D J M V

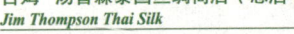

位于苏里旺路的代表性商店

蓝房子
Indigo House

泰国丝绸

Map p.72-B3~B4

◆蓝房子位于高档酒店——暹罗模范百货公司（→ p.122）四层，餐厅和时尚的杂货商店一体，出售泰国丝绸和棉花。定做丝绸口碑很好。布料每尺需要 750 泰铢~，做一件连衣裙需要 6500 泰铢~。小的物品，比如说染成蓝色的棉花或者棉织品特别受欢迎。这里使用泰国东北部地区生产的丝绸或者棉花，制作出独特风格的商品。有穿着染了蓝颜色的服装的小兔子、大象和猫头鹰等小商品。每件商品都充满着可爱的设计风格。可爱的小兔子可以作为摆设，1 只 180 泰铢。身上带卷尺的大象非常有意思，390 泰铢的大象，可以买下来当作礼物送人。

住 Room 418B, 4th Fl., Siam Paragon, 991 Rama 1 Rd.
TEL 0-2129-4519
FAX 0-2129-4518
营 每天 10:00~20:00
CC A J M V

这里有很多特别可爱的小物品

定做服装用的布料，货源充足

玛雅工艺
Maya

泰国丝绸

Map p.72-B3~B4

◆不仅在泰国、缅甸、老挝、新加坡等东南亚一带的国家都有涉及的古丝绸商店。现如今，做工考究的古丝绸制品很难做出来了，一般都价值数万泰铢。

住 4th Fl., 428A, Siam Paragon, 991 Rama 1 Rd.
TEL 0-2610-9706　FAX 0-2536-0238
营 每天 10:30~19:30
CC A J M V

吉姆·汤普森工厂出口店
Jim Thompson Factory Sales Outlet

泰国丝绸

◆吉姆·汤普森工厂出口店是一座5层楼的建筑物,四层有很多适合作为礼物的特产,丝绸制品在一层,棉织品在二层。地毯或者靠垫、垫子在五层。五层也设有咖啡馆。BTS素坤逸线万奇车站第一出口步行8分钟就可到达。

Map 文前图反面-J2
住 153 Soi 93, Sukhumvit Rd.
TEL 0-2332-6530
FAX 0-2333-0954
URL www.jimthompson.com/sales_outlet.asp
营 每天 9:00~18:00
CC A D J M V

曼谷　推荐商店

星哈生活
Singha Life

泰国时尚店

◆泰国著名的啤酒品牌进军时尚界。因为接二连三地发布大胆的设计、新颖的服装样式和装饰品备受关注。他们将啤酒的标签以压花的形式印在包包上,推荐喜欢泰国文化的朋友购买一件。

Map p.72-A3~B3
住 3rd Fl., Siam Center, 979 Rama 1 Rd.
TEL 0-2658-1177
URL www.singhalife.com
营 每天 10:00~21:00
CC J M V

服装名品店
Workshop

泰国时尚店

◆是泰国的小型名牌集合店。在这里买鞋子或者帽子等时尚的小物品需要检查。连衣裙600泰铢、布料短裤490泰铢,价格适宜,适合搭配衣服。

Map p.72-A3~B3
住 3rd Fl., Siam Center, 979 Rama 1 Rd.
TEL 0-2251-7983
营 每天 10:00~21:00
CC A D J M V

希斯特玛工艺品店
Sistema

珠宝、银饰品店

◆本店主要经营设计独特的装饰品,造型可爱,深受好评。出售带有泰国文字形状的小饰品380泰铢和戒指930泰铢。还有大象标志的银饰手机链价格1200泰铢,此外这里也有耳环等。

Map p.74-A1
住 2nd Fl., Nana Square, 6 Soi 3, Sukhumvit Rd.
TEL/FAX 0-2655-7151
营 每天 11:00~20:00
CC A D J M V

因陀罗珠宝
LIYA by Indra Jewelry

珠宝、银饰品店

◆珠宝店内刻有泰国文字的吊坠、戒指和手镯,特别受欢迎。可根据个人喜好,用泰国文字拼写自己的名字或者祝福的话语,因人而异。最快要3天才能完成。本店是一家有30多年历史的老店铺。

Map p.68-C3
住 #210, 2nd Fl., Thaniya Plaza BTS Wing, Silom Rd.
TEL/FAX 0-2632-7060
URL www.indrajewelry.com
营 周一~周六 11:00~19:00
休 周日
CC A J M V

PA & O
PA & O

珠宝、银饰品店

◆这家店铺的银饰制品设计独特,价格适宜,泰国的一些艺人也经常光顾。贝壳或者石头等一些款式简单的项链和手镯1000泰铢左右。这里还有很多其他的装饰品。

Map p.72-B4
住 Soi 3, Siam Square
TEL 0-2251-2538
营 每天 10:30~21:00
CC J M V

119

泰国伊势久
Thai Isekyu　　　　　　　　　　　陶瓷品店

◆ 泰国伊势久最有名的是青瓷的陶制品，嵌有金边，光彩华丽。可以在店内参观制作彩色瓷的过程（只有平日）。原创的葡萄酒杯 1300 泰铢，香槟酒杯 1600 泰铢，特别受人们欢迎。华丽的茶碗仅需要 1000 泰铢左右。

Map p.74-B2
住 1/16 Soi 10, Sukhumvit Rd.
电 0-2252-2509
FAX 0-2254-4756
营 周一～周六 9:00~17:00
休 周日
CC A D J M V

纳拉亚
Naraya　　　　　　　　　　　棉质装饰品店

◆ 纳拉亚是一家特别受欢迎的店铺，最出名的是绸缎包。商品种类丰富，价格便宜，有很多顾客前来采购，平时店内一直人满为患。因为这个店经常会发布新的商品，所以无论来几次都不会厌烦。曼谷市内也有很多分店。

Map p.75-E4
住 654-8 Soi 24, Sukhumvit Rd.
电 0-2204-1146
FAX 0-2204-1148
URL www.naraya.com
营 每天 9:00~22:30
CC A D J M V

喃达匡
Nandakwang　　　　　　　　　棉质装饰品店

◆ 喃达匡里面有餐桌垫、纸巾盒盒套、床罩等用来装饰厨房或者卧室的棉质家居用品。可爱的大象玩具包 280 泰铢，纸巾盒盒套 230 泰铢～。

Map p.74-C2
住 108/3 Soi 23, Sukhumvit Rd.
电 0-2258-9607
营 每天 9:00~18:00
CC A M V

阿海平贝店
Abhaibhubei　　　　　　　　　健康杂货店

◆ 护肤香皂 1 个 30 泰铢～，使用山竹、桑叶、姜黄、生姜等天然材料，不仅在住的外国人前来购买，一些游客也作为礼物大量购买。护肝脏的姜黄片剂对喜欢喝酒的人来说特别实用。

Map p.68-A5
住 1st Fl., Thai CC Tower, 233 Sathorn Tai Rd.
电 0-2210-0321
FAX 0-2210-0322
营 周一～周五 9:30~18:00，周六 9:30~17:00　休 周日
CC J M V（350 泰铢以上可以使用）

BLEZ 药妆店
BLEZ PHARMACY　　　　　　　药店

◆ 身体状况不太好时，可以前来购买药物，十分放心。在中国平时使用的药剂，在泰国有的会更便宜。

Map p.74-C3
住 Between Soi 21 & Soi 23, Sukhumvit Rd.
电 09-2223-1251
URL www.blez-web.com
营 每天 9:00~23:00
CC J M V（加 3% 的手续费）

亚洲书店
ASIA BOOKS　　　　　　　　　书店

◆ 亚洲书店是泰国代表性的外语书店连锁店。除了普通的单本书，也有很多旅游指南书籍。书店内有很多关于泰国以及东南亚的原创书籍，附带有大量美丽的照片，很受人们欢迎。亚洲书店在泰国有多家分店。

Map p.74-B2
住 221 Sukhumvit Rd.
电 0-2252-7277
营 每天 9:00~21:00
CC A D J M V

孟蓬音响店
Mengpong

CD、AV 软件店

◆孟蓬音响店在泰国的分店。这里有刻录的泰国电影 DVD 和 VCD 等影视作品。作为泰国的影视风向标，稍微老一点的作品都会下架，所以看到喜欢的碟片就要立马买下来。

Map p.72-A4

孟蓬音响店在群侨购物中心（→p.122）、中心世界商业区、大型超市和商场、BTS 车站内等各个地方都有分店。

素万那普国际机场内的花店
Flowershops in Suvarnabhumi Airport

花店

◆在机场出发大厅有好几处出售箱栽兰花的商店。箱子大小不一，里面的鲜花也十分鲜艳。即使是小箱子也在 800 泰铢左右，作为礼物来说比较贵重。回国时，不要忘了植物免疫检查。

Map 文前图反面 -K2~K3

住 Suvarnabhumi International Airport
营 每天 24 小时
CC A D J M V

王权免税店
King Power Duty Free Shops

免税店

◆王权免税店配备了规定的设施，位于王权特区内。只需要在这里付费，回国的时候就可以在这里提取货物。这样就可以避免在机场慌慌张张地购物。买东西时需要出示护照和机票。

Map p.63-D3

住 8/1 Rangnam Rd.
电 0-2677-8899
营 每天 10:00~21:00
CC A D J M V

商场、购物中心

曼谷有很多本地资本以及外商投资的商场和购物中心，常年都很热闹。这些购物中心的规模庞大，有餐厅之类的餐饮设施，也有电影院和保龄球馆等休闲场所，真正实现了购物、娱乐一体化。高档商场里面有很多知名的品牌店铺，不过，品牌商品的关税很高，和在国内买价格差不太多。主要的商场进场前还有安全检查。

21 站台
Terminal 21

◆21 站台位于最近几年面貌变化很大的素坤逸路和亚索·蒙特利路的交叉口处，是 2011 年 10 月份开业的大型商场。每一楼层都有"罗马""伦敦"等字样，并且有与各城市主题相符合的装饰设计。与 BTS 亚索站之间有一条连廊连接，穿行十分方便。

Map p.74-B2~C3

住 2, 88 Soi 19, Sukhumvit Rd.
电 0-2108-0888
FAX 0-2108-0800
URL www.terminal21.co.th
营 每天 10:00~22:00
CC A D J M V（租赁店铺根据店铺实际情况而定）

121

群侨购物中心
MBK Center (Mar Boon Krong Center)

◆ 群侨购物中心位于暹罗广场的周边，是一座标志性的建筑物。与东急百货商场和酒店位于同一座建筑物内，里面各楼层挤满了很多小店铺，有一种屋内市场的感觉。五层和六层是餐饮区，七层有电影院。平日下午以后或者休息日，来这里购物或者闲逛的人会特别多，十分热闹。

Map p.72-A4
住 444 Phayathai Rd.
电 0-2620-9000
营 每天 10:00~22:00
CC 根据店铺实际情况而定

东急百货商场
Tokyu

◆ 东急百货商场和群侨购物中心位于同一座巨大的建筑物内。和 BTS 国家体育场站由一条通道相连，来这里购物十分方便。两层和群侨购物中心连接的地方，经常有促销活动，活动的时候服装会卖得特别便宜。

Map p.72-A3~A4
住 444 Phayathai Rd.
电 0-2620-1000
营 每天 10:00~21:00
CC A D J M V

暹罗中心
Siam Center

◆ 暹罗中心特别受年轻人的欢迎。这里有很多泰国本地的品牌店。有一条通道通往 BTS 暹罗站，有很多餐厅也入驻了暹罗中心。

Map p.72-A3~B3
住 979 Rama 1 Rd.
电 0-2658-1000
营 每天 10:00~21:00
CC 根据店铺实际情况而定

暹罗模范百货公司
Siam Paragon

◆ 2006 年开业的大型高档商场，分为租赁区域和商场区域两大块。里面聚集了高档的名牌商店、亚洲商品店等一些档次较高的商铺。一层多是餐厅和饮食区域，地下还有水族馆。从 BTS 暹罗站来此可走相连的过街天桥。

Map p.72-B3~B4
住 991 Rama 1 Rd.
电 0-2610-8000
营 每天 10:00~22:00
CC 商场可以使用 A D J M V；租赁店铺根据店铺实际情况而定

英保良
Emporium

◆ 这里聚集了路易、威登、香奈儿、普拉达等一流国际品牌。也有一些高档的亚洲商品店。BTS 蓬鹏站到这里有一条通道连接。

Map p.75-D4~E5
住 622 Sukhumvit Rd.
电 0-2269-1000
营 每天 10:30~22:00
CC 英保良商场可以使用 A D J M V；租赁店铺根据店铺实际情况而定

英夸特商场
EmQuartie

◆ 英夸特商场位于 BTS 蓬鹏站旁边，英保良对面的大型购物商场建筑群。里面有高档品牌商店和进口食品超市等，和以前的泰国印象相比，有种焕然一新的感觉。

Map p.75-E4
住 693 Sukhumvit Rd.
电 0-2269-1000
URL www.theemdistrict.com
营 每天 10:00~22:00
CC 根据店铺实际情况而定

去应有尽有的大市场吧！Weekend Market (Talat Chatuchak)
周末市场
（恰图查克市场）

曼谷

推荐商店／周末市场

周末市场是一座只有周六、周日才营业的大型市场。在曼谷的年轻人当中特别受欢迎。市场里面的店铺一家挨着一家，中间的过道上总是挤满了人。这里的商品从服装、杂货、饰品到二手书、古董等种类繁多，如果每个地方都要看一下，需要花一整天的时间。其中，服装、军用品、宠物和民间手工艺品等再怎么看都不会厌倦。营业时间一般是从8:00~18:00，周日如果去得晚了，可能会有一些店铺关门，所以尽可能早点出发。

市场有很多入口

这里出售各种各样的商品

Ⓢ 周末市场
Weekend Market　MAP ● 文前图反面-E2

如果和朋友走散了，可以在这座钟塔前会合

图 周六・周日 8:00~18:00（有的店铺周五也营业）。周日16:00左右开始有的店铺会关门。
交 MRT甘烹碧站下车，从第二出口出来即到。BTS素坤逸线的莫奇车站下车，步行5分钟即可到达。如果坐公交，3、29、44、59、96、503、509、513路公交车都可以到达，十分方便。跟乘务员或司机说"要去恰图查克市场"，一般到站他们都会告诉你。

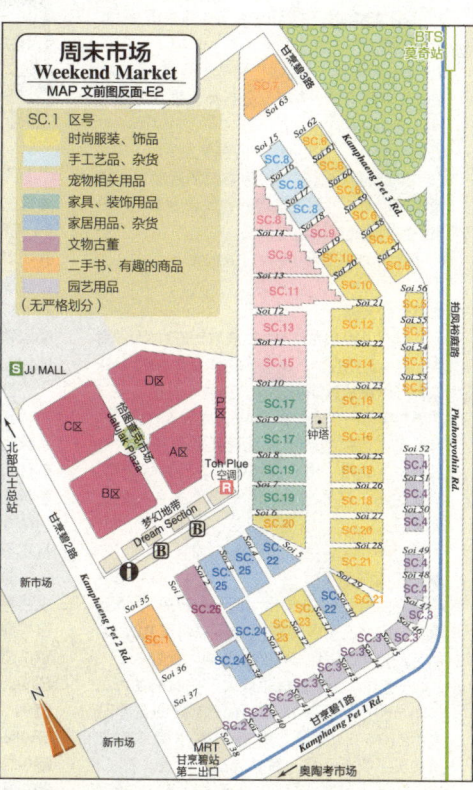

周末市场
Weekend Market
MAP 文前图反面-E2

SC.1 区号
- 时尚服装、饰品
- 手工艺品、杂货
- 宠物相关用品
- 家具、装饰用品
- 家居用品、杂货
- 文物古董
- 二手书、有趣的商品
- 园艺用品
（无严格划分）

市场购物小窍门！

❶ **如果有想要的就立马买下来！**　周末市场里面拥挤不堪，如果走过，就很难返回来找。所以有中意的商品要果断地买下来。

❷ **有的杂货店周五也开门营业！**　因为周六、周日人非常多，特别混乱，所以可以考虑周五前往。

❸ **多买点可以讨价还价！**　不要指望买小的东西还能砍下来很多价钱。

❹ **建议单独行动！**　周六、周日市场内部人非常多，如果和朋友一起前来特别容易走散，所以可以定一个会合的地点，分头行动吧。市场中心地带有一座钟塔，特别容易找到。适合作为会合地点。

购物后还可以返还增值税

在泰国购物,需要交纳 7% 的 VAT(增值税),现在泰国政府决定,对满足一定条件的外国人实施增值税返还政策。来泰国旅游满载而归的外国游客,付钱以及回国的时候不要忘记办理退税的手续。

● 可以办理 VAT 增值税返还的人和商品
1)非泰国国籍。
2)不是在泰国长住、定居或者 1 年内滞留 180 天以上者。
3)由素万那普(曼谷)、廊曼(曼谷)、乌塔帕奥(帕塔亚)、清迈、合艾岛、普吉岛等国际机场出境者。
4)非泰国出发的国际航班的乘务人员。
5)非枪支弹药或爆炸物等类似危险品,非佛像等违禁品,另外住宿费和餐饮费等泰国国内服务性消费类不返还增值税。
6)商品从购买日起 60 天内带出境。

● 返还的条件
标有"VAT REFUND FOR TOURISTS"的商店,同一天内在同一家店一次性消费 2000 泰铢以上可以申请返还增值税。退税率根据所买商品的总额有所变动,最小 4%,最大 6.1%。

现在可以进行增值税返还的商场有伊势丹、东急百货、中心商场等主要的百货公司,除此之外,还有吉姆·汤普森等有名气的品牌店。

● VAT 返还的手续
1)购买商品时,有提示"请出示护照",并且填写"VAT 返还申请表"(也可以叫作 P.P.10),同时,会拿到一张 VAT 的发票一起保管。
2)出境时,办理登机手续之前到机场的海关(Custom),出示购买的商品、VAT 返还申请表(P.P.10)、发票,由海关盖章确认。如果购买了贵重金属、黄金饰品、手表、眼镜、钢笔的话(标准是一件 1 万泰铢以上),除了办理上述手续,还要在办理完登机手续后向出发口的税务局(Revenue Department)出示购买的商品和 VAT 返还申请表,在此接受盖章。
3)以上手续办理完成后,到出发大厅的 VAT 返还窗口(VAT REFUND OFFICE),出示 VAT 返还申请表即可领取返还金额。或者将希望领取返还款的方式填写到表格里,投到税务局指定的箱子(邮寄地址和下面咨询地址相同),日后就可以收到返还款了。

素万那普国际机场的 VAT 返还窗口

● 返还款的领取方法
1)返还款总额未达到 3 万泰铢的情况下,可选择领取现金、领取银行支票、存入指定的信用卡账号三种方式的任意一种。
2)VAT 返还金额超过 3 万泰铢的情况下,可以采取领取银行支票、存入指定的信用卡账号等两种方式的任意一种。

另外,领取现金的时候需要收 100 泰铢的手续费,领取银行支票要扣除 100 泰铢的手续费和 250 泰铢左右的经费(合计约 350 泰铢),存入信用卡账户需要扣除 100 泰铢的手续费和 650 泰铢左右的存钱手续费(合计约 750 泰铢)。

返还不及时可以咨询
如果采取领取银行支票或者存入指定银行卡两种方法的时候,办了手续但返还慢时,可以咨询以下地址。

VAT REFUND OFFICE
Revenue Department
🏠 90 Soi 7, Pahonyothin Rd., Bangkok 10400, Thailand
☎ 0-2272-8195~8
📠 0-2617-3559
🌐 www.rd.go.th/vrt

● 注意事项
在机场办理手续时,根据地方不同,有的时候会有很多人,特别拥挤。所以时间方面要留出富余,最少要提前 30 分钟。

在曼谷享受美食
餐厅介绍 *Restaurant*

"请尽情享用"

曼谷作为国际大都市，在这里不仅可以品尝到泰国菜，还能够享受来自世界各国的美食。小摊的味道也让人流连忘返。泰国人对口味要求比较挑剔，常外出吃饭，所以餐饮行业的竞争也十分激烈。味道不好的餐厅很快就会被淘汰掉。

曼谷●购物后还可以返还增值税／餐厅介绍

乌劳伊餐厅
Ruen Urai　　　泰国菜　　　Map p.68-C3

◆本餐厅是把将近100年的柚木泰式房屋迁移到酒店的泳池旁边的一家高档泰国餐厅。可以在此品尝到以前泰国没有的鲑鱼、水果等和传统泰国素材（香草和一些药草等）完美融合的美食。

住 118 Suriwong Rd.
TEL 0-2266-8268
FAX 0-2266-8096
URL www.ruen-urai.com
营 每天 11:00～23:00（LO22:00）
CC A D J M V

罗勒餐厅
basil　　　泰国菜　　　Map p.74-B3

◆罗勒餐厅的风格和高档酒店里的餐厅风格相似，餐厅内的装饰特别时尚。就像餐厅的名字一样，饭菜里面大多使用罗勒（调味料）。可以根据顾客的要求控制辛辣程度和罗勒使用的量。菜单上的小辣椒表示饭菜的辛辣程度。

住 1st Fl., Sheraton Grande Sukhumvit, 250 Sukhumvit Rd.
TEL 0-2649-8366
营 每天 12:00～14:30、18:30～22:30
休 周六·周日·节假日的午餐时间段
CC A D J M V

罗莎比安餐厅
Rosabieng Restaurant　　　泰国菜　　　Map p.74-B1

◆罗萨比安餐厅的饭菜虽然控制了辣椒的用量，吃到口中时，那股正宗的香辣味道还是会在口中蔓延。餐厅中央摆着铁路模型，店里各处都装饰有车辆的模型。这里是铁路发烧友的理想选择。一道菜 100 泰铢左右。

住 3 Soi 11, Sukhumvit Rd.
TEL 0-2253-5868
FAX 0-2253-5869
营 每天 11:00～次日 0:00
CC A J M V

东南亚餐厅
The Spice Market　　　泰国菜　　　Map p.72-C5

◆位于曼谷内档次较高的高档酒店内。店内推出的套餐中，有九道饭菜，味美量足。如果单点，拼盘210泰铢左右，主菜的价格在300泰铢左右，经济实惠。

住 Anantara Siam Bangkok Hotel, 115 Ratchadamri Rd.
TEL 0-2126-8866（欢迎预约）
营 每天 11:30～14:30（周日～15:00）、18:00～22:30（LO）
CC A D J M V

花铃餐厅 + 泰式餐厅
Khua Kling + Pak Sod　　　泰国菜　　　Map p.71-E3

◆这是寂静街道上的一家泰国南部地区风味餐厅。大多使用辣椒等香辣调料，菜单上的菜名大部分都是正宗南方辛辣饭菜。可以来此体验强烈的辛辣口味。不能吃辣的人要注意。

住 98/1 Soi Thonglor 5, Soi 55, Sukhumvit Rd.
TEL 0-2185-3977
营 每天 11:30～14:30、17:30～21:30
CC 不可使用

泰普酒吧
Tep Bar

泰国菜

◆ 泰普酒吧位于中国城的后街，这里提供自大城（阿瑜陀耶）时代以来的传统饭菜。每天晚上都举行传统乐器的演唱会，这可是泰国最流行、最前卫的方式。铁板螃蟹 290 泰铢一份，带有辛辣味道。

Map p.67-E2~F2
住 69-71 Soi Nana, Maitrichit Rd.
TEL 08-8467-2944
URL www.facebook.com/TEPBAR
营 周二～周四 17:00～次日 2:00、周五～周日 17:00～次日 1:00
休 周一
CC A M V

当地正宗餐厅
The Local

泰国菜

◆ 餐厅老板的泰国文化造诣很深，这里是为了再现传统的泰国饭菜，让人们品尝到正宗泰国饭菜而开的高档餐厅。使用的食材是从各个地方收集的特等品，使用以前家常菜的配料制作出来的食品，值得细细品味。

Map p.74-C2
住 32 Soi 23, Sukhumvit Rd.
TEL 0-2664-0664
FAX 0-2664-0665
URL www.thelocalthaicuisine.com
营 每天 11:30～14:30、17:30～23:30
CC A D J M V

风景故事餐厅
Eat Sight Story

泰国菜

◆ 餐厅位于郑王寺对岸的湄南河河畔附近。一份饭菜 200～300 泰铢。这里还有红酒储藏柜和吧台，来这里欣赏夜景是一个不错的选择。

Map p.60-B5
住 47-49 Soi Tha Tien, Maharat Rd.
TEL 0-2622-2163
FAX 0-2622-2934
营 每天 7:30～22:00
CC A D J M V

怀旧餐厅
Once Upon A Time

泰国菜

◆ 怀旧餐厅是 1920 年建造的木结构西式餐厅，由现任老板的祖母修建。踩在古朴的地板上会有一种咯吱咯吱的声音，让人感到时光的流逝。店内的照明色调昏暗，与棕色的装修颜色相呼应，凸显出宁静祥和的氛围。特别是晚上，会感到十分浪漫。中庭也有座位。

Map p.72-C2
住 32 Soi 17, Petchburi Rd.
TEL 0-2252-8629
FAX 0-2251-5975
URL www.onceuponatimeinthailand.com
营 每天 11:00～次日 0:00（LO23:00）
CC A D J M V

卷心菜 & 防艾餐厅
Cabbages & Condoms

泰国菜

◆ 这所餐厅的老板是泰国前副总理米猜，他执政期间一直致力于避孕套的推广，餐厅独特的名字就是由此得来的。这里的菜品味道评价很不错。芽木（泰式沙拉）150 泰铢～、咖喱饭 120 泰铢～，主要饭菜的价位是 200 泰铢～。价格适宜。

Map p.74-B3
住 Soi 12, Sukhumvit Rd.
TEL/FAX 0-2229-4610
URL www.pda.or.th/restaurant
营 每天 11:00～22:00
CC A D J M V

邦坤迈餐厅
Baan Khun Mae

泰国菜

◆ 这家餐厅提供泰国的家常饭菜，价格也适宜。用咖喱、椰奶、虾酱和大虾混炒而成的泰式海鲜咖喱虾，每份 280 泰铢。推荐大家品尝。

Map p.72-B4
住 458/6-9 Soi 8, Siam Square
TEL 0-2250-1952
URL www.bankhunmae.com
营 每天 11:00～23:00
CC A D J M V

东北一家人
North East Family 泰国菜

◆ 亚索路口附近一家小型的泰国东北部伊森菜餐厅。餐厅外的走道上有像小摊的厨房，经常在厨房内做土豆番茄炒菜。土豆饭菜每种67泰铢~，半份烧鸡饭99泰铢。

Map p.74-C3
住 390/1 Sukhumvit Rd.
TEL 0-2108-7288
营 每天 10:30~22:30
CC 不可使用

和成丰
Hua Seng Hong 中国美食

◆ 位于华人街的中心，30年来一直深受华人的喜爱支持。店内的装修很一般，主要是依靠饭菜的味道取胜。在当地，鱼翅（300泰铢~）十分有名气，除此之外，海鲜食品和其他的一些菜品也堪称一流。点心每天刚到下午就会售罄。

Map p.67-E1
住 371-373 Yaowarat Rd.
TEL 0-2222-7053
URL www.huasenghong.co.th
营 每天 9:00~次日 0:00
CC 不可使用

新天地饭店
Xin Tian Di 中国美食

◆ 是一家高档饭店，主厨为手艺高超的中国厨师，特别擅长广东美食，北京烤鸭也做得特别地道。小只600泰铢，大只1800泰铢，如此物美价廉为曼谷仅有。午餐时间段可以品尝到各种点心和茶。位于酒店的22层，风景也特别优美。

Map p.68-C3
住 22nd Fl., Crowne Plaza Bangkok Lumpini Park, 952 Rama 4 Rd.
TEL 0-2632-9000
FAX 0-2632-9001
营 每天 11:30~14:30、18:00~22:30
CC A D J M V

耀华叻饮食店
Yaowaraj Food+Drink 中国美食

◆ 面向耀华叻路的大众食堂。在这里可以品尝到香港风味的馄饨面或者蟹肉炒饭。每份在50泰铢左右，可以轻松享用。分量不多，推荐在中国城闲逛途中饿了来此充饥。

Map p.67-E1
住 383 Yaowarat Rd.
TEL 0-2221-2800
营 每天 10:00~20:00
CC 不可使用

亨蒂餐厅
Hengdi 中国美食

◆ 大众食堂风格的构造，这里的鱼翅在当地特别有名，非常受欢迎。用土锅做出来的鱼翅300泰铢~，里面也放了足量的蟹肉和干菌香菇。蟹肉炒饭100泰铢，一起品尝，回味无穷。

Map p.67-E1
住 Yaowarat Rd.
TEL 08-9081-5900
营 每天 16:00~次日 2:00
CC 不可使用

建兴海鲜酒楼
SOMBOON SEAFOOD 海鲜

◆ 价格便宜，味道鲜美，在当地十分受欢迎。这里的招牌菜是香辣咖喱蟹，将螃蟹切成大块，用葱、咖喱汁一起炒，最后放入鸡蛋勾芡，装盘。不仅螃蟹新鲜美味，汁汤也是极品。

Map p.68-B3
住 169/7-11 Suriwong Rd.
TEL 0-2233-3104
FAX 0-2233-1499
URL www.somboonseafood.com
营 每天 16:00~23:00
CC 不可使用
本店在 MAP p.62-A5

注：乘坐出租车或者嘟嘟车时，告诉司机师傅"建兴海鲜酒楼"，可能会被带到其他店，说"这里就是建兴海鲜酒楼"，并收取较高的费用，这种事情时有发生，去建兴海鲜酒楼时多加注意。

老挝咖啡馆（德·劳斯）
Café de Laos　　　　　　　　　　老挝美食

◆ 老挝美食和泰国美食相似，但有一些微妙的差别。本店是一家时尚的餐厅。材料多使用蔬菜和香草，菜肴品尝起来有一种清爽的感觉。有的菜里面加入了葡萄酒，有一种时尚西餐的味道。

Map p.68-A4
住 16 Soi Silom 19, Silom Rd.
电 0-2635-2338
FAX 0-2635-0118
营 每天 11:00~14:00、17:00~22:00
CC A D J M V

西罗科风味餐厅
Sirocco　　　　　　　　　　地中海美食

◆ 西罗科风味餐厅位于高层建筑的楼顶，可以将曼谷的夜景尽收眼底，是一家充满浪漫情调的地中海式餐厅。餐厅的菜品选用新鲜的海鲜烹制而成。也可以在这里的吧台点杯饮料。下雨天需要提前电话咨询。

Map p.67-F5
住 63rd Fl., State Tower Bangkok, 1155 Silom Rd.
电 0-2624-9555　FAX 0-2624-9554
URL www.thedomebkk.com
营 每天 18:00~次日 1:00（LO23:30）
休 天气恶劣时
CC A D J M V

贝鲁特餐厅
Beirut Restaurant　　　　　　　黎巴嫩美食

◆ 贝鲁特餐厅是一家黎巴嫩美食的餐厅，使用异国风味调味料调制的羊羔肉十分美味。烤肉等和蔬菜搭配，分量很足。一份 200~300 泰铢。沙拉与炖菜也是不错的选择。

Map p.68-C3
住 1st Fl., J City Tower, Silom Rd.
电 0-2632-7448
URL www.beirut-restaurant.com
营 每天 11:30~次日 0:00
CC A J M V

日升墨西哥式餐厅
Sunrise Tacos Mexican Grill　　墨西哥美食

◆ 日升墨西哥式餐厅是一家分量很足的墨西哥快餐店，24 小时营业，特别受欢迎。一份 200~300 泰铢。在 21 站台（→ p.121）等开有分店。

Map p.68-C3
住 144/19-20, Silom Rd.
电 0-2632-8584
URL www.sunrisetacos.com
营 每天 24 小时营业
CC J M V

花屋餐厅
Hanaya　　　　　　　　　　日本料理

◆ 曼谷历史最悠久的日本料理餐厅，创立于第二次世界大战前。这家餐厅一直致力于研究用泰国米制作日本料理，现在也使用泰国米。中午的套餐有小菜和小碗，量足。

Map p.67-F3
住 683 Si Phraya Rd.
电 0-2233-3080
营 11:30~14:00、17:30~22:00
休 每月第二、第四个周日
CC A J M V

棕色眼睛西餐厅
Brown Eyes　　　　　　　　　日式西餐

◆ 本店是一家怀旧风格的美食餐厅，店内的西餐和甜品都非常好吃。意大利面和面包由餐厅内部自制。比萨 160 泰铢~，意大利面 150 泰铢~，特质蛋包饭 190 泰铢等，每一道饭菜都特别受欢迎。2015 年搬迁到了素坤逸路 12 号胡同旁边。

Map p.74-B3
住 20/1-2 Soi 12, Sukhumvit Rd.
电 0-2255-5348
FAX 0-2255-5347
URL www.browneyes-bangkok.com
营 周二~周六 9:00~23:30、
　　周日~21:30
休 周一
CC A J M V

大家来吃 Let's Try THAISUKI
泰式火锅吧～！

曼谷 ● 餐厅介绍

泰式火锅也非常受中国人欢迎。"泰式火锅"是"泰国式风味的火锅"的简称，泰国人简单地称为"火锅"。实际上，怎么看都是小涮锅的种类，但因名称都已约定俗成，所以一直这样叫。

往锅里放很多菜，享受泰式火锅

食用方法非常简单，在专用的火锅内加入浓汤后，放入肉丸子、蔬菜、豆腐、竹笋等，伴着特制调料一起食用。在火锅里放入生鸡蛋是泰国人一贯的吃法。最后可以用汤汁煮面条。每人只需要300~400泰铢就可以吃得很饱，特别经济实惠。建议来旅游时一定要尝一尝。

蔬菜	肉丸子	豆腐	鱼丸
 有很多种类，也有蔬菜什锦拼盘	有牛肉丸和猪肉丸等很多种类，口感爽滑	 填充在软管里，做成圆形的	 吃起来口感鲜美，富有弹性

鱼糕		牛肉丸
 和日本料理中的鱼糕味道相似	**泰式火锅的10种配菜** 传统泰式火锅中10种价格适宜的配菜。除此之外，竹笋是必点的一道配菜。如果要吃得更加丰盛豪华一些，可以加入虾或者螃蟹。	 牛肉丸和猪肉丸的特征是略带灰色

馄饨	虾饺或鱼饺	鱼肉卷香菜	加入海藻的鱼丸
有猪肉馅和牛肉馅等很多种类，皮很有弹性	皮厚，口感像鱼糕	 鱼肉和蔬菜一起吃时，口感独特，味道鲜美	 除此之外，还有加入虾、蟹肉的高档鱼丸。口感特别好

有名的泰式火锅店！

曼谷市内有很多店。其中非常受人们欢迎的是连锁的MK（URL www.mkrestaurant.com）。大型的购物中心基本上都有。除此之外，还有新兴的连锁店火锅 HOT POT（MAP p.67-F5 URL hotpot.co.th）、位于暹罗广场的著名老店可卡 COCA（MAP p.72-B4 TEL 0-2251-6337 URL www.coca.com）、还有位于中国城的德克萨斯 Texas（MAP p.67-E1 TEL 0-2223-9807），等等。根据餐厅不同，汤汁的味道也会有所差别，从这里寻找自己喜欢吃的口味也是一件让人愉悦的事。所有的菜单上都带有图片，简单易懂。

冬荫功汤味的泰式火锅

129

高楼中的小摊街 Foodcourt
挑战美食区

路边小摊的食品也可以放心食用哦!

美食区也就是将繁华热闹的小摊街原封不动地移动到了高楼里。这里有很多美食,有米饭、面食、甜点、饮料和水果等,城市路边摊的美食这里大体都有,在同一个地方品尝到不同美食也是一大乐趣。

在这里不用担心去摊位点餐时语言不通,还有食材、食品的卫生问题,可以放心在此享受美食。

可以轻松品尝小摊风味的美食区

美食区的支付方法

泰国美食区,不能用现金支付,可以用购物券或者磁卡支付。

首先去购物券的柜台。大型的美食区,购买窗口和退还窗口是分开的。

使用购物券的情况下

在美食区内的窗口购买专门的购物券(代金券),然后用购买的购物券支付美食区购买的费用。剩余的购物券当天可以退还现金,所以买的时候可以多买点。

各种面值的购物券,如果买东西时没有正好金额的购物券,小面值的代金券会当作零钱找给你

使用磁卡的情况下

在窗口购买磁卡的时候,可以向里面充值任意金额的现金,然后购物,最后结算,多余的金额退还现金,也可以先领卡,然后消费,最后统一支付消费的金额。

每家店都会发行各自的卡

美食区

R 暹罗模范百货公司美食区
Siam Paragon Food Court　MAP ● p.72-B3~B4

- 1st Fl., Siam Paragon, 991 Rama 1 Rd.
- 0-2610-8000　每天 10:00~22:00
- CC A J M V

代表曼谷的超大型高档购物中心的一层,有一块美食区,以白色为基调的装饰凸显出一种清洁清新感。这里有23家店铺,饭菜的价格30泰铢起,考虑到所处的地段,真是意想不到的划算。

有高档店铺的明亮感和清洁感

其他的美食区

大型购物中心或商场里面一般都有美食区。群桥购物中心的六层有群侨美食中心 MBK Food Island(MAP p.72-A4),规模较大,可以代表曼谷的老牌美食区。中心百货奇隆店的七层有中央美食楼层 Central Food Loft(MAP p.73-D4~E4),里面有世界各国的美食。除此之外,Amerine 商场四层的库克味道 "the COOK, Kolors of Taste"(MAP p.73-D4),有宽广的窗户能够远眺风景,特别受欢迎。

"the COOK, Kolors of Taste" 有宽敞的空间,特别受欢迎

130

路边上的美食天堂 Foodstall
小摊美食的乐趣

提到泰国的美食,一定要说一下路边的小摊。置身于热带的环境中,悠闲地享受美食。泰国的路边小摊有很多都是单一菜品经营,不用特别复杂地点餐,只需要指一下眼前的食物就可以品尝到想吃的美食,简单方便。

曼谷 ● 餐厅介绍

食品系列

这里有面食小摊和米饭小摊,小摊的旁边有桌子,可以在这里吃,也可以装入袋子里打包带回去吃。

面食小摊

玻璃罩子内有各种面食。有一口冒着热气的大圆锅,很快就可以把面做好,1碗30泰铢左右。

海南鸡饭小摊

煮完鸡肉,用鸡肉汤蒸米饭。把鸡肉切好,摆在米饭上。这是一道在泰国特别受欢迎的饭。作为标志,在店的外面可以看到挂着一只只完整的鸡。一份大约30泰铢。

快餐系列

这里的快餐丰富多种,有烤串、烤香蕉、烤蚂蚱和烤蚕蛹等。可以装在袋子里一边走一边享用。

水果小摊

在城市里行走,要及时补充水分和维生素,最好的选择是吃一些新鲜的水果。这里的小摊上有不同口味的各种水果,选一个喜欢吃的水果,店主给你切一大块。一小袋20泰铢。

烧烤小摊

泰国人特别喜欢吃鱼糕、鱼丸子系列的食品。把很多种食物穿起来烤着吃,特别受大家欢迎。1根串10泰铢左右。

烤香蕉小摊

香蕉烤着吃,有一种吃土豆的感觉。烤完香蕉后,涂一层蜂蜜或者糖浆食用,别有一番风味。一袋10泰铢~。

虫子小摊

这里的虫子快餐摊上一般有炸蝗虫、蚂蚱、鱼糕、昆虫的蛹、田鳖。也有的虫子上刷咖喱味道,一袋10泰铢左右。

饮品系列

现场榨的新鲜水果在这里特别受欢迎。把水果榨成果汁,装进容器里,加冰块成冷饮后给客人。

榨橙汁小摊

用新鲜橙子挤榨而成的橙汁,甘甜可口,非常好喝。对泰国人来说也十分受欢迎,可以在路边看到有很多类似的小摊。品尝冷饮会更尽兴。1瓶20泰铢~。最近也有的小摊卖石榴汁和马奥(泰国酸橙)汁。

131

曼谷的 Hotel & Guest House
酒店和旅馆

曼谷的住宿设施种类齐全、档次分明，有超高级的酒店也有便宜的旅馆。无论哪种类型的游客来这里都能找到合适的住处。根据自己的预算、爱好风格挑选适合自己的酒店吧。

挑选感兴趣的酒店吧！

▓ 住宿设施的种类

曼谷的酒店可以大致分为以下几类。
高档酒店
费用：1 间房 4000~5000 泰铢，或者更高。
附带设施：配有多个餐厅、泳池、健身房、水疗馆等设施。足不出户就可以体验酒店的生活配套，十分方便。
中档酒店
费用：2000~4000 泰铢。
附带设施：一般都有泳池和餐厅。
经济型酒店
费用：800~2000 泰铢。
附带设施：餐厅只提供早餐，房间服务也有很多限制。很多酒店没有泳池。
招待所
最近新增加的类型是多床房（大房间），300-500泰铢，如果按照廉价旅馆的标准多床房还是有点贵。一般多床房空间也很宽敞，有共同的厕所和浴室，也都十分干净清洁。还有免费的 Wi-Fi，各床都有电源插头，可以使用电器，还有放包的地方。考虑特别周到。
旅馆和旅店
考山路周边有很多旅馆，中国城也聚集了很多旅店（商人居住风格的廉价旅馆），这里的旅馆最低需要 100 泰铢，一般来居住的是比较节省的游客，因为廉价，特别受欢迎。但是旅馆的品质千差万别，如果发生了纠纷游客要自己负责。

▓ 酒店繁忙的季节

泰国的旱季是每年的 11 月~次年 2 月（包含圣诞节和年末年初时间），此期间，特别是一些高档酒店热别繁忙，需要尽早预约。但是，即使在繁忙时期，如果降低酒店的档次，在曼谷还是能够找到居住的地方。这个繁忙时期之外，一般都能够订到希望住的房间。

▓ 交费和预约时的注意事项

中档以上的酒店一般都要交住宿费用的 7% 作为增值税（截至本书调查时），再加 10% 的服务费（如果标记 "Nett" 则表示总额）。房间虽然有定价，但根据实际居住的时间和预约的方法，房间的价格会有所变动。特别是高档酒店差异会更明显，所以去之前一定要调查清楚。

▓ 办入住和退房的时间

基本上大部分的酒店办入住的时间是 14:00 开始、退房时间是 12:00 前。如果空房较多的时候，退房时间可以通融一下，提前联系的话可以延迟到 14:00 退房，如果再推迟就要收取费用了。如果房间空着，随时可以办理入住。

▓ 曼谷的酒店区域

选择酒店的时候，除了费用以外，还要考虑地点，是在观光区还是在购物区，交通是否方便等。以下根据区域划分，大致介绍一下区域内的酒店，以供在选择酒店时作为参考。
大王宫周边
零星地分布着中档酒店以及中档以下的廉价旅馆。周边交通主要是公交车或出租车。廉价旅馆所在的考山路周边一带就在此区域。
暹罗广场、叻差达蒂路周边
此区域多为购物中心，是喜欢购物的游客的天堂。BTS2 号线穿过本区域，去任何地方都比较方便。
石龙军路周边
可以搭乘湄南河快艇轻松地参观大王宫周边。郑信大桥附近有 BTS 是隆线的郑信大桥站。
苏里旺路、是隆路、沙敦路周边
这一带中、高档酒店比较多。外围还有廉价旅馆街。可以乘坐 BTS 是隆线和 MRT 来这里。
素坤逸路周边
这里有很多面向外国人的商场、餐厅、夜店。BTS 素坤逸线沿着这条路而建，在亚索站与 MRT 相连接。
中国城
喜欢逛街的游客可以前来游玩，但是住宿不一定会让你满意。周边的道路也非常混乱。
叻差达披色路沿线
这里有很多大型的夜店。零星地分布着中、高档酒店。乘坐 MRT 可以很快到达市区中心。

安纳塔拉曼谷暹罗酒店
Anantara Siam Bangkok Hotel　　　　　　　高档酒店

◆酒店有白色的外观、宽敞明亮的大厅、绿色满园的中庭，这里有一种度假村的氛围。酒店将西式建筑的舒适性与泰国的传统文化、热情相融合，让人们切实感受到一流、高品质酒店的风采。在曼谷可谓是首屈一指的酒店，有很多公司的高管经常在这里住宿。酒店内有一种厚重感，大门十分重，小孩的力量打不开，可以隔绝外部的声音。酒店内有泰国餐厅"东南亚餐厅"（→p.125），还有装饰风格明亮、很受欢迎的意大利餐厅"百叶可"。以前叫作"曼谷四季酒店"。

Map p.72-C5
住 155 Ratchadamri Rd.
TEL 0-2126-8866　FAX 0-2253-9195
URL www.siam-bangkok.anantara.com
费 AC S T 8700 泰铢～
CC A D J M V
房间数 354 间　带泳池　WiFi　NET

在城市中心很难看到的绿色满盈的花园泳池

室内保留了泰国的传统风格，融入了现代时尚的设计

曼谷半岛酒店
The Peninsula Bangkok　　　　　　　高档酒店

◆位于湄南河沿岸的吞武里一侧，外观造型比较独特，是看上去非常美观的高档酒店。所有的房间都安装了大型的落地窗，可以在屋里观看曼谷市区的景观。床头有开关控制面板，可以调节控制空调、照明灯光等，窗帘的开关也是电动控制的。浴室内安装了大屏幕的电视，泡澡时可以看，位置刚好。大厅每天下午可以品尝香港的茶。在对岸的石龙军路42/1胡同的尽头，有酒店豪华的码头，用来停靠和沙敦酒店码头专用的渡船。

Map p.67-E4
住 333 Charoen Nakorn Rd., Klongsan
TEL 0-2861-2888　FAX 0-2861-1112
URL www.peninsula.com
预 （免费）0120-348288
费 AC S T 9800 泰铢～
CC A D J M V
房间数 370 间　带泳池　WiFi 免费　NET 免费

造型独特的半岛酒店屹立在河岸边

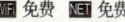
床头的开关可以控制室内的照明和窗帘，十分方便

曼谷瑞吉酒店
St. Regis Bangkok　　　　　　　高档酒店

◆2011年在叻差达蒂路开业的高档酒店。全面用玻璃围起来的浴室，含早餐套餐和咖啡的服务等，这里可以享受瑞吉酒店特有的服务。

Map p.72-C5
住 159 Ratchadamri Rd.
TEL 0-2207-7777　FAX 0-2207-7888
URL stregis.com/bangkok
预 （免费）0120-922334
费 AC S T 8900 泰铢～
CC A D J M V
房间数 227 间　带泳池　WiFi　NET

暹罗凯宾斯基大酒店
Siam Kempinski Hotel　　　　　　　高档酒店

◆暹罗凯宾斯基大酒店于2010年开业。远离了城市的喧嚣，提供了一个市内度假胜地。楼房围绕着中庭和泳池而建，有的房间可以从露台出来后直接进入泳池。

Map p.72-B3
住 991/9 Rama 1 Rd.
TEL 0-2162-9000　FAX 0-2162-9009
URL www.kempinskibangkok.com
费 AC S T 9400 泰铢～
CC A D J M V
房间数 303 间　带泳池　WiFi 免费
NET 免费

注：上面刊登的金额是定价，或者是酒店官网上的费用。

133

曼谷文华东方酒店
Mandarin Oriental Bangkok　　　　　高档酒店

Map p.67-E4~F4
住 48 Oriental Av., Charoen Krung Rd.
TEL 0-2659-9000
URL www.mandarinoriental.com
预 （免费）00531-650487
费 AC S T 15150 泰铢~
CC A D J M V

◆曼谷文化东方酒店是曼谷的代表性酒店，在传统和风格上独树一帜，服务品质高，得到了广泛的好评。每间房屋都有各自的名字，装修也是各有特色。有些本酒店的粉丝预订酒店的时候会指定房间。

房间数 393 间　　带泳池　　WiFi　　NET

曼谷大仓新颐酒店
The Okura Prestige Bangkok　　　高档酒店

Map p.73-E4
住 57 Witthayu Rd.
TEL 0-2687-9000　　FAX 0-2687-9001
URL www.okurabangkok.com
预 0120-086230
费 AC S T 6200 泰铢~
CC A D J M V

◆曼谷大仓新颐酒店于2012年开业。房间在26层以上，有大型窗户，可以向远处眺望，视野超群。25层的泳池可以体验浮在空中的感觉。主要的餐厅"山里"是曼谷首屈一指的日本料理店。周六、周日的午餐特别实惠。

房间数 240 间　　带泳池　　WiFi　　NET

暹罗大酒店
The Siam　　　　　　　　　　　　　高档酒店

Map p.58-B1
住 3/2 Khao Rd.
TEL 0-2206-6999　　FAX 0-2206-6998
URL www.thesiamhotel.com
费 AC S T 17500 泰铢~
CC A D J M V

◆暹罗大酒店位于湄南河沿岸，是一家豪华隐蔽的度假胜地。超过1万平方米的用地内，招待所楼栋、客房楼栋、别墅式独立客房、餐厅等并排而立，客房与大厅风格统一，尽显高档之感。

房间数 39 间　　带泳池　　WiFi　　免费

曼谷艾美酒店
Le Méridien Bangkok　　　　　　　高档酒店

Map p.68-B3~C3
住 40/5 Suriwong Rd.
TEL 0-2232-8888　　FAX 0-2232-8999
URL www.lemeridien.com
预 （免费）0120-094040
费 AC S T 6800 泰铢~
CC A D J M V

◆曼谷艾美酒店距离帕蓬路也很近，在四通八达的苏里旺路上，2008年开业。客房的屋顶很高，浴缸大，可以住得很舒适。22层有11间圆形屋顶房间，令人吃惊的是床也是圆形的。

房间数 282 间　　带泳池　　WiFi　　NET

曼谷素可泰酒店
The Sukhothai Bangkok　　　　　　高档酒店

Map p.69-D4
住 13/3 Sathorn Tai Rd.
TEL 0-2344-8888　　FAX 0-2344-8899
URL www.sukhothai.com
费 AC S T 6490 泰铢~
房间数 210 室
CC A D J M V
带泳池　　WiFi 免费　　NET 免费

◆在高层酒店林立的地方，曼谷素可泰酒店与众不同，是一座低层的建筑物，就像城市里的绿洲，让人能够心平气和。庭院模仿素可泰遗迹的风格进行装修，房间内部多用木质品和镜子，给人一种独特的氛围。

曼谷康莱德酒店
Conrad Bangkok　　　　　　　　　高档酒店

Map p.73-E5
住 87 Witthayu Rd.
TEL 0-2690-9999　　FAX 0-2690-9000
URL www.conradhotels.com
预 （免费）0120-489852
费 AC S T 8650 泰铢~
CC A D J M V

◆康拉德酒店位于四季路，BTS奔集车站徒步行走8分钟即可到达，十分方便。标准间的客房里面，浴室完全用玻璃隔开。可以一边在复古的浴缸里面泡澡一边眺望远处的风景。

房间数 391 间　　带泳池　　WiFi　　NET

134　关于费用的标记：F 带风扇　AC 带空调　D 多床房　S 单床房　T 双人间。如果没有特别标注，则带厕所、淋浴或浴缸。酒店如果没有特别标注就是含早餐，旅馆如果没有特别标注就是不含早餐。

曼谷素坤逸路万豪酒店
Bangkok Marriott Hotel Sukhumvit 　高档酒店

Map p.71-E4

◆酒店客房位于建筑物的22~41层，视野特别好，可向远处眺望。淋浴房和泡澡池在一个房间，使用特别方便。圆形的泡澡池面对着向外开的窗，可以一边泡澡，一边俯视下面的景色。

住 2 Soi 57, Sukhumvit Rd.
TEL 0-2797-0000
FAX 0-2797-0001
预 (免费) 0120-142536
费 AC S T 5700 泰铢~
CC A D J M V
房间数 296 间　带泳池　WiFi　NET

素坤逸路喜来登大酒店
Sheraton Grande Sukhumvit 　高档酒店

Map p.74-B3

◆酒店的客房十分宽敞，设有大型的储物柜，使用十分方便。酒店的泳池形状奇特，泳池周边绿树成荫，简直就像小森林。这里有最前卫装修风格的泰国风味餐厅"罗勒餐厅"（→p.125），非常受欢迎。

住 250 Sukhumvit Rd.
TEL 0-2649-8888　FAX 0-2649-8000
URL www.sheratongrandesukhumvit.com
预 (免费) 0120-925651
费 AC S T 6000 泰铢~
CC A D J M V
房间数 420 间　带泳池　WiFi　NET

曼谷万豪大酒店
JW Marriott Hotel Bangkok 　高档酒店

Map p.73-F4~F5

◆曼谷万豪大酒店是一家高档酒店，外观独特，非常漂亮，采用了曲线设计。这里还有泳池、健身房、壁球馆等运动设施。酒店内还有各种风格的餐厅，包括日本料理店"Tsu & Nami"、泰国餐厅、中餐厅和西式餐厅等。

住 4 Soi 2, Sukhumvit Rd.
TEL 0-2656-7700
FAX 0-2656-7711
预 (免费) 0120-142536
费 AC S T 5500 泰铢~
CC A D J M V
房间数 441 间　带泳池　WiFi　NET

皇家兰花喜来登酒店
Royal Orchid Sheraton Hotel & Towers 　高档酒店

Map p.67-E3

◆皇家兰花喜来登酒店是一家有南国风情的酒店，宽广的湄南河沿岸有一片平台，庭院内有泳池。客房装修成茶色，从大型的玻璃窗可以眺望湄南河。餐厅菜品美味，特别受欢迎。

住 2 Soi 30, Charoen Krung Rd.
TEL 0-2266-0123　FAX 0-2236-8320
URL www.royalorchidsheraton.com
预 (免费) 0120-003535
费 AC S T 5200 泰铢~
CC A D J M V
房间数 740 间　带泳池　WiFi　NET

曼谷洲际大酒店
InterContinental Bangkok 　高档酒店

Map p.73-D4

◆曼谷洲际大酒店位于方便购物、安装蓝色玻璃的高层建筑内。可以从36层的健康中心向市区眺望，视野很好。泳池位于顶层，稍微有点小。中餐厅"夏宫"十分受欢迎。

住 973 Phloen Chit Rd.
TEL 0-2656-0444　FAX 0-2656-0555
URL www.bangkok.intercontinental.com
预 (免费) 0120-677651
费 AC S T 5643 泰铢~
CC A D J M V
房间数 381 间　带泳池　WiFi　NET

曼谷喜都天阙大酒店
Dusit Thani Bangkok 　高档酒店

Map p.69-D3~D4

◆曼谷喜都天阙大酒店是具有代表性的泰国高档酒店。在泰国，作为传统风格的酒店被广为人知。黄色塔尖刺破天际一般的独特外观，自古以来就被作为该地区的标志性建筑物。酒店内泰国餐厅和越南餐厅也很受欢迎。

住 946 Rama 4 Rd.
TEL 0-2200-9000　FAX 0-2236-6400
URL bangkok.dusit.com
费 AC S T 4800 泰铢~
CC A D J M V
房间数 517 间　带泳池　WiFi 免费
NET 免费

曼谷菩提树大酒店
The Banyan Tree Bangkok
高档酒店

Map p.69-D4

◆曼谷菩提树大酒店位于耸立在沙敦路上的60层建筑物内，石板的外观给人印象特别深刻。客房很宽敞，酒店内十分安静。屋顶上有可以欣赏绝色风景的餐厅"Vertigo"，这里的水疗馆也非常受欢迎。

住 21/100 Sathorn Tai Rd.
TEL 0-2679-1200
FAX 0-2679-1199
URL www.banyantree.com
费 AC S T 4675 泰铢～
CC A D J M V
房间数 327 间　带泳池　WiFi　NET

曼谷四面佛凯悦大酒店
Grand Hyatt Erawan Bangkok
高档酒店

Map p.72-C4～73-D4

◆曼谷四面佛凯悦大酒店外观很像希腊神殿，给人十分厚重的印象。进去之后就会看到绿树环抱、宽敞透亮的大厅。可以使人忘掉外面的喧嚣，营造了一个优雅的空间。因为位于市中心，交通也很方便。

住 494 Ratchadamri Rd.
TEL 0-2254-1234　FAX 0-2254-6308
URL www.bangkok.grand.hyatt.com
预（免费）0120-512343
费 AC S T 8000 泰铢～
CC A D J M V
房间数 380 间　带泳池　WiFi　NET

隆披尼皇冠广场酒店
Crowne Plaza Bangkok Lumpini Park
高档酒店

Map p.68-C3

◆酒店内环境舒适，除了具备面向商务人士的功能设备以外，还在屋顶的平台上建有泳池。洗手间的坐便器具有温水冲洗功能。

住 952 Rama 4 Rd., Suriwong
TEL 0-2632-9000　FAX 0-2632-9001
URL www.crowneplaza.com
预（免费）0120-677651
费 AC S T 4250 泰铢～
CC A D J M V　房间数 241 间
带泳池　WiFi 免费　NET 免费

曼谷科莫大都会酒店
Metropolitan by COMO, Bangkok
高档酒店

Map p.69-D4

◆位于沙敦路稍微向里的位置，周围环境静谧。客房内棕色的地板搭配白色的墙，凸显出一种轻松悠闲的感觉。很多人都喜欢这里的宽敞浴室。还有一家获得了米其林之星的泰国美食餐厅"纳木"，很受欢迎。

住 27 Sathorn Tai Rd.
TEL 0-2625-3333
FAX 0-2625-3300
URL www.comohotels.com
费 AC S T 4675 泰铢～
CC A D J M V　房间数 171 间
带泳池　WiFi 免费　NET 免费

威斯汀素坤逸大酒店
The Westin Grande Sukhumvit
高档酒店

Map p.74-B2

◆威斯汀素坤逸大酒店外形独特，是以客船为主体的形状。客房的色调以明亮为主，引进了根据人体学结构设计的天堂床。一层到四层是百货公司，距离BTS亚索站非常近。

住 259 Sukhumvit Rd.
TEL 0-2207-8000　FAX 0-2255-2441
URL www.westin.com/bangkok
预（免费）0120-925956
费 AC S T 4500 泰铢～
CC A D J M V
房间数 361 间　带泳池　WiFi　NET

香格里拉大酒店
The Shangri-La Hotel
高档酒店

Map p.67-E5～F5

◆香格里拉大酒店分为两栋楼，一栋是豪华的华兰蓬大楼，一栋是香格里拉大楼。所有房间观景都特别方便。酒店内有很多餐厅。客房内的设计像度假胜地一般可以让人心情轻松舒畅。

住 89 Soi Wat Suan Plu, Charoen Krung Rd.
TEL 0-2236-7777　FAX 0-2236-8579
URL www.shangri-la.com
预（免费）0120-944162
费 AC S T 6000 泰铢～
CC A D J M V
房间数 802 间　带泳池　NET 免费

艾瑟尼广场皇家美丽殿酒店
Plaza Athénée Bangkok, A Royal Méridien Hotel　高档酒店

◆本酒店位于包括美国大使馆在内的各国大使馆的聚集地，周围十分安静。大楼的表面镶嵌着玻璃，简约而美观，给人一种舒爽的感觉。大厅的吊顶很高，而且宽广，整体显得非常上档次。

Map p.73-E5
住 61 Witthayu Rd.
TEL 0-2650-8800　FAX 0-2650-8500
URL www.plazaatheneebangkok.com
预 （免费）0120-094040
费 AC ST 6800 泰铢～
CC A D J M V
房间数 374 间　带泳池　WiFi　NET

曼谷索菲特所大酒店
Sofitel So Bangkok　高档酒店

◆曼谷索菲特所大酒店以大自然的五大要素——水、土、木、金、火为灵感，客房根据不同的主题进行相应的装饰，十分有趣。泰国的现代化设计和自然的主题相融合，有一种不可思议的宁静平和感。位于高层建筑物内，视野也特别好。

Map p.69-E4
住 2 Sathorn Nua Rd.
TEL 0-2624-0000　FAX 0-2624-0111
URL www.sofitel-so-bangkok.com
预 （03）4455-6404
费 AC ST 5800 泰铢～
CC A D J M V　房间数 238 间
带泳池　WiFi 免费　NET 免费

曼谷素坤逸希尔顿大酒店
Hilton Sukhumvit Bangkok　高档酒店

◆灰色基调的客房装饰能够带给人一种平静感。屋顶上有泳池，可以在这里体验在天空中翱翔的感觉。一层有地中海风味餐厅"蒙道"，可以在这里品茶享受。

Map p.75-E5
住 11 Soi 24, Sukhumvit Rd.
TEL 0-2620-6666　FAX 0-2620-6699
URL www.sukhumvitbangkok.hilton.com
预 （03）6679-7700
（免费）FREE 0120-489852
费 AC ST 7600 泰铢～（不含早餐）
CC A D J M V　房间数 280 间
带泳池　WiFi　NET

曼谷安纳塔拉河畔酒店
Anantara Bangkok Riverside　高档酒店

◆位于湄南河西岸的度假氛围的大型酒店，可以在中庭的泳池内放松身心，享受悠闲的时光。在沙敦码头每隔30分钟有免费的往返渡船。

Map p.58-A5
住 257/1-3 Charoen Nakorn Rd.
TEL 0-2476-0022　FAX 0-2476-1120
URL bangkok-riverside.anantara.com
费 AC ST 5700 泰铢～
CC A D J M V
房间数 408 间　带泳池　WiFi　NET

曼谷铂尔曼 G 酒店
Pullman Bangkok Hotel G　高档酒店

◆曼谷铂尔曼 G 酒店耸立在是隆路边。客房是大型的落地窗，可以在此欣赏曼谷的美景。位于 37 层的红酒餐厅"思卡莱特"，食品特别美味，深受大家欢迎。

Map p.68-B4
住 188 Silom Rd.
TEL 0-2238-1991　FAX 0-2238-1992
URL www.pullmanbangkokhotelG.com
预 （03）4455-6404
费 AC ST 4290 泰铢～
CC A D J M V
房间数 469 间　带泳池　WiFi　NET

阿玛丽水门酒店
Amari Watergate Hotel　高档酒店

◆位于水门市场旁边的一家高档酒店。酒店内有很多餐饮设施，包括精致茶屋"聘珍楼"和环境氛围较好的"亨利·J.宾斯"等餐厅，还有高档的水疗馆，广受好评。

Map p.72-C2
住 847 Petchburi Rd.
TEL 0-2653-9000　FAX 0-2653-9045
URL www.amari.com
费 AC ST 3315 泰铢～
CC A D J M V
房间数 569 间　带泳池　WiFi　NET

曼谷●酒店和旅馆

曼谷瑞士丽凯皇酒店
Swissôtel Le Concorde, Bangkok 　中高档酒店

◆ 即使是标准间也特别宽敞，摆放着大桌子，意想不到的方便。迷你吧台上面准备了烧水用的壶和带把手的大个陶瓷制杯子，可以感受到酒店的贴心细致。从MRT汇权站第二出口步行2分钟即可到达本酒店。

Map p.59-E1
住 202 Ratchadapisek Rd.
TEL 0-2694-2222　FAX 0-2694-2218
URL www.swissotel.com
预 FREE 0120-951096
费 AC S T 3779 泰铢～
CC A D J M V
房间数 407 间　带泳池　NET

暹罗 @ 暹罗艺术大酒店
Siam @ Siam Design Hotel & Spa 　中高档酒店

◆ 酒店的设计像前卫的美术馆。铺贴瓷砖的浴缸使用起来特别舒服。可以在高层的泳池欣赏绝美的风景。配有三张标准床的多床房在女性朋友中备受好评。

Map p.150-A2
住 865 Rama 1 Rd.
TEL 0-2217-3000　FAX 0-2217-3030
URL www.siamatsiam.com
费 AC S T 3600 泰铢～
CC A D J M V
房间数 203 间　带泳池　NET　WiFi 免费

曼谷福朋喜来登酒店
Four Points by Sheraton Bangkok 　中高档酒店

◆ 配有大型的液晶电视、DVD唱片机、放有咖啡机的迷你吧台和专门设计的床等，还有高档酒店的服务。BTS娜娜站和亚索站、MRT乌素东站下车数分钟内就可以到达。

Map p.74-B2
住 4 Soi 15, Sukhumvit Rd.
TEL 0-2309-3000
URL www.fourpointsbangkoksukhumvit.com
费 AC S T 3075 泰铢～
CC A D J M V
房间数 268 间　带泳池　NET　WiFi

曼谷雅高素坤逸酒店
Grand Sukhumvit Hotel Bangkok 　中高档酒店

◆ 从BTS娜娜站望过来，米黄色的沉稳风格的建筑物就是本酒店。一层面向道路的部分是餐厅。酒店入口处是从旁边向里的门，有点不方便找。前台周边有点狭窄，但客房很宽敞。

Map p.74-A2
住 99 Soi 6, Sukhumvit Rd.
TEL 0-2207-9999　FAX 0-2207-9555
URL www.sofitel.com
预 （03）4455-6404
费 AC S T 3000 泰铢～
CC A D J M V
房间数 386 间　带泳池　WiFi

长荣桂冠酒店
Evergreen Laurel Hotel 　中高档酒店

◆ 酒店位于不太显眼的地方，不过周到的服务和稳健的构造能够让住客感到安心，所以商务人士多住在这里。酒店内有家中餐厅"曾经的庄园"，这里的茶点和特色鱼翅评价极高。

Map p.68-C4
住 Soi Pipat, 88 Sathorn Nua Rd.
TEL 0-2266-9988　FAX 0-2266-7222
URL www.evergreen-hotels.com
费 AC S T 7200 泰铢～（门市价格）
CC A D J M V
房间数 160 间　WiFi 免费

曼谷帝玛酒店
Ramada D'MA Bangkok 　中高档酒店

◆ 雄伟的酒店具有耀眼的白色外观。大厅不太宽敞，不过天井通到二层，大理石风格的装修，看上去有一种舒爽感。房间内棕色的装修可以让人心平气和下来。

Map p.73-E2
住 1091/388 Soi Jarurat, New Petchburi Rd.
TEL 0-2650-0288　FAX 0-2650-0299
URL www.ramada-bkk.com
费 AC S T 4600 泰铢～
CC A D J M V
房间数 286 间　带泳池　WiFi 免费

曼谷皇宫酒店
Bangkok Palace Hotel　　　　　　　　　中高档酒店

Map p.73-E2

◆高架桥旁边的大型酒店。虽然建筑物外观有点陈旧，但是宽敞的大厅中间吊着一盏大型的吊灯，看上去非常豪华。房间的构造给人一种踏实稳重的感觉。酒店还配备有健身房和泳池等设施。

住 City Square, 1091/336 New Petchburi Rd.
TEL 0-2253-0510　FAX 0-2253-0556
URL www.bangkokpalace.com
费 AC S T　2200 泰铢～
CC A D M V
房间数 660 间　带泳池　WiFi 免费

曼谷郁金香君王大酒店
Golden Tulip Sovereign Hotel Bangkok　　中高档酒店

Map p.65-D4

◆因为距离收费道路的出入口特别近，去往机场特别方便。如果通过旅行社，价格可能会更加便宜。仅需要3分钟就可以到达餐厅聚集的"RCA"（→p.110），这里有各种风味的餐厅。

住 92 Soi Saengcham, Rama 9 Rd.
TEL 0-2641-4777　FAX 0-2641-4885
URL www.goldentulipbangkok.com
费 AC S T　2900 泰铢～
CC A D J M V
房间数 448 间　带泳池　WiFi 免费

曼谷是隆诺富特大酒店
Hotel Novotel Bangkok Fenix Silom　　中高档酒店

Map p.68-A4

◆曼谷是隆诺富特大酒店是由古老的酒店（是隆普拉达酒店）改造而成，改造后变为一家时尚的酒店。酒店位于是隆路繁华街道和石龙军路周边古老街道中间的位置，距离收费道路的出入口比较近，去机场特别方便。

住 320 Silom Rd.
TEL 0-2206-9100
FAX 0-2206-9200
URL www.novotel.com
费 AC S T　2100 泰铢～（早饭除外）
CC A D J M V
房间数 216 间　带泳池　WiFi

阿诺玛酒店
Arnoma Grand Hotel　　中高档酒店

Map p.73-D3

◆酒店位于中心世界的对面，是喜欢购物的游客的最佳选择。这里有各国来的旅行团，酒店内部构造明亮，环境舒适。不愧曾经是瑞士酒店的连锁酒店，设备设施都配备齐全。

住 99 Ratchadamri Rd.
TEL 0-2655-5555　FAX 0-2655-7555
URL www.arnoma.com
费 AC S T　2700 泰铢～
CC A D J M V
房间数 369 间　带泳池
WiFi（只有一部分房间有）　NET

因地亚丽晶酒店
Indra Regent Hotel　　中高档酒店

Map p.72-C2～73-D2

◆距离水门市场等服装市场比较近，是规模比较大的酒店。房间宽敞宁静，大厅也十分豪华。酒店前的道路上有通往各个方向的公交车，交通十分便利。

住 120/126 Ratchaprarop Rd.
TEL 0-2208-0022　FAX 0-2208-0388
URL www.indrahotel.com
费 AC S T　1500 泰铢～
CC A D J M V
房间数 455 间　带泳池　NET 免费

诺富特素万那普机场酒店
Novotel Suvarnabhumi Airport Hotel　　中高档酒店

Map 文前图反面 J6

◆本酒店位于素万那普国际机场前，玻璃外观，看起来十分时尚。客房较为宽敞，有大型的浴池，有个可以安静休息的空间。与机场有地下通道连接。

住 999 Suvarnabhumi Airport Hotel Bldg.
TEL 0-2131-1111　FAX 0-2131-1188
URL www.novotel.com
费 AC S T　6000 泰铢～
CC A D J M V
房间数 612 间　带泳池　WiFi　NET

分区介绍，曼谷其他的酒店

大王宫、律实地区周边

皇家酒店
Royal Hotel　　　　　酒店

◆皇家酒店位于大王宫前广场的对面，是一家1942年开放的传统风格的酒店。大厅较为宽敞，工作人员都很有礼貌。整体看上去有些陈旧，如果去大王宫周边的寺庙参观，住在这里是最好的选择。

Map p.60-C3
住 2 Ratchadamnoen Klan Rd.
TEL 0-2222-9111
费 AC S T 1800 泰铢
CC A J M V
房间数 300 间　带泳池

王子宫殿酒店
Prince Palace Hotel　　　酒店

◆王子宫殿酒店是一座位于曼谷老城区的高层酒店。从客房里看到的风景都很不错。前台在11层。酒店周边有一个服装批发市场，通常比较乱。

Map p.61-F4
住 488/800 Bo Bae Tower, Damrongrak Rd.
TEL 0-2628-1111　FAX 0-2628-1000
URL www.princepalace.co.th
费 AC S T 3000 泰铢～
CC A D J M V
房间数 744 间　带泳池　NET

曼谷莫克酒店
Hotel De'Moc　　　　酒店

◆曼谷莫克酒店是一家位于曼谷老城区的价格适宜的酒店。大厅和客房经过改造装修后非常美观。在网上预约在1400泰铢左右。

Map p.61-D2~D3
住 78 Prachathipathai Rd.
TEL 0-2629-2100　FAX 0-2280-1299
URL www.hoteldemoc.com
费 AC S T 2124 泰铢～
CC A J M V　房间数 92 间　带泳池　WiFi 免费

暹罗广场周边

亚洲酒店
Asia Hotel　　　　　酒店

◆亚洲酒店是一家古老的大型中档酒店。很多各国来的旅游团经常在这里居住。酒店的地下，有一家叫作"加里普索·卡巴莱"的酒吧，里面有人妖秀。BTS在拉恰泰威站和这里相连，交通十分便利。

Map p.72-A2
住 296 Phayathai Rd.
TEL 0-2217-0808　FAX 0-2217-0109
URL www.asiahotel.co.th
费 AC S T 3700 泰铢～
CC A D J M V
房间数 601 间　带泳池　NET

曼谷利特酒店
LIT! Bangkok Hotel　　　酒店

◆曼谷利特酒店位于廉价旅馆聚集的道路向里的位置。客房采用时尚的装修，和暖色系列的装饰相融合，给人一种安宁的氛围。BTS车站到这里步行3分钟即可，距离暹罗广场和群侨购物中心等大型购物中心也非常近。

Map p.150-B1
住 36/1 Soi Kasemsan 1, Rama 1 Rd.
TEL 0-2612-3456　FAX 0-2612-3222
URL www.litbangkok.com
预 （03）6912-1243
费 AC S T 7000 泰铢～
CC A D J M V
房间数 79 间　WiFi 免费　NET 免费

华兰蓬火车站、石龙军路周边

曼谷圣塔拉中央车站酒店
Centra Central Station Hotel Bangkok　酒店

◆2013年开业，距离华兰蓬火车站特别近的大型酒店。不仅可以乘坐火车，探访中国城或者乘坐MRT去城市闲逛也特别方便。酒店周边的餐厅和小摊也特别多，可以在这享用美食。

Map p.67-F2
住 23/34-35 Traimit Rd.
TEL 0-2344-1699　FAX 0-2266-5583
URL www.centarahotelsresorts.com
费 AC S T 2160 泰铢～
CC A D J M V　房间数 150 间　WiFi 免费

140

曼谷中心酒店
Bangkok Centre Hotel
酒店

Map p.67-F2

◆曼谷中心酒店距离泰国国铁华兰蓬火车站和MRT华兰蓬车站特别近，是去哪里都方便的中档酒店。便宜一些的旅行团经常居住于此，除此之外，个人前来旅行的也有很多人在这里住宿。通过网上预订或者旅行社预订，价格可以更便宜。

住 328 Rama 4 Rd.
TEL 0-2238-4980　FAX 0-2236-1862
URL www.bangkokcentrehotel.com
费 AC S T 1575 泰铢～
CC A D J M V
房间数 231 间　带泳池　WiFi 免费

查克洛博瑟别墅酒店
Chakrabongse Villas
酒店

Map p.66-B1

◆王子在去大王宫时曾经在此整理过服装。1908年建筑物改造，变成了小型的酒店。可以在这里体验带有厚重豪华氛围的泰国住宅内轻松悠闲的感觉。入口的铁门经常关闭，所以安全方面尽可放心。电话预约的时间为周一～周五的9:00~17:00。

住 396 Maharat Rd.
TEL 0-2222-1290
FAX 0-2225-3861
URL www.chakrabongse.com
费 AC S T 5000 泰铢～
CC J M V
房间数 9 间
带泳池　WiFi 免费

曼谷双塔酒店
The Twin Towers Hotel Bangkok
酒店

Map p.61-F5

◆曼谷双塔酒店距离泰国国营铁路华兰蓬站特别近，是一家大规模的酒店。酒店内装修豪华，客房宽敞，设施设备也比较齐全。拱廊商业街每天营业到23:00。一般旅行团的游客多居住于此。酒店的周围有一些住宅区。

住 88 New Rama 6 Rd., Rongmuang
TEL 0-2216-9555
FAX 0-2216-9544
URL www.thetwintowershotel.com
费 AC S T 1530 泰铢～
CC A D J M V
房间数 660 间　带泳池　WiFi 免费

宜必思曼谷河滨酒店
Hotel Ibis Bangkok Riverside
酒店

Map p.67-E5

◆宜必思曼谷河滨酒店位于湄南河沿岸，这里有宽敞的庭院和大型的泳池，有度假胜地的氛围。酒店的周围是住宅区，有很多面向平常百姓的餐厅。

住 27 Soi 17, Charoen Nakhon Rd.
TEL 0-2659-2888　FAX 0-2659-2889
URL www.ibis.com
费 AC S T 1485 泰铢～
CC A D J M V
房间数 266 间　带泳池　WiFi

曼谷华美达广场湄南河畔酒店
Ramada Plaza Maenam Riverside
酒店

Map p.58-B5

◆湄南河沿岸的大型酒店。露台餐厅环境优美，让人感觉很舒适。酒店经过改造后，变得时尚华丽。去市里可以乘坐出租车或者酒店前面的公交车。

住 2074 Charoen Krung Rd.
TEL 0-2688-1000　FAX 0-2291-1048
URL www.ramadaplazamenamriverside.com
费 AC S T 3200 泰铢～
CC A D J M V
房间数 525 间　带泳池　WiFi 免费

上海大厦酒店
Shanghai Mansion
酒店

Map p.67-E2

◆上海大厦酒店是由古老建筑改建成古中国风的酒店。所有客房的设计都不同，把这里当作一个中心巡游中国城也十分有趣。酒店内的餐厅"Cotton"每天晚上都有爵士的演唱会。

住 479-481 Yaowarat Rd.
TEL 0-2221-2121　FAX 0-2221-2124
URL www.shanghaimansion.com
费 AC S T 2758 泰铢～
CC A J M V
房间数 76 间　WiFi 免费

水门周边、吞武里路周边

阿芙罗狄忒酒店
Aphrodite Inn　　　　酒店

Map p.73-D3
住 61-65 Ratchadamri Rd.
TEL 0-2253-7000
FAX 0-2254-6427
URL www.aphroditeinn.com
费 AC S T 2700 泰铢～
CC A J M V
房间数 24 间　WIFI 免费

◆阿芙罗狄忒酒店位于住宅区的中高层建筑物内，于2006年开业。装饰以白色为主基调，给人一种清凉的感觉。稍微狭窄的客房内配备了电子保险箱、咖啡机、浴衣等一些高档酒店具有的设施。对于以购物为目的的游客来说，这里是一个比较方便的地方。

彩虹云霄酒店
Baiyoke Sky Hotel　　　　酒店

Map p.72-C1
住 222 Ratchaprarop Rd., Ratchathevee
TEL 0-2656-3000　FAX 0-2656-3555
URL www.baiyokehotel.com
费 AC S T 2638 泰铢～
CC A D J M V
房间数 660 间　带泳池 NET

◆彩虹云霄酒店是一家94层高的高层酒店。客房空间很大，浴室也很宽敞。透过小型的窗户可以看见街景，感觉不错。向出租车司机说"Baiyoke 2"（彩虹区）就会把你送过来。顶层有观光餐厅和屋外瞭望台。

易思廷酒店
Eastin Hotel Makkasan　　　　酒店

Map p.73-E2
住 1091/343 New Petchburi Rd.
TEL 0-2651-7600
URL www.eastinhotelsresidences.com
费 AC S T 2099 泰铢～
CC A D J M V
房间数 280 间　带泳池 WIFI

◆三家大型的中档酒店聚集在了一起。客房虽然有些窄，不过床很大。便宜的客房窗外紧邻着另外的酒店，不能观望屋外的风景。稍微贵点的客房是向北的房间，推荐大家入住。

曼谷城市酒店
Bangkok City Inn　　　　酒店

Map p.73-D3
住 43/5 Ratchadamri Rd.
TEL 0-2253-5373　FAX 0-2253-7774
URL www.bangkokcityinnhotel.com
费 AC S 1900 泰铢～ T 2100 泰铢～
CC A J M V　房间数 98 间

◆位于水门市场附近，周边环境有些杂乱，整体建筑稍微古老。通过网上预订或旅行社预订价格会便宜很多，如果只是来睡觉会感觉很值。

曼谷尤里克高级大都会酒店
FX Hotel Metrolink Makkasan　　　　酒店

Map p.64-B4
住 57 Asoke-Dindaeng Rd. Makkasan
TEL 0-2652-9000
FAX 0-2652-9020
URL www.furama.com/metrolink
费 AC S T 2050 泰铢～
CC A J M V
房间数 90 间　带泳池 WIFI

◆从机场高铁的亿甲米车站徒步行走5分钟即可到达。距离MRT碧武里站也特别近。交通特别方便。带小窗的房间以白色为主基调，装饰明亮。屋顶有泳池。如果提前预约，2000泰铢以内就可以搞定。

是隆路周边

那莱酒店
Narai Hotel　　　　酒店

Map p.68-B4
住 222 Silom Rd.
TEL 0-2237-0100　FAX 0-2236-7161
URL www.naraihotel.co.th
费 AC S T 3800 泰铢～
CC A D J M V
房间数 474 间　带泳池　WIFI 免费

◆那莱酒店位于是隆路边，混凝土结构，淡黄色的建筑物。面向游客，位于繁华街道中心位置，价格也适宜。另外经过改造，客房的装饰变得时尚华丽，非常受欢迎。

素坤逸路周边

曼谷梦幻酒店
Dream Bangkok 酒店

◆曼谷梦幻酒店是古老的酒店经过改建，于2006年重新开业的。由保罗·史密斯主持设计，房间内有42英寸的数字电视、DVD播放装置。酒店内部还有俱乐部。对面新的建筑物是梦幻2，泳池在新建筑物的屋顶。

Map p.74-B2
住 10 Soi 15, Sukhumvit Rd.
TEL 0-2254-8500
URL http://www.dreamhotels.com/bangkok
费 AC S T 2380泰铢
CC A D M V
房间数 200间
带泳池 WiFi 免费 NET 免费

曼谷素坤逸11号快捷假日酒店
Holiday Inn Express Bangkok Sukhumvit 11 酒店

◆本酒店位于夜店较多的区域，价位也比较适宜。早餐时间是6:00，很好地对应了早晨出发的旅行团，适合行动派游客。客房内的桌子和椅子是专门设计的，有大型的窗户，在这里住起来心情会很好。

Map p.74-B1
住 30 Soi 11, Sukhumvit Rd.
TEL 0-2119-4777
FAX 0-2119-4700
URL http://www.ihg.com/holidayinnexpress
费 AC S T 3000泰铢～
CC A D J M V
房间数 161间 WiFi 免费

S15素坤逸酒店
S15 Sukhumvit 酒店

◆酒店设计考究，设施完善。白色与暗棕色的装修色调给人一种踏实安静的感觉。二层有餐厅，大型窗户，十分明亮。BTS娜娜站、亚索站距离这里很近，无论商务人士还是普通游客都方便居住于此。到了夜里，入口前的小型啤酒花园就会营业。

Map p.74-B2
住 217 Soi 15, Sukhumvit Rd.
TEL 0-2651-2000
URL http://www.s15hotel.com
费 AC S 4250泰铢～ T 4750泰铢～
CC A D J M V
房间数 72间
WiFi 免费

乐浩思素坤逸酒店
Lohas Suites Sukhumvit by Superhotel 酒店

◆曼谷乐浩思素坤逸酒店位于素坤逸路2号胡同的深处，一片寂静的区域内。这里有酒店式公寓，客房内都配有厨房设备，也有洗衣机、干燥机等设备，也适合长期居住。电视可以收到很多国际频道，这里还有DVD播放器。屋顶上的泳池视野宽广。

Map p.74-A3
住 75 Soi 2, Sukhumvit Rd.
TEL 0-2120-8188
FAX 0-2120-8198
URL http://www.superhotel.com
费 AC S T 2800泰铢～
CC A D J M V
房间数 141间 带泳池 WiFi 免费

曼谷娜娜宜必思酒店
Hotel Ibis Bangkok Nana 酒店

◆从素坤逸路出来，进到4号胡同，穿过到了夜里就会变得无比热闹的区域，那里有座特别时尚华丽的酒店就是曼谷娜娜宜必思酒店。酒店的客房功能设备设施齐全，大厅时尚且十分明亮，在这里居住一定会心情很好。

Map p.74-A2～A3
住 41, Soi 4, Sukhumvit Rd.
TEL 0-2659-2888 FAX 0-2659-2889
URL http://www.ibis.com
费 AC S T 1350泰铢～
CC A D J M V
房间数 200间 WiFi

曼谷茵姆费珍素坤逸酒店
Imm fusion Sukhumvit 酒店

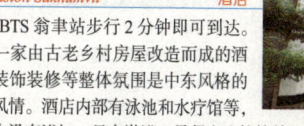

◆从BTS翁津站步行2分钟即可到达。这是一家由古老乡村房屋改造而成的酒店。装饰装修等整体氛围是中东风格的异国风情。酒店内部有泳池和水疗馆等，客房内没有浴缸，只有淋浴。早餐也比较简单，不过种类比较多。

Map 文前图反面-G6
住 1594/50 Sukhumvit Rd.
TEL 0-2331-5555 FAX 0-2742-7374
URL http://www.immhotel.com
费 AC S T 934泰铢～
CC A D J M V
房间数 168间 带泳池 WiFi 免费

曼谷的廉价旅馆街

曼谷的廉价旅馆区

　　曼谷有6处价格适宜的酒店或旅馆的聚集区。所处位置或者费用水准，每个地方都有自己的特征，可以结合自己的预算和目的选择住宿的地方。比较受欢迎的旅馆经常是客满状态，所以可以在12：00大家都退房的时候再看看是否有空房。

查那松康寺周边

　　从考山路向西侧一点，寺院的周围有很多旅馆。也有很多是较大型的，品质也很好。因为此处比较安静，所以比考山路还要受欢迎，入口附近的旅馆经常满员。

纳瓦莱河畔度假村
Navalai River Resort　　　　　　　　　　　　　　　酒店

Map p.76-B1~C2
住 45/1 Phra Athit Rd.
TEL 0-2280-9955　FAX 0-2280-9966
URL www.navalai.com
费 AC S T 3400~5700 泰铢
CC A J M V
房间数 74 间　带泳池　WiFi 免费

◆这里是一家现代化旅馆，外面的风景也非常漂亮。所有的客房配有电视和阳台。餐厅正对河流，露天平台的位置特别受欢迎。网上预约还能打折。

新暹罗河畔旅馆
New Siam Riverside　　　　　　　　　　　　　　　旅馆

Map p.76-B2~B3
住 21 Phra Athit Rd.
TEL 0-2629-3535　FAX 0-2629-3536
URL www.newsiam.net
费 AC S T 1490~2890 泰铢
CC J M V
房间数 114 间　带泳池　WiFi 免费

◆面对着湄南河，构造稍显高档，价格也有点贵。每间客房都配有电视、冰箱、保险柜、办公桌等，房间的设施大体都相同，但是根据构造和条件，房间的价格也会有所不同。

萨瓦斯德旅馆
Sawasdee House　　　　　　　　　　　　　　　　旅馆

Map p.77-D3
住 147 Rambutri Rd.
TEL 0-2281-8138　FAX 0-2629-3457
URL www.sawasdee-house.com
费 AC S T 550 泰铢（公共卫浴）
T 700~1300 泰铢
CC 没有　房间数 55 间　WiFi 免费

◆厕所、浴室公用的房间非常狭小，不像独立房间那样可以推荐给大家。旅馆内的咖啡厅环境不错，24小时都有很多游客。由于人多，环境就相应地有点嘈杂。

拉姆布特里村广场旅馆
Rambuttri Village Inn & Plaza　　　　　　　　　　旅馆

Map p.77-D2~D3
住 95 Rambutri Rd.　0-2282-9162~3
URL www.rambuttrivillage.com
费 AC S 850 泰铢~　T 1250~1650 泰铢　三份 2000 泰铢
CC 不可使用
房间数 100 间　带泳池　WiFi 免费

◆全部房间都有窗户，配有空调，屋顶上有小型泳池。附近有便利店、旅行社和餐厅等，十分方便。客房有点不理想，不过宽敞，也很整洁。

新暹罗III旅馆
New Siam III Guest House　　　　　　　　　　　　旅馆

Map p.76-C2
住 7 Rambutri Rd.
TEL 0-2629-4844　FAX 0-2629-4843
URL www.newsiam.net
费 AC S T 840 泰铢~
CC J M V　房间数 40 间　WiFi 免费

◆旅馆位于道路向里再走一点的位置。所有的房间内都有空调、热水淋浴、电视，房间也特别干净漂亮。带阳台的房间是890泰铢。

关于费用的标记：F 带风扇　AC 带空调　D 多床房　S 单床房　T 双人间。如果没有特别标注，则带厕所、淋浴或浴缸。酒店如果没有特别标注就是含早餐，旅馆如果没有特别标注就是不含早餐。

新暹罗 I 旅馆
New Siam I Guest House 旅馆

Map p.76-B2

◆ 房间狭窄，但比起周边的旅馆，这里的房间比较干净清洁。带空调的房间都有热水淋浴。

住 21 Soi Chana Songkhram, Phra Arthit Rd. 电 0-2282-4554
FAX 0-2281-7461 URL www.newsiam.net
费 F S 260 泰铢 T 350 泰铢（公共卫浴）
AC S T 600 泰铢~
CC J M V 房间数 90 间 WiFi 30 泰铢/1 日

曼谷杧果湖旅馆
Mango Lagoon Place 旅馆

Map p.76-B3

◆ 曼谷杧果湖旅馆位于一家整齐的庭院里面，是一座乳白色的建筑物。这里有一种宁静的氛围，房间和浴室都特别干净清洁。地上还铺有地毯。

住 30 Rambutri Rd.
电/FAX 0-2281-4783
费 AC S T 750~1300 泰铢
CC 不可使用 房间数 49 间
WiFi 免费（只有餐厅周边有）

屋顶花园旅馆
Roof Garden 旅馆

Map p.76-B3

◆ 房间有些狭窄，家族经营，是一家居住很舒服的旅馆。带浴室的房间有热水，二层有韩国美食餐厅。

住 62 Rambutri Rd.
电 0-2629-0626 FAX 0-2282-4724
费 F S 200 泰铢（公共卫浴）S 300 泰铢 T 400 泰铢
AC S T 600 泰铢~
CC 不可使用 房间数 55 间
WiFi 免费（只有餐厅周边有）

四子乡村旅馆
Four Sons Village 旅馆

Map p.76-B3

◆ 房间比较宽敞，配有空调、热水淋浴和电视等。带有阳台的房间价格会稍微贵一些。一层有旅行团接待处。一层的餐厅特别受欢迎，旅馆的入口在餐厅里面。四子乡村旅馆在考山路还有多家连锁店。

住 54/1 Rambutri Rd.
电 0-2629-5390
费 AC S T 450~700 泰铢
CC 不可使用
房间数 57 间 WiFi 免费

O-曼谷旅馆
O-Bangkok Guest House 旅馆

Map p.76-B3

◆ 旅馆的客房简单朴素，带窗户的房间和附近相比算是大的。带空调的房间也有风扇。

住 28/1 Rambutri Rd. 电 0-2281-4777
E obangkok05@yahoo.com
费 无窗户 F S T 540 泰铢
AC S T 590 泰铢 有窗户 F T 640 泰铢 AC T 690 泰铢
CC 不可使用 房间数 29 间 WiFi 免费

考山路周边

这里一直处于流行前沿，有俱乐部、酒吧，是聚集了很多泰国年轻人的繁华街道。这里的旅馆在道路的深处，考山路整体来说廉价旅馆所占面积不少。

班·查特
Baan Chart 酒店

Map p.77-D3~D4

◆ 面向道路的中档酒店，房间有三种设计可供挑选。一层除了餐厅以外，还有汉堡王以及星巴克。屋顶上有泳池。

住 98 Chakraphong Rd.
电 0-2629-0113 FAX 0-2629-0778
URL www.baanchart.com
费 AC S T 1900 泰铢（旺季 2380 泰铢）
CC A D J M V
房间数 42 间 有泳池 WiFi 免费

曼谷老友记酒店
Buddy Lodge Hotel 酒店

Map p.77-E4~E5

◆面向考山路的中档酒店。从麦当劳所在的楼向里面走有入口。酒店多使用柚木和白木进行装修，这里还有水疗馆。

住 265 Khao San Rd.
TEL 0-2629-4477　FAX 0-2629-4744
URL www.buddylodge.com
费 AC S T 2000~2500 泰铢
CC J M V　房间数 76 间　带泳池　WiFi 免费

党真皮酒店
Dang Derm Hotel 酒店

Map p.77-D4

◆客房的装修设计构造是泰国普通家庭的风格，屋里摆放的不是普通的床，而是具有泰国风格的木床，上面铺着厚厚的毯子。所有的房间都有电视、冰箱、保险柜。屋顶上建有泳池，可以向远处眺望，风景很好。

住 1 Khao San Rd.
TEL 0-2629-4449　FAX 0-2629-2049
URL www.khaosanby.com
费 AC S 1300 泰铢　T 1650 泰铢
CC 不可使用
房间数 144 间　带泳池　WiFi 免费

泰国温馨之家酒店
Thai Cozy House 酒店

Map p.77-E3

◆考山路第二条街，向北不远处就可以看到本酒店。建筑物是古老房屋的构造，有些朴素，但内部配有电视、冰箱，空间还算宽敞。在这里办公还不错，里面有水疗馆和桑拿。

住 111/1-3 Thani Rd.
TEL 0-2629-5870　FAX 0-2629-5875
费 AC S T 800~950 泰铢
CC J M V　房间数 60 间　WiFi 免费

钻石之屋
Diamond House 酒店

Map p.77-E2

◆钻石之屋位于考山路，邦朗普运河的前面。古色古香的外观与内部现代简约的设计让人印象深刻，站在屋顶上可以眺望周围的景色。这里也有无窗户的房间。

住 4 Samsen Rd.
TEL 0-2629-4008　FAX 0-2629-4009
URL www.thaidiamondhouse.com
费 AC S T 1000~1400 泰铢
CC J M V　房间数 20 间　WiFi 免费

曼谷比曼客栈酒店
Bhiman Inn 酒店

Map p.77-D1~D2

◆房间虽然简单，但是设备齐全。一层还有餐厅。虽然在考山路附近，但四周的环境还算比较安静。

住 55 Phra Sumen Rd.
TEL 0-2282-6171~5　FAX 0-2282-6176
URL www.bhimaninn.com
费 AC S T 1200 泰铢（不含早餐）
房间数 46 间　CC M V　带泳池　WiFi 免费

维新安睡殿酒店
Sleep Withinn 酒店

Map p.77-D3~D4

◆位于考山路第一条大街向北的路上，周围比较热闹，到了夜里适合出来游玩。这里的电视可以收到卫星信号，还有保险柜和冰箱。如果在网上预约可以打折。屋顶上有泳池。

住 76 Rambutri Rd.
TEL 0-2280-3070　FAX 0-2280-3071
URL www.sleepwithinn.com
费 AC S T 950~1200 泰铢（不含早餐）
CC J M V　房间数 60 间　带泳池　WiFi 免费

考山宫殿酒店
Khaosan Palace Hotel 酒店

Map p.77-D4

◆酒店的入口位于街道的里面。所有房间都有热水淋浴和电视。这里适合不介意考山路噪声的人群居住，交通很方便。

住 139 Khao San Rd.　TEL 0-2282-0578
URL www.khaosanpalace.com
费 AC S T 950~1150 泰铢（不含早餐）
CC J M V　房间数 152 间　带泳池　WiFi 免费

曼谷潘尼旅馆
Pannee Lodge 旅馆

Map p.76-C4

◆曼谷潘尼旅馆是一家6层建筑物，一层有面包店和网吧。这里的客房狭窄，不过有电梯，屋顶上还有一个小型的庭院。考山路第二大街的北面同时也经营着一家潘尼旅馆，那边稍微便宜一些。

住 52 Chakraphong Rd.
TEL 0-2629-5112~3
URL www.panneelodge.com
费 AC S 1000 泰铢　T 1200 泰铢
CC M V　房间数 20 间　WiFi 免费

关于费用的标记：F 带风扇　AC 带空调　M 多床房　S 单床房　T 双人间。如果没有特别标注，则带厕所、淋浴或浴缸。酒店如果没有特别标注就是含早餐，旅馆如果没有特别标注就是不含早餐。

星穹客栈
Star Dome Inn　　　　　　　　　　　　　　　　旅馆

Map p.77-E4

◆一层的餐厅很宽敞，特别受游客欢迎。店内安有防盗摄像头。淡季的时候还能享受 20%~30% 的折扣。600 泰铢以上的客房有热水淋浴。

住 104/1 Rambutri Rd.
电 0-2629-1136
URL www.stardomegroup.com
费 F S T 480 泰铢
AC S 550 泰铢　　T 580 泰铢
CC 不可使用　房间数 48 间　WiFi 免费

7 座旅馆
7 Holder Guest House　　　　　　　　　　　　旅馆

Map p.77-E5

◆家庭氛围浓厚的旅馆，比较清洁，这里只有淋浴。这里没有准备浴巾，需要自己带。考山路旁边也有一个入口。

住 216/2-3 Khao San Rd.
电 0-2281-3682
费 F S 200 泰铢　　T 300 泰铢（公共卫浴）
CC 不可使用　房间数 20 间　WiFi 免费

国家图书馆周边

国家图书馆周边有个叫题威的区域，聚集了很多安静的旅馆。那里距离市场和小摊街都很近，可以享受当地生活的气息。从湄南河快艇 N15 题威渡口下船，步行 13 分钟即可到达。

萨瓦斯德旅馆
Sawatdee Guest House　　　　　　　　　　　　旅馆

Map p.147-A1

◆20 年以上历史的木质构造建筑物，环境舒适，公共淋浴室干净整洁。

住 71 Sri Ayutthaya Rd.
电 0-2281-0757
费 F S T 250 泰铢（公共卫浴）
S T 400 泰铢
CC 不可使用　房间数 14 间

曼谷塔维兹旅馆
Taewez Guest House　　　　　　　　　　　　　旅馆

Map p.147-A1

◆虽然构造简单，但特别干净整洁，住着舒服。一层有时尚的网吧咖啡厅，饭菜也十分美味。走廊安装有防盗摄像头。有公共热水淋浴。

住 23/12 Sri Ayutthaya Rd.
电 0-2280-8856　URL www.taewez.com
费 F S 320 泰铢　AC S T 530 泰铢（公共卫浴）S T 640 泰铢
CC 不可使用　房间数 30 间　WiFi 免费

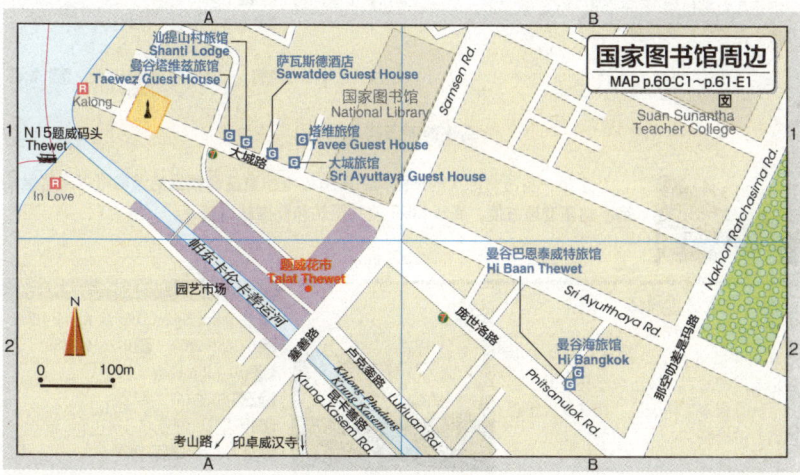

汕提山村旅馆
Shanti Lodge 旅馆

Map p.147-A1

◆ 摆着丰富的亚洲杂货的旅馆。旅馆内简约且整洁。一层咖啡厅很受游客欢迎。带淋浴的房间都是热水淋浴。

住 37 Soi 16, Sri Ayutthaya Rd.
电 0-2281-2497
URL www.shantilodge.com
费 F Ⓓ250 泰铢　ⓈⓉ500~750 泰铢（公共卫浴）
ⓈⓉ750~850 泰铢　AC Ⓢ500 泰铢
Ⓣ600 泰铢（公共卫浴）
Ⓢ850 泰铢　Ⓣ950 泰铢
CC 不可使用　房间数 42 间　WiFi 免费

塔维旅馆
Tavee Guest House 旅馆

Map p.147-A1

◆ 塔维旅馆是周边历史最为悠久的旅馆。便宜的房间虽然狭小，但是住着也很舒服。室内带热水淋浴。

住 83 Soi 14, Sri Ayutthaya Rd.
电 0-2280-1447、0-2282-5983
E taveethai@yahoo.com
费 F Ⓢ350 泰铢　Ⓣ450~500 泰铢（公共卫浴）
AC Ⓢ Ⓣ 750~1050 泰铢
CC 不可使用　房间数 20 间　WiFi 免费

大城宾馆
Sri Ayuttaya Guest House 旅馆

Map p.147-A1

◆ 旅馆内采用了泰国样式的丝绸进行装饰。房间宽敞整洁，只有淋浴。与塔维旅馆为同一经营者。

住 23/11 Soi 14, Sri Ayutthaya Rd.
电 0-2282-5942
费 F ⓈⓉ500 泰铢（公共卫浴）
AC ⓈⓉ700~1200 泰铢
CC 不可使用　房间数 18 间　WiFi 免费

曼谷巴恩泰威特旅馆
Hi Baan Thewet 旅馆

Map p.147-B2

◆ 这家长期受欢迎的曼谷国际青年旅舍分为两栋。这个旅馆是在道路的对面，没有多床房。房屋经过改造，十分漂亮。

住 25/2 Pitsanulok Rd.
电 0-2281-0361
URL www.hi-baanthewet.com
费 AC Ⓢ500 泰铢　Ⓣ750 泰铢
三人间 950 泰铢
CC 不可使用　房间数 14 间　WiFi 免费

曼谷海旅馆
Hi Bangkok 旅馆

Map p.147-B2

◆ 曼谷海旅馆的入口在大街转胡同的路口处。大街处的前台是"曼谷巴恩泰威特旅馆"，不要混淆了。这里的房间经过改造后也都变得非常干净漂亮。多床房含早餐。

住 25/15 Pitsanulok Rd.
电 0-2282-0950　URL www.hihostels.com
费 F Ⓓ300 泰铢
AC Ⓢ600 泰铢　Ⓣ900 泰铢
三人间 1200 泰铢（含早餐）
CC 不可使用　房间数 14 间　WiFi 免费

马来西亚酒店周边

这是一条历史悠久的旅馆街。不适应考山路喧嚣氛围的游客可以来这里住宿。这里交通方便，距离 MRT 隆披尼站和孔提站比较近。

曼谷沙吞宜必思酒店
Hotel Ibis Sathorn Bangkok 酒店

Map p.149-A1~A2

◆ 在世界各地都有连锁店，定位于中高档之间的酒店。客房虽然狭窄但功能齐全。有很多工作人员。在这里居住会感到心情舒畅。

住 29/9 Soi Ngam Duphli, Rama 4 Rd.
电 0-2659-2888　FAX 0-2659-2889
URL www.ibis.com
费 AC ⓈⓉ1412 泰铢~
CC A D J M V
房间数 213 间　WiFi 免费

关于费用的标记：F 带风扇　AC 带空调　Ⓓ 多床房　Ⓢ 单床房　Ⓣ 双人间。如果没有特别标注，则带厕所、淋浴或浴缸。酒店如果没有特别标注就是含早餐，旅馆如果没有特别标注就是不含早餐。

曼谷隆披尼公园品尼高酒店
Pinnacle Lumpinee Park Hotel　　　　　　　　　　　酒店

Map p.149-A1

◆屋顶有露天喷射式浴缸。餐厅的午餐289泰铢特别受欢迎。如果在网上预约还有折扣。

- 住 17 Soi Ngam Duphli, Rama 4 Rd.
- ☎ 0-2287-0112　FAX 0-2287-3420
- URL www.pinnaclehotels.com
- 费 AC S T 1460~1560泰铢
- CC A J M V
- 房间数 174间
- 带泳池　WF 免费

尔特兹旅馆
Etz Hostel　　　　　　　　　　　　　　　　　　　旅馆

Map p.149-A1

◆尔特兹旅馆里面也有单间，但还是以摆放上下床、带空调的多床房为主。一个房间有6~12个床位，每个床铺的费用都不相同。这里也有女性专用的多床房（6张床，每张床350泰铢）。每个床前都有电源和床头读书灯，联网也特别方便。公共区域有咖啡馆和免费的上网区。入住手续在入口处的旅行社办理。

- 住 5/3 Soi Ngam Duphli, Rama 4 Rd.
- ☎ 0-2286-9424　URL www.etzhostel.com
- 费 AC D 250~350泰铢
  （旺季280~370泰铢）
- T 900泰铢（旺季1000泰铢）
- CC 不可使用
- 房间数 11间　WF 免费

P.S. 旅馆
P.S. House　　　　　　　　　　　　　　　　　　　旅馆

Map p.149-A1

◆从狭窄的台阶上去，二层有接待处。房间内部特别干净，所有房间都带空调。

- 住 1034/31 Soi Saphan Khu
- ☎ 0-2679-8823
- FAX 0-2679-8822
- 费 AC S T 500泰铢
- CC 不可使用
- 房间数 10间　WF 免费

马来西亚酒店周边
MAP p.69-E4~F5

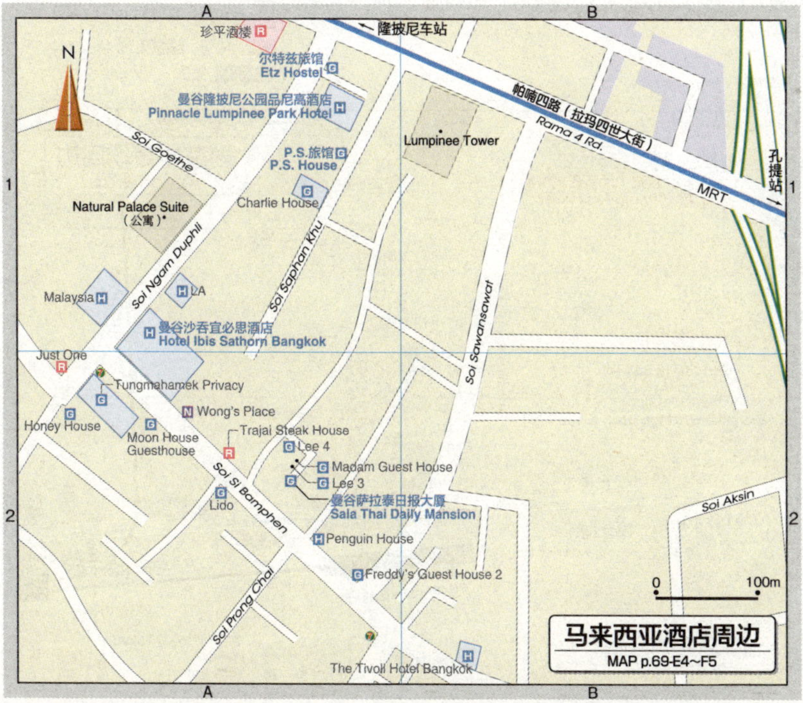

关于费用的标记：F 带风扇　AC 带空调　D 多床房　S 单床房　T 双人间。如果没有特别标注，则带厕所、淋浴或浴缸。酒店如果没有特别标注就是含早餐，旅馆如果没有特别标注就是不含早餐。

曼谷萨拉泰日报大厦
Sala Thai Daily Mansion 旅馆

Map p.149-A2

◆特别干净，平时也很宁静。上面有天台。房间内带热水淋浴。

住 15 Soi Si Bamphen
电 0-2287-1436
费 F Ⓢ300 泰铢　Ⓣ400 泰铢～
AC Ⓢ500 泰铢　Ⓣ600 泰铢（公共卫浴）　CC 不可使用
房间 16 间　WIFI 50 泰铢/1 天

国家体育场周边

吉姆·汤普森故居胡同的东侧，也就是卡塞山1号胡同（Soi Kasem San 1），里面聚集了大量的廉价旅馆。BTS 国家体育场车站（National Stadium）附近交通便利。如果打车时司机不知道卡塞山1号胡同的位置，你就说"群侨购物中心""暹罗""巴都湾"附近就可以。

巴都湾酒店
Patumwan House 酒店

Map p.150-A1~B1

◆巴都湾酒店位于街道深处，环境非常安静。客房内有热水器、冰箱、可接收卫星信号的电视、浴缸等。根据所住的房间不同，有的房间的窗户外面紧挨着旁边的大楼，即使在白天光线也会有点暗。

住 22 Soi Kasem San 1, Rama 1 Rd.
电 0-2612-3580~99　传 0-2216-0180
URL www.patumwanhouse.com
费 ACⓈⓉ1400~1600 泰铢
CC 不可使用
房间 150 间　WIFI 免费

莱诺酒店
Reno Hotel 酒店

Map p.150-A2~B2

◆莱诺酒店看上去构造特别时尚亮丽，一层的咖啡厅式餐厅，环境时尚舒适。里面的客房有些古香古色显得高端。这里配有保险柜和浴缸。

住 40 Soi Kasem San 1, Rama 1 Rd.
电 0-2215-0026~27　传 0-2215-3430
URL www.renohotel.co.th
费 ACⓈⓉ1590~1980 泰铢
CC ⒿⓂⓋ　房间 58 间
带泳池　WIFI 免费

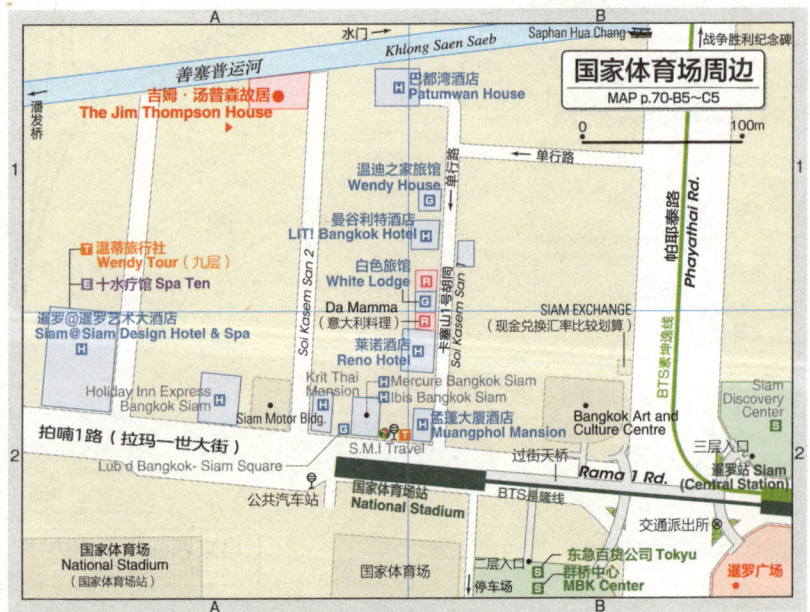

孟蓬大厦酒店
Muangphol Mansion　　　　　　　　　　酒店

Map p.150-B2

◆建筑物外形看起来有些古老，但是客房内部宽敞。一层有餐厅，1030泰铢的房间是双人床房，1330泰铢的房间是标准间，成对的双人床。周租或者月租会有折扣。

住 931/9 Soi Kasem San 1, Rama 1 Rd.
TEL 0-2219-4445~8　FAX 0-2216-8053
URL www.muangpholmansion.com
费 AC S T 1030~1330泰铢　多床房 1630泰铢（不含早餐）
CC 不可使用　房间数 83间　WiFi 免费

温迪之家旅馆
Wendy House　　　　　　　　　　旅馆

Map p.150-B1

◆客房宽敞，简洁干净。旅馆内禁止吸烟。没有电视和冰箱的客房费用也会便宜。建筑内部有些房间没有向外打开的窗户，如果介意的话挑选房间时请注意。一层是可以休憩的咖啡厅。

住 36/2 Soi Kasem San 1, Rama 1 Rd.
TEL 0-2214-1149　0-2612-3487
URL www.wendyguesthouse.com
费 AC S 800~1100泰铢　T 900~1380泰铢（含早餐）
CC J M V　房间数 38间　WiFi 免费

白色旅馆
White Lodge　　　　　　　　　　旅馆

Map p.150-B1

◆白色旅馆有一种家的感觉，房间简朴，建筑稍微古老。有的房间不能调节空调的温度，大部分房间不能连接Wi-Fi。

住 36/8 Soi Kasem San 1, Rama 1 Rd.
TEL 0-2216-8867　FAX 0-2215-3041
费 AC S T 550~750泰铢
CC 不可使用
房间数 35间　WiFi 免费（范围只有二层周边）

回国前在温泉放松　　　Column

深夜航班回国时打发时间
泰国国际航空等直飞航班，有很多是0:00左右从曼谷起飞。12:00前从酒店办退房后，由于泰国是热带地区，之后观光和购物的话，会流很多汗。大汗淋淋的状态乘坐晚班飞机应该会不舒服吧。所以，有很多人会选择最后一天的下午，去温泉悠闲地度过。

在曼谷悠闲地体验温泉
曼谷有一家"温泉的森林"，里面是泰国国内的温泉水，加上日本的温泉设施。进入温泉前要更换浴衣，之后就可以在广阔的馆内悠闲地度过半天时光了。男女分别都有天然温泉池浴和露天温泉，大型浴池里装备有喷射式浴缸。在温泉悠闲度过后，可以体验泰式按摩，让身体全部放松下来。或者可以去咖啡厅吃一些零食点心。

放松后乘上飞机
在出过汗放松后，留出一些富余时间前往机场。在飞机上睡觉休息，第二天一大早就可以清爽地回到家了，为旅行画上完美的句号。

温泉的森林
YUNOMORI ONSEN & SPA
MAP p.70-C5
住 A Square, 120/5 Soi 26, Sukhumvit Rd.
TEL 0-2259-5778
URL www.yunomorionsen.com
营 每天 10:30~次日 0:00
费 450泰铢。按摩1小时390泰铢，1小时30分钟550泰铢，2小时680泰铢

屋顶很高，感觉很舒适的大浴场　　A Square 里面有购物设施

151

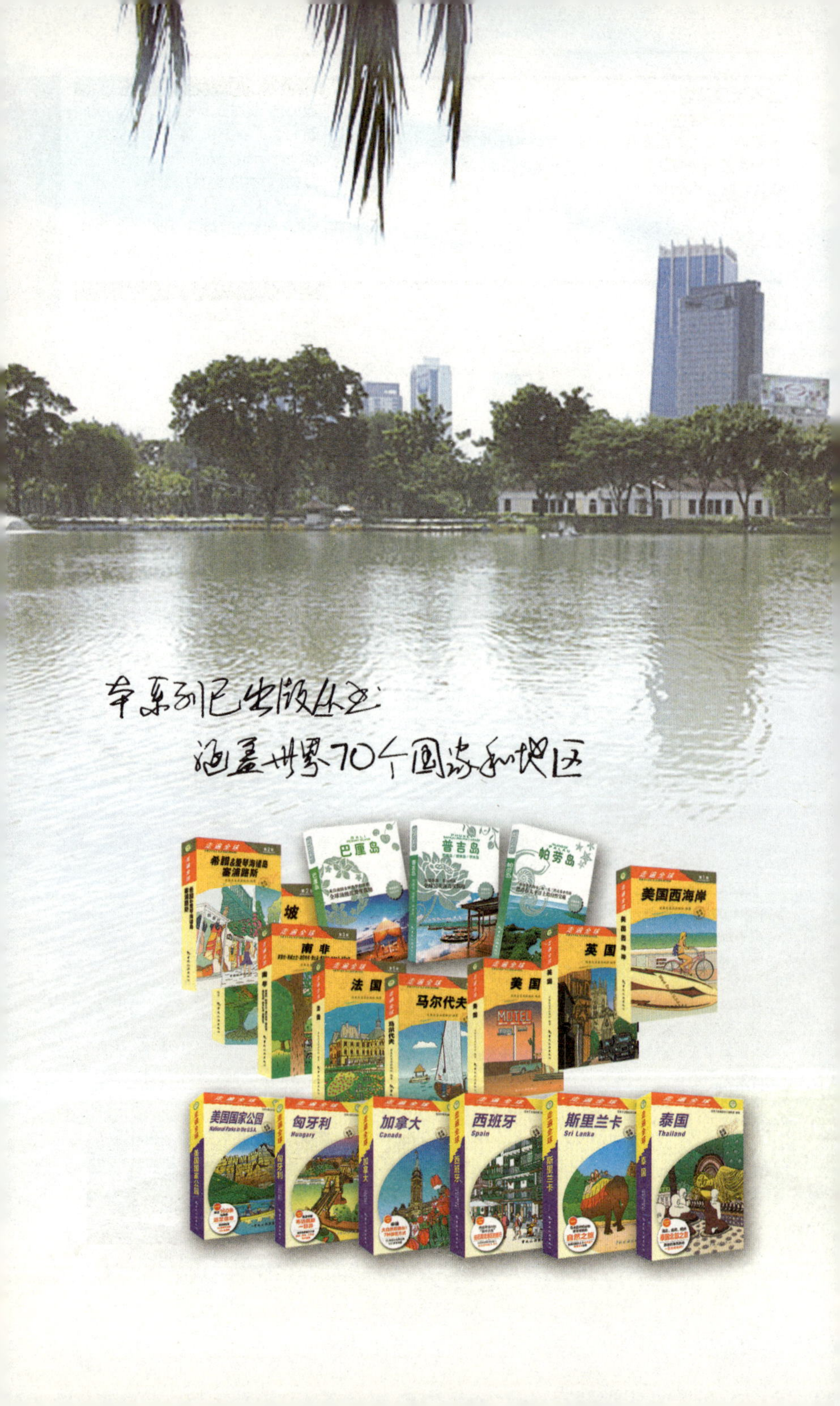
本系列已出版丛书
涵盖世界70个国家和地区
走遍全球
希腊&爱琴海诸岛 塞浦路斯
巴厘岛
普吉岛
帕劳岛
美国西海岸
坡
南非
英国
法国
马尔代夫
美国
美国国家公园
National Parks in the U.S.A.
匈牙利
Hungary
加拿大
Canada
西班牙
Spain
斯里兰卡
Sri Lanka
泰国
Thailand

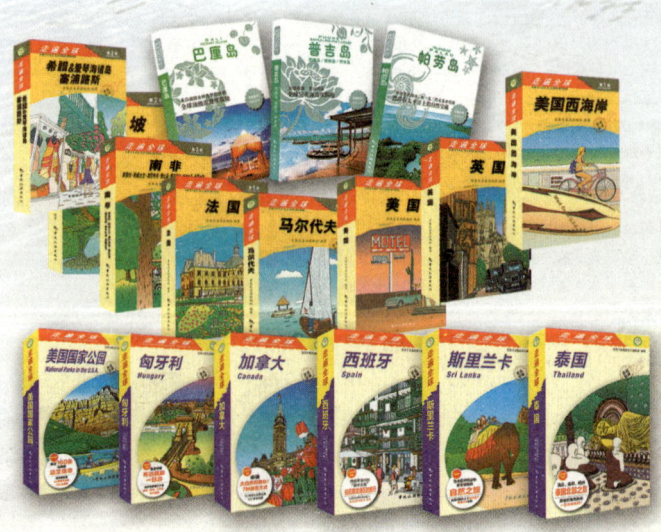

曼谷近郊和泰国中部
Thailand Central

大城（阿瑜陀耶）……156	罗勇……198
华富里……170	沙美岛……200
佛统（那坤巴统）……172	庄他武里（尖竹汶）……204
北碧（干乍那武里）……174	达叻（桐艾）……206
桑卡拉武里……184	阁昌岛……210
帕塔亚（芭堤雅）……186	亚兰……221

爱侣湾国家公园内的瀑布（北碧　p.179）

THAILAND CENTRAL
曼谷近郊和泰国中部 早知道NAVI

有些可当天往返的泰国景点

曼谷近郊和泰国中部简介

以首都曼谷为中心，北面是被评为世界文化遗产的大城遗迹，西面是与缅甸相邻的自然景观和饱受"二战"洗礼的北碧府。东南是以帕塔亚（芭堤雅）为代表的海滨胜地。从1351年开始拥有400年繁荣历史的大城王朝，在15世纪时灭了柬埔寨的高棉王国，之后又兼并了泰国北部的素可泰王朝，在该地区雄霸一时。直到1767年，在缅甸军多次强攻下，大城王朝宣告毁灭。王都大城留下了许多寺院与佛像，传颂着它的光荣岁月。在与柬埔寨、缅甸的边境地带以及阁昌岛等周边地带还有很多旅游景点，可以当天往返曼谷，轻松愉快地参观遗迹和景点。

1 佛统（那坤巴统）拥有世界上最大的佛塔——佛统大金塔
2 很受外国游客青睐的泰缅铁路之旅

SEASON 旅游旺季

雨水较少的旱季10月～次年2月是泰国旅游的最佳季节。从2月中旬到雨季来临之前气候十分炎热，特别是4月，最低温度也会达到30℃，酷暑难耐。5月中旬～10月，雨水连绵不断，不过气温也因此不再上升，会感觉比较舒适。9～10月是洪水多发季节，令泰国人民十分烦恼。

如果想去沙美岛或帕塔亚等海滩，建议在旱季前往

EVENTS

主要活动信息

※关于活动的具体举办时间及内容详见
URL cn.tourismthailand.org.

那莱大帝祭奠
【场所】华富里
【时间】2月中旬

华富里的魏查扬官邸

大城王朝的那莱大帝把华富里定为第二大都市。这是为了纪念这位大帝的伟业所举行的活动仪式。

阿瑜陀耶泼水节
【场所】阿瑜陀耶（大城）
【时间】4月中旬

在阿瑜陀耶举行的泼水庆典。有各种大型演出及夜间游行等活动。

帕塔亚（芭堤雅）马拉松
【场所】帕塔亚（芭堤雅）
【时间】7月中旬

每年举办的国际马拉松大会。按距离分为全程、半程、四分之一程三种。任何人都可参加。

从曼谷可以轻松到达帕塔亚的沙滩

帕塔亚节
【场所】帕塔亚（芭堤雅）
【时间】11月中旬

帕塔亚举办欢度的节日。除了展示泰国音乐和舞蹈以外，还举办沙滩运动的竞技大会。

桂河大桥节
【场所】北碧
【时间】11月下旬~12月上旬

在饱受"二战"摧残的北碧举行，是一项宣扬世界和平的活动。由蒸汽机制动的列车缓缓而行，还有祈愿和平的游行队伍。

祭典舞台——桂河大桥

阿瑜陀耶世界遗产声光晚会
【场所】阿瑜陀耶（大城）
【时间】12月中旬

在阿瑜陀耶历史公园举行的盛大庆典活动。通过声光再现了阿瑜陀耶光荣的历史。华丽灿烂的演出也夺人眼目。

HINTS

旅游小贴士

交通

乘巴士从曼谷到各个城市需要1.5~3.5小时。如果去靠近柬埔寨附近的城市达叻需要5小时，乘飞机的话大概50分钟。需要注意的是，根据目的地城市的不同，曼谷的始发巴士站也不尽相同。从曼谷至近郊的迷你巴士有多条线路。由于大多是从战争胜利纪念碑的周边出发，所以没有必要特地去始发站乘坐，十分便利。还有从曼谷出发的一日游线路，可以更高效率地游玩。

阁沙梅岛有很多充满野外趣味的客房

住宿

由于从曼谷到各个景点可以当日往返，所以选择在这里住宿的游客非常多。东部地区有很多不为人知的景点，比住在普吉岛、阁沙梅岛（苏梅岛）等知名旅游地更加经济。大城、帕塔亚等地游客较多，如果在节日期间出行时请提前预约酒店。

帕塔亚目前在增加很多价格适中的酒店

ACTIVITIES

娱乐项目

- 潜水
- 跳水
- 参观遗迹
- 跨境游（柬埔寨、缅甸）

亚兰郊外的集市，位于与柬埔寨的边境接壤处

FOODS

特色美食

- 海鲜　● 粳米
- 阿汉·恰奥万（宫廷菜）
- 鱼酱（东部沿岸生产的著名调味料）
- 虾酱（中部沿岸生产的著名调味料）

手艺精巧的宫廷菜

Thailand Central

大城（阿瑜陀耶） *Ayutthaya* อยุธยา

列为世界文化遗产的古都遗迹

大佛寺

前往方法

从曼谷出发
BUS 从北部巴士总站始发，4:30~19:30 每隔 30 分钟～1 小时一班车，所需时间为 1.5~2 小时。二等车 56 泰铢。从战争胜利纪念碑和南部巴士总站也可乘迷你巴士，20~30 分钟一班车，从战争胜利纪念碑出发为 60 泰铢，从南部巴士总站出发需要 70 泰铢。

RAIL 从华兰蓬站出发，每天 4:20-23:40 有 35 趟车。按照时刻表需要 1 小时 30 分钟左右，但是经常会晚 20~30 分钟。列车二等座 35~65 泰铢，三等座 15-45 泰铢。特快、快速列车为 175-345 泰铢。从清迈等北面来的列车，一般都要晚点 1 小时。

从清迈出发
BUS 从摩爾巴士总站乘坐去往曼谷的车，需中途下车。大约 9 小时。VIP 价格 778 泰铢，一等车 500 泰铢，二等车 389 泰铢。此外，旅馆街还提供旅游观光车（仅夜间），400 泰铢起步。

从素可泰出发
BUS 乘坐去往曼谷的车，需中途下车。约 6 小时，一等车 319 泰铢，二等车 248 泰铢。

从彭世洛出发
BUS 需要大约 5 小时。一等车 270 泰铢，二等车 245 泰铢。此外从北部的城市经由空沙旺去往曼谷的巴士也路过大城。

从北碧出发
BUS 11 月～次年 3 月每天会发出 1~2 班迷你旅游巴士。全程 3 小时，大约 350 泰铢。普通巴士信息请详见北碧的介绍（→ p.174）

轻松乘坐渡船

在曼谷北侧约 80 公里处，被湄南河及其支流所包围的古城即为大城（阿瑜陀耶）。从 1351 年起 417 年的时间里，有 35 位帝王在这片土地上书写了大城王朝的历史。早在 17 世纪，大城王朝就与波斯、欧洲诸国建立了外交关系，被誉为"如伦敦般繁华"的国际大都市。但是，由于缅甸军队的多次进攻，在 1767 年，大城王朝沦陷。大量建筑物被缅甸军队彻底破坏，留下了无头的佛像、半截的佛塔、只剩地基的寺院……大城的遗迹，如今依然静静耸立。

大城（阿瑜陀耶）漫步

■ 从巴士站到市区
从曼谷出发的空调大巴可以到达纳莱颂恩大街（Naresuan Rd.）沿线（MAP p.157-A3）。距市中心很近，十分方便。从长途巴士站到达市中心乘坐嘟嘟车（100~150 泰铢）或双条车（拼车 20~30 泰铢）需要 20~25 分钟。从市里到达长途巴士站乘坐嘟嘟车需要 100 泰铢。在市内旅行社买票会附赠接送票。

从北部城市发往曼谷的长途车，有的不会路过长途巴士站，这时需要在高速公路上下车。步行穿越高速公路很危险，虽然也有过街天桥，但还是乘坐摩的（100 泰铢）或双条车（租车 150 泰铢）去往市里比较方便。

■ 从火车站到市区
从火车站前往市区最便利的方式就是乘坐巴洒河上的渡船（5:00~20:00 费 5 泰铢）。渡船有两条线路，交错运行。背对车站从左

大城火车站台等待列车的人们

156

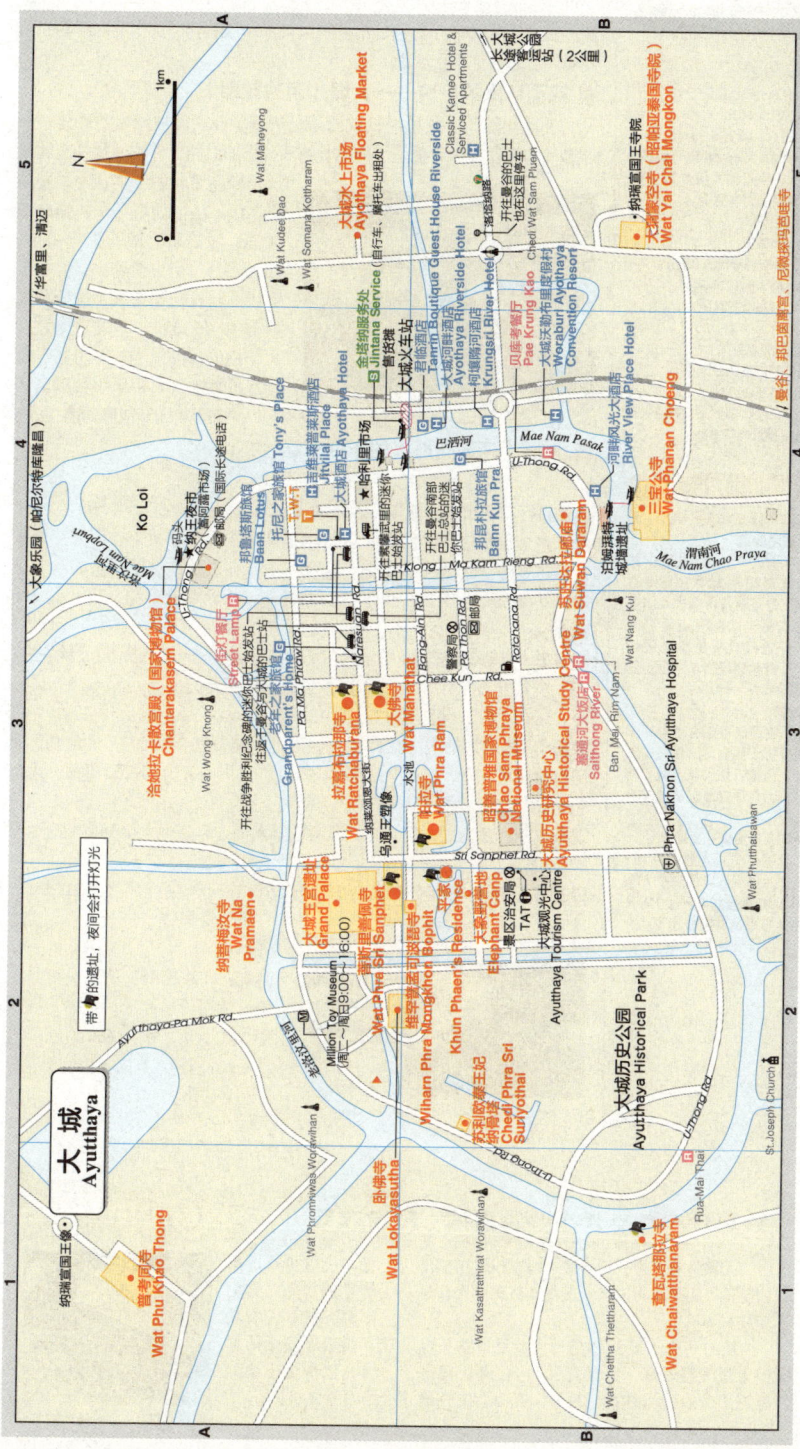

实用信息

TAT
- MAP p.157-B2
- Sri Sanphet Rd.
- 0-3524-6076
- 周一～周五 8:30～16:30
- 周六·周日·法定节假日
  在附近的大城观光中心可以接受游客咨询。

景区治安局
- MAP p.157-B2
- 108 Sri Sanphet Rd.
- 1155、0-3524-1446、0-3424-2352

邮局
- MAP p.157-A4
- U-Thong Rd.
- 0-3525-1233
  在夜市的附近。Pa Thon Rd.（MAP p.157-B3）

旅游小贴士

租借自行车和摩托车

大城站周边
坐火车的话，从火车站到渡船码头途中有很多商店。但是骑自行车去乘船多有不便，过桥时交通量大十分危险。摩托车也是如此，因此建议对岸再租借自行车。

旅馆街
旅馆区里也有租摩托车或自行车的商店。住宿时也可以租借。如果在大城长期停留，在旅馆附近租借为方便。

纳莱颂恩大街～遗迹区
坐公交或迷你巴士时，去往大佛寺方向的途中，老年之家旅馆（→p.168）、大佛寺或拉嘉拉那寺等地方有商店可以租借。

四面环水的岛城——大城（阿瑜陀耶）

大城北面是洛汶里河，东面为巴洒河，西南部被湄南河环绕。大城是一座东西长约4公里、南北长约3公里的岛屿。外围一周是乌通路（U-Thong Rd.）。其内侧为纳莱颂恩大街、洛恰纳路等东西延伸的大道。岛的东北部为繁华街市，西半部分为历史遗迹。从哈利里市场前往任一遗址乘坐嘟嘟车都只需10～15分钟。岛的外侧是一片宁静的田园风光。普考同寺位于岛的西北部，由于稍稍偏离市区，可乘坐嘟嘟车或摩的前往。

城市中心的壹奥普罗姆市场

大城（阿瑜陀耶）的市内交通

游览大城，可选择以下交通工具。

出租自行车、出租摩托车：大城地势较平坦，适合骑自行车游览。不过由于遗址面积较大，所以骑自行车还要量力而为。另外，因为交通量大，过马路一定要注意安全。自行车可以在旅馆或铁路周边的商店租赁。基本都是一天30～50泰铢。摩托车6小时250泰铢，24小时300泰铢～。

嘟嘟车（机动三轮车）：乘坐之前需要谈好价格，一次大概50泰铢左右。在火车站台有TAT监制的嘟嘟车价格表（价格略高）可供参考（详见→p.169）。租车的话大概1小时150泰铢。

摩托车（载客摩的）：比嘟嘟车速度快且价格便宜。只是危险性偏高，乘坐时请注意安全。起步价为50泰铢。租车时1小时150～200泰铢。适合短途或短时间游览较少景点的游客使用。

双条车：和公交的作用一样。在遗址景点周边和其他人拼车乘坐的话一次10泰铢左右。

公交车：在大城有空调公交车。车站有公交线路牌，一次10泰铢。只是公交车较少，不太适合遗址观光。

游艇：在夜市旁边的码头可以租船。费用可以商量，绕岛一周需要2～3小时，大约600泰铢（可供6人乘坐）。有的旅馆也推出游艇观光线路。

阿瑜陀耶的嘟嘟车有独特的风格

Column: 骑自行车或摩托车游览大城（阿瑜陀耶）

大城地势平坦，适合骑自行车或摩托车轻松游览。租摩托车时，一般需要将护照代替押金放在那里。

骑自行车时要注意防暑。虽说道路平坦但大城气温较高，日照强烈，一定要记得多补充水分和适当休息。另外，有时会发生摩托车飞贼抢夺前车筐里的物品之类的事件，所以，物品尽量放在安全的地方，以免给不法分子可乘之机。

大城观光不可或缺的出租自行车

大城一日游 1DAY 建议线路

推荐给想要高效率游览的人们

:步行
:自行车

曼谷近郊和泰国中部 ● 大城（阿瑜陀耶）

START
往返于曼谷的巴士和迷你巴士发抵站
纳莱颂恩大街
MAP p.157-A3

步行5分钟

拉嘉拉那寺前
在寺院周边的商店或途中的 G 老年之家旅馆（→p.168）可以租借自行车。

骑自行车1分钟

拉嘉布拉那寺
高棉式佛塔，可以进入塔内（→p.162）。

骑自行车1分钟

大佛寺
在树的根部有佛头，规模庞大（→p.161）。

菩斯里善佩寺
三座斯里兰卡式佛塔并排耸立，是过去王室的守护寺院（→p.160）

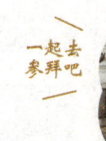
一起去参拜吧

维罕普孟可波琶寺
至今仍是参拜者众多的香火旺盛的寺院（→p.160）。

从两寺院之间的纳莱颂恩大街骑自行车通过需要5分钟

步行即到

在这里有两个方案可供选择！ CHOICE!

吃饱了又充满了能量

骑自行车10分钟

在渭南河沿岸的餐厅用餐
去尝尝名品河虾（→p.169）

Pom Phet城塞遗址和河畔风光大酒店之间有渡船码头
骑自行车到对岸的三宝公寺（→p.164）。

骑自行车20分钟

岛内线路 骑自行车10分钟
岛外线路 骑自行车10分钟

去往三宝公寺的渡船码头
（骑自行车到对岸）

骑自行车10分钟

巨大的卧佛在迎接着游客

卧佛寺
屋外横躺着的卧佛（→p.161）。

骑自行车5分钟

帕拉寺
高棉式佛塔静静耸立（→p.162）。

骑自行车10分钟

GOAL
退还自行车，乘坐去往曼谷的巴士或者去迷你巴士车站

大城（阿瑜陀耶）主要景点

大城（阿瑜陀耶）岛内

大城王宫遗址
开 每天 8:00~16:30
费 50 泰铢（外国游客费用）

菩斯里善佩寺
开 每天 7:00~17:00
费 50 泰铢（外国游客费用）
走进寺院后，正面左侧和中央的佛塔都可以进入参观。

旅游小贴士
夜间参观遗址时的注意事项
LIGHT UP! 带标记的遗址在夜里会打开照明，让人感受到和白天不一样的乐趣。但是夜幕垂下，周边行人渐渐稀少，特别是单独行动的女性，要格外小心，尽量选择和人结伴出行。有的名胜古迹，夜里亮着灯光，进场时有看似工作人员的员工在那里收费，说到底不是正式的售票，没有票据，你支付的进场费也落到他们私人腰包。

大城观光中心
Ayutthaya Tourism Centre
MAP p.157-B2
住 108/22 Moo 4, Sri Sanphet Rd.
电 0-3524-6076~7
开 每天 8:30~16:30
费 免费

将1941年建立的大城县厅舍进行改装后于2012年对外开放。一层是TAT观光信息中心，二层是讲述大城历史的展示馆，以及展有泰国艺术家作品的大城国家美术馆。在历史展示馆中，有大城王国时代的国际交流、大城各寺院的解说，图片形式解说人们的生活（展示解说为泰语和英语）。在建筑物的前方还有乌通王等与泰国相关的6位国王与勇者的塑像。

大城观光中心为白色墙壁，造型美观

大城王宫遗址 Grand Palace　Map p.157-A2
完全被破坏，成为废墟

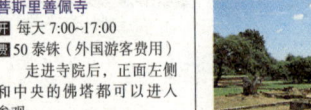
被彻底破坏的王宫遗迹

大城王宫遗址是由曾经统治过素攀府和罗斛（现在的华富里）的乌通王建立的大城王朝的中心地区。王宫于1351年修建，此后又由历代国王增建了宫殿。但是1767年，因缅甸军队的侵略，王宫遭到彻底性的毁坏，如今只剩下了残垣断壁。

菩斯里善佩寺 Wat Phra Sri Sanphet　Map p.157-A2
三位国王长眠的王室守护寺院　LIGHT UP!

菩斯里善佩寺位于王宫遗迹的南面，是和曼谷的玉佛寺齐名的大城王朝的王室守护寺院。于1491年建立，1500年建造了高16米、总重量171公斤的佛像，外层镀有黄金。但在缅甸军的侵略中，大佛被彻底破坏，形迹全无了。现在只剩下大城中期（15世纪）建成的三座锡兰式佛塔。佛塔排成一排，静静耸立，塔内分别埋葬着三位君王的遗骨。

这三座佛塔是大城的标志性建筑

维罕普孟可波琵寺
Wiharn Phra Mongkhon Bophit　Map p.157-B2
修复后的大佛寺

寺内供有高17米的孟可波琵佛像。据佛像是在宋当王统治的1603年从别处迁移至此的。这座寺院虽然也被缅甸军破坏，但在之后的拉玛五世王朝重新修建，并在1956年获得了缅甸的捐款复原了礼拜堂。

正殿白柱白壁，典雅圣洁

160

平家 Khun Phaen's Residence
Map p.157-B2~B3

重现大城时代的民家风情 LIGHT UP!

根据泰国著名的叙事小说《昆昌与昆平》中的文字描写，再现了大城时代泰国的传统住宅。内部的柚木地板经过打磨后干净明亮，让人心情愉悦。庭园中有池塘和花草树木，非常适合在此散步。

看上去非常凉爽的建筑物

卧佛寺 Wat Lokayasutha
Map p.157-A2~B2

大城天空之下，大佛悠然而卧

沿弯曲的小路向里走 500 米左右，会看见在一片广阔草地上的遗迹群。最里面的是一尊长达 28 米的卧佛。卧佛为大城中期的艺术风格，后于 1956 年由泰国艺术局复原而成。

左脚上的横线，是 2011 年洪水的痕迹

大佛寺 Wat Mahathat
Map p.157-A3

充满荣辱兴衰之感的寺院遗址 LIGHT UP!

与菩斯里善佩寺同样重要的一座寺院。关于它的修建人，有两种说法。一说是由第二代王拉梅萱（1369~1370 年在位）修建；一说是由第三代王罗阁（1370~1388 年在位）修建。佛塔高达 44 米，但也被缅甸军队毁坏。如今只剩下树根中的佛头、长满青苔的塔基和没有头的佛像。位于中心的佛塔在 1911 年倒塌，1956 年在其地下发现无数佛像与珠宝首饰。现存于昭善菩雅国家博物馆里展示。

摇摇欲坠的佛塔

平家
开 每天 8:30~16:30
费 免费

平家的南侧紧挨着大象野营地（MAP p.157-B2），可以乘骑大象。园内乘骑大象 7 分钟 300 泰铢，出园乘骑 15 分钟 400 泰铢，25 分钟 500 泰铢（1 人费用）。

骑大象游览遗址

卧佛寺
开 全天 24 小时
费 免费

旅游小贴士

从曼谷出发的一日游

如果从曼谷出发当日往返的话，乘坐从战争胜利纪念碑（MAP p.63-D2）发出的迷你巴士最为便捷。乘坐 BTS 可以到达战争胜利纪念碑，所用时间也比巴士要短，只是车内狭窄，不适合携带大件行李的游客。想在当地租自行车的话，可参考 p.158 的专栏。也可以在曼谷乘出租车一日游。可以和流动的出租车司机直接谈价，一般 2000 泰铢左右就可以租一天。比起在大城寻哪嘟车、还要与客人拼车、与车主谈价格来说省事很多。如果是多人乘坐就更划算了，并且车内还有空调。

大佛寺
开 每天 8:00~17:00
费 50 泰铢（外国游客费用）

佛像的头部让人感觉有一股神秘的力量

拉嘉布拉那寺
开 每天 8:00~17:00
费 50泰铢（外国游客费用）

规模庞大、值得一看的遗址

旅游小贴士
佛像是神圣的存在
　　经常有外国游客因故意从缺少头部的佛像后面露出自己的脸而受到惩罚的事情发生。即使被毁坏的佛像也是佛像，绝不可亵渎冒犯。

图示的禁止事项牌子

帕拉寺
开 每天 8:00~17:00
费 50泰铢（外国游客费用）

苏旺达拉廊庙
开 每天 8:30~17:30
费 免费

苏利欧泰王妃纳骨塔
开 每天 8:30~17:30
费 免费

苏利欧泰王妃的佳话于2002年被拍成电影，轰动一时

162

拉嘉布拉那寺 Wat Ratchaburana　　Map p.157-A3
在地下发现了许多奇珍异宝　LIGHT UP!
วัดราชบูรณะ

各种样式的佛塔并排耸立

1424年，第八代王波隆罗阁二世为两位因王位之争而倒下的兄长实行了火葬，并在此地建立了寺院。起初只是类似高棉式建筑的两座佛塔，后又增建了真正的高棉式佛塔和礼拜堂，修整了寺院的外观。1958年在修复过程中，发现了波隆罗阁二世为两位兄长所准备的陪葬物，现在在昭善菩雅国家博物馆（→p.163）内展示。游客可以登上这座庞大的高棉佛塔，塔内还有小的空间，里面保留着为数不多的大城时期的壁画。

帕拉寺 Wat Phra Ram　　Map p.157-B3
首位国王乌通王的火葬遗址上的寺院　LIGHT UP!
วัดพระราม

虽已毁坏但风采犹存

1369年，第二代王拉梅萱建造了这座美丽的高棉式寺院。寺院内有许多不同风格的佛塔，构成了石佛回廊。是一处规模庞大、观赏性极高的遗址。据说这里还保留着乌通王的遗骨。在寺院北侧广场，还有1970年建造的乌通王塑像。

苏旺达拉廊庙 Wat Suwan Dararam　　Map p.157-B4
寺院内的精美壁画
วัดสุวรรณดาราราม

正殿内的精美壁画

苏旺达拉廊庙由却克里王朝的第一代国王拉玛一世的父亲所建造，拉玛一世将它作为王室寺院。正殿里保存着150年前描绘佛陀生涯的壁画。礼拜堂内还有描绘纳莱颂恩王一生的西洋壁画。

苏利欧泰王妃纳骨塔
Chedi Phra Sri Suriyothai　　Map p.157-B2
为与缅甸军英勇作战的王妃所建的佛塔
เจดีย์พระศรีสุริโยทัย

1548年，缅甸军进攻泰国时，苏利欧泰王妃与查克拉帕特王（1548~1568年在位）并肩作战，并为救国王于危难而牺牲。战后，为纪念王妃的美德，修建了这座佛塔。在白色与金色交相辉映的美丽佛塔之中，埋藏着王妃的遗骨。

大城历史研究中心
Ayutthaya Historical Study Centre
深入研究大城历史 LIGHT UP! Map p.157-B3

大城历史研究中心
- 0-3524-5123
- 开 周二～周日 9:00~16:00
- 休 周一
- 费 成人100泰铢、学生50泰铢（外国游客费用。包含日本人街遗址入场费）

于1990年8月完工的大城历史研究中心，利用模型和影像技术让人可以更简便地了解大城的历史。展区分为五个主题，分别为"大城——王者之都""大城——港湾之都""大城——政治权力和统治的中心""昔日泰国农民的生活"以及"泰国与外国的关系"（此部分在日本人街遗址的分馆里展出）。

可以学习到大城的历史

洽她拉卡散宫殿（国家博物馆）
Chantarakasem Palace (National Museum)
展示有拉玛四世遗品及古代美术品 LIGHT UP! Map p.157-A4

洽她拉卡散宫殿（国家博物馆）
- 0-3525-1586
- 开 周三～周日 9:00~16:00
- 休 周一、周二及法定节假日
- 费 100泰铢（外国游客费用。馆内禁止摄影）

洽她拉卡散宫殿建于1577年，后来成为历代皇太子的府邸。后遭缅甸军侵略被烧毁，拉玛四世时将一部分重建，作为王宫别墅使用。拉玛五世时又将离宫重建。1896年3月起有一段时间曾作为大城市政府的办公地点。曾有一位叫作普拉亚的官员将收藏品放在宫殿的马棚里

历代王子的府邸

展示，之后将展品转移到了洽她拉姆库宫殿（Chaturamuk Pavilion），1936年2月成为现在的博物馆。展区共分为三座建筑，分别展示有拉玛四世的私物、青铜佛像、木质衣柜等。

旅游小贴士
注意流浪狗！
在大城市内有许多流浪狗，白天比较热，这些狗也没有什么精神，但是到了傍晚，天气凉快起来时，这些流浪狗就会活跃起来，追在行人后面，咬他们的后腿甩子。即使骑自行车，也会有被数条流浪狗包围的情况，所以请多加小心。尽量不要去接近这些流浪狗。因为在泰国也会有感染狂犬病的危险性。

昭善菩雅国家博物馆
Chao Sam Phraya National Museum
展示有在战乱中逃过一劫的珍贵遗物 Map p.157-B3

昭善菩雅国家博物馆
- 住 Rotchana Rd. & Sri Sanphet Rd.
- 0-3524-1587
- 开 每天 9:00~16:00
- 费 150泰铢（外国游客费用。馆内禁止摄影）

在1961年完工的1号馆中，主要展示有1956~1957年泰国艺术局调查并收集的古代美术品。一层以华富里、乌通、大城等时代佛像为中心。还有雕着菩斯里善佩寺藏经阁中手持宝剑之神的门等其他精美木雕。二层有两个房间，分别展示在大佛寺、拉嘉布拉那寺发现的宝物，大佛寺的房间里有舍利子以及镶满黄金珠宝的七层塔形木盒。在拉嘉布拉那寺的房间里，除了能看到用黄金宝石制成的各种大量装饰品以外，还有王印、佛像等展出。并且在各房间的外面，还展出有在大城寺院发现的大城、华富里、素可泰各样式的敬奉板。在1970年建成的2号馆内，按历史年代分别展示了从早期到却克里王朝各个时代的泰国佛像艺术品。

多样化的展示，值得一看

岛的东南侧

大猜蒙空寺（昭帕亚泰国寺院）

大猜蒙空寺（昭帕亚泰国寺院）
Wat Yai Chai Mongkon
从远处即能看到的壮观佛塔与并排而坐的佛像

Map p.157-B5

开 每天 8:00~17:00
费 20 泰铢（外国游客费用）

据说是第一代国王乌通王在 1357 年，为留学锡兰（今斯里兰卡）的归国僧侣们所建造的寺院。院内中央的佛塔，是 1592 年第二十代国王纳莱颂恩为纪念与缅甸王子骑象之战的胜利建造而成。塔高 62 米，本想超过缅甸在普考同寺（→ p.165）内建造的一座纪念塔，却还是略逊一筹。在宽阔的寺院里，几十尊坐佛围在中央佛塔的周围，其中还有体积较大的卧佛。寺院东侧有纳莱颂恩王庙。

锡兰风格的佛塔

三宝公寺

开 每天 8:00~17:00
费 20 泰铢（外国游客费用。多数时间没有收费人员，可以免费参观）
交 从岛内前往时，可以乘坐 Pom Phet 城塞遗址与河畔风光大酒店之间的摆渡船，直接到达对岸。虽然上楼梯有些麻烦，不过还是可以将自行车放到船上一起带过来。

三宝公寺 Wat Phanan Choeng
大城王朝之前的大型寺院

Map p.157-B4

主佛据说于 1325 年建成，是一尊高达 19 米的黄金坐佛。至今仍为无数人们所膜拜。寺院里还有一座中国传说中的悲剧公主的祠堂，有许多华裔泰国人前来参拜。

被很多华人所信仰的寺院

大城水上市场

住 65/12 Moo 7, Pailing
电 0-3588-1733
开 每天 9:00~18:00
费 免费
交 从市街乘坐嘟嘟车需要 10 分钟，费用为 100 泰铢左右。

大城水上市场
Ayothaya Floating Market
可以享受购物乐趣的水上主题公园式商业中心

Map p.157-A5

于 2010 年开业的水上市场形式的主题公园。池塘周围的步行街上有一排排大城传统房屋样式的建筑，大概有 300 家商店和餐厅营业。还有在小船上营业的店铺。一到休息日，游人如织。还可以乘坐小船，悠然自得地游览。市场旁边还有大象野营地，可以体验骑象的乐趣。

还可以在船上店铺购物

164

岛的北侧

纳菩梅汝寺 Wat Na Pramaen Map p.157-A2
身披大城时代王衣的黄金佛像
วัดหน้าพระเมรุ

13 世纪建于王宫的对岸、国王火葬遗址处。1767 年虽在缅甸军的进攻中免遭被毁,但也是伤痕累累。到拉玛三世才得以重建。这里的正殿宽 16 米、进深 50 米,是大城最大的正殿。正殿内供奉的黄金佛像是 1569 年泰国和缅甸在寺院中进行和谈会议时被带到场的"证人"。小型礼拜堂于 1838 年建立,内部放有黑色的石佛。

纳菩梅汝寺
开 每天 8:00~17:00
费 20 泰铢(外国游客费用)
交通 从市街乘坐嘟嘟车需要 10 分钟,费用为 100 泰铢左右。

普考同寺 Wat Phu Khao Thong Map p.157-A1
将大城一览无余的大佛塔
วัดภูเขาทอง

在王宫遗址向西北 2~3 公里处的水田地带,普考同寺拔地而起,它的名字含义为"黄金山丘"。于 1387 年由第五代王拉姆萱(和第二代王是同一人)建造而成。是一座以曼谷的金山寺(黄金山丘→p.90)为原型、高达 80 米的佛塔,十分引人注目。曾在缅甸的占领下被改建为高棉样式,后由第二十代王纳莱颂恩改回泰国样式。

从塔上可以欣赏郊外的田园风光

1956 年,为纪念佛历 2500 周年,在最上部镶嵌了一颗重达 2.5 公斤的黄金宝珠。但是却被人盗走,如今的宝珠为镀金制品。塔基为十二边形,周长 50 米,塔基的基石是大城后期的样式。塔共分为三层,每层有宽达 2 米的回廊。回廊的四周建有台阶,可以登至最高层的回廊。从塔顶可以远望大城风光,是观看落日的绝佳景点。每到此刻,游人络绎不绝。

稍稍有些倾斜的佛塔

普考同寺
开 全天 24 小时
费 免费
交通 从市街乘坐嘟嘟车需要 10 分钟,费用为 100 泰铢左右。

岛的西南侧

查瓦塔那拉寺 Wat Chaiwatthanaram Map p.157-B1
高棉风格的美丽寺院
วัดไชยวัฒนาราม

1630 年普帕拉赛·东王(1629~1656 年在位)为母亲所建立的寺院。为纪念与缅甸战争的胜利,寺院内中央高高耸立的佛塔建为高棉风格。1767 年缅甸军进攻,成为其驻军地,

壮观的高棉式建筑并排而立

查瓦塔那拉寺
开 每天 8:00~17:00
费 50 泰铢(外国游客费用)
交通 从市街乘坐嘟嘟车需要 80 泰铢。骑自行车的话,过马路时请注意。

交通

从曼谷出发
BUS 从北部巴士总站出发，4:50~20:00，每 20 分钟一班。二等小型巴士车费为 45 泰铢，需要 1 小时 30 分钟左右。

从大城出发
乘坐嘟嘟车时，包含等待时间往返需要 1 小时 30 分钟。
RAIL 去往曼谷的慢车需要两站，在邦巴茵站下车（需要 15 分钟），慢车在下午车次较少请多注意。

旅游小贴士

从曼谷能直接到达邦巴茵
从大城去邦巴茵相当花时间非常不方便，如果不游览大城，或者不在大城住宿，只参观邦巴茵的话，可以从曼谷直接过去。

邦巴茵离宫
☎ 0-3536-1548
开 每天 8:00~16:00
费 100 泰铢（外国游客费用）
交 从巴士总站出发不到 2 公里，从邦巴茵火车站乘坐嘟嘟车需要 40~50 泰铢，乘坐摩托车需要 20 泰铢。

把植物修剪成动物的形状是泰国的传统

尼微探玛芭哇寺
交 位于邦巴茵离宫的对岸。可以乘坐离宫旁边停车场里面的平底船到对岸。一般都是由专门负责的僧侣操作，不要忘记在功德箱中放些香油钱。

世界罕见的哥特式佛教寺院

佛塔遭到破坏。现经修复后，可以看到在广阔土地上高高耸立的美丽佛塔。中央的大佛塔被 4 个形状相近的小佛塔包围。这 4 个小佛塔又被 8 个更小的佛塔包围。很多佛像都保留着被破坏后的状态。

大城（阿瑜陀耶）郊外景点

邦巴茵　　　　　　　　　　　Bang Pa-In บางปะอิน

大城以南约 20 公里处的邦巴茵，是普帕拉赛·东王在湄南河的河心建造的一座美丽的避暑宫殿。大城的历代国王把这里作为自己的离宫，现在所看到的主要建筑都是拉玛五世所建造的。

邦巴茵离宫 Bang Pa-In Palace　　　　　Map p.157-B4 外
广阔的庭院中分布着各种各样的建筑

以下为主要建筑。

水上皇庭 Phra Thinang Aisawan Thiphya-art

水上皇庭建在湖水中央，是一座呈十字形的美丽泰式建筑。是拉玛四世仿照曼谷王宫内的一座宫殿建造而成。建筑内还有拉玛五世的戎装雕像，于 1876 年完成。

泰国风格的美丽建筑

西洋殿 Phra Thinang Warophat Phiman
位于宫殿入口北侧的西洋式建筑曾作为国王的居室和会客室使用。在会客室和接待室里，装饰着以泰国历史及文学为题材的油画。于 1876 年完成。

天明殿 Phra Thinang Wehart Chamrun
雨季、冬季作为朝廷大臣的住所使用。中国制的地板砖上描绘着美丽的小鸟、树木及动物等图案。非常值得一看。还能看到带有龙纹的中国式玉座、日本伊万里瓷器、日本明治时期的壶、拉玛五世的寝床等珍贵物品。于 1889 年完成。

观景台 Ho Withun Thasana
建在池中小岛之上，用来观景的塔台。1881 年完工。

苏楠塔王妃纪念碑 Queen Sunantha Memorial
拉玛五世为纪念在去往邦巴茵途中，因翻船而遇难的王妃所建。旁边还有萨奥瓦帕库公主和她三个孩子的碑。其他还有于 1996 年建成的王妃进餐像等。

尼微探玛芭哇寺
Wat Niwet Thamma Prawat　　　　　Map p.157-B4 外
基督教风格的独特王室寺院

寺院装有哥特风格的窗户，还有绘着建立者拉玛五世的美丽彩色玻璃，寺院的正殿很像教堂的风格。

166

大城的旅游线路

大城的各个旅行社及酒店内的旅游服务台、主要旅馆均推出了大城市内一日游、夜游寺院等活动，利用这些很多一个人不方便去的景点也可以高效率地游览（费用含有酒店的接送费，除考艾国家公园以外4人参加只收1人的接送费。具体信息请查阅T.W.T）。

大城历史公园游（嘟嘟车200泰铢/1小时，出租车300泰铢/1小时）： 白天游览完昭善菩雅国家博物馆、菩斯里善佩寺、卧佛寺等岛内重要的7处遗址后，夜晚可以逛逛大城最热闹的纳王夜市 Na Wang Night Market（MAP p.157-A4）。

考艾国家公园游（2天1夜，1600泰铢～）： 2005年，考艾国家公园被列为世界自然遗产。在这里可以观察到丰富广阔的森林、珍稀的动植物。还可以参观大瀑布、体验骑象游览等项目，有普通列车和专用列车可供选择。

夜间寺院游（1小时每人150泰铢左右。2人以上成团）： 有一些旅馆主推夜间乘嘟嘟车游览岛外寺院的线路（参观地点或顺序因团而异）。例如 G 邦鲁塔斯旅馆（→p.169）的线路，16:30出发，首先前往位于岛东南部的大猜蒙空寺（昭帕亚泰国寺院），然后去岛北部的象园，参观白天搭客的大象回园。之后去岛西北部的普考同寺观看日落。还可以从外面观赏位于西南部的查瓦塔那拉寺的夜景。回到岛内参观完菩斯里善佩寺等地的夜景后，可以选择回旅馆或在纳王夜市解散。这样可以一次游览很多分散的寺院，十分方便。

湄南河泛舟之旅（2.5小时每人850泰铢，4人成团）： 16:00左右出发，可以在吃晚饭前轻松参加。从小船上可以欣赏到夕阳余晖下的三宝公寺、部代沙旺寺和查瓦塔那拉寺。在纳王夜市附近下船，可以在热闹的市场里闲逛。

夜空下的查瓦塔那拉寺

内部的彩绘玻璃美丽非凡

旅游小贴士
旅馆街上的旅行社
T.W.T
MAP p.157-A4
住 10/29 Soi 2, Naresuan Rd.
TEL 0-3523-1084
URL www.tourwiththai.com
每天 8:00~19:00

这里推出各种一日游线路和考艾国家公园的线路。也出售飞机票和车票。

市内线路也可以参观市场

夕阳映照下的普考同寺

曼谷近郊和泰国中部 ● 大城（阿瑜陀耶）

酒店
Hotel

高档酒店主要集中在巴洒河沿岸和巴士总站附近。旅馆一般都集中在狭小地域（MAP p.157-A4），比较好找。

柯壤隋河酒店
Krungsri River Hotel   高档酒店

◆柯壤隋河酒店是位于巴洒河岸边的一所高级大型酒店。内设舒适的浴池，还有泳池、桑拿、按摩等设施。正对巴洒河的餐厅非常受客人欢迎。

Map p.157-B4
住 27/2 Moo 11, Rotchana Rd.
TEL 0-3524-4333　FAX 0-3524-3777
URL www.krungsririver.com
费 AC S T 1900 泰铢
CC A D J M V
房间数 212 间
游泳池 WiFi 免费

大城沃勒布里度假村
Woraburi Ayothaya Convention Resort　　　高档酒店

◆酒店共 8 层，所有的房间都可以看到巴酒河和大城街景。房间宽敞，以白色和茶色为主色调，时尚高雅。还设有泳池、餐厅以及按摩房。只是酒店的周边比较空旷，出门必须搭乘出租车或嘟嘟车。

Map p.157-B4
住 89 Moo 11, Watkluay Rd.
TEL 0-3524-9600　FAX 0-3524-9625
URL www.woraburi.com
费 AC Ⓢ 1400 泰铢　Ⓣ 1500 泰铢
CC J M V　房间数 170 间
带泳池　WIFI 40 泰铢/1 小时、60 泰铢/2 小时、100 泰铢/1 天

大城河畔酒店
Ayothaya Riverside Hotel　　　高档酒店

◆从火车站沿巴酒河步行 2 分钟即到。酒店是一座 7 层的建筑。因其位于河畔而大受欢迎。在这里可以品尝到大城特产鱼类及河虾等菜肴。

Map p.157-B4
住 91/1 Moo 10, Wat Pako Rd.
TEL 0-3523-4873　FAX 0-3524-4139
URL www.ayothayariversidehotel.com
费 AC Ⓢ Ⓣ 1000~1200 泰铢
CC J M V　房间数 102 间
WIFI 50 泰铢/3 小时、80 泰铢/1 天

河畔风光大酒店
River View Place Hotel　　　高档酒店

◆是位于 Pom Phet 城塞遗址附近的一家酒店。房间内铺设地板，宽敞明亮，朝河一侧的房间附带阳台。由于周围只有便利店和面向当地人的餐馆，所以如果没有车的话会有些不方便。

Map p.157-B4
住 35/5 Horattanchai, U-Thong Rd.
TEL 0-3524-1444
FAX 0-3524-1110
URL www.riverviewplace.com
费 AC Ⓢ Ⓣ 2000~4000 泰铢
CC J M V　房间数 84 间
带泳池　WIFI 免费

大城酒店
Ayothaya Hotel　　　高档酒店

◆位于大城中心的一家酒店。附近有哈利里市场、超市、公交站以及面向游客的餐厅。徒步即到，十分方便。房间虽然不大但是有浴缸。

Map p.157-A4
住 12 Moo 4, Tessaban Soi 2
TEL 0-3523-2855　FAX 0-3525-1018
URL www.ayothayahotel.com
费 AC Ⓢ Ⓣ 590 泰铢（不含早餐）
Ⓢ Ⓣ 1500~1800 泰铢 3 人间 1900 泰铢
CC A M V　房间数 117 间
带泳池　WIFI 30 泰铢/1 小时、50 泰铢/3 小时、100 泰铢/1 天

吉维莱普莱斯酒店
Jitvilai Place　　　经济型酒店

◆大城市内一家经济型酒店。500 泰铢的是大床房，550 泰铢的是双床房。房间内设施比较简陋，适合一整天都在外面活动的人使用。

Map p.157-A4
住 38/7 U-Thong Rd.
TEL 0-3532-8177　FAX 0-3532-8483
费 AC Ⓢ Ⓣ 500~550 泰铢（不含早餐）
CC 不可使用
房间数 30 间　WIFI 免费

老年之家旅馆
Grandparent's Home　　　旅馆

◆是一所家族经营的旅馆。距离去往曼谷的巴士站步行仅 3 分钟。可以沿纳莱颂路大街前往大佛寺。旅馆内还有自行车、摩托车租借处、洗衣房以及小餐厅、咖啡厅等。

Map p.157-A4
住 19/40 Naresuan Rd.
TEL 08-3558-5829
费 AC Ⓢ 400 泰铢　Ⓣ 600 泰铢
CC 不可使用
房间数 25 间　WIFI 免费

邦昆朴拉旅馆
Bann Kun Pra　　　旅馆

◆用柚木建成的旅馆。内装高雅。房间都是双人床，透过窗户可以欣赏到河上的风景。旅馆内的餐厅在当地都很有名，环境、味道都广受好评。

Map p.157-B4
住 48 Moo 3, U-Thong Rd.
TEL FAX 0-3524-1978　URL www.bannkunpra.com　费 F Ⓓ 250 泰铢　Ⓢ Ⓣ 600 泰铢　AC Ⓣ 1100 泰铢（只有带空调的房间有早餐）　CC 不可使用
房间数 10 间　WIFI 免费

168

托尼之家旅馆
Tony's Place 旅馆

Map p.157-A4
- 住 12/18 Naresuan Rd.
- 电 0-3525-2578
- 费 F S T 250泰铢（公共卫浴）S T 350泰铢 AC S T 600~1500泰铢
- CC 不可使用
- 房间数 30间
- 带泳池 WiFi 免费（只限入口附近）

◆原木风格的旅馆。使用公共卫生间和淋浴的房间位于道路对面的楼上。850泰铢以上的房间在室内也可以使用Wi-Fi。入口的露天酒吧和餐厅一直到晚上都很热闹。

邦鲁塔斯旅馆
Baan Lotus 旅馆

Map p.157-A4
- 住 Pa-Maphrao Rd.
- 电 0-3525-1988
- 费 F S 200~250泰铢 T 350泰铢（公共卫浴）S T 450泰铢 AC S 500泰铢 T 600泰铢 CC 不可使用
- 房间数 20间 WiFi 免费

◆旅馆是由一家古老的泰式建筑改造而成。旅馆面积广阔，中央有莲花池，适合好静的人士居住。公共浴室里也提供热水。旅馆主推的夜间旅行也很受欢迎。还可以租借自行车和摩托车。

君临酒店
Tanrin Boutique Guest House Riverside 旅馆

Map p.157-B4
- 住 91 Moo 10, Wat Pako Rd.
- 电 08-1755-6675
- 费 AC S T 500~700泰铢
- CC 不可使用
- 房间数 21间 WiFi 免费

◆位于大城火车站附近的一家河畔旅馆。于2010年开业。房间干净整洁，河岸房（700泰铢）的外面即是潺潺流动的河水。周边有很多便利店和餐饮店，十分方便。

餐厅
Restaurant

大城的特产是一种生长在河里的长足虾。在餐厅里可以品尝到用这种虾做成的菜品。一到晚上，有好几家店铺开始在纳王夜市（富阿露市场）营业，十分热闹。

贝库考餐厅
Pae Krung Kao

Map p.157-B4
- 住 K.4 Moo 2, U-Thong Rd.
- 电 0-3524-1555
- 营 每天 10:00~21:00
- CC J M V

◆大城公认的一家海鲜餐厅，位于巴洒河沿岸。最受欢迎的烤长足虾按尺寸一只600~1000泰铢。鱼类菜品130~250泰铢。普通的泰国菜一碟大多100泰铢左右。

塞通河大饭店
Saithong River Restaurant

Map p.157-B3
- 住 45 Moo 1, U-Thong Rd.
- 电 0-3524-1449
- 营 每天 10:30~22:00
- CC J M V

◆坐落于河岸边的一家很受当地人欢迎的饭店。物美价廉。特产长足虾每只600泰铢～。

街灯餐厅
Street Lamp

Map p.157-A4
- 住 Ng 14/9 Moo 4, Horattanchai
- 电 08-1309-4159
- 营 每天 7:30~24:00
- CC 不可使用

◆在旅馆街上的一家茶餐厅。晚上8点开始会有现场表演。还有绿咖喱之类的泰国菜以及牛排、意大利利。一道菜70~100泰铢。附近还有几家相似的餐厅。。

乘坐嘟嘟车的注意事项 —— Column

大城的嘟嘟车有很多会停在车站前或哈利里市场等候客人。但是外国人乘坐时可能会遇到宰客现象。他们会让你看一些"租一天只花了2000泰铢，很开心"，"这个司机师傅很热情"等外国游客留下的评语。虽然确实有一些能介绍当地情况的司机，但是由于没有TAT发给的执照，他们不能作为导游和游客一起进入遗址。大范围移动游览确实很方便，但是如果长时间乘坐的话，一定要事先谈好价格、时间、地点、人数等条件。或者可将目的地（游览景点）写在纸上让对方确认好。根据TAT提供的价格，1~3人乘坐嘟嘟车每小时200泰铢，4~5人的话300泰铢。价格可以商量，如果租借时间长可以优惠些。如果合理利用会非常方便，但要注意千万不要被对方蒙骗。

Thailand Central

文前图正面-C5
曼谷

华富里 *Lopburi* ลพบุรี

太阳王路易十四世的大使曾经到访过这座拥有光辉历史的名城

车站广场也有猴子的雕像

华富里在9世纪被称为"拉乌",是孟族人建立的孟王国的一座小城。之后,该城经历了素可泰王朝时期,直到阿瑜陀耶王朝时期,那莱王将其定位为陪都,才作为城塞都市得到极大的发展。他叻瓦滴时期的佛像、高棉风格的神殿、巴洛克式窗户的泰式宫殿等,都在向世人诉说着这座古城的历史。

交通

从曼谷出发

BUS 从北部巴士总站出发需要大约2小时10分钟,4:50~20:30,每20分钟一班车。一等车150泰铢,二等车115泰铢。从战争胜利纪念碑到华富里火车站,根据人员集合情况有出发的面包车(小型班车),从这里去老城区特别方便。大约需要2小时,120泰铢。

RAIL 从华兰蓬站出发1天17车次,所需时间2~2.5小时。根据列车不同,二等座64~94泰铢,三等座28~58泰铢。特快、快速列车204~374泰铢。

从大城(阿瑜陀耶)出发

BUS 所需时间1小时20分钟,一般需要46泰铢。从北部地区来的巴士经过老城区的帕庞、沙慕、育寺塔等车站时会停车休息,之后开向位于新城区的巴士总站。

RAIL 所需时间1小时15分钟。一般需要13泰铢(特快列车需要20泰铢)。

实用信息

车站寄存行李
⏰ 24小时
💰 1天10泰铢

旅游小贴士

公交车
连接新城区和老城区的公交车有蓝色和黄色两种颜色。6:30~19:00期间运行,10泰铢。

那莱王宫
开 周三~周日 8:30~16:30
休 周一·周二·节假日

披文蒙吉阁内的博物馆
开 周三~周日 8:30~16:30
休 周一·周二·节假日
💰 150泰铢(外国游客费用)

华富里 漫步

城市分为东部的新城区和西部的老城区两部分。巴士总站在新城区,火车站在老城区,主要的景点都集中在老城区。从巴士总站到老城区大约有2公里。老城区的景点都可以步行游览观光,半天即可转完。

华富里 主要景点

那莱王宫(国家博物馆)
Phra Narai Ratchaniwet Palace   Map p.170

那莱王在此结束了一生   พระราชวังนารายณ์ราชนิเวศน์(พิพิธภัณฑ์แห่งชาติ)

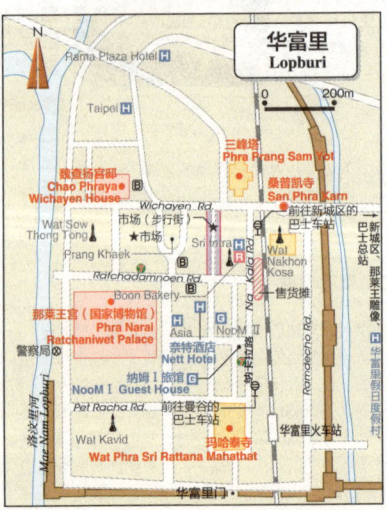

那莱王宫始建于1665年,经历了12个年头,融合了泰国、高棉、欧洲等多国宫殿建筑的风格。中心的宫殿是披文蒙吉阁宫殿(Phiman Mongkut Pavilion),由拉玛四世在1856年建造。里面按照年代顺序展示着拉玛四世的遗留物品、高棉的美术品、大城(阿瑜陀耶)王朝时代的华富里佛像等美术品,变成了一个博物馆。其旁边相邻的是一座纯泰式白

170

色建筑物——查打拉希臣阁宫殿（Chantara Phisan Pavilion）。建于 1655 年，当时是那莱王的居住之处。这里展示了那莱王时代的国际贸易，特别展示了和法国的关系，意味深长。隔着披文蒙吉阁宫殿、背对着查打拉希臣阁宫殿的是律实沙旺他雅玛哈巴沙宫殿（Dusit Sawan Thanya Maha Prasat Hall）。这里是那莱王为了接见外国使节所建。将法式圆屋顶窗户和泰式方形窗融合为一体，但是现在已倒塌。在这些建筑物的南面，还残留着那莱王的寝殿，被称为苏打旺沙宫殿（Suttha Sawan Pavilion）。

魏查扬官邸 Chao Phraya Wichayen House
外国使节的官邸遗址   Map p.170

这是那莱王为法国路易十四国王的大使 Chevalier de haumont 所修建的官邸。之后作为那莱王的顾问，Chevalier de haumont 长期在此居住。并以他的泰文名字为这座官邸命名。这座建筑共有三栋，从左至右分别为卧室、礼拜堂和使节团体住宿处。其中只有礼拜堂是泰式建筑。

残留的西洋风装饰

玛哈泰寺 Wat Phra Sri Rattana Mahathat
规模宏大的高棉风格寺院   Map p.170

寺院修建于 12 世纪的高棉时代，内有华富里最高的佛塔。曾经被多次改建，所以形成了多种风格。里面的佛塔、殿堂是素可泰和大城时期的建筑。美丽的灰浆装饰是 14 世纪的乌通风格。佛塔的东面有那莱王扩建的礼拜堂，门是泰国样式，窗框为哥特样式。

华富里最高的佛塔

桑菩凯寺 San Phra Karn
被猴子占领的寺院   Map p.170

过去是用来祭拜婆罗贺摩的寺院。现分为新旧两个建筑。前面的是 1951 年建造的新庙，里面用红土堆成山形的是高棉时代的寺院。寺院内有许多猴子。

通往参拜之路的两侧有猴子的石像

三峰塔 Phra Prang Sam Yot
华富里的标志性建筑   Map p.170

13 世纪由高棉人建造，高高耸立的三基塔（高棉式佛塔）是其特征。它表示保护神、创造之神和毁灭之神三位一体的意思。后被改为佛教寺院。由于这里面猴子较多，所以请注意保管好自己的物品。

旅游小贴士

小心猴子！
华富里的街道和寺院到处都有猴子在自由徘徊。它们都相当顽劣，一看见吃的东西立刻就会扑上来，所以一定要格外小心。

魏查扬官邸
开 每天 8:30~16:00
费 50 泰铢

玛哈泰寺
开 每天 6:00~16:00
费 50 泰铢

桑菩凯寺
开 每天 5:30~18:00
费 免费

三峰塔
开 每天 6:00~18:00
费 50 泰铢

华富里的酒店

华富里假日度假村
Lopburi Inn Resort
MAP p.170 外
TEL 0-3642-0777
FAX 0-3661-4795
URL www.lopburiinnresort.com
费 AC S T 990 泰铢
CC M V
房间数 92 间
网络 WiFi 免费
在新市区里最高档的酒店。

奈特酒店
Nett Hotel
MAP p.170
TEL 0-3641-1738
FAX 0-3642-1460
费 F S T 250 泰铢 AC S T 400 泰铢（不含早餐）
CC 不可使用
房间数 30 间
WiFi 免费
从车站步行约 5 分钟（约 300 米）。

纳姆I旅馆
NooM I Guest House
MAP p.170
TEL 08-9104-1811
FAX 0-3642-7693
URL www.noomguesthouse.com
费 F S 200 泰铢 T 300 泰铢　木屋 AC T 500 泰铢
房间数 10 间（风扇）+ 木屋 3 栋（空调）
CC 不可使用 WiFi 免费
一层餐厅和酒吧也可以使用免费 Wi-Fi。

基座相连的三峰塔

Thailand Central

文前图正面-B5

佛统（那坤巴统） *Nakhon Pathom* นครปฐม

巨塔耸立的佛教圣地

交通

从曼谷出发

BUS 从南部巴士总站出发，6:00~22:30每20分钟一趟车。需要1小时，一等车为40泰铢。在巴士站的停车场内乘车，上车后可直接将车费交给司机。

RAIL 从吞武里火车站出发，7:30~19:30每天有6趟火车。需要1小时5分钟。只有三等座，票价为15泰铢。从华兰蓬火车站出发，8:05~22:50每天有13趟火车，需要1小时15分钟~1小时30分钟。根据车次分为二等61泰铢和三等14~44泰铢，快车为341泰铢。

佛统车站的列车到站

佛统大金塔
开 每天8:00~17:00
票 60泰铢（外国游客费用。收费处有时没有工作人员。有时只针对团体收费）

大佛塔位于车站的正对面

走进佛统，最先映入眼帘的是泰国最大的佛塔——佛统佛塔。城市名起源于巴利语，有"最初的都市"之意。公元前3世纪，皈依佛教的印度阿育王派使节到中南半岛修建了第一座佛塔，这座城市也因此而得名。6~7世纪，这里作为孟族人建立的孟王国的首都开始兴盛，也是佛教国家泰国的起源城市。

佛统（那坤巴统）漫步

大佛塔——佛统大金塔位于城市中心。从火车站向南走，过了运河有一条笔直的参拜道，两侧是一排排的店铺，里面还有市场。首先，可以去大佛塔和位于南侧的大金塔国家博物馆参观。市内的另一处景点是沙那姆长宫殿，位于大佛塔以西，直线距离1.5公里。建议乘坐摩的前往。宫殿内绿树成荫，也是市民休息纳凉的场所。

佛统（那坤巴统）主要景点

佛统大金塔 Phra Pathom Chedi   Map p.172
佛统的标志性建筑

半圆形塔体上尖尖的塔顶直冲云霄。整体呈浅橙色，高达120.45米。不仅是泰国国内，也是世界上最高的佛塔。3世纪前后，阿育王命人建造了一座高40米的佛塔（现残存于大金塔内部），是大金塔的原形。之后

世界上最高的大佛塔

172

被改建为缅甸风格，现在大家所能看到的，是在 1853 年拉玛四世的命令下开始修建、于拉玛五世时期完成的佛塔。在北侧正面入口的礼拜堂内，供奉着立佛像，台座里保留着拉玛六世的遗骨。前来参拜者络绎不绝。将塔围起来的圆形回廊以及四角所设置的礼拜堂里，摆放着形态各异的佛像。

佛统大金塔博物馆
开 每天 9:00~16:00
费 100 泰铢（外国游客费用）

旅游小贴士
佛统的特产
　　在大佛塔周边的小摊位上会看到一种长约 30 厘米的竹筒，这款小吃被称为竹筒粽子，里面是放入椰奶蒸成的糯米。香甜可口，请一定要品尝（三根大概 20 泰铢）。相似品还有用叶子包的泰式香熏小饼。

佛统大金塔国家博物馆
Phra Pathom Chedi National Museum
展示他叻瓦滴王国的遗物
Map p.172

　　他叻瓦滴王国曾经在佛统周边盛极一时，并衍生出被称为他叻瓦滴风格的独有的佛教艺术。在这家小型博物馆里，展示有佛统周边出土的王室遗物。馆内墙壁上装饰着 18 座立体石雕，此外，还展示有装饰古老佛塔用的红土、石碑和佛像等。

大佛塔的旁边有一个小型博物馆

适合作饭后甜点的竹筒粽子

沙那姆长宫殿
Sanam Chandra Palace
拉玛六世的离宫
Map p.172

　　这是从大佛塔向西走约 1.5 公里的一座洋楼。有粉色的建筑和高台式的建筑。于 20 世纪初期，拉玛六世还是皇太子时所建。前面为宽阔的圆形庭园，中央供奉着印度教的神。各建筑物内是王室的相关展示。宫殿周围是公园，成为人们休闲的场所。宫殿前有一座狗的雕像，它的名字叫作 Ya Le，是拉玛六世的爱犬。

拉玛六世曾到访过的沙那姆长宫殿

沙那姆长宫殿
开 每天 9:00~16:00
（进场截止时间为 15:30）
费 50 泰铢（外国游客费用）
　　在入口处需要安检。每座建筑都需要出示门票，所以请一定注意不要弄丢。
交通 从佛塔大金塔到宫殿入口步行需要 20 分钟。如果乘坐摩的话需要 30 泰铢左右，从车站走费用相同。回来时可以走到叻勒维蒂大街（Rachawiti Rd.），那里有摩的乘坐点。

酒店
Hotel

鲸鱼酒店
Whale Hotel
酒店
Map p.172

◆ 从大佛塔步行 20 分钟会看到一家大型的酒店，即为鲸鱼酒店。房间内设有电视、冰箱，十分舒适方便。1200 泰铢的是 VIP 房间，1500 泰铢的是可供 4 人使用的套间。

住 151/79 Rachawiti Rd.
TEL 0-3425-3855~8
FAX 0-3425-3864
URL www.whale.co.th
费 AC S T 660~1500 泰铢
CC J M V 房间数 251 间
WiFi 免费

大河酒店
River Hotel
酒店
Map p.172 外

◆ 大河酒店是一家大型中档酒店，位于沙那姆长宫殿以南约 1.5 公里处的干线道路。房间为商务风格，功能性强。由于距离景区较远，不适合观光游客居住。

住 1156 Phetkasem Rd.
TEL 0-3428-0442
FAX 0-3425-4310
URL www.riverpathom.com
费 AC S T 650~850 泰铢
CC J M V 房间数 222 间
WiFi 免费

Thailand Central

文前图正面-B5

北碧（干乍那武里） Kanchanaburi กาญจนบุรี

《桂河大桥》与美丽的自然

🚌 交通

曼谷出发
BUS 从南部巴士总站出发，一等车4:00~22:00 每20分钟一趟，需要2小时左右，费用110泰铢。二等车也是每20分钟一趟，需要3小时，87泰铢。从北部巴士站出发，6:00~16:00 每小时一趟。一等车135泰铢，二等车105泰铢，需要3小时。
RAIL 吞武里火车站 7:50、13:55 出发。需要2小时30分钟。路过北碧站的区间车为100泰铢（外国游客费用）。

从佛统出发
BUS 需要2小时，二等车60泰铢。
RAIL 8:57、14:59 发车。需要约1小时30分钟，100泰铢。

从大城出发
BUS 11月~次年3月乘坐观光巴士需要3小时，费用为350泰铢左右。可以在旅馆或旅行社申请。普通巴士要在曼谷北部巴士站换乘，需要4~5小时。北部巴士总站最后发车时间为16:00。另外，乘坐去往南部巴士总站的迷你巴士（每30分钟一趟，需要1小时20分钟，费用70泰铢），也可以很方便地换乘去往北碧的巴士。

此外，如果从华欣等南部城市出发，可以在叻武里换乘去往北碧的巴士。

💡 旅游小贴士

从曼谷出发的捷径
可以在考山路附近或战争胜利纪念碑等地下车。有带空调的迷你巴士。从巴士总站出发，4:30~20:00 每20分钟~1小时发车。所用时间根据路况大概2个小时左右。费用120泰铢。曼谷出发的车也路过皇家酒店（MAP p.60-C3）、素万那普国际机场（需要2小时，500泰铢）和华欣。

从铁桥上看到的桂艾河

观光名胜桂河大桥

北碧（干乍那武里）位于泰国西部，与缅甸交界处。该城在史前时代就已有人类居住过的痕迹。现在城市的基础是大城王朝时代为了防御缅甸军队的进攻而修建的。北碧的名字被世人所知是源于一部叫作《桂河大桥》的电影。北碧正是战争场面中的舞台之一。在第二次世界大战中，日军为了向缅甸输送必要物资，抓捕了大量当地人和盟军战俘来修建铁路。战争结束后有一部分被拆除，但是现在从北碧到南督的80公里路段依然在运行。北碧的周边有丰富的自然景观，最近兴起了乘竹筏漂流、骑大象游览等项目。

北碧（干乍那武里）漫步

北碧位于桂艾河与桂纳河交汇点的东侧，以圣秋渡路（Saeng Chuto Rd.）为中心向南北延伸。火车站及桂河大桥位于城市北部。巴士总站和TAT在圣秋渡路和乌通路（U-Thong Rd.）的交叉口附近。这一带是城市的中心。市中心附近、圣秋渡路和乌通路之间有一片旧市街，可以边散步边欣赏这些古老的店铺和民家。从桂河大桥经过第二次世界大战博物馆前的道路去往市中心，就会看到很多面向外国游客的旅馆和酒吧。到了晚上，背着包行走的白人游客十分引人注目。在桂纳河沿岸这一带，有许多环境舒适的旅馆和餐厅。

如果想去市内或周边的话，可以选择停在火车站、巴士总站或旅馆周围的摩的，非常方便，市内乘坐价格为30~50泰铢，从巴士总站到河边的旅馆街需要30泰铢。乘坐嘟嘟车从巴士总站到河边的旅馆街需要50泰铢，人力三轮车需要30泰铢，不论选择乘坐哪种交通工具，都一定要事先商量好价格。

市中心的圣秋渡路

174

如果习惯了和公交车差不多的双条车的话，会十分方便，且价格便宜。首先要找到去往目的地的客车，并问一下是否路过自己想去的地方。市内10～20泰铢，租车价格需要商量，50泰铢～。

对自己体力有自信的人可以租一辆自行车。这样可以轻松前往桂河大桥、考番洞穴等地观光。费用一天50泰铢左右。租摩托车的话一天150～250泰铢。在桂河大桥站及旅馆附近可以租借。

火车站前展示的蒸汽机车，前后各一组汽缸

实用信息

TAT
MAP p.175-B2
住 14 Saeng Chuto Rd.
0-3451-1200
开 每天 8:30～16:30

景区治安局
MAP p.175-A1
住 Saeng Chuto Rd.

邮局
MAP p.175-B2
住 Saeng Chuto Rd.
0-3451-1131
开 周一～周五 8:30～16:30
周六・周日 9:00～12:00

曼谷近郊和泰国中部 ● 北碧（干乍那武里）

北碧（干乍那武里） Kanchanaburi

175

旧泰缅铁路和
桂河大桥之旅

由于电影《桂河大桥》的上映，许多电影和书籍都出现了旧泰缅铁路和桂河大桥的场景。为了缅怀建设时的悲剧历史，一定要去北碧参观一番。

桂河大桥
MAP p.175-A1

可以从北碧市区乘坐双条车、嘟嘟车或摩的前往。双条车从圣秋渡招和乌通路的交叉口出发（MAP p.175-B1）。如果从市中心步行会有些远，所以在旅馆街借自行车会比较方便。在享受了北碧到南督的旧泰缅铁路往返之旅后，回程可以从桂河大桥站下车即可。

旅游小贴士之一
游览旧泰缅铁路的技巧

由于从北碧10:25出发的列车相当拥挤，所以如果时间充足的话尽量提前去车站，挑一个靠窗的好位置。从北碧出发的话建议坐在前进方向的左侧。从南督返程的列车比较空，上午可以乘车游览西育国家公园或爱侣湾国家公园，返回时可以从南督或THAM KRASAE站乘坐火车，非常方便。

旅游小贴士之二
确保有座位的方法

10:25从北碧到南督的列车（257次）上有旅客专用车厢。指定席座位每人300泰铢，包括指定座席票、点心、饮品、保险和发票。指定座席票可以在北碧火车站的窗口购买。11月~次年2月是旅游旺季，游客很多，这种票的利用价值明显。此外的时期游客较少，买普通票即可。

北碧火车站
MAP p.175-B1
☎ 0-3451-1285

旅游小贴士之三
只周末运行的观光列车

只有周六和周日，从华兰蓬火车站出发的观光列车，每天往返一次。909列车6:30从华兰蓬出发，9:26到达北碧，11:30到南督。910列车14:25从南督出发，15:53到达北碧，19:25到达华兰蓬。返程时会在北碧站停车1个小时，可以利用这段时间观赏铁桥。在南督站停车时间也比较长，可以趁机欣赏一下西育纳瀑布。

旧泰缅铁路
Thailand-Burma Railway

在第二次世界大战中，由日军建起了一条连接曼谷郊区和缅甸的铁路，全长415公里。当时，日军抓捕大量俘虏和当地民众，逼迫他们建设铁路。在恶劣的环境以及过度的劳累下，很多人死于疾病和营养失调，这条铁路也被称为"Death Railway"（死亡铁路）。

战后，缅甸境内的以及从边境通往泰国南督的铁路已全被撤去，泰国境内还保留着一部分线路正在运行。从北碧到南督单程需要2.5小时左右。从车窗可以看到沿途郁郁葱葱的绿树以及河边美景。途中有桂河大桥、岩壁之间穿梭而过的"Chungkai Cutting"、悬崖边际300米的栈道桥等景点。

桂河大桥
River Kwae Bridge

距离北碧市区3公里、建在桂纳河上的一座铁道桥。1943年2月在桂纳河上先建了一座木质桥，同年4月在大约100米的上流建造的铁桥。由于战争中频繁受到联军的攻击，在1945年2~6月的大爆炸中被损坏。1950年，用日方付给的战后补偿款将其修复。桥墩之间呈圆弧形的铁架是新建，方形的铁架则是修复后的部分。现在作为观光景点大受欢迎。可以在铁桥上行走，也可以过桥。如果有列车来时也有躲避的空间。

这座桥曾让无数人失去了生命

曼谷（吞武里）─南督列车时刻表 （列车每日运行。以下为本书调查时数据）

曼谷（吞武里）→南督				
站名	列车编号	485	257	259
吞武里	出发	—	7:50	13:55
佛统（那坤巴统）	出发	—	8:57	14:59
廊巴多	出发	4:35	9:21	15:21
北碧	出发	5:52	10:25	16:26
桂河大桥	出发	6:24	10:42	16:32
塔客连	出发	7:18	11:31	17:32
库拉塞	出发	7:37	11:51	17:50
旺坡	出发	7:48	12:04	18:00
南督	到达	8:20	12:35	18:30

南督→曼谷（吞武里）				
站名	列车编号	260	258	486
南督	出发	5:20	12:55	15:30
旺坡	出发	5:46	13:23	15:58
库拉塞	出发	5:57	13:36	16:10
塔客连	出发	6:14	13:54	16:28
桂河大桥	出发	7:12	14:40	17:31
北碧	出发	7:19	14:48	17:41
廊巴多	出发	8:35	16:02	18:50
佛统（那坤巴统）	出发	9:19	16:30	—
吞武里	到达	10:25	17:40	—

费用：从北碧站出发，不论距离远近，外国人乘车一次100泰铢。从南督到塔客连的区间车为50泰铢。

行驶于THAM KRASAE 栈道桥上的旧泰缅铁路

于1977年建立，是一座讲述历史的博物馆

JEATH 战争博物馆

住 Wat Chaichumphon, Saen Chuto Rd.
开 每天 8:00~17:00
费 50 泰铢
交 从 TAT 步行约 10 分钟

"JEATH"的名称是取自 Japan、England、Australia、Thai、Holland 的首字母。原本想给博物馆定名为"DEATH（死亡）"，但还是觉得不妥于是用了现在这个名称。

泰缅铁路博物馆

住 73 Jaokannun Rd.
电 0-3451-2721
URL www.tbrconline.com
开 每天 9:00~17:00
费 140 泰铢（馆内禁止照相）
交 位于盟军公墓的旁边。从北碧火车站步行约 5 分钟。

第二次世界大战博物馆

开 每天 8:00~18:30
费 40 泰铢

由一位宝石商人花重金建设并管理。馆内展示有俘虏们当时的生活。旁边都有介绍，但是与 JEATH 战争博物馆稍有不同，请留意一下。

旅游小贴士

灵活乘坐机动三轮车

北碧的机动三轮车和摩的非常之多，但是如果是外国客人，肯定会被要高价。请参考 p.169 的专栏，灵活应对车主。另外，如果让机动三轮车主帮你找旅馆的话，他们可能会带你去自己能拿到提成的旅店，到时再商量价格你会变得非常被动。

北碧（干乍那武里）主要景点

JEATH 战争博物馆
JEATH War Museum
Map p.175-B2

保存有战俘集中营的记录

JEATH 战争博物馆位于城南，面朝美功河。它与桂河大桥、盟军公墓共同见证了"死亡铁路"的历史，是一处传播历史重要的场所。博物馆建于查春蓬寺（Wat Chaichumphon），由僧人在管理。为了再现当年集中营的面貌，建筑是由竹子构造而成。"コ"字形的建筑物内展示有当时的照片，还有战俘悄悄画下的素描、水彩画。还有描绘战俘被日本军严刑拷打、在恶劣的环境下与病魔做斗争的绘画作品、在第 2 展示室里，有手枪、军刀、弹药类等当时的武器以及水筒、饭盒等日用品。

泰缅铁路博物馆
Thailand-Burma Railway Centre
Map p.175-B1

了解泰缅铁路全貌

位于盟军公墓的旁边，馆内展示有与泰缅铁路建设相关的资料。在铁路建设这项工程中，东南亚劳工的死亡人数比盟军战俘要多得多，当时工程的状况用立体透视模型的方式再现给人们，还有日军为工程所制作的地图等展品，并然有序，一目了然。从二层的咖啡厅还可以望见盟军公墓。

向后世诉说着战争的历史

第二次世界大战博物馆
World War II Museum
Map p.175-A1

保存着原始大桥

是 1993 年由个人建造的中式风格建筑，位于铁桥的下游部分。由于它的另一个用途是艺术画廊，所以关于战争的展示只是一小部分。馆内展示有与战争相关的绘画、照片以及当时的武器。建筑物的里面有楼梯，下了楼梯来到河边，那里有木造桥的残骸。这是 1943 年 2 月日军历时三个月强迫战俘建造的最初的木桥。从当时的照片中也能看出，在桂河大桥的下游确实有一座木质的桥梁。

在另一座建筑物里，有泰缅战争历史相关物品的展示。

最早建造的木桥的一部分

盟军公墓、钟嘉公墓
Kanchanaburi Allied War Cemetery, Chongkai War Cemetery

Map p.175-B1、p.175-A2

在鲜花围绕下长眠的逝者

被日军逼迫建设泰缅铁路的盟军士兵，因事故、疾病、营养不良而命丧于此。他们的墓地在北碧有两处。一处是面朝圣秋渡路、距离北碧火车站很近的盟军公墓（Kanchanaburi Allied War Cemetery）。有6982名士兵在此沉睡，一片碧绿的草坪中，美丽的花朵竞相开放。还有一处是桂纳河沿岸的钟嘉公墓（Chongkai War Cemetery），由于距离市区较远，到访的人很少，十分寂静，大约有1750名盟军士兵埋葬于此。

北碧（干乍那武里）郊外景点

地狱之火通道纪念馆
Hellfire Pass Memorial

Map p.175-A1 外

泰缅铁路建设中最困难的地段

位于北碧西北部约80公里处的地狱之火通道，是修建泰缅铁路时最困难的路段。从热带雨林开路，到凿山破石，一步步向前铺路。如今，这里保存着由澳大利亚和泰国工会联合修建的博物馆和铁路遗迹。博物馆于1998年4月开馆，馆内展示有"二战"中被日军逼迫劳动的盟军战俘资料，特别是有关澳大利亚战俘和建设地狱之火通道的一些资料。从展示室出来下左面的楼梯，再沿小道前行即可到达地狱之火通道。通道内只有火车通过的空间，两侧岩石耸立。现在仅剩几米枕木和铁路。在地狱之火通道步行大约需要10分钟，在这条过去的铁路沿线途中，还有一些小路，单程4公里左右，适合散步。

仿佛正在诉说当时建造通道时的困难情景

爱侣湾国家公园 Erawan National Park

Map 文前图正面-B5

蝴蝶飞舞的山谷

桂河流域上有许多条瀑布，但是最著名的还要数爱侣湾国家公园中的瀑布。爱侣湾国家公园位于北碧西北部约65公里处，沿途景色也十分优美。公园办事处前有巴士站、餐厅和卫生间，还有一个大型停车场。游客中心有公园讲解员，可以向游客介绍园内的自然、设备以及住宿等情况。园内的瀑布大致分为七段，从入口到第一段距离很近，但到最后

盟军公墓
交 从北碧火车站步行需要5分钟左右。在巴士总站周边乘摩的或双条车比较方便。双条车或公交通乘坐2路车（橙色），费用为10泰铢。

钟嘉公墓
交 从巴士总站乘坐摩的大约需要10分钟（50泰铢左右）。

盟军墓地不论何时都被打理得十分美丽整洁

地狱之火通道纪念馆
交 从北碧的巴士总站（Map p.175-B2）乘坐8203路（每小时一趟），在地狱之火通道站下车。需要1小时30分钟，50泰铢。返回北碧的末班车时间为17:00左右。

博物馆
开 每天9:00~16:00
费 捐款金额不限

乘坐巴士，到博物馆前要接受军队安检，需提供护照等身份证明。

旅游小贴士

租借自行车时的注意事项

租借自行车游览城市最为方便。一天30~50泰铢，价格公道。骑自行车时一定注意将贵重物品随身携带。因为经常有人因把物品放在车筐而被抢。

爱侣湾的第二段瀑布

爱侣湾国家公园
开 每天8:30~16:30
费 300泰铢（国家公园入场费。外国游客费用）
交 从北碧的巴士总站（Map p.175-B2）乘坐8170路巴士去往爱侣湾国家公园方向（8:00~17:00）运行。每隔50分钟一趟），在终点站公园停车场下车。一共需要1小时30分钟左右，55泰铢。回程的末班车时间为16:30。

在瀑布的第二段有行李寄存处，为了保护环境，必须将携带的食物存放于此。由于公园内禁止乱扔垃圾，带饮品的游客需要在自己的瓶子上作标记（寄存押金20泰铢，回来后退还）。

西育国家公园
开 每天 8:30~16:30
费 300 泰铢（国家公园入场费。外国游客费用）
交 从 北 碧 的 巴 士 总 站（→p.175-B2）乘坐 8203 路巴士，在西育国家公园站下车（6:00~18:30 每隔 30 分钟一趟，需要 2 小时，60 泰铢）。到达公园的停车场区域还有 3 公里左右，可乘坐摩的前往，费用 50 泰铢。回程的末班车时间为 16:30。

西育纳瀑布
交 乘坐火车在终点站南督下车后，乘坐双条车，需要 5 分钟，10 泰铢。或者从北碧的巴士总站乘坐 8203 路巴士，在考澎站下车。6:00~18:30 每隔 30 分钟一趟，需要 1 小时 30 分钟，45 泰铢。回程的末班车时间为 16:30。巴士比火车似乎更方便些。

考番洞穴
开 每天 9:00~17:30
费 20 泰铢

狮城塔历史公园
开 每天 8:00~16:30
费 100 泰铢（外国游客费用）
交 在北碧火车站乘坐开往南部的列车，约 1 小时后在塔客连（Tha Kilen）站下车。然后沿河边向西步行 25 分钟左右即可看到指示牌。列车发车时间为 5:52 和 10:25，费用为 100 泰铢。回程从塔客连站的发车时间为 13:54 和 16:28。

🛈 旅游小贴士
郊外游览方法
乘坐公共交通去狮城塔历史公园并不是太方便，这时在北碧租嘟嘟车前往会是个不错的选择。如果向旅行社预订，还可以顺路游览考番洞穴和高博物馆等景点，费用大概为 1200 泰铢，需要 4~5 小时。

第七段需要走 2 公里左右的山路。慢慢走的话往返大概需要 2 小时，在绿丛中飞舞的蝴蝶会让你忘记夏日的炎热。

西育国家公园 Sai Yok National Park
Map 文前图正面 -B5
拥有瀑布和洞穴的自然公园

北碧西北部约 100 公里处有一家绿意盎然的大型国家公园。园内的西育纳瀑布（Sat Yok Yai Waterfall）常常被作为漂流的起点使用。但是水有些冷，游泳会有些危险。西育纳瀑布在雨季也十分壮观。只是有时水量较少，所以参观前最好先向 TAT 确认后再出发。园内还有很多洞穴以及日军残留下来的炉灶（Japanese Stove）。在丰富的热带雨林包围下，蝙蝠、鹿、松鼠等野生动物在此繁衍生息，很适合作为自然观察对象。在园内还有木屋、船屋等住宿设施。雨季有时会发洪水，请多注意。

考番洞穴 Khaopoon Cave
Map p.175-A2
摆放着形态各异的佛像

从钟嘉公墓向西走 2 公里左右后到达考番洞穴。途中先路过铁路，在左边弧形的坡道上可以看到寺院，洞穴就在这座寺院的占地内。洞穴内错综复杂，但好在有照明和指示牌，所以不需要特别准备。洞穴内部十分宽阔，"二战"时这里曾作为日军的仓库。洞穴里面有各种形态的佛像。在昏暗、寒气阵阵的氛围下佛像也越发显得神秘。洞穴越往里走越狭窄，在差不多能感受到地上的光芒时便到达了出口。上台阶出洞后，会发觉原来和入口相离甚远。参观完洞穴后可以去寺院占地内的展望台看一看，能将潺潺流动的桂河、铁路以及附近的山峰都尽收眼底。

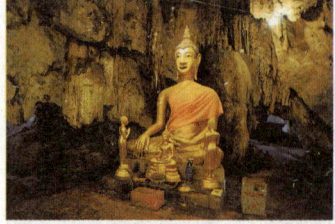
考番洞穴内摆放着各种各样的佛像

狮城塔历史公园
Prasat Muang Singh Historical Park
Map p.175-A1 外
高棉时代的遗址

狮城塔历史公园位于北碧西北 43 公里处的帕艾河岸边，这里曾经是一个城镇。据说高棉时代这里曾是河岸贸易的中转站。遗迹中心是大城佛教寺院，建于高棉帝国苏利耶拔摩七世（13 世纪）时期，与华富里的三峰塔（→p.170）同属一种风格。方形的园内中央有一座大型的佛塔。周围是一圈方形的小佛塔。小佛塔外围还有带顶回廊。

在这座寺院发现的高 161 厘米的观音菩萨石像被展示在曼谷国家博物馆里。园内的小型博物馆里还有高棉时代之前的文物展示。

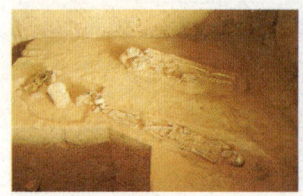
发现了埋葬死者的遗迹

园内有多处高棉时代的遗迹

180

班高博物馆 Ban Kao Museum
展示史前时代的遗物

Map p.175-A1 外

建筑物也可以展览的小型博物馆

班高博物馆位于距离狮城塔历史公园约8公里的桂河岸边。在泰缅铁路建设中发现了此遗址，战后泰国与丹麦学者一同调查并在此发现了许多文物。馆内展示有4000年前的较为完整的女性遗骨、石器、2000年前的首饰、手镯等。真实再现了当时的生活情景。

老虎庙
Tiger Temple（Wat Pa Luangta Bua Yannasampanno）
与老虎合影

Map p.175-A1 外

老虎庙位于北碧西北约45公里处的西育地区，是一座建在森林中的寺庙。这里饲养着许多老虎，因可以和游客合影而出名。于1994年设立，最初是为了向野生动物提供食物。之后开展了保护受伤野生动物的工作，于1955年设立了野生动物保护中心。该中心收到了大量捐助，现在，有鹿、野猪、山羊、牛和马等多种野生动物，其数量和种类也在渐渐增加。而开始饲养老虎也是因为有人把泰缅边境被猎杀的母老虎的幼崽送到这里的缘故。虽说是人工饲养的老虎，但是随意接近它们也是十分危险的。一定要听从饲养员的指挥，绕到老虎后面，坐下，把手轻轻放在老虎身上，然后请其他饲养员帮忙照相（自带相机）。这里有好几只老虎，偶尔会发出咆哮之声，令人为之震撼。

从北碧出发的旅行团

由于郊外的景点比较分散，所以报团参观会更加有效率。以下是旅行社推出的一些旅游项目。另外，由于推出泛舟游的旅行社并不多，请向TAT咨询确认。以下费用均为4人报团时每人的费用（详情请咨询各旅行社）。

尽量享受在这七段瀑布包围下的美丽自然风光

爱侣湾国家公园和泰缅铁路（1天1140泰铢～）：上午参观爱侣湾的七段瀑布，下午在南督下车，乘泰缅铁路去往北碧方向。可以在桂河大桥前下车参观。在从爱侣湾国家公园乘坐泰缅铁路火车的途中，可以参观一下地狱之火通道、象园，还可以进行竹筏漂流（需另加300泰铢）。这样的话，在爱侣湾国家公园的逗留时间会缩短。

骑象在大自然中漫步

与大象一同玩水（半天，790泰铢～）：在象园游览20～30分钟后，可以体验与大象一同水中嬉戏10分钟左右，还可以骑象漫步。活动时间为8:00～11:00和14:00～17:00。不包含餐费和骑象费。

克伦族村落和丛林环游（2天，2200泰铢）：在深幽的丛林中探险，然后在克伦族村落进行两天一晚的游览。可以与地狱之火通道、象园、竹筏漂流、泰缅铁路乘车组成一个丰富的旅游计划。

其他国家公园的游览线路：除上述以外，还有西育公园等国家公园等着你来挑战。欢迎前来咨询。

曼谷近郊和泰国中部 ● 北碧（干乍那武里）

班高博物馆
- 开 周三～周日 9:00～16:00
- 休 周一、周二・法定节假日
- 费 50泰铢（外国游客费用）
- 交 乘火车在塔孟连（Tha Kilen）站下车，然后可以乘坐在路边等待的摩的。约8公里，单程100泰铢。如果租一辆摩的，连同狮城塔历史公园一起游览的话，费用大概250泰铢。

老虎庙
- 住 77 Moo 5, Muang Sin
- TEL 0-3453-1557 FAX 0-3453-1558
- URL www.tigertemple.net
- 开 每天7:15-10:30、12:15-15:15
- 费 上午活动为5000泰铢（包括给僧人的香火钱、与老虎合影、散步等）。下午活动为600泰铢（包括与老虎合影以及院内散步。喂食等活动需要另交1000泰铢）。
- 交 下午活动需要预约。最好是在北碧报团参加。另外，一些行政单位和保护团体也对动物的管理方法及过度的商业化形式提出了批评。

赶老虎情绪不错，赶快倾情拍下照片

旅游小贴士

旅行社

T 欢乐时光旅行社
Good Times Travel
- MAP p.175-B2
- 住 63/1 Maenam Kwai Rd.
- TEL 0-3462-4441
- URL www.good-times-travel.com
- 营 每天9:00～21:00
- 以当日返回路线（800泰铢）为主，也有泰缅边境的1～2日游。

T 妥依旅行社 Toi's Tour
- MAP p.175-B2
- 住 57 Maenam Kwai Rd.
- TEL 0-3451-4209
- TEL 08-1856-5523
- URL www.toistours.com
- 营 每天9:00～次日0:00
- 因性价比高而颇受好评。最受欢迎的是爱侣湾国家公园和象园游览的组合项目。

B.T. 旅游中心
B.T. Travel Center
- MAP p.175-B2
- 住 89 Maenam Kwai Rd.
- TEL 0-3462-5198
- URL www.b-t-travel.com
- 营 每天8:00～22:00
- 有象园游览等各种各样的1日游（890泰铢～）。

酒店
Hotel

　　酒店主要分布在圣秋渡路，旅馆则主要集中在桂纳河沿岸。河岸边的旅馆视野好，可以尽享桂河的美景。周末的夜晚会有专门跳迪斯科的游船驶来，十分喧闹。

桂河酒店
River Kwai Hotel　　　　　　　　高档酒店

Map p.175-B1
- 住 284/15-16 Saeng Chuto Rd.
- Tel 0-3451-0111、0-3451-1184
- FAX 0-3451-1269　URL www.riverkwai.co.th
- 费 AC S T 990~1700 泰铢　CC A M V
- 房间数 157 间　带泳池　WiFi 免费

◆市内最高级的酒店。内设餐厅、泳池、健身房、SPA、按摩房、酒馆、露天啤酒花园等多项娱乐设施。

河川酒店
River Inn　　　　　　　　经济型酒店

Map p.175-B1
- 住 284/15-16 Saeng Chuto Rd.
- Tel 0-3462-1056
- FAX 0-3451-1269
- 费 AC S T 400~500 泰铢
- CC A J M V
- 房间数 38 间

◆是桂河酒店的姐妹店。与桂河酒店同属一片区域，价格更为经济实惠。从巴士总站步行约15分钟。建筑虽然古老，但是打扫得很干净，住起来很舒适。

奢华大酒店
Luxury Hotel　　　　　　　　经济型酒店

Map p.175-B1
- 住 284/1 Saeng Chuto Rd.
- Tel 0-3451-1168
- 费 F S T 350 泰铢　AC 600 泰铢
- T 700 泰铢　3人间 900 泰铢（不含早餐）
- CC 不可使用
- 房间数 39 间　WiFi 免费

◆位于市中心的中档酒店。十分干净整洁。全部房间都配有电视和热水淋浴。二层有几间宽敞的客房。

苹果旅馆
Apple's Retreat Guest House　　　　　　旅馆

Map p.175-A1
- 住 153/4 Moo 4, Thamakham
- Tel 0-3451-2017　FAX 0-3451-4958
- URL www.applesguesthouse.com
- 费 AC S T 790~990 泰铢（990 泰铢的房间带早餐）
- CC A D M V　房间数 16 间　WiFi 免费

◆位于桂纳河的对岸，是一所远离喧嚣的旅馆。河岸边的餐厅还开办了泰国菜课程，使用的是从专用地采摘的蔬菜。在这里住宿的客人可以免费租借自行车。

蓝星旅馆
Blue Star Guest House　　　　　　旅馆

Map p.175-A2~B2
- 住 241 Maenam Kwai Rd.
- Tel 0-3462-4733　FAX 0-3451-2161
- URL www.bluestar-guesthouse.com
- 费 F S T 200 泰铢　AC S T 350~850 泰铢　房间数 35 间
- WiFi 免费（只限于宴会厅旁边的房间）

◆被绿树环抱的旅馆。桂纳河岸上有一座长桥，它的两侧有一排排水上小屋。因为有各种类型的房间，所以可以看后再决定。带空调的房间内有热水沐浴设施。

甘蔗旅馆Ⅰ
Sugar Cane Guesthouse Ⅰ　　　　　　旅馆

Map p.175-B2
- 住 22 Soi Pakistan, Maenam Kwai Rd.
- Tel 0-3462-4520
- 费 F S T 150~250 泰铢　独立阁楼
- F S T 300~450 泰铢　AC S T 550 泰铢
- CC 不可使用
- 房间数 31 间
- WiFi 免费

◆甘蔗旅馆有两种客房，一种是围绕草坪中庭而建的木屋客房，一种是建在水上的船屋式客房。河边的花园餐厅很有特色，大受旅客欢迎。独立阁楼里带有热水淋浴。在桂河大桥还有一家姐妹店，叫甘蔗旅馆Ⅱ。（MAP p.175-A1）。那里的价格是 F S T 200 泰铢。AC S T 550 泰铢。

蓬盘旅馆
Pong Phen Guest House 旅馆

◆围绕中庭和泳池的客房并排而立,可以环望河边风景。有一些房间设有热水淋浴。1000泰铢以上的房间附带早餐。从河边的庭院能够欣赏到落日。在这家旅馆还可以报名参加旅游团。

Map p.175-B2
住 7 Soi Bangladesh, Maenam Kwai Rd.
电 0-3451-2981
URL www.pongphen.com
费 AC⑤T650~1300泰铢
CC 不可使用
房间数 50间
WiFi 免费

佳南旅馆
Canaan Guest House 旅馆

◆旅馆由一对姐妹经营,打扫得十分干净整洁。公共洗浴中也有热水。这里也提供周游的旅行团。旅馆位于巴士总站的里侧,从东南角的小佛塔边的小道穿过,然后右拐后直行2分钟即到。

Map p.175-B2
住 63 Soi 2, Taopoon Rd., Bannua
电 0-3451-4612、09-0498-2063
费 F⑤150泰铢 T250泰铢(公共卫浴) ⑤T330泰铢
AC D250泰铢(公共卫浴)⑤T380泰铢
CC 不可使用 房间数 16间 WiFi 免费

餐厅
Restaurant

如果想找吃饭便宜的地方,可以去火车站前或巴士总站周边,晚上这里有很多小吃摊。

侏利佛罗格大饭店
Jolly Frog

◆侏利佛罗格大饭店还有一家同名的旅馆。这家饭店里有泰国菜、海鲜、西餐等250多种丰富菜肴。盖饭类40泰铢~,菜品类60泰铢~,非常实惠。

Map p.175-B2
住 28 Soi China, Maenam Kwai Rd.
电 0-3451-4579
营 每天 7:00~22:30
CC 不可使用

山竹园餐厅
Mangosteen Garden Restaurant

◆在旅馆街有一家很受欢迎的咖啡厅,叫作山竹咖啡厅,它的老板在河对岸又开了这家山竹园餐厅,除了一直很有人气的小碟菜(90泰铢~)外,还有康托克帝王套餐(240泰铢)。

Map p.175-A1
住 74/12 Moo 4, Thamakham
电 0-3451-1814
营 每天 11:30~22:00
CC 不可使用

水上餐厅
Floating

◆水上餐厅位于桂河大桥的前面,从下面可以仰望大桥,是一处绝佳的观景餐厅。一道菜100~250泰铢不等,种类丰富,使用贝类制成的香辣咖喱(Keag Kua Hot Khow)150泰铢,烤河虾360泰铢,各种鱼类菜肴150泰铢~。

Map p.175-A1
住 River Kwai Bridge
电 0-3451-2595
营 每天 8:30~22:30
CC M V

桑卡拉武里 *Sangkhlaburi* สังขละบุรี

泰缅国境上少数民族生活的城市

桑卡拉武里位于桂纳河上游的考类湖沿岸，是一座边境小城。这里除了泰国人以外，还有在缅甸内战时前来避难的缅甸孟族、克伦族等少数民族。在这里，能够体验到不同民族衣食住行的独特文化。还可以在建于湖上的水上餐厅悠闲地度过，或者去感受周边丰富的自然风光。

泰国最长的木桥

交通

从北碧出发
BUS 从巴士总站一等车在7:30~16:30有10班车，需要3个小时30分钟，195泰铢。普通车1天4班，需要4个小时30分钟，120泰铢。迷你巴士175泰铢。

旺微瓦克拉姆寺和佛陀伽耶塔
开 正殿每天 7:00~17:00
费 免费（布施20泰铢左右）
交 从孟族大桥过来大约2公里。乘坐在桥上等待拉活的摩托车，来回50泰铢左右。

桑卡拉武里 主要景点

孟族大桥 Mon Bridge
Map p.184-A~B
延伸到缅甸孟族村落的湖上之桥

孟族大桥位于松卡利亚河与考类湖的交汇处，是泰国最长的木质桥梁。是由湖对岸的缅甸孟族人民建造而成的。也被称作 Uttamanuson 桥。

旺微瓦克拉姆寺
Wat Wang Wiwekkaram
Map p.184-B
印度风格的孟族寺院

该寺院是由缅甸孟族人出身的僧人乌塔玛主持修建。他生前广受孟族人、克伦族人及缅甸人的尊敬。院内有泰国、印度、高棉等多种样式建筑，珍贵罕见，值得一看。正殿和佛陀伽耶式佛塔由50米的回廊连接。正殿内供奉着从缅甸运来的大理石佛像，还展示有猛犸象的象牙。四面墙壁上有精美的印度风格雕刻，不容错过。

有很多巨大的建筑

佛陀伽耶塔
Chedi Buddhagaya
Map p.184-B
美丽的佛塔高耸入云

佛陀伽耶塔也是由乌塔玛大师主持修建而成。该塔为印度式风格，入口有两头巨大的石狮子坐镇。

登上台阶就能看到金刚佛,再往前即是佛塔。塔壁的周围还有很多小佛像。

三塔山口
Three Pagodas Pass（Chedi Sam Ong）
Map 文前图正面 -A4

缅甸军多次通过的国境之山

　　北碧北部约 22 公里处的泰缅边境上,排列着三座小型佛塔。这是大城时代缅甸军入侵泰国时要通过的关口。泰缅铁路从这里一直延伸至缅甸。数年前,泰国已将残留的大部分铁路拆除了。现在,佛塔对面有许多出售缅甸特产的商店。

跨越国境

　　需要在边境处（三塔山口）的泰国出入境管理局办理相关手续（开每天 6:00~18:00。需要护照原件及复印件、护照用照片 2 张。入境时要把护照暂时抵押）。之后再到对面的缅甸出入境管理局,缴纳 500 泰铢或 10 美元入境费,换取一张临时签证。但是,只可在距离边境 2 公里的范围内活动。

三塔山口
从桑卡拉武里的双条车乘车点坐双条车出发需要 30 分钟,30 泰铢。从北碧直达三塔山口的巴士一天有两班,一等车 245 泰铢,二等车 186 泰铢,需要 4 小时。在巴士总站的东侧有乘车点和办公区,在那里有带空调的迷你巴士,可乘坐 12 人,需要 4 小时。6:30-16:30 有 10 趟车,费用为 185 泰铢。

 旅游小贴士

从市中心去往酒店
从巴士总站、迷你巴士乘车站去各个酒店,可以乘坐载客摩的,费用为 20 泰铢。如果有大件行李,大概需要 50 泰铢。

象园 & 漂流
象园 + 漂流一日游（含午餐,900 泰铢左右）、漂流 + 漫步半日游（450 泰铢）等旅游线路可以在各酒店和旅馆报名。

酒 店
Hotel

桑普拉梢布度假村
Samprasob Resort　　酒店　　Map p.184-A

◆顺着通往考类湖的急坡向下走 3 分钟（150 米）即可到达。这是一家中档酒店,内设高台,可以俯瞰湖水。预约时,需要提前汇款支付。

住 122 Moo 3, Tambon Nongloo
电 0-3459-5050　FAX 0-3459-5205
URL www.samprasob.com
费 AC S T 1400~2500 泰铢　10 人间 3000 泰铢　情侣套房 2500 泰铢
CC 不可使用　房间数 40 间
带泳池　WiFi 免费

蓬派林河畔酒店
Pornpailinriverside Resort　　酒店　　Map p.184-B

◆客房楼朝湖而建,从阳台上可以欣赏到桑卡拉武里的美景。

住 60/3 Tambon Nongloo
电 0-3459-5355　FAX 0-3459-5275
费 AC S 1200 泰铢　T 1400 泰铢
CC 不可使用　房间数 53 间　WiFi 免费

巴美紫旅馆
Burmese Inn　　旅馆　　Map p.184-A

◆因经济实惠而大受欢迎的旅馆。所有房间均设有热水淋浴。在餐厅还可以享用缅甸菜以及桑卡拉武里产的葡萄酒。

住 52/3 Moo 3, Tambon Nongloo
电 08-6168-1801
URL www.burmese-inn.com
费 F S T 400 泰铢　AC S T 1200 泰铢
CC 不可使用　房间数 16 间　WiFi 免费

P. 旅馆
P. Guest House　　旅馆　　Map p.184-B

◆旅馆朝湖而建,占地面积大,十分受游客欢迎。房屋主体的两层楼为木质结构,湖边有各种石砌的房屋,都非常干净。这里还推出一日游 + 住宿的套餐服务（F 1000 泰铢,AC 1350 泰铢~。官网实时更新）。租借摩托车一天为 200 泰铢。

住 81/2 Moo 1, Tambon Nongloo
电 0-3459-5061、08-1450-2783
FAX 0-3459-5139　URL www.p-guesthouse.com　费 F S T 250 泰铢（公共卫浴）
AC S T 950 泰铢　CC 不可使用
房间数 34 间（风扇房 16 间,空调房 18 间）　WiFi 免费

注：三塔山口边境经常会封锁,最新情况请在当地确认。

Thailand Central

曼谷
文前图正面-C6

帕塔亚（芭堤雅）*Pattaya* พัทยา

从曼谷出发一日游的海滨胜地

海滨游玩的话推荐去阁兰岛

交通

从曼谷出发
BUS 可以从东、北、南各巴士总站以及素万那普国际机场乘坐巴士、从战争胜利纪念牌乘坐迷你巴前往。需要2~2.5小时。
东部巴士总站：4:30~23:30 每20分钟一趟，一等车，115泰铢。
北部巴士总站：4:30~21:00 每30分钟一趟，一等车，119泰铢。
南部巴士总站：6:00~18:00 每小时一趟，一等车，115泰铢。
巴士到达芭堤雅北街的巴士总站（MAP p.188-C2），然后拼双条车（每人30~50泰铢）或乘坐载客摩的（80泰铢~）去市区。
URL www.pattayabus.com
素万那普国际机场：7:00~22:00 每小时一趟，250泰铢。车票可以在机场大楼一层8号门旁边的巴士公司柜台上购买，在帕塔亚的素坤逸路、芭堤雅北街、芭堤雅中街、芭堤雅南街的各个交叉口停车后开往巴士公司办公地。（MAP p.188-B3）。
URL www.airportpattayabus.com
战争胜利纪念碑：迷你巴士 5:30~20:00 每15分钟一趟，98泰铢（乘车场见MAP p.63-D2）。有大件行李时需要再单购买一张票。终点站在芭堤雅二街和芭堤雅南街的角落里（MAP p.187-B4）。
URL www.pattayavan.com
RAIL 6:55从华兰蓬火车站出发，10:35到达帕塔亚。周一到周五每天只有一班，周六、周日不发车。三等座 31泰铢。从帕塔亚是14:21发车，18:25到达华兰蓬火车站。从火车站或巴士总站到达市区可以乘坐双条车（20~40泰铢）或载客摩的（60泰铢~）。

实用信息

☎ TAT
MAP p.188-B3
☏ 1155、0-3842-9371

帕塔亚（芭堤雅）是泰国著名的旅游胜地。20世纪60年代，为了给参加越南战争的士兵一个疗养、娱乐的地方将这里开发，后来作为欧美人来亚洲时必去的一个代表性景点，每天都会迎来许多游客。海边十分干净，酒店也经济实惠，夜生活也很丰富。周边还有不少的游乐场和主题公园。

帕塔亚（芭堤雅）漫步

海滩上的一排排躺椅和帐篷（收费）

面朝帕塔亚海边的道路叫作海滩大道（Pattaya Beach Rd.），也是芭堤雅一街（Pattaya 1st Rd.），平行向里走是芭堤雅二街（Pattaya 2nd Rd.）。这两条大道是东西走向，从南向北依次为芭堤雅北街（North Pattaya Rd.）、芭堤雅中街（Central Pattaya Rd.）、芭堤雅南街（South Pattaya Rd.）。以芭堤雅中街为界，又被分为南区和北区。芭堤雅北街有许多中档酒店、餐厅和特产商店，非常繁华。如果想散步的话，推荐去海边的步行街。

■ 帕塔亚（芭堤雅）的市内交通

双条车：帕塔亚市内有许多深蓝色的双条车。因其往返于海滩大道和芭堤雅二街，所以乘坐起来十分方便。招手停车，想下车时只要按一下车顶的按钮便会停车，然后把钱交给司机即可。费用为10泰铢。但也有费用较高的情况，这时什么也不要说直接交钱。如果要租车的话需要商量好价格，像 p.187 地图的范围内一般 20~30 泰铢（一定要确认好是一人的乘车价格还是多人的乘车价格）。只要不是危险地带可随时停车。

从曼谷乘坐巴士或迷你巴士时，有时会在帕塔亚市区东面的素坤逸路上停车。这时可乘坐贯穿芭堤雅中街和芭堤雅南街的双条车。

载客摩的：在市内各处都有停靠

可以当作公交车或是出租车使用的双条车

186

的摩的，十分方便。在市内活动费用为 30~60 泰铢。

打表式出租车：经常在繁华的街道上等待接客。起步价为 40 泰铢。不过一般很少打表，提前商量好一个价格即可。

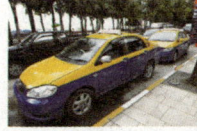

两种颜色的帕塔亚出租车

实用信息

泰国国际航空

MAP p.187-C1

住 Dusit Resort, 240/2 Pattaya Beach Rd.

TEL 0-3842-0995

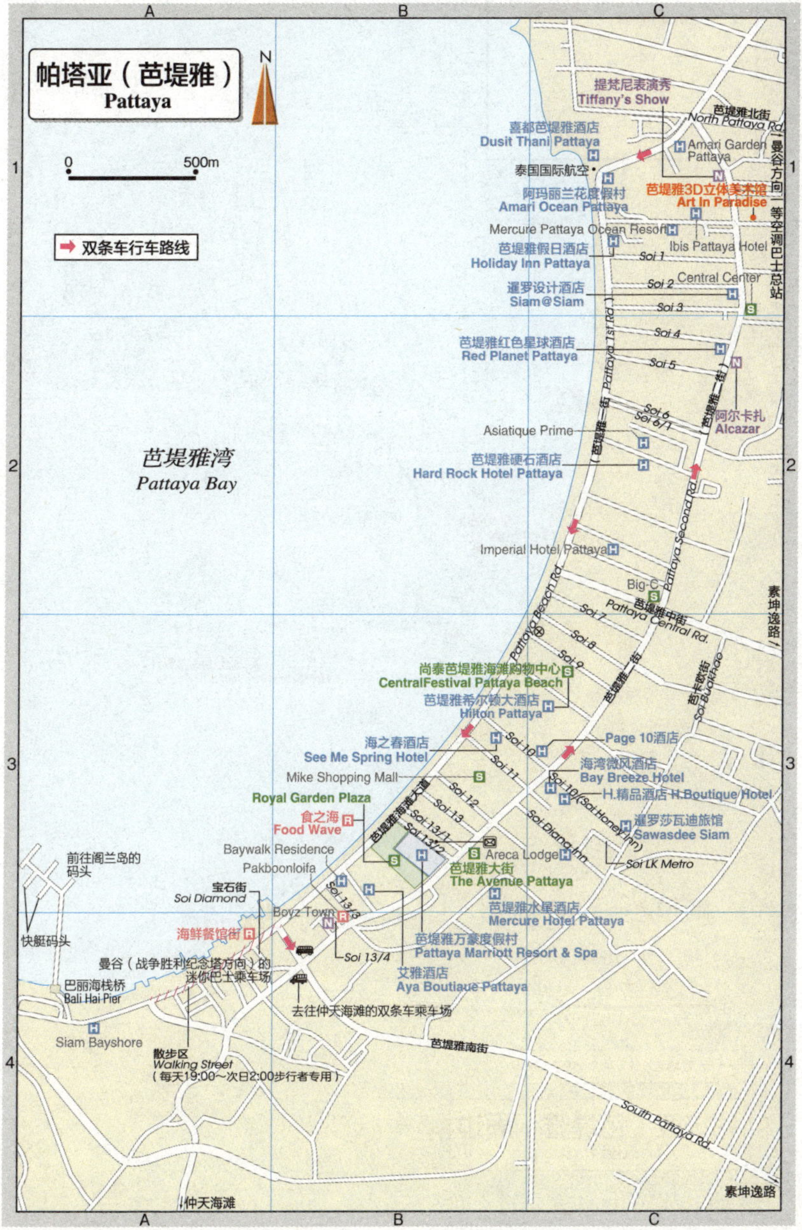
帕塔亚（芭堤雅）
Pattaya
N
0
500m
➡ 双条车行车路线
A
B
C
1
2
3
4
芭堤雅湾
Pattaya Bay
提梵尼表演秀
Tiffany's Show
芭堤雅北街
North Pattaya Rd.
喜都芭堤雅酒店
Dusit Thani Pattaya
Amari Garden Pattaya
（曼谷方向）等空调巴士总站
泰国国际航空
阿玛丽兰花度假村
Amari Ocean Pattaya
芭堤雅3D立体美术馆
Art In Paradise
Mercure Pattaya Ocean Resort
芭堤雅假日酒店
Holiday Inn Pattaya
Ibis Pattaya Hotel
Soi 1
Soi 2
Central Center
暹罗设计酒店
Siam@Siam
Soi 3
Soi 4
芭堤雅红色星球酒店
Red Planet Pattaya
Soi 5
芭堤雅一街（Pattaya 1st Rd.）
芭堤雅二街（Pattaya Second Rd.）
阿尔卡扎
Alcazar
Soi 6
Soi 6/1
Asiatique Prime
芭堤雅硬石酒店
Hard Rock Hotel Pattaya
Imperial Hotel Pattaya
Big-C
Pattaya Beach Rd.
芭堤雅中街
Pattaya Central Rd.
素坤逸路
Soi 7
Soi 8
Soi 9
芭卡欧街
Soi Buakhao
尚泰芭堤雅海滩购物中心
CentralFestival Pattaya Beach
芭堤雅希尔顿大酒店
Hilton Pattaya
海之春酒店
See Me Spring Hotel
Soi 10
Soi 11
Page 10酒店
海湾微风酒店
Bay Breeze Hotel
H.精品酒店 H.Boutique Hotel
Mike Shopping Mall
Royal Garden Plaza
食之海
Food Wave
芭堤雅海滩大道
Soi 12
Soi 13
Soi 13/1
Soi 13/2
Soi 10（Soi Honey Inn）
Soi Diana Inn
暹罗莎瓦迪旅馆
Sawasdee Siam
Soi LK Metro
Baywalk Residence
Pakboonloifa
Areca Lodge
芭堤雅大街
The Avenue Pattaya
前往阁兰岛的码头
宝石街
Soi Diamond
Soi 13/3
Boyz Town
芭堤雅水星酒店
Mercure Hotel Pattaya
海鲜餐馆街
快艇码头
芭堤雅万豪度假村
Pattaya Marriott Resort & Spa
Soi 13/4
曼谷（战争胜利纪念塔方向）的迷你巴士乘车场
巴丽海栈桥
Bali Hai Pier
艾雅酒店
Aya Boutique Pattaya
去往仲天海滩的双条车乘车场
Siam Bayshore
芭堤雅南街
散步区
Walking Street
（每天19:00~次日2:00步行者专用）
South Pattaya Rd.
素坤逸路
仲天海滩

帕塔亚（芭堤雅）主要景点

蝙蝠寺 Wat Khao Phra Bat
Map p.188-B3

环望芭堤雅湾的展望台

蝙蝠寺位于芭堤雅海滩南部去往芭堤雅喜来登酒店或皇家悬崖海滩酒店途中的一座小山上，从这里可以将芭堤雅湾的景色尽收眼底，十分壮观。

雄伟壮阔的芭堤雅全景

蝙蝠寺
交通 从帕塔亚（芭堤雅）市区开车10分钟左右。乘坐摩的费用为60~80泰铢，双条车为100泰铢。

帕雅寺 Wat Phra Yai
Map p.188-B3

黄金大佛坐镇的寺院

在蝙蝠寺南侧的山丘上建起的寺院，沿参拜道登上山顶便可看到一尊黄金大佛。大佛周围还供奉着许多形态各异的佛像，有卧佛，也有立佛，每尊佛像都挂有一个牌子，代表一周中的一天。人们可以选择自己出生那天的佛像进行参拜。

每一尊佛像分别代表一周中的一天

帕雅寺
交通 从帕塔亚（芭堤雅）市区开车10分钟左右。乘坐摩的费用为60~80泰铢，双条车为100泰铢。

真理寺 The Sanctuary of Truth
Map p.188-B1

富豪想象出的巴洛克式建筑

真理寺位于芭堤雅湾北部与纳库拉瓦湾交汇处的小岛上。是一座神秘的木质大型建筑。由一位汽车富商于1981年开始建造，他去世后工程还在持续。这座建筑高105米、宽100米，没有使用一颗金属钉，全部用木材榫卯结构建成，令人惊叹不已。但是最引人注目的还是雕刻的各种佛像。佛教与印度教的诸神浑然一体，装饰了整座建筑。据说是象征着融合印度、中国、新加坡、泰国哲学的独特思想。一想到每天400多名工人辛勤工作的情景，说这里是芭堤雅的圣家堂也不为过。

门票还有和其他项目组合的套票。例如，参观现场制作木雕、乘船、骑马、乘坐景区专用车等。后又推出了泰国舞蹈秀等节目，这里与建寺当初相比，给人的印象越来越像游乐园了。

真理寺
地址 206/2 Moo 5, Soi Naklua 12, Bangramung, Chonburi
电话 0-3836-7229
网址 www.sanctuaryoftruth.com
开放 每天8:00~18:00（跟随寺内导游参观）
门票 500泰铢（参观建筑及装饰木雕的现场制作。乘坐马车、景区专用车或大象需要单付钱）
交通 从帕塔亚（芭堤雅）市区乘坐摩的需要100泰铢。

旅游小贴士

从东部巴士总站出发时的注意事项

进入巴士总站大楼的右侧是一等空调巴士的票务柜台，正面标有"PATTAYA"的字样。巴士从1号乘车场出发，在东部巴士总站大喊"还有谁去芭堤雅"的人是二等空调巴士的乘务员。二等空调巴士（4:30~21:00每20~30分钟一班，112泰铢）因为途中还要接客所以需要3~5小时。而且也不能进入芭堤雅市区，十分不便，建议尽量不要乘坐。

从曼谷乘出租车去芭堤雅

曼谷市内的出租车如果商量一下，1500泰铢左右可以到芭堤雅（提前确认好是否包含收费道路的费用）。还可以直达指定的酒店，非常方便。回曼谷的话1200~1500泰铢。

充满着奇特造型的异次元空间

也许永远不会完工的亚洲圣家堂

芭堤雅公园铁塔

345 Jomtien Beach
☎ 0-3825-1201
FAX 0-3825-1209
URL www.pattayapark.com
开 观景台 9:00~19:00（周六·节假日到 21:00）
费 400泰铢（外国游客费用。包含一瓶饮料）。在餐厅用餐可免费进入观景台。
CC J M V
交 从帕塔亚（芭堤雅）市区坐摩的单程 120~150 泰铢。
空中穿梭、急速穿梭、蹦极
开 周日~下周五 10:30~18:00（蹦极截至 19:00）
周六·节假日 10:00~19:00
费 入塔时追加支付 400 泰铢

依律花园

地 34/1 Moo 7, Na Jomtien, Sattahip
☎ 0-3823-8061
FAX 0-3823-8160
URL www.nongnoochtropicalgarden.com
开 每天 8:00~18:00。表演秀每天 4~5 场（根据季节会有变更）
费 500 泰铢（外国游客费用）
CC J M V
交 包含酒店接送的旅行团 800~900 泰铢（午餐加 100 泰铢）。

是拉查老虎园

地 341 Moo 3, Nong Kham
☎ 0-3829-6556
URL www.tigerzoo.com
开 每天 8:00~18:00
费 450 泰铢（外国游客费用）
交 从帕塔亚（芭堤雅）出发驱车约 40 分钟。酒店和旅行社推s出含接送服务的项目，非常方便。接送、门票、表演秀一共 800~950 泰铢（午餐加 100 泰铢）。

旅游小贴士

从帕塔亚（芭堤雅）直达素万那普国际机场

从曼谷出发的一等空调巴士站，有迷你巴士的车次。6:00~19:00 每 2~3 小时出发，250 泰铢。出租车 1000 泰铢。

双条车的乘坐方法

芭堤雅的双条车对外国人或外地人（即使是泰国人）会索要很高的价格，但如果是芭堤雅一街或芭堤雅二街南北走一趟的话只需 10 泰铢，下车时只要把钱递给司机即可。

芭堤雅公园铁塔 Pattaya Park Tower

Map p.188-B3

高空坠下的极速体验

挑战距离地面 170 米的蹦极

在仲天海滩芭堤雅一侧的芭堤雅公园海滩酒店处，有一座芭堤雅最高的观景塔。从地面高度 170 米、55 层的展望台可以将芭堤雅海滩与仲天海滩的美景尽收眼底。在 52~54 层的回转餐厅可以边享用自助式午餐（11:30~15:00）或晚餐（17:30~22:00），边欣赏芭堤雅的美景。对不想乘坐普通电梯下塔的人，有三种特殊方式可以下塔。一种叫作空中穿梭（Sky Shuttle），6~8 名乘客坐在一个像大型汽油桶一样的吊舱里顺铁索滑下去；第二种叫作急速穿梭（Speed Shuttle），乘坐一个只能容纳两人的筐状吊篮下塔；第三种是蹦极（Tower Jump），系上带保险绳的专用工具从塔顶一跃而下。不论哪一种起点都是 170 米的高度，可以拿出勇气挑战一下。

依律花园 Nong Nooch Tropical Garden

Map p.188-C5 外

繁花似锦的大庭园

大象用鼻子抱起游客

依律花园位于芭堤雅市区以南约 15 公里处，是一个大型花园，占地 2.5 平方公里。园内有大水池和庭院，还有可以和温驯的老虎等动物合影的地方，花园内还常常举办泰国文化秀和大象表演。游客们可以体验和大象拔河、象鼻按摩、象鼻抱起游客等与大象亲密接触的乐趣。

是拉查老虎园 Sriracha Tiger Zoo

Map p.188-C1 外

与各种动物合影留念

位于芭堤雅郊外是拉查的一家动物主题公园。在这里可以参观老虎、鳄鱼等动物，还可以与鳄鱼、老虎、蝎子的幼崽一起合影。还有老虎、鳄鱼、大象等动物震撼的表演秀，内容十分丰富。各种表演秀一般会错开时间进行，请游客确认好时间，以便高效率地参观。在餐厅还可以品尝到鳄鱼菜等奇特菜品。

罕见的老虎表演

大象村 Pattaya Elephant Village　Map p.188-C2 外

在大自然中与大象亲密接触

大象村于1973年成立，是有一定历史的大象保护基地。在芭堤雅郊外丰富的自然环境中，饲养着多头大象。在这里能看到驯养大象、捕捉野象、骑象打仗、搬运木材等大象表演。还可以在这片宽阔的范围骑象散步，大约需要1小时的时间。途中大象还会进到一个差不多有象背那么深的水池里，令人十分紧张。另外，还有丛林探险、竹筏过河、漂流、乘牛车及餐饮的旅游项目，可以度过一整天的快乐时光。

训练大象的场面令人十分震撼

大象村
住 48/120 Moo 7, Tambon Nong Prue
TEL 0-3824-9818、0-3824-9853
URL www.elephant-village-pattaya.com
大象学院秀
开 每天 14:30～16:00
费 650泰铢
漫步游
开 每天 10:30、12:30、16:00开始（约1小时。提前交申请的话可以指定出发时间）
费 1200泰铢
骑象漫步游＆漂流
开 每天 10:30、16:00 共两次
费 2000泰铢
交通 位于帕塔亚（芭堤雅）市区以东6公里处。

芭堤雅海底世界
Underwater World Pattaya　Map p.188-C4

一定要看的精彩投饵表演

芭堤雅海底世界位于市区中心东南部约5公里处，是一座规模较大的水族馆。在这里，可以看到以泰国安达曼海域和泰国湾为中心，甚至从新加坡和澳大利亚海域搜集到的约200种2500条鱼。还有泰国最早建成的长约100米的海底观光隧道，颇受游客欢迎。馆内分为三个区域，分别是以珊瑚礁和热带鱼为主的珊瑚礁馆、以鲨鱼和软骨鱼类等为主的鲨鱼馆，以及展示沉到海底的船只的展馆。其中，最受欢迎的是鲨鱼馆内的投饵表演，可以近距离观察这些珍贵的鲨鱼和软骨鱼类是一件十分有趣的事情。

可以从头顶上看到鲨鱼游过的样子

芭堤雅海底世界
住 22/22 Moo 11, Sukhumvit Rd.
TEL 0-3875-6877
FAX 0-3875-6875
URL www.underwaterworldpattaya.com
营 每天 9:00～18:00（入场截止时间为17:30）
费 500泰铢
CC JMV
交通 从帕塔亚（芭堤雅）中心区乘坐双条车约10分钟，租车为200泰铢左右。从仲天海滩出发乘坐5～10分钟，乘坐摩的20～40泰铢，乘坐双条车（租车）为120泰铢左右。考虑到往返高额的交通费，建议参加有接送服务的旅行团更加方便。

芭堤雅水上市场 Pattaya Floating Market　Map p.188-C5

在芭堤雅了解泰国文化

2009年开业的娱乐设施。泰语的名字直译为"四个水上市场"。正如其名，将泰国北部、中部、东北部、南部的文化以水上市场有形地展现出来。顺着水上建造的道路可以看到一座亭子式的建筑，可以通过它的构造来学习泰国本土的文化。这里还出售各地的特产，并且有许多餐饮设施，费用与市区的并无太大差距，都是良心价格。

可以从船上营业的饮食店内买到食品

芭堤雅水上市场
住 451/304 Moo 12, Sukhumvit Rd.
TEL 0-3870-6340
FAX 0-3807-6800
URL www.pattayafloatingmarket.com
开 每天 9:00～20:00
费 200泰铢（外国游客费用）
交通 从帕塔亚（芭堤雅）市区乘坐双条车约20分钟，租车前往更方便。往返一辆需要500泰铢左右。

再现农耕时期的场景展示

芭堤雅 3D 立体美术馆

芭堤雅 3D 立体美术馆
- 78/34 Moo 9, Pattaya 2nd Rd.
- 0-3842-4500
- 0-3842-4588
- www.artinparadise.co.th
- 每天 9:00~21:00
- 400 泰铢（外国游客费用）

阁兰岛
从巴丽海栈桥（Bali Hai Pier）（Map p.187-A3~A4）乘坐往阁兰岛纳班码头方向的船只。在栈桥尽头的码头乘船，并将费用交给相关工作人员。用时约40分钟。

从芭堤雅去往阁兰岛纳班码头的发船时间：7:00、10:00、12:00、14:00、15:30、17:00、18:30

从阁兰岛纳班码头去往芭堤雅的发船时间：6:30、7:30、9:30、12:00、14:00、17:00、18:00

30 泰铢

还有直达他旺海滩的船只，用时约50分钟。

从芭堤岛到他旺海滩：8:00、9:00、11:00、13:00

从他旺海滩到芭堤岛：13:00、14:00、15:00、16:00

150 泰铢

栈桥入口处站着的揽客者以及栈桥建筑物内的柜台都出售小型快艇的船票。人数凑齐即可发船，每人150泰铢~。全程15分钟左右，既快又晃，十分刺激，人数如果凑不齐可能难以发船。

旅游小贴士

阁兰岛内的交通

从纳班码头到岛内的海滩可以乘坐摩的或双条车。摩的停靠在码头，双条车需要顺着码头前一条细道向左走3分钟即到乘车点。码头附近还可以租借摩托车，1辆200泰铢。岛内有很多坡道，请小心驾驶。

从纳班码头到各海滩的费用
摩的 / 双条车
- 他雅海滩　40泰铢/40泰铢
- 他旺海滩　40泰铢/20泰铢
- 提昂海滩　50泰铢/30泰铢
- 沙梅沙滩　50泰铢/30泰铢
- 依昂海滩　40泰铢/30泰铢

仲天海滩

在芭堤雅南街和芭堤雅二街的交口处有双条车乘车点，费用为20泰铢。仲天海滩内的移动为10泰铢。

芭堤雅 3D 立体美术馆 Art in Paradise
Map p.187-C1

游客可以在这里体验千变万化的姿态

在这一个地方就可以体验周游世界遗迹的感觉

号称世界最大的3D立体美术馆。馆内的墙壁上有各种绘画，人们可以站在画前摆出POSE照相留念。其中，有杂志的封皮、被鲨鱼袭击、进入寺院、化身蝴蝶等多种姿态，可以尽情摄影。有的房间里画着巨大的寺院、埃及遗迹等，可以体会到周游世界的感觉。只是远远看着一些熟谙此道的泰国人在画前随意地摆POSE也感觉十分有趣。

帕塔亚（芭堤雅）郊外景点

芭堤雅周边的海滩与岛屿

芭堤雅的海边设有步行街和长椅，很适合在这里散步。海滩上摆放着沙滩座椅和太阳伞，不过都是需要收费的。这里有许多水上运动，还有漂浮在海面上的阁兰岛，以及仲天海滩。

阁兰岛 Ko Lan
Map 文前图正面-C6

芭堤雅海面上的美丽小岛

阁兰岛的水上项目最为丰富

芭堤雅海面上的阁兰岛因其美丽的海滩风光而备受一日游客人的欢迎。面朝芭堤雅的东侧有岛内最大的村落和纳班码头，岛的西侧分布着5个海滩，从北数分别为他雅海滩、他旺海滩、提昂海滩、沙梅海滩、依昂海滩。最受欢迎且规模最大的海滩是他旺海滩和沙梅海滩。

纳班码头和各海滩之间可以乘坐摩的或双条车移动。

仲天海滩 Jomtien Beach
Map p.188-B4~C5

安静的度假胜地

芭堤雅以南5公里、翻过一座小山就是仲天海滩，比起芭堤雅湾，这里开发较晚，但海滩也更加广阔。有许多大型的度假酒店，喧闹的酒吧很少，适合想要悠闲度假的游客。也有很多泰国人和外国人来这里度假。如果往东南方向走，仅有几家酒店，十分幽静。

比起热闹的芭堤雅这里更加安静

192

酒 店
Hotel

　　帕塔亚（芭堤雅）的住宿分为高级度假村、小型舒适度假村、中档快捷酒店、便宜的旅馆等多种类型。300~500泰铢的酒店配备卫星电视、冰箱、热水淋浴、免费WI-FI等设施。经济型酒店主要集中在芭堤雅中街和芭堤雅南街附近。(MAP p.187-C3)

芭堤雅希尔顿大酒店
Hilton Pattaya 　　　　　　　　　　　　高档酒店

◆位于芭堤雅的繁华市区，于2011年开业，是一家高档酒店，楼下有购物中心和中央宴会厅。楼内有高天井的大厅、大型泳池等设施，度假气氛浓郁。海景客房内有一面大窗户，躺在床上就可以眺望海上的美丽风光，十分惬意。

Map p.187-C3
- 住 333/101 Moo 9, Nong Prue
- TEL 0-3825-3000
- FAX 0-3825-3001
- URL www.pattaya.hilton.com
- 费 AC S T 9500泰铢~
- CC A D J M V　房间数 302间
- 带泳池　WiFi　NET

阿玛丽兰花度假村
Amari Ocean Pattaya 　　　　　　　　高档酒店

◆酒店内的庭院十分宽广，泳池也很干净。大厅的挑空构造令人感觉心旷神怡，南国度假气氛浓郁。高层的主塔区域是海景客房。另外，还有浴、卧一体化的房间等，新颖独特，十分舒适。

Map p.187-C1
- 住 240 Pattaya Beach Rd.
- TEL 0-3841-8418
- FAX 0-3841-8410
- URL www.amari.com
- 费 AC S T 4760泰铢~
- CC A D J M V
- 房间数 297间　带泳池　WiFi 免费

芭堤雅假日酒店
Holiday Inn Pattaya 　　　　　　　　高档酒店

◆从海滩延伸过来的长条状高层建筑，客房的装修风格为明亮色调，让人联想到白砂海滩。全部客房均为海景房。酒店内还有面朝大海而建的大型泳池、水疗室和按摩室。居住环境悠闲且舒适。

Map p.187-C1
- 住 463/68 Soi 1, Pattaya Beach Rd.
- TEL 0-3872-5555
- FAX 0-3872-5562
- URL www.holidayinn-pattaya.com
- 费 AC S T 4500泰铢~
- CC A D J M V
- 房间数 367间　带泳池　WiFi

喜都芭堤雅酒店
Dusit Thani Pattaya 　　　　　　　　高档酒店

◆这家高级度假酒店占地面积广阔，大厅中央采用挑空式构造，设计得像植物园一样绿植繁茂，还有正在流水的小型瀑布，很有档次。从酒店内的大型泳池可以看到大海，十分惬意。酒店内的意式餐厅"The Bay"和中式餐厅"The Peak"都是可以欣赏到美丽海景的豪华餐厅。

Map p.187-C1
- 住 240/2 Pattaya Beach Rd.
- TEL 0-3842-5611　FAX 0-3842-8239
- URL www.dusit.com
- 费 AC S T 5000泰铢~
- CC A D J M V
- 房间数 457间
- 带泳池　WiFi 免费　NET 免费

芭堤雅万豪度假村
Pattaya Marriott Resort & Spa 　　　　高档酒店

◆大厅是开放式构造，凉风吹过十分惬意，很有度假的感觉。位于中庭的泳池被绿树环抱，仿佛置身于热带雨林之中。客房为茶色色调，让人忘记喧嚣，身心回归平静，酒店旁边还有商业街。

Map p.187-B3
- 住 218 Moo 10, Pattaya Beach Rd.
- TEL 0-3841-2120
- FAX 0-3842-9926
- URL www.marriott.com
- 费 AC S T 4960泰铢~
- CC A D J M V　房间数 295间
- 带泳池　WiFi　NET

注：由于是旅游地带，客房费用会因时期不同而有较大变动，敬请注意。

芭堤雅硬石酒店
Hard Rock Hotel Pattaya 　　　　　　　高档酒店

Map p.187-C2

◆ 客房内有壁挂式电视、带有酒店 LOGO 的床罩，客房墙壁上还装饰着著名艺术家的巨幅肖像，十分震撼。海滩大道一侧还有一家硬石咖啡厅，每晚的现场演出会持续到深夜。

住 429 Moo 6, Pattaya Beach Rd.
TEL 0-3842-8755
FAX 0-3842-1673
URL pattaya.hardrockhotels.net
费 AC S T 3570 泰铢～
CC A D J M V
房间数 323 间
带泳池　WiFi　NET

皇家悬崖海滩酒店
Royal Cliff Beach Resort 　　　　　　　高档酒店

Map p.188-A3

◆ 酒店位于芭堤雅最南端，是一家传统的高规格酒店。客人多为国宾贵客。宽阔的院落内共有 4 栋建筑，还有餐厅、酒吧共计 15 家，泳池 5 处。另外还有私人海滩和健身房。

住 353 Phra Tamnak Rd.
TEL 0-3825-0421
FAX 0-3825-0511
URL www.royalcliff.com
费 AC S T 3398 泰铢～
CC A D J M V
房间数 1090 间
带泳池　WiFi

芭堤雅喜来登酒店
Sheraton Pattaya Resort 　　　　　　　高档酒店

Map p.188-B3

◆ 远离喧嚣的环境，最适合安静悠闲地度过。开放式接待大厅让人感到十分凉爽，并且能够将酒店全景及宽广雄伟的海景一览无余。

住 437 Phra Tamnak Rd.
TEL 0-3825-9888
FAX 0-3825-9899
URL www.sheratonpattayaresort.com
费 AC S T 7040 泰铢～
CC A D J M V
房间数 156 间
带泳池　WiFi 免费

暹罗设计酒店
Siam @ Siam Design Hotel Pattaya 　　高档酒店

Map p.187-C1

◆ 曼谷有一家现代美术馆风格的酒店是芭堤雅这家店的姐妹店。酒店为度假村风格，客房色调柔和，里面有一大面窗户，坐在沙发上就可以眺望到街市。在 24 层的大型泳池还能望见芭堤雅海滩，让人心情十分舒畅。

住 390 Moo 9, Pattaya 2nd Rd.
TEL 0-3893-0600
FAX 0-3842-7627
URL www.siamatpattaya.com
费 AC S T 3399 泰铢～
CC A D J M V
房间数 268 间
带泳池　WiFi 免费

Page 10 酒店
Page 10 　　　　　　　　　　　　　　经济型酒店

Map p.187-C3

◆ 客房采用单一色调，卧室和浴室都很宽敞，浴缸和淋浴房也很大，十分方便。到了夜里，酒店的餐厅就成为了芭堤雅的一家普通酒吧，供客人使用。

住 365/3 Moo 10, Soi 10, Pattaya 2nd Rd.
TEL 0-3842-3245~7
FAX 0-3842-3249
URL www.page10hotel.com
费 AC S T 2256 泰铢～
CC A M V
房间数 79 间
带泳池　WiFi 免费

芭堤雅水星酒店
Mercure Hotel Pattaya

经济型酒店

Map p.187-C3

◆位于芭堤雅二街深处的一家经济型酒店。大厅采用开放式结构,窗户很大,客房带有阳台,环境舒适,有度假村的气氛。穿过商业街(The Avenue Pattaya)即可到达。

住 484 Moo 10, Pattaya 2nd Rd.
TEL 0-3842-5050
FAX 0-3842-5080
URL www.mercurepattaya.com
费 AC S T 2400泰铢~
CC ADJMV
房间数 245间
带泳池 WiFi

艾雅酒店
Aya Boutique Pattaya Hotel

经济型酒店

Map p.187-B3

◆酒店距离步行街及商业中心很近,适合想要感受芭堤雅热闹一面的游客居住。室内泳池不论任何天气都可以随心所欲地游泳。在屋顶天台还可以享受日光浴。有的房间是没有浴缸的,介意的游客请提前问好。

住 555/54 Moo 10, Pattaya Beach Rd.
TEL 0-3890-9555
FAX 0-3890-9505
URL www.ayapattayahotel.com
费 AC S T 5000泰铢~
CC ADJMV
房间数 78间
带泳池 WiFi 免费

海之春酒店
Sea Me Spring Hotel

经济型酒店

Map p.187-B3

◆10号路聚集了许多经济型酒店,海之春酒店是其中一家居住环境非常舒适的酒店。标间房也有45平方米大,所有客房均附带阳台。对面是它的姐妹店——春之海酒店。

住 343/21 Moo 10, Soi 10, Pattaya 2nd Rd.
TEL 0-3848-9405
FAX 0-3848-9409
URL www.seamespringhotel.com
费 AC S T 2290泰铢~
CC AMV
房间数 71间
带泳池 WiFi 免费

芭堤雅红色星球酒店
Red Planet Pattaya

经济型酒店

Map p.187-C2

◆原本由一家小型航空公司经营的经济型连锁酒店。因其客房简易、价位低廉而受人欢迎。距离阿尔卡扎剧院、大型购物中心很近,十分方便。入住前需要从官网上预约。

住 255/7 Moo 9, Pattaya 2nd Rd.
TEL 0-3842-7245
URL www.redplanethotels.com
费 AC S T 1200泰铢~
CC AJMV
房间数 192间
WiFi 免费

海湾微风酒店
Bay Breeze Hotel

经济型酒店

Map p.187-C3

◆这是一家中档酒店,距离海滩步行仅5分钟左右。客房简易且干净。房间内还有迷你吧台、有线电话和浴缸,以这个价位来看十分实惠。附近还有其他一些经济型酒店。

住 503/2 Soi 11, Soi Honey Inn, Pattaya 2nd Rd.
TEL 0-3842-8383~4
FAX 0-3842-9137
URL www.baybreezepattaya.com
费 AC S 1150泰铢~ T 1300泰铢~
CC ADMV
房间数 88间
带泳池 WiFi 免费

暹罗莎瓦迪旅馆
Sawasdee Siam

经济型酒店

◆旅馆面向芭堤雅二街里面的一条街道而建。内设中庭和泳池。周边有许多酒吧和餐厅,整个夜晚都十分热闹,适合喜好夜生活的人们。

Map p.187-C3

住 524/26 Moo 10, Soi 11, Soi Honey Inn, Pattaya 2nd Rd.
TEL 0-3872-0329　FAX 0-3872-0261
URL www.sawasdee-hotels.com
费 AC S T 1260 泰铢~
CC J M V
房间数 206 间　带泳池　WiFi 免费

H. 精品酒店
H. Boutique Hotel

经济型酒店

◆经济型酒店聚集地的一家精品酒店。客房内的窗户很大,还带有开放式阳台,环境十分舒适。早上可以在旁边 Honey Inn 酒店内的餐厅用早餐。

Map p.187-C3

住 529/49-50, Moo 10, Soi 11, Soi Honey Inn, Pattaya 2nd Rd.
TEL 0-3841-3555　FAX 0-3841-3566
URL hboutiquehotelpattaya.com
费 AC S T 1200 泰铢~
CC J M V（+3% 的手续费）
房间数 39 间　WiFi 免费

 **餐　厅** *Restaurant*

　　由于来这里的游客大多是外国人,所以可以品尝到德国、北欧、法国等世界各国的菜肴。体验美食之旅也是一种享受,只是物价稍高。

芭堤雅的海鲜餐馆街
Seafood Restaurants in Pattaya

Map p.187-A4

◆沿步行街（MAP p.187-A4~B4）、面向大海的一侧有很多海鲜餐厅,店头放置着水槽,里面有很多鲜活的鱼类,冰块上还有海鲜,以此来吸引顾客。因食材不同价格差距很大,多人用餐时人均水平 500~1000 泰铢。

食之海
Food Wave

Map p.187-B3

住 3rd Fl., Royal Garden Plaza Pattaya, 218 Moo 10, Pattaya Beach Rd.
TEL 0-3871-0294
FAX 0-3841-2139
营 每日 11:00~23:00
CC A D J M V

◆食之海位于大型购物商城 Royal Garden Plaza 三层（日式在四层）。面向芭堤雅海滩一侧的露天阳台座席上,可以欣赏芭堤雅海湾。在这里可以品尝到泰国美食和意大利美食、印度美食、俄罗斯美食,以及甜点和新鲜水果,美食 100 泰铢左右起,海鲜会贵一些。

 商　店 *Shopping*

尚泰芭堤雅海滩购物中心
CentralFestival Pattaya Beach

Map p.187-C3

住 333/99-333/100 Moo 9, Nong Prue
TEL 0-3300-3999
营 每天 11:00~23:00
CC A D J M V（根据店铺不同情况有所不同）

◆这家大型购物中心于 2009 年开业,里面有多家品牌店、泰国百货店和各种饮食店。海滩一侧的饮食店视野很好,建议想要休憩时利用。希尔顿酒店也在这栋大楼里。

芭堤雅大街
The Avenue Pattaya

◆芭堤雅大街是一条大型商业街。商铺几乎都采用回廊式开放型构造。除了品牌商店外还有许多快餐店、咖啡厅等餐饮店。

Map p.187-B3
- Pattaya 2nd Rd.
- 每天 10:00~23:00（根据店铺不同营业时间也有不同）
- CC 因店而异

夜 店
Night Spot

虽然有的酒吧舞台上会有穿着泳装翩翩起舞的女郎，但大多数酒吧还是大众式的，让人轻松和放心，一般会被称为"Bar Beer"或者"Beer Bar"。Bar Beer 一般为吧台式，几家一起经营。另外，大街上有时还会有泰拳表演，路边设置的舞台上还会有华丽的人妖表演、现场音乐表演等，根据场所不同会有各种各样的节目，游客可以根据喜好选择。芭堤雅比较热闹的地方要数步行街周边和宝石酒店所在的宝石街附近（MAP p.187-A4~B4）。往芭堤雅南街走也有一些活动。小瓶啤酒每瓶价格为 80~120 泰铢，明码标价，不收小费。

人妖表演

芭堤雅最著名的便是人妖表演。看到在华丽舞台上表演的美丽女子，你很难想象他们原来是男人。表演结束还可以和美女合影留念。但是每位需要支付 40 泰铢的小费。通过旅行社预约时可能会含有接送服务，一定要确认好。

阿尔卡扎
Alcazar

◆芭堤雅著名的人妖剧院，虽然舞台狭窄，但是艺人们美丽的舞姿以及动听的歌声（假唱）还是十分扣人心弦的，为旅途增色不少。

Map p.187-C2
- 78/14 Moo 9, Pattaya 2nd Rd.
- 0-3842-5425
- 0-3841-1599
- www.alcazarthailand.com
- 每天 18:00、20:00、21:30
- 650 泰铢、VIP 1000 泰铢
- CC 不可使用

提梵尼表演秀
Tiffany's Showr

◆曾举办过竞争世界第一人妖美女的"国际皇后小姐"选美大赛。是一家很有名气的剧院，演出者美女如云。

Map p.187-C1
- 464 Moo 9, Pattaya 2nd Rd.
- 0-3842-1700
- 0-3842-1711
- www.tiffany-show.co.th
- 每天 18:00、19:30、21:00（节假日 16:30 增加一场）
- 中间 2 层 9000 泰铢、VIP 1100 泰铢、黄金 VIP 1300 泰铢
- CC J M V

Thailand Central

罗勇 *Rayong* ระยอง

泰国极具人气的东海岸度假胜地的起点

市中心的钟楼

沿罗勇河河岸而建的这座城市，与打败缅甸军的救国英雄郑信王很有渊源。周边有成片的美丽海滩，是泰国人民钟爱的度假胜地。

交通

从曼谷出发

BUS 从东部巴士总站出发需要3小时左右。一等车162泰铢，3:30~22:30大约每30分钟一趟。从北部巴士总站出发一天大概5~6趟。还有途经芭堤雅的巴士，但是要注意坐这趟车的话需要将近6小时时间。迷你巴士是从东部巴士总站、北部巴士总站和战争胜利纪念碑发车，凑够人数即出发。道路通畅的话，从东部巴士总站仅用2小时20分钟即可到达罗勇的巴士总站。费用为160泰铢。

去往曼谷的迷你巴士

实用信息

⓲ TAT
MAP p.198 外
住 153/4 Sukhumvit Rd., Tapong
电 0-3865-5420~1
FAX 0-3865-5422
开 每天 8:30~16:30

周边有很多关于海滩的资料介绍。从罗勇市区乘坐双条车约15分钟。在去往班佩方向的左侧还有写着"TOURIST INFORMATION"的醒目标牌。

垆姆玛哈泰秋恩寺院
开 每天 6:00~20:00
费 免费

垆姆玛哈泰秋恩寺院内的郑信王像

罗勇 漫步

当地人聚集的热闹夜市

罗勇最繁华的地带是从巴士总站周边到西边大型超市乐购之间的区域。巴士总站的东西方向有老市场，从那里沿干线道路素逸坤路（Sukhumvit Rd.）向东步行10分钟左右，即可到达有钟塔的广场。这里有许多经济型的餐饮店，街市风情浓郁。从巴士总站向西步行5分钟左右还有夜市。

从巴士总站到罗勇城市酒店之类的中档酒店聚集区，乘坐摩的需要40泰铢，双条车则需要100泰铢左右。

罗勇 主要景点

垆姆玛哈泰秋恩寺院
Wat Rung Mahachai Chumphon

祭奠郑信王

Map p.198

由于缅甸军队入侵，大城王朝覆灭。郑信将军撤兵到罗勇，并以此为据点，蓄势待发，最终击退了缅甸军，建立了吞武里王朝。为了纪念郑信王，人们在这里修建了郑信王庙。

巴帕都寺 Wat Pa Pradu

Map p.198

与一般佛像略有不同的佛像

大城王朝时代建立的这所寺院内有一尊长11.95米、高3.6米的卧

佛。与一般卧佛的不同在于这尊佛像是左侧卧的。

参拜者在佛像上贴金箔

巴帕都寺
开 每天 6:00~19:00
费 免费
建 从巴士总站步行约 10 分钟。

 旅游小贴士

周末也可以换外币
　大型超市乐购内的 KTB 银行每天 10:00~20:00 营业。
罗勇的海滩
　从罗勇或班佩出发，可以租用摩的或双条车（根据距离需要 50~200 泰铢不等，请事先商量好价格）。如果在高级度假村住宿，酒店可能会有接送服务，请事先问好。

罗勇 郊外景点

玫浪瀑恩海滩、小山冈
Mae Rumpueng Beach & Khao Laem Ya
深受泰国人喜爱的雄伟海滩　　　　　Map p.198 外

　罗勇郊外有许多美丽的海滩，是深受泰国人喜爱的度假胜地。其中，长约 12 公里的玫浪瀑恩海滩因其雄伟壮丽而颇具人气。连接东部海岬四周是小山冈（安通群岛），这里有许多小木屋。

酒 店
Hotel

罗勇市内的酒店

星星酒店
Star Hotel　　　　　　　　　　　　　　　　酒店
　　　　　　　　　　　　　　　　　　　　　　Map p.198

◆ 星星酒店是一家高档酒店。从巴士总站步行约 5 分钟即到。现分为旧馆 STAR 和新馆 PLAZE，分开办理入住。酒店对面有夜市，旁边还有大型超市乐购，位置极佳。大厅周边的 Wi-Fi 免费。

住 109 Rayong Trade Center Rd., No.4
电 0-3861-4901~7　FAX 0-3861-4608
URL www.starhotel.in.th
费 AC S T 1250 泰铢～　房间数 574 间
CC A J M V　带泳池 WiFi 免费

罗勇城市酒店
Rayong City Hotel　　　　　　　　　　　　酒店
　　　　　　　　　　　　　　　　　　　　　Map p.198 外

◆ 从巴士总站向西 1.2 公里。客房设备、服务、早餐等都可以和高档酒店媲美。还有专业水疗馆和按摩室，十分周全。

住 11 Soi 4, Ratbamrung Rd.
电 0-3862-4333　FAX 0-3862-4200
URL www.rayongcityhotel.com
费 AC S 1150 泰铢～　T 1300 泰铢～
房间数 280 间　CC A J M V
带泳池　WiFi 免费

金色都市罗勇酒店
Golden City Rayong　　　　　　　　　　　酒店
　　　　　　　　　　　　　　　　　　　　　Map p.198 外

◆ 酒店位于巴士总站以西 2 公里处，面对着干线道路。客房虽小，但附带浴缸。还有迷你吧台、保险箱和电视，环境十分舒适。

住 530/1 Sukhumvit Rd.
电 0-3861-8701~15　FAX 0-3866-1191
URL www.goldencityrayong.com
费 AC S T 1000 泰铢～
房间数 170 间　CC A J M V　WiFi 免费

罗勇海边的酒店

　沿海有很多小木屋和酒店。便宜的 200 泰铢起，高档的 3500~5500 泰铢，也经常会有折扣。在曼谷和罗勇的 TAT 可以获取详细的地图册或酒店信息册。

餐 厅
Restaurant

初濑居酒屋
Izakaya Hatsuse
　　　　　　　　　　　　　　　　　　　　　Map p.198 外

◆ 在这家日式小酒馆可以品尝到近海捕捞的新鲜鱼类制成的生鱼片、盐烤鱼等。海鲜盖饭 200 泰铢。还有盐烤竹荚鱼、猪肉火锅、茄子馅饺子等人气料理，每道 100 泰铢～。这家居酒屋位于罗勇城市酒店的里侧。

住 76/5 Ratbamrung Rd.
电 0-3861-3120
营 每天 17:30~23:00（LO 22:30）
CC J M V

沙美岛 *Ko Samet* เกาะเสม็ด

从曼谷可以轻松到达的碧水白砂岛屿

Thailand Central

曼谷
文前图正面-C6

交通

从曼谷出发
BUS 从东部巴士总站开往班佩的直达巴士，在5:00~20:30有10~14班，几乎都是正点发车。共需要3.5小时，一等车为178泰铢。

美丽岛屿的海滩上有一大片耀眼的白砂，最适合进行海水浴。周末除了有很多曼谷的年轻人来游玩以外，从罗勇和芭堤雅来一日游的人也不少。

班佩前往沙美岛的栈桥

沙美岛 漫步

开往沙美岛的船是从罗勇（→p.198）郊外的班佩发出。船务公司有好几家，但是船票仅限在同一家船务公司使用，请多注意。还有从曼谷到班佩的巴士和船的套票，不过由于船的目的地和出发时间都不能改变，所以很不方便。如果酒店没有接送服务，乘坐普通的巴士或船会更方便。

乘船在娜当港停靠时，在港口附近乘坐双条车去往目的海滩最为方便。途中需要在国家公园管理事务所交纳公园门票（成人200泰铢，儿童100泰铢。有时会在买船票时交纳）。从娜当港步行至国家公园管理事务所需要7~8分钟，这段路会经过岛内唯一的商业街。街上有旅馆、餐厅、酒吧、网吧、ATM等。赛考滩近在眼前，从国家公园管理事务所到帕依湾步行需要10分钟。

■ 岛内交通

岛内活动可以乘坐双条车。娜当港的港口贴有去往各个海滩的费用一览表。10人及以上才可以出发。去往翁多湾和赛考滩的游客较多，所以不用担心这个问题，但是去其他海滩就要做好租车（7~10人的费用）的准备。从赛考滩向前有一段路未铺修，路面凹凸不平。还有开摩托车的，很容易发生事故，请多加留意。

娜当港是沙美岛的大门

沙美岛
Ko Samet

沙美岛的海滩

■ 分成多个海滩

海滩一般集中在岛屿的东侧，被小的海岬隔开，每个海滩都有自己的名字。海滩的周边有珊瑚礁，风平浪静时还可以享受潜水的乐趣。有热闹的海滩，也有安静的海滩，可自由选择。

来到切瑛湾附近会感到非常平静

■ 主要海滩

岛上最热闹的海滩是赛考滩（Haat Sai Kaew）和翁多安湾（Ao Wong Duan）。周末有许多泰国人去赛考滩游玩。在海边有许多餐厅，整齐地排成一排。海滩广阔，滩比较浅，是最美的白砂之岛。虽然海滩有些喧闹，但是离商店街很近，十分方便。翁多安湾湾深，波面平稳适宜游泳，但是也因受人欢迎而比较喧闹，物价也高。湾内各种船只整齐排列，在海滨还有餐厅、商店及海上运动店铺等。因为有很多一日游的客人会随团而来，所以白天人非常多，但体验海上运动项目的话，还是这里最好。

赛考滩有很多餐厅

翁多安湾的南边是它依安湾（Ao Thian），由于人少所以可以安静地度过。几乎没有什么海上运动项目，很受喜爱悠闲度假的欧美人欢迎。再往南是瓦依湾（Ao Wai）和基乌那诺库湾（Ao Kiu Na Nok），游人稀少，可以安静度过，还可以自由地游泳。

岛上最热闹的翁多安湾

■ 沙美岛游览线路推荐

环游沙美岛（需要大约 1 小时，400 泰铢~）：乘快艇游览岛的四周，参观无数美丽海滩。

沙美岛周边潜水（需要 2 小时，400 泰铢~）

阁骨岛周边潜水（需要 3 小时，600 泰铢~）

塔鲁岛周边潜水（需要 3 小时，1500 泰铢~）

上述均为 4 人以上参加时每人所需的费用，1~3 人参加时，需要追加费用。

交通

从罗勇出发

BUS 从巴士总站乘坐双条车去往班佩需要大约 30 分钟，25 泰铢。双条车在 6:00~20:00 发车，人数凑齐即刻出发。

从班佩到沙美岛的娜当港乘船需要 40 分钟左右。单程费用 70 泰铢，往返 100 泰铢。每小时能准点出发的是位于巴士总站对面、从依昂提普栈桥开往娜当港的船只。从娜当港可坐双条车到达目标海滩。班佩~娜当港往返都是 8:00-18:00 每小时一趟。此外，还有人数一齐就会出发的快艇（定员 8 人），到达娜达港单程 200 泰铢，到达翁多安湾单程 300 泰铢。

实用信息

从娜当湾出发的双条车费用
（租车为 7~10 倍）

赛考滩	20 泰铢
帕依湾、图布提姆湾	20 泰铢
普拉奥湾	30 泰铢
翁多湾	30 泰铢
它依安湾、瓦依湾	40 泰铢
基乌那诺库湾	50 泰铢

岛内的货币兑换

岛内没有银行，在国家公园管理事务所前的 7-11 旁有 ATM。翁多安湾也有 ATM，在木屋或者旅行社也能兑换外币，但是汇率很不划算。同样，在酒店刷卡支付的手续费也很高，加收 3%~6%。

网络

均为 1 分钟 2 泰铢，偏贵。

旅游小贴士

海上运动费用

香蕉船
　　700~1200 泰铢 / 30 分钟
喷射滑水
　　1200 泰铢 / 30 分钟
遮阳伞和椅子（两腿）
　　30~50 泰铢 / 天
租救生圈　50 泰铢 / 天

酒店
Hotel

沙美岛

随着季节变化，酒店价格也会发生很大变动。特别是年末年初、泰国的正月（4 月中旬）、中国的春节，酒店价格会大幅上涨。在赛考滩附近的商业街上有很多便宜的旅馆，单人间只需 400~500 泰铢。

赛考别墅酒店
Saikaew Villa 酒店

◆赛考别墅酒店位于赛考滩的入口，从娜当港步行需10分钟左右。有简易的长屋型客房和干阑式观景房。可以根据预算和喜好选择。有空调的房间附带热水淋浴。

Map p.200-A
- 住 58-59 Moo 4, Banphe
- TEL 0-3864-4144　FAX 0-3864-4010
- URL www.saikaew.com
- 费 F⑤①1000泰铢～ AC⑤① 2000泰铢～ CC JMV（+6%的手续费）
- 房间数 150间
- WiFi 公共区域

赛考滩度假村
Sai Kaew Beach Resort 酒店

◆位于赛考滩北部的大型度假村。度假村内有各种木屋型客房。还有餐厅、超市、咖啡店、泳池（三个）等设施。

Map p.200-A
- 住 8/1 Moo 4, Banphe
- TEL 0-3864-4195　FAX 0-3864-4194
- URL www.samedresorts.com
- 费 AC⑤① 8100泰铢～（淡季3900泰铢～）
- CC JMV
- 房间数 158间　带泳池　WiFi 免费

帕依湾

银沙度假村
Silver Sand Resort 旅馆

◆从国家公园管理事务所步行约10分钟即到。度假村内有小型市场。餐厅和酒吧会播放音乐，非常热闹。

Map p.200-A
- 住 92 Moo 4, Banphe
- TEL 0-3864-4300~1
- FAX 0-3864-4074
- URL www.silversandsamed.com
- 费 AC① 2500泰铢～　家庭房（4人以内使用）4500泰铢
- CC JMV　房间数 60间　WiFi 免费

切瑶湾

傲朝世外桃源度假村
AoCho Hideaway Resort 酒店

◆别墅式客房。室内为泰式风情装潢，有电视、小型浴室，居住十分舒适。原来叫作"傲朝美景度假村"（AoCho Grand View Resort）。

Map p.200-B
- 住 44/4 Moo 4, Banphe
- TEL 0-3864-4332　FAX 0-3864-4332
- URL www.aocohideaway.com
- 费 AC⑤① 2人用3550泰铢～　4人用5010泰铢～
- CC JMV（+3%的手续费）
- 房间数 29间　WiFi 免费

翁多安湾

沙美岛卡版纳度假村
Samed Cabana Resort 酒店

◆在宽阔的度假村内有许多木屋式客房，出门即是泳池和海滩。客房设备大体相同，泳池边的休息区、海滩上的服务设施及可用时间等根据条件不同费用也会有区别。

Map p.200-B
- 住 13/20 Moo 4, Ao Wong Duan
- TEL 0-2260-3592
- FAX 0-2260-3590
- URL www.samedcabana.com
- 费 AC⑤① 2300~4600泰铢
- CC JMV（+3%的手续费）
- 房间数 38间
- 带泳池　WiFi 免费（只限大厅周边）

202

稳都昂别墅酒店
Vongduern Villa　　　　　　　　　　酒店

Map p.200-B

◆位于翁多安湾海岸的中心，客房装潢讲究，面向广阔大海的餐厅受人好评，淡季价格为1500泰铢起。

住 22 Moo 4, Banphe
TEL 0-3864-4260
FAX 0-3864-4261
URL www.vongduernvilla.com
费 AC S T 3200泰铢～
CC J M V （+4%的手续费）
房间数 42间
WiFi 海滩周边有

它依安湾

桑它依安湾度假村
Sang Thian Beach Resort　　　　　酒店

Map p.200-B

◆规模较大的度假村。客房面对着美丽的海滩，建在可以将大海一览无余的斜坡之上。服务人员非常亲切。1600泰铢的房间看不到大海。

住 58 Moo 3, Banphe
TEL 0-3864-4255、09-2808-2855
费 AC S T 1600泰铢～　4人间 2400泰铢～
CC 不可使用
房间数 34间
WiFi 免费（仅餐厅）

伦达姆湾

伦达姆木屋旅馆
Lung Dum Bungalow　　　　　　　旅馆

Map p.200-B

◆比它依安湾还靠里的伦达姆湾里的木屋旅馆。两处建在树上的小屋看似简单，但是可以体验在伸到海面的树枝上住宿的感觉。空调客房内提供热水淋浴。

住 Ao Lung Dum
TEL 08-1452-9472、08-1458-8430
费 F S T 1000泰铢　AC S T 1800泰铢　树屋 F 1000泰铢
CC 不可使用
房间数 35间
WiFi 免费（仅餐厅）

普拉奥湾

乐威曼木屋水疗度假村
Le Vimarn Cottage & Spa　　　　　酒店

Map p.200-A

◆酒店位于安静的普拉奥湾，是岛上最高级的度假村。开放的会客室、可以望见大海的泳池、自然点缀的鲜花等，每个细节都充满了度假的气氛。

住 40/11 Moo 4, Ao Prao
TEL 0-3864-4104（预约电话为0-2438-9771~2）
FAX 0-3864-4109
URL www.samedresorts.com
费 AC S T 12960泰铢～
CC A D J M V
房间数 31间
带泳池 WiFi 免费

曼谷近郊和泰国中部　●沙美岛

203

庄他武里（尖竹汶）

Chanthaburi จันทบุรี

泰柬边境附近的宝石贸易之城

泰国东部靠近柬埔寨边境的山上，自古以来就进行红、蓝宝石的开采。这些宝石被运到庄他武里，然后再向世界各地运输。即便是现在，庄他武里仍然是宝石贸易的集散地，会有各地的宝石商人会集于此。

郑信王之像

交通

从曼谷出发
BUS 从东部巴士总站出发需要 4 小时，一等车 205 泰铢，二等车 160 泰铢。从北部巴士总站出发需要 3.5 小时，一等车 214 泰铢，迷你巴士 200 泰铢。从素万那普国际机场出发需要约 4 小时，一等车 205 泰铢，迷你巴士 230 泰铢。

从罗勇出发
BUS 需要 2 小时，二等车 80 泰铢。

从达叻出发
BUS 需要 1.5 小时，一等车 30 分钟~2 小时一趟，70 泰铢。迷你巴士 60~70 泰铢。

天主教教堂（圣母堂）
住 110 Moo 5, Chantaburi
电 0-3931-1578
时 周一~周六 6:00~19:00，周日 6:15~（1 月份是 8:30~）
费 随意捐款

笏排洛美寺
住 Chanthanimit Rd.
时 每天 8:00~18:00（正殿 9:00~17:00） 费 免费

庄他武里（尖竹汶）漫步

河口附近的稀切恩大街（Sri Chang Rd.）和特罗库库拉切恩大街（Trok Krachan Rd.）的周边有许多宝石店，后者被称为"宝石街"（Gem Street）。

庄他武里（尖竹汶）主要景点

天主教教堂（圣母堂）
The Cathedral of Immaculate Conception (The Church of the Virgin Mary)
Map p.204

20 世纪初建造的哥特式教堂　　อาสนวิหารพระนางมารีอาปฏิสนธินิรมล

是泰国最大的天主教教堂。1711 年作为礼拜堂诞生之后，曾被多次改建和修复。1909 年，在经过第四次改建后，成了现在的哥特样式。2009 年，经过第五次修复后内部开放，描绘有圣徒的彩色玻璃非常漂亮。

教堂外观富丽堂皇

笏排洛美寺
Wat Pai Lom
Map p.204

庄他武里最大的佛教寺院　วัดไผ่ล้อม

寺院建于大城时代，是庄他武里最大的寺院。正堂内有一尊巨大的金色卧佛。

巨大的卧佛

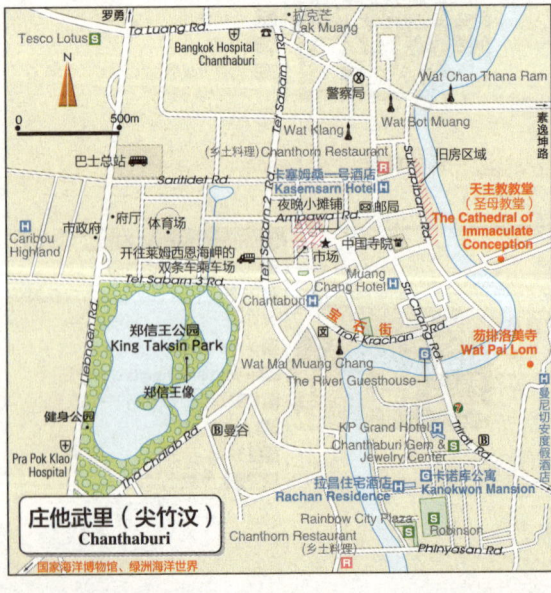

宝石街 Gem Street　　　　Map p.204
狭窄的街道上排列着小型宝石商店

周五~周日的 9:00~15:00
可以参观现场鉴定

这条街道主要进行宝石原矿石的批发交易。商人们携带从泰国或世界各地带来的矿石进店鉴定。

国家海洋博物馆 The National Maritime Museum　　Map p.204 外
值得一看的与实物大小一致的船只

与泰国的航海技术、历史相关的博物馆。馆内分为六个区域，最大的看点是二层的第一个展区，展示的木船是过去贸易船的实际尺寸，通过这些追溯历史的展示品可以清楚地了解到贸易与航海、国家发展的关系。其他房间展示有考古学家挖掘的物品、历代王朝船只的模型、宝石等庄他武里的特产品。还有英文的解说。

在昔日战争中曾被用作堡垒

绿洲海洋世界 Oasis Sea World　　Map p.204 外
在这个简单又欢乐的游乐场里可以看到粉色的海豚

绿洲海洋世界位于莱姆西恩海峡（Laem Sing）附近。这里饲养着世界珍稀的粉色海豚（印度洋海豚）。一天有 5 回海豚表演。表演中游客还可以和海豚在其他泳池里一起游泳。

国家海洋博物馆
住 Bangkkacha Subdistrict
☎ 0-3939-1431
FAX 0-3839-1433
开 周三~周日 9:00~17:00
休 周一、周三、节假日
费 100 泰铢（外国游客费用）
从市内乘坐出租车约 30 分钟，单程 400 泰铢。

绿洲海洋世界
住 48/2 Moo 5, Tambon Paknam, Laem Sing
☎ 0-3949-9222
URL www.thaioasisseaworld.com
每天 9:00~18:00
表演时间：9:00、11:00、13:00、15:00、17:00，约 35 分钟
与海豚共泳时间：9:45、11:45、13:45、15:45、45~60 分钟
费 300 泰铢。与海豚共泳需追加 2500 泰铢
从市场前的喷泉广场向西有去往莱姆西恩海峡的双层车乘车场。凑齐 10 人以可发车。40 泰铢。从终点站的商场出发约 2 公里，租车比较方便。往返 600~800 泰铢左右（包含等待时间）

曼谷近郊和泰国中部

庄他武里（尖竹汶）

酒 店
Hotel

曼尼切安度假酒店
Maneechan Resort　　酒店　　Map p.204 外

◆从市中心开车 5 分钟即可到达，是一家位于幽静区域的四星级度假酒店。健身中心、泳池、水疗、餐厅等设施齐全。浴室还配有高档浴缸。

住 110 Moo 11, Plubpla
☎ 0-3934-3777、08-1311-2952
FAX 0-3934-4123
URL www.maneechanresort.com
费 AC S T 1900 泰铢　　CC M V
房间 70 间　带泳池　WiFi 免费

卡塞姆桑一号酒店
Kasemsarn Hotel　　酒店　　Map p.204

◆整洁现代的中档酒店。一层设有餐厅。豪华客房（AC S T）2150 泰铢）内有迷你吧台。还可以用电脑免费上网。

住 98/1 Benjamarachutis Rd.
☎ 0-3931-1100　　FAX 0-3931-4456
URL www.hotelkasemsarn.com
费 AC S T 900 泰铢~　　CC M V
房间 60 间　WiFi 免费

拉昌住宅酒店
Rachan Residence　　酒店　　Map p.204

◆2011 年开业的现代风格酒店。客房内有壁挂式电视，还有干燥机。办理入住时需要交纳 1000 泰铢的押金。

住 21/90, 21/98-99 Chanthanimit
☎ 0-3932-7102~3　　FAX 0-3932-7104
URL www.rachanresidence.com
费 AC S T 800 泰铢~（不含早餐）
CC 不可使用　房间 115 间　WiFi 免费

卡诺库公寓
Kanokwon Mansion　　旅馆　　Map p.204

◆距离商场很近，是一家家族经营的旅馆。通往客房的入口也加了锁，非常安全。全部为大床房。

住 21/59 Moo 7, Chanthanimit
☎ 0-3932-7076、08-2205-4455
E mon4598@hotmail.com
费 AC S T 370 泰铢~
CC 不可使用　房间 21 间　WiFi 免费

Thailand Central

文前图正面-D6

达叻（桐艾） *Trat* ตราด

通往散布于泰柬边境附近的美丽岛屿的据点

达叻府的府都与柬埔寨长长的国境线相接。作为通往柬埔寨和阁昌岛周边各个岛屿的中转站，游人纷至沓来。

通过这道门就可以跨越城市

交通

从曼谷出发
AIR 从素万那普国际机场出发，曼谷航班每天有三班，需要1小时，3190泰铢～。
BUS 从东部巴士总站出发需要5～6小时。一等车6:00~23:30有20趟左右（每隔30分钟～2小时一趟），需要236泰铢。从素万那普国际机场出发，一等车一天有4趟，从北部巴士总站出发，一等车一天有5趟，都是243泰铢。从素万那普国际机场、考山路、北部巴士总站、东部巴士总站、战争胜利纪念碑出发需乘坐迷你巴士需要4～5小时，需要270泰铢。

从庄他武里（尖竹汶）出发
BUS 需要1.5小时。一等车每隔30分钟～2小时一趟，需要70泰铢。迷你巴士需要60～70泰铢。

从芭堤雅出发
BUS 迷你巴士一天有6趟，需要300泰铢。

度假村风格的达叻机场

达叻（桐艾）漫步

从市中心出发向北1公里处是巴士总站，长途巴士就在那里停靠。从巴士总站发出的双条车沿素逸坤路（Sukhumvit Rd.）在夜市前停车。这周边有许多小吃摊，还有市场、商店等，是这个城镇上最热闹的地方。城南的泰纳洽鲁大道的周边被称为"Old Town（旧城区）"，保留有许多古老的木质房屋。夜市每天营业至21:00，有许多小吃摊。

左／夜市上的小吃摊
右／位于旅馆街的古老木屋

达叻（桐艾）主要景点

笏排洛美寺 Wat Pai Lom
内部好像公园一样的寺院

Map p.206

大约150年前这里是作为达叻的第一所学校而建。寺院内祭奠着3位高僧，包括被称为"教育之父"的 Pra Vimon Metajarn，他们都曾为学校的建设做出贡献。院内为公园风格，正殿里有两个池塘，池塘周围绿树葱葱，市民们常常来此纳凉、散步。

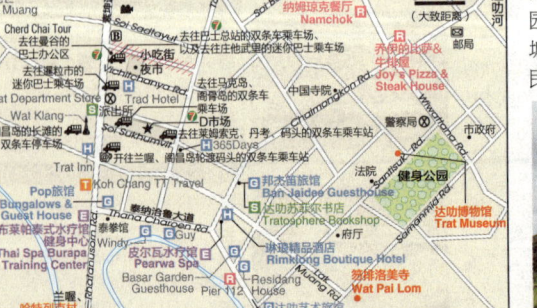

佛塔具有现代感

达叻博物馆 Trat Museum

一定要看的阁昌岛海上战争电影！

Map p.206

达叻博物馆于2013年8月开业，是一座介绍达叻历史、自然和文化的博物馆。1922年建成的殖民式建筑作为市政厅使用。立体透视模型的解说方式更为便捷。

使用大量人形的展区

跨越国境

从达叻的郊区——哈特列克（rlat lek）可以跨越国境。

■ 前往哈特列克

从达叻的巴士总站可以乘坐去往哈特列克的迷你巴士。途中，会经过空艾（Khlong Yai），大约需要1.5小时（6:00~17:30每30分钟一趟，120泰铢）。

哈特列克村 Hat Lek

泰柬边境的小村庄！

Map 文前图正面-E7

栅栏的对面是柬埔寨

从达叻出发到哈特列克村大约90公里。连接柬埔寨和泰国之间的道路周边有许多商店和露天小摊，形成了一个小村庄。下了迷你巴士就可以看到边境的出入口。正对出入口的左侧柜台办理出境手续、右侧办理入境手续。还有货币兑换处和ATM。

■ 跨越国境，前往柬埔寨

穿越国境就会到达柬埔寨的Cham Yeam Check Point。在那里的出入境管理柜台可以填写出入境申请表和入境目的等，并接受工作人员的面试。这时要交纳签证费用，获取旅游签证。从出入境管理处出来有出租车和摩的在等候接客。摩的费用大概是100泰铢，出租车为300泰铢左右。从边境到戈公（Krong Koh Kong）大约10公里。从边境开车10分钟左右，便会看到全长1.9公里的考空桥，过桥后是一座城镇，沿河附近有许多中档旅馆。城镇中央地区有市场、货币兑换处以及水果摊位等。市场周边有公共卫浴的小旅馆，价位从2~40美元不等。河畔也有100美元以上的高档酒店、设有小型娱乐设施和免税店的豪华酒店。从这里出发，去往面向金边泰国湾的港口城市西哈努克市（Sihanoukville）的巴士每天8:00发车，需要4小时30分钟，6~8美元。去往金边（Phnom Penh）的巴士每天7:30和13:00发车，需要4~5小时，6美元，VIP则为12美元。如果是拼车的话需要大约3小时，通过商量根据人数每人400~500泰铢，或者一辆车65~75美元。从达叻或阁昌岛去往西哈努克市、金边、暹粒省可以乘坐直达巴士。

柬埔寨的出入境管理局

达叻博物馆

🏠 Santisuk Rd.
☎ 0-3951-2291
🕐 周二～周五 9:00~16:00，周六·周日 9:00~16:30
休 周一
💰 30泰铢（外国游客费用）

旅游小贴士

从达叻机场去市内

乘坐曼谷航空的大巴去往市内需要大约30分钟，300泰铢。从市内去机场需要提前一天预约。租双条车的话需要200泰铢。

从市内去巴士总站

从夜市前乘坐专线双条车需要15泰铢。如果租车的话50~60泰铢。

申请柬埔寨的签证

柬埔寨的旅游签证30天之内30美元，也可以支付1000泰铢（根据当时汇率）。另外，如果没有照片的话需要追加100泰铢，简易健康诊断需要20泰铢）。如果使用信用卡支付的话，可以提前从柬埔寨外交部的官网上获取e-签证。不论使用哪种支付方式只要当天返回泰国的话，需要返程时交给柬埔寨出入境管理局工作人员300泰铢的手续费。泰国和柬埔寨的出入境管理局都是每天6:00~22:00开放。

柬埔寨外交部

🌐 www.mfaic.gov.kh
💰 30美元+7美元（系统处理费）

实用信息

达叻信息网
🌐 www.tratmap.com

柬埔寨信息网
🌐 www.koh-kong.com

旅游小贴士

边境信息

在柬埔寨的戈公可以使用泰铢。从边境乘坐摩的或出租车时，需要交纳通行费（Toll-Fee）。摩的12泰铢，车辆30泰铢。另外，从柬埔寨返回泰国时，需要在原有费用上再追加50泰铢。据说是因为不能保证司机回程时可以接到客人。

酒 店
Hotel

达叻中心
Trat Center Hotel　　　　　　　　　　　　酒店

◆ 2012年开业的大型酒店。内装简易，但是房间宽敞，设备也齐全。距离市中心大约800米，离夜市（小摊街）也很近。办理入住需要交纳300泰铢的押金。

Map p.206 外
住 45/65 Tessaban 5 Rd., Wangkrajae
TEL 0-3953-1234、08-9749-8899
FAX 0-3953-1234
费 AC S T 900泰铢~
CC M V
房间数 74间
WiFi 免费

琳琅精品酒店
Rimklong Boutique Hotel　　　　　　　　酒店

◆ 达叻首屈一指的精品酒店。客房风格简约时尚，还备有高档寝具。除单人间以外全部为大床房。在附设的咖啡厅还可以喝到现磨咖啡。热情的酒店老板还会给客人一份详细的城市步行线路地图。

Map p.206
住 194 Lak Muang Rd.
TEL 08-1861-7181
E soirimklong@hotmail.co.th
费 AC S 600泰铢　T 1000泰铢（不含早餐）
CC 不可使用
房间数 9间
WiFi 免费

达叻艺术旅馆
Artist's Place Trat　　　　　　　　　　　旅馆

◆ 由一家人气餐厅老板经营的精品旅馆。面对迷你庭院的客室和休息室内装时尚。

Map p.206 外
住 Thana Charoen Rd.
TEL 08-2467-1900
费 AC S T 800~1000泰铢（含早餐。不含早餐700泰铢~）
房间数 10间
WiFi 免费

Pop旅馆
Pop Bungalows & Guest House　　　　　旅馆

◆ 达叻最大的旅馆。客房类型多种多样，非常宽敞和干净。河边还有木屋式客房。在新装修的餐厅可以品尝到泰国菜和西餐，价格经济实惠。还可以提供各种旅游线路和安排游船。去往柬埔寨各城市的巴士（去往暹粒方向需要500泰铢，去往金边、西哈努克市方向需要600泰铢）在这里发车。

Map p.206
住 1/1-1/2 Thana Charoen Rd.
TEL 0-3951-2392、08-6374-3003
URL www.trat-popguesthouse.com
费 F S T 150~200泰铢（公共浴室）
新栋 F S T 250~400泰铢
AC S T 450~600泰铢
CC 不可使用
房间数 50间　WiFi 免费

邦杰笛旅馆
Ban Jaidee Guesthouse　　　　　　　　　旅馆

◆ 由泰式民宅改建而成的旅馆。室内干净整洁，公共浴室还有热水。宽敞的客厅很舒适。住宿者还可以免费借用自行车。旅馆内有达叻苏菲尔书店，里面除了出售有古籍和达叻名产黄油画以外，还提供阁昌岛及跨越国境的信息等。

Map p.206
住 67-69 Chaimongkon Rd.
TEL 0-3952-0678、08-3589-0839
E banjaideehouse@yahoo.com
费 F S T 200泰铢（公共浴室）
房间数 7间
WiFi 免费

餐 厅
Restaurant

乔伊的比萨 & 牛排屋
Joy's Pizza & Steak House

◆ 接单后立刻手工制作的比萨有 14 种，S 140 泰铢～，L 200 泰铢～。火热喷香比萨（见右图）为餐厅招牌比萨。奶酪烤菜（160 泰铢）也很受人欢迎。

Map p.206
住 26 Chaimongkon Rd.
电 0-3952-2551
营 周四～下周二 11:00~20:00
休 周三
CC 不可使用

纳姆琼克餐厅
Namchok

◆ 营业 20 多年的大众海鲜餐厅。在当地很受欢迎。软炸贝类价格 140 泰铢，味道极好。这家店还曾受过电视台频道 3 的采访。店内有免费 Wi-Fi。

Map p.206
住 1/8 T.Wi Watthana Bangpha
电 0-3951-2389
营 每天 11:00~23:00
CC 不可使用

水疗馆
Spa

皮尔瓦水疗馆
Pearwa Spa

◆ 以泰式按摩（1 小时 280 泰铢）为主，还有精油按摩（1 小时 500 泰铢）、全身按摩等。从脸部按摩到成套服务，种类丰富。

Map p.206
住 44/3 Soi Rimklong
电 08-1853-2929、0-3952-0922
营 每天 10:00~22:00
CC M V

布莱帕泰式水疗馆·健身中心
Thai Spa Burapa Training Center

◆ 由经验丰富的希特老师授课的按摩学校。学生可在此留宿，一天 100 泰铢。还可以体验由医师提供的泰式古风按摩（1 小时 200 泰铢）。

Map p.206
住 Pai-Ngen Building, 2nd Fl., 87/3 Rhatanusorn Rd.
电 0-3952-4479、08-1251-9148
营 每天 9:00~23:00（淡季到 18:00）
费 泰式古风按摩、足疗各 5 天 5000 泰铢。精油按摩 5 天 6000 泰铢等
CC 不可使用

209

阁昌岛 *Ko Chang* เกาะช้าง

引人注目的度假岛屿

阁昌岛的代表——赛考滩

阁昌岛位于泰东边境附近，是仅次于普吉岛的第二大岛，保留有丰富的自然和古朴的村落。西边海滩被开发成旅游胜地，非常热闹。正在开发中的东部和山区保留着原始的自然状态，可以感受到岛屿的神秘气氛。

交通

从曼谷出发
BUS 从素万那普国际机场乘坐 VIP 直达巴士（392 号）于 7:30 发车，需要 6 小时，500 泰铢。到达兰喔渡轮码头的巴士需要 6 小时左右，从素万那普国际机场、北部巴士总站乘坐一等车需要 275 泰铢，从东部巴士总站出发需要 265 泰铢。从考山路乘坐 VIP 巴士需要 350 泰铢。迷你巴士从素万那普国际机场出发需要 600 泰铢、900 泰铢（包含渡轮），从考山路或素坤逸路周边出发需要 750~900 泰铢。

从兰喔出发
BOAT 两个码头分别有两家公司的渡轮在运行。中心码头的渡轮 6:00~19:30 每小时一班，需要 50~60 分钟，80 泰铢。塔普恰特码头 6:30~19:00 每 45 分钟一班，需要 30 分钟，80 泰铢。费用根据时期不同可能会有变动，要在当地确认。下了渡轮，有发往岛西侧海滩的双条车。

BUS+BOAT 从达叻机场乘坐曼谷航空的大巴前往西海岸海滩，根据地点需要 250~500 泰铢。乘坐快艇需要 690 泰铢（不包含渡轮和小船的费用）。

从市区可乘坐双条车到达兰喔。到中心码头需要 50 泰铢，到塔玛恰特码头需要 60 泰铢。租车到中心码头需要 200 泰铢，到达塔玛恰特需要 300 泰铢。

旅游小贴士

从达叻机场发出的迷你巴士
🅣 Siam Resorts Minibus Transfer Services
📞 08-7785-7695、08-4524-4321
🌐 www.kohchangminibus.com
提前预约可以享受折扣。

阁昌岛 漫步

岛内观光可乘坐双条车（租车 1 天 2500 泰铢）、小船（1 天

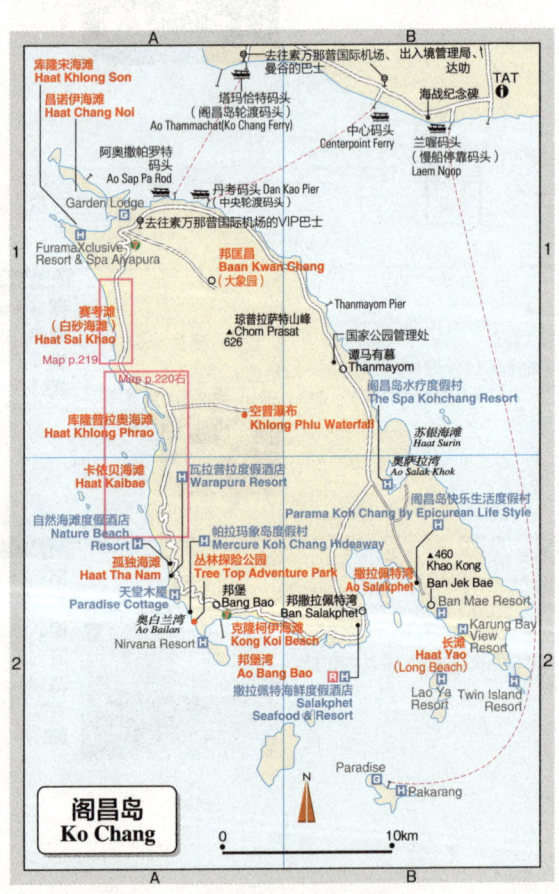

1200~1800泰铢）、摩托车（1天200泰铢左右）或步行。从渡轮码头到赛考滩的途中以及孤独海滩的北侧等地有多处急坡和弯道，是事故多发地。特别是骑摩托车时，一定要格外小心。

阁昌岛 主要景点

空普瀑布 Khlong Phlu Waterfall Map p.210-A1
可以在天然的瀑布池中游泳

阁昌岛内有许多瀑布，但是交通最方便的就是空普瀑布。从库隆普拉奥海滩的主路出发，面对山峦向东走5分钟即可到达入口，那里有餐厅和小卖部。在那里500米左右的地方可以感受原始的巡山游览。虽然还可以在瀑布池中游泳，但是必须要利用索道过河，而且水流很强，请多加小心。

提前在衣服里面穿好泳衣下水会更方便

邦匡昌 Baan Kwan Chang Map p.210-A1
和大象一起水中嬉戏

位于库隆宋海滩原始森林中的大象园。饲养着许多接近自然状态的大象。骑象项目有两种，2小时的项目是和大象在河里一起嬉戏。请自备泳衣。

骑象在原始森林中漫步

丛林探险公园 Tree Top Adventure Park Map p.210-A2
充满神秘感的公园

公园位于孤独海滩和邦堡湾之间、奥白兰湾附近的丛林中，是一座以探险为主题的公园。将自然生长的树木用绳索相连，用绳索当作桥梁探险。共有两种线路，30多种娱乐活动。

使用绳索从两棵树之间滑过，是不是很有探险精神？

实用信息

TAT
- p.210-B1
- 100 Moo 1, Laem Ngop
- 0-3959-7259~60
- 0-3959-7255
- 每天 8:30~16:30

从兰喔码头开车约5分钟。

开往孤独海滩的巴士和迷你巴士
www.bussuvarnabhumikohchang.com

阁昌岛的医院
阁昌岛国际诊所
International Clinic Koh Chang
- p.211
- 0-3955-1151~2、1719（紧急情况时）
- www.bangkoktrathospital.com

曼谷医院系列。24小时接诊。英语OK。

旅游小贴士

从阿奥撒帕罗特码头开往各个海滩的双条车拼车价格
- 赛考滩：60泰铢
- 库隆普拉奥海滩：70泰铢
- 卡依贝海滩：70泰铢
- 孤独海滩：110泰铢
- 邦堡湾：160泰铢

雨季乘客较少费用会有所提高。

空普瀑布
- 每天 8:00~16:30
- 200泰铢（国家公园门票）
- 乘坐出租车或租用摩托车

邦匡昌
- 22/4 Moo 3, Klong Son
- 08-1919-3995、08-9815-9566
- PICK UP 每天 8:40、10:40、12:40、14:40
- 骑象 800泰铢/60分钟
  骑象＋水中嬉戏 1300泰铢/2小时

不论参加哪项活动都有酒店接送服务、水果以及去环山游览时需要的饮用水。

丛林探险公园
- 115 Moo 1, Ao Bai Lan
- 08-4310-7600
- www.treetopadventurepark.com
- 每天 9:00~17:00
- 950泰铢（若要加上赛考滩~邦堡湾的接送费用为1100泰铢）
- CC 不可使用

邦堡湾的码头

实用信息

游览阁昌岛和周边岛屿的主要船舶公司
● 从兰曜出发
里拉瓦迪快艇
Leelawadee Speed Boat
☎ 08-9749-7023
🌐 www.kohmakboat.com
去往马克岛。
帕纳快艇
Panan Speed Boat
☎ 0-3950-1013
🌐 www.kohmakresort.com
🏨 由马克度假酒店运营的船只。去往阁昌岛的达肯码头、外岛、康姆岛和马克岛。

主要海滩

赛考滩（白砂海滩）
Haat Sai Khao（White Sand Beach）

闪闪发光的白砂海滩。海滩沿岸各种住宿设施鳞次栉比，从便宜的木屋客房到高级度假酒店，共有50多家，是岛内最大的度假地。主干道上有餐厅、小酒馆、商店、便利店和货币兑换处，适合长期居住。

库隆普拉奥海滩和卡依贝海滩
Haat Khlong Phrao & Haat Kaibae

卡依贝海滩的海水平浅，适合游泳

库隆普拉奥海滩位于赛考滩的南部，是恰切特岬以南的白砂海滩。可能是位置靠里的缘故，充满了悠闲的气氛。海滩中心部地区有高级度假村和木屋。向南扩展的卡依贝海滩海水平浅。这里还有许多水疗馆、经济型旅馆、木屋和餐厅等设施。

库隆宋海滩和昌诺伊海滩
Haat Khlong Son & Haat Chang Noi

安静的库隆宋海滩几乎成为福莱玛私人度假酒店和阿亚布水疗馆的专用私人海滩。不过，河边也有便宜的旅馆。昌诺伊海滩周边是渔村，有很多便宜的木屋旅馆。

孤独海滩
Haat Tha Nam（Lonely Beach）
位于卡依贝海滩以南的白砂海滩。南部有茂盛的红树林和大量的岩石，洋溢着神秘气息。城内有酒吧和价格便宜的木屋。欧美背包客经常来此旅游。

孤独海滩宁静又神秘

邦堡湾 Ao Bang Bao
悠闲的渔村氛围。海滩距离栈桥较远。

撒拉佩特湾 Ao Salakphet
位于岛的东南部。湾内有宁静的渔村，渔港的周边有木屋、农家院和小船坞。

克隆柯伊海滩 Khon Koi Beach
位于邦堡东部，好像沙州一样的海滩。海边排列着便宜的木屋、餐厅等。

长滩 Haat Yao（Long Beach）
位于东南部的白砂海滩。远离人群多有不便，但是也很悠然自在。

阁昌岛周边的岛屿

马克岛 Ko Mak　　Map p.213
清澈的海水拍打岸边

被美丽宽广的海水围绕的岛屿。以北部的斯万亚海滩和南部的阿奥卡奥海滩为中心，排列着许多木屋度假旅馆。海水清澈见底，十分适合潜水。从阁昌岛发出的船只停靠在斯万亚海湾，也有发往兰岛等地的游览快艇。去往享受潜水乐趣的小岛——康姆岛时，可以乘坐从马克岛休闲中心（→p.218）发出的渡船，包含登岛费用在内往返共需200泰铢。

● 从莱姆索克出发
白色快艇
Siri White Speedboats
☎ 09-0506-0020
URL www.kohwoodboat.com
去往马克岛和阁骨岛。

阁骨岛公主号
Koh Kood Princess
☎ 08-6126-7860
URL www.kohkoodprincessboat.com
去往阁骨岛的大型游轮。

阁骨岛快船
Ko Kut Express
☎ 09-0506-0020
URL www.kokutexpress.in.th
去往阁骨岛的大型游轮。

阁骨岛梦幻双体船
Koh Kood Fantasea Catamaran
☎ 09-0506-0020
URL www.kohkoodcatamaran.com
每周轮换去往马克岛、阁骨岛等岛屿。

● 从阁昌岛出发
邦堡船
Ban Bao Boat
☎ 08-7054-4300
有慢船和快艇运行于阁昌岛的邦堡湾、外岛、康姆岛、兰岛、马克岛、阁骨岛之间。

卡依贝海滩快艇
Nor Nou Kaibae Hut Speed Boat
☎ 08-1982-9870
URL www.kaibaehut.com
运行于阁昌岛的卡依贝海滩和外岛、马克岛、阁骨岛之间。

实用信息
马克岛信息中心
Ko Mak Information Center
MAP p.213
☎ 08-1870-6287
开 每天 7:30～20:00
马克岛出身的彼歇特十分擅长英语。可以为游客提供住宿、船只、巴士、旅游线路的安排。自带笔记本使用网络1小时100泰铢。

旅游小贴士
阁昌岛以外的岛屿信息
基本上需要事先预约住宿，但雨季住宿、船舶大都停业，所以要向旅行社或TAT确认。另外，马克岛和阁骨岛都没有ATM，除了几家度假酒店以外都不能用信用卡，请提前备好现金。

阁骨岛 Ko Kut

Map p.214

阁骨岛海面上的神秘之岛

空抄湾的入海处有一种质朴之美

比起马克岛,阁骨岛开发较晚,正因如此,岛上保留有许多自然风光,充满神秘悠闲的氛围。还可以看到在其他岛屿看不到的空抄湾(Ao Khlong Chao)入海处的美景。岛内没有公共交通设施,只能向旅馆租借摩托车。即使是修过的主干道也到处都是沙地和荒废的道路,请多加小心。

空抄瀑布 Khlong Chao Waterfall

Map p.214

位于神秘之岛的小型瀑布

瀑布保留了原始自然风貌,给人以清爽之感。去往瀑布要从一条铺装道路进入到一条难走的道路,而且必须沿

在一段行走艰难的路的深处,就是美丽的空抄瀑布

着两侧岩石耸立的河岸向前走,非常危险。所以尽量不要独自一人前往。

旅游小贴士

马克岛和阁骨岛的潜水商店

Ⓢ 潜水乐园
Paradise Divers
MAP p.213、P214
🏠 Koh Kood Beach Resort, 121 Moo 1, Ao Yai Ki
☎ 08-7144-5945
🕙 每天 9:00~17:00
URL www.kohkood-paradisedivers.com

在阁骨岛海滩度假村(→p.219)入口和马克岛均有店铺。还会举办去往海上公园等地的潜水活动。

马克岛内的交通

因为岛内只有3~4辆出租车,在码头直接乘坐出租车去往住宿的地方会比较轻松。游览小岛租借摩托车(1天350~400泰铢)最方便,但是岛上有许多未铺装的道路,请注意安全驾驶。由于路灯很少,所以日落以后天会很暗,一些路灯也会关闭,所以要多加小心。

阁骨岛信息网
URL destinationkohkood.com

从泰国本土或阁昌岛前往各个岛屿

从兰喔码头(MAP p.212 左)乘坐快艇前往马克岛一天有4班,需要45分钟~1小时,450泰铢。从达叻以西约27公里处的莱姆索克码头(MAP p.212 左)乘坐经停马克岛的快艇一天有两班,需要1~1.5小时,900泰铢。直达的快船需要1小时15分钟~1.5小时。从阁昌岛、邦堡(MAP p.212 左)、卡依贝海滩去往马克岛、外岛、阁骨岛等岛屿可以乘坐快艇或慢船(雨季停运)。船费根据是否含有出租车费用有所不同。发船及到达时间根据气候和当时海面情况有时会提前,有时则会推后,详情请在当地确认。

联结阁昌岛周边岛屿的快艇

酒　店
Hotel

赛考滩的海边有许多中高档的度假酒店，海滩北部也有许多经济型旅馆。卡依贝海滩有许多餐厅、酒吧和商店，旅馆也比较便宜，经济实惠。相比之下，孤独海滩位置略显不便，这里的木屋和旅馆主要面向背包客。如果想要体验海上运动或宁静的渔村氛围，可以去岛南部的邦堡湾。邦堡岛以东的克隆柯伊海滩还保留有简朴的小木屋。如果想要感受神秘气氛请一定来东海岸这边。

旅游旺季是 11 月～次年 5 月中旬，但也有旅店从 10 月份开始就按旺季收费。此外的时期很多旅店都会有 30%~50% 不等的折扣。

赛考滩（白砂海滩）

KC 格兰德休闲度假村
KC Grande Resort & Spa　　　　酒店

◆赛考滩首屈一指的度假酒店。分为木屋客房和酒店客房。客房基本上都很宽敞舒适，但是木屋的高档房稍稍有点窄。酒店配有 60 米 × 15 米的大型泳池、桑拿浴、SPA、餐厅和酒吧。还有免费Wi-Fi。

Map p.211
住 1/1 Moo 4, Sai Khao Beach
TEL 0-3955-2111
FAX 0-3955-1394
URL www.kckohchang.com
费 AC 木屋 ⓈⓉ5130 泰铢～　酒店房 ⓈⓉ5700 泰铢
CC M V
房间数 219 间
带泳池　WIFI 免费

岩沙度假村
Rock Sand Resort　　　　旅馆

◆从双条车的始发站 7-11 便利店旁的小道走到海滩，再向北走 10 分钟即可到达一片经济型旅馆区域。岩沙度假村就位于这里。客房有多种房型，只看着就感觉很棒。公共淋浴有热水。从餐厅能看到一望无垠的大海，视野十分开阔，只是涨潮时就不能前往这里住宿了，这一点有些不方便，请注意。

Map p.211
住 102 Moo 4, Sai Khao Beach
TEL 08-4781-0550
URL www.rocksand-resort.com
费 F ⓈⓉ700 泰铢～（公共浴室）ⓈⓉ900 泰铢～ AC ⓈⓉ 2000 泰铢～　CC 不可使用
房间数 24 间
WIFI 免费

阁昌岛海特酒店
Koh Chang Hut Hotel　　　　酒店

◆位于赛考滩市街上的一家经济型酒店。拥有沿主干道建起的酒店客房楼和沿海建造的木屋型客房。意大利餐厅建在一座小山上，视野极佳，早餐可以在这里享用。

Map p.211
住 11/1 Moo 4, Sai Khao Beach
TEL 08-1865-8123
URL www.kohchanghut.com
费 F ⓈⓉ500 泰铢～ AC ⓈⓉ 650 泰铢～　CC 不可使用
房间数 36 间
WIFI 免费

阿鲁尼度假酒店
Arunee Resort　　　　酒店

◆位于赛考滩的中心部，距离双条车乘车场和便利店非常近，而且价格公道，很有人气。酒店还设有旅行社，可以提供各种旅游线路以及汽车租赁服务。

Map p.211
住 7/7 Moo 4, Sai Khao Beach
TEL 0-3955-1075
URL www.facebook.com/aruneekohchang　E aruneeresorttour@hotmail.com
费 AC ⓈⓉ500 泰铢～
CC 不可使用
房间数 20 间
WIFI 免费

215

库隆普拉奥海滩、卡依贝海滩

绿宝石海湾度假村
The Emerald Cove Koh Chang 酒店

◆ 酒店位于库隆普拉奥海湾的入海口附近。有50米长的大型泳池,可以感受真正的竞技游泳。客房全部配有阳台,可以一边观赏海滩风光一边享受水疗护理,充满了度假气息。

Map p.212 右
住 88/8 Moo 4, Tambon Koh Chang
TEL 0-3955-2000　FAX 0-3955-2001
URL www.emeraldcovekohchang.com
费 AC S T 4600 泰铢~
CC A D J M V
房间数 165 间
带泳池　WiFi 免费

海景度假酒店 & 阁昌岛水疗中心
Sea View Resort & Spa Koh Chang 酒店

◆ 位于卡依贝海滩南端的SPA度假酒店。从泳池的高台上可以眺望大海,心情很舒适。SPA客房配有极可意浴缸,可以享受水疗护理。也可以只单独使用SPA。

Map p.212 右
住 63 Moo 4, Kaibae Beach
TEL 0-3955-2888　FAX 0-3955-2818
URL www.seaviewkohchang.com
费 AC S T 3632 泰铢~新婚套房
AC S T 7647 泰铢(另加税费)
CC A M V 房间数 157 间
带泳池　WiFi 免费

夏加普林水疗度假酒店
Gaja Puri Resort and Spa 酒店

◆ 沿庭园建起的一栋栋小别墅很有私密性,木质风格感觉很温暖。浴室宽敞,配有大型浴缸和花洒。按酒店标准设有8米×20米的大型泳池和台球厅,不论白天夜晚气氛都很好。

Map p.212 右
住 19/19 Moo 4, Khlong Phrao Beach
TEL 0-3969-6918~9　FAX 0-3969-6917
URL www.gajapuri.com
费 AC S T 4550 泰铢~
CC M V
房间数 46 间
带泳池　WiFi 免费

K.B. 度假酒店
K.B. Resort 酒店

◆ 酒店建在海滩上,位置优越。同时丰富的早餐也是受人欢迎的理由之一。酒店建于2012年。餐厅位于大海前,内装时尚。

Map p.212 右
住 10/16 Moo 4, Kaibae Beach
TEL 0-3955-7125　FAX 0-3955-7126
URL www.kbresort.com
费 F S T 1250 泰铢~
AC S T 2390 泰铢~
CC J M V 房间数 70 间
带泳池　WiFi 免费

蓝窗木屋
Blue Lagoon Bungalows 旅馆

◆ 湖边和庭院有一排排可爱的小木屋。因为餐厅的环境很好十分受人喜爱。还有擅长烹饪的老板开的烹饪学校,教大家使用他自己栽培的蔬菜和香料做饭。接待处使用电脑网络1分钟1泰铢,Wi-Fi免费。

Map p.212 右
住 30/5 Khlong Prao Beach
TEL 0-3955-7243、08-9515-4617
URL www.kohchang-bungalows-bluelagoon.com
费 F S T 500~1800 泰铢 AC S T 1100~1400 泰铢　CC 不可使用
房间数 24 间　WiFi 免费(只限接待处周边)

孤独海滩、奥白兰湾

帕拉玛象岛度假村
Mercure Koh Chang Hideaway 酒店

◆ 岛西南部最大型的度假酒店。3层建筑的酒店前有大型泳池,还可以在酒店附近的私人海滩悠闲地度过。

Map p.210-A2
住 111/1 Moo 1, Bailan Bay
TEL 0-3961-9111　FAX 0-3955-8059
预 (03)4455-6404
URL www.accorhotels.com
费 AC S T 2100 泰铢~
CC A D J M V 房间数 96 间　NET 免费

瓦拉普拉度假酒店
Warapura Resort 酒店

◆在孤独海滩建造的小型度假酒店。外部建筑和内部装修都以白色统一。木质结构，内装时尚。氛围好，设备也齐全。还可以在能看见大海的庭台上做按摩，很受好评。

Map p.210-A2
- 住 4/3 Moo 1, Lonely Beach
- TEL 08-3987-4777
- 费 AC S T 1870 泰铢～
- CC J M V
- 房间数 22 间
- 带泳池
- WiFi 免费

天堂木屋
Paradise Cottage 酒店

◆位于孤独海滩的南端。便宜的风扇客房为木质结构，简约素朴。新建的小屋由混凝土打造，内装时尚现代。从餐厅能够看见大海，很有情调，颇受好评。在接待处和餐厅有免费 Wi-Fi。

Map p.210-A2
- 住 104/1 Moo 1, Lonely Beach
- TEL 08-1773-9337
- URL paradisecottageresort.com
- 费 F S T 950 泰铢～ AC S T 1200 泰铢
- CC M V （+3% 手续费）
- 房间数 27 间
- WiFi 免费

自然海滩度假酒店
Nature Beach Resort 酒店

◆在私家海滩的椰树林中，至今还有一些混凝土结构的小屋保留。面向海的餐厅及酒吧很有情调，很受欧美的背包客喜爱。

Map p.210-A2
- 住 98 Moo 4, Lonely Beach
- TEL 08-1803-8933
- 费 F S T 700 泰铢～
- AC S T 2500 泰铢～
- E nature_kohchang@hotmail.com
- CC M V （+3% 手续费）
- 房间数 50 间 WiFi 免费（只限餐厅）

撒拉佩特湾

阁昌岛水疗度假村
The Spa Kohchang Resort 酒店

◆这是一家充满神秘色彩的水疗休闲中心。有着自然风格的别墅外观，内装时尚讲究。2014 年 12 月这里还召开了瑜伽博览会。

Map p.210-B2
- 住 15/4 Moo 4, Salak Khok
- TEL 0-3951-0784、0-3951-0773
- FAX 0-3951-0783
- URL www.thespakohchang.com
- 费 AC S T 1730 泰铢～
- CC M V 房间数 26 间
- 带泳池 WiFi 免费（一部分客房除外）

阁昌岛快乐生活度假村
Parama Koh Chang by Epicurean Life Style 酒店

◆这是一家充满神秘气息的高级度假酒店。正对东海岸静静的大海。推荐可以看到大海全景的豪华间和套房。

Map p.210-B2
- 住 8/4 Moo 3, Baan Chek Bae
- TEL 0-3967-1025
- URL www.paramakohchang.com
- 费 AC S T 5000 泰铢～
- CC M V
- 房间数 19 间
- 带泳池 WiFi 免费

撒拉佩特海鲜度假酒店
Salakphet Seafood & Resort 酒店

◆是位于撒拉佩特湾渔港的度假酒店和有名的海鲜餐厅。从住宿处也可以选择直接离岛线路。免费早餐只限面包、咖啡和红茶。还兼设有按摩房和 SPA 馆。

Map p.210-B2
- 住 43 Moo 2, Ban Salakphet
- TEL 0-3955-3099、08-1429-9983
- FAX 0-3955-3081
- URL kohchangsalakphet.com
- 费 AC S T 900~4900 泰铢
- CC M V 房间数 22 间
- WiFi 免费

马克岛

以北侧的斯旺亚依海滩和南侧的阿奥卡海滩为中心，有近30家住宿设施。

马克岛休养处
Plub Pla Koh Mak Retreat 酒店 Map p.213

◆ 独享岛西南部海滩的安静区域。虽然位置有些不便，但是私密性好，推荐想要悠闲度过的游客。

住 50/5 Moo 2, Ao Pai Beach
TEL 08-7802-7575
URL www.kohmakretreat.com
费 AC S T 2700 泰铢～
CC M V （+3% 手续费）
房间数 22 间
带泳池 WiFi 免费（只限餐厅和泳池）

马克岛休闲中心
Koh Mak Resort 酒店 Map p.213

◆ 位于前往阁昌岛的码头前，几乎独占斯万亚海滩。海滩上有一排排的小木屋。从泳池和餐厅可以眺望大海，很有度假氛围。旺季时会有连接其他岛屿的双体船运行。

住 1 Moo 2, Ao Suan Yai
TEL 0-3950-1013、08-9600-9597
FAX 0-3950-1013
URL www.kohmakresort.com
费 AC S T 2600 泰铢～
CC M V （+5% 手续费） 房间数 17 间
带泳池 WiFi 免费（只限餐厅和大厅）

海岛度假酒店
Islanda Resort Hotel 酒店 Map p.213

◆ 在高台上建起的酒店。在马克岛稀有的大型泳池中可以眺望大海边优雅度过。有的客房从浴室也能看见大海。

住 81 Moo 2, Ko Mak
TEL 08-5328-1188
URL www.islandaresorthotel.com
费 AC S T 3400 泰铢～
CC A M V
房间数 18 间
带泳池 WiFi 免费

猴子度假村
Monkey Island 酒店 Map p.213

◆ 位于前往阁骨岛的码头前。从公共浴室房到双床房，有各式木屋房型。只有空调房（2500 泰铢）有热水淋浴和早餐。虽然有泳池，但是只是儿童用的尺寸。

住 63/6 Ao Kao Beach
TEL 08-9501-6030 FAX 0-3952-4040
URL www.monkeyislandkohmak.com
费 F S T 350 泰铢（公共浴室）600 泰铢（不含早餐） AC S T 1500 泰铢、2500 泰铢 CC M V （+3 的手续费、只限旺季） 房间数 44 间
带泳池 WiFi 免费（只限大厅和餐厅周边）

马克岛木屋
Baan Koh Mak 酒店 Map p.213

◆ 泳池周围是小屋。客房内装很可爱，但是也只有睡觉的空间。

住 17/1 Moo 1, Ao Kao Beach
TEL 08-1824-4794、08-9895-7592
FAX 0-3952-4027
URL www.baan-koh-mak.com
费 AC S T 1600 泰铢～
CC M V 房间数 18 间
WiFi 免费（只限餐厅）

阁骨岛

在西部海滩沿岸零星分布着一些中、高档酒店。但由于岛内出租车为数不多，步行前去找房会比较麻烦。可以提前预约或在码头与接客的旅馆工作人员商量。另外，5~10 月有的旅馆不营业，请一定提前确认好。

阁骨岛恰姆之家度假村
Cham's House Resort Koh Kood　　　酒店

◆隐藏于安静的私人海滩中的度假酒店。从泳池的高台可以将大海一览无余，屋外的极可意浴缸可令人放松身心。

Map p.214

住 2 Moo 5, Khlong Hin Beach
電 08-1651-4744
URL www.chamshouse.com
费 AC S T 6380 泰铢～
CC A M V
房间数 55 间
带泳池　WiFi 免费

阁骨岛汕塔度假村
Shantaa Koh Kood　　　酒店

◆在小山丘的斜面建造的 15 幢房子内都可以看到大海。可以优雅地在此度假。眼前翠绿的大海十分适合潜水。

Map p.214

住 20/3 Moo 2, Ao Tapao
電 08-1817-9648、08-1566-0607
URL www.shantaakohkood.com
费 AC S T 3900 泰铢～
CC 不可使用
房间数 15 间
带泳池　WiFi 免费（只限餐厅）

阁骨岛海滩度假村
Koh Kood Beach Resort　　　酒店

◆从高台上可以眺望大海全景，十分壮观。有欧式木屋和泰式木屋可供选择。泰式木屋有宽敞的阳台，设有极可意浴缸，从那里可眺望大海。酒店还兼设潜水商店。

Map p.214

住 121 Moo 1, Ao Yai Ki
電 0-2630-9371、08-5228-2945
URL www.kohkoodbeachresort.com
费 欧式木屋 AC S T 3900 泰铢～
泰式木屋 AC S T 4500 泰铢～
CC M V（+3.5% 的手续费）
房间数 19 间
带泳池　WiFi 免费（只限餐厅）

阁骨岛杜斯达度假村
Koh Kood Dusita Resort　　　旅馆

◆眼前就是海滩。木屋有 2 人用到 8 人用三种类型。客房内除了床以外没有什么空间。2012 年新设了带热水淋浴的空调房。

Map p.214

住 45 Moo 2, Ngam Koh Beach, Baan Ngam Koh
電 08-1420-4861
URL www.dusitakohkood.net
费 F S T 1290 泰铢～ AC S T 1790 泰铢～ CC 不可使用
房间数 22 间

阁骨岛加姆库度假村
Kohkood-Ngamkho Resort　　　旅馆

◆位于加姆库海滩南部的经济型旅馆。古朴的木屋，所有客房均带有淋浴，从安静的海滩山丘上的木屋还可以看到美丽的夕阳。

Map p.214

住 Ngam Koh Beach, Baan Ngam Koh
電 08-1825-7076、08-4653-4644
费 F 750 泰铢（含早餐）
CC 不可使用
房间数 5 间
WiFi 免费（只限餐厅）

K.K. 天天开心旅馆
Koh Kood Happy Days Guesthouse　　　旅馆

◆从旅馆步行去往加姆库海滩大约用 3 分钟，去往库隆切尔海滩大约用 10 分钟，距离两个海滩都很近。旅馆老板还经营着一家潜水用品商店。餐厅只上午营业。

Map p.214

住 Baan Ngam Koh
電 08-7144-5925
URL www.kohkood-happydays.com
费 F S T 450 泰铢～ AC S T 800 泰铢～ CC 不可使用
房间数 10 间　WiFi 免费

曼谷近郊和泰国中部　●阁昌岛

219

餐厅
Restaurant

卡姆鸡餐厅
Kai Mun Chicken

Map p.211

◆位于赛考滩中心区的主干道路边，是一家伊森（泰国东北风味）餐馆。在店前可以看到赛考滩的特产烤鸡（卡姆鸡）。烤鸡是咖喱风味，十分美味。半只100泰铢，整只200泰铢。另外，还有木瓜沙拉（55泰铢）之类的小菜。

住 Moo 4, Sai Khao Beach
电 08-6816-2872
营 每天 10:00~22:00
CC 不可使用

扑塔雷海鲜餐厅
Phu-Talay Seafood Restaurant

Map p.212 右

◆餐厅内装以白色和蓝色为基调，非常漂亮。多种海鲜价位合理且味道鲜美，很受当地泰国人喜爱。从阳台上可以眺望海边美景，白天感觉很清新，夜晚觉得很浪漫。

住 4/2 Moo 4, Khlong Prao Beach
电 0-3955-1300、0-3969-6500
FAX 0-3969-6500
E phutalay@gmail.com
营 每天 10:00~22:00
CC 不可使用

桐赛餐厅
Tongsai Restaurant

Map p.212 右

◆餐厅厨师有在曼谷素可泰大酒店等五星饭店工作的经验。能做出正宗的泰式美味料理。特别是煮得香嫩可口的鸭肉咖喱，十分鲜美，不可错过。店内布置得很宽敞，夜晚在此用餐感觉非常浪漫有情调。

住 26 Moo 4, Khlong Prao Beach
电 08-8928-1359
E tonsai_3@hotmail.com
营 11:00~22:00
休 淡季的周一
CC 不可使用

乌德兹地带
Oodie's Place

Map p.211

◆虽然类似西餐厅在阁昌岛很多，但是这里异常受人欢迎的原因是每晚热闹的现场摇滚演奏。牛排390泰铢、比萨200泰铢~、还有自家制的冰激凌（80泰铢）等都很有人气。还有泰式咖喱（180泰铢）等泰国料理。店内有免费Wi-Fi。

住 7/20 Sai Khao Beach
电 0-3955-1193
营 每天 16:00~ 次日 1:00（现场演奏为21:00以后）
CC 不可使用

水疗馆
Spa

身体护理 & 茶室
Bodiwork & Tea House

Map p.212 右

◆可提供泰式按摩、印度传统医学、海水疗法等各种护理。还有接送服务（收费，需要咨询）。请尽量提前预约。

住 In front of Coconut Beach Resort, Khlong Prao Beach
电 0-3955-1399、08-7941-5685
营 每天 11:00~22:00
CC 不可使用

商店
Shopping

Ad 服装店
Ad Collection

Map p.212 右

◆位于卡依贝海滩大道上的小型时装店。男女度假服在岛内最受欢迎，尺寸也齐全。长围巾之类的小物品适合作为纪念品。

住 51/3 Moo 4, Kaibae Beach
电 08-6149-7836
E adcollectionscafe@gmail.com
营 每天 10:00~21:00
休 不定休 CC M V

亚兰 *Aranyaprathet* อรัญประเทศ

受邻国政变影响的边境城市

在柬埔寨内战以前，亚兰是个贸易城市。之后成为柬埔寨难民和援助他们的无政府组织以及联合国的活动据点。现在，想去柬埔寨赌场的泰国人经常会来这里。

边境集市

Thailand Central

文前图正面-D5

交通

从曼谷出发

BUS 从北部巴士总站出发，4:00~17:00每小时一班。需要4-5小时。一等车220泰铢。
RAIL 从华兰蓬火车站出发每天有两班，分别为5:55发车，11:35到达亚兰；13:05发车，17:35到达亚兰。从亚兰出发的火车有6:40和13:55两班，到达华兰蓬的时间分别为12:05和19:40。三等座48泰铢。
边境集市
从巴士总站乘坐嘟嘟车大约需要10分钟，80泰铢。如果坐摩的需要60泰铢，从市里出发需要50泰铢。
泰国出入境管理处
开 每天7:00~20:00
和去往边境集市方法相同。
柬埔寨的出入境管理处
开 每天7:30~17:00
签证1000泰铢，可在边境领取。

亚兰漫步

巴士总站位于城西，到达城镇中心步行需要10分钟。火车站位于城北，到达城镇中心需要5分钟。街道如棋盘状纵横交错，有许多家便宜的酒店。

■ **边境集市**

国境附近有叫作"友谊集市"和"泰国"的大型集市。这里出售从柬埔寨运来的便宜衣物和杂货等，吸引了众多来自泰国的采购商。

泰国人到柬埔寨赌博，柬埔寨人到泰国打工

■ **跨越国境**

从亚兰跨越国境可到达柬埔寨（可办理旅游落地签）。游客可以只参观一下边境小镇波贝后返回，只是当日返回的情况下可能需要给柬埔寨出入境管理处的工作人员一些好处费。

酒店
Hotel

车站1号酒店
Station One Hotel 酒店

◆位于巴士总站后，是亚兰最高级的酒店。但是酒店没有外窗（窗户都是面对楼梯井的），介意的游客请注意。

住 33 Tanavitee Rd.
☎ 0-3723-1333　FAX 0-3723-1312
费 AC S T 900泰铢　CC 不可使用
房间数 147间　WIFI 免费

集市汽车旅馆
Market Motel 酒店

◆位于集市东侧。带空调的客房还配有电视和冰箱。所有客房均有热水淋浴。

住 105/30-32 Rat-uthit Rd.
☎ 0-3723-2302　费 F S T 280泰铢
AC S T 380泰铢（不含早餐）CC 不可使用　房间数 60间　带泳池 WIFI 免费

因特酒店
Inter Hotel 酒店

◆酒店位于市街以南，一片安静的住宅区内。带风扇的客房也有电视、冰箱和热水淋浴，非常舒适。

住 108/7 Chatasing Rd.　☎ 0-3723-1291
FAX 0-3723-2352　URL www.ourweb.info/interhotel　费 AC S T 450~650泰铢（不含早餐）CC 不可使用　房间数 37间

亚兰花园1号酒店
Aran Garden 1 Hotel 酒店

◆全部客房均带淋浴。200米以外是亚兰花园2号酒店（住 59/1-7 Rat-uthit Rd.，☎ 0-3723-1070）。经营者相同。2号店比1号店稍微新一点，但是价位也更贵。AC S 390泰铢~，T 500泰铢。热水淋浴。

住 110 Rat-uthit Rd.　☎ 0-3723-1105
费 F S T 230泰铢　3人间280泰铢（不含早餐）CC 不可使用
房间数 30间　WIFI 免费

221

泰国北部
Thailand North

清迈	226	拜县	280
清莱	260	南奔	283
美斯乐	267	南邦	284
湄赛	269	帕尧	287
清盛	271	难府	288
金三角	273	帕府	291
清孔	274	彭世洛	293
夜丰颂	275	素可泰	296

市内的寺院（清迈 — p.226）

THAILAND NORTH
泰国北部
早知道NAVI

泰国北部有很多寺院

泰国北部简介

泰族的曼格莱王灭亡了统治泰国西北部的孟族国家哈利奔猜王国后，在1296年定都清迈，建立了兰纳王朝。王朝建立后，一直和邻国缅甸战火不断，国家安全一度受到威胁，但截至19世纪后半期大约600年的时间，兰纳王朝一直作为统治泰国北部的独立国家存在。因此，泰国北部的寺院建筑样式、美术、菜肴、服饰等文化方面形成了缅甸和泰国要素相融合的独特风格。作为看点，清迈市内遗留的历史悠久的寺院和被联合国教科文组织认定为世界文化遗产的素可泰遗迹特别有名。亲身接触大自然，体验各少数民族生活村落的山间徒步游也很有魅力。

1 游览清迈市内零星分布的小型寺院 2 市场上出售的各种少数民族的杂货 3 这里属于山地，还可以看到瀑布

SEASON
旅游旺季

由于是山地，海拔比较高，所以这里比曼谷等平原地带要凉爽。一年当中都比较舒服。10月份开始的旱季不用说，2月中旬开始到5月的暑期，早晚也比较冷，所以提前备好长袖的衣服很有必要。靠近中部的素可泰一年到头都很热。

山岳连绵起伏的泰国北部

EVENTS

※ 活动的具体详情，关于开始时间和内容等请参考
cn.tourismthailand.org

主要活动信息

博桑伞节和山甘烹手工艺节
【地点】清迈
【时间】1月中旬

博桑因制造色彩绚丽的伞而闻名于世，在这里举行博桑伞节，博桑伞作为特产也特别受欢迎，名气很大。除了可以观看选拔博桑伞节小姐以外，还可以逛一下道路两侧的伞和工艺品店。

清迈鲜花节
【地点】清迈
【时间】2月上旬

清迈鲜花节是在鲜花盛开、争芳斗艳的季节举行的活动。有用花装饰的彩车和鲜花小姐游行，以及园艺比赛。

波伊善隆节
【地点】夜丰颂
【时间】3月下旬~4月上旬

为庆祝住在夜丰颂的泰国泰雅族的出家仪式而举行的传统活动。游客可以看到身着彩色鲜艳的缅甸风格服装的队伍。

清迈泼水节
【地点】清迈
【时间】4月中旬

通过互相泼洒上天恩赐的水，来庆祝泰国正月的活动。泼水节在泰国全国都会举行，尤其是清迈，来自国内外的很多游客都会参与其中，每年都会变得特别热闹。

水灯节
【地点】素可泰、清迈等
【时间】11月

泰历12月的满月之夜，泰国全国都会举行感谢水精灵的祭祀活动。特别是素可泰，每年都有大型的泰国舞蹈和盛装游行。清迈的活动也特别盛大，届时将放飞很多孔明灯，会吸引很多游客前来。

水灯节的夜里，放飞孔明灯，将夜空点缀得如梦如幻

泰国北部

● 泰国北部早知道 NAVI

HINTS

旅游小贴士

交通

以清迈或者清莱为起点，去往北部各城市，乘坐巴士或飞机会比较方便。从曼谷飞往清迈的航班每天都有很多，需要1小时10分钟。坐大巴车需要11小时，比火车班次多，而且舒服。另外，从曼谷乘坐大巴车去清莱，需要13小时，去夜丰颂需要14小时。从曼谷去素可泰乘坐大巴车需要7小时，从清迈去素可泰需要6小时。

住宿

这里住宿设施齐全，可根据喜好选择住宿的地方。这里除了高档酒店，也有独具魅力的绿色环绕环境幽静的小木屋和旅馆。环山旅游线路上的旅馆特别受欢迎，很多旅行团住宿在这里，还有专门来此住一晚的游客。举行泼水节等节日的时候，所有的地方都人满为患，如果住宿必须提前预约。

这里有较为隐蔽的山岳度假村

ACTIVITIES

娱乐项目

● 徒步旅行
● 大象训练营
● 金三角、少数民族村落访问旅行团
● 山地度假村的水疗馆
● 穿越国境（老挝、缅甸）

住在夜丰颂郊外的少数民族。访问他们村落的时候可以购买很多当地物品

FOODS

特色美食

● 康托克晚餐
● 卡奥·索易
● 炸猪皮饭
● 辣肠饭
● 缅甸风味咖喱饭

泰国北部的乡村家常饭卡奥·索易，咖喱风味的汤内放入中华拉面和炸面

Thailand North

清迈 *Chiang Mai* เชียงใหม่

被称为"北方玫瑰"的美丽古都

位于滨河河畔的古都清迈是泰国北部最大的城市。清迈因曾作为统治北泰一带的兰纳王朝的首都盛极一时，即使现在清迈的市内也有100座以上的寺院，生产着灵活运用传统技术的手工艺品。在清迈不仅可以看到充满活力的市场和夜市，还可以看到坍塌的城墙、城门和护城河，还有古老的寺院。

零星分布在市内的寺院

前往方法

从曼谷出发
AIR 素万那普国际机场的泰国国际航空公司每天有10~13航班，需要花费1小时10分钟，2535泰铢~。也有便宜的航空公司在这里运营，航班安排和运费需要查看各航空公司的网页（→p.503）。
BUS 从北部巴士总站需要9~11小时。乘坐晚间运行的客车会比较方便。6:30~22:00期间，每隔30分钟~1小时就有一班车。VIP价格是837泰铢，一等车价格是538泰铢，二等车价格是419泰铢左右（根据大巴车公司不同，费用也会有差异）。也有旅行社经营的，从考山路开往塔佩门附近的大巴。可以在旅行社或者旅馆申请预订，价格在400泰铢左右，特别便宜，但是频现偷盗事故，容易引发纠纷，不推荐大家选择。
RAIL 华兰蓬火车站每天有5班车。二等空调指定座位的特快车641泰铢，需要12小时。卧铺车比较受欢迎，需要提前购票。一等卧铺1253~1453泰铢，二等卧铺531~791泰铢。坐票二等座为391~541泰铢，三等座为231~271泰铢。（根据列车的种类不同票价也不尽相同。）

实用信息

TAT
MAP p.231-F4
105/1 Chiang Mai-Lamphun Rd.
TEL 0-5324-8604~5
FAX 0-5324-8606
开 每天 8:30~16:30
可以领到地图和各地的观光旅游宣传册，但信息更新不及时。

到达清迈～前往市里

从巴士总站到市里

长途巴士总站：被称为"拱廊"的巴士总站（站台分为2和3，MAP p.229-F2）有开往曼谷和其他各地的长途大巴车。从"拱廊"到市里可以乘坐公交车（15泰铢）、摩的（40~50泰铢）、嘟嘟车（60~80泰铢）、双条车（80泰铢~）、出租车（150泰铢左右）。双条车拼车（到老城区

拱廊巴士总站的站台3

20泰铢左右），先告诉司机目的地，让司机确认目的地以及方向是否相同。

郊外巴士总站：位于城墙北侧的白象门巴士站（站台1。MAP p.210-C1），有开往近郊的湄林（→p.239）、达吞（→p.259）等地的大巴和双条车。

北部的清迈火车终点站

从清迈站开往市里

火车站位于街道东侧（MAP p.229-F3），步行的话距离太远，建议乘坐嘟嘟车（60泰铢）或者双条车。前往塔佩门方向，可以在站前拼车搭乘双条车。

从清迈国际机场到市里

从机场（MAP p.228-A4~A5）到市里可以乘坐机场快轨或者打表出租车（150泰铢~/1辆），可以去机

清迈国际机场

场出口大厅乘坐。从市里去往机场的穿梭于城市间的双条车或嘟嘟车价位在 80~100 泰铢（需要谈价格）。

清迈 漫步

■ 被护城河包围的老城区和以塔佩路为中心扩展的新城区

清迈分为两个部分，一个是被护城河和城墙包围的老城区，一个是老城区以外的新城区。老城区的道路较为狭窄，容易迷路，道路深处或者寺院的周边较为宁静。周围零散分布着旅馆，可以在这里悠闲地度过。沿着东边城墙的月满路（Moon Muang Rd.）周边有酒店、餐厅和旅行社。老城区和滨河之间的区域特别热闹。塔佩路（Tha Pae Rd.）、洛依库洛路（Loi Kroh Rd.）、昌岗路（Chang Klang Rd.）周边有很多面向游客的商店和餐厅，夜间市集每天晚上开门营业。

■ 清迈的市内交通

被称为"红车"的双条车

双条车：双条车是由小型的货车加上顶棚和两排座椅改造而成的交通工具。清迈的双条车的乘坐方法和出租车差不多，在路上行驶的双条车主要是红色双条车，颜色特别像出租车，搭乘双条车的方法是，首先让行驶中的双条车停下来，根据要去的地点商谈费用，谈好后再乘坐。若在老城区和塔佩路周边活动，一个人 20 泰铢左右。去市区走高速公路需要 30~40 泰铢。如果方向相同，还可以合乘双条车。也有的双条车载客途中还捎带其他的乘客。打表的时候，关于费用是按人收费还是按照车收费，要提前确认清楚。除了红色双条车以外，路上也有黄色和白色等颜色的双条车运行。

泰式人力三轮车、嘟嘟车：费用可以讨价还价，泰式人力三轮车最少 20 泰铢，嘟嘟车最少 40~60 泰铢。清迈有很多外国游客，所以有很多司机也会讲英语。泰式人力三轮车的数量不太多，不过在市场的周边还可以看到。

公交车：带空调的公交车有 4 条线路，连接拱廊（巴士总站）、机场和市里（15 泰铢）。但是 1 天只有 6 趟公交车，运行的车辆较少，很难搭乘。除了从拱廊到塔佩门的线路以外，只要能够赶上始发车的时间基本上就能乘坐。

打表出租车：费用是 2 公里内 40 泰铢，每增加 1 公里就增加 5 泰铢。数量较少，一般酒店附近会有。一般在巴士总站拉客的车不使用计程器，直接谈费用。如果运气好会碰到带空调的车。

■ 租赁摩托车、自行车可以让活动范围更大

租赁摩托车的费用根据摩托车的排气量和租赁的时间进行计算。100cc 排气量的摩托车 1 天 250 泰铢~，半天 100 泰铢左右。汽油费用另算（有的店铺会要求返还时要加指定数量的汽油）。租赁的时候要把护照抵押在那里。原来规定租赁时要出示国际驾驶证，不过有些店不出示也可以租到。但是无驾照行驶，发生交通事故将得不到保险赔偿。行驶时必须戴安全帽，违反者罚款 200 泰铢。清迈市内有很多道路是单行路，为了能够在单行道顺利地右转，有些地方把左右车道颠倒了，需要注意。不会驾驶摩托车的游客可以租赁自行车。

◈ 实用信息

旅游区警察局
☎ 1155、0-5321-2146~8
清迈国际机场（MAP p.228-A4~A5）和夜间市场楼前（MAP p.231-E4 开 每天 19:00~23:00）经常有人执勤，比较方便。

泰国国际航空
MAP p.230-C2
🏠 240 Pra Pokklao Rd.
☎ 0-5392-0999
FAX 0-5392-0995
开 每天 8:00~17:00

清迈火车站
MAP p.229-F3
售票窗口
Advance Booking Office
☎ 0-5324-4795
0-5324-5364
开 24 小时
行李寄存处
开 每天 4:50~20:45
费 每件行李 1 天 10 泰铢

打表出租车
☎ 0-5327-9291

机场出租车
☎ 0-5320-1307

清迈拉姆综合医院
Chiang Mai Ram Hospital
MAP p.230-A2
🏠 8 Boonruangrit Rd.
☎ 0-5392-0300
FAX 0-5322-4880
URL www.chiangmairam.com
24 小时可以问诊。

◈ 旅游小贴士

租赁摩托车
从老城区东侧的塔佩门沿着护城河的地方有租赁摩托车和租赁自行车的店铺。旅馆有很多都是和摩托车租赁店同时经营，费用方面差不多都一样，1 天 250 泰铢~（含保险费）。租赁自行车一天需要 40~50 泰铢。

清迈市艺术文化中心
清迈历史中心
兰纳民俗博物馆
- Phrapokklao Rd.
- 0-5321-7793
- www.cmocity.com
- 周二～周日 8:30～17:00
- 周一
- 各90泰铢，3个地方的通票是180泰铢

清迈历史中心地下有出土的城墙遗址

三王雕像
- Phrapokklao Rd.
- 24小时
- 免费

耸立在广场上的雕像

兰纳建筑中心
- 117 Ratchadamnoen Rd.
- 0-5327-7855
- 每天 8:30～16:30
- 免费

庭院也被完美地保留了下来，为柚木的建筑物

清迈国家博物馆
- 451 Moo 2, Super Highway
- 0-5322-1308
- 0-5340-8568
- 周三～周日 9:00～16:00
- 周一·周二·节假日
- 100泰铢（外国游客费用），由于博物馆内部改造施工中，施工完成（时间未定）前免费。博物馆内禁止拍照。
- 面向高速公路，与昌岗路的交叉口向西约10分钟。距离柴尤寺很近。

清迈 主要景点

清迈市艺术文化中心
Chiang Mai City Arts & Cultural Centre
Map p.230-C3

首先了解一下清迈的历史

通过精巧的沙盘展示历史文化的清迈市艺术文化中心

这座泰国北部的传统建筑物位于清迈市区的中心位置，1924年为了王室修建而成。开始的时候作为市县的办公地点使用，现在变成了博物馆，这里展示了很多体现清迈历史文化的沙盘、模型和影像。展示厅有两层，共有15个房间。展示了很多具有深远意义的作品，比如说统治清迈周边泰国北部的兰纳王朝的解说、清迈市区建设规划、佛教、滨河沿岸民众的生活、按照实物还原的商场的样子、居住在清迈周边的山岳民族的相关资料等。

与清迈市艺术文化中心并排的西侧是清迈历史中心（Chiang Mai Historical Centre），把清迈的历史大体分为了5个部分，除了展示每个部分出土的文物，还可以去地下参观出土的城墙的遗址。夹着广场的那条路向东有座建筑物，是兰纳民俗博物馆（Lanna Folklife Museum），里面展示了泰国北部的宗教和文化。

清迈市艺术文化中心前面的广场耸立的雕像是和清迈有渊源的三王雕像。中间的那位是建设清迈的曼格莱王，面朝着雕像右手边的那位是素可泰的兰甘亨大帝，左手边的那位是帕尧的南蒙王。表达了三王为了清迈王国的建国和城市的发展齐心协力的样子。

兰纳建筑中心 Lanna Architecture Center
Map p.230-C4

了解一下泰国北部的兰纳风格建筑起源

帕拋拷路和拉差达慕路的交会处，保留着一座100年前建造的贵族馆舍，现在已经是古老的建筑物。这座美丽的柚木建筑里面有关于兰纳建筑风格的展示，可以了解清迈各地的兰纳风格建筑的相关知识。现在是由清迈大学的建筑系管理，随时有照片展览等特别展览活动。

清迈国家博物馆
Chiang Mai National Museum
Map p.228-B1

展示着各种佛像

展品丰富的清迈国家博物馆

清迈国家博物馆是泰国北部最大的博物馆。展示厅有一层和二层，共计6块场地，这里展示了从史前时代、兰纳王朝到现代，关于泰国北部的历史。建造精巧的原来老城区的模型上，可以很方便地找到寺院的位置，特别有意思。这里还展示了1782~1939年连续9代清迈国王的肖像和再现了1921年开通的铁路的模型等很多意义深远的展品。

232

瓦洛洛市场 Kat Luang

老城区附近的大商场

Map p.231-E3

老城区和滨河中间的区域有一个大型的市场，叫作瓦洛洛市场，清迈的市民也亲切地称之为契迪龙庙大市场。大型的建筑物内满满当当地挤满了各种商铺，特别是一层，食品店很多。北部特产的茶和热带水果等特别适合作为礼物。周围还有很多市场，如：花卉市场、生鲜食品市场、经营孟族服装和杂货等的孟族市场。当地人和游客都经常光顾此地。

一层是食品区域，二层往上有很多服装类商品商店

清迈夜间市场 Chiang Mai Night Bazaar

土特产商店云集，每天晚上都特别热闹

Map p.231-E4

昌岗路上有一座3层的夜市大楼，以夜市大楼为中心，周围的步行街到了夜里，就有很多露天的店铺整齐地排开。有仿制的名牌T恤、钟表、民俗工艺品、调味料，还有泰国丝绸制作的睡衣和手工制作的小袋子等。在这里经常有新品杂货上市，无论什么时候去，都可以在此享受购物的乐趣。在这里还可以看到贩卖民族服装或首饰的山岳民族女孩。

夜间市场大楼对面的卡莱夜市（Kalare Night Bazaar）是一座商店和餐厅并存的复合设施。里面有中庭，可以在那里享用美食。角落里有一个小型的舞台，每天晚上都有音乐会和泰国的传统舞蹈表演，可以免费欣赏。

和夜间市场大楼同样，一到夜里就变得特别热闹的还有阿奴撒市场（Talat Anusarn）（ p.231-E5~F5）。18:00以后露天市场开始营业，一直持续到深夜。虽然说是市场，但几乎没有生鲜食品，在旁边的夜市大楼的延长线上，杂货和民间艺术品的露天商铺占了大半以上。场地很宽敞，可以悠闲地在这里逛，市场内有几家海鲜食品餐厅，还有饮料店和咖啡馆。

夜间市场的露天店铺把道路都覆盖了

瓦洛洛市场
每天 4:00~19:00

旅游小贴士

城市漫步的起点——塔佩门
清迈市里的旅游区域分为两个部分，以塔佩门为中心的东侧新城区和西侧的老城区。无论是步行还是乘坐泰式人力三轮车、嘟嘟车，以塔佩门为起点简单明了。

有趣的红砖建筑物

在露天市场购物的窍门
看到喜欢的东西就要讨价还价。有时候能够将第一口价格减到一半。但是也不要不切实际地胡乱砍价。如果认为达到了自己的心理承受价位，该出手时就要出手。

在清迈兑换货币
银行或货币兑换处多分布在塔佩路和夜间露天市场周边。货币兑换处的营业时间是：塔佩路20:00左右，夜间市场周边22:00左右。周六、周日也营业。

清迈夜间市场
从傍晚时分开始营业，真正营业是每天的18:00~次日0:00。夜间市场大楼里的Wi-Fi无线网络可免费使用。

泰国北部 ● 清迈

Column

周末夜间市场

每周的周日老城区的拉差达慕路（p.230-B3~231-D4）、周六从老城区南部的清迈门前延伸到西南部的乌拉一路（p.230-B5~C5）的区域是夜间市场。从傍晚时刻开始禁止车辆行驶，小摊开始各就各位，散步的同时还可以逛一下市场，十分有趣。

这里出售的商品以服装、杂货为中心，还有很多当地居民设计的物品和手工制品。从商店还可以进出道路周边的寺院，无论去哪里都可以看到很多购物者，特别热闹。这里还有舞台，有泰国舞蹈和表演，比老牌的夜间市场还要热闹。

从手工制品到杂货，一应俱全

主要景点

充满了古都风情
清迈的佛教寺院

曾经作为兰纳王朝首都的清迈繁盛一时，这里保留了很多寺院。让我们去观赏这些具有特色的寺院吧。

清迈历史最悠久的寺院
清迈寺
Wat Chiang Man　　Map p.230-C2　วัดเชียงมั่น

[交通] 清迈寺位于老城区中，从塔佩门步行大约13分钟。

1296年，开创了兰纳泰国王朝的曼格莱王（也称为孟莱王）定都清迈以后建立的寺院，曾经作为宫殿使用，在正殿内可以看到粗大的柚木柱子，是典型的泰国北部建筑风格的建筑物。1993年经过修缮的正殿里供奉着两尊珍贵的佛像，其中一尊据说是1800年制作的水晶佛像，它被认为具有呼风唤雨的力量。另外一尊据说是历史更为久远的印度或斯里兰卡制造的大理石佛像。正殿内的墙壁由色彩鲜艳的壁画覆盖。正殿的里面，底座部分由15头大象围绕着的方形佛塔特别值得一看，不要错过。

上／装饰精美的山墙顶封檐板非常漂亮
下／寺院侧面的佛塔底座处并列着大象的雕像

清迈地位最高的寺院
帕辛寺
Wat Phra Sing　　Map p.230-B3~B4　วัดพระสิงห์

[交通] 拉差达慕路的西端。从塔佩门步行约15分钟。

始建于1345年，最初是孟莱王为供奉父亲卡姆福王的骨灰所修建的佛塔。寺院内有各种各样的建筑物，寺院名称的由来是左侧的莱拜殿礼拜堂曾供奉了帕辛佛。建筑物白色的墙壁和正面喷涂金色的木雕门相映衬。殿内有描绘清迈地区古代的衣着和习俗等的壁画，被称为泰国北部传统艺术的代表作。寺院内还有像是图书馆的小型建筑物，收藏了很多经典著作。墙壁上装饰着合掌行礼的女神像。

寺院内以及正殿都特别雄伟的帕辛寺

极具视觉冲击的巨大佛塔
契迪龙寺
Wat Chedi Luang　　Map p.230-C4　วัดเจดีย์หลวง

[交通] 从塔佩门步行约10分钟。

契迪龙寺位于老城区几乎中央的位置，被称为是与清迈寺和帕辛寺并列的高地位的寺院。正殿的入口处装饰着蛇和孔雀，殿内有巨大的佛像。寺院的后面是1411年修建的高86米的查里安昆佛塔，因1545年的大地震而被破坏。佛塔后来在联合国教科文组织和外国政府的援助下，于1992年修复。但是因为没有最初建造的数据，修复时加入了泰国建筑家新的想法和建议。

即使一半被破坏了也仍然宏伟的佛塔

234

线条流畅的看起来很可爱的佛塔

因造型奇特而闻名于世的佛塔
古道寺
Wat Khu Tao Map p.228-C1 วัดกู่เต้า

交通 城市的北侧，位于住宅街中间。从白象门步行约15分钟。

古道寺是1613年建造的寺院，作为1579~1607年统治这片区域的缅甸国王普雷侬的墓地而建造。"Khu Tao"是像葫芦一样垂下来的意思，就像它的名字，古道寺有独特的葫芦形状的佛塔。

● 主要景点

泰国北部 ● 清迈

白色佛塔林立的松达寺

规模超级庞大
松达寺
Wat Suan Dok Map p.228-A3 วัดสวนดอก

交通 出了城墙西门（松达门）向西走，有很长一段路，乘坐嘟嘟车或者泰式人力三轮车比较方便。

松达寺是1383年在兰纳王宫的庭院里建造的规模较大的寺院。宽敞的礼拜堂内供奉着500多年前制造的泰国数一数二的大型青铜佛像。礼拜堂稍微向里面的地方有正殿，里面有鲜艳的描绘释迦牟尼生涯的壁画。宽敞的寺院里面还有供奉着清迈王朝王族的遗骨，分别收纳在了各种样式的白色佛塔内。

被草坪环绕着，有种悠闲的气氛
柴尤寺
Wat Chet Yot Map p.228-B1 วัดเจ็ดยอด

交通 在老城区乘坐双条车或嘟嘟车大约20分钟。清迈国家博物馆附近。

柴尤寺于1455年由提洛卡拉王创建，并因为1477年提洛卡拉王举办的把佛教经典汇集的活动而闻名于世。据说这座寺院是模仿佛祖开悟的地方——印度菩提迦耶的大菩提寺建造。正如"柴尤寺"（7座尖塔）的名字，中间一座较高的佛塔被周边6座矮一些的佛塔围绕着。正殿和佛塔的墙壁上刻有精彩的雕刻。虽然有些已经破损，但是双手合十的天上的神灵表情柔和，特别美丽。

菩提迦耶风格的佛塔

建立在森林中的寺院
乌孟寺
Wat Umong Map p.228-A3 วัดอุโมงค์

交通 出了老城区向西走，沿着双龙路前进，过了琼普拉唐运河向左转，进入小路后大约2公里才能到达。乘坐嘟嘟车或者泰式人力三轮车比较方便。

曼格莱王于14世纪末修建的寺院，正殿位于绿树深山中，是一座以冥想修行为中心的宗教派的寺院。远离了城镇的喧嚣，让人能够在幽静的环境中进行冥想。当时在山中挖掘出隧道，将佛像安置在里面，穿过树林到达那里之前是死一般的沉寂氛围。即使是夏天，里面也有一种清凉爽快的感觉。乌孟寺也接受外国游客来此修行，这里还有佛教图书馆，配备了英语相关书籍。

有一种独特神秘氛围的乌孟寺

235

清迈的 10 所小寺院

清迈的老城区到处都建有寺院。这不是一些特别受欢迎的大型寺院，而是一些融入人们生活的小型寺院，每所寺院都有它独特的趣味。租赁一辆自行车来这里游玩吧。

乌孟马哈禅寺
Wat Umon Mahatherachan　　Map ▶ p.230-C3　วัดอุโมงค์มหาเถรจันทร์

正殿旁边的佛塔为14世纪后半期建造而成，寺院内绿树成荫，树木十分茂密。

瓦巴刹寺
Wat Prasat　　Map ▶ p.230-A3　วัดปราสาท

正殿的屋顶等部位都被饰以兰纳建筑风格，特别大气美观。

凯特琳寺
Wat Cet Lin　　Map ▶ p.230-C4~C5　วัดเจ็ดลิน

据说寺院内的池塘，是历代清迈国王登基时均要来沐浴的地方。

帕朝孟莱寺
Wat Phra Chao Mengrai　　Map ▶ p.230-B4　วัดพระเจ้าเม็งราย

寺院的名字里加入了定都清迈的孟莱王的名字。

清韵寺
Wat Chiang Yuen　　Map ▶ p.230-C2　วัดเชียงยืน

位于老城区北侧护城河沿岸，佛塔是按照缅甸风格建造而成的。

蒙恩空寺
Wat Muen Ngen Kong　　Map ▶ p.230-B4　วัดหมื่นเงินกอง

正殿里有柚木材质的柱子，这里还有将近600年历史的佛像。

帕抱寺
Wat Papao　　Map ▶ p.231-D2　วัดป่าเป้า

18世纪后半期建造而成的寺院，外观是缅甸的装饰风格。

沐恩散寺
Wat Muen San　　Map ▶ p.228-C4　วัดหมื่นสาร

在第二次世界大战时，这里被作为了日本野战军医院。

潘道寺
Wat Phantao　　Map ▶ p.230-C4　วัดพันเตา

位于老城区的几乎中心的位置。正殿是兰纳建筑风格，十分漂亮。

洛莫丽寺
Wat Lokmoli　　Map ▶ p.230-B2　วัดโลกโมฬี

这里有1527年建立的巨大佛塔。正殿是一座新型建筑物。

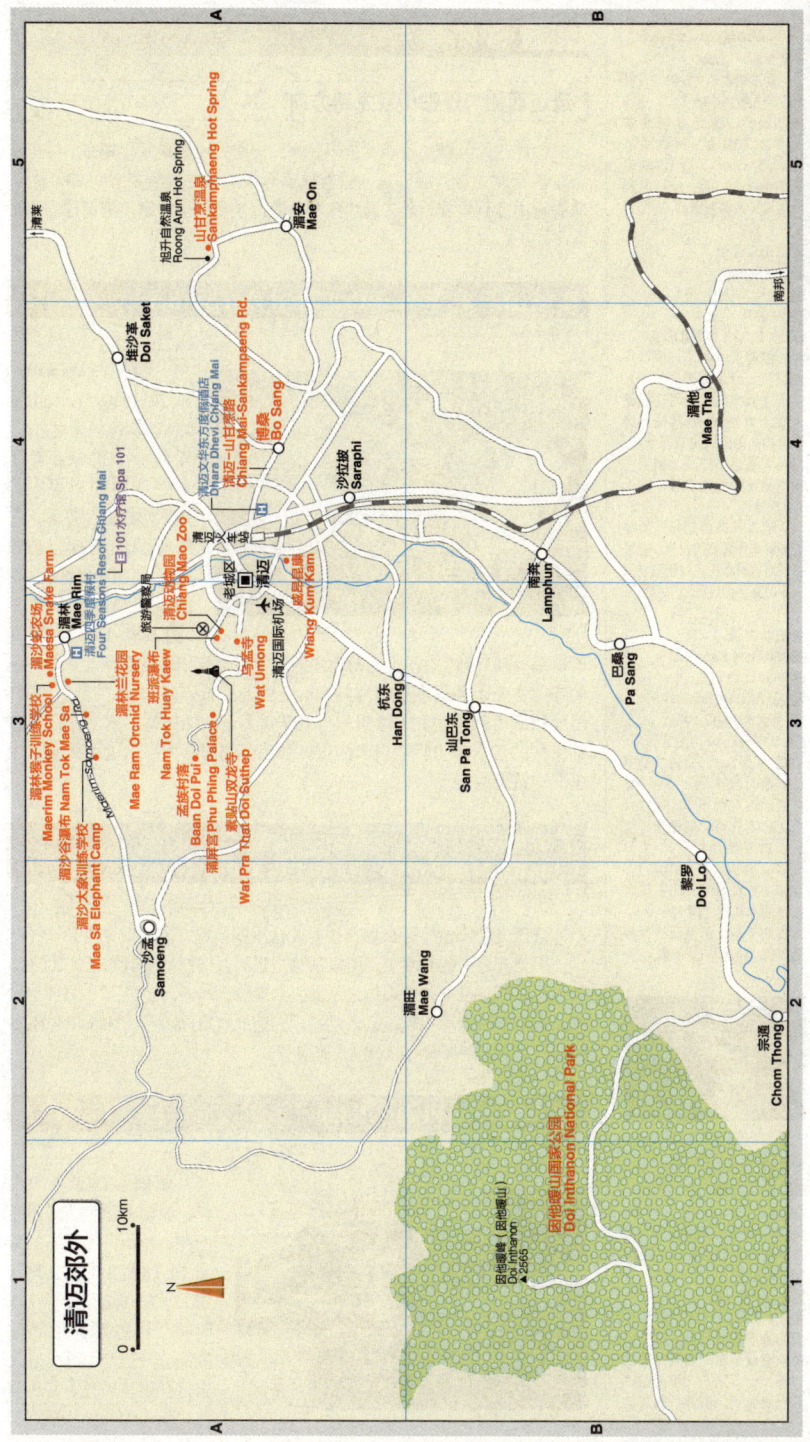

旅游小贴士

试着说说"chao"
用泰语表达女性时,可以把标准礼貌语中的"ka"变换成"chao"。这是泰国北部的方言,"谢谢"可以说成"sawadi·chao"。仅仅靠这一小小改变,就一定可以和当地人关系更亲密。

素贴山双龙寺
🏛 Doi Suthep
🕐 每天 7:00~18:30
💰 30 泰铢
🚌 乘坐白象门(🗺 p.230-C2)对面停着的双条车,价钱比较便宜,但是要凑齐 5~6 人以上才能出发。费用是根据人数,单程 50~80 泰铢。清迈动物园的附近也有双条车,但是人数也不好凑。租赁一辆车是比较好的选择。往返 400 泰铢~。

进入佛塔的走廊,要穿着能够遮住膝盖的衣服。穿短裤的游客可以在入口处借泰国人平时穿的传统服装"围裙"。

清迈动物园
🏛 100 Huay Kaeo Rd.
📞 0-5322-1179
🔗 www.chiangmaizoo.com
🕐 每天 8:00~17:00
💰 150 泰铢(外国游客费用,小孩 70 泰铢)。园内特别宽广,步行根本走不了一圈。动物园内有循环车,可以乘坐。20 泰铢可以随便坐(注意票据不要丢失)。如果要观看大熊猫,另外添加 100 泰铢(儿童 50 泰铢)。临时设置的水族馆(💰 520 泰铢,儿童 390 泰铢)里面有世界最长的 133 米海底隧道。

泰国人很喜欢的瀑布

蒲屏宫
🏛 Doi Buak Ha
🕐 每天 8:30~11:30、13:00~15:30(由于不定期关闭,前来的游客要提前询问 TAT 具体的信息)
💰 50 泰铢
🚌 从素贴山双龙寺还要往山的方向走 5 公里。素贴山前面有双条车。如果人数凑不齐,就不发车,不能保证几点能够到。租赁一辆车比较放心。

清迈 郊外景点

清迈西侧 素贴山双龙路方向

前往这片区域的景点要上很长一段山路,所以最好租辆车。乘坐双条车游览双龙寺、蒲屏宫、孟族村落等景点,一共需要 700~800 泰铢。蒲屏宫出发到孟族村落,道路狭窄且弯道较多,租赁摩托车前往的游客要多加小心。

素贴山双龙寺 Wat Pra That Doi Suthep Map p.237-A3
到清迈要来爬这座山!

山顶上兰纳风格的美丽佛塔

素贴山(Doi Suthep)海拔 1080 米,山顶建造的双龙寺是清迈郊外最大的景点。乘车到达距离市里大约 16 公里的山脚下,两侧有两位蛇神守护着漫长的参拜台阶。在山脚下可以乘坐缆车(🕐 7:00~18:30,💰 20 泰铢)。1383 年库纳国王主持建造的这所寺院被称为是泰国北部最神圣的寺院之一。值得观看的地方有被走廊包围着的高 22 米的金色佛塔。里面供奉着佛祖舍利,这里的信众非常多。兰纳风格的佛塔旁边竖立的美丽的黄金伞也特别引人注目。站在寺院的露天平台上远眺清迈市里,一览无余。

清迈动物园和班派瀑布
Chiang Mai Zoo & Nam Tok Huay Kaew Map p.237-A3
以熊猫闻名的大公园

清迈动物园位于距离城市中心 4 公里的位置,去往双龙寺要途经此地。因为建在山的斜面上,所以从这里也可以很好地看到市区。2003 年秋天,有两只从中国借来的大熊猫公开展览,2009 年产下了一只熊猫幼崽,在泰国民众间引起轰动。动物园的前面有班派瀑布(Nam Tok Huay Kaew),前来野餐旅游的泰国人有很多。

蒲屏宫 Phu Phing Palace Map p.237-A3
泰国的王室宫殿

具有高原避暑胜地风情的蒲屏宫

蒲屏宫建造于 1962 年,主要为王室成员避暑所用。拉玛九世国王的母亲(已去世)非常喜欢这里,于是在这里住了一段时间。王室成员不住的庭院部分一般会公开。庭院里盛开着玫瑰花等各种鲜花,争芳斗艳,十分漂亮。

孟族村落 Baan Doi Pui　　　　Map p.237-A3
可以接触山岳民族的生活

บ้านม้งดอยปุย

出售民族服装和手工艺品

身穿民族服装赚取模特费用的少女们

在这里可以参观代表泰国北部的山岳民族——孟族的村落。村子入口处的停车场旁边整齐地排列着很多特产店。商店的后面是真正的村落，实际上有很多人在这里生活居住。在这里随处可见为了制作美丽的民族服装，正在刺绣的女性的身姿。

孟族村落
交通 沿着素贴山双龙寺前面的道路再朝山的方向行驶十几公里，可以在双龙寺前乘坐双条车前往，不过这里和蒲屏宫一样，凑不齐人数双条车不发车，所以很难保证回来的时间，最好租赁车辆，这样也比较放心。

清迈北侧　湄林方向

从清迈市内到湄林大约16公里，湄林周边沿着大街零星地分布着面向游客的观光设施。从清迈的白象门巴士总站出发有到湄林的巴士，但再去周边的交通就不太方便了。如果包下来一辆双条车游览湄林一带的景点要500~600泰铢。这边的道路修得还不错，租赁摩托车前往也很方便。

🌸旅游小贴士
清迈的免费杂志
　　酒店的前台和大厅、餐厅、TAT等都有相关免费杂志摆放。
chao：里面记载了泰国北部深度信息，对折版，每月发行两次。
URL www.chaocnx.com
Freecopymap Chiang Mai：杂志里记载了正确详细的地图和店铺的信息。手掌大小的尺寸携带非常方便。月刊。
URL www.freecopymap.com
英语信息杂志：合订本的地图 *Welcome to Chiang Mai & Chiang Rai* 特别重要，乘车时刻表可以参考 *What's on Chiang Mai*，读物有特别有趣的 *Guideline* 等，种类丰富多彩。

湄沙蛇农场 Maesa Snake Farm　　Map p.237-A3
泰国北部规模最大的蛇中心

ฟาร์มงูแม่สา

蛇农场里面饲养了来自泰国国内各地的各种各样的蛇。刚一进来的地方就有一张巨蟒的解剖图，以非常震撼的气势迎接前来的游客。每天都举行蛇的表演，就是在舞台上，舞者的人摆弄各种的蛇。戏耍毒蛇是一项惊人的技艺，值得欣赏。表演过后还可以手持巨蟒进行拍照。这里不仅仅是蛇，还有各种各样的鸟类和爬行类动物，喜欢动物的游客一定要前来观看。

让人紧张的毒蛇表演

湄沙蛇农场
住 804/1 Moo 1, Maerim-Samoeng Rd.
电 0-5386-0719
开 每天7:30-16:00
　　表演秀一天有三回。11:30、14:15、15:30。
费 200泰铢

湄林兰花园 Mae Ram Orchid Nursery　Map p.237-A3
提到泰国就想起兰花

ฟาร์มสวนกล้วยไม้แม่แรมออร์คิด

湄林兰花园是泰国著名的兰花培育基地和出售基地。里面还有养育蝴蝶的场所，用网子围起来的院子里有很多种热带蝴蝶翩翩飞舞。在礼品专区有用兰花制作的工艺品和装饰品。

湄林兰花园
住 100 Moo 9, Maerim-Samoeng Rd.
电 0-5329-8801~2
开 每天7:00-17:00
费 40泰铢
交通 从白象路穿过高速公路，向北走107号公路，穿过湄林市区，在第三个岔路口向左转弯，进入1096号公路向前4公里左右即可到达。
　　周围还有其他多处兰花培育基地，但有的地方没有饲养蝴蝶。

大朵的兰花绽放着

虽然可以买花，但是不能带回国内

湄沙谷瀑布
圏 200 泰铢（国家公园入场费），机动车每辆 30 泰铢

湄沙谷瀑布 Nam Tok Mae Sa Map p.237-A3
有十多个落差的瀑布

湄沙谷瀑布距离湄林兰花园 4 公里左右，绵延十多个瀑阶的瀑布最终汇入深深的溪谷。沿着观光道路，可以看到提示牌，标明已经来到第几段瀑布，十分人性化。主要的地方是瀑布第六段，稍微有个开阔的地方，此处岩石较多，适合野营、游泳、戏水。

这里有可以戏水的地方

湄沙大象训练学校
住 Maerim-Samoeng Rd.
電 0-5320-6247
URL www.maesaelephantcamp.com
開 每天 7:00~14:00
　表演有 8:00 和 9:40 两场。旺季的时候 13:30 也有一场表演。
费 120 泰铢。骑着大象在河流或森林里行走 30 分钟 600 泰铢
交 从湄沙谷瀑布再向前走 5 公里左右，左侧就是。

可以购买食物向大象喂食，特别有趣

湄沙大象训练学校 Mae Sa Elephant Camp Map p.237-A3
在这里能够看到大象表演

场地宽敞，大象表演的节目也非常有趣。这里生活着大小超过 30 头的大象。节目表演时间大约 1 小时，表演内容有大象踢足球、大象绘画、大象运木头等，丰富多彩。游客每次看到大象吹口琴跳舞时，都会佩服大象的聪明才智。在这里还可以看到大象表演前在河里游泳洗澡的场景。有的时候游客还可以骑在大象背上。

足球 PK 战中守门的大象

大象画的画作为礼物特别受欢迎

湄林猴子训练学校
住 295 Moo 1, Maerim-Samoeng Rd.
電 0-5329-8818
FAX 0-5386-0547
開 每天 9:00~16:15
费 200 泰铢。
　表演在游客聚集后随时都可以开始，大约 30 分钟。

将收获的椰子集中起来也是猴子的工作之一

湄林猴子训练学校 Maerim Monkey School Map p.237-A3
训练猴子收获椰子

在泰国，经常利用猴子采摘长在高高的树上的椰子。湄林猴子学校将训练猴子的过程设计成表演。表演中猴子不仅能够在练习中旋转椰子、迅速接传道具椰子，还能爬上树采摘真正的椰子。除此之外，还可以骑着打伞的自行车，潜进水里将游客扔在池塘里的硬币捡起来等，多才多艺的节目，十分精彩。

> **清迈东侧　山甘烹地区**

博桑
交 滨河沿岸有车站（Map p.231-F3），在那里乘坐白色车身、直行的双条车（15 泰铢）。

博桑和清迈—山甘烹路
Bo Sang，Chiang Mai-Sankampaeng Rd. Map p.237-A4
清迈郊外的工艺品大街

清迈的东侧郊外，聚集了制作自古以来传承下来的手工艺品的观光手工坊和商店。其中一个是由竹子和纸制特制的伞而闻名于世的博桑。这里所有的伞都是手工制作生产，制作过程还可以观摩。特别是五彩缤纷的朴素绘画非常有魅力。还可以在这里参观在伞上作画，如果订购，还可以现场绘制具有原创风格的画。小型的伞价格在 100 泰铢左右。

另外一个场所是清迈-山甘烹道路。这里有一个面向团体游客的大型商店。商品有丝绸、青瓷、皮革、银、漆、木雕、翡翠、手工纸等物品。有一个小型的作坊可以参观大体的制作过程。价格是面向外国游客的，这些商品也不是只有这里有，当作景点还是比较有趣的。

在伞制作中心可以观摩传统伞的制作

山甘烹温泉 Sankampaeng Hot Spring
Map p.237-A5
在天然温泉泡澡放松
น้ำพุร้อนสันกำแพง

买个鸡蛋的话，可以在这里煮鸡蛋

含有硫黄的温泉不间断地涌出来，美丽的公园被花和绿草包围。公园里面有浴池，可以悠闲地在这里泡温泉。浴池是放有浴缸的简单单间，因为水是从温泉涌出来的地方直接引过来的，所以水量充足，而且非常热。在商店买个鸡蛋，用温泉水煮一下食用，有一种野营的氛围，特别有趣。这里也有温泉泳池。山甘烹温泉的前面是旭升自然温泉，被花和树木包围。旭升公园是民营温泉度假村，有105℃的温泉水直接向浴室供水。除了温泉之外，这里还有岩石庭院、小木屋和餐厅等设施。

清迈南侧

因他暖山国家公园 Doi Inthanon National Park
Map p.237-B1~B2
这里有泰国最高的山峰
อุทยานแห่งชาติดอยอินทนนท์

因他暖山国家公园距离老城区100公里左右，这里有泰国最高的山峰因他暖峰（因他暖山），海拔2565米，这里是一处以山为中心，绿意盎然的国家公园，这里还是湄南河的源头。山顶附近有适合徒步旅行的道路，从林荫道上可以眺望称为"云雾林"的树林和沼泽。占地530平方公里的公园被茂密的树木覆盖，点缀着盛开的鲜花，非常漂亮。这里的生态链丰富多样，仅鸟类就有362种在这里生息。山上面还有寺院，景色优美。

周边一带是山岳地形，多瀑布

泰国最高点

清迈-山甘烹路
这个地方的交通虽然不方便，但是大部分的商店都和双条车司机签订协议，所以游客前往应该很便宜（100泰铢左右）。

旅游小贴士
博桑和清迈-山甘烹路
这里是一条到处都在卖特产的街道，如果有兴趣可以前往。

山甘烹温泉
Moo 7, Ban Sahakorn, Mae On
0-5303-7101
每天 6:00~20:00
进园门票40泰铢（外国游客费用）。入浴费用单间每人每小时50泰铢，团体用家族浴池300泰铢。租赁毛巾1条10泰铢，泳装20泰铢。按摩1小时200泰铢。
滨河沿岸（MAPp.231-E3~F3）去往山甘烹温泉，可以乘坐黄色的双条车。4:30-16:30，每30分钟~1小时就出发一班车。所需时间大约1小时30分钟，50泰铢。返程的时间最后一班车是16:30，但有时候会提前。如果租赁双条车就可以在这里放心地游玩。1辆车500~600泰铢。租赁自行车当日往返也很方便。

旭升自然温泉
108 Moo 7, Ban Sahakorn, Mae On
0-5310-6073
每天 8:00~18:30
单间90泰铢，极可意浴缸120泰铢（含毛巾）。桑拿房间1间400泰铢（5人以上，30分钟）。香草桑拿150泰铢（1人，1间）。
乘坐前往山甘烹温泉的双条车中途下车（乘车时注意要跟司机说），或者租赁双条车前往也很方便。

因他暖山国家公园
200泰铢（国家公园入场费）
在清迈南部大约60公里的乔木桐（Chom Thong）向前右拐，距离到达山顶还有很难走的大约50公里的路程，坡多且陡，所以要租赁出租车或双条车前往，往返1200泰铢~。

威昂昆康 Wiang Kum Kam

Map p.237-A4

散布着留存的古都遗迹

威昂昆康
开 每天24小时
易 免费。昌康寺外有马车和无轨电车，可以乘坐马车或无轨电车进行游览。含导游（英语或泰语），可游览6所寺院的遗址。所需时间40分钟。1辆马车300泰铢左右，无轨电车每人20泰铢。
交 从清迈市区乘车前往大约10分钟。100~150泰铢。

威昂昆康是1984年偶然被发现的遗址，是兰纳王朝第一代都城。18世纪初期遭受洪灾侵害而被遗弃，直到再次被发现之前，这座古都只是一个传说。在距地面1.5米的地下发现了很多寺院的遗址。当时，冲毁这个城市的洪水大到改变了滨河的流向。古河流的遗迹也残留在了威昂昆康遗址群中。威昂昆康遗址群东西大约8公里、南北大约6公里，范围非常宽广，能够看到原貌的地方只有一部分。这里还有被城墙和护城河包围的遗址结构，除了现存的4座寺院以外，还有21座寺院遗址已被发掘。其中11座进行了修复。

昌康寺遗址

参加观光团来游览清迈 Column

作为泰国的观光城市之一，有一些特意来清迈市区或郊外景点的旅行团。因为景点零星分布，有一定的距离，所以乘坐公共交通工具前来参观很不方便。为了在有限的时间内更有效地参观景区，选择旅行团观光更方便一些，还可以去一些公共交通工具无法到达的地方。

无论哪个旅行团，都只有一个人也可以开团，如果参加人数增加，每人的费用就会降低。会租赁一辆车，和司机、导游一起参观景区。旅行团的服务很灵活，把自己的要求说清楚就可以。关于费用要确认清楚包不包含景区的门票。

清迈出发的半天旅行团示例
● 大象训练学校、蛇农场、兰花园等湄林方向的景点（半天。每人600泰铢~）
● 清迈的著名古寺素贴山双龙寺和苗族村落（半天。每人450泰铢~）

● 泰国最高峰因他暖山和周边的国家公园（1天。每人1200泰铢~）
● 在流经市区的滨河穿梭的湄林·滨河游船（半天。每人300泰铢）

要注意旅行团中途前往的店铺

在途中，导游会突然说"这里的厕所很漂亮"等一些含糊其词的话去一些商铺。特别是湄林区域很多这样的例子。一般都是周围什么都没有的地方孤立的建筑物。里面的商品也都是价格较贵的泰国丝绸或毛毯等，都是一些没必要在这些地方购买的商品。售货员也是强行解说，如果什么都不买，售货员的态度会变得很差。这些商店一般都会给带客户来这里的导游回扣。此外也浪费时间，所有没有必要前往。如果导游说"要去店里看看吗"，一定要干脆地拒绝。

在清迈的终极体验 Spa & Esthetic
水疗、按摩

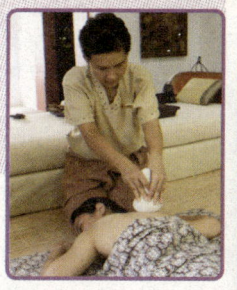

清迈有很多主题水疗馆相继开业,不仅在游客中很有人气,在当地人里面也很受欢迎。如果徒步漫游或购物疲劳了,可以来做一个按摩,恢复体力。在水疗馆变得更精神更美丽再回国吧。

泰国北部 ● 清迈

拉琳金达保健中心度假村
RarinJinda Wellness Center & Residence　水疗

◆开业于2006年的高级水疗馆,这里不仅有美容,也有保健的一些设施设备。4层建筑物,二层是瑜伽和健身房,三层是按摩室,四层是水疗专用的楼层。顶层的露天平台有6间别墅型的护理室,有女士桑拿屋和室外极可意浴缸。这里也有住宿设施,舒心居住的同时悠闲地享受水疗。

Map p.231-F3
住 14 Charoen Rat Rd.
TEL 0-5324-7000
URL www.rarinjinda.com
营 每天 10:00~22:00
CC J M V
费 主要项目
植物精华桑拿(30分钟)　1000泰铢
全身保养(1小时)　　　 1500泰铢
全身保鲜膜保养按摩(1小时)
　　　　　　　　　　　 1500泰铢
油压按摩和香料热压(1小时)
　　　　　　　　　　　 1500泰铢

兰纳绿洲水疗馆
Oasis Spa Lanna　水疗

◆绿洲水疗馆在清迈市内有三家,曼谷有一家分店。五栋别墅围绕着流水的庭院,在这里可以隔离都市的喧嚣,独享一片清静,放松心情。常驻在这里的印度医生把人的体质分为"风、火、土"。根据人的不同体质进行相对应的治疗。由两位专家进行的按摩,真心感觉特别舒服。

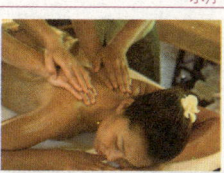

Map p.230-B4
住 4 Samlan Rd.　TEL 0-5392-0111
FAX 0-5322-7495
URL www.oasisspa.net
营 每天 10:00~22:00
CC A J M V
费 传统泰式全身按摩(2小时)
　　　　　　　　　　　 1700泰铢
椰子黄油保养(1小时)　 1500泰铢
泰国香料全身按摩(1小时)
　　　　　　　　　　　 1200泰铢
橙子和蜂蜜保养(1小时)
　　　　　　　　　　　 1200泰铢
泰式香料热压(1小时)
　　　　　　　　　　　 1200泰铢

人间伊甸园
Devarana Spa　水疗

◆人间伊甸园有"天堂的花园"之意。融合东方和西方的风格,集传统与现代技术精华于一体。兰纳建筑风格的室内装修给人一种轻松的氛围。

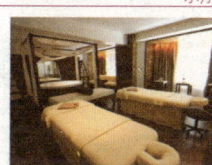

Map p.231-E4
住 dusitD2 chiang mai, 100 Chang Klang Rd.
TEL 0-5325-2511
URL www.devaranaspa.com
营 每天 11:00~20:00
CC A D J M V

243

艾美水疗馆
SPA by Le Méridien 水疗

◆清迈首屈一指的高档酒店水疗馆。这里有水晶石按压保养4500泰铢（120分钟）等多种项目。还有900泰铢的对肌肤特别好的面膜（30分钟）等可以轻松来尝试的项目。

Map p.231-E4
住 Le Meridien Chiangmai, 108 Chang Klan Rd.
TEL 0-5325-3666
URL lemeridien.com/chiangmai
营 每天 10:00~22:00
CC A D J M V

101 水疗馆
Spa 101 水疗

◆101水疗馆位于山间宽敞的高档酒店——清迈四季度假村（→p.252）里面，是一家高级的水疗馆。酒店内绿树成荫，在这里就像置身于森林中。酒店的结构也比较神秘，看起来像一座寺院。

Map p.237-A3
住 Mae Rim-Samoeng Old Rd., Mae Rim
TEL 0-5329-8181
FAX 0-5329-8190
URL www.fourseasons.com
营 每天 9:00~21:00
CC A D J M V

潘娜水疗馆
Panna Spa 水疗

◆潘娜水疗馆位于距离清迈市中心比较近的度假村酒店内，是一家高级的水疗馆。这里有原创的水疗用品，还有泰国北部特色的按摩疗法（用木头敲打按摩）。

Map p.229-F4
住 36 Rat Uthit Rd.
TEL 0-5337-1999
FAX 0-5337-1998
URL www.siripanna.com
营 每天 9:00~21:00
CC A D J M V

清迈女子监狱按摩馆
Chiang Mai Women's Correctional Institution 按摩

◆清迈女子监狱按摩馆是一家作为教育正在监狱服役的女性的一个重要部分而建立的按摩店。这里的员工比较认真，手艺也很好。脚底按摩1小时200泰铢，泰式按摩1小时200泰铢。

Map p.230-B3
住 100 Ratchawithi Rd.
营 周一～周五 8:00~16:30
　周六·周日 9:00~16:30
CC 不可使用
　不可以预约，下午顾客较多，建议上午来。

让我们去放松吧
Let's Relax 按摩

◆如果想追求更正宗、品质更好的按摩就来这里吧。在泰国国内有7家店铺，手艺在当地人里面都是公认的好评。尤其是足底按摩450泰铢（45分钟），按摩得特别到位。价钱也具有吸引力，实惠。泰式按摩1小时500泰铢。

Map p.231-E4
住 145/27-30 Chang Klan Rd.
TEL 0-5381-8498
URL www.bloomingspa.com
营 每天 10:00~24:00
CC J M V

苏帕特拉泰式按摩中心
Supatra's Thai Massage 按摩

◆在这里有盲人按摩师为你按摩。虽然这里有多位按摩师（也有会说英语的按摩师），但这家店在当地特别受欢迎，傍晚去需要预约。1小时150泰铢。徒步旅游累了可以来这里按摩，消除一下疲劳。

Map p.231-D2
住 15/5 Soi 9, Moon Muang Rd.
TEL 0-5322-4107
营 每天 8:00~21:00
CC 不可使用

244

清迈的 *Shopping*
推荐商店

清迈周边自古以来手工业特别发达，亚洲杂货作坊有很多家，可以在这里买到比曼谷更加物美价廉的商品，可以作为物品使用，也可以用来作装饰。价格适宜，也适合作为礼物。

泰国北部 ● 清迈

杰拉德收藏店
Gerard Collection　　　亚洲杂货

◆ 有用藤条和竹子等天然材料制成的室内装饰品杂货、框和家具。不同颜色的藤条搭配制造出不可思议的图案。用竹子制作的茶具、筷子、笛子等小商品也琳琅满目。

Map p.228-A2
住 6/23-24 Nimmanhaemin Rd.
TEL 0-5322-0604
FAX 0-5321-6567
URL www.thaibamboo.com
营 周一～周六 9:00~18:00、周日 9:00~17:00
CC A J M V

索普莫艾艺术店
Sop Moei Arts　　　亚洲杂货

◆ 店内的商品有编织物和竹制品等一些甲良族的手工制品。有一些甲良族女性衬衫用的刺绣使用在包包或者靠垫上面，非常时尚而且品质特别好。营业额的60%以上返还给制作者，剩下的当作年轻人的奖学金。

Map p.231-F2
住 150/10 Charoen Rat Rd.
TEL/FAX 0-5330-6123
URL www.sopmoeiarts.com
营 周日～下周五 10:00~18:00、周六 12:00~16:00
CC A J M V

纯天然草木养生店
Herb Basics　　　亚洲杂货

◆ 本店是手工香草制品的专卖店。这里有沐浴液、芳香疗剂、护肤品等很多芳香商品。脚踝用磨砂皂（15泰铢～）等特别受欢迎。在机场有分店。

Map p.230-C3
住 172 Phrapokklao Rd.
TEL 0-5341-8289
URL www.herbbasicschiangmai.com
营 周一～周五 9:00~19:00、周六 9:00~20:00
周日 14:00~22:00（根据各家分店，时间会有所不同）
CC A J M V

空间画廊
Kukwan Gallery　　　亚洲杂货

◆ 店主是一位编织物专家，亲自从泰国全境采购手工染色编织物。用天然染料将手织的棉纱和丝绸等染色，然后制作成包包、围巾、桌布等，具有独特的温馨感。

Map p.231-D4
住 37 Loi Kroh Rd.
TEL/FAX 0-5320-6747
营 周一～周六 10:00~19:00
休 周日
CC 不可使用

萨拉清迈店
Sala Chiangmai　　　亚洲杂货

◆ 这是一家手工制品杂货店。一层是泰国杂货店，二层是按摩室。老板设计的清迈产棉类服装特别受欢迎。按摩的价格和当地其他店相当，并且相当干净，服务特别好。

Map p.231-E4
住 1/3-4 Soi 1, Tha Pae Rd.
TEL 0-5381-8590
URL www.salachiangmai.com
营 周二～周日 10:00~20:00
休 周日
CC 不可使用

曼格莱王窑
Mengrai Kilns　　　　　　　　　陶瓷器店

◆曼格莱王窑是一家青瓷专经店。在这里可以用合理的价格买到茶具、碗、碟子等餐具。以白莲花或白菜等植物或蔬菜为题材的设计给人留下深刻的印象。商店有自己的制作工厂，所以可以按照客户要求进行订货加工。

Map p.230-A4
住 79/2 Soi 6, Arak Rd.
TEL 0-5327-2063
FAX 0-5381-5017
URL www.mengraikilns.com
营 每天 8:00~17:00
CC A J M V

维拉奇尼丝绸店
VILA CINI　　　　　　　　　泰国丝绸

◆专门经营高档丝绸制品，使用泰国高级蚕丝在自家工厂里手织而成。茶色、灰色、深绿色、深蓝色等深受外国人欢迎。夜间市场的对面有一家分店。

Map p.231-F3
住 30,32,34 Charoen Rat Rd.
TEL 0-5324-6246
FAX 0-5324-4867
URL www.vilacini.com
营 每天 8:30~22:30
CC A J M V

精品收藏店
Boutique Collection　　　　　泰国丝绸

◆塔佩路上有很多面向旅游者的商店，本店是其中之一的精品店。泰国丝绸制品的披肩和围巾，以及山羊毛制品的围巾、靠垫套、包包、小袋子等物品价格适宜，比较划算。

Map p.231-D3
住 326 Tha Pae Rd
TEL 0-5387-4216
营 周一~周六 10:00~21:00
休 周日
CC J M V

蓝河服饰
Blue River　　　　　　　　　泰国丝绸

◆蓝河服饰的商品是使用泰国丝绸或棉布制作而成的服装。丝绸衬衫、裤子、连衣裙、裙子等价格在3000~4000泰铢。顾客可以拿着目录或者杂志的剪切图案来这里定做。需要3~4天。

Map p.231-D4
住 402 Tha Pae Rd.
TEL 0-5387-4041
FAX 0-5325-2190
URL www.redruby-blueriver.com
营 周一~周六 9:00~19:00
　　周日 10:00~16:00
CC J M V

猜耶摄影室
Chaiya Studio　　　　　　摄影工作室

◆猜耶摄影室位于夜间市场大楼的二层，在古装背景中可以穿着兰纳风格的服装拍摄纪念照。还可以进行免费的修片设计，可以用来纪念美好的旅行。彩色照片 600 泰铢~。

Map p.231-E4
住 104/1 Chang Klang Rd.
TEL 08-1602-3456
营 每天 13:00~24:00
CC 不可使用
　　也可以刻录到CD上。

塞瓦曼莱店
Saiua Mengrai　　　　　　　　食品

◆清迈假日酒店旁边的一家香肠商店。用新鲜的蔬菜和调味料搅拌在一起制作的烤肠，500克170泰铢~，还有真空包装。这里也有泰国北部的一些特产。

Map p.229-E5
住 322 Mengrai Bridge, Chiang Mai-Lamphun Rd.
TEL 0-5314-1620
营 周四~下周二 9:00~18:00
休 周三
CC 不可使用

诺瓦商场
NOVA 　　　　　　　珠宝、饰品

Map p.231-E4

◆诺瓦商场位于塔佩路，是一家专营时尚的银制品和珠宝的商店。这里有很多精致的艺术设计商品。上面楼层还开办了艺术学校"诺瓦艺术实验室"（NOVA artlab）。

住　179 Tha Pae Rd.
电　0-5327-3058
FAX　0-5320-6134
URL　nova-collection.com
营　周一～周六 9:00~20:00
　　周日 10:00~18:00
CC　A D J M V

泰国北部 ● 清迈

原理商店
Elements 　　　　　珠宝、饰品

Map p.231-D3~D4

◆本商店的商品主要是泰国北部地区生产的银制品和淡水珍珠，还有使用珊瑚等制作的具有民族特色的珠宝。这里也有从缅甸的佛像和物品。在塔佩路上有姐妹店"感觉"（Sence）。

住　400-402 Tha Pae Rd.
电　0-5387-4277、0-5325-1750
营　每天 9:30~21:00
　　（旺季时截至 21:45）
CC　J M V
（没有英文招牌）

迪迪潘潘商品店
Dee Dee Pan Pan 　　珠宝、饰品

Map p.231-E4

◆迪迪潘潘商品店位于塔佩路上，是一家聚集时尚小物品的商店。一直以来，这里以耳环和手镯等装饰品为主，今后计划是以陶瓷商品和护肤油、肥皂等芳香商品为主。

住　33 Tha Pae Rd
电　0-5381-8148
营　每天 10:00~20:00
CC　J M V

活力商店
Ginger 　　　　　　珠宝、饰品

Map p.228-A2

◆融合亚洲和北欧的风格，是清迈的时尚和杂货品牌。色泽鲜艳的装饰品和小袋子等特别受欢迎。三层有三到七折的直销品。沿着护城河的月漫路上有这家商店的总店（MAP p.231-D2）。

住　6/21 Nimmanhaemin Rd.
电　0-5321-5635
营　每天 9:00~21:00
CC　A J M V

机场中心布拉达
Central Airport Plaza 　　购物中心

Map p.228-B5

◆位于机场附近，是清迈最早建成的大型购物中心。这里除了复合型电影院和罗宾逊商场以外，还有很多出售北部民族工艺品和手工艺品的商店。购物特别方便。

住　2 Mahidon Rd.
电　0-5328-1661
FAX　0-5327-4078
营　周一～周五 11:00~21:00
　　周六・周日 10:00~21:00
CC　A D J M V（根据店铺不同会有所差异）

清迈的购物区

如果在清迈寻找杂货，就来恰伦拉特路（MAP p.231-F3）和尼曼海明路（MAP p.228-A2~A3）吧。这里的道路狭窄，交通量很大，要注意安全。尼曼海明路有新的咖啡店和餐厅陆续开业，十分热闹。

Column

尼曼海明路周边零星地分布着一些可爱的店铺
（→ p.15）

在清迈 Petit Lesson
挑战一下技艺课程吧！

如果在清迈能够逗留一周以上，那么就可以试着去学校体验一下全新的感受。学习泰语、泰式按摩、泰国烹饪等，掌握一门技艺，留下一段美好的回忆。虽然不会留下一些形式上的东西，但是能够给自己一个很不错的礼物。

A.U.A. 语言中心
A.U.A.Language Center — 泰语教室

◆ 初级泰语会话集体课程是 60 小时（每天 2 小时）5300 泰铢~。单独课程随时都可以授课，每人每小时 340~460 泰铢（根据人数而定，授课最多 4 人）。如果会一点英语就完全能够理解课堂内容。

Map p.231-D3~D4
- 住 24 Ratchadamnoen Rd.
- TEL 0-5321-4120、0-5321-1377
- FAX 0-5321-1973
- URL www.learnthaiinchiangmai.com
- CC 不可使用

国际按摩培训
ITM (International Training Massage) — 按摩教室

◆ 这里是一所泰式按摩学校。总共分为 5 个等级，学生 2 个人一组，老师以现场来回巡视的方式授课。课程时间是 9:00~16:00。基本的课程是每周一开始，连续学习 5 天。费用是 5500 泰铢~，外语课程 8000 泰铢~。

Map p.230-B1
- 住 59/9 Soi 4, Chang Phuak Rd.
- TEL 0-5321-8632
- FAX 0-5322-4197
- URL www.itmthaimassage.com
- CC A J M V

罗伊科洛泰国传统按摩和瑜伽课程
Loi Kroh Thai Traditional Massage & Yoga — 按摩教室

◆ 泰国传统按摩（一般是 7000 泰铢，高级的 9000 泰铢）、泰式伸展肌肉法等，在这里可以细致入微地指导个人或者小团体按摩技法。有专业培训课程，还有会说外语的讲师。

Map p.231-E5
- 住 1/3 Soi 3, Loi Kroh Rd.
- TEL 0-5327-4681
- TEL/FAX 0-5344-9643
- URL www.loikrohmassage.com
- 营 周一~周六 9:00~18:00
- 休 周日
- CC 不可使用

泰式厨房烹饪中心
Thai Kitchen Cookery Centre — 烹饪教室

◆ 直接去市场购买食材，学习制作从前菜到甜点的 7 道菜品。有 3 种课程可以选择，每种课程制作的美食种类也不相同。费用是 1 天 1000 泰铢。9:30~13:00、13:00~16:00 和 16:30~19:00 的半天培训课程（800 泰铢）。

Map p.231-D4
- 住 32 Soi 1, Loi Kroh Rd.
- TEL 0-5327-2569
- FAX 0-5327-6886
- URL www.thaikitchencentre.com
- CC 不可使用

清迈泰式烹饪学校
Chiang Mai Thai Cookery School — 烹饪教室

◆ 这是一家老牌的烹饪学校。可以在这里学习蔬菜和香料知识以后，再去市场实际购买。使用采购的新鲜蔬菜等食材制作 5 盘美食和点心，共计 6 道菜品。烹饪过后可以试吃，特别有趣。有 5 门课程，10:00~16:00，1450 泰铢。

Map p.231-D4
- 住 47/2 Moon Muang Rd.
- TEL 0-5320-6388
- FAX 0-5320-6387
- URL www.thaicookeryschool.com
- CC A J M V

在清迈享受美食 Restaurant
餐厅介绍

对于外国游客较多的城市清迈来说，除了泰国美食以外，还有很多其他世界各国的美食餐厅聚集于此，水平非常高。

泰国北部 ● 清迈

古清迈文化中心
Old Chiangmai Cultural Center　　　泰国菜

◆泰国北部传统的喜宴是大家围绕在一个小的圆桌旁，一边用餐，一边欣赏泰国舞蹈表演。来这里将咖喱饭和炸鸡块等多种美食和米饭一起享用吧。建议提前预约，每人 520 泰铢。

Map p.228–B5
- 185/3 Wualai Rd.
- 0-5320-2993
- FAX 0-5327-4094
- www.oldchiangmai.com
- 每天 19:00～21:30
- CC J M V

恒丰餐厅
Huen Phen　　　泰国菜

◆在这里可以品尝到泰国北部的家常菜。白天只有进口处的大厅营业，推荐品尝泰北金面（50 泰铢）。晚餐相反只有里面的餐厅营业。无论白天还是夜晚，1 道菜品 50～200 泰铢就可以享用了。

Map p.230–B4
- 112 Rachamankha Rd.
- 0-5327-7103、0-5381-4548
- 每天 8:00～15:00、17:00～22:00
- CC 不可使用

美景餐厅
The Good View　　　泰国菜

◆位于滨河沿岸的一家精品餐厅。从本地人到外国游客，都特别喜欢来这里用餐。这里有泰国北部美食、西餐和寿司等，大约有 200 种菜品，十分丰富。这里有带照片的菜单，方便点餐。每天晚上还有现场演奏。

Map p.231–F3
- 13 Charoen Rat Rd.
- 0-5324-1866
- FAX 0-5330-2764
- www.view-goodview.com
- 每天 10:00～15:00、17:00～次日 1:30（用餐是在次日的 1:00 截止）
- CC A D J M V

胖胖餐厅
Pun Pun　　　泰国菜

◆这里使用的蔬菜是在签约农场里栽培的有机蔬菜，对于素食主义者来说是一个不错的选择。泰国面包 50 泰铢，意大利面和沙拉等西餐是 60 泰铢～，价格适宜。这里有自家制的香草茶。香草茶 20 泰铢，生姜粉茶 40 泰铢。

Map p.228–A3
- Wat Suan Dok, Sutep Rd.
- 08-4365-6581
- 每天 8:00～16:00
- CC 不可使用

SP 鸡肉餐厅
SP Chicken　　　泰国菜

◆这里的烧鸡在当地人中很受欢迎，评价特别高。位于帕辛寺和兰纳绿洲水疗馆中间的道路上。店头有烧鸡，半只 80 泰铢，1 只 150 泰铢。

Map p.230–A4～B4
- 9/1 Soi 1, Samlan Rd.
- 08-1472-3257、08-0500-5035
- 每天 11:00～21:00
- CC 不可使用

249

思姆佩粥店
Jok Sompet Restaurant

泰国菜

Map p.230–C2

◆餐厅24小时供应碎米煮的粥"Jok"。配菜可以选择鸡肉、猪肉、虾等（30~80泰铢）。菜粥系列的Khao Tom价格相同。加一个鸡蛋就另加5泰铢。也有35泰铢以上的泰国美食。这里还有英语菜单。

住 Sri Phum Rd.
电 0-5321-0649
营 每天24小时
CC 不可使用

题查餐厅
Tichaa

泰国菜

Map p.228–A2

◆题查餐厅是高档水疗馆品牌——哈恩（HARNN）内的一家咖啡餐厅。这里提供泰国北部的传统兰纳风味美食和西餐。香草茶每种110泰铢以上。哈恩店内只有这儿可以买到具有特色的茶。

住 16/1 Soi 17, Nimmanhaemin Rd.
电 09-2269-2776
URL www.tichaa.com
营 周日~周四 11:00~21:00
　 周五·周六 11:00~24:00
CC A J M V

赫恩卡姆餐厅
@ Hearnkham

泰国掸族美食

Map p.230–C1

◆店内可以吃到泰国掸族的美食。使用生姜、芝麻、纳豆的美食和正宗的泰国美食稍微有些差别。一碟子30泰铢左右，价格适宜。这里也有一般的泰国美食。店铺是质朴的食堂风格。

住 16/10 Soi Ku Tao 3
电 08-9432-2861
营 每天 9:00~21:00
CC 不可使用

基甘迪餐厅
The Gigantea

日本料理

Map p.231–D3

◆基甘迪餐厅位于大厦的二层。每一道美食都充满了正宗的日本料理酱汁的味道，在当地的日本人当中特别受欢迎。除了常见的炸猪排饭和亲子饭（各280泰铢）之外，这里也有荞麦面、乌冬面、一品料理等，种类丰富多样，能够满足顾客的口味。

住 300 Chang Moi Rd.
电 0-5323-3464　08-1859-4698
营 周二~周日 17:00~23:00
休 周一
CC M V

日本美食屋
Gohanya

日本料理

Map p.231–D3

◆这是一家价格合理、环境舒适的日式料理店。店铺广告牌上写着酱油拉面50泰铢和中华凉面65泰铢。其他还有盐烤猪肉、串烧、炸丸子等单品，生金枪鱼盖饭170泰铢，还有天妇罗盖饭、其他套餐类美食以及寿司。

住 9 Soi 7, Moon Muang Rd.
电 08-3945-4518
营 每天 11:30~22:00
CC 不可使用

法沃莱餐厅
Favola

意大利美食

Map p.231–E4

◆位于清迈艾美酒店（→p.253）的意大利餐厅，特点是有明亮的开放式厨房。这里的红酒收藏量超过1000瓶。烤羊肉和意大利肉汁烩饭等味道特别正宗，可以尽情前来享用。

住 2nd Fl., Le Méridien Chiangmai, 108 Chang Klan Rd.
电 0-5325-3666
营 每天 17:00~23:00
CC A D J M V

楠木桐家庭酒吧
Namton's House Bar

酒吧 & 餐厅

◆这是一家酒吧餐厅，可以在这里品尝从世界各地搜集来的手工啤酒（150泰铢～）。这里也有意大利面（150泰铢）和烤肉（280泰铢）等美食，店内是大自然风格，老板夫妇二人特别和蔼可亲。

Map p.229–E4
- 住 196/2, Chiangmai-Lumpuhn Rd.
- 电 08-6911-1207
- URL www.facebook.com/namtonshousebar
- 营 周四～下周二 11:00~23:00
- 休 周三
- CC A D J M V

泰国北部 ● 清迈

定制茶馆
Raming Tea House

咖啡厅

◆入口面向塔佩路，是一家卖铜锣烧的店铺。里面有茶室，可以在这里一边品尝自制蛋糕和点心，一边悠闲地打发时间。各种冰茶85泰铢～，蛋糕55泰铢～。这里也有快餐，可以使用Wi-Fi。

Map p.231–E3
- 住 158 Tha Pae Rd.
- 电 0-5323-4518~9
- 营 每天 8:30~17:30
- 　　最后点餐 17:00
- CC J M V

甘露园
Amrita Garden

咖啡厅

◆甘露园是一家位于老城区的古色古香的民宅里的咖啡厅。这里使用有机食材的饭菜（99泰铢），除此之外，还有健康的茶品（40泰铢），以及杧果芝士蛋糕（90泰铢），美味可口，特别受欢迎。二层是旅馆客房。

Map p.230–B4
- 住 Soi 5, Samlan Rd.
- 电 08-6053-9342
- URL www.amritagarden.net
- URL www.facebook.com/amritagarden
- 营 周三～下周一 9:00~20:30
- 休 周二
- CC 不可使用

上部面包咖啡馆
Upper Crust Cafe

咖啡厅

◆位于清迈火车站附近。可以在这家店品尝到杧果芝士蛋糕（80泰铢），杧果芝士蛋糕是当今清迈特别受欢迎的甜点。店内的咖啡区有一种安静的氛围。可以在这里免费使用Wi-Fi。

Map p.229–F3
- 住 20/1 Rot Fai Rd.
- 电 0-5330-2233、08-9700-3400
- E uppercrust-cafe@hotmail.com
- 营 周一～周六 8:30~17:30
- 休 周日
- CC 不可使用

清迈有名小吃　来品尝泰北金面（Khao Soy）吧

　　泰北金面最初是从缅甸传过来的美食，是把面放进咖喱味的汤里，然后再放进油炸的面。配料一般是鸡肉，有的店铺也用猪肉、牛肉、海鲜等。汤浓面软，加上松脆可口的炸面，搭配在一起口味美妙无比。根据顾客自身的口味，可以添加酸橙调味榨菜，一般有两种可以添加（碎葱末和叫作"帕克卡托"的类似白菜的咸菜）。

伊斯兰泰北金面
Khao Soy Islam

◆在当地人中特别受欢迎，吃饭的时候特别拥挤。距离夜间市场大楼也很近，可以很轻松地过去。汤汁清爽，很好地控制了辛辣程度，炸面也是刚出锅的。泰北金面40泰铢。各种饮料20泰铢～。

Map p.231–F4
- 住 22-24 Soi 1, Charoen Phrathet Rd.
- 电 0-5327-1484
- 营 每天 8:00~17:00
- CC 不可使用

兰顿泰北金面
Khao Soy Lam Deuan

◆这是一家创立于1940年的老字号店铺。大众食堂的装饰风格，当地人特别多，经常拥挤热闹。作为副食的猪肉烤肉串很受欢迎。泰北金面售价40泰铢（大碗50泰铢）。

Map p.229–E1
- 住 352/22 Charoen Rat Rd.
- 电 0-5321-8661
- 营 每天 8:30~14:30
- CC 不可使用

清迈的 Hotel & Guest House
酒店 & 旅馆

清迈作为观光城市，酒店数量很多，来清迈游玩可以住宿在一个设备完善、价格适宜的酒店。酒店、旅馆遍布于各大街小巷，尤其在夜间市场附近，相对来说更为集中。

清迈四季度假村
Four Seasons Resort Chiang Mai　　　　　　高档酒店

Map p.237-A3

◆从清迈市区乘车向北大约30分钟，是一家隐藏在山里的像小型王国一样的度假酒店。宽敞的庭院内有耸立着的主楼、游泳池、客房楼和水疗馆，可以乘坐电瓶车穿梭于各楼栋间。被称为"园亭"（Pavilion）的

床的旁边有一扇大窗户，可以很好地看到窗外的风景

客房楼分散在环绕水田的树林中，采用的是山庄别墅风格。每栋客户楼都设有通过游廊联结的园亭式阳台。住在水田旁边的客房里可以一边欣赏水田，一边悠闲放松。在园亭里可以练习瑜伽、泰拳，也可以参加在餐厅举行的烹饪课程等各种活动。

住 Mae Rim-Samoeng Old Rd., Mae Rim
TEL 0-5329-8181　FAX 0-5329-8190
URL www.fourseasons.com/chiangmai
费 AC S T 26775 泰铢～
CC A D J M V　房间数 76 间
带泳池　WiFi 免费　NET 免费

客房零星地分散着，像是隐藏在绿树林中

清迈文华东方度假酒店
Dhara Dhevi Chiang Mai　　　　　　高档酒店

Map p.237-A4

◆清迈文华东方度假酒店位于清迈市区东郊位置，宽敞的场地上有以兰纳建筑风格为首的泰国北部各地的多种多样风格的建筑物。就像是一座展现泰国北部文化的博物馆。酒店内有用柚木建造的古代民宅，

这里也有带私人泳池的套间

经过时尚装修的别墅型客房、近代设施水疗馆等，客房也分为多种。设有巡视水田的散步小道和宽敞的泳池、网球场等，有很多运动设施。这里充满高档氛围的水疗馆和餐厅也是不可错过的亮丽风景线。

住 51/4 Moo 1, Chiangmai Sankampaeng Rd.
TEL 0-5388-8888　FAX 0-5388-8999
URL www.dharadhevi.com
费 AC S T 26500 泰铢～
CC A D J M V　房间数 123 间
带泳池　WiFi 免费　NET 免费

不规则形状的泳池十分宽敞，泳池边的道路铺设有木板

安纳塔拉清迈大酒店和水疗馆
Anantara Chiang Mai Resort & Sp　　　　　　高档酒店

Map p.231-F5

◆安纳塔拉清迈大酒店有着像城墙一样的白色墙壁，隔离了市区的喧嚣，是一家城市度假酒店。纯白色的走廊和小型客房木门巧妙搭配，再加上客房入口的独特构造样式，让人备感亲切。距离夜间市场非常近，步行大约5分钟即可到达。以前的名字是"清迈切蒂酒店"。

住 123 Charoen Prathet Rd.
TEL 0-5325-3333　FAX 0-5325-3352
URL chiang-mai.anantara.com
费 AC S T 8000 泰铢～
CC A D J M V
房间数 84 间
带泳池　WiFi 免费　NET 免费

注：上面记载的费用是旺季（11月～次年3月）的统计，这段时间之外的地方会便宜些。

清迈艾美酒店
Le Méridien Chiangmai
高档酒店

宽敞的客房。窗边的沙发感觉很不错

◆清迈艾美酒店位于清迈市区的中心位置，是一座22层的高层大酒店。二层挑高的豪华大厅充满了高档的感觉。以白色为主基调，配有棕色的室内装修的客房，有一种清新的氛围，里面是泰国的装饰风格。配有大型窗户，靠近双龙寺或者靠近城区的一边都可以很好地欣赏风景。现在老城区禁止建造高层建筑，所以这里的视线特别好。淋浴房采用纯白色的大理石和玻璃的构造，看上去很清凉。深深的浴缸特别受国外游客欢迎。位于二层的法沃莱餐厅（→p.250）是意大利餐厅，在当地的外国人里面很受欢迎。

Map p.231-E4
住 108 Chang Klan Rd.
TEL 0-5325-3666 FAX 0-5325-3667
URL www.lemeridien.com/chiangmai
预 / FREE 0120-094040
费 AC S T 7800泰铢〜
CC A D J M V
房间数 383间
带泳池 WiFi NET

大厅的白色柱子尽显豪华且给人凉爽之感

清迈香格里拉大酒店
Shangri-La Hotel Chiang Mai
高档酒店

◆清迈香格里拉大酒店的客房装修是兰纳风格，有明亮的大型窗户。阳台上安装有极可意浴缸的高级水疗理疗室，可以让顾客在客房内就能充分享受度假的乐趣。这里的中国餐厅"香园"也特别受欢迎。

Map p.229-D4
住 89/8 Chang Klan Rd.
TEL 0-5325-3888 FAX 0-5325-3800
URL www.shangri-la.com
预 / FREE 0120-944162
费 AC S T 6300泰铢〜
CC A D J M V 房间数 281间
带泳池 WiFi 免费

清迈都喜D2酒店
dusitD2 chiang mai
高档酒店

◆清迈都喜D2酒店是一家具有崭新设计风格的时尚酒店。采用前台、酒吧和大厅一体化的空间设计，每当到了夜里就会有DJ进场，就像俱乐部一样热闹非凡。每天都会有变化的室内惊喜礼物等，住进来本身就能感觉非常有意思。

Map p.231-E4
住 100 Chang Klang Rd.
TEL 0-5399-9999 FAX 0-5399-9900
URL www.dusit.com/dusitd2
费 AC S T 4200泰铢〜
CC A D J M V
房间数 131间
带泳池 WiFi 免费 NET 免费

拉查曼卡酒店
Rachamankha
高档酒店

◆清迈的兰纳建筑风格的酒店日益增多，拉查曼卡酒店就是最早采用这种风格的酒店，充满了高档的感觉，特别受欢迎。酒店位于安静的住宅区，可以安静悠闲地在这里居住。白色的柱子和茶色的屋顶，与庭院的绿色相搭配非常美丽。

Map p.230-A4
住 6 Rachamankha 9, T.Phra Singh
TEL 0-5390-4111
URL www.rachamankha.com
费 AC S T 11000泰铢〜
CC A D J M V
房间数 25间
带泳池 WiFi 免费

西丽帕娜别墅水疗度假村
Siripanna Villa Resort & Spa
高档酒店

◆宽敞的场地内有绿树成荫的庭院和宽广的水田，这里有很多兰纳建筑风格的客房排列着。位于市区附近，是能体验度假村氛围的酒店。推荐居住建造在泳池周围的皇家兰纳别墅内。

Map p.229-F4
住 36 Rat Uthit Rd.
TEL 0-5337-1999 FAX 0-5337-1998
URL www.siripanna.com
费 AC S T 6500泰铢〜
CC A D J M V
房间数 74间
带泳池 WiFi 免费

泰国北部 ● 清迈

253

库姆法雅度假温泉精品酒店
Khum Phaya Resort & Spa CENTARA BOUTIQUE COLLECTION 高档酒店

◆本酒店有像寺院样式的迎宾楼和沿着泳池并排的客房楼。这里所有的楼栋都是美丽的兰纳装饰风格，一般都使用柚木作为建材，十分奢侈豪华。客房的吊顶比较高，房间内有一种能够放松的氛围。也有的客房连接着泳池。

Map p.229-F2
住 137 Moo 5, Chiangmai Business Park
TEL 0-5341-5555
FAX 0-5341-5599
URL www.centarahotelsresorts.com
费 AC S T 4040 泰铢~
CC A D J M V
房间数 85 间
带泳池 WiFi 免费

拉提兰纳河畔酒店
Rati Lanna Riverside Spa Resort 高档酒店

◆本酒店是传统的兰纳建筑装饰风格，客房以棕色为基调的装饰给人一种安静的氛围。还有铺设了木板的休闲区域所环绕的大型泳池等，特别适合想在城市悠闲度假的游客。

Map p.229-E5
住 33 Chang Klang Rd.
TEL 0-5399-9333
FAX 0-5399-9332
URL www.ratilannachiangmai.com
费 AC S T 8925 泰铢~
CC A D J M V
房间数 75 间 带泳池 WiFi 免费

清迈 U 酒店
U Chiang Mai 高档酒店

◆酒店位于清迈老城区几乎中心的位置，是小巧玲珑而且舒适的一所酒店。从入住开始 24 小时算 1 天，24 小时内任何时间都供应早餐，这是酒店独特的体制。预约酒店可以选择枕头或洗浴用品等。

Map p.230-C3
住 70 Ratchadamnoen Rd.
TEL 0-5332-7000
FAX 0-5332-7096
URL www.uhotelsresorts.com
费 AC S T 8599 泰铢~
CC A D J M V
房间数 41 间 带泳池 WiFi 免费

清迈曼尼那拉康酒店
Maninarakorn Hotel 高档酒店

◆本酒店是一家位于稍微离开繁华街区，步行可以走到的范围内的中等规模酒店。以大地颜色为主基调的内外装饰显得格外洁净，因为非常新，所以干净整洁。如果预约，平时在 2000 泰铢以下就可以入住，感觉还是很划算的。

Map p.231-D5
住 99 Sri Donchai Rd.
TEL 0-5399-9555
FAX 0-5399-9599
URL www.maninarakorn.com
费 AC S T 3500 泰铢~
CC A J M V
房间数 127 间
带泳池 WiFi 免费

清迈德仔殖民地酒店
de chai the colonial 高档酒店

◆德仔殖民地酒店位于安静的住宅区内，从吊顶垂下来的花边布使照明变得柔和，轻轻包围在床边，酝酿出一种特别浪漫的氛围。这里的服务人员也落落大方，十分有礼貌。

Map p.231-D4
住 6/3 Soi 4, Tha Pae Rd.
TEL 0-5320-9000
URL www.dechaihotel.com
费 AC S T 2500 泰铢~
CC A J M V
房间数 40 间 带泳池 WiFi 免费

清迈帝国美平酒店
The Imperial Mae Ping Hotel 高档酒店

◆耸立在宽广场地上的高层酒店，弧形的白色建筑物特别显眼。距离夜间市场特别近，步行几分钟即可到达。酒店周边有很多小餐厅，据说邓丽君喜欢住在这个酒店内，酒店也因此有名。

Map p.231-E5
住 153 Sri Donchai Rd.
TEL 0-5328-3900
FAX 0-5327-0181
URL www.imperialhotels.com
费 AC S T 2464 泰铢~
CC A D J M V
房间数 371 间 带泳池 WiFi NET

科特瓦时尚酒店
Ketawa Stylish Hotel 　高档酒店

◆酒店位于零星分布木质古建筑物的石龙军路向里的位置，是小巧且精致的一座酒店。不同房间，主题装饰色彩也都不相同，十分时尚。在开放区域的咖啡厅吃早点感觉是很棒的。

Map p.231-F3
住 121/1 Soi 2, Bamrungrat Rd.
TEL 0-5330-2248　FAX 0-5324-7379
URL www.ketawahotel.com
费 AC S T 4180泰铢～
CC A J M V
房间数 13 间　WiFi 免费

阳卡姆乡村酒店
Yaang Come Village 　高档酒店

◆像一座绿色盎然的公园一般的度假村式酒店。标准间客房带有小型的阳台。停车场里面的泰式风格建筑物是迎宾楼。院内深处有泳池，客房楼沿着泳池的周围而建。

Map p.231-F5
住 90/3 Sri Donchai Rd.
TEL 0-5323-7222　FAX 0-5323-7230
URL www.yaangcome.com
费 AC S T 5090泰铢～
CC A D J M V
房间数 42 间　带泳池　WiFi 免费

罗望乡村酒店
Tamarind Village 　高档酒店

◆罗望乡村酒店位于清迈的老城区，是一座可以给人宁静氛围的度假酒店。占地面积虽然不大，但是非常安静。建筑物是泰国传统民宅风格，能够让人心情放松。但是标准间有点狭窄，房间内没有浴缸。

Map p.230-C3
住 50/1 Ratchadamnoen Rd.
TEL 0-5341-8896～9　FAX 0-5341-8900
URL www.tamarindvillage.com
费 AC S T 6709泰铢～
CC A D J M V
房间数 45 间　带泳池　WiFi 免费

沙旺酒店
Suriwongse Hotel 　高档酒店

◆酒店距离夜间市场比较近，地理位置优越。自古以来就是一座高档酒店。虽然场所位置很好，不过价钱适宜。由于酒店预计引进莫文匹克酒店品牌，内部一部分房间正在改造中，已经装修好的房间可谓特别实惠。

Map p.231-E4～E5
住 110 Chang Klang Rd.
TEL 0-5327-0051～7　FAX 0-5327-0063
URL www.suriwongsehotels.com
费 AC S T 5907泰铢～
CC A D J M V
房间数 84 间　WiFi 免费

清迈广场酒店
Chiang Mai Plaza Hotel 　中高档酒店

◆清迈广场酒店距离夜间市场很近，步行只需要5分钟就可以到达。酒店内的工作人员都特别友好，很受外国人欢迎。酒店的大厅十分宽敞，有健身中心。周边还有很多餐厅和KTV。酒店内给人一种庄重的感觉。

Map p.231-F5
住 92 Sri Donchai Rd.
TEL 0-5382-0920　FAX 0-5327-9457
URL cnxplaza.wix.com/site
费 AC S 2200泰铢～T 2500泰铢～（淡季 S 1600泰铢～T 1800泰铢～）
CC A D J M V　房间数 444 间
带泳池　WiFi 免费

清迈美居酒店
Mercure Chiang Mai 　中高档酒店

◆清迈美居酒店位于白象门巴士总站的对面，是一座充满活力的商业区低层酒店。店内装修以浅棕色和灰色为主色调，看上去有一种很爽快的感觉。老城区的景点从这里可以徒步到达。客房非常宽敞。

Map p.230-B1
住 183 Chang Phuak Rd.
TEL 0-5322-5500　FAX 0-5322-5505
URL www.mercure.com
费 AC S T 2267泰铢～
CC A D J M V
房间数 159 间　带泳池　WiFi 免费

清迈塔帕依姆酒店
Imm Hotel Thaphae 　中高档酒店

◆店内设施简单，但是一家比较好的商务酒店。虽然没有一种度假的氛围，不过带简单的早餐，适合只要确保有舒适的床就没问题的行动派入住。酒店入口处有24小时营业的麦当劳。

Map p.231-D4
住 17/1 Kotchasan Rd.
TEL 0-5328-3999　FAX 0-5328-3998
URL www.immhotel.com
费 AC S T 1300泰铢～
CC A D J M V
房间数 106 间　WiFi 免费

泰国北部　●清迈

255

塔佩精品酒店
Thapae Boutique House　　中高档酒店

Map p.231-D4

◆酒店位于塔佩路稍微向里一点安静的地方。距离夜间市场和老城区很近，徒步就可以到达，十分方便。客房的床是板床，非常干净。开放式的餐厅内可以一边听着鸟叫声一边享用早餐，心情肯定会很不错。

住 4 Soi 5, Tha Pae Rd.　TEL 0-5328-4295、0-5327-5370　FAX 0-5320-6168
URL www.thapaeboutiquehouse.com
费 AC S T 1150 泰铢～（淡季是 950 泰铢～） CC A J M V 房间数 21 间
WIFI 免费

东京文迪酒店
Tokyo Vender Hotel　　中高档酒店

Map p.230-A2

◆面向城墙西北角的中档酒店。有很多宽敞的客房，带电视、冰箱，有一部分客房带浴缸。高层的客房可以将老城区的风景一览无余。屋顶上有餐厅，可以一边欣赏夜景一边享用美食。以前酒店叫作"清迈薰衣草兰纳酒店"。

住 6 Boonuangrit Rd.
TEL 0-5321-1100～3　FAX 0-5321-3899
URL www.tokyovenderhotel.com
费 AC S T 500~1000 泰铢
CC J M V
房间数 110 间
带泳池 WIFI 免费

清迈彩虹桥酒店
Baiyoke Chiao Chic Modern Hotel　　中高档酒店

Map p.228-A2

◆清迈彩虹桥酒店是位于尼曼海明路上一座价钱适中的酒店，时尚的店铺、咖啡厅、餐厅等相继开业。客房很宽敞，最少有 50 平方米以上。除了有阳台平台，还有简单的厨房设备，像是公寓的风格。

住 8/11 Nimmanhaemin Rd.
TEL 0-5335-7000　FAX 0-5335-7227
URL www.baiyokehotel.com
费 AC S T 1500 泰铢～
CC A D J M V
房间数 31 间　WIFI 免费

清迈波士酒店
Bossotel　　中高档酒店

Map p.229-F3

◆清迈波士酒店是一家位于清迈火车站附近的中等规模酒店。有面向城市方向的旧馆和面向车站铁轨方向的新馆。这里稍微离繁华街道远一点，但相对的泳池、桑拿房、按摩室等设施齐全且价格低廉。

住 10/4 Rot Fai Rd.
TEL 0-5324-9045～8　FAX 0-5324-9099
URL www.bossotelinn.com
费 新馆 AC S T 1100~1400 泰铢～　老馆 AC S T 550 泰铢　CC A J M V
房间数 150 间　带泳池　WIFI 免费

清迈安达尔德酒店
Anodard Hotel　　中高档酒店

Map p.230-C4

◆距离塔佩门比较近，步行大约 10 分钟就可以到达，这是一家 5 层建筑的大型酒店。建筑有些古老，客房都是经过改造，宽敞清洁的客房住着十分舒适。周围是安静的住宅区，距离餐厅、咖啡厅很近，特别方便。

住 57-59 Rachamankha Rd.
TEL 0-5327-0756～7　FAX 0-5327-0759
URL www.anodard.com
费 F S T 555 泰铢～
AC S T 669 泰铢～
CC M V　房间数 150 间
带泳池　WIFI 免费

家居广场酒店
Home Place Hotel　　经济型酒店

Map p.231-D4

◆位于塔佩门的对面，门口前是一条细长小路。客房比较狭窄，墙纸和绘画装饰品等是欧洲风格。虽然名字称为"酒店"，但其实就是一座旅店。

住 9 Soi 6, Tha Pae Rd.
TEL 0-5327-6468
E homeplacehotel2550@hotmail.com
费 AC S T 590 泰铢
CC 不可使用　费 30 间　WIFI 免费

阿姆拉帕斯顾客旅馆
Ammarapath Guest House　　旅馆

Map p.231-D3

◆这里有外语的招牌，房间干净朴素，十分整洁。屋顶上有可以晾晒物品的空间。

住 56 Chaiyapoom Rd.
TEL/FAX 0-5325-1294
费 F S T 200 泰铢（公共卫浴）
S T 300 泰铢
AC S T 400 泰铢（淡季各减 50 泰铢）
CC 不可使用　房间数 22 间　WIFI 免费

阿瓦纳旅馆
Awana House　旅馆

Map p.231-D3

◆距离塔佩门步行2分钟就可以到达。路边有很多旅馆排列开来，场地不是特别宽敞，客房自2008年改造完成以后变得十分清洁。这里有小型泳池和餐厅。到了夜里，没有钥匙打不开门，进门后还有前台的工作人员进行确认，所以可以安心居住。有一部分客房带阳台。

住 7 Soi 1, Ratchadamnoen Rd.
TEL 0-5341-9005
URL www.awanahouse.com
费 F ⑤ ⑦ 400 泰铢～
　 AC ⑤ ⑦ 650~875 泰铢
CC A M V
房间数 18 间　带泳池　WiFi 免费

加拉里旅馆
Galare Guest House　旅馆

Map p.231-F4

◆加拉里旅馆建于滨河对面，是住宿条件很舒适的旅馆。客房内有冰箱、有线电视，简单清洁。漂亮整洁的中庭摆放着椅子，可以在这里悠闲地放松身心。酒店还有餐厅。

住 7 Soi 2, Charoen Prathet Rd.
TEL 0-5381-8887、0-5382-1011
FAX 0-5327-9088　URL www.galare.com
费 AC ⑤ ⑦ 1200 泰铢
CC M V　房间数 35 间　WiFi 免费

亲善民宿旅馆
Good Will Guest House　旅馆

Map p.231-F4

◆位于泰国旅游局（TAT）向北30米左右的狭长的路上。周边是住宅区，环境十分安静。屋顶上的平台视野很好。房间内附带热水淋浴。

住 8/2 Chiang Mai-Lamphun Rd.
TEL 0-5324-2323
费 ⑩ 100 泰铢　　⑤ ⑦ 300 泰铢～
　 AC ⑤ ⑦ 400 泰铢
CC 不可使用
房间数 12 间　WiFi 免费

清迈SO青年旅馆
SO Hostel Chiang Mai　旅馆

Map p.231-E4

◆距离繁华街道特别近的一家旅馆。客房的床有6张、8张、12张的多床房和双人间、单间、家庭套间等。599泰铢的房间需要提前预约。

住 64/2 Loi Kroh Rd.
TEL 0-5320-6360　FAX 0-5327-4227
URL www.facebook.com/sohostelcm
费 AC ⓓ 219 泰铢～　⑤ ⑦ 599~2000 泰铢　M V　房间数 35 间　WiFi 免费

小家旅馆
Little Home Guest House　旅馆

Map p.231-D4

◆距离塔佩门步行3分钟就可以到达。客房于2015年改造完成。家族经营，环境十分安静。阳台面对着小庭院，通风良好，住着很舒服。

住 1/1 Soi 3, Kotchasarn Rd.
TEL 0-5320-6939　FAX 0-5327-3662
URL littlehomegh.com
费 AC ⑤ ⑦ 800 泰铢
CC 不可使用　房间数 9 间　WiFi 免费

米卡萨旅馆
Micasa Guest House　旅馆

Map p.231-D4

◆从塔佩路进入4号胡同，稍微向里走一点就可以看到米卡萨旅馆。设计风格独树一帜，有一种雅致的氛围。根据房屋不同，每间房的装修设计也尽不相同，所有房间都是按照女性的感觉进行装饰的，住起来很舒服。

住 2/2 Soi 4, Tha Pae Rd.
TEL 0-5320-9127　FAX 0-5320-9128
URL www.thaimicasa.com
费 AC ⑤ 350~550 泰铢　⑦ 600~1300 泰铢（一部分客房是公共卫浴）
CC M V　房间数 17 间　WiFi 免费

贵宾旅馆
V.I.P. House　旅馆

Map p.231-D3

◆贵宾旅馆位于老城区、塔佩门旁边的道路上。客房宽敞且价格适宜，所有客房都配有热水淋浴。但是设施较为陈旧，有的房间还有烟味。有的房间连接Wi-Fi十分困难，要注意。

住 1 Soi 1, Ratchadamnoen Rd.
TEL 0-5341-8970~3　FAX 0-5341-8619
费 F ⑤ ⑦ 160~180 泰铢（公共卫浴）
　 ⑤ ⑦ 260~300 泰铢
　 AC ⑤ ⑦ 360~400 泰铢
CC 不可使用　房间数 38 间　WiFi 免费

泰国特别受欢迎的活动

一起去徒步旅行吧!

在山脉较多的泰国北部和泰国中部,
定居着早年搬迁过来的少数民族。
他们在这里生活,一直保留着独特的文化。
走访这些少数民族的村落,
同时在丰富多彩的大自然中漫步,
深受外国游客青睐。

通过环山漫步来感受泰国北部的大自然吧

徒步旅行的季节

泰国5~10月为雨季,降水量较大,山路变得特别湿滑。河流里水量增多,在河里玩水和划竹筏变得十分困难。所以可以放心游玩的只能是11月~次年4月的旱季。这期间几乎不怎么降雨,特别舒适。但是早晚温差大,有时气温变得特别低,需要准备好防寒衣物。

参加徒步旅行的注意事项

徒步旅行可以通过旅行社或者在旅馆处报名。如果遇到不负责任的从业人员,可能会发生纠纷,所以为了避免带来不愉快的回忆,至少要确认以下几点才能报名。不要参加来路不明的旅行团。有的旅行社组织的徒步旅行,只是把人召集到一起而已,一定要选择认真负责的旅行社。

1. TAT认可的旅行社和旅馆自身举办的活动。如果在清迈,加入泰国北部丛林旅游俱乐部(Jungle Tour Club of Northern Thailand)和清迈旅游协会(Chiang Mai Guide Association)会的机构比较放心。
2. 具有导游许可证,并且能够使用英语进行简单介绍的导游(导游有义务随身携带身份证)。
3. 按照人数配导游(有五六个参加者,最少需要一个导游)。
4. 车、食品、水要配备齐全。
5. 有保险。
6. 徒步旅行时,寄存行李保管到位(制作清单,存放的地点等)。
7. 关于费用,市场价是当天往返1000~1200泰铢、1夜2天1500~1700泰铢、2夜3天1500~2100泰铢、3夜4天2200泰铢左右。费用中包含的项目,比市场价过低或者过高的时候一定要确认一下原因。

●徒步旅行中的注意事项

1. 在住宿房间或旅行社不要寄存贵重物品,特别是现金和信用卡,一定不要寄存。
2. 山路多湿滑难行,要穿结实并经常穿的鞋子,为了防晒最好带着帽子。
3. 雨季要准备好雨衣等雨具。为了防止贵重物品被淋湿,准备好防水袋,十分方便。
4. 早晚比较冷,备好上衣、袜子等。特别是11月~次年2月的气温特别低,一定要准备好防寒衣物。
5. 厕所都在野外。要自己准备好手纸。当然洗脸用品和毛巾也要准备。
6. 其他带着会比较方便旅行的物品:凉鞋(进入河流的时候用)、杀虫剂、手电、药品、防滑手套(为乘竹筏准备)、泳衣或者浴巾(洗澡时用)、现金(买饮料和特产)。
7. 返回时间一般都在傍晚,要确认好住宿的地方。
8. 食品等有搬运工负责搬运,但个人物品需要自己背着,要做好心理准备。可以租借登山包、水壶、睡袋等物品。

●参加时的注意事项

即使是名声好的旅行社或旅馆组织的徒步旅行,也有可能混入素质较差的导游。特别是看上去喜欢接近女性的要特别注意。一定要避免在山中只有和导游两个人的情况。

徒步旅行中不需要带的行李可以寄存在旅馆,但是现金和贵重物品被盗事件频发,最好不要将贵重物品存放在旅馆。特别是现金,一定不能寄存。

靠自己的双脚来体验大自然吧

从清迈乘船来清莱 Column

从郭河乘船而下

从清迈（→p.226）去清莱（→p.260），可以乘坐经过芳县（Fang）的巴士，前往达吞（Tha Ton），从那里再换乘带发动机的细长船，沿着郭河顺流而下。途中可以看到绿色的田园、裸体的小孩在河里游玩、抓鱼的少年们等，泰国北部的壮丽自然风光和人们的生活场景都可以在船上尽收眼底。其中还可以去山岳少数民族村落，以及克伦族经营的大象训练学校（Karen Ruammit Village）。逆向走这条线路也可以，就是多花费一些时间。

一起来体验流经河流的乘船旅行吧

宁静的山之城
达吞
Tha Ton   Map：文前图正面-B1
หมู่บ้านท่าตอน

达吞是一个小城镇，这里只有沿着河流的十几家店铺、食堂和7~8家旅馆、数十家民宅、一座位于山上的被称为达吞寺的寺院。沿着桥旁边的道路向上流行走40多米，左侧有白色较陡的台阶，沿着台阶向上走就可以到达寺院。在这里可以将郭河的流向、达吞整个城市、周围的田园风光等尽收眼底。阿卡族等山岳民族的人从周边的村落下来，去城镇销售他们的手工制品。因为这里没有银行，所以无法兑换货币。

山中静静矗立的达吞城

■去往达吞的线路
在清迈的白象门巴士总站有直达巴士通往达吞，6:00~15:30期间有6班车。所需时间为4小时，90泰铢。另外，这里还有到达达吞前面的大城镇芳县（Fang）的班车，5:30~19:30期间，每隔20~30分钟就有一班普通巴士和迷你巴士出发，可以先去芳县（普通巴士80泰铢，迷你巴士130泰铢），然后换乘双条车（每隔15分钟一班车，25泰铢）前往达吞。从美斯乐前往达吞，每天有4班双条车，需要1小时~1小时30分钟，70泰铢。

■郭河的船只
达吞出发12:30，
清莱出发 10:30
费 350泰铢（需要
3小时30分钟~4
小时）

达吞的码头

达吞候船室　　☎ 0-5345-9427
清莱候船室　　☎ 0-5375-0009

■达吞的巴士总站
从码头过桥后左侧就是。这里有开往清迈、曼谷的巴士。乘坐去往芳县或美斯乐的双条车要向前走大约150米，在右侧的双条车乘车处出发。具体时间需要在旅馆等地方确认。

达吞的旅馆

园之家自然度假村
Garden Home Nature Resort

住 14 Moo 14, Tha Ton　☎ 0-5337-3015
URL www.thatonaccommodation.com
费 简易小屋 FST 300泰铢　AC ST 500~1200泰铢
CC 不可使用　房间 30间　WF 免费（只有食堂）

位于从巴士乘车处沿着郭河向里走大约5分钟的地方。场地内绿树成荫，舒适宁静。带风扇的房间通常一直满员。可以欣赏河流景观的客房1200泰铢。

达吞花园河畔
Thaton Garden Riverside

住 17 Moo 14, Tha Ton　☎ 0-5305-3686
FAX 0-5337-3154
URL www.thatongarden.com
费 FST 300泰铢　AC ST 400泰铢　河流景观房500泰铢
CC 不可使用　房间 20间　WF 免费

管理很到位，可以放心居住的旅馆。面向河流的地方有咖啡厅。

清莱 Chiang Rai เชียงราย

Thailand North

曼谷●
文前图正面-B1

充满魅力的宁静北部城市

清莱曾经是 13 世纪兰纳王朝的首都，是泰国北部值得骄傲的城市。现在也是泰国最靠北的繁华都市。从这里乘坐巴士可以当日往返北部国境线附近的城市，所以作为北部观光旅游的据点特别方便。

璀璨亮丽的钟塔

■ 前往方法

从曼谷出发
AIR 从素万那普国际机场，泰国国际航空每天有 3~4 班航班，需要 1 小时 10 分钟，2685 泰铢~。价格低廉的航空公司信息请看各公司的官网（→p.503）。
BUS 从北部巴士总站出发，大约需要 13 小时，VIP930 泰铢、一等车 601 泰铢、二等车 486 泰铢。

从清迈方向
BUS 从拱廊巴士总站 6:00~17:30 有 22 班车，需要 3 小时~3 小时 30 分钟。VIP 263 泰铢、一等车 169 泰铢。二等车所需时间 3 小时 40 分钟，132 泰铢。

清莱 漫步

主要大街法赫里汀大街（Phahonyothin Rd.）和东西走向的班法普拉坎大街（Banphaprakan Rd.）交会处向南是观光区域。南侧有第一巴士总站，旁边就是夜间市场，周边有较多面向旅游者的特产店和餐厅、酒吧、货币兑换处、旅行社。从钟塔向南延伸的杰特约德大街（Jetyod Rd.）有很多酒吧和餐厅。相对，钟塔的北侧有一个大市场，以当地人为主，特别热闹。早晨和白天，附近居民和周边的山岳少数民族等会来这里购物，到了夜里，有很多人涌向小摊。市场附近有一座新的钟塔。周六、周日分别在不同的地方举办夜间市场。

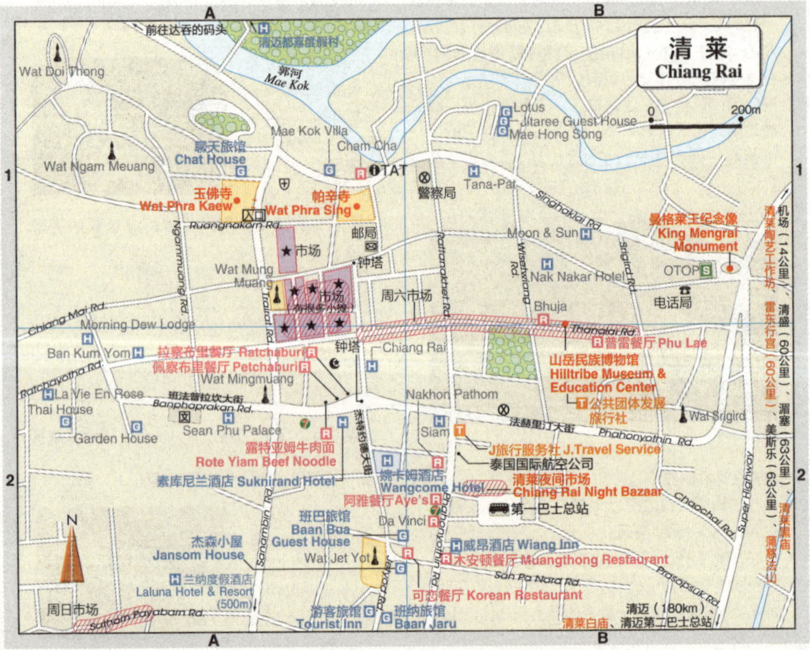

260

清莱 主要景点

玉佛寺 Wat Phra Kaew
翡翠佛的故乡
Map p.260-A1

วัดพระแก้ว

玉佛寺是清莱当地人最尊崇的寺院，据说曼谷玉佛寺的翡翠佛，曾经就被供奉在这里。正殿的大门非常美丽，内侧的小殿是兰纳建筑风格，里面供奉着一尊翡翠佛，1990 年为了给拉玛九世国王的母亲庆祝 90 岁生日而打造的佛像。加拿大产的翡翠，在北京加工而成，高 65.9 米，和曼谷的翡翠佛几乎大小相同。寺院内叫作 "Hong Luang Saeng Kaew" 的建筑物是博物馆（开 每天 9:00~17:00 费 免费），展示了寺院里的佛像等，具有庄严的氛围。

翡翠佛本尊

帕辛寺 Wat Phra Sing
14 世纪创建的古老寺院
Map p.260-A1

วัดพระสิงห์

帕辛寺历史悠久，创建于 14 世纪。寺院位于市区北侧，距离郭河比较近。入口处的屋顶呈流线型，十分漂亮。它与清迈的帕辛寺为兄弟寺院。寺院内有一棵很大的菩提树，代表一周七天的守护佛围绕在大树周围。

采用的是泰国北部建筑风格

曼格莱王纪念像 King Mengrai Monument
泰国的国民英雄
Map p.260-B1

อนุสาวรีย์พ่อขุนเม็งราย

纪念像是为了纪念直到 20 世纪初期一直统治泰国北部的兰纳王朝的建国者——曼格莱王而建立的。曼格莱王是与素可泰的兰甘亨大帝齐名的国王，即使现在也是在国民心中位置极高的明君。纪念像的周围供奉的鲜花从来没有间断过。

山岳民族博物馆
Hilltribe Museum & Education Center
展示少数民族的文化
Map p.260-B1~B2

พิพิธภัณฑ์ชาวเขา

这里除了展示关于生活在泰国北部山岳地带少数民族的资料、服装、生活用品以外，还出售手工艺品和民族音乐的 CD。利润用来支援山岳民族的发展。关于山岳民族的资料有翻译成外语的影像，徒步旅行前提前了解一下内容比较好。博物馆内有泰国美食餐厅，因美味广受好评。

清莱夜间市场 Chiang Rai Night Bazaar
这里可以买到山岳民族的民族工艺品
Map 260-B2

เชียงรายไนท์บาซาร์

夜间市场位于第一巴士总站西北，每晚都会举行。和清迈的夜间市场相比规模小一些，但是纺织品、家具、装饰品等具有山岳民族特色的产品要比清迈更丰富。大家围绕在现场表演的舞台旁边，屋外还有饮食区，每天到 23:00 左右，外来游客和当地人仍有很多，很热闹。

泰国北部 ● 清莱

实用信息

TAT Map p.260-A1
住 448/16 Singhaklai Rd.
电 0-5371-7433、0-5374-4674
传 0-5371-7434
开 每天 8:30~16:30

从这里领的地图（Chiang Rai Map）的道路名称上标有英语和泰语，方便使用。

旅游区警察局
电 1155、0-5371-7779

泰国国际航空
Map p.260-B2
电 0-5371-1179、0-5371-5207
营 周一~周五 8:00~17:00
休 周六·周日·节假日

清莱的巴士总站情况
位于南郊外的第二巴士总站，基本上发的车是去往清莱县外的长途巴士。湄赛、清盛、清孔等向北的巴士到市内的第一巴士总站发车。但是截至本书调查时，从清迈出发的巴士经过第二巴士总站，到达市内的第一巴士总站。反方向去往清迈的也是从第一巴士总站发车。第二巴士总站出发的车票也可以在第一巴士总站购买。两个巴士总站有合乘双条车连接（20 泰铢），最少要凑够 5-6 人才发车。有的时候能等 1 个多小时。嘟嘟车 80 泰铢~，摩托车 50 泰铢~。

旅游小贴士

从机场到市内的线路
机场出站大厅的服务台处可以申请机场出租车。1 辆 200 泰铢~。

清莱的市内交通
可以乘坐嘟嘟车、双条车。双条车是按照固定线路行驶，15~20 泰铢。嘟嘟车价钱需要讨价还价，从市里出来最多需要 40~60 泰铢。

玉佛寺
开 每天 6:00~18:00
费 免费

帕辛寺
开 每天 6:00~19:00
费 免费

曼格莱王纪念像
开 每天 24 小时
费 免费

山岳民族博物馆
住 620/1 Thanalai Rd.
电 0-5374-0088
传 0-5371-8869
开 8:30~18:00（周六·周日是 10:00~）
费 有 25 分钟的影像播放，50 泰铢。博物馆内禁止拍照。

261

旅游小贴士

租赁汽车、租赁摩托车
每天的平均费用如下所示（保险费用除外）：
租赁汽车　　800 泰铢
租赁摩托车　200 泰铢

周六市场
每周周六的傍晚开始到23:00左右，法赫里汀大街北面的塔纳莱大街（Thanalai Rd.）会有很多服装店、杂货店、美食小摊等营业，有很多当地居民前来，特别热闹。

机场的名称
清莱机场的正式名称是"清莱王太后花园国际机场"（Mae Fah Luang-Chiang Rai International Airport）。

清莱白庙
☎ 0-5367-3579
开 每天 6:30~17:00
费 免费
交 从市里乘坐嘟嘟车等20~30分钟就可以到达。然后从第二巴士总站乘坐开往清迈方向的大巴，中途下车。沿着巴士的线路步行3分钟就可以到达。上车后要提前跟乘务人员说清楚。
清莱市内的钟塔和装饰光彩夺目的街灯，也是由白庙的打造者 Chalermchai Kositpipat 设计的。

清莱黑庙
住 414 Moo 13, Nanglae
☎ 0-5370-5834
URL www.thawan-duchanee.com
开 每天 9:00~12:00、13:00~17:00
费 免费
交 从市里乘坐嘟嘟车大约20分钟。

清莱陶艺工作坊
住 49 Moo 6, Nanglae
☎ 0-5370-5191
URL www.dddpottery.com
开 周一~周六 8:00~17:00
休 周日
交 从市里乘车大约20分钟。乘坐开往湄赛方向的巴士，在看到克伦族观光村（Long Neck Karen Village）的招牌的地方下车，也有别的途径可以抵达。不过要从下车的地方向东走2公里左右，所以建议乘坐出租车或者嘟嘟车前往。

清莱 郊外景点

清莱白庙 Wat Rong Khun　　　Map p.260-B2 外
由泰国的艺术家设计

白庙位于清莱市区前往清迈方向14公里左右。开始建造于1997年，由泰国清莱出生的艺术家 Chalermchai Kositpipat 设计，外观以佛教和神话为题材。清一色的白色看上去特别纯洁，在泰国众多金光闪闪的寺院中独具特色。寺院现在还在增建中，每年寺院内的建筑物都会增加。为了筹集建设资金，这位艺术家场地内的作品也在出售中。

年少成名的设计者投入自己的私人财产进行建设的寺院

清莱黑庙 Baandam Museum　　Map p.260-B1 外
持续扩张的泰国传统建筑物的博物馆

清莱出生的泰国代表性艺术家 Thawan Duchanee 私人建造的博物馆。宽广的场地上有精致的木雕装饰，场地内零星地分布了大大小小约40栋兰纳装饰风格的建筑"黑庙"，里面展示了大象、鹿、水牛等各种各样的动物骨头和皮革制作的模型。和清莱白庙一样，这里也正在发展中，有很多正在制作尚未完成的艺术作品。

漆黑的外墙华丽无比，看上去十分漂亮

清莱陶艺工作坊 Doy Din Dang Pottery　Map p.260-B1 外
深受日本陶瓷器影响的制作者

清莱市区向北12公里左右的陶瓷器手工坊。老板是曾经在日本的唐

这里排列着很多有个性、有韵味的陶瓷器

津烧瓷器窑进修过的著名陶瓷器家。在手工坊里面可以近距离地参观员工制作陶瓷器的过程。画廊兼商铺里面有大大小小很多种陶瓷器正在出售，小物件80泰铢左右，碟子等250泰铢左右，价格低廉，可以很容易入手。这里还设有咖啡厅，可以用在手工坊制作的容器喝咖啡，悠闲地在这里放松身心。

雷东行宫 Doi Tung Palace
王太后的行宫和庭院　　　　　　Map 文前图正面 -B1

雷东行宫位于清莱向北大约60公里的位置，是当地的发展项目之一，作为种植基地进行开发，行宫是由王太后出资加上一些捐款建造起来的。王太后曾经在瑞士生活过一段时间，特别喜欢瑞士的风格，于是行宫的建筑风格融合了当地泰国北部传统兰纳风格和瑞士山间小屋设计风格。王太后

高雅庭院显示出王太后的优雅品位

于1995年去世之前一直居住于此。行宫装饰简单且不失趣味，各处都装饰着花花草草，显示出了王太后优雅的品位。行宫的正下方是一座建立在缓坡上的植物园，养殖了各种颜色的鲜花。有很多从全国各地来此观赏的游客，热闹非凡。行宫位于雷东山顶，山顶上还有一座建造于1493年的雷东帕拉寺，寺内有两座兰纳泰式佛塔建筑。

雷东行宫
- TEL 0-5376-7015～7
- FAX 0-5376-7077
- 开 7:00～17:30
- 休 王室使用时行宫休馆
- 费 行宫90泰铢、庭院90泰铢、Hall of Inspiration 50泰铢、通票190泰铢（外国游客费用，建筑内禁止拍照）
- 交 从第一巴士总站乘坐开往湄赛的巴士，走国道1号线向雷东方向左转，在班会克莱（Ban Huay Khrai）站下车（23泰铢）。在那里可以换乘蓝色的双条车（1辆600泰铢，乘客平摊），也可以乘坐摩托车，往返140泰铢。距离湄赛很近，从湄赛前往也很方便。从湄赛租赁一辆车单程600泰铢左右。

蒲慈法山 Phu Chee Fah
断崖绝壁风景观赏处　　　　　　Map 文前图正面 -C1

蒲慈法山位于清莱以东110公里、泰老边境处，海拔1628米，山势较陡。从山顶向远处眺望，可以看到湄公河与老挝的雄伟景观，如果运气好，还能欣赏到云海。在稍微远一点的地方观看蒲慈法山，景色也是非常美的。在泰国游客中，蒲慈法山也是观看日出特别有名气的景点，有很多人前来观看日出。在空气新鲜的早季，12月～次年2月是最佳观赏季节。到了2月，有一种叫作"Dok Sieo"的白色小花盛开，十分烂漫。

蒲慈法山
- 交 从第一巴士总站出发前往图恩（Toeng）方向（30泰铢）。在寺院前下车乘坐双条车前往蒲慈法山。100泰铢（如果租车，一辆车700~800泰铢）。11月～次年2月的旱季，在第一巴士总站有直达的嘟嘟车（7:00、12:00发车，150泰铢），这要向巴士总站确认。有一两家从在旱季运营的酒店，500泰铢。如果只是看看日出，参加旅行团会比较方便。一般3:00左右出发，5:30左右到达。天色还有些暗，走30分钟的山道即可到达山顶。费用是一个团2700泰铢。早晨山顶的气温在10℃以下，要注意防寒。

高档酒店在淡季的时候有可能便宜30%~50%。在机场的酒店咨询处预约，也能够便宜20%~30%。中档以上的酒店一般都有机场接送服务（免费~100泰铢），预约酒店时要确认清楚。杰特约德大街周边有很多价格适宜的旅馆。

清莱都喜度假村
Dusit Island Resort Chiang Rai　高档酒店　　Map p.260-A1 外

◆位于郭河的沙洲上的大型高档度假酒店，通过专用桥前往。这里有泳池，可以眺望河流。

- 住 1129 Kraisorasit Rd.
- TEL 0-5360-7999　FAX 0-5371-5801
- URL www.dusit.com
- 费 AC S T 3060泰铢~（淡季2800泰铢~）CC A D J M V
- 房间数 260间　带泳池　WiFi 免费

兰纳度假酒店
Laluna Hotel & Resort
高档酒店

◆从第一巴士总站向西南 1.5 公里。所有的房间都是小木屋类型的，2006 年开业。中庭被很多绿树包围，并排着很多小木屋。客房有双床房、大床房、面向中庭和面向泳池的 4 种类型房间。如果在网上预约，避开高峰时期，可能会有 50% 左右的打折。

Map p.260-A2 外
住 160 Sanambin Rd.
TEL 0-5375-6442
FAX 0-5375-6558
URL www.lalunaresortchiangrai.com
费 AC S T 3000~4200 泰铢
CC A M V
房间数 79 间
带泳池　WiFi 免费

威昂酒店
Wiang Inn
中档酒店

◆威昂酒店距离夜间市场特别近，是步行 3 分钟就可以到达的大型酒店，也经常有旅游团的游客前来住宿。大厅、客房装饰的主色调给人一种平静的氛围。

Map p.260-B2
住 893 Phahonyotin Rd.
TEL 0-5371-1533　FAX 0-5371-1877
URL www.wianginn.com
费 AC S T 2000 泰铢~（淡季 1600 泰铢~）
CC A D J M V　房间数 257 间
带泳池　WiFi 免费（只有大厅周边）

婉卡姆酒店
Wangcome Hotel
中档酒店

◆婉卡姆酒店位于城市近乎中心的位置，所以特别方便在城市漫步。客房内部经过改造后特别干净整洁。酒店内所有的地方都禁止吸烟。有 KTV、泳池等设施，周边酒吧也比较多。

Map p.260-A2
住 869/90 Pemawibhat Rd.
TEL 0-5371-1800
FAX 0-5371-2973
URL www.wangcome.com
费 AC S T 1800 泰铢~
CC J M V　房间数 200 间
带泳池　WiFi 免费

素库尼兰酒店
Suknirand Hotel
经济型酒店

◆酒店进深较大，客房楼栋面向中庭而建。带风扇的房间是板床，带空调的房间铺有绒毯。房间有点狭窄，但特别干净，住着很舒服，室内的装修是泰国式风格。大堂放有电视、桌子和椅子，可以在这里悠闲地放松一下。

Map p.260-A2
住 424/1 Banphaprakan Rd.
TEL 0-5371-1055
FAX 0-5371-3701
费 F S T 350 泰铢~　AC S T 500 泰铢~
CC 不可使用
房间数 105 间　WiFi 免费

班巴旅馆
Baan Bua Guest House
旅馆

◆旅馆位于胡同内部，环境安静，游客评价较高。客房楼为平顶建筑，房间宽敞，通风较好。中庭的草坪上有椅子和桌子，可以在这里悠闲地放松。

Map p.260-A2~B2
住 879/2 Jetyod Rd.　TEL 0-5371-8880
URL www.baanbua-guesthouse.com
费 F S T 250~400 泰铢~　AC S T 400~550 泰铢
CC 不可使用　房间数 17 间　WiFi 免费

游客旅馆
Tourist Inn
旅馆

◆酒店内的蛋糕店评价很高，特别受欢迎。旅馆还举办近郊巡回游。

Map p.260-A2
住 1004/1 Jetyod Rd.
TEL 0-5375-2094　FAX 0-5375-2107
E touristinnbooking@hotmail.com
费 新楼 F S T 300 泰铢~　AC S T 450 泰铢　别栋 F S T 150~250 泰铢（公共卫浴）
CC 不可使用　房间数 29 间　WiFi 免费

杰森小屋
Jansom House 旅馆

◆位于旅馆较多的区域，比较新。类似酒店的构造，房间内有电视、冰箱、热水淋浴等。带简单的早餐，有面包和咖啡。客房内部禁止吸烟，所以吸烟的游客要注意。所有的房间面积和构造都基本相同，不过一层也有没有窗户的房间。

Map p.260-A2
- 住 897/2 Jetyod Rd.
- TEL 0-5371-4552　FAX 0-5371-4779
- 费 AC S T　350～400 泰铢（含早餐）（旺季 450～500 泰铢）
- CC 不可使用
- 房间数 40 间
- WIFI 免费

聊天旅馆
Chat House 旅馆

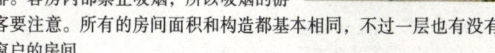

◆聊天旅馆位于玉佛寺北侧的狭长的道路上，住房楼围成一圈。客房有点狭窄，但是屋里面干净，且楼内有餐厅。工作人员热心开朗，像是在家里的氛围。联网的电脑 1 小时 30 泰铢。旅馆也举办徒步旅行，可以租赁自行车或摩托车。

Map p.260-A1
- 住 3/2 Soi Sangkaew, Trairat Rd.
- TEL 0-5371-1481　FAX 0-5374-4220
- URL www.chatguesthouse.com
- 费 F D 100 泰铢 S 150 泰铢 T 200 泰铢（公共卫浴） S T 250～350 泰铢　AC S T 350～450 泰铢
- CC 不可使用　房间数 19 间　WIFI 免费

班纳旅馆
Baan Jaru 旅馆

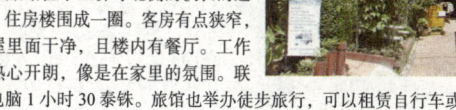

◆班纳旅馆位于杰特约德大街，是一家 2012 年竣工完成的旅馆。黑色的招牌和建筑特别显眼。客房干净整洁，感觉不错。热水淋浴、电视、冰箱等设备设施齐全，费用含早餐。这里的工作人员都比较有礼貌，在这里住宿的旅客对他们评价都很高。

Map p.260-A2
- 住 1003 Jetyod Rd.
- TEL 0-5371-3640
- URL www.baanjaru.com
- 费 AC S T　700 泰铢（含早餐）
- CC 不可使用
- 房间数 9 间
- WIFI 免费

 餐　厅 *Restaurant*

木安顿餐厅
Muangthong Restaurant

◆店的前面摆放有各种食材，可以看着食材点餐，除此之外，还有英文的菜单。餐厅主要供应大众泰国美食，1 道菜 70 泰铢的美食比较多。24 小时营业，所以任何时间都可以来这里用餐，特别方便。

Map p.260-B2
- 住 889/1-2 Phahonyothin Rd.
- TEL 0-5371-1162
- 营 每天 24 小时
- CC 不可使用

普雷餐厅
Phu Lae

◆店内明亮，有空调。这里除了可以吃到价钱适宜的泰国北部美食以外，还有一般的泰国美食、西餐。各种咖喱饭 120 泰铢、兰纳香肠 120 泰铢、各种香肠什锦拼盘 180 泰铢等，可以搭配米饭一起食用。

Map p.260-B2
- 住 673/1 Thanalai Rd.
- TEL 0-5360-0500
- 营 每天 11:30～15:00、17:30～23:00
- CC A J M V

阿雅餐厅
Aye's

◆阿雅餐厅除了泰国美食，还有意大利面和比萨、牛排等美食，是装饰特别漂亮，给人感觉特别好的一家餐厅。泰国北部的名吃"清淡火腿咖喱"（300 泰铢）和"蘸酱拼盘"（300 泰铢）特别受欢迎。

Map p.260-B2
- 住 869/170 Phahonyothin Rd.
- TEL 0-5375-2534
- 营 每天 11:30～23:30
- CC 不可使用

泰国北部　●清莱

可恋餐厅
Korean Restaurant

Map p.260-A2~B2

住 1006 Jetyod Rd.
TEL 0-5375-2300
营 每天 10:00~21:00
CC 不可使用

◆ 可恋餐厅有一种平易近人的氛围，大家可以很放松地来这里用餐，味道也受大家认可。山野菜盖浇饭 120 泰铢、海带卷 100 泰铢、烤肉 300 泰铢（1 个人 150 泰铢，2 个人开始 300 泰铢）等，所有的美食都是量足且价格适宜。点了主餐后会有各种小碟盛着泡菜、辣白菜等，非常美味可口。

大众食堂聚集区域
Restaurants around Clock Tower

Map p.260-A2

◆ 钟塔的西侧分布有很多食堂。背对钟塔右边的是"拉察布里"（TEL 0-5371-4633 营 每天 6:00~21:00）和"佩察布里"（TEL 0-5375-2071 营 每天 6:00~20:00）。这两家店构造特别相似，招牌也都是只有泰语。两个店铺门口的盆子里都放有咖喱或小菜，配着米饭吃的小菜有 2~3 种，价格 40 泰铢，便宜实惠。左边的牛肉面的餐厅是露特亚姆牛肉面餐厅（Rote Yiam Beef Noodle TEL 0-5360-1190 营 每天：7:00~15:00），辣味十足的浓汤、火候刚好味道绝妙的牛肉面 1 碗 80 泰铢。也有带照片的英文菜单。

旅行社
Travel agency

公共团体发展旅行社
PDA(Population and Community Development Association)

Map p.260-B1~B2

住 3rd Fl., PDA Bldg., 620/25 Thanalai Rd.
TEL/FAX 0-5374-0088
URL www.pdacr.org
营 9:00~18:00（周六・周日 10:00~）
CC 不可使用

◆ PDA 是一家以保护环境和地区开发为目的，支援山岳少数民族的组织，这里推出的旅行团有历史悠久的传统项目，广受大家好评。办公室位于和山岳民族博物馆同一座大楼。特别受欢迎的线路有骑大象漫游和拜访参观阿卡族与拉祜族村落的徒步旅游等组合（当日往返 2300 泰铢~，1 夜 2 天 2900 泰铢~。2 人以上参加时的 1 个人的费用）。

J 旅行服务社
J. Travel Service

Map p.260-B2

住 591/1 Phahonyothin Rd.
TEL 08-5034-7227
FAX 0-5374-0206
URL www.chiangraitravel.com
营 每天 8:00~20:00
CC J M V

◆ 开业于 1990 年，旅行社内有很多资深泰国人导游。这里推出了独自漫步游线路，可以为游客安排高尔夫球场以及价格便宜的酒店。官网上内容很详细，可以先去官网上了解一下。

清莱旅游和环山漫游

Column

清莱周边有边境城市湄赛（→p.269）和清孔（→p.274）等，零星地分布着很多小型且具有魅力的城市。无论哪座城市 1~2 小时都可以到达，所以可以利用当日往返旅行团，参加拜访周边山地带少数民族的徒步旅行项目。有居住在少数民族家里或者骑大象漫游等很多节目，从当日往返到住宿 4 天、5 天可以任意选择，线路丰富多彩。

以下是比较受欢迎的旅游线路：
· 骑大象游览郭河（1 天。1 人 3400 泰铢~，2 人以上每人 1900 泰铢）
· 郭河当日往返漫步游（1 天。1 人 2900 泰铢，2 人以上每人 1600 泰铢）
· 骑大象当日往返漫步游（1 天。1 人 3600 泰铢，2 人以上每人 2100 泰铢）

266

美斯乐 *Mae Salong* แม่สลอง

山岳少数民族和华人居住的山间村落

Thailand North

文前图正面-B1

泰国北部 ● 清莱／美斯乐

美斯乐是泰国北部山区一个华人聚居的村落。有人说它是泰国的"云南村"，有人说它是泰国的"春城"，也有人说它是泰国的"小中国"。不管是何种称谓，都赋予了美斯乐一种中国渊源。正是这种特有的历史渊源，让美斯乐格外受到中国人的注目。

绿树成荫的美斯乐

美斯乐声名远播，是因为那里聚居着原国民党军的后裔，随着岁月的流逝，历史已经沉淀为一份遥远的记忆，如今的美斯乐保留了浓厚的中国风情，当地学校以汉语普通话授课，居民也以普通话交谈。当地人以种茶为主，茶园处处。

美斯乐 漫步

前往美斯乐，有两条路可以到达。一条是从"班帕桑"（Ban Pa San）乘坐双条车的旧路，另一条是从湄占（Mae Chan）经达吞前往清迈方向的新路。如果走旧路，途中会经过阿卡族、瑶族的村落，过桥之后再爬上一个陡坡，可以看到用汉字写着"美斯乐"的牌子。车站周围有超市、食堂、旅馆、酒店等，可以看到戴着漂亮民族帽子的阿卡人来来往往。从公交站向左转过一个弯道以后，有中国特产店和一个露天市场，中国特产店出售一些茶叶和晒干的鱼类等，露天市场有蔬菜、水果、草药。再向前走，来到岔路口，其中一条通向山顶的马萨斯王塔（Phra Boromathat Chedi）。从这里可以望到远处连绵不断的缅甸山脉，可以将眼下的美斯乐村庄一览无余。

🌿 前往方法

清莱出发
BUS 乘坐开往湄赛或者清盛方向的巴士，在湄占下车（需要50分钟，20泰铢）。湄占有前往美斯乐的双条车（蓝色或者绿色）乘车处，7:00~17:00期间，凑齐人数就出发。大约需要1小时，60泰铢。淡季是1天2~3班车，旺季会增加班次。如果租车，1辆车单程500泰铢左右。从美斯乐返程回来时，可以在7-11前面乘坐开往湄占的绿色双条车，10:00~17:00期间，凑齐人数就发车。

湄赛出发
BUS 乘坐开往清莱方向的巴士，按照上面线路在湄占换乘，或者在湄占前面的"班帕桑"（Ban Pa San）下车（需要大约40分钟），换乘双条车，走旧路需要1小时。合乘的话80泰铢就够了，不过7:00~9:00以外的时间大多数人都是包一辆车，1辆400泰铢。

达吞出发（→p.259）
BUS 从前往清迈的公交车站沿河流反方向走，去乘坐黄色的双条车。1天3~4班，需要1小时20分钟，70泰铢。关于时间要向住宿的地方确认清楚。

🌿 旅游小贴士

热闹的早市
新生旅馆附近的丁字路口每天都有早市。5:00~8:00为早市高峰时间。可以看到附近村落的山岳民族居民前来购物的身影。

美斯乐银行
从双条车车站前往达吞方向，再走800米左右有一家TMB银行（🏧 周一~周五8:30~15:30。这里也有ATM）。

冬季要注意带着防寒服
11月~次年2月的夜间特别冷，注意要带着防寒服。

美斯乐 主要景点

美斯乐度假村 Maesalong Resort Map p.267
记载村落的历史

美斯乐度假村是村落里的老字号酒店，当年曾经是国民党军队军事训练的场所，后来改造为酒店。庭院内有中国风的园亭、可以品尝中国茶的茶馆、云南美食餐厅，来到这里会有一种仿佛置身于中国的错觉。

美斯乐度假村
交通 在双条车乘车处往达吞方向走，经过新生旅馆，再过一条街，上一个陡坡之后就到了。步行约12分钟。另外双条车停车场周边还有摩托车可以到达。

美斯乐度假村内部的历史照片馆

泰北义民文史馆
Doi Mea Salong
电 0-5376-5180
开 每天 8:00～17:00
费 20 泰铢
交通 从村子的中心乘车大约5分钟即可到达。步行大约20分钟可以到达。

泰北义民文史馆 Chinese Military Memorial Map p.267 外
纪念中国国民党军人战亡者

供奉着在异国他乡阵亡的中国军人

泰北义民文史馆是一座为了纪念在与缅甸政府军作战而阵亡的中国国民党军人的纪念馆。正面中间的灵庙内供奉着各战役中阵亡者的牌位。两侧建筑物是资料馆，正面左侧是战史陈列馆，里面展示着当年战士们英勇作战的照片和地图等。右侧的是爱心陈列馆，这里介绍了村子建设的基础，并有照片展示。

酒店 Hotel

美斯乐地处高原，比较凉快，所以客房内有风扇就足够了。11月～次年1月的费用会提高。

美斯乐别墅酒店 Map p.267
Maesalong Villa 酒店

◆美斯乐别墅酒店是美斯乐村内规模比较大的酒店。如果组团住宿会有折扣，住宿设施特别舒适。很多客房内可以欣赏到漂亮的山景。这里还有可以吃中国美食的餐厅。带风扇的客房和带空调的客房价格是一样的。

住 5 Moo 1, Mae Salong Nork
电 0-5376-5114~5
E maesalongvilla@yahoo.co.th
费 F AC S T 1000B（旺季是1200泰铢）
CC 不可使用　扇间 60间
WiFi 免费（只有餐厅周边可用）

新生旅馆 Map p.267
Shinsane Guest House 旅馆

◆新生旅馆是建于1970年的老字号旅馆，回头客特别多。这里除了配有餐厅，还可以得到一份村子周边的手绘地图。旅馆举办骑马游览少数民族村落的漫步旅游活动（500泰铢）。附近有每天都开的早市。老板会说英文，在这里住宿的旅客可以免费租赁自行车、洗衣机。

住 32 Moo 3, Mae Salong Nork
电 0-5376-5026
费 F AC S T 100B（公共卫浴）
山间小屋　F S T 300泰铢
CC 不可使用
房间数 23间　WiFi 免费

美斯乐小屋旅馆 Map p.267
Little Home Guesthouse 旅馆

◆美斯乐小屋旅馆位于从新生旅馆再向里一点的地方，山中小屋式装修风格，清洁干净，可以很好地在此放松休闲。新的楼栋建成后，增加了一部分客房。这里也有租赁摩托车（1天200泰铢）。

住 31 Moo 1, Mea Salong Nork
电 0-5376-5389
URL www.maesalonglittlehome.com
费 山间小屋 F AC S 400泰铢
T 500B（旺季是800泰铢）
AC 家庭房 800泰铢
CC 不可使用　房间数 15间　WiFi 免费

湄赛 Mae Sai แม่สาย

泰国最北端的城市，与缅甸国境相接

横跨国境的小桥的对面就是缅甸。河流的两边风土民情各不相同，可以在这里体验国境之处的不可思议之感。

国境大门建筑对面就是缅甸

Thailand North

文前图正面-B1

泰国北部 ● 美斯乐／湄赛

前往方法

长途巴士到达市区南部的巴士总站，从巴士总站到市区可以乘坐双条车（红色），大约需要10分钟，15泰铢。摩托车40泰铢。

从曼谷出发
BUS 从北部巴士总站需要12小时30分钟。VIP车1047泰铢，一等车857泰铢，二等车524泰铢。

从清迈出发
BUS 从拱廊巴士总站出发6:00~17:30期间有7班车。需要时间4小时30分钟~5小时。VIP车328泰铢，一等车211泰铢，二等车164泰铢。

从清莱出发
BUS 从第一巴士总站出发需要1小时30分钟。每隔20分钟就出发一班车，VIP车92泰铢，二等车46泰铢，普通车39泰铢。返回时从湄赛出发，末班车是18:00发车。

从清盛出发
BUS 乘坐蓝色的双条车需要1小时，50泰铢。

湄赛 漫步

向缅甸方向延伸的帕洪尤汀大街（Phahonyothin Rd.）是湄赛最繁华的街区。大街北部的尽头为国境大门建筑。里面有出入境审查所和海关，过了大门建筑就是国境桥。大门建筑附近有很多面向旅游者的餐厅和特产店。特产店内除了出售山岳少数民族的服装和工艺品之外，还有越南雪茄、宝石、化妆品、食品等缅甸和中国的特产。大门建筑的右侧竖有一块路牌，写着"The Northern Most Point of Thailand"（泰国最北端）。

泰国最北端的路牌是一个纪念照片拍摄处

湄赛 主要景点

瓦欧山寺院 Wat Doi Wao   Map p.269
可以眺望湄赛和大其力的山丘寺院

位于小山丘顶部的小寺院。寺院的下方有一个4层建筑展望台，可以从这里眺望湄赛的市区和缅甸的城镇。可以坐摩托车到参拜道的入口，单程20泰铢，往返30泰铢。

让我们穿越国境吧

■ 缅甸境内的城镇 大其力（Tachileik）

度过横跨国境的河流上的桥，从湄赛可以直接去缅甸。方法有两种。

有签证的情况：如果事前准备好缅甸的签证可以直接进入缅甸，并且在缅甸国内旅游，从仰光等城市可以出缅甸。在国境临时取得签证的

湄赛 Mae Sai

穿过细长的河流可以感受到城区的氛围完全不一样，特别有趣

实用信息

旅游区警察局
🗺 p.269 ☎ 1155
🕐 每天 8:00~17:00
📍 国境大门建筑前面

泰国的出入境管理处
🕐 每天 8:00~17:00

进入缅甸费用
💰 500 泰铢或者 10 美元

可以在缅甸最多滞留 14 天。前往景栋方向的车大约 3 小时，必须要包车才可以，含司机和油费，1 天 1 辆车 5000 泰铢左右~。前往景栋和孟拉需要导游同行，所以还需要支付导游费用、导游的餐饮费、住宿费等。

过桥以后就是另一个国家了

政策截至 2015 年 10 月份就停止了。

没有签证的情况：只能在大其力周边临时进入缅甸。手续如下：

1. 面向国境大门建筑的左侧有泰国出入境管理处，可以在那里办理出境手续。

2. 过桥后，右侧是缅甸的出入境管理处，办理临时入境手续。提交护照，支付进入缅甸的费用，然后采集面部照片，采集的照片打印在发放的许可证上。拿着许可证就可以进入缅甸。在缅甸停留期间，许可证将作为身份证使用。可以行动的只有距离国境 5 公里以内的区域。

从出入境管理处附近的缅甸观光局（Myanmar Travel & Tours）取得追加许可证的话，就可以去"景栋"和靠近中缅边境的城市"孟拉"。但是当场会把你的护照抵押在那里，所以只能再经过大其力返回湄赛。

返回泰国的时候，在缅甸的出入境管理处（和进入缅甸时相反的一边，面向泰国出入境管理处位于右侧）办理相关手续就会退还护照，过来大桥后在泰国的入境审查所再办理相关手续。

大其力是一个小城镇，2~3 小时就能逛一遍。桥的周边是一个大市场，有酒和烟（几乎都是假冒伪劣商品）、中国产的医药品和杂货等。因为这里也流通泰国货币泰铢，所以没必要兑换缅甸的货币。

酒店
Hotel

中档酒店主要分布在帕洪尤汀大街两侧，旅馆零星地分布在国境桥沿河向西的道路沿岸。

皮亚普亭酒店
Piyaporn Pavilion Hotel　　中档酒店　　Mapp.269

◆本酒店开业于 2011 年，位于道路向里的位置，是一座在湄赛新建的酒店。宽敞的客房，拥有简单时尚的装修。窗户很大，房间内铺设地板，住着感觉很舒适。

🏠 925/36 Moo 1, Wiangphangkham
☎ 0-5373-1395
📠 0-5373-3359
💰 AC ST 1200 泰铢~
CC JMV 房间数 80 间 WiFi 免费

皮亚普广场酒店
Piyaporn Place Hotel　　中档酒店　　Mapp.269

◆从国境大门建筑向清莱方向走 500 米左右就可以看到皮亚普广场酒店。房间内的装修明亮，氛围很好。带有电视、迷你吧台、浴缸等设施。

🏠 77/1 Moo 1, Wiang Pang Kam
☎ 0-5373-4511　📠 0-5373-4515
💰 AC ST 800 泰铢（12 月~次年 1 月是 1000 泰铢）
CC JMV 房间数 78 间 WiFi 免费

湄赛北部酒店
Top North Hotel Maesai　　经济型酒店　　Mapp.269

◆位于帕洪尤汀大街旁边的中档酒店。房间的装修简单整洁。一层有价格适宜的咖啡厅和餐厅。

🏠 306 Phahonyothin Rd.
☎ 0-5373-1955　📠 0-5364-0417
💰 F ST 450 泰铢 AC ST 600~700 泰铢 CC JMV（收取 5% 的手续费）房间数 30 间 WiFi 免费

玉山旅舍
Yeesun Guesthouse　　旅馆　　Mapp.269

◆所有的客房都带空调、迷你吧台、电视。位于稍微远离城市中心的位置。

🏠 816/13 Moo 1, Sailomjoy Rd.
☎📠 0-5373-3455
💰 AC ST 400 泰铢
CC 不可使用 房间数 11 间 WiFi 免费

270

清盛 *Chiang Saen* สามเหลี่ยมทองคำ

文前正面图-B1

邻近金三角的边境城市

清盛建立于1328年，作为清盛王国的首都，至今还保留着清盛风格建筑的佛塔和寺院。19世纪作为和中国的贸易中转站繁荣一时。即使现在，以湄公河为轴心，仍和老挝、缅甸、中国等进行贸易往来。

古代清盛作为和周边各国交易的城市，特别繁荣

清盛 漫步

乘坐来自清莱的巴士，到达贯穿清盛东西方向的帕洪尤汀大街（Phahonyothin Rd.）。在城内步行就能逛一圈，面积不太大。湄公河沿岸的道路，一到傍晚就出现很多小摊，十分热闹。

清盛 主要景点

帕萨克历史公园 Pasak Historical Site

Map p.271

清盛王朝的遗迹变成了公园

帕萨克历史公园是由市区西边一片宽阔的遗迹地带改造的公园。柚木林和草丛中散落着几处略有损坏的寺院遗址。位于中心部的帕萨克寺（Wat Pasak）的佛塔，目前保存最为完好。佛塔建造于14世纪，受到了哈瑞彭恰、素可泰、缅甸建筑风格的影响。

矗立在公园中的帕萨克寺佛塔

前往方法

从曼谷出发
BUS 从北部巴士总站出发，需要大约12小时30分钟，一等车713泰铢~。

从清莱出发
BUS 从第一巴士总站出发大约1小时30分钟。每隔30分钟发一班车，普通车37泰铢。绿色巴士公司的迷你巴士45泰铢。返程末班车发车时间是17:00。

从湄赛出发
BUS 经过金三角的蓝色双条车需要50分钟，50泰铢。末班车时间为14:00左右。14:00以后租车的费用是500泰铢。

从清孔出发
BUS 直行的双条车只有早晨10:00左右发一班车（不确定，要向旅馆等当地机构确认）。需要时间是1.5小时，100泰铢。之后一般是包车前往。包一辆双条车1000泰铢。

帕萨克历史公园
开 每天8:00~17:00
费 50泰铢（外国游客费用）

旅游小贴士

乘船去清盛
乘坐5人的小船从金三角（→p.273）到清盛，1艘船单程500泰铢，往返800泰铢。船到日落才停止航运，所以没能赶上运往清盛的末班双条车的游客可以选择这种方式。

正在逐渐消失的双条车
随着私家车的普及，清盛和清孔周边运行的双条车急剧减少。发车的时间不确定，如果乘坐的顾客较少，会停止运行。特别不方便，需要注意。

清盛博物馆
- 住 702 Phahonyothin Rd.
- 电 0-5377-7102
- 开 周三～周日 8:30～16:30
- 休 周一、周二、节假日
- 费 100 泰铢（外国游客费用）

栾柴迪寺
- 交 位于清盛博物馆旁边

有一种周寂幽静的氛围

琼基寺
- 交 走着过去比较远，建议租赁自行车等前往。

只有塔尖部分被黄金覆盖的佛塔

庞高寺
- 交 可以利用租赁的自行车，或者乘坐前往清孔方向的双条车，在寺院的入口处下车。乘车的时候别忘了跟司机说一声，如果没有提前告知，很有可能到站时车不停，需要注意。

清盛博物馆 Chiang Saen Museum　Map p.271
虽然小，但值得一看

清盛博物馆是一家小型的国家博物馆，位于从西边进入城区靠右侧的路旁。馆内展示了 14～15 世纪制作的兰纳风格的佛像和工艺品，以及山岳少数民族的民族服装、乐器等文物。

小城镇的小型博物馆

栾柴迪寺 Wat Chedi Luang　Map p.271
近处观看，压迫感十足

栾柴迪寺建造于 12～14 世纪，现存寺院遗址的八角形底座上仍残留着一座 18 米高的佛塔。尽管有人负责管理这里，但是还有很多杂草。

琼基寺 Wat Phra That Chom Kitti　Map p.271
可以眺望老挝的山丘寺院

正殿有佛像的浮雕

琼基寺位于城市西北方向 3 公里处的小山上。从位于山脚的废墟处开始有铺砖的台阶，可以步行上去。在黄金佛塔前，或者礼拜堂的后面可以将清盛的风景和对面老挝的城镇一览无余。

庞高寺 Wat Phra That Pang Ngao　Map p.271 外
从这里也可以看到老挝

从城镇出发，沿着湄公河向清孔方向行驶约 4 公里，就可以看到右斜前方山顶上的白色佛塔。再向前走就可以到达入口，顺着山路向上爬 700 米左右就能够到达山顶的佛塔。在顶上可以看到波浪滚滚的湄公河，还可以看到清盛的城市面貌。

充满时尚设计气息的佛塔

酒　店
Hotel

暹罗三角酒店
Siam Triangle Hotel　酒店

◆ 从清盛中心部开始沿着湄公河向南 1 公里左右，有一家 2010 年开业的度假酒店，这家酒店就是暹罗三角酒店。酒店内部有些客房的阳台面对着湄公河，推荐大家选择。从泳池和餐厅也可以眺望河流，感觉心情很好。淡季的时候有可能打五折。这里可以租赁自行车。

Map p.271 外
- 住 267 Moo 9, Tambon Wiang
- 电 0-5365-1115　FAX 0-5365-1119
- URL siamtriangle.com
- 费 AC S T 2200～3500 泰铢
- CC J M V
- 房间数 52 间
- 带泳池 WiFi 免费

清盛旅馆
Chiang Saen Guest House　旅馆

◆ 清盛旅馆的客房面向湄公河沿河大街。房间稍微有些古老，配有蚊帐。所有房间都可以使用热水淋浴。附近食堂比较多，十分方便。

Map p.271
- 住 45 Wang Chiang Saen
- 电 0-5365-0196
- 费 F S 150 泰铢　T 200～300 泰铢　AC T 500～600 泰铢
- CC 不可使用　房间数 20 间　WiFi 免费

金三角 Golden Triangle (Saam Liam Thong Kham) สามเหลี่ยมทองคำ

泰国、老挝、缅甸三国国境交界处

金三角位于泰国、老挝还有缅甸三国交界的地方。曾经作为大麻的生产地名噪一时，现在灵活运用了知名度，转型为观光旅游景点。

表示三国交界的指示碑

Thailand North
曼谷
文前图正面-B1~C1

泰国北部 ● 清盛/金三角

金三角 漫步

在河流交汇处附近的道路沿岸，有两排卖特产的商铺，以及金黄色的大佛。独具一格的建筑是鸦片博物馆（House of Opium ☎0-5378-4062 开 每天7:00~19:00 费 50泰铢）。这里展示了周边地区栽种的罂粟花、鸦片交易的资料、吸食鸦片的工具等，还有制造大麻的秘密组织头目坤沙的相关资料。博物馆对面右侧的小山丘上，有一座寺院，现作为展望台使用。另外，2公里以外的北面，有一处叫鸦片之屋的展览馆，里面收集有鸦片的相关资料（Hall of Opium ☎0-5378-4444 开 周二~周日 8:30~16:00 休 周一 费 外国游客200泰铢）。看过宣传影片后，导游会带大家参观三楼的从古埃及到中世纪欧洲关于鸦片历史的展示。这里以17~18世纪的鸦片三角贸易、中国的鸦片战争、泰国境内的鸦片污染展示为中心，强调了鸦片等毒品对人身体和社会的侵蚀。虽然名字有点相似，但是和鸦片博物馆是两个不同的建筑。

前往方法

从清盛出发
BUS 从帕洪尤汀大街乘坐前往金三角的蓝色双条车。需要20分钟，20泰铢。8:00~13:30期间，每隔30-40分钟就有一班车。返程的末班车在15:30左右。如果骑自行车，不到1小时（行走的线路一直都是爬坡）。也可以乘坐摩托车前往。

旅游小贴士

周六、周日也可以兑换货币
金三角的货币兑换所不休息，配有ATM。

鸦片博物馆展示与鸦片相关资料

酒店 Hotel

帝国金三角度假村
The Imperial Golden Triangle Resort 酒店

◆帝国金三角度假村酒店被金三角绿树成荫的美景包围着，是一家环境安静的高档酒店。可以在这里悠闲自在地放松。距离鸦片博物馆步行仅需3分钟。

住 222 Golden Triangle, Chiang Saen
☎ 0-5378-4001~5　FAX 0-5378-4006
URL www.imperialhotels.com
费 AC S T 1800~2100泰铢（旺季3000~3500泰铢）　CC A D J M V
房间数 73间　带泳池　WiFi 免费

河畔精品度假村酒店
De River Boutique Resort 酒店

◆河畔精品度假村酒店位于距离清盛6公里，距离金三角2公里的湄公河沿岸位置。是一家小型的舒适精品酒店。客房内干净整洁，设计脱俗雅致，有的房间阳台面对着湄公河，推荐大家选择。这里还配有餐厅。周围什么都没有。

住 455 Moo 1, T. Wiang
☎ 08-4000-5055　FAX 0-5378-4123
URL www.deriverresort.com
费 AC S T 1250~3500泰铢（10月~次年2月 2400~4600泰铢）
CC J M V　房间数 23间　WiFi 免费

普万旅馆
Pu-one Guest House 旅馆

◆从鸦片博物馆出发，往清盛方向行走30米左右有个胡同，向右转弯，再走100米就能看到普万旅馆。所有客房都配有热水淋浴、冰箱等，房间内干净整洁。早晨在前台的位置提供咖啡、香蕉、饼干等。斜对过有兰纳旅馆（Lanna Home），里面和这里差不多。

住 431 Moo 1, T. Wiang, Chiang Saen
☎ 0-5378-4168
费 F S T 250泰铢　AC S T 350泰铢
CC 不可使用
房间数 9间

清孔 Chiang Khong เชียงของ

面向老挝的小城镇

对外国人来说，清孔只是旅行者在前往老挝时才会顺便路过的一个小镇。在清孔，可以居住在沿河舒适的旅馆里，看着湄公河的流水，悠闲地打发时间。

对岸是老挝的城镇会晒

清孔漫步

跨越国境

湄公河把泰国和老挝隔开，对岸是老挝的城市会晒（Houay Xay），想去古都琅勃拉邦的游客，在途中可以来这座安静的城市悠闲地停留一天。2013年12月在城市的近郊建成第四泰国一老挝友好大桥。在出入境管理处办理完手续后就可以前往老挝了，乘坐嘟嘟车到桥边（200泰铢），然后换乘过桥巴士（7:30~18:00每隔20分钟发一次车，25泰铢）。从老挝出发的末班车是20:00）。

酒店 Hotel

纳姆孔河畔酒店
Namkhong Riverside Hotel 酒店

◆纳姆孔河畔酒店是一家邻河而建的4层建筑，全部客房都附带热水淋浴和电视，房间干净利落。如果在这里住宿，建议选择面向湄公河的可以观赏河畔风景的房间。能够欣赏河流的餐厅也特别受欢迎。

Map p.274
住 174-176 Moo 8, Sai Klang Rd.
电 0-5379-1796 传 0-5379-1802
URL www.namkhongriverside.com
费 AC S T 1200泰铢（12月、1月、4月是1500泰铢）
CC J M V 房间数 40间 WiFi 免费

班法旅馆
Baan-Fai Guest House 旅馆

◆拥有公用的淋浴房，客房也有热水淋浴。入口是咖啡厅兼特产小店。这里没有多床房。

Map p.274
住 Sai Klang Rd. 电 0-5379-1394
费 F S 200泰铢（公共卫浴）
S T 350泰铢 AC S T 700泰铢（旺季800泰铢，含早餐）
CC 不可使用 房间数 18间 WiFi 免费

帕帕亚别墅旅馆
Papaya Village 旅馆

◆这是一家茶馆和民间住宿设施。位于绿树成荫的高高的小丘陵上，虽然看不到湄公河，但是能够看到对岸的老挝城镇。简朴的小屋还有蚊帐，在这里还可以体验药物桑拿（50泰铢）。早餐套餐是80泰铢，可以免费租赁自行车。

Map p.274 外
住 506 Moo 1, T. Wiang, Chaing Khong
电 08-6774-9620
费 F D 130泰铢 S 180泰铢 T 230泰铢（公共卫浴）
CC 不可使用 房间数 2间 WiFi 无

夜丰颂 *Mae Hong Son* แม่ฮ่องสอน

弥漫着缅甸文化气息的山间小城

夜丰颂是一座小型城市，位于泰国北部广阔的山岳地带的盆地中。早晨雾气常常笼罩着这座城市，让人宛若置身于仙境之中，是当地有名的一景。虽然交通不太方便，但是前来这里观看美景的国内外游客不在少数。

被群山包围的盆地城市

Thailand North

泰国北部

● 清孔／夜丰颂

文前图正面-A1

夜丰颂 漫步

寺院旁边的夜间市场

贯穿小城南北的昆隆帕法大街（Khunlumprapat Rd.）和辛哈纳班伦大街（Shinghanat Bamrung Rd.）是夜丰颂最繁华的街道。白天这里有很多本地人，特别热闹。从机场到市场步行大约10分钟就可以到达，还可以边走边欣赏景点。10月～次年2月的旅游季节时，城市东侧的琼堪湖岸边到了傍晚还有夜间市场。

前往方法

巴士总站位于市区向南1公里处。

从曼谷出发
BUS 北部巴士总站出发需要14小时。VIP车905泰铢，一等车776泰铢。

从清迈出发
AIR 每天有3～4个航班，需要35分钟，1590泰铢。
BUS 从拱廊巴士总站经过Mae Sariang的南线（6:30-21:00，1天4班车），需要8小时30分钟。一等车319泰铢，普通车178泰铢。经过拜县的北线7:00开始发车，一天仅有一班车，所需时间7小时30分钟，普通车145泰铢。乘坐迷你巴士需要6小时250泰铢。

从拜县出发
BUS 一般大巴1天1班车，11:00左右发车，需要4小时，80泰铢。迷你巴士1天1班车，8:30发车，需要3小时30分钟，150泰铢。

夜丰颂 主要景点

琼卡姆寺和琼卡兰寺
Wat Cong Kham & Wat Cong Klang
Map p.275-B2

湖面倒映着缅甸风格建筑，十分美丽

两座寺院就像双胞胎一样，坐落在琼堪湖湖畔。从对岸看过来左侧是琼卡姆寺，右侧是琼卡兰寺。颜色呈多层重叠样式的寺院屋顶，采用的是银色的装饰，颇受缅甸风格建筑的影响。两座寺院都可以参观正殿内部。琼卡姆寺的参拜堂内供奉着一尊大佛，金碧辉煌的佛塔高达15米，特别引人注目。

琼卡姆寺和琼卡兰寺倒映在湖里，十分美丽

琼卡姆寺和琼卡兰寺
开 每天 8:00~18:00
费 免费

帕德康摩寺
开 每天 6:00~20:00
费 免费

位于山顶上的白色佛塔

帕东克伦族村落
费 门票 250 泰铢
交 3 个村庄都是位于夜丰颂的西侧，离缅甸特别近的地区。最方便到达的是 12 公里以外的班怀塞陶村（Baan Huai Seua Tao），虽然这里铺了路，但中途有十几个地方不好走（河流流经路面），租赁摩托车等要谨慎驾驶。
注意：他们原本是从缅甸过来的难民，住在这里的人也和旅行社或者克伦族的缅甸反政府武装有来往。门票和村内的商品买卖可以维持村民的日常生活，但是请记住他们的背景是非常复杂的。

普克隆
电 0-5328-2579
URL www.phuklon.co.th
开 每天 8:00~18:30
费 80 泰铢（脸部，20 分钟），350 泰铢（脸部，带颗粒按摩，30 分钟），700 泰铢（身体保养，90 分钟）等。温泉泳池 60 泰铢（带极可意按摩浴缸，15 分钟）。
交 没有公共交通工具到达这里，利用旅行团比较方便。租赁摩托车从夜丰颂来这里需要 20~30 分钟。

使用温泉水的泳池

帕德康摩寺 Wat Phra That Doi Kong Mu
Map p.275-A2

寺院位于山顶上，风景漂亮

帕德康摩寺是由夜丰颂王国最初的统治者建造的寺院，位于海拔 424 米高的康摩山山顶。向东侧看可以看到夜丰颂的市区，向西侧则是遥远的延伸到缅甸的群山。如果早晨登山，还可以看到被雾气笼罩的城市。还能够看到机场的全部景色。

建议在有飞机起飞或降落的时候再去

夜丰颂 郊外景点

帕东克伦族村落 Pa Dong Tribe Village
Map p.275-A1 外

不可思议的山岳民族

帕东克伦族村落是从夜丰颂出发的旅行团必去之地。帕东克伦族有一个风俗，就是族内的女性都在脖子上戴黄铜项圈，用来拉长脖子。特别是被选出来的女性在 25 岁之前就要更换好几次项圈，将脖子拉长。但是这种风俗从何而来就不清楚了。在夜丰颂郊区的帕东克伦族居住的 3 个村庄，分别是班怀塞陶村（Baan Huai Seua Tao）、班纳索村（Baan Nai Soi）、班南平丁村（Baan Nam Piang Din）。

少数民族女性

普克隆 Phuklon
Map p.275-A1 外

来试一下温泉泥水疗吧

温泉位于通往拜县方向的国道西侧，是从地下 100 米涌出来的 140℃高温温泉水。这里特别有名气的是泥水疗，富含对皮肤特别好的钙质成分。加上酸奶和草药混合在一起，涂在脸上或身体上，然后过一段时间，用水冲洗后皮肤会变得特别光滑。这里还有温泉水游泳池、极可意浴缸和按摩房间。

涌出来的温泉泥的温度是 70℃

帕苏瀑布 Pha Sua Waterfall
Map p.275-A1 外

被森林围绕的瀑布，气势雄伟震撼

从夜丰颂的市区沿着普克隆前面的道路，再向北大约 10 公里的一条大瀑布。落差不是特别大，但是宽度相当宽，特别是 8~10 月雨季过

雨季瀑布的水量丰沛，十分壮观

后，水量激增，场面特别震撼。这里还有观看群山的瞭望台。

塔姆普拉洞窟 Tham Pla
神秘鱼类栖息的洞窟

Map p.275-A1 外

距离拜县大约17公里，位于一座小高山山脚的国家公园内的一个小洞窟。洞窟下流经的一条小河，不知道什么原因，有很多蓝色鱼鳞、长度50厘米~1米的鱼，类似鲤鱼，密密麻麻地聚集在一起，当地人都认为很神奇，把这种鱼当作一种很神圣的存在。公园内设有吊桥和步行小道，设施很齐全，可以在这里悠闲地散步。

有很多特别不可思议的蓝色的鱼

塔姆普拉洞窟公园里绿树环绕，可以在这里悠闲散步

塔姆罗德洞窟 Tham Rot
内部有河流穿过的巨大洞窟

Map p.275-A1 外

靠近连接夜丰颂和拜县的巴士休息站点班马帕附近的全长约1公里的洞窟。大体分为三个洞室，洞窟里漆黑一片，需要拿着灯，导游同时跟着。旱季（3~6月）以外，内部有河流流过，洞室间的移动需要乘坐竹筏（1艘100泰铢）。第一洞室内有大象和狗形状的钟乳石；第二洞室内有古代人描绘的壁画；第三洞室内有古代人遗留下来的棺材。

可以在这里尽情享受凉爽的轻松探险

让我们参加徒步旅游吧！

从夜丰颂开始的徒步旅游线路，可以通过山间小道，拜访帕东克伦族、孟族、掸族等山岳少数民族村落，还可以参加骑大象观光和竹筏漂流等活动，参观帕苏瀑布、塔姆普拉洞窟、塔姆罗德洞窟等周边的景点。从这里还可以前往和缅甸交界的国境，参加拜访中国国民党军人后裔居住的拉库泰村（Ban Rak Thai）的旅行团。包含骑大象观光和竹筏漂流等项目1天的旅行团的费用在2000泰铢左右，1夜2天是2500~3000泰铢（2个人参加时1个人的费用）等。

拉库泰村里面中国风貌的房屋排列到整齐，这里的茶比较有名

帕苏瀑布
开 每天24小时 费 免费
交 距离夜丰颂22公里。可以参加旅游团或者租赁摩托车来这里。

实用信息

TAT
MAP p.275-B1
住 4 Ratchathampitak Rd.
电 0-5361-2982
传 0-5361-2984
开 每天8:30~16:30
在这里可以免费领地图

旅游区警察局
MAP p.275-B1~B2
住 1 Rajchathampitak Rd.
电 1155、0-5361-1812
传 0-5361-1813
开 每天8:30~19:30

邮局 MAP p.275-A2
住 79 Khunlumprapat Rd.
电 0-5361-1888
开 周一~周五 8:30~16:30
　 周六·周日 9:00~12:00

塔姆普拉洞窟
开 每天6:00~18:00
费 免费
交 乘坐前往拜县的巴士，向北行驶大约17公里。沿道路边有指路牌。提前将下车的地点告诉司机。洞窟位于公园入口处向里走500米的地方。来这里的巴士特别少，建议租赁摩托车（大约需要30分钟）、嘟嘟车、参加旅行团等，会比较方便。

塔姆罗德洞窟
开 每天8:00~17:30
费 100泰铢（含导游费用）
交 从市里向东大约60公里，乘坐前往拜县的巴士，在班马帕（Pangmapa）下车，大约需要2小时。然后再乘坐摩托车大约10分钟（50泰铢）。因为很难保证返回时的交通，所以参加旅行团更方便。如果单独前往，班马帕有7、8家旅馆，可以在那里住宿。

实用信息

玫瑰花园旅行社
Rose Garden Tour
MAP p.275-A2
住 86/4 Khunlumprapat Rd.
电 08-1027-1725
传 0-5361-1681
URL www.rosegarden-tours.com
营 每天9:00~21:00

从漫步旅游到乘车参加观光旅行团旅游等，营业范围广泛。可以增加地点和跳过不想去的地方。有英文的宣传手册。

酒 店
Hotel

　　高档酒店距离市中心有一定的距离，但是一般都有根据航班时间的接送机服务，这个需要在预约时确认清楚。中档～高档酒店在淡季的时候可以提供 30%~40% 的优惠打折。11 月中旬～12 月初的赏花季节，临近新年，人流比较大，费用方面也会大幅上涨，需要注意。夜丰颂的旅馆集中在琼堪湖附近。特别是湖北面的"乌岛马超尼特"（Udomachaonithet）大街路边，分布着好几家旅馆，特别容易寻找。任何一家旅馆感觉都很不错，住着舒服。

帝国夜丰颂度假酒店
The Imperial Mae Hong Son Resort
高档酒店

◆帝国夜丰颂度假酒店位于从城市的中心向南 2.5 公里处，是沿着主要街道的规模比较大的度假酒店。酒店内配有大型的泳池，设施比较完善。有的客房露台伸向庭院，在露台上享用早晨，心情肯定很畅爽。

Map p.275-A2 外
住 149 Moo 8, Tambon Pang Moo
TEL 0-5368-4444
FAX 0-5368-4440
URL www.imperialhotels.com
费 AC S T 2022 泰铢～
CC A D J M V
房间数 104 间　带泳池
WiFi 免费

夜丰颂山间小酒店
Mae Hong Son Mountain Inn
中档酒店

◆酒店内客房围绕着中庭而建，中庭的树木茂密，绿树成荫。客房内部有电视、冰箱等，设施齐全，经常接待团体游客。

Map p.275-A2
住 112/2 Khunlumprapat Rd.
TEL 0-5361-1802
FAX 0-5361-2284
URL www.mhsmountaininn.com
费 AC S T 1200~1500 泰铢
CC 不可使用
房间数 69 间
WiFi 免费（只有大厅周边可用）

拜约克木屋酒店
Baiyoke Chalet Hotel
中档酒店

◆酒店从外观看起来有些古朴的感觉，但是从内部来看则是清新干净的木结构山间小屋风格酒店。所有的客房都带电视、冰箱等，设备完善。位于城市中心，去哪里都特别方便。

Map p.275-A2
住 90 Khunlumprapat Rd.
TEL 0-5361-3132~9
FAX 0-5361-1533
费 AC S T 800 泰铢～
CC J M V
房间数 35 间
WiFi 免费

恩甘达酒店
Ngamta Hotel
中档酒店

◆恩甘达酒店开业于 2008 年，位于城市的中心，酒店内有商店和餐厅、酒吧等配套设施。客房宽敞，也许是贴瓷砖的缘故，感觉特别凉爽舒适。所有客房都配有空调、电视、热水淋浴等。

Map p.275-A2
住 5-9 Khunlumprapat Rd.
TEL 0-5361-2793
FAX 0-5361-1753
费 AC S T 1500 泰铢～
CC J V
房间数 21 间
WiFi 免费

帕诺拉玛酒店
Panorama Hotel
经济型酒店

◆帕诺拉玛酒店位于繁华街道的中心，有的房间带有浴缸。所有的房间都带有电话、电视、冰箱等。整体看上去有些古旧气息，房间稍微有点暗。

Map p.275-A1
住 51 Khunlumprapat Rd.
TEL 0-5361-1757~62
FAX 0-5361-1790
URL www.panorama.8m.com
费 AC S T 800~1200 泰铢（不含早餐）
CC 不可使用
房间数 48 间　WiFi 免费

布迪之家旅馆
Boondee House 旅馆

Map p.275-A1

住 6 Soi Phadungmuaito
TEL 0-5361-1409
URL boondeehouse.blogspot.com
费 F ⒮⒯400 泰铢　AC ⒮⒯ 800 泰铢
CC 不可使用　房间数 10 间　WiFi 免费

皮雅旅馆
Piya Guest House 旅馆

◆与寺院并排，建造在湖畔。山间小屋风格客房零星地分布着。客房内部设计简单并且感觉良好，在这里住着会特别舒服。出示学生证可以享受学生优惠。

Map p.275-A2

住 1/1 Soi 3, Khunlumprapat Rd.
TEL 0-5361-1260
费 AC ⒮⒯700 泰铢（学生便宜 100 泰铢）
CC 不可使用　房间数 14 间　WiFi 免费

朋友旅馆
Friend House 旅馆

◆宽敞的客房简单、清洁。所有的客房都带热水淋浴。整体稍微有些古旧。

Map p.275-B2

住 20 Praditchonkam Rd.
TEL/FAX 0-5362-0119
费 F ⒮⒯150 泰铢（公共卫浴）
⒮⒯250 泰铢
CC 不可使用　房间数 13 间　WiFi 免费

 餐　厅 *Restaurant*

　　昆隆帕法大街两边有几家餐厅。7-11 旁边的意大利餐厅"拉塔斯卡"（La Tascal）是为数不多的西餐餐厅。

卡伊姆科餐厅
Kaimook

◆餐厅位于从昆隆帕法大街向里稍微走一点的地方，是一家价格适宜的泰国餐厅。每种泰国菜每份 80~220 泰铢。有英文菜单。

Map p.275-A2

住 23 Udomchaonthet Rd.
TEL 0-5361-2092
营 每天 10:00~14:00、17:00~22:00
CC Ⓙ Ⓜ Ⓥ

十字路口餐厅
Crossroads

◆这是一家西方风情的餐厅和酒吧。早餐有三明治、牛排等多种多样的西餐。到了夜里就变成了酒吧，1 杯饮料 100 泰铢左右，价格适宜。可以一边眺望着交叉路口的街景，一边享受美食，感觉很好。

Map p.275-A1

住 61 Khunlumprapat Rd.
TEL 0-5361-2500
营 每天 8:00~次日 0:00
CC 不可使用

富恩餐厅
Fern Restaurant

◆富恩餐厅的特色菜是用香蕉叶包裹着鸡肉的"泰式包裹鸡"（150 泰铢）。其他的美食也在 100~200 泰铢，价格适宜。

Map p.275-A2

住 87 Khunlumprapat Rd.
TEL 0-5361-1374
营 每天 10:30~21:30
CC 不可使用

阿拉哇咖啡馆
Alawaa

◆几乎全部用玻璃围起来的特别明亮的店铺，这里的咖啡 40 泰铢一杯。使用新鲜水果榨的沙冰 60 泰铢~，杜果巧克力蛋糕 55 泰铢~。店内有 Wi-Fi。

Map p.275-A2~B2

住 Muang, Mae Hong Song
TEL 0-5361-1552
营 每天 9:00~18:00
CC 不可使用

泰国北部 ● 夜丰颂

Thailand North

文前图正面-A1

前往方法

从清迈出发
AIR 天巡航空公司周五~周日每天有一次航班，需要25分钟。详细内容参考官网（→p.503）。
BUS 从拱廊巴士总站出发大约需要4小时。普通车80泰铢。指定座位的迷你巴士是7:00~17:00期间有12班次，带空调的巴士150泰铢，需要大约3小时30分钟。

从夜丰颂出发
BUS 需要大约4小时，80泰铢。1天2班车。迷你巴士1天有9班，需要约为3小时30分钟，150泰铢。所有的巴士末班车的发车时间都是16:00。

旅游小贴士

租赁摩托车＆迷你巴士的店铺
S 阿雅服务
Aya Service
MAP p.280
住 22/1 Moo 3, Chaisongkram Rd.
TEL 0-5369-9888
URL www.ayaservice.com
营 每天 7:00~22:00
CC 不可使用

　关于租赁摩托车，110cc的排气量，100泰铢；125cc的排气量，120泰铢左右（都是一天的费用）。加上80泰铢的保险费用。出远门的时候要提前加满油。摩托车也可以直接交给清迈的阿雅服务（MAP p.229-F3）。另外每天从清迈1 7:00~17:30期间几乎每小时就有一班车，150泰铢。可以从旅馆等预约。前往清孔的迷你巴士也在正常运营。这里也有前往老挝琅勃拉邦的旅行团。周边有很多费用差不多的租赁摩托车的店铺。同一条街道上也有其他租赁自行车的店铺，1天80泰铢。

拜县 *Pai* ปาย

山间小镇，背包客的驿站

拜县纪念桥

　连接清迈和夜丰颂两地的巴士会在拜县停留休憩，另外，周边零星地分布了一些中国国民党军人后人的居住地，以及傈僳族、拉祜族等山岳少数民族村落，这些地方从20世纪90年代初开始受到旅行者的关注。城市被拜河环绕，没有高层建筑，交通量也不大。这里有一种轻松悠闲的氛围，有很多游客长期停留在这里。每年的10月中旬左右举行掸族的祭祀活动，会吸引很多前来参观的游客。年末年初和中国农历正月的时候有很多游客来这里，到时候小镇上的所有旅馆都会住满游客。

拜县 漫步

　拜县是作为巴士停留站点开始发展起来的城市，巴士乘车处周边是

280

城市的中心。周边有很多家徒步观光旅行社、餐厅、咖啡厅等，也有银行和货币兑换处。巴士乘车处前的道路从傍晚开始就会有露天市场，向旅客出售旅游商品的露天小摊就会摆出来，特别热闹。城市很小，步行就可以逛遍，但是如果要去郊外的温泉或者瀑布等地，租赁摩托车会比较方便，由于路途多坡道，自行车会比较吃力。

拜县的主要街道

泰国北部 ● 拜县

拜县 主要景点

中国国民党军队后人和傈僳族、拉祜族等山岳民族的村落在步行可到达的范围内（4~8公里），前往这些地方的徒步旅行线路特别受欢迎。巴士乘车处前的大街，以及城市中其他地方有很多旅行社，不只是可以参观拜访山岳民族的村落，还可以在拜河进行漂流、骑大象游览和观赏瀑布美景等。

距离城市中心9公里处，有一处拜县温泉（Tha Pai Hot Spring）（开 每天6:00~17:00，费 200泰铢）。温泉位于"华南党国家公园"（Huai Nam Dang National Park）内，可以穿着泳衣进入浴池，享受泡温泉和温泉水煮鸡蛋，这里有便捷更衣室和淋浴房，设备完善。另外，拜县纪念桥的附近，有一个叫作拜县溪谷（Pai Canyon）的断崖绝壁，景色特别优美。这里没有栏杆，需要特别小心。

实用信息

旅游区警察局
MAP p.280
☎ 1155
开 每天 8:00~21:00
从清迈方向进入城市后就能看到。

被绿色包围的露天浴池

以拜县为舞台的电影上映后，从拜县向外寄明信片在泰国人中间流行了一段时间

酒 店
Hotel

拜县的住宿在11月~次年2月左右人特别多，拥挤不堪。这段时间以外来拜县住宿费用会便宜。相反，到旺季的时候，住宿费用会成倍地增加。因为这边的房屋海拔较高，夜里十分凉爽，所以即使没有空调也会住得特别舒适。

季度酒店
The Quarter 酒店

◆季度酒店是一家位于城市外部安静场所的精品酒店。新建的建筑，客房实体比房间价格要高一个等级。淡季的时候还可以享受打折。这里的工作人员服务周到热心，感觉很舒适。这里可以免费租赁自行车。

Map p.280
住 245 Moo 1, Chaisongkram Rd.
☎ 0-5369-9423
FAX 0-5369-8248
URL www.thequarterhotel.com
费 AC S T 3500~7000 泰铢
CC MV 房间数 41间 带泳池 WiFi 免费

281

拜县瑞姆小屋
Rim Pai Cottage　　　　　　　　　　　　　　　旅馆

◆是拜河河畔的一排小别墅。是市中心位置最高档的住宿设施，但是价格还可以。

Map p.280
住 99/1 Moo 3，Wiangtai
电 0-5369-9133　FAX 0-5369-9234
URL www.rimpaicottage.com
费 AC S T 小木屋 1300 泰铢　河畔 2500 泰铢
CC M V 房间数 19 间　WiFi 免费

塔亚旅馆
Tayai's Guest House　　　　　　　　　　　　　旅馆

◆塔亚旅馆距离巴士乘车处步行大约 3 分钟。位于偏离主干道的一个小路上。旅馆是由家族经营管理，照顾周到，方便大家居住。

Map p.280
住 115 Moo 3, Wiangtai
电 0-5369-9579
费 F S T 400~600 泰铢
AC S T　500~800 泰铢
CC 不可使用　房间数 12 间　WiFi 免费

杜安旅馆
Duang Guest House　　　　　　　　　　　　　旅馆

◆旅馆前面就是巴士乘车处，周围非常热闹。但是进了里面的小屋，环境却格外清净。里面的小屋处无法连接 Wi-Fi。

Map p.280
住 5 Rangsiyanont Rd.
电 0-5369-9101　FAX 0-5369-9581
费 F S 100 泰铢　T 200 泰铢（公共卫浴）S T 300 泰铢
小屋 F S T 400 泰铢
CC 不可使用　房间数 19 间
WiFi 免费（只有一部分客房可以使用）

查里之家旅馆
Charlie's House　　　　　　　　　　　　　　　旅馆

◆查里之家旅馆面向主干道，旁边有银行。旅馆被绿树围绕，气氛特别好。对于长期居住者还有折扣（9000 泰铢/一个月）。

Mapp.280
住 9 Rangsiyanont Rd.
电 0-5369-9039
费 F S T 350~550 泰铢 AC S T 600~800 泰铢
CC 不可使用
房间数 15 间　WiFi 免费

餐 厅
Restaurant

这里长期逗留的欧美人比较多，所以西餐店较多。也有泰国菜，价格稍贵。

拜县嘉德餐厅
Pai Jaidee

◆这是一家以泰国北部和德国美食为主的餐厅，炒粉丝 69 泰铢，什锦炒饭 69 泰铢等，可以悠闲地在这里享用美食。以前的名称叫"马科孔穆"，因为老板换了，所以餐厅的名称和菜品的内容也都变了。

Map p.280
住 Chaisongkram Rd.
电 0-5369-9841
营 每天 12:00~22:00
CC 不可使用

南奔 *Lamphun* ลำพูน

哈瑞彭恰王国都市遗址

南奔曾是11世纪前后罗布里周边地区由孟族兴起的哈瑞彭恰王国的首都。13世纪后半期，被兰纳王国吞并之前，一直是北部孟族的文化中心。

察穆特维寺

Thailand North

文前图正面-B2

泰国北部 ● 拜县／南奔

前往方法

从清迈出发
BUS 在纳瓦拉特桥附近的巴士乘车站乘坐蓝色的双条车，每隔15分钟一班车。需要45分钟，15泰铢。路过哈瑞彭恰寺前。在白象门巴士总站乘坐，6:30~18；10期间，每隔20~30分钟就有一班经过卡特罗瓦的空调巴士，需要50分钟，22泰铢。

南奔 主要景点

哈瑞彭恰寺 Wat Phra That Hariphunchai   Map p.283
兰纳国王建立的寺院　　　　　วัดพระธาตุหริภุญชัย

哈瑞彭恰寺是曼格莱王于1108年建立的寺院。寺院中的黄金大佛塔是1418年建立的。大佛塔有20平方米的底座，佛塔的高度是46米。塔上悬挂有巨大的青铜锣，红褐色的木结构正殿也特别漂亮。寺院对面是展示着以佛教美术为中心的小型"哈瑞彭恰博物馆"（开 周三~周日 9:00~16:00　休 周一、周二　费 100泰铢）。博物馆内除了展示着哈瑞彭恰风格的佛像和陶瓷品以外，还展示着建筑物内侧用孟文、巴利文、兰纳文和泰文四种语言雕刻的石碑文字。

察穆特维寺（库阁骨寺） Wat Cham Thewi（Wat Kukut）   Map p.283
哈瑞彭恰风格的佛塔　　　　　วัดจามเทวี

寺院内有一座高达21米的、多层式四角锥样式的古老石造佛塔（Chedi Suwan Chang Kot），塔内供奉着60尊佛像，特别值得一看。8世纪建成时覆盖在其上的金色装饰，现在有的地方已经剥落，可以看到里面的砖。里面供奉的佛像相反则比较新。"察穆特维"是哈瑞彭恰王国前期的一位女王的名字。据说她的遗体被供奉在佛塔的底座里。城市的西南方向建有这位女王的铜像，前来参拜的市民络绎不绝。

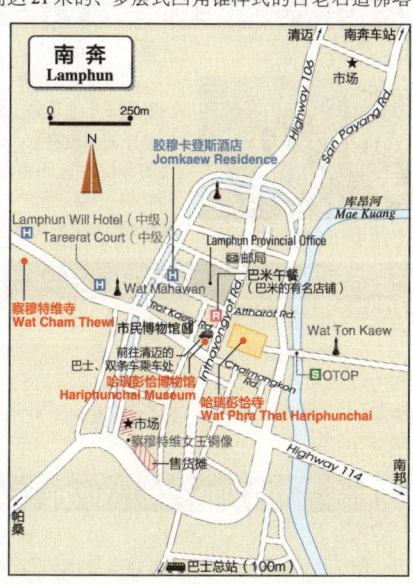

南奔的酒店

H 胶穆卡登斯酒店
Jomkaew Residence
MAP p.283
住 4 Wankam Rd.
☎ 0-5356-0702、09-3135-2870
费 AC S T 650~700泰铢
房间 9间　CC 不可使用
WiFi 免费

酒店位于城市的中心。老板夫妇是南奔皇室后裔。客房的设计简单清洁，老板特别细心，服务周到。

察穆特维寺
交通 从哈瑞彭恰博物馆前面乘坐摩托车，往返40泰铢，步行15~20分钟。

哈瑞彭恰寺内的光彩夺目的黄金佛塔

南邦 *Lampang* ลำปาง

花马车穿梭于古老街道的城市

南邦是由孟族建造，11~13世纪被哈瑞彭恰王国统治，之后的300年间被兰纳王朝统治。18世纪中期也受到缅甸的影响，所以现在南邦可以看到兰纳文化和缅甸文化的痕迹，至今还保留着精致美丽的木构造建筑物。

城市内残留下来的建筑物

前往方法

巴士总站距离城市中心部大约1.5公里，乘坐双条车20泰铢，租车100泰铢。

从曼谷出发
BUS 从北部巴士总站出发需要8~9小时。一等车486泰铢，二等车378泰铢~。
RAIL 从华兰蓬火车站出发每天有6班车，需要11小时。根据火车不一样，费用也不同，一等卧铺1172~1372泰铢，二等卧铺454~844泰铢，二等坐票354~504泰铢，三等坐票216~256泰铢。特快车604泰铢。

从清迈出发
BUS 从拱廊巴士总站出发，乘坐去往素可泰和彭世洛方向的大巴，中途下车。1天当中，每隔1小时就有1班车。VIP车134泰铢，一等车86泰铢，二等车62泰铢。大约需要1小时30分钟。
RAIL 每天6班车，需要2小时。

实用信息

旅游咨询中心
MAP p.285-B1~B2
📍 250 Tarkraonoi Rd.
☎ 0-5423-7229
🕐 周一~周五 8:30~16:30
🚫 周六·周日（旺季不休息）

普拉凯奥东涛寺
🕐 每天 7:00~18:00
💰 20泰铢
🚌 县政府周边乘坐双条车，大约5分钟，20泰铢。从班萨奥纳克出发，步行需要10分钟。

萨奥柴迪寺
🕐 每天 7:00~18:00
💰 免费
🚌 寺院在市区以外6公里处，从县政府周边乘坐双条车前往大约20分钟，20~30泰铢。租一辆车往返200泰铢左右。

南邦 漫步

城市的南部比较发达，蓬涯瓦特大街（Boonyawat Rd.）一带是城市的中心。沿河的塔拉特考大街（Talat Kao Rd.）周边保留下来了木构造房屋，周六、周日这里有夜市。南邦比较有名的是一台台装饰漂亮的花马车。县政府附近有乘车的地方（→p.17）。

南邦 主要景点

普拉凯奥东涛寺 Wat Phra Kaew Don Tao   Map p.285-C1
历史悠久的缅甸风格寺院

寺院内的看点是高达50米的哈瑞彭恰风格的佛塔，以及之前的木构造正殿。屋顶采用缅甸风格的重叠屋顶，柱子和墙壁上的马赛克装饰十分漂亮。这里也有小型的博物馆。据说曼谷玉佛寺里面的翡翠佛曾经供奉在这里。

南邦数一数二的著名寺院

萨奥柴迪寺 Wat Chedi Sao   Map p.285-C1 外
在这里可以看到珍贵的白色佛塔和黄金佛像

寺院内有20尊兰纳风格的白色佛塔。正殿位于小池子的上面，殿内供奉着15世纪制作的黄金佛像。这座佛像1983年在附近的寺院遗址内被发现，高38厘米，重1507克。据说佛像头部有佛祖舍利，胸部收藏着巴利文的佛教经典。

萨奥柴迪寺内，白色的佛塔林立

班萨奥纳克 Baan Sao-Nak   Map p.285-C1
柚木建造而成的古老民宅

班萨奥纳克建造于1895年，是一座木构造建筑物，结合了缅甸风格和兰纳风格的外观，十分漂亮。特别是二层的阳台，极具缅甸风格。这座建筑中共使用了116根柚木柱子，房屋内陈列着原房主收藏的泰国和缅甸的古董。

南邦銮寺 Wat Phra That Lampang Luang   Map p.285-A2 外
兰纳风格，十分漂亮

南邦銮寺位于南邦市区西南18公里的位置，被称为泰国北部最美丽

284

的寺院。寺院的正殿是 15 世纪中期建造而成，3 层屋顶结构，全部都是由柚木的柱子支撑着，是公认的泰国国内现存最古老的木构造建筑物之一。正殿里面的黄金佛塔内供奉着佛像，正殿后面耸立着一座高达 45 米的兰纳风格佛塔。

班萨奥纳克
住 6 Ratwattana Rd.
TEL 0-5422-7653
开 每天 10:00~17:00
费 50 泰铢（含饮料）

再现了 20 世纪初的生活

卡得孔塔（步行街市场）
Kad Kong Ta（Walking Street Market）
Map p.285-B1~C1

历史悠久的街道到周末就会举办夜市

南邦栾寺
开 每天 7:00~17:00
费 免费
交 从市场南侧的乘车场乘坐双条车大约 40 分钟，60 泰铢。租一辆车，往返 500 泰铢左右。

人们在古老的建筑物前穿梭

大约 100 年前，旺河沿岸的地区作为南邦的交易中心，码头上有很多商品在这里装卸，附近建造了豪华时尚的木构造房屋。那个时代建造的建筑物，融合了泰国、缅甸、中国、西欧等多国的建筑风格。1916 年，南邦开通了铁路运输，从此水路运输开始衰退，城市的中心从河流附近转移到了通火车的道路上。长久以来被遗忘的这个街区，也尝试着开发古老建筑的观光旅游，2005 年开始，只有周末举行的夜间市场开始了（→p.17）。与此同时，需要维修的房屋开始进行维修，这条只有小商店的道路也相继引入餐厅、咖啡馆、旅馆、健身中心、有艺术画廊的南邦艺术中心等。从此，南邦作为一个新的旅游观光地受到了关注。

每月第一个周五，17:00~20:00，旺河北岸被称为"塔农瓦塔纳塔姆"（Thanon Wattanatam，别名：文化道路 Cultural Road，Map p.285-C1）的夜市开始举办。这里有传统舞蹈的表演，变得传统文化气息十足。

泰国最古老的木构造建筑物之一

卡得孔塔（步行街市场）
开 周六·周日 17:00~22:00
休 周一~周五

酒店
Hotel

维因拉克酒店
Wienglakor Hotel 酒店

Map p.285-B2

◆酒店的大堂装饰着泰国传统工艺品，可以感受到酒店的品位。中庭和露天餐厅等整体都非常协调、美观。

住 138/35 Phahonyothin Rd.
TEL 0-5431-6430 FAX 0-5431-6427
URL www.Lampangwienglakor.com
费 AC Ⓢ1200 泰铢~ Ⓣ1600 泰铢~
CC JMV 房间数 100 间 WiFi 免费

泰国北部 ● 南邦

亚洲南邦酒店
Asia Lampang Hotel　　　酒店　　　Map p.285-B2

◆亚洲南邦酒店位于城市的中心位置，交通方便，是一座中档的酒店。客房设计简单，虽然没有特别突出的地方，但是住着很舒适，可以在这里悠闲地放松。

住 229 Boonyawat Rd.
TEL 0-5422-7844~7　FAX 0-5422-4436
URL www.asialampanghotel.com
费 AC ST 490~700 泰铢
CC J M V 房间数 73 间　WiFi 免费

河畔旅馆
The Riverside Guest House　　旅馆　　Map p.285-B1

◆一层的露天平台可以眺望河流，特别适合休闲放松。在食堂可以吃到快餐（7:00~16:30，70 泰铢~）。距离卡得孔塔（步行街市场）特别近。

住 286 Talat Kao Rd.
TEL 0-5422-7005　FAX 0-5432-2342
URL www.theriverside-lampang.com
费 F ST 250 泰铢（公用卫浴）
　ST 400 泰铢　AC ST 800 泰铢
CC J M V 房间数 18 间　WiFi 免费

Column ✎ 在南邦和大象进行全方位的接触

●国家大象保护设施

连接南邦和清迈的主干道中，有一家泰国大象保护中心（Thai Elephant Conservation Center）。泰国大象保护中心建立于 1969 年，1991 年搬迁到现在的地方。这里还有学习训练大象的学校和为生病受伤的大象治疗的医院。在这里，每天都举行设施内大象运动兼表演秀。可以亲眼看到大象灵巧的表演，广受泰国和国外游客的好评。

●在大象训练学校体验学习

在训练大象的学校里，有一个体验训练大象的项目。具体内容是骑上大象、指挥大象捡东西等。让体庞大的大象按照自己的命令去行动，会有一种莫名的感动。骑大象在泰国各地都可以体验，但是像这种体验训练大象的实属少见。除了 1 天的培训（费 4000 泰铢）以外，还可以选择多天的训练套餐。

■泰国大象保护中心（国家大象研究所）
MAP 文前图正面 -B2
URL www.thailandelephant.org
住 Km.28-29, Lampang-Chiang Mai Highway, Hangchat District, Lampang 52190, THAILAND

TEL 0-5482-9333
E info@thailandelephant.org
开 每天 8:30~15:30

表演秀
大象洗澡　9:45~，13:15~　1 天 2 次。
大象表演　10:00~，11:00~，13:30~
费 大象表演秀参观 200 泰铢

骑象观光 1 人 10 分钟 200 泰铢，30 分钟 500 泰铢，1 小时 1000 泰铢。

交通 从南邦的巴士总站乘坐前往清迈的巴士（6:00~16:30 期间，每隔 30 分钟一班车），大约 35 分钟，30 泰铢。在研究所停车站下车，看到牌子，从入口向前走，有两条分岔路，走左边的那条，大约 1.5 公里即可达到。从巴士下来后还有很长一段距离，在入口旁边的停车场可以租用摆渡车（20 泰铢）。从清迈到南邦的巴士要 1 小时 30 分钟，43 泰铢。

●附近的大象医院

大象保护中心的附近，有一家叫亚洲大象之友（Friend of the Asian Elephant）的大象医院，可以治疗在山中作业时受伤的大象。这些是民间设施，可以自由地参观。活动资金几乎都是靠捐赠。

■ Friend of the Asian Elephant
住 295 Lampang-Chiang Mai Highway, Hangchat District, Lampang 52190, THAILAND
TEL 0-5482-9307
FAX 0-5482-9308
URL www.elephant-soraida.com
E fae@elephant-soraida.com

大象训练学校一角。骑在躺在地上的大象身上，让大象站起来

帕尧 *PHAYAO* พะเยา

帕尧湖湖畔的小城镇

帕尧湖是泰国第三大淡水湖，帕尧是位于帕尧湖湖畔的一座小城。

帕尧 漫步

帕尧是一座步行就能够逛过来的小城市。从巴士总站到拉克芒的这一地段特别热闹繁华。从城市中心沿着帕尧湖，经帕洪尤汀大街（Phahonyothin Rd.）向北走，可以看到帕尧文化展览馆。展览馆前面是一座规模宏大的泰国寺院——息孔康寺。再向前走，在琼桐大街（Chom Thong Rd.）向右转弯，经过一段缓坡，到达小山丘上就可以看到普拉塔特琼桐寺。

这里有湖泊，风特别凉爽

帕尧 主要景点

帕尧文化展览馆
Phayao Cultural Exhibition Hall   Map p.287
หอวัฒนธรรมนิทัศน์พะเยา

面向湖的博物馆里面资料十分丰富

帕尧文化展览馆内展示了模型和文物等，通过这些丰富的资料向来参观的游客讲解帕尧的地方历史。这片区域曾经受兰纳王朝和缅甸的统治，有着错综复杂的历史。

酒店 *Hotel*

巴士总站附近有4家中级酒店，距离市场有一家便宜的旅馆，湖畔旁边也有民宿。

门户酒店
Gateway Hotel   Map p.287

◆门户酒店是一家10层的酒店，可以看到帕尧市区和帕尧湖。客房内带浴缸、冰箱、电视。

住 7/36 Pratu Klong 2 Rd.
☎ 0-5441-1333
FAX 0-5441-0519
费 AC ST 900泰铢～（双人床是1100泰铢）
CC JMV 房间数 108间
带泳池 WiFi 免费

唐桐酒店
Tharn Thong Hotel   Map p.287

◆从巴士总站步行来这里需要10分钟。客房带电视，带有风扇的房间有热水。租赁自行车1小时20泰铢。

住 55-59 Don Sanam Rd.
☎ 0-5443-1302
FAX 0-5448-1252
费 F S 200泰铢～T 280泰铢
AC ST 340泰铢（不含早餐） CC 不可使用
房间数 100间 WiFi 免费

前往方法

从曼谷出发
BUS 需要大约10小时30分钟，一等车560泰铢，二等车435泰铢。

从清迈出发
BUS 需要大约3小时，一等车146泰铢，二等车113泰铢。迷你巴士160泰铢。

从清莱出发
BUS 从第二巴士总站乘坐迷你巴士（6:00~18:00期间，每隔25分钟一班），需要大约1小时30分钟，62泰铢。直达的末班车是15:00发车。

帕尧文化展览馆
☎ 0-5441-0558~9
费 40泰铢（外国游客费用）
开 周三～周日 8:30~16:30
休 周一、周二

餐厅 *Restaurant*

帕尧湖湖畔有多家餐厅，帕尧的特产是湖里的淡水鱼，用香草把鱼填满，然后整体撒一遍盐烧烤，将烧烤好的鱼肉切下来做成冬荫功汤。

Thailand North

难府 *Nan* น่าน

绿色成荫的山间小城

从清迈向东大约 200 公里，北部和东部都和老挝接壤的城市就是难府，位于山地之间。难府是府厅的所在地，是在难河沿岸的盆地中发展起来的小城市。14 世纪的时候，难府是泰国北部繁荣的兰纳王朝的一部分，因盛产柚木木材繁盛一时。16 世纪后半期，被缅甸统治，把当地的住民掳去做了奴隶，城市也开始荒废。现在看到的难府是 19 世纪建造而成的，算得上一座新城。

市区残留的古老城墙

前往方法

从曼谷出发
AIR 从廊曼国际机场出发，飞鸟航空1天4个航班。详情参考网页。(→p.503)
BUS 从北部巴士总站出发需要大约10小时，VIP车776泰铢，一等车461泰铢。

从清迈出发
AIR 天巡航空公司周五、周日1天有1个航班，需要45分钟，1890泰铢。
BUS 从拱廊巴士总站出发需要大约6小时30分钟，VIP车403泰铢，一等车259泰铢，二等车202泰铢。几乎都是一个小时就有一班出发。

从帕府出发
BUS 从清迈出发的巴士经过帕府。这里也有根据人数决定发车的迷你巴士，也是1小时1班车，需要2小时，78泰铢。

难府漫步

难府的景点、酒店、餐厅、寺院和市场等地方步行就可以转过来。苏摩切瓦特大街（Sumonthewarat Rd.）和阿纳塔大街（Ananta Worarittidet Rd.）的交叉口附近特别热闹繁华，聚集了多家餐厅和商店。沿着难河有一些公园或游览小道等配套设施，横跨难河的桥下到了夜里就会出现很多摆摊的。

288

难府 主要景点

蒲绵寺 Wat Phumin Map p.288-A2
正殿内的精美壁画

蒲绵寺是建立于1596年的寺院。十字形状的正殿十分漂亮，还曾经作为1泰铢纸币上的图案。正殿的四面都有入口，南北的入口两侧有贯穿正殿的两尊龙柱——那迦。正殿内部供奉着四面过去佛，十分罕见。墙壁绘有3层壁画，分别讲述了本生经（佛陀的一生）、兰纳地方的民族传统、古代兰纳地区人民的生活情境。

正殿左右对称，特别美观

章坎佛拉维罕寺 Wat Phra That Chang Kham Worawiharn Map p.288-A2
据说是14世纪建立的寺院

寺院位于政府的对面，宏伟的正殿特别引人注目。正殿北侧的佛塔，整体是兰纳建筑风格，受到了素可泰的影响，用于支撑塔身的底座是大象形状的建筑物。

菩塔伽汉寺 Wat Phra That Chae Haeng Map p.288-B2 外
寺院内有高达55米的佛塔

1348年，为了供奉从素可泰请来的佛祖舍利，难府北部的普阿国国王下令建造了菩塔伽汉寺。在正方形的围墙内建造的佛塔高度为55.5米。寺院旁边有个公园，里面有一个小型的动物园，饲养了水牛、鹿、熊等大型哺乳动物，以及孔雀、兔子、乌龟等各种动物。动物园内有用长绳子拴住的猴子，还会向前来参观的游客做鬼脸。

山丘上耸立的高塔

卡奥诺伊寺 Wat Phra That Khao Noi Map p.288-A2 外
可以眺望难府市区的寺院

寺院位于市区西侧的山丘上，从这里可以眺望难府的市井街区。在俯视市区的斜面上建有一个平台，那里供奉着一尊面向市区的佛像。

难府国家博物馆 Nan National Museum Map p.288-A2
馆内展示着黑象牙

难府国家博物馆内展示着难府的地方历史和居住在周边的山岳民族

实用信息

旅游咨询中心
p.288-A2
Suriyaphong Rd.
0-5471-0216
每天 8:00~12:00、13:00~16:30
　政府运营的旅游咨询中心，可以在此领取地图，虽然服务很周到，但是英语几乎沟通不了。

蒲绵寺对面的旅游咨询中心

邮局
p.288-B2
Mahawong Rd.
周一～周五 8:30~16:30
周六·周日·节假日 9:00~12:00

蒲绵寺
免费

章坎佛拉维罕寺
免费

正殿的庞大雄伟，在难府数一数二

菩塔伽汉寺
从市里乘坐摩托车大约需要10分钟，30~40泰铢
每天 6:00~18:00
免费
附近公园
免费

卡奥诺伊寺
从市区乘坐摩托车大约需要10分钟，40泰铢。

从平台上可以将难府一览无余

泰国北部 难府

难府国家博物馆
住 Pha Kong Rd.
TEL 0-5471-0561
开 周三~周日 9:00~16:00
休 周一、周二
费 100 泰铢（外国游客费用）

博物馆原先就是领主馆

的相关资料。二层金翅鸟像的底座上展览着长 94 厘米、外围 47 厘米、重 18 公斤的黑象牙，是这里的镇馆之宝。黑象牙是 1353 年缅甸的柴因顿王赠送给第五代难王帕亚刚姆安的礼物。

酒店
Hotel

普卡南法酒店
Pukha Nanfah Hotel   酒店

◆本酒店大约有 100 年的历史，是一座 3 层建筑物，是由柚木建造的酒店。2011 年 4 月份经过改造后变得十分时尚。每层都有宽敞且通风较好的公共空间，配有椅子和桌子，可以在这里悠闲地放松。

Map p.288-B1~B2
住 369 Sumonthewarat Rd.
TEL 0-5477-1111
URL www.pukhananfahotel.co.th
费 AC S T 2500~4000 泰铢
CC A D J M V
房间数 14 间   WiFi 免费

特瓦拉特酒店
Dhevaraj Hotel   酒店

◆特瓦拉特酒店是难府市区的一家高档酒店。里面比较宽敞，客房稍微有些古旧。面向中庭的大堂有 KTV。所有客房都有带卫星频道电视、冰箱等。套房的价格是 1500 泰铢。

Map p.288-B2
住 466 Sumonthewarat Rd.
TEL 0-5475-1577   FAX 0-5477-1365
URL www.dhevarajhotel.com
费 AC S T 900~1200 泰铢
CC A J M V   房间数 160 间
带泳池   WiFi 免费（900 泰铢的房间只能住 4 小时）

难府旅馆
Nan Guest House   旅馆

◆难府旅馆位于道路深处的安静住宅街区。客房宽敞，窗户较大，凉爽。所有的淋浴都有热水。

Map p.288-A2
住 57/15 Mahaprom Rd.   TEL 0-5477-1849   URL www.nanguesthouse.net
费 F S T 280 泰铢（公共卫浴）
S T 380 泰铢   AC S T 480 泰铢
CC 不可使用   房间数 11 间   WiFi 免费

餐厅
Restaurant

欢杜松子酒胶宾馆餐厅
Huan Gum Gin Restaurant

◆这是一家位于中国寺院对面的餐厅，上面几层是宾馆。菜单上有特色泰国美食并附有照片，所以点餐时不会有太多困难。这里只有一本英文菜单。店内特别干净，不仅可以在这里喝咖啡，还可以在这里喝酒。店内的 Wi-Fi 可以免费使用。客房是 AC S T 550 泰铢（Wi-Fi 免费使用）。旁边有一家银制品商店。

Map p.288-B1
住 309 Sumonthewarat Rd.
TEL 0-5475-0158
URL www.huangumgin.com（泰语）
营 每天 11:00~15:00、17:00~22:00
CC 不可使用

商店
Shopping

长特孔拉商店
Jangtrakul

◆店内主要出售难府地区生产的传统布料。带有流水图案的"莱伊·纳姆·拉伊"布料是当地的特产。另外还有很多其他种类的布料。2 米布料 200 泰铢以上。

Map p.288-B1
住 304-306 Sumonthewarat Rd.
TEL 0-5471-0016   FAX 0-5477-1357
营 每天 8:00~19:00
CC J M V

290

帕府 *Phrae* แพร่

泰式蓝染棉布衬衫的著名生产地

帕府位于泰国北部，沿着向南流去的永河延伸，是帕县的县政府所在地。泰国的农民特别喜欢穿的泰式蓝染棉布衬衫，是帕府周边有名的特产（→p.18）。

老城区的环形路口

曼谷
文前图正面-C2

泰国北部 / 难府／帕府

帕府 漫步

帕府的城区，分为两部分——永河沿岸被破旧的城墙环绕起来的老城区和老城区东面的新城区。老城区主要集中了寺院等景点，道路沿线零星地分布着由柚木建造的古色民宅。新城区到老城区的入口是一座"胜利之门"（Prathu Chai），附近现在变成了广场，到了夜里就会出现很多小摊。

帕府 主要景点

琼姆萨旺寺 Wat Com Sawan　　　　Map p.291-B1
缅甸风格木构造寺院

寺院位于新城区稍微靠外的位置，是由掸族建造的寺院。正殿由木质柱子支撑，供奉佛像的地方有很宽很高的屋顶，正殿入口的左右两边的亭子采用多层屋顶的构造，属于缅甸风格的建筑。正殿内光线有些阴暗，稍微感到凉爽，如果抬起头看屋顶，就能看到玻璃材料的美丽装饰。寺院的入口处还有很多出售护身符的露天商店。

前往方法

从曼谷出发
AIR 从廊曼国际机场出发，飞鸟航空1天有1个航班。详细内容参考网页（→p.503）。
BUS 从北部巴士总站需要大约8小时，VIP车661泰铢，一等车511泰铢，二等车330泰铢。

从清迈出发
BUS 从拱廊巴士总站出发需要大约4小时30分钟，VIP车274泰铢，一等车176泰铢，二等车137泰铢。

吊顶上的精美装饰也不容错过，值得一看

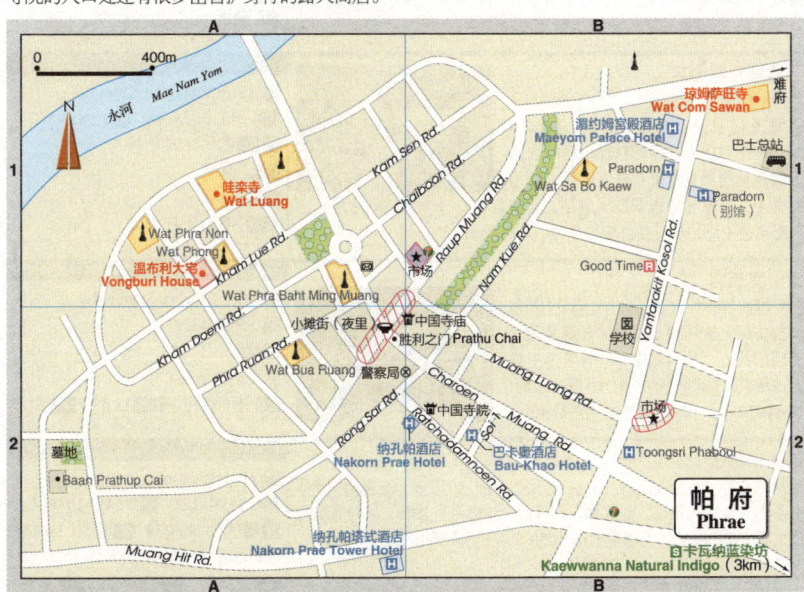

291

旅游小贴士

特产专卖店

从琼姆萨旺寺前的大街向难府方向走1公里左右（特萨班大街的4–11胡同），这里可以看到很多出售帕府特产蓝色棉布衬衫的商店。

哇栾寺
费 免费

位于哇栾寺内的清盛风格古代佛塔

温布利大宅
住 Phra Non Tai Rd.
电 0-5462-0153
开 每天 9:00~17:00
费 30 泰铢

哇栾寺 Wat Luang
Map p.291-A1
拥有近 1200 年历史的寺院

寺院建造于 829 年，是和城市几乎同步建造起来的历史悠久的寺院。八角形状的古代佛塔是清盛风格的建筑。寺院的东侧保留着用砖建成的像塔的建筑。现在封堵起来了，猜想这里可能原来是城墙的一部分，是通往城区的入口。

温布利大宅 Vongburi House
Map p.291-A1
靠柚木发家的富商宅邸

温布利大宅的外观简直就像一座艺术作品

曾经统治帕府周边地区的王国的最后一个王子卢安·蓬皮布通过独占柚木木材的经营权而发家致富。1897 年建立了这所大宅，现在作为博物馆对外开放。建筑物全部用精致的木雕装饰，这座建筑本身就像是一件艺术品。这座博物馆内展示了很多古董收藏，以及柚木交易时使用的古代书籍等。特别珍贵的是这里有一本古老文书，记载着 1900~1905 年用 3142.75 泰铢买了 69 个奴隶。

酒 店
Hotel

沿街有两家高档酒店，在新城区有三家中档酒店。其他的都是一些便宜的旅馆。

纳孔帕塔式酒店
Nakorn Phrae Tower Hotel 高档酒店
Map p.291-A2

◆纳孔帕塔式酒店是帕府数一数二的高档酒店。客房内带浴缸，特别受欢迎。酒店位于稍微远离新城区的位置，在通向南邦的路旁，所以如果去市里逛会有些不方便。酒店周围零星分布着 KTV 等设施。

住 3 Muang Hit Rd.
电 0-5452-1321
FAX 0-5452-3503
费 AC S T 650~2500 泰铢
CC M V　房间数 139 间
WiFi 免费

湄约姆宫殿酒店
Maeyom Palace Hotel 高档酒店
Map p.291-B1

◆稍微有些古旧的高档酒店。装饰华丽，有一种让人平静的氛围。可以在这里悠闲地泡澡。这里有露天餐厅，使用的桌子、椅子和地板都是木制品。建筑后面有一个大型的泳池。酒店距离巴士总站步行仅需要 3 分钟，特别近。

住 181/6 Yantarakit Kosol Rd.
电 0-5452-1028~34　FAX 0-5452-2904
费 AC S T 1000 泰铢~
CC J M V
房间数 104 间
带泳池　WiFi 免费

巴卡奥酒店
Bau-Khao Hotel 经济型酒店
Map p.291-B2

◆模仿豪宅使用柚木材质的外观是这家酒店的特点，价钱适中，适合来这里住宿。所有客房均配有空调、电视、冰箱、热水淋浴等，不同房间价格差别很大。

住 Soi 1, Charoen Muang Rd.
电 0-5451-1372
费 AC S T 350、450、550、600 泰铢（不含早餐）
CC 不可使用　房间数 18 间　WiFi 免费

纳孔帕酒店
Nakorn Prae Hotel 经济型酒店
Map p.291-A2~B2

◆距离老城区比较近。建筑物有些陈旧，走廊有些昏暗，但是客房内部比较干净。所有客房都带电视。450 泰铢的房间带电视和冰箱。

住 69 Ratchadamnoen Rd.
电 0-5451-1122　FAX 0-5452-1937
费 F S T 290 泰铢　AC S T 350~400 泰铢（不含早餐）
CC J M V　房间数 120 间　WiFi 免费

彭世洛 *Phitsanulok* พิษณุโลก

前往素可泰的中转站，历史悠久的城市

彭世洛位于难河沿岸，是素可泰时代的首都，也是大城（阿瑜陀耶）王朝的一个重要城市，历史悠久，繁盛一时。市区北部的帕西雷达纳玛哈泰寺（雅伊寺）供奉着的主佛被称为"泰国最美的佛像"，十分有名。

城市中心的火车站

曼谷
文前图正面-C3

Thailand North
泰国北部
●帕府 / 彭世洛

彭世洛 漫步

彭世洛的城区是以火车站为中心发展起来的。景点距离火车站稍微有点远，乘坐嘟嘟车或者摩托车会比较方便。嘟嘟车在市内移动是50泰

车站前非常宽阔

前往方法

从巴士总站到火车站周边可乘坐市内公交1号线，10泰铢~。嘟嘟车或双条车60泰铢。

从曼谷出发
AIR 从廊曼国际机场出发，飞鸟航空1天2~3次航班，1490~2490泰铢。
BUS 从北部巴士总站出发需要大约6小时，8:00~18:15期间，1小时有1~2班车。夜里20:00~次日0:00共计7班车。VIP车382泰铢，一等车270泰铢，二等车245泰铢。
RAIL 从华兰蓬火车站需要5~7小时。根据列车不同价格也不一样。一等卧铺票964~1164泰铢，二等卧铺票409~739泰铢，二等坐票269~379泰铢。三等坐票179~219泰铢。特快车票479泰铢。

从清迈出发
BUS 从拱廊巴士总站出发，经过达府，有428公里，需要大约6小时。一等车311泰铢，二等车242泰铢。也有经过Utaradit的大巴车。
RAIL 需要7~8小时。根据列车不同费用也不一样。一等卧铺票945~1145泰铢，二等卧铺票400~640泰铢，二等坐票260~370泰铢，三等坐票175~215泰铢。特快车票470泰铢。

从素可泰出发
BUS 7:50~23:00期间每隔30分钟~1小时就有一班车。大约需要1小时，二等车50泰铢。

实用信息

① TAT
MAP p.293-A2
209/7-8 Borom Trailokanat Rd.
☎ 0-5525-2742~3
开 每天 8:30~16:30
旅游区警察局
MAP p.293-A1 外
☎ 1155、0-5525-8777

293

旅游小贴士
打表出租车

打表出租车比嘟嘟车等强势，不会在车站前或者客流量较大的地方停车拉活，路上的流动车也不多。如果打算使用时，从住宿的地方等叫车就可以。

铢左右，摩托车是30~50泰铢。铁路和难河中间的地带是繁华地带。从车站前的环岛步行5~6分钟就可以到达河边。距离车站较近的市场北侧，从傍晚开始就会变成小摊街。难河大桥下面每天晚上都有夜市。有很多餐饮小摊、服饰品的露天小店等，一直到深夜都人头攒动，十分热闹。巴士总站位于从市区向东大约2公里的位置。从素可泰方向来的巴士，过桥后就可以在巴士车站下车，十分方便（市区内最大的河就是难河，也是标志）。

彭世洛 主要景点

帕西雷达纳玛哈泰寺（雅伊寺）
开 每天 8:00~18:00
费 免费

帕西雷达纳玛哈泰寺（雅伊寺）
Wat Phra Sri Ratana Mahathat (Wat Yai)
Map p.293-A1

堪称泰国最美的彭世洛守护佛像

旅游小贴士
如果错过了去往素可泰的巴士末班车

如果乘坐嘟嘟车前往，差不多要花费1000泰铢的费用，乘坐打表出租车会更快更便宜（300~400泰铢）。出租车有好几个公司，可以去火车站咨询处或者巴士总站咨询。

寺院是1357年建立的。寺院内宏伟的正殿是大城时代后期建造的，大门采用精细螺纹珍珠贝进行装饰。正殿后面是一座高达36米的高棉风格的佛塔，被回廊围绕。正殿内供奉着一尊3.5米高的佛像，佛像的尊称是"清纳拉特佛"。是寺院建造的时候，统治当地的国王命令建造的3尊佛像之一，极其优雅美丽。

金碧辉煌的清纳拉特佛

民俗资料博物馆
地 26/138 Wisutkasat Rd.
电 0-5521-2749、0-5525-8715
开 每天 8:30~16:30
费 50泰铢
交 从TAT步行过去大约20分钟

佛像铸造所
MAP p.293-B2 外
开 每天 8:00~17:00   **费** 免费

民俗资料博物馆 Folklore Museum
Map p.293-B2 外

展示着一位博士收藏的民间工艺品

西纳卡林大学的塔维博士，历经了20多年的时间，从泰国各地搜集民间艺术品，本馆内展览的物品都是由塔维博士收集而来。在一个狭小的空间内展示了餐具、炉灶、捕鼠器、牛车等各式各样和生活有着紧密联系的物品。出了博物馆向右走50米左右，有一家佛像铸造所，可以在这里参观制作佛像的过程。

酒 店
Hotel

托普兰酒店
Topland Hotel & Convention Centre
酒店
Map p.293-A1

◆托普兰酒店是彭世洛屈指可数的大型酒店。和商场为一体的16层建筑，购物特别方便。酒店内的装修比较正统。酒店内有泳池和水疗馆等设施。距离帕西雷达纳玛哈泰寺比较近，步行5分钟即可到达。

地 68/33 Akathodsarod Rd.
电 0-5524-7800
传 0-5524-7815
URL www.toplandhotel.com
费 Ⓐ Ⓒ Ⓢ Ⓣ 1600~2400泰铢
CC A D J M V   **房数** 253 间
带泳池 **WiFi** 免费

阿玛琳纳孔酒店
Amarin Nakorn Hotel 　　　　　　　　酒店

Map p.293-A2

◆距离火车站步行大约3分钟即可到达，是一家11层高的中档酒店。一层有24小时营业的餐厅，适合等火车或者巴士的旅客打发时间。建筑物稍微有些古旧，特别是下水配套设施有些老化。如果不需要早餐可以便宜200泰铢。

住 3/1 Chaophraya Rd.
电 0-5521-9069
FAX 0-5521-9045
费 AC S T 700~900 泰铢
CC 不可使用
房间数 116 间
WiFi 免费

泰国北部

丽泰旅馆
Lithai Guest House 　　　　　　　　旅馆

Map p.293-A2

◆公寓式旅馆，有一部分是面向长期停留的旅客居住用。环境一般，但是很干净。带空调的房间也带早餐。580泰铢的双人房特别舒适。前台在大楼中的办公室里，不太显眼。

住 73/1-5 Phyalithai Rd.
电 0-5521-9626~9
FAX 0-5521-9627
E lithaiphs@yahoo.com
费 F S T 300 泰铢 　 AC S 400 泰铢
T 580 泰铢
CC M V
房间数 60 间
WiFi 免费

● 彭世洛

餐 厅
Restaurant

萨维克帕克本宾餐厅
Savic Pukbunbin

Map p.293-A2

◆餐厅位于夜间市场的南端，是彭世洛有名小吃"飞炒空心菜"特别拿手的餐厅。如果点飞炒空心菜（50泰铢），还可以观看表演，只不过看表演是要组团来，人多的时候，或者被要求的时候才表演。一般不会出来演出。

住 Night Bazaar
营 每天 17:00 左右~次日 1:00 左右
CC 不可使用

295

Thailand North

曼谷 ●
文前图正面-B3

素可泰 *Sukhothai* สุโขทัย

泰民族最初的独立国家的遗迹，是全人类共同的文化遗产

实用信息

TAT
MAP p.296-A2
TEL 0-5561-6228
OPEN 每天 8:30～16:30

可以在这里领素可泰的地图和宣传手册。新城区位于稍微向西的位置。

寺院内零星分布着建筑物的银贡寺

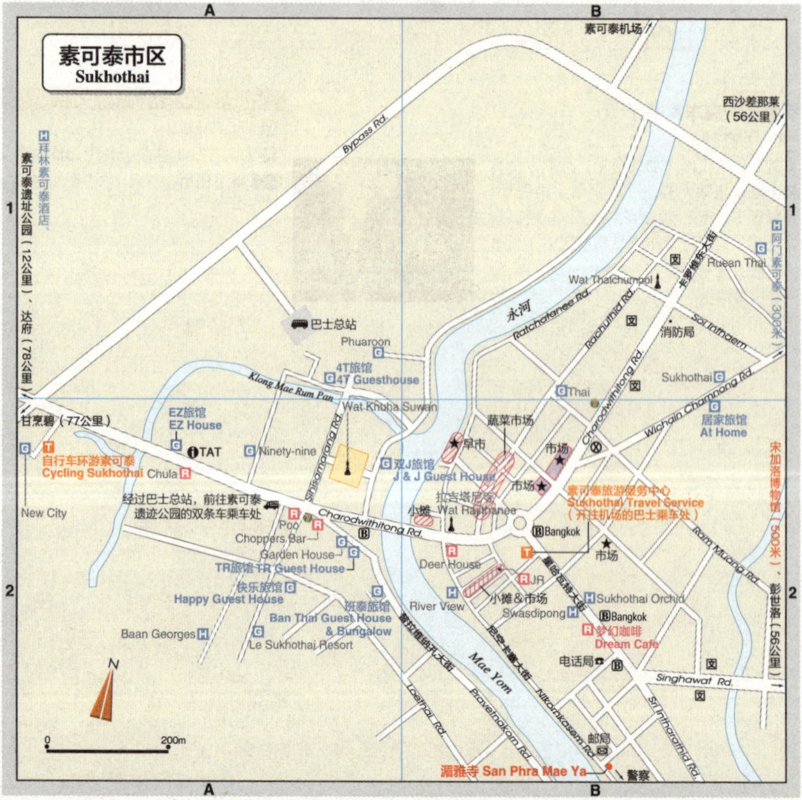

素可泰第三代国王兰甘亨大帝（1279~1300）在位期间创下了很多丰功伟绩，例如将小乘佛法引入泰国、从中国元朝引进烧制青瓷的工艺并延伸出新的烧制方法、对高棉文字进行改良创建了泰国文字并刻入石碑等。据说兰甘亨大帝时代，池塘有鱼，田地有米，创造了素可泰王朝最鼎盛时期。素可泰

过了桥就可以看到遗迹

王朝名字的意思是"幸福的黎明"，以此来形容当时的繁盛正合适。不过之后逐步衰败，1378年被大城王朝吞并，短短140年短暂且光辉的历史落下帷幕。现在的素可泰，还有一些素可泰王朝以前受高棉影响的遗迹，素可泰王朝时代修建的很多寺院的遗迹零星地分布在广阔的草原和丘陵地带。

素可泰 漫步

素可泰的市区位于永河的沿岸。城市的中心是卡罗维东大街（Charodwithitong Rd.）和星哈瓦特大街（Singhawat Rd.）的交叉路口的环岛（MAP p.296-B2）。这周边每天晚上都有很多小摊，特别是周三、周四的18:00~22:00，热闹非凡。银行和商场也集中在这一区域。河流的对岸，是普拉维纳孔大街（Pravethnakorn Rd.）。周边有很多旅馆和面向游客的餐厅。如果是市内短途活动，可以乘坐嘟嘟车或摩托车（50泰铢~），特别方便。

■ 前往素可泰遗址公园的交通方法

素可泰遗址公园位于素可泰市区向西12公里的一个叫姆安·卡奥（Muang Kao，"古老城镇"之意）的地方。合乘双条车前往会比较便宜。从市里渡过永河大约200米的左侧有前往姆安·卡奥的双条车乘车处。等乘客达到一定数量后才发车（6:00~17:30期间，大体每隔20分钟一趟车。费 30泰铢）。一般30分钟就可以到达城墙内的兰甘亨国家博物馆（MAP p.299）附近。

素可泰遗址公园入口

■ 漫步素可泰遗址公园

公园的总面积大约为70平方公里，如果要转完所有地方要花费整整一天。为了更有效率地参观，可以租一辆自行车（30泰铢）或摩托车（200泰铢）。双条车的终点站附近有几家店铺。停车场旁边也可以租到（40泰铢）。从市内租赁嘟嘟车或摩托车也是一个方法，费用要商谈。

▶ 前往方法

从曼谷出发
AIR 从素万那普国际机场出发曼谷航空每天2个航班，需要大约1小时20分钟。2350~3150泰铢。
BUS 从北部巴士总站出发有两条线路，每条线路都需要大约7小时。1天有40多班车，下午~傍晚的巴士较少。一等车319泰铢，二等车248泰铢。

从清迈出发
BUS 从拱廊巴士总站出发二等车6:00~19:30期间有11班车，大约需要6小时，213泰铢。一等车也有很多班，274泰铢。

从彭世洛出发
BUS 6:00~17:00期间每隔30分钟~1小时就有1班车，大约需要1小时，二等车50泰铢。

从湄索出发
BUS 迷你巴士一天有8班车，有的时候经常会取消，去达府换乘会比较快。

从大城出发
BUS 乘坐从曼谷出发中途在大城停车的巴士，需要大约6小时，费用和从曼谷上车时一样。

▶ 旅游小贴士

从巴士总站到市里
从巴士总站到市里，可以乘坐前往 New City（新城区）的合乘双条车（20泰铢），或者租一辆嘟嘟车（60泰铢）。

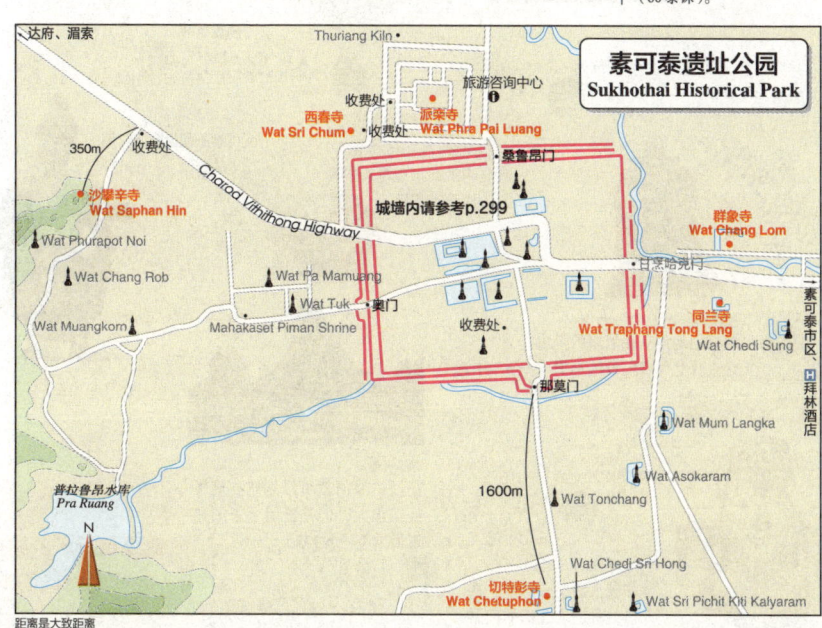

素可泰遗址公园 Sukhothai Historical Park

距离是大致距离

素可泰旅游计划 1DAY

推荐给追求高效、到处都想转的游客

🚶：步行
🚲：自行车
🚐：双条车

开始
从新城区的乘车处，前往素可泰遗址公园，可以乘坐双条车
MAP p.296-A2

乘坐双条车 30分钟

骑自行车1分钟

在双条车的终点站下车，在前面的商铺处租一辆自行车。

玛哈泰寺
遗址内最大的寺院。十分值得观赏（→p.300）

素可泰独特的风景

银贡寺
这里保留着行走佛的雕刻。（→p.301）

骑自行车5分钟

骑自行车3分钟

西沙分寺
可以看到耸立着3座高棉风格佛塔的一个小寺院（→p.300）。

沙西寺
建筑物像是漂浮在池塘中（→p.301）。

骑自行车3分钟

骑自行车3分钟

兰甘亨国家博物馆
避开下午的酷暑，在博物馆内悠闲地参观吧（→p.302）。

骑自行车1分钟

骑自行车1分钟

骑自行车5分钟

可以临时从遗址出来，在城市的餐厅吃个饭。
遗址内没有可以吃饭的地方，外面有餐厅。

兰甘亨大帝纪念碑
素可泰王朝最鼎盛时期的国王的雕像（→p.302）。

无上荣耀的君主~

诺帕爱神殿
静悄悄地建立在道路的旁边。是去往北面寺院群的标识（→p.301）。

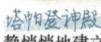

派鸾寺
穿过护城河就可以到达。规模虽然很大，但是遗留下来的建筑很少（→p.302）。

提到素可泰，一定要看这尊佛像

骑自行车10分钟

骑自行车5分钟

西春寺
体积较大的坐佛佛像。在入口处买进入北部的门票（→p.302）。

骑自行车15分钟，返回素可泰遗址公园

终点
退还自行车，乘坐前往新城区的双条车。

素可泰　主要景点

素可泰遗址公园 Sukhothai Historical Park　Map p.297
被列为世界遗产的遗址群

อุทยานประวัติศาสตร์สุโขทัย เมืองเก่า

数百年间遗址群一直荒废在茂密的森林中，后来泰国艺术局和联合国教科文组织协力对其进行修复，建立起了扩大了的素可泰遗址公园。公园内铺满了草坪，池塘里的荷花盛开绽放。城墙内主要的遗址有36处，城墙外有90处，除此之外，还有一些小型的，合计能够达到300处以上。

素可泰遗址公园为了方便起见，一共划分了5个区，分别是被东西方向约1800米和南北方向约1600米的三重城墙包围的城墙内（中心部）和城墙外的东部、西部、南部、北部5个区域。城墙内、西部、北部要单买门票才能进入。北侧的派銮寺前，有一座模仿泰国北部建筑风格的旅游咨询中心。这里准备的大部分都是泰语的资料，通过遗址公园的模型可以很好地把握整体。可以向工作人员询问要一本宣传册。

城墙和城墙内部的景点

城墙有东、西、南、北四个门，每扇门前都吊挂着一口钟，每当国民需要国王的帮助或者调停的时候，就会敲响这口钟。城墙内有宫殿和王室寺院。

素可泰遗址公园

- 城墙内　　100泰铢
- 城墙西部　100泰铢
- 城墙北部　100泰铢

各个区域，骑自行车入场的费用要追加10泰铢，摩托车追加20泰铢，机动车追加50泰铢。在这里可以租导游器（150泰铢），在入口处就可以领到公园地图。

每天 6:30～19:00（售票截止到18:00）。城墙西侧的售票处经常没有人。

实用信息

❶ 旅游咨询中心
- MAP p.297
- 0-5569-7232
- 每天 8:00～16:00

警察
- MAP p.296-B2 外
- 257 Nikornkasem Rd.
- 0-5561-1199

素可泰的旅游咨询中心

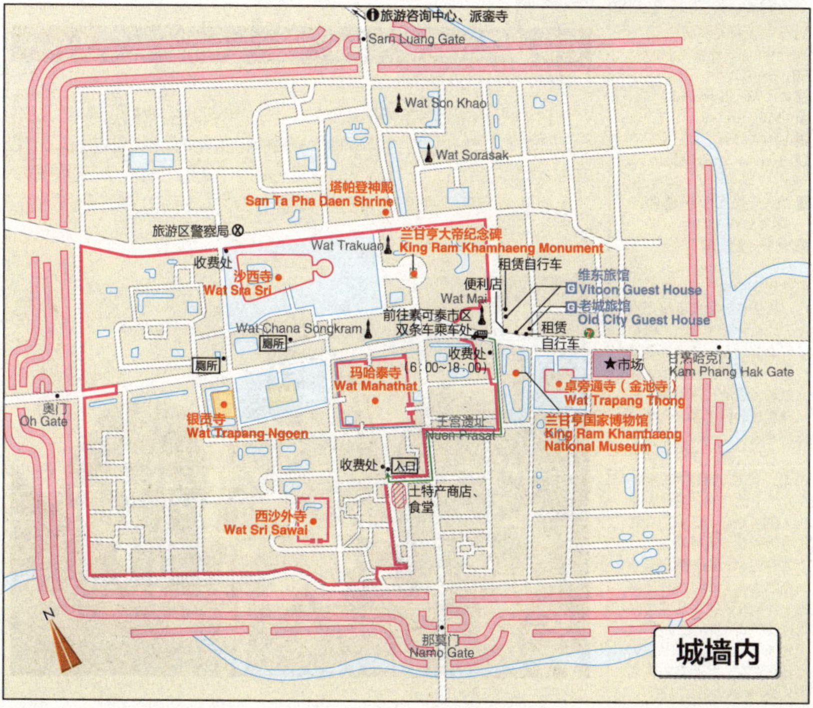

原本是有屋顶的，现在只残留了石柱和佛像

实用信息

邮局
p.296-B2
241 Nikornkasem Rd.
0-5561-1645
周一～周五 8:30～16:30
周六·周日 9:00～12:00

旅游小贴士

从机场前往市内的方法
这里有航班配套的巴士。停在新城区星哈瓦特大街的素可泰旅游服务中心门前（需要大约30分钟，180泰铢）、拜林素可泰酒店（250泰铢）、遗址公园（300泰铢）。去机场的话，从市区到素可泰旅游服务中心前乘车，乘车时间为航班起飞前1小时30分钟。提前2天进行预约。

素可泰旅游服务中心
Sukhothai Travel Service
p.296-B2
10-12 Singhawat Rd.
0-5561-3075~6
0-5661-1505
sukhothai_travel@hotmail.com
周一～周五 8:00～17:00
周六 8:00～15:30
周日·节假日

长途巴士中途下车也方便
从曼谷出发或者清迈出发，经由达府（Tak），前往素可泰的巴士，基本都会穿过遗址公园到达新城区，因此想观光遗址公园的游客可以在遗址公园下车。上车时提前和司机说一声，要去素可泰遗址公园，而不是到素可泰，司机就会在那里停车。巴士的终点站是维素旅馆（p.299）前，可以在那里办理入住，也可以先把行李寄存起来，租一辆自行车回来逛遗址公园。另外在姆安·奥卡可以购买从素可泰前往曼谷或大城的巴士票（1天6班车），没有必要特意去新城区买票。到机场的大巴票（300泰铢）也可以预订。

玛哈泰寺 Wat Mahathat   Map p.299
素可泰的王室寺院

玛哈泰寺内耸立的石柱子给人印象深刻

玛哈泰寺位于城墙内几乎中央的位置，是素可泰最重要的王室寺院。经过反复的增建、修复，结构变得特别复杂。西面和南北被护城河环绕，大约200平方米的寺院内，总共有209座塔、10个参拜堂、8处僧院堂以及4个池塘等零星地分布于其中。寺院中心是一座素可泰独特建筑风格的巨大莲花花蕾形佛塔。围绕这座佛塔四周的是四座塔身装饰有斯里兰卡风格的浮雕的佛塔，寺院的四角上有兰纳风格的圆锥形佛塔。而且佛塔的塔座处有释迦牟尼的弟子们的参拜像。莲花座台的两侧有一对建筑物，供奉8米高的佛像。最引人注目的是东侧两根大柱子之间坐在高高的砖台座上的巨大佛像。这是大城王朝时代增建的部分。白天沐浴着阳光投下影子，和矗立在夕阳中的样子，这两种不同的风景对照起来特别美丽。从池塘对面看过来，特别迷人。紧靠玛哈泰寺东侧一带，据推测以前有木造建筑的宫殿，如今只剩底座的残砖剩瓦。

西沙外寺 Wat Sri Sawai   Map p.299
三座高棉式佛塔引人注目

西沙外寺位于玛哈泰寺南面350米处，寺院内有高棉式佛塔。很早之前寺院是作为印度教的神殿修建起来的，后来成了佛教的寺院。三座高棉式佛塔耸立在红土和砖瓦的中间。底座不大是它的特点，即使底座不大也能承受塔身的重量。每座佛塔都有内饰，中间的佛塔通过内部的通道和圣殿相连。

三座并排而立的高棉式佛塔

银贡寺 Wat Trapang Ngoen

Map p.299

被称为"银池"的寺院

玛哈泰寺西侧有一个被称为"银池"的长方形水池。这个水池西侧保留着银贡寺佛塔和坐在砖上的佛像。佛塔形状为莲花花蕾,上层供奉有立佛和行走佛。水池的中央有一个小岛,上面有一座破损了的底座和破旧的参拜堂。

可以看到行走佛的浮雕

水池中有一个小岛的寺院

卓旁通寺（金池寺）Wat Trapang Thong

Map p.299

"金池"寺院

兰甘亨国家博物馆的东侧有一个大型水池。这个水池被称为"金池"。池塘中央的小岛上有一座被称为卓旁通寺的寺院,与银贡寺相对。

沙西寺 Wat Sra Sri

Map p.299

度过桥就可以达到

沙西寺位于兰甘亨大帝纪念碑西侧水池的小岛上,保留了佛塔、正殿、参拜堂。水池上有一座桥,可以走过桥近距离参观。中心是斯里兰卡风格的吊钟形状佛塔。保留着柱子的素可泰风格正殿还残留了巨大的佛像。

沙西寺的斯里兰卡式佛塔

塔帕登神殿 San Ta Pha Daen Shrine

Map p.299

素可泰现在最古老的建筑物

塔帕登神殿位于玛哈泰寺的北侧,据说是建造吴哥寺的吴哥王朝苏利耶跋摩二世（1113~1150）时代建造的。这是一座用红土砖瓦建造的小型印度教祠堂,登上台阶后,到达神殿的里面,可以看到很多尊与吴哥寺里面相同风格的印度教神像。

被称为素可泰遗址公园里最古老的建筑物

旅游小贴士

在素可泰租赁摩托车

素可泰遗址公园附近,城墙内外的车流量都比较小,而且这里的车辆都比较遵守交通规则,租赁摩托车的游客反映都比较安心,没有太大的危险。租赁摩托车时不需要游客提供驾照,只需要把护照押在那里就可以。但是,如果没有驾照骑车出了交通事故,则得不到海外旅游保险的赔偿。

推荐的摩托车租赁店

TR旅馆（Map p.296-A2）租赁的摩托车,客户的评价是摩托车保养得非常好。截至当天 19:00 还车需要 150 泰铢, 24 小时 200 泰铢,不含保险。
☎ 0-5561-1663
⏰ 每天 6:30~22:00

在岛上建有佛塔和礼拜堂的卓旁通寺（金池寺）

遗址公园内的设施

在收费处旁边的停车场有食堂、特产商店、厕所（3泰铢）,城墙北侧的西春寺附近有小型的特产商店。公园内没有餐饮设施,买票后,当天可以自由出入,可以外出吃饭。如果打算在公园内参观较长时间,可以准备好期间饮用的水。

在遗址公园内要注意的!

2007 年 11 月,素可泰遗址公园发生了一起让人痛心的恶性事件,一名去园内单独参观的国外女性游客惨遭杀害。至今罪犯尚未抓捕归案,之后的搜查状况也不明朗。素可泰遗址公园内特别宽敞,除了城墙内部,其他的区域人烟稀少,特别是受害人遇害的沙攀辛寺附近等城墙西侧,即使白天也很少有人经过。参观遗址公园的时候,叫上旅馆的同伴一起前来,尽量人数多点来参观。

受泰国国民爱戴的兰甘亨大帝

兰甘亨国家博物馆
☎ 0-5569-7367
开 每天 9:00~16:00
费 150 泰铢（外国游客费用，馆内禁止拍照）

旅游小贴士

古遗址保存完好
素可泰遗址虽然比大城遗址历史更悠久，但是要比大城遗址保存更加完好。这是因为素可泰时代的寺院柱子材质是砖瓦，不过屋顶是木质构造的没有保存下来。大城时代的柱子和屋顶全是木质构造，只有佛塔和寺院的基础部分是由砖瓦建造。现在保留下来的也就是由砖瓦建造的部分。比素可泰历史更久远的是高棉时代的寺院，柱子、屋顶等全部都是石头建造的，所以保存的状态更加完好。

池中小岛上保留下来的拜殿
佛教信仰中，水是清净的象征。拜殿堂建造在了被水包围的小岛上，是"要在更加神圣的区域举行宗教仪式"的佛教理念具体现实化的体现。

骑自行车游览素可泰
T 自行车环游素可泰
Cycling Sukhothai
MAP p.296-A2
☎ 0-5561-2519
🌐 cycling-sukhothai.com
从新街区出发的骑自行车环游素可泰有半天团和一天团。巡游遗址公园是8:00开始（需要5~6小时）。费用根据人数有所不同，需要咨询。

兰甘亨大帝纪念碑
King Ram Khamhaeng Monument
纪念伟大的帝王

Map p.299

这是带来了素可泰最鼎盛时期的兰甘亨大帝的雕像。右手持佛教经典，左手的姿势是在向人民讲授经书，大帝坐在玉座之上，玉座上面的浮雕展示了大帝一生的丰功伟绩。凛然而充满慈爱的表情，向人们诉说着这位伟大帝王的品格。

兰甘亨国家博物馆
King Ram Khamhaeng National Museum
介绍素可泰的博物馆

Map p.299

兰甘亨国家博物馆开业于1964年。馆内搜集了素可泰以及周边地区发掘的艺术品和古董。展示了素可泰遗址的模型和以素可泰独特风格而闻名于世的行走佛，还有从主要寺院挖掘出的众多佛像，也展示了印度教的男根和女阴。

可以在这里参观各种佛像

城墙北侧的景点

派銮寺 Wat Phra Pai Luang
保留在佛塔上的雄伟浮雕

Map p.297

派銮寺位于城墙北侧约500米的位置，是素可泰仅次于玛哈泰寺的第二重要的寺院。东侧的佛塔被坐在佛塔台座上的佛像包围。以前这里有与西沙外寺类似的3座佛塔，现在仅存北侧的1座佛塔。表面有精致的浮雕装饰，另外还保留着描绘有各种佛陀姿态的浮雕。

可以看到残留下来的极少一部分装饰

西春寺 Wat Sri Chum
供奉在一堆石柱中的佛像

Map p.297

西春寺是象征着素可泰的寺院，位于派銮寺向西1公里的位置。寺院的正殿32平方米，没有屋顶，高15米，墙壁的厚度是3米，正殿内供奉着一尊巨大的佛像，佛像巨大的手掌结成降魔印。佛像采用砖瓦建造后用砂浆涂抹，因为进行过修缮，现在的保存状态很好。根据兰甘亨大帝纪念碑的碑文记载，这尊佛像被称为"阿迦纳"，意思是"无所畏惧佛"。现在还有很多人信奉这尊大佛。

通过墙壁的缝隙可以窥视里面的阿迦纳佛

象征着素可泰的阿迦纳佛

城墙南侧的景点

切特彭寺 Wat Chetuphon　　Map p.297
正殿的墙上残留着行走佛的佛像

　　切特彭寺位于城墙的南侧，距离那莫门大约 1.5 公里，是素可泰王朝后期的重要寺院。本寺院是城墙南侧保存下来最大的遗址，宽敞的寺院内有很多石柱子并列着。正殿的四面供奉着坐佛、立佛、卧佛、行走佛四尊佛像。如今保存相对完好的只有行走佛。

定格了行走佛走路姿势的切特彭寺

城墙东侧的景点

同兰寺 Wat Traphang Tong Lang　　Map p.297
曾经是素可泰艺术上的最高杰作

　　同兰寺位于城墙的东侧，距离甘烹哈克门 1 公里左右，是一座方形的建筑物。正殿的外墙入口处为拱形，据说正殿外墙雕刻有十分美丽的浮雕。正殿外墙南侧描绘有被仙女簇拥从天而降的佛陀，西侧描绘有向父亲和亲戚讲经的佛陀，北侧描绘有回家后准备为妻子讲经的佛陀。特别值得一提的是，南侧的浮雕被誉为素可泰艺术的最高杰作。但遗憾的是，现在只有一些石灰的痕迹。坍塌前的浮雕在兰甘亨国家博物馆进行展览，东侧有参拜堂的遗迹。

同兰寺的装饰大多已经脱落

群象寺 Wat Chang Lom　　Map p.297
保留着被大象支撑的佛塔

　　群象寺位于遗址公园入口向东 1 公里的位置。吊钟形状的佛塔基座仿佛是在由 32 头大象支撑着，造型独特，独一无二。同样风格的佛塔在甘烹碧和西沙差那莱也有。

塔的基座看上去是由大象支撑着的群象寺佛塔

城墙西侧的景点

　　城墙西侧是广阔的丘陵地带。这一带游客较少，出于安全方面的考虑建议组团前去。

沙攀辛寺 Wat Saphan Hin　　Map p.297
可以眺望素可泰遗址公园

　　从西春寺向南走，来到通向达府方向的道路上，然后向西北走，就

山丘上残存的沙攀辛寺的佛像

可以看到山丘上耸立的佛像。这里就是沙攀辛寺。正如寺院的名字"沙攀辛（石桥）"，路上铺满了石子，像是石桥一样，一直通往高达200米的山丘顶。途中有一座莲花花蕾状的佛塔，寺院的中心在山丘顶上，背对着厚厚的砖墙，有一座叫作"阿塔罗"的佛像，高度为12.5米，举着右手向东眺望。从这里可以看到被绿色植被覆盖的公园和田地。虽然有点远，却是不可错过的景点之一。

新城区的景点

湄雅寺
免费

每天都有很多人前来参拜

宋加洛博物馆
0-5561-4333
每天 8:00~17:00
100泰铢
位于远离市区2公里的位置，可以乘坐嘟嘟车前往，为了归来的时候方便，让嘟嘟车等着，加上等待时间，往返200泰铢左右。

湄雅寺 San Phra Mae Ya　　　　Map p.296-B2
很多当地人前来参拜的寺院

据说湄雅寺是兰甘亨大帝为了祭祀母亲的亡灵建造的寺院，寺内有一座小的正殿，供奉着湄雅石像。

宋加洛博物馆 Sangkhalok Museum　Map p.296-B2 外
如果想了解宋加洛瓷器

一层展示了宋加洛等泰国（素可泰王朝）瓷器的历史、素可泰周边出土的青铜器、古代同中国进行贸易获得的中国铜钱。二层的主题是陶制佛像和器具，也有介绍泰国人思想和哲学的展区。

 酒　店
Hotel

拜林素可泰酒店
Pailyn Sukhothai Hotel　　　　高档酒店

◆酒店位于素可泰市区和素可泰遗址公园相连的大路上，是素可泰首屈一指的高档大酒店。距离新城区和观光景点有一定的距离，可以乘坐酒店前去往新城区和遗址公园的双条车前往。

Map p.296-A1 外
住 10/2 Moo1, Charodwithitong Rd.
电 0-5563-3335~9　传 0-5561-3317
URL www.pailynhotel.com
费 AC S T 1200泰铢~
CC J M V　房间数 236间
带泳池 WiFi 免费（仅大堂周边可以使用）

阿门素可泰
Amorn Sukhothai　　　　经济型酒店

◆酒店位于素可泰市区外围的道路对面，是一家以功能性很强的中档酒店。比旅馆还便宜的住宿费是一大魅力亮点。全部客房都带热水淋浴、电视。大厅中午有免费的咖啡服务。场地内有大型超市（营 每天 8:30~18:30）和 ATM，非常方便。

Map p.296-B1 外
住 Wichian Chamnong Rd.
电 0-5561-0444
传 0-5561-0447
URL www.amornsukhothai.com
费 AC S T 450泰铢　套房 1000泰铢
CC J M V
房间数 76间　WiFi 免费

TR 旅馆
TR Guest House　　　　旅馆

◆ TR 旅馆在游客中非常有人气，是很受游客欢迎的一家旅馆。瓷砖地板让酒店显得十分亮堂干净，旅馆价格适宜，很整洁。这里也有面向庭院的小屋。在大厅可以享用早点。

Map p.296-A2
住 27/5 Pravetnakorn Rd.
电 0-5561-1663
URL www.sukhothaibudgetguesthouse.com
费 F S T 300泰铢　AC S T 450泰铢　小屋 AC S T 600泰铢
CC 不可使用　房间数 27间　WiFi 免费

居家旅馆
At Home

旅馆

◆像是泰国古老木构造民宅的房间很有设计感。一层有餐厅，入口和里面有庭院，这里还有面向池子的小屋风格的房间。

Map p.296-B2
住 184/1 Wichian Chamnong Rd.
TEL 0-5561-0172　FAX 0-5561-0173
URL www.athomesukhothai.com
费 F Ⓣ350~400 泰铢（公共卫浴）
　　Ⓣ450 泰铢~600 泰铢
　　AC Ⓢ Ⓣ600~850 泰铢
小屋　AC Ⓢ Ⓣ800~1000 泰铢
CC 不可使用　房间数 15间　WiFi 免费

双J旅馆
J & J Guest House

旅馆

◆这是一家比利时人和泰国人夫妇经营的老旅馆。小屋风格的房间有双人间和单人间两种，价格相同。在面向河边的餐厅区域内用餐心情愉悦。旅馆自制的面包非常好吃。

Map p.296-A2
住 12 Koohasuwan Rd.
TEL 0-5562-0095、08-1785-4569
费 AC Ⓢ Ⓣ600~700 泰铢
CC 不可使用
房间数 8间
WiFi 免费

4T旅馆
4T Guesthouse

旅馆

◆全部客房都带热水淋浴。有两个泳池，一个是儿童专用。2010 年全部改造完毕。场所是以前双J旅馆的场地。

Map p.296-A1
住 122/7 Soi Maeramphan
TEL 0-5561-4679
费 F Ⓢ Ⓣ300~400 泰铢
　　AC Ⓢ Ⓣ400~600 泰铢
CC 不可使用
房间数 24间　带泳池　WiFi 免费

班泰旅馆
Ban Thai Guest House & Bungalow

旅馆

◆旅馆内有泰式住宿楼和小屋风格房间，干净清洁，像是住在家里一样的感觉，评价较高。所有的房间都有热水淋浴。这里还配有餐厅，口味评价特别好。可以租赁摩托车、自行车。

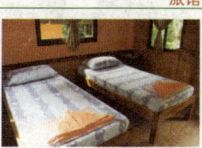

Map p.296-A2
住 38 Pravetnakorn Rd.
TEL 0-5561-0163
E banthaiguesthouse@gmail.com
费 F Ⓢ Ⓣ250 泰铢（公共卫浴）
　　AC Ⓣ500 泰铢
小屋 AC Ⓢ Ⓣ500 泰铢
CC 不可使用　房间数 18间　WiFi 免费

快乐旅馆
Happy Guest House

旅馆

◆2012 年新开业的旅馆，瓷砖地板非常干净。面向新城区的7-11，右手边有条小道，向里走 150 米左右就可以看到这家旅馆。老板的大儿子出过国，会说外语。租赁摩托车 1 天 200 泰铢。租赁自行车免费。

Map p.296-A2
住 75/12-14-16 Loethai Rd.
TEL 08-7743-9865
E happyguesthouse@hotmail.com
费 F Ⓢ Ⓣ200 泰铢（公共卫浴）
　　AC Ⓢ Ⓣ350 泰铢
CC 不可使用
房间数 15间　WiFi 免费

EZ旅馆
EZ House

旅馆

◆2010 年开业的旅馆。在新城区中心稍微向西的位置，位于 TAT 的附近。房间设计简单，干净整洁，设备齐全。这里工作人员的态度也比较好，非常友善。大楼的一层还有咖啡馆。1000 泰铢的房间含早餐。

Map p.296-A2
住 240/4 Moo 7, Charodwithitong Rd.
TEL 08-2504-0007、08-1596-5457
URL www.facebook.com/EzHouseCafe
E ez_house@windowslive.com
费 AC Ⓢ Ⓣ500~1000 泰铢
CC 不可使用
房间数 15间　WiFi 免费

素可泰遗址公园周边的旅馆

老城旅馆
Old City Guest House 旅馆

Map p.299

◆旅馆的外部使用木材进行装修,为小屋风格的旅馆。如果要住干净的房间,建议选择 500 泰铢以上的房间。带空调的房间也有热水淋浴。

住 28/7 Moo 3, Muang Kao
TEL 0-5569-7515
费 F ⑤①200 泰铢(公共卫浴)
⑤①250~350 泰铢
AC ⑤①500~900 泰铢
CC 不可使用
房间数 34 间

维东旅馆
Vitoon Guest House 旅馆

Map p.299

◆维东旅馆前面就是遗址公园,早晨就可以去那里参观,特别方便。所有的客房都带热水淋浴。另一个风扇房的楼栋,电话号码不一样。

住 49 Moo 3, Charodwithitong Rd.
TEL AC 栋 0-5563-3397
F 栋 0-5569-7045
费 F ①300 泰铢 AC ⑤①600 泰铢
CC 不可使用
房间数 18 间

餐 厅
Restaurant

梦幻咖啡
Dream Cafe

Map p.296-B2

◆这里是一家被古典家具包围着、很舒心的餐厅 & 酒吧。米饭类 120 泰铢~,也有蛋糕等西餐。餐厅还提供圣代和冰激凌等丰富的甜点。夜晚可以在这里悠闲地品酒。

住 86/1 Singhawat Rd.
TEL 0-5561-2081
营 每天 17:00~23:00
CC M V

素可泰的水灯节盛会   *Column*

泰历十二月(阳历的 11 月左右)的满月之夜,素可泰会举行水灯节盛会,这是泰国最美丽的祭祀活动之一。虽然曼谷和清迈也举行水灯节,但最初水灯节活动是从作为首都的素可泰兴起的,现在的素可泰水灯节盛会最为热闹。到了夜里,遗址公园点起火把,周围的水池里点上大量的灯笼,像繁星一样闪闪发光。

水灯节的一大看点是玛哈泰寺上演的素可泰历史剧。高潮部分,大量的烟花和小型热气球将会在夜空冉冉升起,非常有魅力。如果有时间的话一定要看看。但是这段时间素可泰住宿的地方非常紧张,费用也会上涨,一定要提前预约再去。

306

泰国东北部
Thailand Northeast

呵叻（那空叻差是玛）……310	益梭通……341
披迈……317	孔敬……342
素林……320	乌隆（乌隆他尼）……346
帕侬蓝遗址……324	廊开……351
四色菊……326	西清迈……357
考菩维安遗址……328	黎府……358
乌汶（乌汶叻差他尼）……330	那空拍侬……362
空坚……338	塔帕农……364
黎逸……339	穆达汉……365

玛哈塔特寺（益梭通··p.341）

THAILAND NORTHEAST
泰国东北部 早知道NAVI

泰国东北部简介

　　泰国东北部简称伊森。 由北向东以湄公河为界，与老挝隔河相望，南接柬埔寨。有一望无际的大平原和广阔的田园风光，一片祥和宁静之景。9世纪贾亚瓦二世在柬埔寨建立高棉帝国，几乎统治了整个中南半岛。此后在11世纪至14世纪后期，在大城（阿瑜陀耶）帝国崛起前，泰国东北部一直受高棉帝国统治，其间高棉帝国在此建造了许多寺院，其中，以有"泰国的吴哥窟"之称的**披迈**和"神殿"**帕侬蓝**最具代表性。另外，分布于各地的**高棉遗迹**以及湄公河沿岸的雄伟自然景观也吸引了众多游客驻足观看。

1 流经东北部地区的湄公河，对岸是老挝
2 分布于各地的高棉式小型遗迹上有精致的浮雕，可以近距离观看

SEASON
旅游旺季

　　东北部地处坡度平缓的高原地区。和曼谷一样属于热带季风性气候，最舒适的是每年10月～次年2月的旱季。这段时间不用担心下雨，可以安心地游览名胜古迹。由于全年降水量较少，即使进入5月的雨水期也可毫无障碍地享受旅行。只是，泰国气温较高，夏季最高气温经常超过40℃。所以一定要准备好帽子、饮品等，做好防暑措施。

位于湄公河沿岸的蘑菇岩是一座被熔岩慢蚀的奇特岩石

308

EVENTS
主要活动信息

※ 活动详细举办时间及内容请参考
URL cn.tourismthailand.org

火箭节
【地点】益梭通
【时间】5月中旬

在进入雨季前、农耕开始时期，为祈求风调雨顺而争先恐后向天空发射火箭的愉快活动，场面十分震撼。火箭是手工制作的，落下后有时会发生火灾或爆炸，造成伤亡。参观时，注意不要离发射地点太近。

鬼节
【地点】黎府
【时间】6月

泰国独具特色的节日。人们戴上各种奇形怪状的面具上街游行狂欢。（→p.359 专栏）

蜡像节
【地点】乌汶
【时间】7月下旬

巨大的彩车上装满佛像和动物形状的蜡像，举行节日游行。还有选美竞赛。

大型彩车被保存在寺院内

班法依·帕亚纳克
【地点】廊开郊外
【时间】泰历11月的满月之日

只有此夜，能看到从湄公河出现发光体并升空的神秘现象。以此为题材的电影的放映令这里名气大振，有数十万的游客来此观看。同时还有大规模的祭祀活动。

水灯节
【地点】那空拍侬
【时间】10月

在泰历11月的满月之夜举行的活动。为小船装饰上动物或神鸟形状的彩灯，放入湄公河中，映照河面，美丽耀眼。

披迈节
【地点】披迈
【时间】11月中旬

每年11月的第二个星期，在披迈遗址公园举行的活动。泰国和柬埔寨的艺人组合在舞台上进行声光表演，郊外的运河上还有帆船竞技比赛。

披迈遗迹充分显示了高棉建筑的美感

素林大象节
【地点】素林
【时间】11月第三个周末

象群聚集的节日。在特设的会场上有大象曲艺、大象玩足球等表演。另外，还可以在街头近距离观看大象游行。

泰国东北部 ● 泰国东北部 早知道 NAVI

HINTS
旅游小贴士

交通
从曼谷的北部巴士总站可以坐大巴直接去往主要城市。呵叻是东北部的门户，以此为起点去往各地都十分方便。从曼谷乘巴士到呵叻需要4小时，去往北部的乌隆需要9小时，去东部的乌汶则需要10小时。铁路分为北线和东线，分别在肯科伊和呵叻换乘，请游客在乘坐时一定注意。

住宿
泰国东北部有许多可以悠闲居住的简易旅馆。价格便宜，也不需要预约。中高档酒店价位也较为适中，可放心居住。只是如果举行活动时会有满员和涨价的现象发生，所以一定要提前预约。如果所有旅馆都满员，可以去寺院或大型医院借宿。

ACTIVITIES
娱乐项目

- 湄公河游船
- 高棉遗迹线路
- 跨越国境（老挝、柬埔寨）

从穆达汉走过湄公河上的桥梁，可以到达老挝的沙湾拿吉

FOODS
特色美食

- 卡依扬（烤鸡肉串）
- 索姆塔姆（青木瓜沙拉）
- 考袞（蒸糯米）
- 拉普（生肉馅沙拉）
- 普拉布酷（湄公河鲶鱼）
- 乃姆（泰式香肠）
- 姆咏（蒸香肠）

廊开市内每晚都会出现的卡依扬加工摊档

309

呵叻（那空叻差是玛） Nakhon Ratchasima (Korat) นครราชสีมา

泰国救国女英杰——陶苏蕾娜丽的故乡

Thailand Northeast

曼谷
文前图正面-D4

前往方法

由于呵叻有两处巴士总站，所以在哪个站下车请一定要确认好。旧巴士站叫作包可索卡奥，位于新城区内；新巴士站叫作包可索麻依，位于呵叻北部。

从曼谷出发
BUS 可从北部巴士总站搭乘24小时巴士，每20~30分钟一趟，大约需要4小时。
RAIL 从华兰蓬车站，1天有10班车。高速快车需要4小时，快车、普快、普通车大约需要5小时。根据火车不同，一等座810~1010泰铢，二等卧铺495~635泰铢，二等座165~325泰铢，三等座100~200泰铢。高速快车435泰铢。

实用信息

❶ TAT
MAP p.310
2102-2104 Mittraphap Rd.
☎ 0-4421-3666
FAX 0-4421-3667
开 每天8:30~16:30
交 乘坐从市区向西开的双条车1、2、3路，在高速公路的交叉口下车（约10分钟）。位于交叉口的西南、西玛他尼酒店停车场旁的白色建筑一层。

可以在此领取地图和宣传手册

景区治安局
MAP p.311-A3
☎ 1155、0-4434-1777~8
位于新巴士站马路对面的白色大楼里。

老城区的入口

那空叻差是玛位于伊森（泰国东北部）的门户位置，是泰国东北部最具代表性的大都市。坐落于曼谷东北部255公里、海拔100~200米的高原上，简称为呵叻。郊外保留有多处遗迹，例如高棉时代著名的披迈遗迹等。

呵叻（那空叻差是玛）漫步

■ 两处巴士站

呵叻有两处巴士站，一处是位于高速公路沿线的新巴士站（包可索麻依，MAP p.311-A3），多为长途巴士停靠，距离市中心较远。另一处是位于新城区的旧巴士站（包可索卡奥，MAP p.311-A3），多为往返于近郊小镇

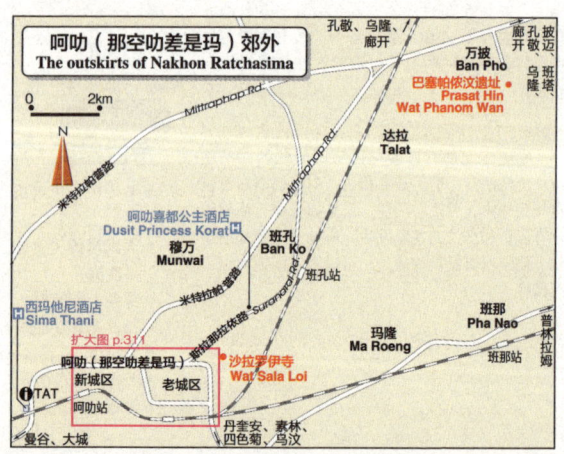

呵叻（那空叻差是玛）郊外
The outskirts of Nakhon Ratchasima

巴塞帕侬汶遗址
Prasat Hin Wat Phanom Wan

达拉 Talat
班孔 Ban Ko
穆万 Munwai
西玛他尼酒店 Sima Thani
扩大图 p.311
呵叻（那空叻差是玛）新城区 老城区
沙拉箩伊寺 Wat Sala Loi
玛隆 Ma Roeng
班那 Pha Nao

310

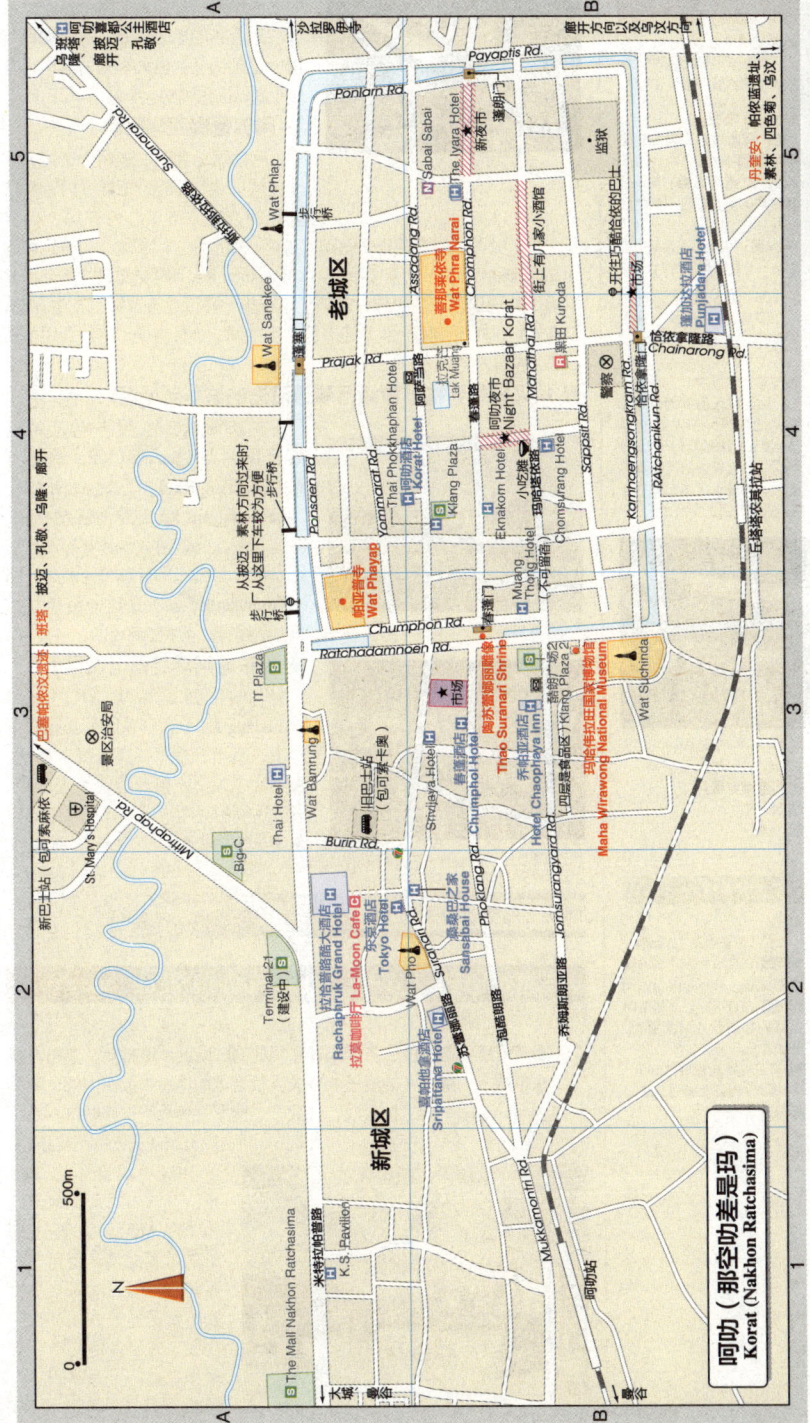

旅游小贴士

市内交通之双条车

双条车运行时间为7:00~21:00。市内统一票价8泰铢。

双条车主要路线

1路：呵叻站前和陶苏蕾娜丽雕像之间往返。

7路、10路、15路：陶苏蕾娜丽雕像前和新巴士站之间往返。

4424路：从新巴士站到旧巴士站，开往老城区方向。

关于那空叻差是玛

多称为"呵叻"。乘车买票时说"呵叻"更易懂。

春蓬路上的夜市

从老城区的蓬朗门到春蓬路之间的一带是新夜市（MAP p.311-B5），于2009年成立。比以前的呵叻夜市更大，摊位也更多，最适合来这里品尝小吃。

利用宽敞道路自发形成的新夜市

陶苏蕾娜丽雕像
开 24小时
费 免费

实用信息

邮局

位于阿萨当路（Assadang Rd. MAP p.311-A4-B4）和乔姆斯朗亚路（Jomsurangyard Rd. MAP p.311-B3）。乔姆斯朗亚路的邮局营业时间更长，更加方便。

开 周一~周五 8:30~22:00
　　周六·周日 9:00~22:00
休 无

呵叻的巴士总站是伊森（泰国东北部）的交通枢纽

■ 陶苏蕾娜丽与呵叻

呵叻城分为新、老两个市区，老城区被护城河环绕，新城区内有呵叻火车站。在城市中心的广场上建立了击退老挝军队的女英雄——陶苏蕾娜丽的雕像。广场位于拉差达穆路（Ratchadamnoen Rd.）和春蓬路（Chomphon Rd.）的交叉口，适合在城中漫步时稍作休憩。另外，商店、小吃摊、餐厅、旅馆等也集中在此，游人如织，好不热闹。而且还有公共卫生间，十分方便。广场西边为新城区，东边为老城区。

■ 从火车站到陶苏蕾娜丽雕像沿途的繁华新城区

车站前展示有蒸汽火车

在新城区，东西方向延伸的苏蕾娜丽路（Suranari Rd.、泡酷朗路（Phoklang Rd.）、乔姆斯朗亚路（Jomsurangyard Rd.）沿途店铺林立，旅馆众多。火车站以西是安静的住宅区。市区北部的米特拉帕普高速公路（Mittraphap Rd.）一直延伸至老挝边境。沿线有许多大型商场。

■ 被护城河环绕的老城区

夜市中的摊档

老城区四面环河，阿萨当路（Assadang Rd.）和春蓬路一带是繁华地带，金店、餐厅、商店鳞次栉比。到了晚上，小吃摊开始在街上活动，形成热闹的呵叻夜市。菩那莱依寺以东是安静的住宅区。

呵叻（那空叻差是玛）主要景点

陶苏蕾娜丽雕像（YA MO）Thao Suranari Shrine　Map p.311-B3

欣赏救国女英雄的飒爽英姿

陶苏蕾娜丽雕像位于市中心春蓬门前的广场上。1826年，老挝军队入侵这座城市，副领主的妻子MO夫人机智勇敢地潜入敌军内部，灌醉敌军士兵，泰国军队趁机反攻，打败了老挝军，解救了这座城市。为了赞美MO夫人的英勇事迹，于1934年建立了这尊雕像，泰国人民亲切地称之为"YA MO"，以表达深挚的敬爱之情。每年3月下旬~4月上旬，都会举行陶苏蕾娜丽节以颂赞她的功绩。来自各地的游客会聚集在此，十分热闹。广场旁边有花店和小商店，

深受呵叻人敬爱的MO夫人雕像

可以买到用来参拜的花和放生的小动物。广场的亭子里还表演泰国舞蹈，因此，平日里来参拜的人也是络绎不绝。

玛哈伟拉旺国家博物馆
Maha Wirawong National Museum
展示高棉帝国遗物

Map p.311-B3

พิพิธภัณฑสถานแห่งชาติมหาวีรวงศ์

玛哈伟拉旺国家博物馆位于斯沁达寺院内，与图书馆并排而立。展示室只是建筑的一小部分，展示有高棉帝国时代的遗物。

展示室位于建筑入口的左侧

菩那莱依寺 Wat Phra Narai
设有佛教学校的、位于市中心的寺院

Map p.311-B4~B5

วัดพระนารายณ์

位于老城区中心的大型寺院，还为僧侣们专设了佛教学校。寺院内最有名的要数用砂岩制成的高棉式四手佛像，但一般不对外开放。呵叻的城市之柱拉克芒（Lak Muang）则矗立在院内的西南角。

沙拉罗伊寺 Wat Sala Loi
陶苏蕾娜丽长眠的寺院

Map p.310

วัดศาลาลอย

加入崭新的现代化设计元素的沙拉罗伊寺正殿

1827年为陶苏蕾娜丽（MO夫人）创建的寺院。位于老城区东部一处安静的住宅区。寺院内保存着MO夫人遗骨，还有展示MO夫人遗物的博物馆。1967年，寺院翻新修建，屋顶和窗户的设计更加独特和现代。

帕亚普寺 Wat Phayap
不可思议的人工洞穴

Map p.311-A3

วัดพายัพ

位于老城区的一隅，外观平淡无奇，但却因一位僧人修建的谜之小屋而大受好评。小屋的墙壁和天花板上装饰有从各地收集来的钟乳石等奇石，仿佛置身于洞穴之中，充满了神秘气氛。供僧侣及佛教徒冥想时使用。

洞穴房间适合进行深思冥想

泰国东北部

呵叻（那空叻差是玛）

玛哈伟拉旺国家博物馆
开 周三~周日 9:00~16:00
休 周一·周二以及节假日
费 50泰铢（外国游客费用）
交 从陶苏蕾娜丽雕像步行约5分钟即可到达。

菩那莱依寺
开 每天 6:00~20:00
费 免费
交 从陶苏蕾娜丽雕像步行约5分钟即可到达。

混凝土建造的现代佛塔

沙拉罗伊寺
开 每天 6:00~20:00
费 免费
交 从市区乘坐嘟嘟车40泰铢左右。

现代造型的佛塔

帕亚普寺
开 每天 6:00~20:00
费 免费
交 从陶苏蕾娜丽雕像步行约10分钟即可到达。

罕见的圆形建筑

313

巴塞帕侬汶遗址

开 每天 7:30~18:00
票 50 泰铢（外国游客费用）
交 可乘坐从新城区的旧巴士站（Map p.311-A3）发出的 4144 路蓝色双条车，大约 15 分钟，12 泰铢。由于无明显标志，最好提前询问司机。在最近的十字路口下车后，步行大约 10 分钟即可到达，也可以乘坐摩的（20~30 泰铢）。

丹奎安

交 从恰依拿隆门（Map p.311-B4）附近的市场旁乘坐开往巧酷恰依的巴士（1307 路，5:30~18:00 每 30 分钟一班，15 泰铢），在丹奎安下车。看到道路渐渐宽阔，道路两边出现陶器商店后告诉司机下车也来得及。也可以从新巴士站乘坐去往乔克恰、素林方向的巴士。

陈列着各式各样的陶器

呵叻（那空呵差是玛）郊外景点

巴塞帕侬汶遗址 Prasat Hin Wat Phanom Wan   Map p.310
值得一看的高棉寺院遗迹

保留有石砌的巨大建筑

与披迈遗址（→p.317）大约同时期建立的高棉式寺院遗迹。位于东北部郊区，建在一片宁静的田园地带，曾进行较大规模的修建，虽然距离呵叻市内有 20 公里的距离，但是也很有看点，对高棉遗迹感兴趣的游客可来此参观。

丹奎安 Dan Kwian   Map 文前图正面-D5
陶器之城

丹奎安位于呵叻以南约 14 公里处，盛产各种陶器。在这里既有高棉样式的塑像和浮雕等大件物品，也有 10 泰铢左右的项链、彩色风铃等小物件，造型可爱，适合馈赠亲友。沿街的店铺里面还有工作间，游客们可以在这里享受陶土的乐趣。

五颜六色的饰品是很有人气的纪念品

酒店 Hotel

以陶苏蕾娜丽雕像为中心分为新老两个城区。简易的小旅馆坐落于市区热闹的地带，价格很便宜。还有面向背包客的旅馆。只要求不是太高，不会有无处可住的担心。郊外的米拉特帕普路沿线有一些比较高档的酒店，适合去郊区工厂出差的人们。

西玛他尼酒店   Map p.310
Sima Thani Hotel   高档酒店

◆西玛他尼酒店位于从曼谷方向前来市区的入口处，是呵叻市最具代表性的酒店。大堂、客房内随处可见的高棉式装饰品，非常高档大气。因为酒店前身是喜来登酒店，所以设施十分齐全。

住 2112/2 Mittraphap Rd.
TEL 0-4421-3100
FAX 0-4421-3121
URL www.simathani.com
费 AC S T 4000 泰铢~
CC A J M V
房间数 265 间   带泳池   WiFi 免费

呵叻喜都公主酒店   Map p.310
Dusit Princess Korat   高档酒店

◆酒店属泰国高档酒店连锁机构 DUSIT 旗下，酒店一层有中华美食店，很受游客欢迎。

住 1137 Suranarai Rd.
TEL 0-4425-6629   FAX 0-4425-6601
URL www.dusit.com
费 AC S T 2100 泰铢~
CC A D J M V
房间数 186 间   带泳池   NET 免费

拉恰普路酷大酒店
Rachaphruk Grand Hotel 　　　　　高档酒店

Map p.311-A2

◆ 拉恰普路酷大酒店是位于米特拉帕普路沿线的大型酒店。从酒店后门到旧巴士站步行只需要 5 分钟，十分方便。地毯房很宽敞，窗户也很大，可以舒适度过。餐厅共有 4 间，经常举办促销活动。

住 311 Mittraphap Rd.
TEL 0-4432-1222
FAX 0-4426-1278
费 AC S T 1400 泰铢～
CC A J M V
房间数 159 间　带泳池
WiFi 免费

蓬加达拉酒店
Punjadara Hotel 　　　　　中档酒店

Map p.311-B4

◆ 2006 年在呵叻开业的酒店。客房宽敞明亮，浴室等也十分干净。附近有小酒馆和酒吧等休闲场所，夜晚会有些喧闹。酒店位置稍稍偏离城区。

住 281/19 Chainarong Rd.
TEL 0-4425-7567
FAX 0-4425-7135
URL www.punjadarahotel.com
费 AC S T 1000 泰铢～
CC A J M V
房间数 79 间
WiFi 免费

呵叻酒店
Korat Hotel 　　　　　经济型酒店

Map p.311-A4~B4

◆ 酒店位于街道里面，费用低廉又地处老城区中心地带，十分方便。整体来看稍稍有些陈旧，带浴室的客房费用为 840 泰铢～，酒店周围有卡拉 OK 和酒吧等休闲场所。

住 191 Assadang Rd.
TEL 0-4434-1345
FAX 0-4434-1125
费 AC S T 720 泰铢～
CC A J M V
房间数 104 间
WiFi 免费（只限大厅周边）

喜帕他拿酒店
Sripattana Hotel 　　　　　经济型酒店

Map p.311-B2

◆ 酒店价位合理、客房宽敞，空调、电视等设备一应俱全，很受背包客的欢迎。地板打扫得十分干净，浴室很大，还配有浴缸。

住 346 Suranari Rd.
TEL 0-4425-1652~4
FAX 0-4425-1655
URL www.sripattana-hotel.com
费 AC S T 650 泰铢～
CC J M V
房间数 180 间　带泳池
WiFi 免费

乔帕亚酒店
Hotel Chaophaya Inn 　　　　　经济型酒店

Map p.311-B3

◆ 房间宽敞，配有电话和冰箱。酒店面对着街道，入口稍微靠里。位于繁华地带，旁边有一个大型的夜总会。在咖啡厅享用早餐是 100 泰铢，如果出示酒店前台的早餐券可以减免 10 泰铢。

住 62/1 Jomsurangyard Rd.
TEL 0-4426-0555
FAX 0-4425-8657
URL www.chaophayainn.com（泰语）
费 AC S T 550 泰铢～（不含早餐）
CC J M V
房间数 128 间
WiFi 免费

桑桑巴之家
Sansabai House — 经济型酒店

Map p.311-B2

住 335, 337 Suranari Rd.
TEL 0-4425-5144
URL www.sansabai-korat.com
费 F S T 300 泰铢~　　AC S T 450 泰铢
CC 不可使用
房间数 30 间　　WiFi 免费

◆桑桑巴之家是一家经济型酒店，靠近市中心，十分方便。全部客房都配有电视和热水淋浴。客房的窗户很大，地面铺有瓷砖，干净明亮。

东京酒店
Tokyo Hotel — 经济型酒店

Map p.311-A2

住 256-258 Suranari Rd.
TEL 0-4424-2788
FAX 0-4425-2335
费 F S T 300 泰铢~　　AC S T 400 泰铢（不含早餐）
CC 不可使用
房间数 40 间　　WiFi 免费

◆标志是墙壁上巨大的招牌和富士山的轮廓。房间全部配有电视和冰箱，周围有许多商店和餐厅，泰国人的发音为"东江"。

春蓬酒店
Chumphol Hotel — 经济型酒店

Map p.311-B3

住 124 Phoklang Rd.
TEL 0-4424-2453
FAX 0-4425-7121
费 F S 270 泰铢~ T 300 泰铢
AC S 420~490 泰铢 T 520 泰铢（不含早餐）
CC 不可使用　　房间数 72 间
WiFi 30 泰铢（居住期间无限使用）

◆很受外国背包客欢迎的经济型酒店。朝向马路一侧有停车场入口中，接待处在酒店里侧。客房宽敞，全都配有电视和热水淋浴。酒店旁边就是市场，十分方便。酒店还设有摄像头，以保证旅客的安全。

餐厅
Restaurant

　　老城区和新城区的周边有许多小吃摊和餐厅。如果预算较低的话白天可以去市场吃，晚上去夜市。春蓬酒店旁边就有一个大型市场，里面有风味小吃街，面类和饭类才 30~40 泰铢。老商场酷朗广场 2（Map p.311-B3）的四层还有美食角。

拉莫咖啡厅
La-Moon Cafe

Map p.311-A2

住 110 Suranari Rd.
TEL 08-9844-5534
营 每天 8:00~19:00
CC A M V

◆位于拉恰普路酷大酒店（→p.315）里面的停车场旁边。是呵叻很受欢迎的咖啡厅。建议选择离空调近一些的靠窗座位或者选择被绿色环绕的度假式阳台座位。选用泰国北部出产的咖啡豆。有各种类型的咖啡，40 泰铢~。

披迈 *Phimai* พิมาย

有"泰国吴哥窟"之称的高棉遗址

泰国东北部 Thailand Northeast

呵叻（那空叻差是玛）披迈

文前图正面-D4

泰国遗址以大城、素可泰名声最大，不过在广袤的伊森平原也分布着各式各样的古遗址。这些大多是在1000年以前高棉帝国时代建立起来的。这其中，最重要的要数披迈遗址。11世纪，吴哥王朝的苏耶跋摩一世兴建了披迈古城，这些造型美丽的高棉式建筑被称为"泰国的吴哥窟"。

位于城市中心的披迈遗址

前往方法

从呵叻出发

BUS 在新巴士站的41路乘车场，乘坐去往披迈方向的巴士。5:30~22:00每半小时一班，共需1小时10分钟，二等车50泰铢，普通车40泰铢。从披迈开往呵叻的末班巴士为19:00发车。

披迈 漫步

披迈遗址入口附近的钟塔前有停车场，从呵叻开来的巴士会在此停车，然后继续向西侧河对面新城区的巴士总站开去。参观遗址或寻找旅店都是在停车场前下车较为方便。这时，有的司机会连喊几声"郝那利卡"，以提醒乘客下车。

披迈古城被设计为四方形，被石墙所环绕，现在只有北、西、南门被保留下来。现在的披迈寺院内游人如织，但是在寺院形成后的12世纪左右，这里的整个城区都被视为神圣之地。南北1030米、东西665米的圣域之墙如今已损失大半，城门周边和城市西侧还留有当时的一点痕迹。城中到处是破损的佛塔和寺院，真可谓名副其实的遗迹之城。

实用信息

景区治安局
MAP p.318
TEL 1155
位于披迈遗址公园入口处。

旅游小贴士

轻装出行
呵叻的旅行社推出了1600泰铢左右的披迈周边遗迹一日游线路。

披迈 主要景点

披迈遗址公园 Prasat Hin Phimai Historical Park Map p.318
泰国代表性的高棉遗址 ปราสาทหินพิมาย

披迈遗址公园是一座四面用石墙围绕的大型公园。白色砂岩堆砌的28米高塔所在的中央神殿和红土回廊，是由泰国艺术局于1964~1968年重新修建而成的。回廊共有四个门，正面是蛇神那迦守卫的平台。在神殿中心部的堂内还增建了吴哥城，专家推测里面的石像可能和12世纪后期、吴哥王朝的国王贾亚瓦曼七世这位狂热的佛教徒有关。

除了大型佛塔以外，在堂内入口和塔上部的

披迈遗址公园
开 每天7:30~18:00
费 100（外国游客费用）

修复了中心建筑物，可以追忆古时候的雄伟奇观

守卫参拜道入口的狮子

种上草坪营造公园风格的披迈遗址公园

披迈国家博物馆
- 开 周三~周日 9:00~16:00
- 休 周一·周二·节假日
- 费 100泰铢（外国游客费用）

馆内宽敞，展品齐全

菩提树公园
- 开 每天 7:00~18:00
- 费 免费
- 交 从遗址公园附近乘坐三轮车或摩的大约10分钟，单程30~40泰铢。

雕刻也引人注目。高棉风格的佛陀头像、湿婆和毗湿奴等印度教众神，以及仙女们舞动的姿态，都栩栩如生地雕刻在石板上。

披迈国家博物馆 Phimai National Museum　Map p.318
大量出土文物及资料的展示

在1992年新建的馆内，展示有以披迈遗迹为代表、及呵叻周边的高棉遗址出土的美术品文物。浮雕、佛像等展示的高度都是目光所及、手可触摸的位置，可以近距离仔细观察。博物馆前有一个巨大的水池，好像是1100年前寺院的水源挖掘地，这也是一处伟大的遗迹。

博物馆的院子里展示的浮雕

菩提树公园 Sai-ngam Park　Map p.318
如此壮观的孟加拉菩提树，令人惊叹！

公园位于距披迈老城区东北部约2公里处，因园内有一棵树龄超过350年的菩提树而名声大振。这棵树长在公园水池中的小岛上，枝干向横外伸展，侧根与地面相连，又会变成新的树干，枝干相互交织在一起，整体长达50米，最短的也有20米。侧根垂下之处还设有神台，更添一份神秘色彩。侧根之间有一条通幽小径，可供游客自由漫步。是市民们乘凉的好去处。大树旁边有一排排泰式餐厅和小卖部。

日光从树缝间透过，营造出神秘的气息

繁茂的植物似乎要把周围的池水吸干

班塔 Ban Prasat
史前时代坟墓遗迹之村

Map 文前图正面-D4

บ้านแทรปราสาท

在披迈郊外的一处小村落里，保留着史前时代的坟墓遗迹。全村共有三处洞穴挖掘基地，深达5米，可根据地层的纵深变化推测出文物的历史背景。和班清（→p.348）遗址一样，陶器和人骨放在一起，现场感十足。有的沙坑中竟然有16具骸骨，据推测，至今已有两三千年历史。

班塔
乘坐从披迈开往呵叻的巴士大约需要10分钟，二等车20泰铢，普通车16泰铢，在"Ban Prasat"下车。由于巴士开得很快，快到站时一定要提前通知司机。从呵叻出发需要大约1小时，二等车40泰铢，普通车27泰铢。从巴士站再坐摩的需要3分钟（一圈50~60泰铢），能看3处景点。

展示挖掘时的状态

酒店 Hotel

遗址公园的周边有两家经济型酒店和两家旅馆。不论哪家都服务热情、环境舒适。披迈没有高档酒店。

披迈乐园酒店
Phimai Paradise Hotel 经济型酒店

◆2013年开业，是披迈最新的经济型酒店。增建了日租服务公寓，又经过装修后成为了现在的酒店规模。客房虽然朴素简洁，但都配有电视、冰箱和热水淋浴。酒店还有小型泳池。酒店后面的服务公寓在经过装修后更加美观，早餐是粥食。

Map p.318
住 100 Moo 2, Samairuchi Rd.
TEL 0-4428-7565　FAX 0-4428-7575
URL www.phimaiparadisehotel.com
费 AC S T 450~700 泰铢
CC 不可使用
房间数 42 间　带泳池
WiFi 免费

披迈酒店
Phimai Hotel 经济型酒店

◆客房朴素整洁，全都配有电视、空调，房内有热水淋浴。VIP房间 AC S 500泰铢、T 600泰铢。服务员都非常热情友好。虽然是5层建筑，但是没有电梯。一层的餐厅价格十分便宜，值得推荐。

Map p.318
住 305/1-2 Hathairom Rd.
TEL 0-4447-1306　FAX 0-4447-1940
费 F S 180 泰铢　AC S 380 泰铢~
　T 450 泰铢~
CC 不可使用　房间数 41 间
WiFi 免费（只限大堂附近和二层客房）

披迈乐园旅舍
Phimai Paradise House 旅馆

◆位于披迈市中心的旅舍。泰国木质民宅构造。宿舍房有四人间和六人间，双人间是双床，单人间是大床。

Map p.318
住 214 Moo 14, Chomsuda Sadet Rd.
TEL 0-4447-1918
URL www.phimaiparadisehotel.com
费 AC D 200 泰铢~　S T 600 泰铢~
CC 不可使用
房间数 10 间　WiFi 免费

本西利旅舍
Boonsiri Guest House 旅馆

◆从面向大路的入口穿过细长的餐厅就是旅舍的前台，客房在后面。旅舍的建筑外观为白色，非常漂亮，客房也十分干净。配有电视和热水淋浴。客人还可以在施舍的小广场或二层的阳台悠闲地度过。在这里租借自行车一天是80泰铢。

Map p.318
住 228 Moo 2, Chomsuda Sadet Rd.
TEL 0-4447-1159
费 F D 150 泰铢~　S T 400 泰铢~
　AC S T 500 泰铢
CC 不可使用
房间数 20 间
WiFi 免费

319

Thailand Northeast

文前图正面-E5
曼谷

素林 *Surin* สุรินทร์

因一年一度的大象节而声名鹊起的小镇

✈ 前往方法

从曼谷出发
AIR 从廊曼国际机场出发，飞鸟航空每天一班。详情请参看网站（→p.503）。
BUS 从北部巴士总站出发需要 7 小时。VIP 车 543 泰铢，一等车 349 泰铢，二等车 272 泰铢。
RAIL 华兰蓬火车站每天有 9 班车发往素林。根据列车不同需要 6.5~8 小时。根据列车类型可分为一等座 946~1146 泰铢，二等卧铺 569~709 泰铢，二等座 279~398 泰铢，三等座 183~223 泰铢。特快 489 泰铢。

从呵叻出发
BUS 在新巴士站的 12 路乘车场乘坐 274 路巴士，需要 4 小时，一等车 175 泰铢，二等车 125 泰铢。

火车站前的大象家族雕像

素林是一座因象而闻名的城市，市内有多处大象雕塑，每到 11 月份举行大象节时，会有很多头大象聚集在市区，漫步于街上，引来无数人围观，十分热闹。而平日里的素林则是一座安静闲适的小城市。由于素林距离柬埔寨很近，所以周边也有很多高棉时代的遗迹。

素林 漫步

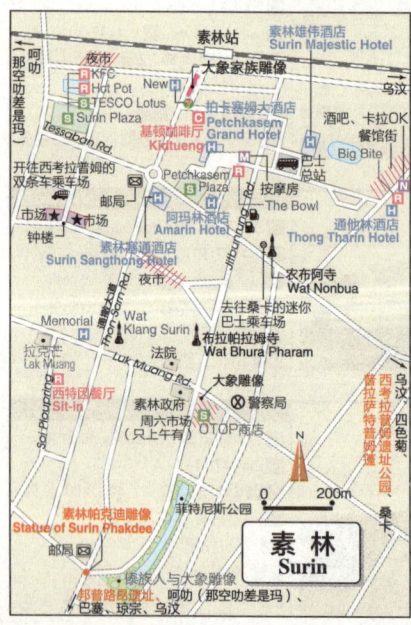

素林市区位于火车站以南。因为是一个小城市，所以步行即可。夜幕临后，布拉帕拉姆寺北侧道路的夜市上有许多小吃摊。从巴士站东面的通他林酒店到铁路沿线的道路两侧也聚集了许多泰国小酒馆和餐厅、迪斯科舞厅等，所以夜间这里也十分热闹。

在素林市区，到处都能看到大象雕塑。火车站前有一组一家三口的大象雕塑。在市区以南的菲特尼斯公园的南端，有傣族人与大象的雕塑。政府前还有母子象的雕塑。在这座雕像附近有一家 OTOP（泰国的一村一品运动）商店，每周六上午在建筑物附近会有集市。

在周六的集市上可以买到手织布等物品

320

素林 主要景点

素林帕克迪雕像 Statue of Surin Phakdee Map p.320
捕捉白象的素林第一代领主

素林帕克迪于18世纪，因成功捕获从当时的首都大城逃走的白象，而成为素林第一代领主，即傣族的族长。现在的素林城就是由他在1786年创建的。傣族人传统且高超的驯象技术也渐渐为人所知。

香火不绝

素林帕克迪雕像
开 24小时开放
费 免费

素林 郊外景点

西考拉普姆遗址公园 Prasat Hin Sri Khoraphum Historical Park Map p.320 外
带有精美雕刻的高棉式寺院遗址

在U字形的水池环绕的长25米、宽26米、高1.5米的基座上，有5座砖石构造的佛塔。中央32米高的佛塔入口上部的浮雕、以及两侧柱子上的雕刻异常精美。建于12世纪左右，这里最初是印度教寺院，在16世纪被转用为佛教寺院。

耸立在田园地带的遗迹

西考拉普姆遗址公园
开 每天7:30～18:00
费 50泰铢
交 可从素林巴士总站乘坐去往西塞克特的巴士，在素林以东约40公里的西考拉普姆（Sri Khoraphum）下车。需要45分钟，普通车25泰铢。嘟嘟车则需要40泰铢。或者乘坐火车到达西考拉普姆，从车站步行15分钟即可到达目的地。由于遗址公园的位置不太好找，从火车站乘坐摩的会比较方便。单程约5分钟，20泰铢左右。

邦普路昂遗址 Prasat Hin Ban Phluang Map p.320 外
重建后再现光彩的高棉式神殿遗迹

在吴哥王朝最鼎盛的时期，苏耶跋摩一世开始动工，直到六世才得以建成。神殿周围相关的建筑已荡然无存，残存的佛塔也已倒塌破损，现在只对佛塔进行了修复，再现了高棉时代的浮雕装饰艺术。

草坪广场上耸立着修复后的佛塔

邦普路昂遗址
开 7:30～18:00
费 50泰铢
交 乘坐从素林的巴士总站开往呵叻的巴士，然后在市区以南32公里的巴塞下车。需要大约30分钟、25泰铢。还可以乘坐开往加春的嘟嘟车（20泰铢）。从巴塞的巴士总站乘坐摩的大约需要5分钟。从最近的巴士站到邦普路昂遗址大约有600米，但是由于回程巴士不好坐，所以乘坐摩的往返较为放心。需要50-60泰铢。

普拉萨特普姆蓬 Prasart Phumphon Map p.320 外
泰国最古老的高棉神殿

普拉萨特普姆蓬神殿始建于8世纪，是泰国最古老的高棉时代遗址。当时柬埔寨的吴哥王朝还未达到鼎盛。但遗憾的是由于时代久远，保存状态不佳，如今只剩下了佛塔的一部分，孤零零地耸立在此。

佛塔好像随时都要倒塌的样子

普拉萨特普姆蓬
开 每天7:30～17:00
费 免费
交 在农布阿寺前的公交站，乘坐去往桑卡（Sangkha）方向的双条车到达桑卡市区。大约需要1小时30分钟，40泰铢。乘坐迷你巴士需要50泰铢。然后在巴士总站附近搭乘摩托车，大约需要15分钟，往返150～200泰铢左右。桑卡的巴士总站也有双条车（18泰铢），但末班车为15:00，所以还是预约摩托车更为保险。

加春

素林巴士总站的迷你巴士在 5:30–18:30 大约每 30 分钟一班。需要 1 小时 15 分钟，60 泰铢。从边境乘坐摩的去往市场需要 30 泰铢。

柬埔寨签证

可以在边境获取，费用为 1200 泰铢。需要两张照片，如果没带照片需要追加 100 泰铢。

加春 Chong Chom
拥有大型市场

Map 文前图正面 -E5

栅栏的对面就是柬埔寨

素林以南是泰柬边境城市加春和柬埔寨城市奥斯玛，这些边境城市对外国人也开放。在国境前有一个大型的市场，去往加春的嘟嘟车会经过市场跨越国境。从边境到市场可以乘坐摩的。

酒店 Hotel

市内中档以上的酒店有 3 家，其他为便宜的旅馆。每年 11 月第三个周末是大象节，期间游客较多，请提前预订。

素林雄伟酒店
Surin Majestic Hotel　　　　　　　　　高档酒店

◆ 客房宽敞，全部附带阳台，窗户又大又明亮。还带大型泳池和健身房。早餐可以在旁边的餐厅享用。酒店旁边就是巴士总站，交通十分便利。

Map p.320

住 99 Jitbumrung Rd.
TEL 0-4471-3980　FAX 0-4471-3979
URL www.surinmajestic.com
费 AC S T 1200 泰铢～
CC A D J M V
房间数 71 间　带泳池
WiFi 免费

拍卡塞姆大酒店
Petchkasem Grand Hotel　　　　　　　中档酒店

◆ 从巴士总站步行 3 分钟即可到达的大型酒店。外观稍稍有些陈旧，不过客房的设备十分完善。电视、冰箱、热水淋浴等一应俱全。小型泳池位于酒店广场，到了夜晚泳池边就成了用餐的地方，还举办歌谣表演。早餐也可以在泳池边享用。

Map p.320

住 104 Jitbumrung Rd.
TEL 0-4451-1274
FAX 0-4451-4041
费 AC S T 1200 泰铢～
CC J M V
房间数 162 间
带泳池　WiFi 免费

通他林酒店
Thong Tharin Hotel　　　　　　　　　中档酒店

◆ 通他林酒店是一家高层酒店，位于巴士总站向东步行 5 分钟左右之处。因其周边没有高层建筑，所以视野极好。全部客房都配有电视和冰箱，酒店附近还有迪斯科舞厅和小酒馆。

Map p.320

住 60 Sirirat Rd.
TEL 0-4451-4281
FAX 0-4451-1580
费 AC S T 1800 泰铢～
CC A J M V
房间数 233 间　带泳池
WiFi 30 泰铢 /2 小时

素林塞通酒店
Surin Sangthong Hotel

经济型酒店　　Map p.320

◆位于素林市中心,是一家规模较大的经济型酒店。位置也方便。有热水淋浴,很受背包客的喜爱。酒店经过装修后更显干净美观。

住 279-281 Thon Sarn Rd.
TEL 0-4451-2009
FAX 0-4451-4329
费 F ⑤ ⑦ 300泰铢～ AC ⑤ 350泰铢～ ⑦ 420泰铢～(不含早餐)
CC 不可使用
房间数 125间

阿玛林酒店
Amarin Hotel

经济型酒店　　Map p.320

◆位于普卡塞姆商场里侧的一家经济型酒店。外观陈旧但客房干净。全部配有电视、冰箱以及热水淋浴。

住 235 Tessaban 1 Rd.
TEL 0-4451-3300
费 F ⑤ 250泰铢　⑦ 290泰铢
AC ⑤ 350泰铢　⑦ 400泰铢(不含早餐)
CC 不可使用
房间数 70间

餐厅
Restaurant

西特因餐厅
Sit-in

Map p.320

◆被绿色庭院所环绕的一家外观可爱的餐厅。店内是时尚的咖啡厅风格,可以在此享用正宗的泰国菜。推荐凉爽通风的阳台座位和空调座位。

住 27/46 Soi Ploupring, Lak Muang Rd.
TEL 08-4477-6688
营 每天 8:00～22:30
CC 不可使用

基顿咖啡厅
Kidtueng

Map p.320

◆咖啡厅位于再开发中的区域入口,从素林火车站步行5分钟即可到达。咖啡厅有带空调的室内座位和带屋顶的阳台座位。咖啡40泰铢～。

住 28 Sanit Nikomrat Rd.
TEL 0-4451-2471
URL www.facebook.com/kidtuengbakeryandcoffeesurin
营 每天 7:00～20:00
CC 不可使用

象群漫步城市的素林大象节　　*Column*

在素林,每年11月第三个周六、周日都会在城里举行这个大规模的节日——素林大象节(Elephant Round-up)。这一天,素林周边的大象都会聚集在这里,街上满是大象和游人。

只有在这两天,可以看到大象大规模地在城里漫步的样子。游客们可以骑象或给大象喂食,与大象亲密接触。大象们会在特设的会场里表演曲艺、拔河、足球和古代骑象打仗等节目。

Thailand Northeast

文前图正面-D5~E5

帕侬蓝遗址 Prasat Hin Khao Phanom Rung ปราสาทหินเขาพนมรุ้ง

建在山丘上的大型遗址

▲ 山丘上的巨大石造寺院

■ 前往方法

乘坐连接呵叻和素林的巴士到班塔柯（Baan Tako）站下车。乘车时要提前告诉司机要去"班塔柯"或"帕侬蓝"。从班塔柯到帕侬蓝可以乘坐摩的，需要20分钟，往返250泰铢。车主会要450~500泰铢的高价，但可以和他们提前讲好价格。到玛穴寺遗址需要350泰铢。多人行动的话可以在素林或呵叻租车，更为安全和安心。

从呵叻出发
BUS 可乘坐开往素林的274路车，每30分钟~1小时一班。需要乘坐2~3小时，二等车85泰铢。

从素林出发
BUS 可乘坐开往呵叻的274路车（与上述相反方向），需要乘坐1.5小时，二等车65泰铢。

帕侬蓝遗址位于武里南府南部，建在泰柬边境一座低矮的死火山上。与考菩维安遗址（→p.328）、披迈（→p.317）、柬埔寨的吴哥窟等齐名。是建于吴哥王朝时代的一座重要的寺院。高棉语的意思为"大山丘"，从山丘上可以俯瞰整个辽阔的平原。

帕侬蓝遗址 主要景点

帕侬蓝遗址公园
Prasat Hin Khao Phanom Rung Historical Park

Map 文前图正面 -D5~E5

สวนสาธารณะเขาพนมรุ้ง

连接吴哥窟和披迈城的伟大遗址

帕侬蓝遗址公园
开 每天 6:00~18:00
费 100 泰铢（外国游客费用）
在售票处前面有一座信息中心，里面展示有遗址修复前的照片。还出售相关资料的 DVD 和指南书。

帕侬蓝神殿遗址始建于高棉帝国时期，耸立在一座海拔383米的小型死火山上。直至1988年5月，长达17年的修复工作终于结束，遗址恢复了往日的庄严风貌。

据推算，帕侬蓝遗址的建立时间与吴哥窟相同，均为12世纪建造。以高棉帝国鼎盛时期的厚实构造和庞大规模引以为豪。帕侬蓝的"帕侬

▲ 耸立在参道上的巨大建筑

▲ 信息中心位于遗址入口旁

一排特产小屋

随处可见的精致浮雕

修复后的尖塔

泰国东北部 ●帕侬蓝遗址

和柬埔寨首都金边的"PUMON"在高棉语中同取"山丘"之意。从神殿内向南眺望，是一片一望无际的泰国农家风情，再极目远眺，可以隐约看见连绵的山脉，那里是泰国与柬埔寨的边境，柬埔寨就近在眼前。

走进入口的大门，就是长约160米、宽7米的石砌参拜道。参拜道两侧有70座莲花花苞形状的石灯笼，一直延伸至楼梯。继续前行，会看到一座由三头蛇神守护的平台式石桥。过了石桥再走过陡峭的石阶，就看到神殿了。

神殿是由粉色和白色的砂岩所建造，被一条长66米、宽88米的回廊所环绕。殿内供奉着印度教之神湿婆的坐骑——牛的雕像。神殿的外壁有精致的高棉样式宗教装饰，最有名的要数神殿正面入口上部的浮雕——"水中沉睡的那莱神"。在神殿修复前，这座浮雕曾被盗，后来在美国芝加哥博物馆被发现。当初芝加哥博物馆表示不愿归还，为此泰国的人气乐队 Carabao 还特地创作了一首歌曲要求返还，最终得以物归原主。虽然浮雕的保存情况不太完善，但其中饱含了泰国人民的执着信念。另外，每年3~4月的满月之日，纵贯神殿的中央通道两侧升起的太阳和满月正好相对，太阳从神殿正面的参拜道升起。

旅游小贴士

团体旅行

人数多的话租车比较方便。从呵叻或素林租双条车或巴士大概1500泰铢。班塔柯的摩的费用较高，如果3~4人租车的话既便宜也安全。

轻装出行

呵叻和素林的旅行社推出了2200~2500泰铢的帕侬蓝周边一日游线路。

玛穴寺遗址公园 Prasat Muang Tam Historical Park　Map 文前图正面-E5
高棉风格的印度教寺院　ปราสาทเมืองต่ำ

玛穴寺遗址位于东南山麓，距离帕侬蓝遗址所在的死火山有5公里左右。是10~11世纪建造的印度教寺院。寺院内有精美的高棉式装饰。遗址外围是120米×170米的围墙，遗迹中央有一个U字形的人工水池，池中屹立着一座大型佛塔。游客可以看到骑着阿拉伐陀象的雷神和湿婆神的浮雕。遗址周边种

被人工水池环绕的玛穴寺遗址

植着草坪，打理得像公园一样美丽，不妨在游览完帕侬蓝遗址后，顺道一并参观。入口的斜前方有一家小型资料馆，展示有昔日的遗址照片。遗址公园旁有一个大型的人工水池，是和玛穴寺同时期被挖掘的，和披迈博物馆前的水池一样，它也是遗迹之一。

玛穴寺遗址公园
- 开 每天 6:00~18:00
- 费 100泰铢
- 交 参考 p.324 栏外

遗址旁边的资料馆

帕侬蓝的节日　Column

每年4月的泼水节（泰国的正月）期间，帕侬蓝都会举行遗址修复纪念活动。这一天，公园内会有各种各样精彩的表演，夜晚在遗址附近还有大型的烟花盛会。晚上没有公共交通工具，可以选择租车等方式。

每当过节的时候，这条参拜道上就会挤满了人

Thailand Northeast

四色菊 *Sri Saket* ศรีสะเกษ

环游高棉遗址的据点之城

四色菊位于伊森南部，残留有许多高棉时期的遗址。由于遗址地点偏僻，分布不均，交通十分不便。但对高棉文明感兴趣的游客可以去看看。

破损的萨康盘亚依遗址

前往方法

从曼谷出发
BUS 从北部巴士总站出发需要 9 小时，一等车 430 泰铢，二等车 342 泰铢。
RAIL 从华兰蓬火车站出发，一天有 7 趟列车。需要 9~11 小时。根据列车类型一等座 1036~1236 泰铢，二等卧铺 581~761 泰铢，二等座 311~561 泰铢，三等座 197~237 泰铢。快车 561 泰铢。

从乌汶出发
BUS 需要大约 1 小时，40 泰铢。嘟嘟车需要 50 泰铢。

从素林出发
BUS 嘟嘟车在 5:30~17:30 每 20~30 分钟一趟。需要乘坐 1.5~2 小时，费用为 70 泰铢。普通巴士需要 2.5 小时，60 泰铢。

四色菊 漫步

车站前的普拉特寺

铁路将四色菊这座城市分为南、北两部分。由此也造就了不同的城市生活气氛。火车站以北是老城区，店铺稀少，闲散清静。背对车站向右走是餐饮街，那里相对热闹一些。再往前走是市场，到了夜里周边会有小吃摊出现，而且政府、邮局、电话局也都集中在这一带。

火车站以南只是广场和空地，白天十分冷清。到了晚上小摊贩开始活动，渐渐变得热闹起来。沿酷卡恩路（Khukhan Rd.）向南走，就到了银行和商店林立的商业区，这里车水马龙。旁边有四色菊城内唯一的百货商场——斯恩亨广场（Sun Heng Plaza），还有中档酒店凯西利酒店（Kessiri Hotel）。火车站以南约 1 公里处有巴士总站，从火车站乘摩的或三轮车过去需要 30 泰铢。

四色菊 郊外景点

萨康盘亚依遗址
Prasat Hin Wat Sa Khampaeng Yai
Map p.326- 外

11 世纪与 20 世纪建成的两座新旧寺院 ปราสาทหินวัดสระกำแพงใหญ่

萨康盘亚依寺院与大规模遗址建筑群相邻，院内现代泰式寺院与古老的高棉样式神殿并排而立。以实力自居的高

新建寺院和古代遗迹和结合的萨康盘亚依遗址

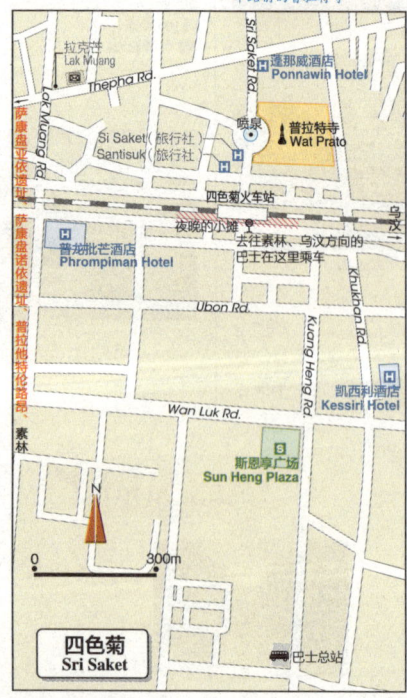

四色菊 Sri Saket

棉帝国于11世纪建造了这座神殿，后由泰国艺术局进行了大规模的修复工作，遗址变得焕然一新。石砌的回廊入口以及内部建筑物上的精美浮雕都具有很高的观赏价值。

萨康盘诺依遗址
Prasat Hin Wat Sa Khampaeng Noi
与吴哥窟同时期的建筑瑰宝　　　　　Map p.326 外

萨康盘诺依是12世纪由吴哥王朝的贾亚瓦曼七世建造的神殿遗址。据说最初作为医院使用，详情不明。神殿虽然规模不大，但却有多处具有观赏价值的高棉式雕刻。只是入口的拱门已面临崩塌状态，进入时让人不禁心生恐惧。这是在大型寺院内建造的建筑。

看上去即将倒塌的萨康盘诺依塔

普拉他特伦路昂 Phra That Rung Ruang
造型奇特的寺院　　　　　Map p.326 外

在四色菊西北部8公里处有一座风格迥异的寺院。院内各式各样的建筑造型据说是以佛教故事为题材建造而成的。说不清是庄严还是奇特，总之别有一番韵味。中央建筑上有华丽的装饰品，在强烈的阳光照射下熠熠生辉。游客还可以到寺院建筑的顶部欣赏周围一片宁静的田园风景。三楼展示有在伊森生活的傣族、老龙族、高棉族的生活用具。

建筑物整体装饰了精细的装饰品

萨康盘亚依遗址
免费
距离四色菊市区大约24公里。从巴士总站乘坐去往乌托姆芬萨依（Utumphon Phisai）的嘟嘟车，在终点站下车（30分钟一班，需要50分钟，30泰铢）。然后再乘坐三轮车等工具到达目的地。或者坐火车到乌托姆芬依依站，然后向西（呵叻方向）走15分钟即可到达。

萨康盘诺依遗址
免费
距离四色菊市区大约12公里。乘坐去往乌托姆芬萨依（Utumphon Phisai）的嘟嘟车（同上述），在"萨康盘诺依寺"前下车。从车站到遗址需要15分钟，票价为15泰铢。

普拉他特伦路昂
博物馆每天8:00~17:00
免费
从四色菊市区乘坐摩的往返需要100~150泰铢。

酒店
Hotel

火车站北部的环岛附近，有3家300泰铢左右的便宜旅馆。火车站南部有两家中档~经济型酒店。

凯西利酒店
Kessiri Hotel　　　　　中档酒店　　　　　Map p.326

◆四色菊最高档的酒店，酒店顶端还设有泰式风情的小亭子，十分引人注目。由于是高层酒店，视野相当好。酒店内的装修风格及照明都是昏暗色调，内部设施以及浴室也都稍显陈旧。不含早餐的客房是600泰铢。所有客房都配有浴缸。周边有商店街，是热闹繁华的地带。

住 1102-05 Khukhan Rd.
电 0-4561-4006
传真 0-4561-4008
费 AC S 650泰铢
CC M V
房间数 93间
WiFi 免费

普龙批芒酒店
Phrompiman Hotel　　　　　经济型酒店　　　　　Map p.326

◆沿火车站南侧路线向西走200米即可到达。前台位于入口左侧，餐厅入口旁的一个小柜台。

住 849/1 Luk Muang Rd.
电 0-4561-2677 传真 0-4561-2771
费 AC S 800~1500泰铢
CC M V 房间数 188间
WiFi 免费

蓬那威酒店
Ponnawin Hotel　　　　　经济型酒店　　　　　Map p.326

◆位于安静环境的一家便宜的酒店。全部房间都带有淋浴。

住 147/5 Sir Saket Rd. 电 0-4561-1458
传真 0-4561-3478 费 F S 200泰铢 AC S 300泰铢（不含早餐）
CC 不可使用 房间数 32间 WiFi 免费

327

Thailand Northeast

文前图正面-F5

考菩维安遗址 *Khao Phra Wiharn* เขาพระวิหาร

位于泰柬边境悬崖峭壁上的大神殿

入口处是陡峭的石阶

考菩维安遗址位于泰柬边境的悬崖峭壁上，属于高棉风格，规模巨大，从这里可以将柬埔寨大平原一览无余。考菩维安遗址在柬埔寨被称为"普莱阿布黑阿"，比吴哥窟的年代还要久远。神殿遗址虽然位于柬埔寨境内，但由于从柬埔寨过去较为不便，所以最好还是从泰国前往。

前往方法

从乌汶出发
TAXI 单程约1小时30分钟，1700 泰铢左右。可以让酒店帮忙介绍。

从四色菊出发
TAXI 单程约1小时30分钟，1700 泰铢左右。可以让❶帮忙介绍。一般在火车站前接客。费用需协商。
BUS 从四色菊或乌汶坐巴士到干他拉隆（Kantharalak）下车（大约1小时30分钟，50 泰铢）。再从那里租汽车（400~500 泰铢）或摩托车（300 泰铢）前往。

考菩维安遗址现在关闭中
由于考菩维安遗址是在未完全确定国境的情况下，以柬埔寨领土登录到世界遗产名录的，所以泰柬之间一直纷争不断。2016年1月，被禁止从泰国进入遗址周边。从泰国的国家公园进入时，也只能走到帕麻依丹。

考菩维安遗址 主要景点

考菩维安遗址 Khao Phra Wiharn (Preah Vihear) Map 文前图正面-F5
与吴哥窟不相上下的高棉遗址

考菩维安遗址由位于海拔657米的考菩维安山顶的正殿、沿途的石

幸免于难的主祠堂一部分上供奉着佛像

残留着厚重的石堆建筑

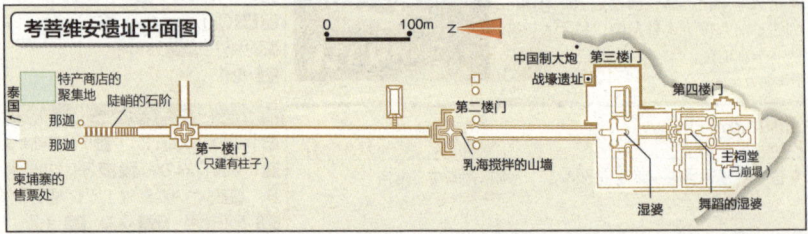

考菩维安遗址平面图

328

阶和神殿组成，是规模宏大的高棉时代遗址。主祠堂四周被屋顶回廊环绕，由狭长陡峭的石阶、石道和沿途的三座城门构成。从入口到顶部需要将近30分钟。考菩维安遗址比吴哥窟还要古老，由9世纪末高棉帝国的耶苏跋摩一世建造，11世纪时又由再次增建至现在的规模。

由于遗址位于泰柬边境的正中央，两国长年来为领土主权问题而争执不下。1962年，国际法庭正式宣布遗址属柬埔寨领土。由于这里是环视周围大平原的重要战略地，所以柬埔寨内战时周边经常会展开激烈的战斗，也因此，已经破损的遗址变得更加残败不堪。遗址所处的悬崖外壁，还残留着一门面向大平原的中国制大炮。

■ 参观手续

虽然遗迹位于柬埔寨境内，但是不需要办理出入境手续或签证。首先在泰国的国家公园入口处缴纳公园门票，进入园内直走，走到有停车场、商店、餐厅的广场。然后再沿路步行，会看到森林局检查处，在这里支付5泰铢，继续前行，路面开始缓缓倾斜，走下岩石会看到一个小山谷，越过山谷在上台阶的途中会看到一个铁丝网门，这就是边境。走上山谷后会看到右侧有一个小屋，需在此缴纳入境费用。左边还有一排排的特产商店。再往里能看到通往主祠堂的石阶。遗址中也有许多柬埔寨的生意人，出售饮品或明信片等纪念品。

这里保留了1门内战时期使用过的中国制大炮

考菩维安遗址

开 每天 8:00~16:30（入场截止到 15:00）

费 泰国国家公园门票 200 泰铢 + 泰国森林局管理费 5 泰铢 + 柬埔寨入境费 200 泰铢（或者 5 美元）。共计 405 泰铢（或者 205 泰铢 +5 美元）。

随处可见战壕遗迹

旅游小贴士

注意地雷

考菩维安遗址周边有许多柬埔寨内战时埋下的地雷。虽然联合国以及NPO已经进行了排雷工作，但仍有残留。"Danger Miness（危险地雷）"的标语并非危言耸听或开玩笑，请游客千万不要进入有铁丝网和栅栏隔开的地方。

绝对不可越过此标志牌

柬埔寨的大平原一望无际

飘扬在第一楼门上的柬埔寨国旗

帕麻依丹 Pha Maw I Daeng

环望柬埔寨的绝景之崖

从考菩维安停车场登上向左侧延伸的道路，就到了帕麻依丹（麻依丹之崖）。这里是眺望考菩维安和柬埔寨大平原的绝佳地点。悬崖前面有泰国军队的小型驻地，可以看到迷彩色的碉堡。

麻依丹之崖

乌汶（乌汶叻差他尼） Ubon Ratchathani อุบลราชธานี

正对月河的泰国最东部城市

前往方法

巴士总站位于市区向西北5公里处。

从曼谷出发

AIR 从素万那普国际机场起飞，泰国航空每天有2~3班，需要1小时5分钟，2245泰铢~。在廊曼国际机场每天有4班亚洲航空的飞机起飞，飞鸟航空公司每天有7班飞机，详情请参见网站（→p.503）。

BUS 从北部巴士总站出发需要10小时，VIP车804泰铢，一等车517泰铢，二等车402泰铢。

乌汶位于老挝与柬埔寨之间，是泰国最东部的府都。越南战争时期，美国军机从这里的机场起飞，这里作为军事基地城市曾繁荣一时，如今已恢复平静。郊外的自然美景让人感觉如同时光倒流数千年。

被称为城市之柱的祠堂

乌汶（乌汶叻差他尼）漫步

乌汶市区宽广，没有固定的商业中心区。贯穿南北的乌帕拉特路（Upparat Rd.）自古就是乌汶城繁华的街道，特别是月河和酷safe安他尼路（Khuanthani Rd.）之间一带，有许多大型市场，十分热闹。很多经济型酒店也坐落于此。这里非常适合沿河边散步。最近，在城市西北部，乌汶国际酒店以北的恰扬昆路（Chayangkun Rd.）一带有大型高档酒店和郊区型购物中心开业，人来人往，十分热闹。乌汶机场位于市区偏北，客机起飞时仿佛要带去整个城市，十分震撼。

乌汶（乌汶叻差他尼）主要景点

同西姆昂公园 Tungsrimuang　Map p.330-A2
公园一角到了晚上就是小摊街

同西姆昂公园位于市区内，铺有草坪的广场和免费的健身设施十分受市民欢迎。每天晚上，到了运动时间，健身设施旁边的舞台上会有人带领大家随音乐起舞。广场以南有被称为城市之柱的祠堂，有无数游客来此参观。

同西姆昂公园西北角的纪念蜡烛

西乌汶拉特寺 Wat Sriubonrat　Map p.330-A3
供奉乌汶玉佛的寺院

西乌汶拉特寺是仿照曼谷的大理石寺而建。正殿供奉的佛像也模仿泰国最高寺院玉佛寺中的玉佛，除了尺寸较小以外色泽等几乎一模一样。也是18世纪从老挝运来的。每逢重大佛教法会的早上，寺院僧侣们便会集中在大殿里对佛祈祷。

建在宽广寺院内的正殿

前往方法

RAIL 从华兰蓬火车站可以乘坐途经呵叻的火车，一天有6班。需要8小时25分钟～12小时5分钟。根据列车类型分为一等座1080~1280泰铢，二等卧铺601~781泰铢，二等座331~371泰铢，三等座205泰铢。特快为581泰铢。乌汶火车站位于乌汶以南的瓦林恰穆拉普市，距离乌汶市区大约3公里。从火车站到市里的方法请参照→p.332栏外介绍。

从四色菊出发
BUS 需要大约1小时，40泰铢。嘟嘟车需要50泰铢。
去往老挝方向的巴士
从巴士总站一天有两趟经由春梅直达Pakse的巴士（9:30、15:30），需要3小时，200泰铢。

火车站南侧是瓦林恰穆拉普市

实用信息

❶ TAT Map p.330-B3
📍 264/1 Khuanthani Rd.
☎ 0-4524-3770~1
📠 0-4524-3771
🕐 每天 8:30~16:30
可以在此领取免费地图，由于线路资料较陈旧，双条车的路线可能有很大变动，请注意。
Map p.331
📍 600 Sapphasit Rd.
☎ 08-1593-6083

景区治安局
Map p.330-B1
☎ 1155、0-4524-5505

旅游小贴士

双条车
市内一律10泰铢。下车后付给司机。傍晚后车次会变少，请注意。

同西姆昂公园
🕐 24小时
💰 免费

西乌汶拉特寺
🕐 每天 7:00~20:00
💰 免费

同西姆昂寺
- 每天 6:00~20:00
- 免费

保存在祠堂中的巨大的佛足石

斯巴达拿拉姆寺
- 每天 4:00~21:00
- 免费

旅游小贴士

从巴士总站到市区的方法

在巴士总站入口对面的右侧，有打表式出租车在等待接客。坐到市区需要60~70泰铢。司机都非常端正有礼。如果觉得出租车费的话可以选择乘坐2、3、7、10路双条车，只需10泰铢就可以到达市内。虽然线路各有不同，但最终都要渡过塞里普拉恰特制塔依桥。还可以乘坐嘟嘟车，150泰铢，或者与议价出租车司机商量价格，一般会要200泰铢起步的高价。巴士到站后这些司机就会蜂拥而来，其中也有品行不佳的人，最好不要接近。

从机场到市区的方法

乘坐机场出租车每人100泰铢。

从火车站到市区的方法

从火车站前乘坐白色的2路双条车（站前始发），渡过几条河后再渡过月河上最大的桥梁，就到达了乌汶市区。由于傍晚以后双条车的数量就会减少，所以乘坐晚班火车时建议使用嘟嘟车等交通工具。

关于"乌汶叻差他尼"的叫法

大多略称为"乌汶"。

廊磨寺
- 每天 5:00~19:00
- 免费
- 从城中心乘坐10路双条车大约15分钟。从恰雅酷大道向左转进入小路，车子开到十字路口右转后下车。下车后往与双条车相反的方向左拐，在第一个十字路口继续左拐，前方右侧即为廊磨寺。

旅游小贴士

乌汶的打表式出租车

0-4526-5999

同西姆昂寺 Wat Thung Sri Muang
Map p.330-B2

不可错过的木造藏经阁

同西姆昂寺是1829年拉玛三世时代创建的寺院。据说是曼谷金山寺的修行僧来到乌汶，看到了这片适合冥想的森林，故而在此建立了这座寺院。他从金山寺获得了佛足石的复制品，于是建立佛堂供奉其中。现在佛堂成为正殿，殿内有佛陀生涯和泰国东北部的古老生活方式的壁画。寺院内的人工水池中矗立着一座叫作"豪特拉依"的木造藏经阁，融入了泰国、缅甸、老挝三个国家的风格建造而成，藏经阁共有6层，屋顶异常精美，也是一处不可错过的景点。

藏经阁中保存着珍贵的典籍，为防鼠害故而建于池中

斯巴达拿拉姆寺 Wat Supattanaram
Map p.330-A3

具有皇室血统的寺院

在伊森（泰国东北部）最早建造的正法派寺院。正法派的创始人为拉玛四世，主张实践巴利语原著中的戒律。寺院名字的含义为"合适的场所"。不仅是在泰国，也是向老挝、柬埔寨传播正法派的据点。

正殿进深20米、宽34米、高22米，规模庞大，饰有高棉风格的装饰物。屋顶是传统的泰国样式。

兼设有学校的大型寺院

廊磨寺 Wat Phra That Nong Bua
Map p.331

菩提迦耶风格的佛塔

廊磨寺的白色巨型佛塔矗立在边长17米的方形基座上，高达56米，呈四方锥形。是为了纪念佛陀圆寂2500周年于1956年建造而成。风格仿照佛陀的开悟地——印度菩提迦耶佛塔。佛塔内部还建有黄金小佛塔，里面保存有佛舍利。佛塔内满是佛教雕刻，有的是在正宗的菩提迦耶佛塔上也罕见的精美雕刻。

以佛教发祥地——菩提迦耶的佛塔为原型

乌汶国家博物馆 Ubon National Museum
Map p.330-A3

伊森历史从头学起

博物馆为木质建筑，庭院宽敞。这里展示有从乌汶周边的遗址出土的史前陶器和高棉寺院的遗物等，还有从地球诞生到生命的进化、考拉特高原的地质、东北地区文化等详细的解说。残存在帕砣（→p.338）的描绘史前人的壁画也很引人注目。

博物馆是大型木造建筑

位于帕站的原创品是数千年前创作的，如今仍然清晰地残留着

克哈特瓦特塔依 Ko Haat Wat Tai　Map p.330-C3
没有海的乌汶出现了一片沙滩

　　月河上的小型沙洲。由于岛屿周边被白砂包围，市民把这里当作海滩胜地。作为野餐地也十分受欢迎。不过只有旱季（1~5月）可以在此游玩，雨季水面上涨，这里只是一个小纯的小岛而已。

乌汶（乌汶叻差他尼）郊外景点

披本满萨航 Phibun Mangsaharn　Map p.334
紧邻车站的大市场

　　连接乌汶与披本满萨航的公路在此分为两条，一条通向东边城市空坚，一条通向老挝边境城市春梅。披本满萨航有许多景点，可以顺便看一下。还可以在巴士总站旁边的大市场漫步。

普卡噢凯噢寺 Wat Phu Kao Kaew　Map p.334
凝聚当地民众的信仰

　　普卡噢凯噢寺是建在郊外小山丘上的寺院，据说是1937年为冥想之用建造的。正殿用鲜红的瓷砖和精巧的木刻浮雕装饰，寺院内也有多处精美木刻雕像。

空撒普 Kaeng Saphu　Map p.334
当地人的休闲娱乐地

　　大块的岩石从月河水面上渐渐露出，当地人在此自由自在地玩水。只是游玩季节只限旱季，因为雨季水位会上升。

空撒普河面宽广、浅滩绵延

☎ 0-4528-0888
起步价为30泰铢。每500米加2泰铢（根据出租车公司不同价格会有变动）。在酒店等设施附近打车比较稳妥。这里一般根据出租车公司不同会有20~25泰铢的追加费用。流动出租车现在也在增加中。

乌汶国家博物馆
📍 Khuanthani Rd.
☎ 0-4525-5071
🕐 周三~周日 9:00~16:00
❌ 周一・周二、节假日
💰 100泰铢（外国游客费用）
博物馆禁止穿鞋入内。请在入口处脱鞋进入。博物馆的北侧有色彩鲜艳的寺院风格建筑，它是代表乌汶发祥地的城市之柱。

克哈特瓦特塔依
🚌 从TAT所在的酷安他尼路向东走，在有标示牌路口向右拐。

披本满萨航
🚌 从乌汶巴士总站24路乘车场乘坐途经瓦林市场（Map p.331）的巴士。大约用时1个半小时，40泰铢。6:00~18:30每半小时一班。

山丘上的冥想寺院——普卡噢凯噢寺

普卡噢凯噢寺
🚌 从披本满萨航的巴士总站出发，步行10分钟即到。路途一直都是上坡路。

空撒普
🚌 从披本满萨航的巴士总站出发，步行15分钟即到。从月河上的桥向下游走走。

Column 乌汶蜡像节

　　乌汶蜡像节在每年7月左右举行，是乌汶最盛大的节日。用橘色的蜡像来表现佛教传说中的场景，将雕有精美花纹的巨大的蜡像放到花车上，推到街上展览。在大型寺院内还有花车的展示，可以去瞧一瞧。

廊磨寺内的花车

333

乌汶郊外

跨越国境

春梅 Chong Mek
Map p.334

位于泰国与老挝边境的市场

ช่องเม็ก

泰国到老挝之间共有7条为外国游客开设的线路，其中有两条是陆路，春梅便是陆路之一。其他线路必须通过船或桥来渡过湄公河。不论泰国还是老挝，边境周边都有市场，人员、货物，来来往往，十分热闹。老挝的市场与泰国的不同，以出售中国和越南制的商品较多。威士忌、啤酒、电器等多为走私产品，因此价格十分便宜，很多泰国人来此争相购买。

春梅
☎ 从乌汶巴士总站乘坐嘟嘟车大约需要2小时，100泰铢。或者从披本满萨航的巴士总站乘坐去往春梅方向的双条车（大约1小时，40泰铢）。从春梅的巴士总站走到边境需要5分钟，乘坐摩的需要20泰铢。

旅游小贴士
泰国的出入境管理局
边境处的建筑物，对面左侧便是出境处。
开 每天 6:00~18:00
周六、周日或节假日通过出入境管理局时需要收取休息日手续费50泰铢。
老挝的签证
可办理落地签。
货币兑换
边境处有KTB银行分行和ATM，在市场尽头有暹罗商业银行（Siam Commercial Bank）。
营 周一~周五 8:30~15:30
休 周六·周日及节假日

边境处的出入境管理局，还设有ATM

酒店
Hotel

每年7月下旬蜡像节期间，不论哪家酒店都满房，请至少提前一个月预约。

苏尼大酒店
Sunee Grand Hotel
高档酒店
Map p.331

◆苏尼大酒店是2009年开业的一家高档酒店。与City Mall大型购物中心同在一座复合大厦内，酒店位于里侧。客房设备齐全、宽敞明亮。

住 512/8 Chayangkun Rd.
TEL 0-4535-2900
FAX 0-4535-2999
URL www.suneegrandhotel.com
费 AC S T 1800 泰铢~
C A D J M V
房间数 219间 带泳池 NET 无休

莱松酒店
Laithong Hotel

中档酒店

Map p.330-C2

◆酒店位于安静的住宅区，共有8层。客房内铺有地毯，配有电视、冰箱、浴缸。泳池位于三层，大堂和客房都相当豪华，十分高档。

住 50 Pichitrangsan Rd.
TEL 0-4526-4271
FAX 0-4526-4270
URL www.laithong.com
费 AC S T 1400 泰铢～
CC A M V
房间数 124 间　带泳池　WiFi 免费

T3 酒店
T3 Hotel

经济型酒店

Map p.330-B2

◆位于安静道路上的一家经济型酒店。客房铺有瓷砖，充满清凉感，时尚简约。全部房间都配备电视、冰箱、小型阳台和热水淋浴。

住 1/1 Soi Sapphasit 1, Sapphasit Rd.
TEL 0-4524-4911
URL www.t3houseubon.com
费 AC S T 600 泰铢～（不含早餐）
CC J M V
房间数 76 间
WiFi 免费

西依撒酒店
Sri Isan Hotel

经济型酒店

Map p.330-B3

◆酒店中央是阳光大厅，宽敞明亮。大厅周围即是客房。单人间十分狭窄，但是电视、冰箱等设备齐全。

住 62 Ratchabut Rd.
TEL 0-4526-1011
FAX 0-4526-1015
URL www.sriisanhotel.com
费 AC S 450 泰铢～ T 500 泰铢～
CC J M V
房间数 33 间　WiFi 免费

庞德酒店
Phadaeng Hotel

经济型酒店

Map p.330-A2

◆全部房间都配有热水沐浴、电视、冰箱。根据房间和电视的大小价格也有所不同。大堂和客房装饰有世界名画（复制品）。

住 126 Phadaeng Rd.
TEL 0-4525-4600
费 AC S 500 泰铢～ T 600 泰铢～（不含早餐）
CC 不可使用
房间数 77 间
WiFi 免费

东京酒店
Tokyo Hotel

经济型酒店

Map p.330-A2

◆酒店位于乌帕拉特路内侧，价格便宜、客房干净，深受背包客的欢迎。客房内配有卫星电视和热水淋浴。

住 360 Upparat Rd.
TEL 0-4524-1739
FAX 0-4526-3140
费 F S T 360 泰铢～ AC S T 460 泰铢～（不含早餐）
CC 不可使用
房间数 60 间　WiFi 免费

新西依撒 No.2 酒店
New Sri Isan No.2 Hotel

经济型酒店

Map p.330-B3

◆如果想在乌汶住便宜的酒店，这里是最佳选择。风扇房配有电视，S T 250 泰铢。空调房有热水。

住 Ratchabutr Rd.
TEL 0-4524-1577
费 F S T 200 泰铢～ AC S T 350 泰铢（不含早餐）
CC 不可使用
房间数 36 间

欧特塞德旅馆
The Outside Inn   旅馆

◆由木质民宿改建而成的旅馆。安静舒适。全部房间均配有空调、电视和热水淋浴。两室的高档房比较宽阔。还兼设有泰国菜餐厅。

Map p.330-C1 外
住 11 Suriyat Rd.
电 08-8581-2069
URL www.theoutsideinnubon.com
费 AC S T 650 泰铢、799 泰铢
CC M V
房间数 8 间
WF 免费

叻差布特 28 号旅馆
28 Ratchabutr   旅馆

◆3 层建筑的家庭旅馆。4 人间每人每晚 200 泰铢。内装及家具几乎都保持了房子的原样，家庭氛围浓郁。有热水淋浴。

Map p.330-B3
住 28 Ratchabutr Rd.
电 08-9144-3789
费 F S T 400 泰铢～（公共卫浴）
CC 不可使用
房间数 5 间
WF 免费

餐 厅
Restaurant

　　叻差他尼酒店（The Ratchathani Hotel）前的十字路口北侧有一处广场，每到傍晚就会有各种各样的小吃摊，直到深夜依然游人如织。位于斯帕西特路（Sappasit Rd.）上的印多其餐厅（Indochine [MAP] p.330-B2）因其高级的越南菜和泰国菜而颇有名气。从乌汶重点泰式按摩房向北走，在第一个十字路口的东南角有一家叫 99 克瓦恰普的餐厅（[MAP] p.330-B2），是一家以面类为主的餐厅，一直都很有人气。所谓克瓦恰普，是一道越南面食，汤汁黏稠，配菜可选择带骨鸡肉、无骨鸡肉或猪肉等。

金考
Kin 9

◆以健康的越南菜系为主。越南炸春卷（米昂托托）两个 40 泰铢。蔬菜春卷（米昂索托）也是 40 泰铢。越南蛋包饭 50 泰铢。蔬菜拼盘新鲜量足。面类是 35 泰铢起。酒类只有狮牌啤酒一种，售价为 75 泰铢。

Map 330-B2-
住 64 Ratchawong Rd.
电 0-4525-4659
营 每天 9:00~20:00
CC 不可使用

按摩店
Massage

乌汶重点泰式按摩店
Ubonvej Thai Massage

◆被宽广的庭院包围的一家按摩房，护理室都是单间。泰式按摩 2 小时 250 泰铢，精油按摩 2 小时 450 泰铢，使用保健球进行泰式按摩 1.5 小时 450 泰铢，保健球＋精油按摩 2 小时 490 泰铢，足＋背＋肩按摩 1.5 小时 280 泰铢。

Map p.330-B2
住 113 Thepyothi Rd.
电 0-4526-0345
营 每天 10:00~22:00
CC 不可使用

商 店
Shopping

乌汶市内有几家专卖当地特产纺织品的商店。与苏尼大酒店同在一楼的 City Mall 购物中心楼顶还有泳池。

旁恰特商店
Punchard

Map p.330-A2

◆旁恰特商店主要经营伊森（泰国东北部）的民间工艺品。店内宽敞，商品琳琅满目，既有素朴的小物件，也有精巧的工艺品，价格实惠，适合当作伴手礼。

住 Phadaeng Rd.
电 0-4524-1067
URL www.punchard.net
营 每天 9:00~18:30
CC J M V

康普恩商店
Kampun

Map p.330-A2

◆康普恩商店是一家高级丝绸专卖店。店内禁止穿鞋入内，丝织品全为手工制作，特别是摆在橱窗里的丝织品可堪称艺术品。一件丝织品从几百泰铢到上万泰铢价格不等。其中还有万元以上的超高精品。

住 124 Phadaeng Rd.
电 0-4525-4830
营 每天 7:00~19:00
CC 不可使用

拉旺商店
Rawang Thang

Map p.330-B3

◆小店内有各种在其他商店买不到的物品。例如原创的印花 T 恤衫、绘有乌汶市街图案的明信片、手工小物件等。每件作品都充满当地风情，让人感到温暖和爱不释手。印有伊森方言的 T 恤衫或其他印花 T 恤衫是馈赠亲友的首选。小店还兼设有一家咖啡厅。

住 301 Khuanthani Rd.
电 08-1700-7013
营 周二～周四 9:00~17:00、周五～周日 9:00~20:00
休 周一
CC J M V

匹提商店
Piti

Map p.330-A3

◆位于乌汶特产食品一条街上的商店，里面出售各种精美的泰国杂货。有提篮、古董以及丝巾等，不只是周边地区的，整个泰国的特产品几乎都可以找到，而且价格实惠。

住 199 Srinarong Rd.
电 08-1718-3114
营 每天 9:00~20:00
CC 不可使用

乌汶自行车租借店
Ubon Rental Cycle

Map p.330-B2~B3

◆在这里还可以听到乌汶的最新消息。ADSL 上网 30 分钟以内 20 泰铢，超出 1 分钟 1 泰铢。店门口还有投币式自动洗衣机。

住 124-115 Srinarong Rd.
电 08-5023-3031
营 周一～周六 8:00~17:00
休 周日
费 1 小时 20 泰铢，5~24 小时 100 泰铢
CC 不可使用

Thailand Northeast

文前图正面-F4

空坚 *Khong Chiam* โขงเจียม

享受伟大的自然胜景

湄南桑西

是可以欣赏湄公河周边雄伟自然景观的一座基地小城。还有很多旅馆，可以悠闲地在此停留。

🚌 前往方法

从曼谷出发
BUS 从北部巴士总站出发需要 10 小时 30 分钟，一等车 590 泰铢。

从乌汶出发
BUS 从巴士总站乘坐去往 Phibun Mangsaham 的巴士（需要大约 1 小时 30 分钟，40 泰铢），然后换乘去往空坚的双条车（需要大约 1 小时，40 泰铢）。

帕砧
200 泰铢（外国游客费用。国家公园入场费）
乘坐位于空坚巴士总站的嘟嘟车。回程时需要等待。往返 300 泰铢左右，单程约 30 分钟。

湄南桑西
从空坚的巴士总站步行约 20 分钟，位于城外的月河附近有餐厅和特产店，河岸长堤上有游船的柜台，乘船 1 小时 200~300 泰铢。

坎塔那国家公园
200 泰铢（外国游客费用。和帕砧通用）
从空坚的巴士总站乘坐嘟嘟车需要大约 20 分钟，150~200 泰铢。

平坦的岩石相连

空坚 主要景点

帕砧 Pha Taem   `Map p.334`
残留有史前时代壁画的悬崖绝壁

壁画多以动物狩猎为主，据推测至今已有 2000~3000 年的历史。高达数百米的绝壁表面延伸有 200 米（→ p.333 有图片）。从停车场出发，沿险峻山道下行 1 公里左右即可到达壁画所在之处。壁画的尽头有道路延续，是一条大约 4 公里的徒步旅行路线，可以再次登上绝壁，返回到停车场。途中有泰语的标志牌，去往险要山林时要提前做好准备。

从空坚到帕砧的途中，会看到被称为撒噢恰利恩（Sao Charieng）的蘑菇状奇石（`MAP p.334`），是由熔岩凝固而成的距今 130 万年的石柱。

湄南桑西 Mae Nam Son Si (The River of Two Colors)   `Map p.334`
湄公河与月河的交汇处

清澈的月河与浑浊的湄公河汇合，形成了清浊并流的景观。在河中乘船观看会更直观。

坎塔那国家公园 Kaeng Tana National Park   `Map p.334`
奇岩高耸于沙洲之中

由熔岩凝固而成的各种奇妙形状的岩石像搓衣板一样错落有致地耸立于沙洲之上。水量极少的旱季可以在这里看到无数奇岩姿态，是一处美丽的风景胜地。

酒店 *Hotel*

托桑空坚休闲度假村
Tohsang Khongjiam Resort

◆ 可以望到对岸圣挞山脉的一家度假型酒店。被美丽的自然景观包围，可以悠闲地度过。客房为木质装潢，有一个较大的泳池，位于湄公河对面的观景餐厅设计高档。

`Map p.334`
🏠 68 Moo 7, Baan Huay-Mak-Tai, Khong Chiam, Ubon Ratchathani
☎ 0-4535-1174~6   FAX 0-4535-1162
URL www.tohsang.com
费 AC S T 4500 泰铢~   CC J M V
房间数 55 间   游泳池   WiFi 免费

黎逸 Roi-Et ร้อยเอ็ด

城池环绕的小镇

位于伊森中心位置的黎逸,是16世纪从老挝南部移居过来的人们所建设的城市。在泰国传统音乐中所使用的乐器 Kane (苇笛),是当地的特产,被称为"Mohlum"。

布拉帕披拉姆寺

黎逸 漫步

城市中心公园内有一座叫作普郎恰依湖的大型水池,城市围绕公园展开,直至古时残留下的外侧的四方城墙。普郎恰依湖以东的城墙一带十分热闹,拥有大型购物中心、市场、旅行社以及城内最高级的酒店。普郎恰依湖北侧的城墙一带也十分热闹,既有生鲜食品市场,也有沿路的蔬菜摊贩。另外,这里还有许多出售地方特产 Kane(传统苇笛)等乐器、绢和棉等织物的商店。

黎逸 主要景点

布拉帕披拉姆寺 Wat Burapha Phiram   Map p.340
黎逸的标志性建筑

布拉帕披拉姆寺与泰国著名高僧路昂泼特颇有渊源。被称作"普拉布达塔那蒙空玛哈姆尼"(Phra Buddha Rattana Mongkol Maha Muni)的立佛像高 59.2 米,包含基座的高度达 67.85 米,俯视着市街,佛像后身支撑的建筑可以登上去,但是平时是封闭状态。佛像基座可以自由攀登。基座内供奉着佛像,参拜的人络绎不绝。佛像对面有一棵大榕树,根部有一个表达佛陀圆寂样子的立体模型。布拉帕披拉姆寺寺院开阔,并开办有佛教学校。平日里有许多孩子,十分热闹。

怒昂寺 Wat Neua   Map p.340
建立于1000多年前的佛塔

怒昂寺意为"北寺"。参拜堂没有墙壁,屋顶只用柱子来支撑,十分凉爽。它的旁边有一座全体通黑、轮廓呈圆弧状的佛塔,叫作"普位撒特普切第"(Phra Satup Chedi),据说该佛塔始建于距今 1200 多年的多巴拉巴提时代。寺院位于住宅区,平时无人来访,十分安静。

普郎恰依湖 Bung Phlanchai   Map p.340
市区中心公园

普郎恰依湖位于城墙环绕的市中心,有很多市民在此泛舟或垂钓,

Thailand Northeast

泰国东北部 ● 空坚 / 黎逸

前往方法

从曼谷出发
AIR 从廊曼国际机场乘坐飞鸟航空公司的航班,一天有两班。详情请见网站(→p.503)。
BUS 从北部巴士总站出发需要 7~8 小时,VIP 为 638 泰铢,一等车 416 泰铢。

从呵叻出发
BUS 从新巴士总站乘坐开往那空拍侬、穆达汉的巴士,需 3~4 小时,二等车 180 泰铢。

从乌汶出发
BUS 需要 3 小时。二等车 115 泰铢。

从孔敬出发
BUS 从巴士总站乘坐 534 路巴士,需要 2.5 小时,80 泰铢。

从素林出发
BUS 需要 2.5 小时,二等车 99 泰铢。

从傍晚开始热闹的夜市

布拉帕披拉姆寺
开 每天 6:00~20:00
费 免费

耸立的细高佛像

怒昂寺
开 每天 7:00~20:00
费 免费

胖嘟嘟的样子让人感觉稍显滑稽

旅游小贴士

黎逸市内交通

可以乘坐嘟嘟车或三轮车，市区内 15~20 泰铢。市内与巴士总站之间是 50 泰铢。巴士总站的嘟嘟车会漫天要价，商谈价格后可降到 50 泰铢。

黎逸海洋馆

黎逸海洋馆位于普郎怡依湖的西南部，馆内以伊森淡水湖鱼的展示为主。还有小型水下隧道。
- 周三~周日 8:30~16:30
- 周一・周二・节假日
- 免费

普郎怡依湖
- 24 小时
- 免费

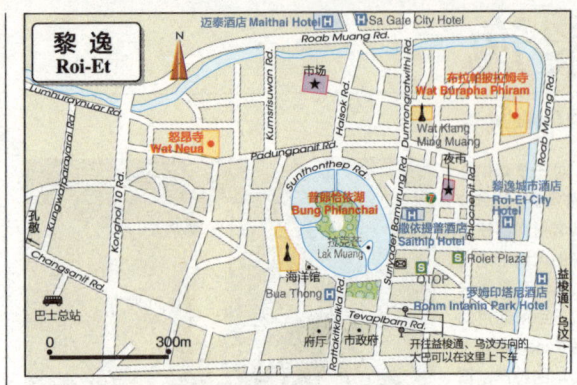

十分热闹。公园建在湖中小岛上，适于散步。黎逸的拉克芒（市柱）建于小岛东南部的小山丘之上，视野极佳。

酒　店
Hotel

除了一家高档酒店之外，其余的中档以下酒店及便宜旅馆均分布在市区。

黎逸城市酒店
Roi-Et City Hotel ——— 高档酒店

◆ 城内唯一一家高档酒店。曾隶属于高档酒店连锁机构 DUSIT 旗下。设备、服务完善，全部房间均配有电视、冰箱和吹风机。室内电源插孔较少，请注意。

Map p.340
- 住 78 Phloenchit Rd.
- 电 0-4352-0387　 传 0-4352-0401
- URL www.roietcityhotel.com
- 费 AC S T 950 泰铢~
- CC M V　 房间数 167 间　 WiFi 免费

迈泰酒店
Maithai Hotel ——— 中档酒店

◆ 酒店较为古旧，但干净整洁，居住舒适。卡拉 OK 和小酒馆等设施齐全。

Map p.340
- 住 99 Haisok Rd.
- 电 0-4351-1038
- 传 0-4351-2277
- 费 AC S T 600 泰铢~
- CC M V　 房间数 112 间　 WiFi 免费

罗姆印塔尼酒店
Rohm Intanin Park Hotel ——— 中档酒店

◆ 位于环绕老城区护城河边道路的对面，是一家经济型酒店。设备有些陈旧，不过很干净。

Map p.340
- 住 69 Roab Muang Rd.
- 电 0-4351-6660
- 费 AC S T 490、590 泰铢
- CC J M V　（500 泰铢以上可使用）
- 房间数 66 间　 WiFi 免费

撒依提普酒店
Saithip Hotel ——— 经济型酒店

◆ 典型的地方商务酒店。全部房间均带有淋浴，但是没有毛巾，请注意。

Map p.340
- 住 95 Suriyadet Bamurung Rd.
- 电 0-4351-5515
- 费 F S T 240 泰铢　 AC S T 320 泰铢（不含早餐）
- CC 不可使用　 房间数 50 间　 WiFi 免费

益梭通 *Yasothon* ยโสธร

因一年一度的火箭节而声名大振

伊森的小镇益梭通，因每年5月举行的火箭节而声名大振。附近的农民们为祈求庄稼丰收，会向天空发射手工制成的火箭，吸引了大量游客来此参观。此外的时期游客较少，可以在此安静悠闲地度过。

玛哈塔特寺

益梭通 漫步

益梭通的巴士总站位于环形道路沿线，从这里到市区乘坐摩托需要5分钟，40~50泰铢。建议先不去旅馆，直接去玛哈塔特寺，然后再参观寺院、漫步街区，这样效率会更高些。市场及繁华街位于玛哈塔特寺的对面。玛哈塔特寺的西南方向有沁河流过，非常适合沿河边散步。

平淡无奇的街道

益梭通 主要景点

玛哈塔特寺 Wat Maha That　　Map p.341

与老挝渊源甚深的寺院

玛哈塔特寺是益梭通市内最大的寺院。1778年建成，当时为老挝风格建筑，后于19世纪改建为现在所看到的样式。

正殿旁边有一座老挝风格的高塔，被称为"普拉塔特阿农"（Phra That Anon），这是695年从万象来此地参观的香客所建，里面保存有普拉阿农（阿难，照料佛陀的弟子）的遗物。

Thailand Northeast

泰国东北部　黎逸／益梭通

前往方法

从曼谷出发
BUS 从北部巴士总站出发需要8-10小时。VIP车652泰铢，一等车461泰铢。

益梭通的酒店

H J.P.绿宝石酒店
J.P. Emerald Hotel
MAP p.341
TEL 0-4572-4848~50
FAX 0-4752-4655
费 AC S T 550泰铢~（不含早餐）
CC A M V
房间 119间
WIFI 免费
稍稍远离市中心，但是设施齐全。2300泰铢的套间含早餐。

H 益梭通花园酒店
Orchid Garden Hotel
MAP p.341
TEL 0-4752-1000
FAX 0-4572-1041
费 AC 450泰铢 T 500泰铢（不含早餐）
CC 不可使用
房间 70间
WIFI 免费
是一家位于城区的经济型酒店。

玛哈塔特寺是一座美丽的老挝风格佛塔

Thailand Northeast

文前图正面-D3

孔敬 *Khon Kaen* ขอนแก่น

伊森的现代都市

孔敬是孔敬府的府城，拥有16万以上人口。建城时间为1783年，历史较短，但如今已成为伊森为数不多的设施完善的大都市。城区内设有大型巴士总站，同时这里也是巴士交通网的据点。

位于湖畔的大型寺院

❋ 前往方法

从曼谷出发
AIR 可从索万那普国际机场乘坐泰国国际航空的飞机去往孔敬，一天有8个航班，需要55分钟，2150泰铢~。其他航空公司的线路及价位可参考各航空公司的官网（→p.503）。
BUS 从北部巴士总站出发需要6小时。7:00~20:201小时有1~2班。VIP车538泰铢，一等车360~365泰铢，二等车280泰铢。
RAIL 泰国东北线在呵叻分为廊开方向和乌汶方向两条线路，孔敬在廊开线路。游客可乘坐无换乘的快车和特快列车前往。一天有4班，需要8~9小时。根据列车类型费用分别为一等座968~1168泰铢，二等卧铺539~679泰铢，二等座289~399泰铢，三等座187~227泰铢。

从呵叻出发
BUS 从新巴士总站出发需要3小时。二等车129泰铢。嘟嘟车需要118泰铢。

从乌汶出发
BUS 需要6小时。一等车323泰铢，二等车221泰铢。

去往万象的巴士
去往万象的巴士一天有2班。8:00和15:00从第三巴士总站发车，180泰铢。

❋ 实用信息

❶ TAT
MAP p.342-B2
🏠 15/5 Prachasamosorn Rd.
☎ 0-4324-4498~9
📠 0-4324-4497
🕐 每天 8:30~16:30

孔敬的 TAT

342

孔敬 漫步

孔敬火车站位于市中心的西南部。火车站前的广场十分冷清，让人难以相信这里是泰国东北部的中心城市。

市中心的西齐昂路和那姆昂路（Na Muang Rd.）的周边比较热闹。特别是酷朗姆昂路（Klang Muang Rd.）的路口附近，里侧有市场所以十分热闹。在步行街上有许多小摊，傍晚拥挤不堪，道路难行。那姆昂路和酷朗姆昂路是并排的两条南北走向的大道，其靠近西恰大道（东西走向）的附近聚集了许多酒店、商铺等游客必需的设施。另外，车站东边、通往那姆昂路的胡同里，也有许多露天餐厅，十分热闹。

■ 孔敬的巴士总站

孔敬的巴士总站位于市区东南约7公里的地方，被称为第三巴士总站。面积宽广，VIP车和一等车在1号栋发车，二等车和普通巴士在3号栋发车。2号栋是嘟嘟车和出租车的乘车场，还设有餐饮店、便利店。另外还有去往市区的双条车乘车场。

孔敬 主要景点

孔敬国家博物馆 Khon Kaen National Museum　Map p.342-B1
展出大量出土佛像

馆内展示有在孔敬周边遗址挖掘出的大量陶器、佛像、高棉式浮雕等。二层还有孔敬周边的民族服装及民间工艺品的展示区。馆内还有宽广的庭院，里面放置有从遗址搜集来的圣石，被称作"巴依塞玛"（表示神圣区域），打理得像公园一样美丽。博物馆规模相人庞大，值得一看。

国家博物馆的庭院展示着叫作"巴依塞玛"的边界石碑

本凯恩那空湖 Bueng Kaen Nakhon Lake　Map p.342-B4
在湖畔餐厅悠闲度过

这里有着宽阔的湖面，是市民们放松身心的地方。湖畔公园有市民在健身，湖边还有孩童在嬉水。从湖畔还可以看到远方闪耀的泰国寺院的屋顶。此外，还有水上餐厅，可以在里面悠闲地用餐。

本凯恩那空湖上还可租船游览

孔敬 郊外景点

普渊化石研究中心 & 恐龙博物馆
Phuwiang Fossil Reserch Center and Dinosaur Museum　Map 文前图正面-D3
详细了解泰国的地质及恐龙历史

2012年新开的博物馆。位于普渊国家公园前3公里左右。除了有泰

旅游小贴士

从机场到市区的方法
孔敬机场位于市区以西8公里处，乘坐嘟嘟车需要100泰铢左右。市内中档以上酒店提供接送服务（50~70泰铢）。

巴士总站和市区的交通
乘坐打表式出租车需要80~90泰铢（还要追加配车费40泰铢支付给司机），需要15分钟。或者乘坐2、3、8路等双条车（10泰铢）经过市里和双条车总站。从双条车总站去往巴士总站可乘坐20分钟一趟的免费双条车，需要20分钟。从廊开、乌汶去往孔敬的巴士或嘟嘟车会经过中央广场后到达第三巴士总站。如果想在孔敬市区多玩几天，在中央广场下车比较方便。

孔敬的叫法
泰语直接念出来是"孔肯"，但不知道为什么就成了"孔敬"。

孔敬国家博物馆
☎ 0-4324-6170
开 周三~周日 9:00~16:00
休 周一·周二及节假日
费 100泰铢（外国游客费用）
交通 从市区乘坐12、17、21路双条车。

本凯恩那空湖
开 24小时
费 免费
交通 可以从市区乘坐13、17、21路双条车。如果乘坐嘟嘟车费用为30~40泰铢。

本凯恩那湖的水上餐厅

普渊化石研究中心 & 恐龙博物馆
☎ 0-4343-8204
开 周二~周日 9:00~17:00
休 周一
费 60泰铢（外国游客费用）
交通 乘坐从孔敬的巴士总站去往 Nongbua Lamphu、普渊方向的巴士，需要1小时

30分钟，二等车50泰铢，普通车40泰铢。普渊城距离博物馆和普渊国家公园有15~18公里，由于没有公共交通工具，可以选择乘坐摩的或嘟嘟车。单程约20分钟，往返需要200~300泰铢（要商量）。

普渊国家公园
费 200泰铢（外国游客费用）
交通 参照普渊化石研究中心&恐龙博物馆的交通方法。从公园入口可以乘摩的到达挖掘现场或9号沙坑附近。

按照刚发现的状态进行了展示

用建筑物保护起来的挖掘现场

可能曾经生活在泰国的恐龙

国的矿物资源和国内各地地质风貌的展示以外，还有在普渊周边发掘的恐龙化石等，展示有恐龙时代的想像复原模型。

普渊国家公园 Phu Wiang National Park Map 文前图正面-D3
留有恐龙足迹的泰国侏罗纪公园

1976年，地质勘探人员在勘探埋藏铀时发现了侏罗纪时代的恐龙化石，公园因此名声大噪。公园入口处的服务中心有园内地图及长颈龙的大腿骨等展示，可以先路过这里熟悉情况。运气好的话还可以看到当年挖掘化石时的影像资料（英语版）。公园内有多处挖掘点，但是有很多车子无法进入的山路，需要走好多路，乘坐摩的会更加方便。公园还开设有环山游览线路，全程需要3小时左右，途中还有瞭望台。1小时最少能参观一处。挖掘现场用很气派的建筑保护，恐龙化石都装在玻璃箱中。

服务中心有恐龙的模型在欢迎着游客

酒　店
Hotel

孔敬虽然没有面向背包客的旅舍，但也有很多中档及经济型酒店。高档酒店集中在市中心。

普尔曼孔敬兰花酒店
Pullman Khon Kaen Raja Orchid　　高档酒店　　Map p.342-A3

◆泰国东北部最高档的酒店。大堂中央是高天井设计，还有明亮开放的咖啡厅。酒店内有泰国丝织品商店和泰国国际航空的办公室。还有各种越南菜、中国菜餐厅等。

住 9/9 Prachasamran Rd.
TEL 0-4332-2155　FAX 0-4332-2150
URL www.pullmanhotels.com
费 AC S T 2817泰铢~
CC A D J M V
房间数 293间　带泳池
WiFi 免费

冰川酒店
Glacier Hotel　　高档酒店　　Map p.342-A3

◆2010年开业，是孔敬最新设计的酒店。建筑外观为白色，店内装修色彩以白色和蓝色为主，正如店名一样给人以冰河般清凉之感。如果是网上预约，一间房大概是1600泰铢。

住 141 Prachasamran Rd.
TEL 0-4333-4999　FAX 0-4333-4488
URL www.glacier-hotel.com
费 AC S T 3226泰铢~
CC A D J M V
房间数 72间　带泳池　WiFi 免费

孔敬酒店
Khon Kaen Hotel　　中档酒店　　Map p.342-B2

◆从双条车巴士总站步行约5分钟。装修后成了现代风格。冰箱和电视等设施齐全，窗台处有沙发。价格实惠，建议居住。

住 43/2 Pimpasoot Rd.
TEL 0-4333-3222　FAX 0-4324-2458
URL www.khonkaen-hotel.com
费 AC S T 1100泰铢~
CC J M V　房间数 125间　WiFi 免费

布撒拉卡姆酒店
Bussarakam Hotel 　　中档酒店

◆位于双条车巴士总站以南。客房为米黄色基调，装潢高档，配备浴缸。服务员的态度也十分亲切。

Map p.342-A2
住 68 Pimpasoot Rd.
TEL 0-4333-3666　FAX 0-4324-1222
URL www.bussarakamhotel.com
费 AC S T 950 泰铢
CC M V 房间数 150 间 WIFI 免费

怡达阳台酒店
Chada Veranda Hotel 　　经济型酒店

◆在市中心开业的一家经济型酒店。方便购物及散步。占地面积广，6层建筑，全部客房都有大窗阳台，通透明亮，客房设计简约，居住十分舒适。

Map p.342-A3
住 88, 90 Srichan Rd.
TEL 08-8035-6823
费 AC S 690 泰铢～ T 790 泰铢～
CC M V
房间数 50 间　WIFI 免费

劳塞斯空酒店
Rosesukhon Hotel 　　经济型酒店

◆客房宽敞，大window阳台，内部设计稳重大气，是适合安静度假的经济型酒店。路边上的酒店英文表示为"ROSSUKOND"。

Map p.342-B2
住 1/11 Klang Muang Rd.
TEL 0-4323-6899
FAX 0-4323-8579
费 AC S T 600、700 泰铢（不含早餐）
CC 不可使用 房间数 78 间 WIFI 免费

塞撒姆郎酒店
Saen Samran Hotel 　　经济型酒店

◆酒店始建于1958年，是孔敬第一家酒店。建筑为木质结构，古香古色，但已经相当老旧。客房全部配有电扇和淋浴。店内禁止吸烟。

Map p.342-B2
住 55/59 Klang Muang Rd.
TEL FAX 0-4323-9611
费 F S 220 泰铢 T 340 泰铢（不含早餐）CC 不可使用
房间数 47 间　WIFI 50 泰铢/时

罗马酒店
Roma Hotel 　　经济型酒店

◆房间造型简约。空调房附带热水淋浴。一层是气氛极好的苏连特餐厅，到了晚上就成了有现场表演的露天啤酒店。

Map p.342-B2
住 50/2 Klang Muang Rd.
TEL 0-4333-4444　FAX 0-4323-7711
费 F S 230 泰铢　AC S T 500 泰铢（不含早餐）
CC J M V 房间数 198 间 WIFI 免费

怡依帕特酒店
Chaipat Hotel 　　经济型酒店

◆位于大道入口处的一家经济型酒店。仔细观察可发现酒店玄关很深，整体规模庞大。客房干净，价格低廉。850泰铢的VIP客房相当宽敞。

Map p.342-B2
住 106/3 Soi Na Muang 27, Na Muang Rd.
TEL 0-4333-3056　FAX 0-4323-6860
URL www.chaipat-hotel.com
费 AC S 550 泰铢～ T 650 泰铢～
CC A M V 房间数 128 间 LAN WIFI 免费

 　　餐　厅　　
Restaurant

普因酒店（Phu Inn）的旁边，鲁阿姆切德夜市（MAP p.342-B3）的小摊从傍晚一直营业至次日凌晨。可以在这里简单地吃一些。饭类和面类是30泰铢起。另外，空旷火车站的延长线路按劳姆大道（Ruen Rom Rd.），每到夜幕降临就会出现很多小摊，就像过节一样热闹。

 　　商　店　　
Shopping

中央广场
Central Plaza

◆2009年开业，是孔敬规模最大的购物中心。以罗宾逊为首，还有其他多种品牌商店以及快餐店等。

Map p.342-A2～A3
住 99, 99/1 Srichan Rd.
TEL 0-4300-1000　FAX 0-4301-1209
URL www.centralplaza.co.th
费 周一～周五 10:30~21:00　周六·周日 10:00~21:00　休 无　CC 罗宾逊百货 A D J M V，其他店铺因店而异

Thailand Northeast

文前图正面-D3

乌隆（乌隆他尼） *Udon Thani* อุดรธานี

泰法条约签订百年，城市迎来崭新时代

农菩拉杰克公园

前往方法

从曼谷出发

AIR 从素万那普国际机场出发，乘坐泰国国际航空公司的航班，一天有3-4个班，需要1小时5分钟，2140泰铢~。其他航空公司的航班及费用请参考各航空公司的官网（→p.503）。从乌隆机场到市区可乘坐机场巴士（80泰铢）。

BUS 从北部巴士总站出发需要大约9小时，VIP车700泰铢，一等车498泰铢。

RAIL 从华兰蓬火车站出发一天有4趟，需要大约10小时。根据列车类型分为一等座1077~1277泰铢、二等卧铺599~739泰铢、二等座329~479泰铢、三等座205~245泰铢。

1893年，法兰西帝国侵略东南亚，企图以泰国为跳板将老挝划为殖民地，因此与泰国发生了激烈的军事冲突（暹罗危机），迫于法国的军事压力，泰法条约规定在湄公河右岸设置25公里的军事缓冲带，即现在的乌隆。之后只经历了短短100年，乌隆已成为一个人口将近40万的大都市。和其他的东北部城市一样，乌隆的发展历史也受到了越南战争的强烈影响。越战期间，乌隆作为美国军事基地有许多美国士兵在此驻扎，城市得到迅速发展。建设了许多面向美国士兵的酒吧、俱乐部等休闲娱乐设施，热闹非凡。后来随着美军的撤退，这些娱乐设施也相继关门，只剩下了空荡荡的街道。郊区有被联合国教科文组织认证的世界遗产——班清遗址，是世界上最古老的农耕文明发祥地。

乌隆（乌隆他尼）漫步

■ 火车站位于市区东郊，共有三处巴士总站

乌隆火车站位于市区以东（MAP p.346-B2）。巴士总站共有三处：一处是位于市区西侧的新巴士总站（波可索2，MAP p.346-A2），从廊开和清迈开来的巴士会在这里停车；第二处是市区的长途巴士总站（波可索1，MAP p.346-B2），从曼谷以及南部和东北方向开来的巴士会在这里停车；第三处是位于市区北面的朗西拿市场巴士站（克拉特朗西拿，MAP p.346-B1），从郊外开来的巴士和双条车会在这里停车。从西部的巴士总站到达市区可乘坐三轮车或摩的，50～80泰铢。从朗西拿市场巴士总站发出的6路双条车，会路过乌隆道撒代路（Udon Dutsadee）前往市区。三轮车的话需要80泰铢。

■ 漫步城市的标志——三处环岛

市内的三处环岛是漫步城市的标志：一处是位于菩拉杰克路（Prajak Rd.）和乌隆道撒代路交叉口的钟塔环岛；另一处是市区以南的喷泉环岛。钟塔环岛和喷泉环岛之间，从傍晚到深夜，步行街上摆满了小吃摊和露天商店。而喷泉环岛所在的乌隆道撒代路与坡信路（Phosri Rd.）的路口也是客流量最多的繁华街。最后一处是菩拉杰克王子雕像环岛。市区最大的购物中心——中央广场离长途巴士总站很近，火车站南侧一带还有一家被称为UD城（UD Town）的购物中心，还有超市、各种商店、餐厅等。

餐馆和商店集中的UD城

乌隆（乌隆他尼）主要景点

农菩拉杰克公园 Nong Prajak Park　Map p.346-A1~A2
市民的娱乐广场

公园占地面积广，建有水池和小岛，之间用吊桥和拱桥相连。在小卖部可以买到饮料和鱼饵等，是乌隆市民的休闲场所。

农菩拉杰克公园里的大黄鸭

乌隆地域博物馆 Udon Thani Provincial Museum　Map p.346-A2
了解乌隆他尼的历史

2004年1月18日，为纪念乌隆府成立111周年而成立的博物馆。馆内不仅有乌隆府地方志的立体展示，还展出了乌隆原住民的生活用具、民族服装以及照片等。博物馆所在的拉玛六世建造的建筑也庄严厚重，充满古韵。

古朴的木结构建筑

波提松蓬寺 Wat Phothisomphon　Map p.346-A2
适合观景的佛塔

和乌隆地域博物馆并排而立，是拉玛五世时代所创建的规模宏大的

位于市区东侧的火车站

前往方法
从孔敬出发
BUS 需要1小时45分钟。嘟嘟车100泰铢，二等车84泰铢。
从廊开出发
BUS 需要大约1小时，嘟嘟车50泰铢，二等车40泰铢。
从彭世洛出发
BUS 早上和夜晚共有10班车，需要大约6小时。一等车306泰铢，二等车230泰铢。
开往老挝的巴士
从长途巴士总站去往万象的巴士一天有8班（8:00、9:00、10:30、11:30、14:00、15:00、16:30、18:00），费用为80泰铢。去往万荣的巴士一天一班，8:30发车，320泰铢。

跨越边境的国际巴士

实用信息
❶ TAT
MAP p.346-A2
16/5 Mukkhamontri Rd.
0-4232-5406~7
0-4232-5408
每天8:30~16:30

景区治安局
MAP p.346-B2
55/55 Naresuen Rd.
1155

农菩拉杰克公园
开 每天5:00~20:00
费 免费

乌隆地域博物馆
开 周一～周五 8:30~16:30、周六～周日 8:00~16:00
费 免费

波提松蓬寺
开 每天6:00~18:00
费 免费

旅游小贴士

市内交通

在乌隆市内乘坐摩的或三轮车需要30~50泰铢。城市巴士（黄色车身）和双条车为10泰铢。

从乌隆乘坐巴士去往其他城市的注意事项

由于乌隆的巴士总站并不是严格按照目的地不同而划分的，因此请一定提前在酒店大堂确认好自己想乘坐的巴士从哪个巴士总站发车。

博物馆内展示了当时挖掘的情况

班清

在长途巴士站（ p.346-B2）乘坐17路巴士，在班清站下车（三岔路口），需要1小时，二等车40泰铢。然后搭乘停在那里等着的三轮车或摩的，15分钟（约6公里）即可到达班清国家博物馆。为了回程方便，最好让三轮车或摩的司机原地等候。往返需要100~150泰铢。

班清国家博物馆

☎ 0-4220-8340
FAX 0-4220-8341
开 周二～周日 9:00~16:00
休 周一
费 150泰铢（外国游客费用。可参观挖掘现场）

坡西那依挖掘现场

开 每天 8:30~18:00
费 150泰铢（博物馆通票）

普普拉巴特历史公园

开 每天 8:30~16:30
费 100泰铢（外国游客费用）

徒步游览线路的林中分布着各种形状的奇石

寺院。院内的现代佛塔于2009年建成，内部是三层构造，一层是小型祭坛，二层有各种各样的佛像，三层有高高的基座，上面放置有佛舍利，周围的墙壁上有描绘佛教传说的精美壁画。二层和三层都设有阳台，可以在此眺望乌隆的市街。

被那迦守护的楼梯上的佛塔

乌隆（乌隆他尼）郊外景点

班清 Ban Chiang
被称为东南亚最古老的文明古迹的世界遗产

Map 文前图正面 –E3

班清于1992年被评定为世界文化遗产，位于乌隆以东约45公里处，是史前时代的坟墓遗迹。1966年6月，一位来自哈佛大学的学生Stephen Young为了研究人类学而访问了这个村庄，在不慎跌倒时发现了地面上露出的陶器。之后泰国艺术局和宾夕法尼亚大学共同进行了两次大规模的挖掘作业。挖掘地被推定为6000~7000年前的遗址，被称为世界上最古老的农耕文明。而最近的研究又推定遗址年代应为公元前3000~前2000年上下，但具体年代还是没有得到确切结论。

班清遗址的突出之处是随人骨一起埋葬的大量白色陶器。这些陶器色彩独特、花形罕见，是班清独有的原创品，现如今已成为乌隆的标志。初期的陶器又黑又重雕刻有几何学的直线基调花纹。后期因土质改变，陶器变薄，颜色和样式也向以乳白为底色、红色大旋涡花纹转变。

出土的文物被置于班清国家博物馆（Ban Chiang National Museum）

展示。馆内演示了在班清挖掘出土陶器的场景，另外还展示有从泰国各地遗址出土的陶器和铁器。挖掘现场位于距博物馆步行10分钟的坡西那依寺（Wat Po Si Nai）院内，被巨大的亭子式样的篷子所覆盖。

博物馆建筑于2012年扩建和改修

普普拉巴特历史公园
Phu Phra Baat Historical Park
史前时代的岩画、奇石名胜

Map 文前图正面 –D3

普普拉巴特历史公园位于乌隆西北约64公里处，园内有各种各样大小不一的奇石，还有史前时代这里的居民在岩壁上描绘的画作（有一个写着Rock Painting的指示牌）。在公园树木

残留着鲜明的壁画

茂盛的山中，有一条小型的奇石游览线路。徒步参观需要2~3小时，所以请带足饮用水。公园入口2公里处的停车场内还设有服务中心和小卖部。里面有公园的模型和地图，可以得到相关信息。但是小卖部有时会关门，请不要抱太大希望。

佛足寺 Wat Phra That Phra Phutthabat Buabok
Map 文前图正面 -D3

保存着著名佛足石的山中寺院

佛足寺是位于布瓦柏山上的著名佛教寺院。供奉着佛足石的白色佛塔位于寺院入口附近。佛塔基座为四方形，边长8.5米，高45米。内部的佛足石长1.93米、宽90厘米、深60厘米，呈脚印形状。每年3月的祭拜日，会有大量参拜者从泰国各地来此，热闹非凡。距离普普拉巴特历史公园入口大约1公里。

普普拉巴特历史公园与佛足寺
从乌隆朗西拿市场巴士总站乘坐去往邦普（Ban Phu）方向的巴士或双条车，在通往公园的岔路口（Ban Tiu）下车（需要大约1小时30分钟，33泰铢。6:00~17:00每20分钟一班）。乘坐摩的大约10分钟，往返普普拉巴特历史公园80泰铢。往返佛足寺60泰铢。两个地方都去的话120泰铢左右。回程的末班车在16:00左右，请注意。

泰国东北部

●乌隆（乌隆他尼）

酒 店
Hotel

从高档酒店到经济型酒店，乌隆的酒店数量很多。几乎没有满房现象。酒店主要集中在火车站或长途巴士总站周边，以及农菩拉杰克公园附近的马肯大道（Mak-khaeng Rd.）一带。在旁那拉依酒店所在的大道上，兼设公寓房的便宜旅馆有很多，有许多长期停留的欧美客人在使用。

乌隆会议中心酒店
Centara Hotel & Convention Centre Udon Thani   高档酒店

◆乌隆首屈一指的高档酒店。位于长途巴士总站的步行区内。32平方米的客房配有沙发、大书桌，十分方便。标准间没有对外的窗户，介意的人请勿订。

Map p.346- B2
住 277/1 Prajaksillapakhom Rd.
TEL 0-4234-3555
FAX 0-4234-3550
URL www.centarahotelsresorts.com
费 AC S T 4650泰铢~
CC A D J M V
房间数 259间　带泳池　NET　WiFi 免费

恰伦酒店
Charoen Hotel   高档酒店

◆酒店位于距离长途巴士站步行3分钟的便利场所。酒店内充满了泰式风情，服务员也都热情亲切。被榕树环绕的庭园内有一个大型泳池，可以尽情舒畅地游泳。早餐丰盛，消费1200泰铢左右即可享用。

MAP p.346- B2
住 549-559 Phosri Rd.
TEL 0-4224-8155
FAX 0-4224-1093
URL www.charoenhoteludon.com
费 AC S T 2000泰铢~
CC A D J M V
房间数 239间　带泳池　WiFi 免费

帕拉德丝酒店
Paradise Hotel   中档酒店

◆越战时期经营的陈旧萧条的酒店，后于2010年进行大规模改建，成为时尚精品酒店。位于中庭的泳池十分宽敞，可以在此悠闲度过。标准间里有一张大床。由于是高档客房（S T 1750泰铢），床比一般标间稍稍大一些。

MAP p.346- B2
住 44/29 Phosri Rd.
TEL 0-4223-7490
FAX 0-4222-1506
URL www.paradiseudon.com
费 AC S T 1550泰铢~
CC A J M V
房间数 45间　带泳池　WiFi 免费

旁那拉依酒店
The Pannarai Hotel   中档酒店

◆旁那拉依酒店位于酒吧集中的乌隆夜市街旁，是2012年开业的酒店。位于中庭的泳池让人感到十分舒适。

MAP p.346- B2
住 19/8 Samphanthamit Rd.
TEL 0-4234-5111　FAX 0-4234-4002
URL www.thepannaraihotel.com
费 AC S T 1500泰铢~　CC A J M V
房间数 79间　带泳池　WiFi 免费

349

玛切玛特布德克酒店
Much-che Manta Boutique Hotel　中档酒店

MAP p.346- B2

住 209-211 Mak-khaeng Rd.
TEL 0-4224-5222
FAX 0-4224-5819
URL www.much-chemanta.com
费 AC S T 900 泰铢～
CC J M V
房间数 73 间　游泳池　WiFi 免费

◆ 900 泰铢和 1050 泰铢的客房是普通的床，1300 泰铢以上的客房会在台子上铺上垫子，营造出日式风情，让人身心放松。还有一间 5000 泰铢的客房，叫"玛杰斯托克"，有开放式厨房、客厅、卧室、浴缸，物有所值。这里的服务员也都非常迷人。

乌隆酒店
Udorn Hotel　中档酒店

MAP p.346- B2

住 81-89 Mak-khaeng Rd.
TEL 0-4224-8160　FAX 0-4224-2782
费 AC S T 600 泰铢～
CC J M V
房间数 120 间　WiFi 免费

◆ 干净的客房内有电视、冰箱和大浴缸。由于酒店的迪斯科舞厅非常吵闹而受到了差评，于是酒店将迪斯科舞厅关闭了，现在变得非常安静，价格也实惠，值得推荐。

西特拉亢酒店
Sri Trakarn　经济型酒店

MAP p.346- B2

住 298/1 Sai Utid Rd.
TEL 0-4222-2454
费 F S T 300 泰铢　AC S 350 泰铢 T 400 泰铢（不含早餐）
CC 不可使用　房间数 46 间　WiFi 免费

◆ 酒店位于长途巴士总站的正对面，交通便利，只是稍稍有些嘈杂。适合入住时间较晚但转天一早就要出发的客人。

城市酒店
City Inn　经济型酒店

MAP p.346- B2

住 299/27 Soi Fairah, Prajak Rd.
TEL 08-0002-9900
费 AC S T 600 泰铢（不含早餐）
CC 不可使用
房间数 9 间
WiFi 免费

◆ 城市酒店距离长途巴士站很近，步行即可到达。是一家经济型青年旅舍。全部房间均为大床房，床上铺有白色床单，十分干净。有的房间的窗户较小，屋内会稍稍有些暗。钥匙押金为 400 泰铢，店内禁止吸烟。

国王酒店
King's Hotel　经济型酒店

MAP p.346- B2

住 57 Phosri Rd.
TEL 0-4222-2919　FAX 0-4224-3870
费 F S 250 泰铢　AC S T 300 泰铢起（不含早餐）
CC 不可使用　房间数 90 间

◆ 位于大道深处的一家古老酒店。内部为高天井式大型建筑，客房设计简约。虽然客房不朝阳，但是有风扇，反而凉快。全部房间均配有热水淋浴和电视，十分干净。

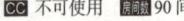

餐　厅
Restaurant

　　乌隆火车站的正面是大型市场，正对市中心的大道上有许多家小吃摊，晚上来享用美食的人络绎不绝。另外还有酒吧街。从长途巴士总站向南走，在坡信路右拐，会看到一家名为"凯顿"（Khai Tun）的泰国美食自助餐厅（营 每天 10:00～22:00），每人 75 泰铢。

班博科特餐厅
Baan Bongkotch

Map p.346-B2

住 7/6 amphanthamit Rd.
TEL 08-1488-8599
营 每天 9:00～16:30
CC 不可使用

◆ 在一处不知道是农家停车场还是庭院的地方营业的一家面馆。汤类可选择清汤或泰式酸辣汤，1 份 35 泰铢起。还有饭类、炸鸡、小菜等。在一个小碗里放上像布丁一样的甜品，叫作卡糯姆托昂，5 个 20 泰铢，颇受欢迎。

UD 餐饮区
UD Food Bazaar

Map p.346-B2

住 88 Tongyai Rd.
TEL 0-4293-2999
营 每天 16:00～次日 0:00（因店的情况而有所变动）
CC 不可使用

◆ 位于乌隆火车站前的购物中心——UD 城内。有面条和饭类等一排排餐厅。不论哪家看上去都让人想尝试，难以选择。这里的特点是大多为伊森菜系。

廊开 Nong Khai หนองคาย

与老挝隔桥相望的边境之城

廊开距离曼谷有615公里，是泰国国铁东北线的最北端。与老挝由一条湄公河隔开。距离老挝的首都万象只有25公里。于1994年在湄公河上建起了一座泰老友好之桥，由此，从廊开去往老挝的游客渐渐增加起来。

连接泰国和老挝的友好之桥

Thailand Northeast
文前图正面-D2

泰国东北部 ● 乌隆（乌隆他尼）／廊开

廊开 漫步

廊开位于湄公河沿岸，西边是火车站，东边是巴士站。米恰依路（Meechai Rd.）是廊开市区主路，道路两侧有银行、邮局、杂货店、金店、药店等，十分热闹。特别是哈依索克路（Hai Sok Rd.）与豪路（Ho Rd.）之间有许多商店。

湄公河沿岸铺设的步行街

比米恰依路更靠近湄公河的利姆空路（Rimkhong Rd.）上的哈依索克寺院内，有开往老挝的船只的出入境管理处兼码头。虽然外国人不能乘坐，但是从白天来来回回的渡船也可以看出两国的密切关系。利姆空路一带的商业街上有很多出售老挝、越南特产的商店，白天人来人往，热闹非凡。老挝特产的银制品、丝织品以及中国制杂货等商品摆放在一起，赏心悦目，价格便宜，最适合在此找寻一些独特的小物件。

从出入境管理处兼码头的地方沿湄公河修建了一条步行街，可以一边望着滚滚流动的河水一边散步。附近还有餐厅和咖啡厅。

廊开 主要景点

塔萨德市场 Talat Thasadej   Map p.352-A4
出售老挝和中国的特产   ตลาดท่าเสด็จ

塔萨德市场以与湄公河平行的道路为中心，一字排开形成一条商业街。商店内出售泰国东北部地区以及老挝和中国、越南的特产。中药、中国茶以及廉价的玩具和衣物等最多，泰国游客常常在此闲逛。市场中心有一家OPOP（泰国的一村一品）商店，这里出售当地的红酒和丝织品等，很受欢迎。

市场有屋顶不通风，所以很热

前往方法

从曼谷出发
AIR 从素万那普国际机场到乌隆机场的泰国航空航班一天有3-4班，需要大约55分钟，2140泰铢。从机场乘坐机场大巴去往廊开需要50分钟，200泰铢。可以随时停车。
BUS 从北部巴士总站出发需要大约10小时，VIP车675泰铢，一等车434泰铢，二等车337泰铢。
RAIL 从华兰蓬火车站一天有3趟列车到达廊开，不过均为夜班车。快车需要大约11小时。根据列车类型可分为一等座1117~1317泰铢，二等卧铺618~758泰铢，二等座348~498泰铢，三等座213~253泰铢。

从乌隆出发
BUS 从新巴士总站和朗西拿市场巴士总站出发需要大约45分钟，二等车40泰铢。在中央广场前可乘坐嘟嘟车，6:00~18:00每小时一趟，费用为50泰铢。

去往老挝的巴士
从巴士总站乘坐去往万象的塔拉特廖奥巴士总站的巴士一天有6趟（7:30、9:30、12:40、14:30、15:30、18:00），费用为55泰铢。去往万荣的巴士一天一班，10:00发车，费用为270泰铢。乘坐这些巴士时需要在出入境管理处缴纳5泰铢出境费。

旅游小贴士

从巴士总站到市区
廊开的巴士总站（MAP p.352-A5）位于市区东部，巴士总站的三轮车价格很贵，建议走到菩拉杰克路上再乘坐流动的三轮车（30-40泰铢）。

从火车站到市区
廊开是泰国铁路东北线的北部终点站。火车站位于市区以西2公里处（MAP p.352-B2）。由于从火车站到市区没有巴士，建议乘坐三轮车（60~70泰铢）。

塔萨德市场
每天 9:00~19:00

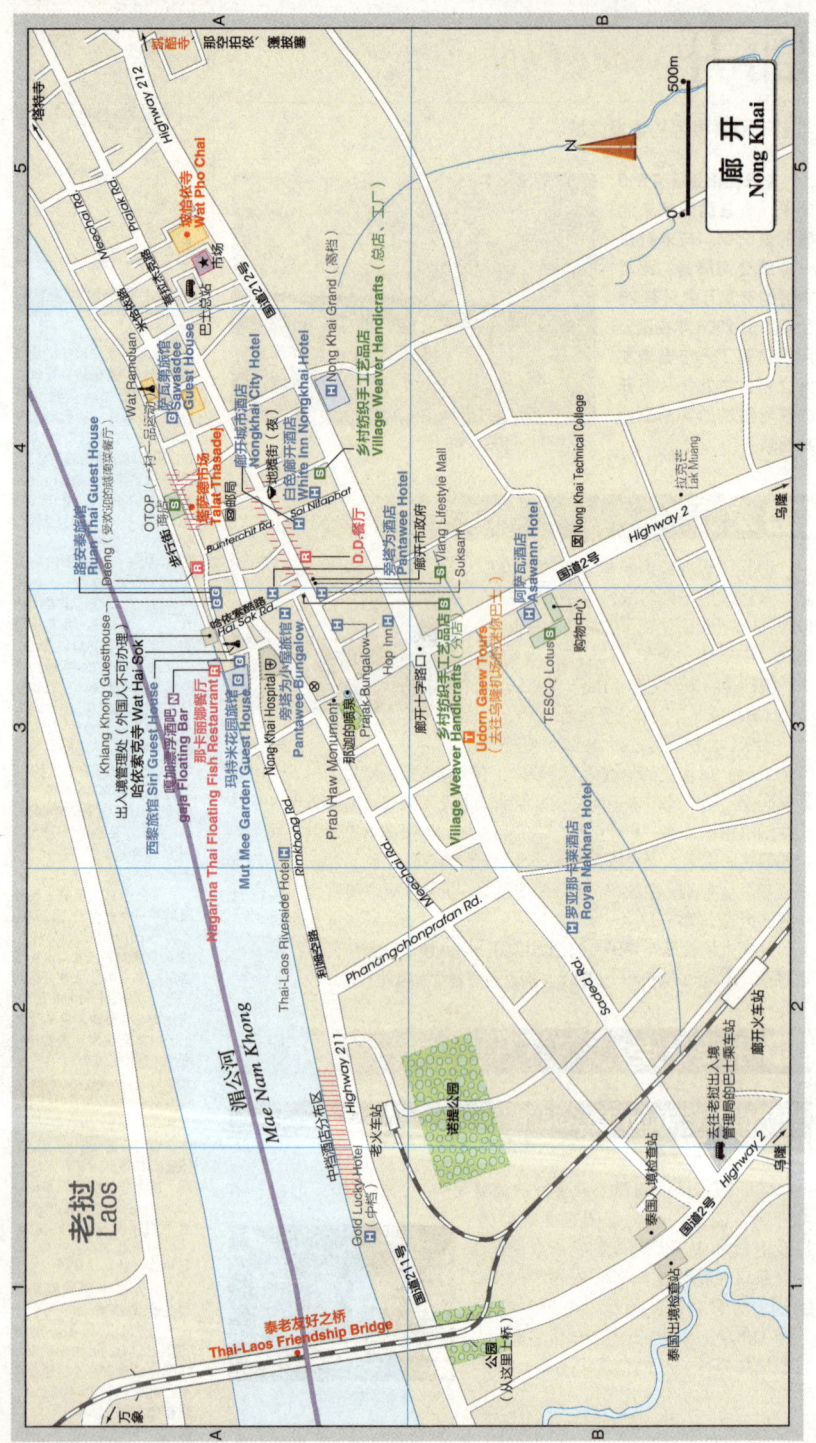

泰老友好之桥 Thai-Laos Friendship Bridge   Map p.352-A1
建在湄公河上的第一座桥

由澳大利亚出资完成的、架在湄公河上的桥梁。于1994年4月开通。全长1174米，但桥面较窄，双向单车道，桥梁两侧设有步行道，可以走到中途的边境线。另外，桥梁中央还铺有铁路，2008年年末通向了万象郊区Thana Lang。从廊开一天有两趟往返列车，这也是老挝的首条客运铁路。

步行道的中途有国境线的指示牌，禁止通行

坡恰依寺 Wat Pho Chai   Map p.350-A5
凝结了人民信仰的感恩佛像

坡恰依寺位于巴士总站附近，大型正殿中供奉的佛像凝结了人民的信仰。佛像由青铜打造，头部为纯金，原本属于老挝所有。据说是因洪水而沉于湄公河河底25年，后被渔夫偶然发现并打捞上来。

凝结了廊开人民信仰的坡恰依寺

凯酷寺（萨拉凯沃酷）Wat Khaek (Sala Keo Kou)   Map p.352-A5外
独居信徒构建的幻想寺院

在绿意盎然的庭院之中，像印度神话一样的各种佛像拔地而出，令人十分惊叹。不但佛像数量繁多，而且每一尊佛像都给人带来独特的视觉冲击，这里简直是一个绝无仅有的世界。寺院是由1996年去世的路昂普布恩路亚斯拉里特大师指导建造的，他最初曾在湄公河对岸的老挝建造了一座和凯酷寺很相似的寺院，后于1975年流亡至泰国建造了该寺院。据说所有的佛像都反映了这位僧人的思想世界。

凯酷寺内的各种奇特造型

只一眼便会被强烈的视觉冲击所震撼

跨越国境

从廊开到老挝的交通方法

直达巴士：从廊开的巴士总站出发，开往万象的塔拉特萨奥巴士总站一天有6班（→p.351栏外），费用为55泰铢。开往万荣的巴士1天1班，270泰铢。从塔拉特萨奥巴士总站回廊开的巴士也是相同时间，费用为15000基普或者55泰铢。由于需要等所有乘客办好出入境手续才能发车，所以等待时间较长。

泰老友好之桥
从市区向西大约3公里。乘坐三轮车大约需要10分钟（40~50泰铢）。从桥下的岔路可以走到桥上，但是只能走到桥中央的位置，因为再往前就是老挝国境，不可通过。
泰国的出入境管理局（出入境检查站）
p.352-B1
每天 6:00~22:00
　6:00~8:30和12:00~13:00、16:30~22:00 三个时段上桥需缴纳10泰铢手续费。老挝那边需要缴纳40泰铢或9000基普（老挝货币单位）。

坡恰依寺
正殿每天 7:00~17:00
免费

凯酷寺（萨拉凯沃酷）
每天 7:00~18:00
20泰铢
可乘坐从廊开市区向南走的212号线，向东（Phon Phisai 方向）开4公里左右右转，寺院就位于这条胡同之中。从市区乘坐三轮车单程80泰铢，往返150泰铢左右。租借自行车前往会更便宜些。

实用信息
邮局
p.352-A4　Meechai Rd.
周一～周五 8:30~16:30
周六·周日 9:00~12:00

旅游小贴士
廊开的市内交通
廊开市内有许多三轮车和嘟嘟车，价格可以商量（也有三轮车上贴有价格表）。也可以在旅馆或城区的商店租借自行车（1天30~50泰铢）或摩托车（1天200泰铢）。

廊开的三轮车的收费标准
从巴士总站出发
塔萨德市场　40泰铢
廊开火车站　80泰铢
泰老友好之桥　60泰铢
从廊开火车站出发
泰老友好之桥　30泰铢
塔萨德市场　50泰铢

旅游小贴士
去往乌隆机场的迷你巴士
　最少提前一天预约，可以提供从酒店接送服务，每人150泰铢。
Udorn Gaew Tours
p.352-B3
0-4241-1530

老挝签证信息
可办理落地签。

在老挝也可使用泰铢
在万象市内也可以使用价值会高出一点的泰铢。一日游的话,没有必要兑换成老挝货币(基普)。

火车:廊开到老挝塔纳兰之间的火车一天有2班往返。7:30从廊开发车,7:45到达塔纳兰,还有一班是14:45发车,15:00到达。相反方向的话是,10:00从塔纳兰发车,10:15到廊开,还有一班是17:30发车,17:45到达。从曼谷没有直达廊开的火车,必须要换乘,塔纳兰火车站周边有很多接客的嘟嘟车和三轮车,建议乘坐巴士直达万象。

公共交通换乘:从开往老挝出入境管理局的巴士乘车站(MAP p.352-B1~B2)乘坐随时出发的巴士,费用为20泰铢。从老挝的出入境管理局到万象市区可乘坐巴士(20泰铢)、嘟嘟车(价格需商谈,一般为150~200泰铢),需要45分钟~1小时。

开往老挝出入境管理局的巴士一天有许多趟,不过如果由于办理手续时间过长而错过此班巴士,可出示车票乘坐下一班。也可直接步行至泰国的出入境管理局,从出境检查的地方乘坐开往老挝出入境管理局的巴士即可。

从巴士终点站——塔纳兰巴士总站到万象市区只有500米,步行即可到达。

万象的标志性建筑物——凯旋门

酒店
Hotel

罗亚那卡莱酒店
Royal Nakhara Hotel — 高档酒店

◆ 罗亚那卡莱酒店位于泰老友好之桥与廊开市区之间的宽阔大道上。客房简约时尚,通透明亮。早餐的餐厅在另一座楼里,到了夜间就成了露天啤酒店。

Map p.352-B2
住 678 Saded Rd.
TEL 0-4242-2889
FAX 0-4242-2811
URL www.royalnakhara.com
费 AC S T 1200 泰铢~
CC A J M V 房间 80间 WiFi 免费

阿萨瓦酒店
Asawann Hotel — 高档酒店

◆ 位于市区入口的高档酒店。如果在网上预约,可找到1000泰铢以下的房间,十分实惠。酒店兼设有购物中心,里面有大型超市乐购。

Map p.352-B3
住 9 Moo 10, Phochai
TEL 0-4246-4514
FAX 0-4242-3099
URL www.asawannhotel.com
费 AC S T 2000 泰铢~
CC A J M V 房间 119间 WiFi 免费

白色廊开酒店
White Inn Nongkhai Hotel — 中档酒店

◆ 白色廊开酒店为5层建筑,在高层建筑稀少的廊开十分显眼。外观古朴,客房墙壁和床全为纯白色,设有冰箱和电视。泰国人管这里叫作"哇因因"。

Map p.352-A4
住 1299 Soi Nitaphat, Prajak Rd.
TEL 0-4242-2666
费 AC S T 600 泰铢~(不含早餐)
CC M V (+3%的手续费)
房间 36间
WiFi 免费

旁塔为酒店
Pantawee Hotel　　　　　　　　　中档酒店

◆附带 SPA 和泳池，全部房间均带有 PC 用网络接口和 Wi-Fi，都可免费使用。豪华的屋顶房间在阳台设有极可意按摩浴缸，费用为 2975 泰铢。对面的旁塔为小屋旅馆（Pantawee Bungalow Hotel），前台也在这边。

Map p.352-A3

住 1049 Hai Sok Rd.
TEL 0-4241-1568　　FAX 0-4246-0850
URL thailand.pantawee.com
费 AC S T 620 泰铢～（不含早餐）
CC A D J M V
房间数 90 间　带泳池
WIFI 免费　NET 免费

廊开城市酒店
Nongkhai City Hotel　　　　　　中档酒店

◆一条大道将酒店分为两栋，前台大厅所在的那栋的客房为 550 泰铢，一层和二层的大床房与双床房共有 21 间。对面那栋的一层有三人住房间（一张大床和一张单人床），费用为 950 泰铢。二层 750 泰铢的大床房和双床房都比前台大厅那栋的客房要宽敞，还备有热水和咖啡。

Map p.352-A4

住 1129/12 Soi Nitaphat, Prajak Rd.
TEL 0-4242-1441
FAX 0-4241-3842
费 AC S T 550 泰铢～（不含早餐）
CC J M V
房间数 27 间
WIFI 免费

西黎旅馆
Siri Guest House　　　　　　　　旅馆

◆西黎旅馆位于哈依索克寺的对面。崭新且干净。停车场兼庭院的一角有一座泰国风情的小亭子，可以在此悠闲度过。全部房间均配备热水淋浴，咖啡免费。

Map p.352-A3

住 187/1-3 Tha Rua Hai Sok Rd.
TEL 0-4246-0969
费 AC S 500 泰铢　T 600 泰铢
CC 不可使用
房间数 15 间
WIFI 免费

玛特米花园旅馆
Mut Mee Garden Guest House　　旅馆

◆旅馆位于像森林一样的庭院之中，周围有小木屋和接待处。游客还可以在此得到手绘观光地图，上面登载有廊开的最新信息及出行资讯。费用根据客房构造有所不同。遗憾的是湄公河沿岸由于建设了步行街，让旅馆少了几分私密感。

Map p.352-A3

住 1111/4 Keaworawut Rd.
TEL 0-4246-0717
FAX 0-4241-2182
URL www.mutmee.com
费 F S 200 泰铢～　T 300 泰铢～（公共卫浴）
AC S T 600~1650 泰铢
CC 不可使用
房间数 30 间　WIFI 免费

萨瓦第旅馆
Sawasdee Guest House　　　　　旅馆

◆由一家古旧的商店改建而成的旅馆，正对大路的木质建筑是大厅，阳光透过彩色玻璃洒进房内，为旅馆增添了几分怀旧情怀。14 间客房环绕着一个雅致的庭院，可以在此悠闲地度过。

Map p.352-A4

住 402 Meechai Rd.
TEL 0-4242-0259
FAX 0-4241-2502
URL www.sawasdeeguesthouse.com
费 F S 200 泰铢～　T 250 泰铢～（公共卫浴）　AC S T 450~500 泰铢
CC 不可使用
房间数 14 间　WIFI 免费

路安泰旅馆
Ruan Thai Guest House　　　　　旅馆

◆空调房配备有电视、冰箱和热水淋浴。还有家庭房，十分宽敞，可供 5 个人使用，费用为 1200 泰铢（有 2 张大床）。旅馆可提供免费自行车租借服务。

Map p.352-A3

住 1126 Rimkhong Rd.
TEL 0-4241-2519
费 F S 300 泰铢　AC S T 400 泰铢～
CC 不可使用
房间数 20 间
WIFI 免费

餐 厅
Restaurant

那卡丽娜餐厅
Nagarina Thai Floating Fish Restaurant

Map p.352-A3

住 1111/4 Keaworawut Rd.
电 0-4241-2211
营 每天 10:00~21:00
CC 不可使用

◆ 那卡丽娜餐厅设在一艘客轮上，每天 17:00 开始营业（根据时期不同稍有变化）。在船上眺望湄公河的落日，实在是美不可言。餐厅设有的专门的酒吧——嘎加漂浮酒吧（gaja Floating Bar 营 每天 19:00~24:00），经常举行各种现场表演。

D.D. 餐厅
D.D.

Map p.352-A4

住 Prajak Rd.
电 0-4241-1548
营 每天 11:00~次日 3:00
CC J M V

◆ D.D. 餐厅是大排档式经营，在体育馆大小的空间内摆满了餐桌，到了夜晚连餐厅前的过道上也摆上了桌子。一般的泰国菜需要 100 泰铢左右，米饭和面类 40 泰铢~，小菜、汤类与啤酒、米饭搭配只需 300 泰铢左右。

商 店
Shopping

乡村纺织手工艺品店
Village Weaver Handicrafts

Map p.352-A4

住 1151 Soi Chitapanya, Prajak Rd.
电 0-4241-1236、0-4241-2064
传 0-4242-0333
E village@udon.ksc.co.th
营 每天 8:00~17:00
休 无（工厂周日和节假日休息）
CC J M V

◆ 在泰国廊开这样较为贫困的地区活动的，多为自助形式的小作坊。这里主要出售村里女工们仔细上色、编织而成的编织品。在里面的工厂里可以参观编织的过程。款式多样，最适合作为伴手礼。在菩拉杰克路上还设有分店。（住 1020 Prajak Rd. 电 0-4242-2651~3 营 每天 8:00~20:00 CC M V MAP p.352-A3）

356

西清迈 *Sri Chiangmai* ศรีเชียงใหม่

和老挝首都万象隔河相望

文前图正面-D2

西清迈位于廊开以西58公里的地方，这座城市的居民有很多是老挝移民和越南移民。可以眺望到湄公河对岸老挝的首都万象。西清迈产的春卷皮，使用米制作而成，特别有名，作为高级食品向全世界输出。旱季的时候，可以看到农家的庭院和城市空旷的地方，都在晒春卷皮的场景。

贯穿城市的大街

西清迈 漫步

西清迈四通八达，交通较为方便。市区有很多市场，每个市场的附近都有巴士经过。城市的面积不大，走着就可以逛过来。从中心道路去往湄公河，经过两个街区很快就能到达。河岸铺有宽阔的散步道路，迎着河里吹来的风在这里散步，特别惬意。向河流对岸望去，可以看到老挝首都万象的大街小巷。

虽然西清迈没有特别著名的景点，但是作为湄公河沿岸典型的泰国式田园城市，特别适合想悠闲自在生活的人。如果运气好，还可以参观春卷皮的制作过程。在旅馆可以租赁自行车，去郊外转一圈也特别惬意。

到处都在晾晒的春卷皮

湄公河沿岸的散步道路，湄公河对岸就是老挝

前往方法

从曼谷出发
BUS 从北部巴士总站出发，8:30、19:00、19:30、20:40、21:45发车。VIP车508泰铢，一等车395泰铢。需要大约10小时。

从廊开出发
BUS 从巴士总站乘坐前往黎府的巴士，中途下车。7:30、9:30、11:00、13:00、15:00发车，1天5班。需要大约1小时30分钟，普通车40泰铢。到达黎府大约需要6个小时。从西清迈出发去往廊开的末班车时间是14:30左右。去往廊开，也可以乘坐前往乌隆他尼的巴士（25泰铢），在国道2号线的交叉路口，换乘去往廊开的巴士或者双条车（20泰铢）。

从乌隆出发
BUS 从朗西拿市场巴士总站乘坐普通的巴士，每隔30分钟~1小时1班车。需要大约2小时，45泰铢。返程时末班车的发车时间是15:00。

旅游小贴士

晾晒春卷皮
雨季的时候几乎都不晒春卷皮，需要注意。

酒店 Hotel

湄公河沿岸有数家酒店和旅馆。

简塔拉曼妮度假村
Jantaramanee Resort

◆酒店距离巴士车站步行5分钟就可以到达，门口马路经过，位于湄公河沿岸。所有的客房都有电视、冰箱。房间内也干净整洁。还有热水淋浴。这里也有800泰铢的4人间。酒店以前的名字是"马尼拉度假村"。

住 74 Moo 1, Khon River Rd.
电/传 0-4245-1311
费 AC S T 400泰铢（不含早餐）
CC 不可使用
房间 18间
WIFI 免费

餐厅 Restaurant

西清迈市内没有特别正规的餐厅，有很多简单的食堂和小摊分布于大街的两边。距离市场较近的小摊也有卖春卷（以炸春卷为主）的。

Thailand Northeast

文前图正面-D3

🚌 前往方法

从曼谷出发巴士总站
AIR 从廊曼国际机场乘坐飞鸟航空，1天2次航班。详细内容请参考官网（→p.503）。
BUS 从北部巴士总站出发，需要大约10小时。VIP车697泰铢，一等车349-448泰铢。
从乌隆他尼出发
BUS 从新巴士总站出发3小时30分钟。二等车100泰铢。
从孔敬出发
BUS 普通巴士总站出发大约4小时。二等车143泰铢。
从廊开出发
BUS 从巴士总站出发需要大约6小时，普通票130泰铢，7:30、9:30、11:00、13:00、15:00发车，1天5班车。这里的大巴车都比较陈旧。乘坐路过乌隆方向的车比较快，路途也挺有意思。

💡 旅游小贴士

从巴士总站去往市里
从黎府的巴士总站前往市区，乘坐嘟嘟车30-40泰铢。

普加东国家公园
黎府郊外的普加东国家公园气候凉爽，是在泰国人当中特别受欢迎的一座自然公园。去往海拔1360米的普加东山，有大约需要3小时的漫步环游线路，可以尽情享受在山中的徒步旅行之乐。由于返程很难坐上车，没有当日往返的公共交通工具，所以建议参加旅行团去游玩。

黎府的旅行社
🅃 黎府旅行社
Loei Travel
📖 p.358
🏠 Loei Palace Hotel, 167/4 Charoenrat Rd.
📞 0-4283-0741 📠 0-4283-0742
🌐 www.loeitravel.com
🕐 周一～周五 9:30~17:00，周六 10:00~15:00 周日
旅行社推出黎府周边的国家公园或葡萄酒酿造厂游览线路。

黎府 *Loei* เลย

人与自然和谐共处的小城市

风景旅游胜地

黎府市是一座山间小城，是绿色盎然的黎府的府都。黎府被称为泰国最凉快的地方，旱季时候的气温接近0℃，有时候还低于0℃，这种气候环境，特别适宜栽培花草或者蔬菜。黎府市内有3处国家公园，可谓是真正的自然生态城市。另外，黎府的丹赛，每年泰历8月（公历6月左右）会举行盛大热闹的鬼节（正式名称是 Bun Phra Wet），每当节日来临，人们便戴着各种各样的面具游行狂欢，也因这一独特的节日黎府变得名声在外。

黎府 漫步

市内的街道特别宽敞

黎府城内道路比较宽，相反车辆较少，所以可以在这里悠闲地享受逛街的乐趣。热闹的地方位于恰伦罗特路（Charoenrat Rd.），路旁有多家豪华大气红色招牌的金店，附近也有大型的市场。丘姆撒依路（Chumsai Rd.）南侧的道路上，到了夜里，就有很多饮食摊位出现，人们会慢慢集中过来。城市的南方有大型的水池，中间的恰伦拉特公园是市民休闲娱乐的场所，傍晚，池子周围有很多市民在这里慢跑。

黎府 Loei

黎府 郊外景点

清刊 Chiang Khan
Map 文前图正面-D2

特别受泰国人欢迎的观光城市，与老挝隔河相望

从黎府向北大约 50 公里的位置，有一个沿着湄公河而建的小城市。湄公河沿岸有很多木构造的店铺，保持延续了自古以来泰国小城市的氛围。城市里面零星分布着古代的寺院，特别安静。有很多游客被这种氛围所吸引，长期居住在沿河的旅馆里面。从城市沿着湄公河向东 2 公里的地方是下游的"堪裤酷"（Kaen Kud Ku），水清沙白，浅滩纵横，成为当地泰国人特别喜欢去的旅游胜地。

这里自行车租赁店和 T 恤店比较多

丹赛 Dan Sai
Map 文前图正面-C3

因奇特的节日而十分有名

丹赛是一座宁静的田园城市，不过一到每年一度的奇特节日"鬼节"的时候，城市就会举行盛大的活动，十分热闹。奈拉密特为帕萨娜寺（Wat Neramit Wipassana）位于山丘之上，可以从寺内俯瞰这座城市，这座寺院的佛塔和正殿是由红色的砖瓦建造的，正殿内部描述的佛教故事

传说这里的塔中关着一位悲剧的公主

清刊
从黎府的巴士总站出发，前往清刊的双条车需要大约 1 小时 15 分钟，35 泰铢。清刊出发的末班车是 17:30。

堪裤酷
Map p.358 外
从清刊乘坐三轮车需要 15 分钟，往返 150~200 泰铢。

丹赛
从黎府的巴士总站出发，经过彭世洛的巴士，大约需要 1 小时 30 分钟，二等车 65 泰铢。

"普哈斯松拉科"（Phar That Si Song Rak）
参拜的时候，禁止穿红颜色的衣服。据说是为了避免供奉在此的公主嫉妒。

泰国东北部

● 黎府

泰国首屈一指的奇特节日——鬼节 *Column*

每年 6 月份，这里都会举行为期 3 天的祭祀活动，这个祭祀的看点是第二天的盛大换装游行。人们身着各种华丽色彩的面具和华丽衣服。手持男性生殖器形状的木雕和细长的刀，在大街上信步狂欢。傍晚时分发射自制的火箭，现场热闹气氛会达到最高潮。

每个团队都有各自不同的面具

身穿华丽服装的村民在街道信步游走，可谓天下奇观

359

给人印象特别深刻。这座寺院是由本地的高僧建造,高僧的遗骨至今保存在正殿旁边佛塔内的棺材里。

距离这里大约有 1 公里的地方,有一座叫作"普哈斯松拉科"(Phra That Si Song Rak)的佛塔沿着平整的参拜道路上去就是正殿。正殿里面有老挝风格的白色佛塔,高度大约 20 米,是 1560 年老挝和大城王国为了两国世代友好而建立的。另外,关于佛塔的建设还有一个悲剧公主的传说,据说佛塔中开的小洞是为了被关在里面的公主打开的流通空气的洞。现在这里已经成为泰国年轻人的恋爱圣地,有很多泰国男女来这里参拜。

酒 店
Hotel

这里除了一家高档酒店以外,其余的都是中档以下的酒店。城市中有一些较为陈旧的酒店,设施和费用等差不太多,最低 350~400 泰铢的酒店带有空调、热水淋浴、电视、冰箱等。黎府处处成风景,停留在这里会特别舒适。与湄公河平行的延伸到市区的主干道旁边,有很多酒店、旅馆、民宿。

黎府皇宫酒店
Loei Palace Hotel 　　　　　　　　　　　　　　　　　高档酒店

◆黎府皇宫酒店是一座 7 层的白色建筑,是黎府首屈一指的高档酒店。这里的工作人员精通英语,所以不用担心沟通交流问题。酒店大厅空间宽敞,二层有一个大型的泳池,度假旅游的气氛十足。窗外是茂密的绿树林,看过去可以让心态平静下来。这里还有健身房、桑拿房。前台后面的墙上有一条小黄线,这是以前发洪水时的水位线,是"洪水曾经到了这里"的意思。一层的黎府旅行社(→ p.358 栏外)还可以组织郊外旅行。

Map p.358
住 167/4 Charoenrat Rd.
TEL 0-4281-5668
FAX 0-4281-5675
URL www.mosaic-collection.com/loeipalace
费 AC S T 1400 泰铢~
CC A J M V
房间数 156 间
带泳池
WiFi 免费

黎兰酒店
Loei Orchid Hotel 　　　　　　　　　　　　　　　　　经济型酒店

◆黎兰酒店位于环岛稍微向里的位置,是一家比较新、干净整洁的酒店。酒店内铺贴瓷砖,显得明亮,住着舒适。所有的客房都带空调、电视、冰箱、热水淋浴。有时会被推荐稍微贵一点的客房,不过标准间也足够舒适。

Map p.358
住 1/41 Sathon Chiangkhan Rd.
TEL 0-4286-1888~9
FAX 0-4286-1885
URL www.loeiorchidhotel.com
费 AC S T 550 泰铢(不含早餐)
CC 不可使用
房间数 70 间　WiFi 免费

南国生产的红酒　　　　　　　　*Column*

虽然泰国处于热带地区,但黎府的海拔在 600 米以上,气温比较低,特别适合葡萄的栽培。位于市区西南大约 60 公里处的夏特德黎府(Chateau de Loei)是拥有将近 20 年历史、在泰国数一数二的葡萄酒厂。除了生产和酒厂同名的葡萄酒(红、白、玫瑰)之外,还生产发泡性葡萄酒和白兰地。游客可以参加黎府的旅行社,亲身体验热带酒庄葡萄酒的制作过程。酒庄全年对外开放,建议 2~3 月葡萄收获的季节去。

可以试云葡萄酒

360

王室酒店
Royal Inn Hotel　　　　　　　　　　经济型酒店

◆所有客房都带电视、冰箱、热层淋浴。因为没有电梯，所以上面的楼层客房会便宜一些。（二层价格350泰铢，三层价格320泰铢，四层价格300泰铢）。

Map p.358
住 22/16 Chumsai Rd.
TEL 0-4281-2563
FAX 0-4283-0177
URL www.royalinn-loei.com
费 F Ⓢ 250 泰铢　　AC Ⓢ 300 泰铢~
Ⓣ 350 泰铢~（不含早餐）
CC 不可使用　房间数 36 间　WiFi 免费

国王酒店
King Hotel　　　　　　　　　　经济型酒店

◆国王酒店外观看上去有些陈旧，不过酒店内经过改造，特别干净。酒店中间有个中庭，客房围绕中庭而建。所有客房配有电视、空调。费用便宜的房间位于五层，空间有些狭窄。有电梯的4层客房的价格是850泰铢，构造也特别宽敞。

Map p.358
住 11/8-12 Chumsai Rd.
TEL 0-4281-1701
FAX 0-4281-1235
费 AC Ⓢ Ⓣ 600~850 泰铢
CC J M V
房间数 50 间
WiFi 免费

拉姆挖空酒店
Ramun-wnkhon　　　　　　　　　　旅馆

◆全部的16间客房中，面向湄公河的房间一层、二层各4间，总共8间。面向河流的一侧有宽敞的露天平台，有椅子和桌子，可以在这里一边眺望远处雄伟的风景，一边悠闲地放松。租赁自行车一天50泰铢。

Map p.358 外
住 58/3 Soi 3, Chiang Khong Rd.
TEL 0-4282-1937
费 AC Ⓢ Ⓣ 1200 泰铢　3人时1400泰铢（带泰国风味早晨）
CC 不可使用
房间数 16 间
WiFi 免费

泰国东北部　●　黎府

那空拍侬 *Nakhon Phanom* นครพนม

湄公河沿岸分布着寺院

文前图正面-F3

湄公河日出

从湄公河的对面看那空拍侬，可看到漫山遍野的绿树，十分美丽。在高棉语中是"山丘之都"的意思。湄公河沿岸的很多城市都受到了法国的影响，在那空拍侬的繁华街道上也可以看到许多法式建筑。那空拍侬与老挝的他曲小城隔着湄公河相望，经常进行贸易往来。

前往方法

巴士总站位于市区西郊，去往市区可以乘坐三轮车（20~30泰铢）。

从曼谷出发
BUS 从北部巴士总站出发需要12~13小时，VIP车893泰铢，一等车574泰铢，二等车447~498泰铢。

从乌隆（班清）出发
BUS 从长途巴士总站出发，需要大约4小时，一等车218泰铢，二等车170泰铢。

从孔敬出发
BUS 需要大约5小时30分钟。一等车243泰铢。

从穆达汉出发
BUS 需要大约2小时，二等车76泰铢，普通车52泰铢。迷你巴士80泰铢。

去往老挝的巴士
从巴士总站前往他曲小城的巴士1天有8班车。（8:00、9:30、10:30、11:30、13:00、14:30、16:00、17:00），70泰铢。

实用信息

TAT
MAP p.362
184/1 Sunthorn Wichit Rd.
0-4251-3490~1
0-4251-3490~2
每天 8:30~16:30

旅游小贴士

横跨湄公河的桥
横跨湄公河、连接泰国和老挝的第三座大桥，第三泰老友好大桥在2011年11月11日开通，乘坐巴士可以到达对岸的塔凯克。

位于那空拍侬北部郊外的第三泰老友好大桥 ©泰国道路局

那空拍侬漫步

那空拍侬是步行就能够转过来的小城市。沿着湄公河的森同为齐特路（Sunthorn Wichit Rd.）树荫茂盛，到了傍晚时分，有很多坐在沿河的长椅上乘凉的人、出来散步的人等，特别热闹。出入境管理中心和海关，也在这条林荫道延伸的小路上。周边有老挝特产店和越南特产店以及餐

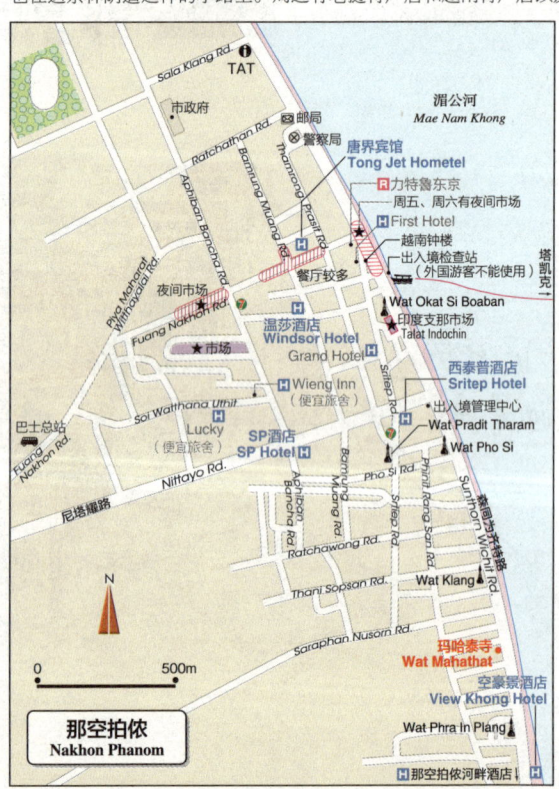

那空拍侬 Nakhon Phanom

厅。森同为齐特路两边有朝向湄公河的餐厅，采用面向河流的露天开放式构造，可以一边感受湄公河吹来的凉爽的风，一边享受美食。

　　森同为齐特路和西太普路（Sritep Rd.）、伏安那空路（Fuang Nakhon Rd.）的交叉口处有越南钟楼，为越南难民所建。周边居民也多为19世纪初到20世纪，经过老挝而定居住在这里的越南人。

　　在森同为齐特路沿途有一座玛哈泰寺（MAP p.362），与塔帕农寺（→p.364）风格相似，但是特别小，里面建有老挝风格的精美佛塔。

> **旅游小贴士**
>
> **老挝的签证**
> 可办理落地签。

酒　店
Hotel

湄公河沿岸从市区向南的区域有2家中档酒店。位于市区的酒店全部都是中档以下。

空豪景酒店
View Khong Hotel　　　　　中档酒店

◆酒店位于从市区向南，沿着河流大约1公里的位置。这里配有餐厅，菜单是一本有图片的书。

Map p.362
住 527 Sunthorn Wichit Rd.
TEL 0-4251-3564~70
FAX 0-4251-1037
费 AC S T 600 泰铢~
CC J M V　房间数 110 间　WiFi 免费

唐界宾馆
Tong Jet Hometel　　　　　经济型酒店

◆装饰设计简洁利落，而且价格也适宜。酒店的周边有餐厅，因为靠近湄公河，所以去河边散步也特别方便。房间较少，建议预约后再入住。

Map p.362
住 75/4 Bamrung Muang Rd.
TEL/FAX 0-4251-4777
URL www.777hometel.com
费 AC S T 590~790 泰铢
CC D J M V
房间数 27 间　WiFi 免费

温莎酒店
Windsor Hotel　　　　　经济型酒店

◆在那空拍依同类酒店中相对干净整洁。所有客房都带有热水淋浴。带空调的房间带有电视和冰箱。单人间里面是一张双人床，标间里面是两张单人床。工作人员特别热情。

Map p.362
住 272 Bamrung Muang Rd.
TEL 0-4251-1946
FAX 0-4252-0737
费 F S T 300 泰铢　AC S 400 泰铢
T 450 泰铢（不含早餐）
CC 不可使用　房间数 50 间　WiFi 免费

西泰普酒店
Sritep Hotel　　　　　经济型酒店

◆酒店稍微有点古旧，是一家房间宽敞、住着舒适的中档酒店。所有客房都有电视、冰箱、热水淋浴。

Map p.362
住 197 Sritep Rd.
TEL 0-4251-2395　FAX 0-4251-1346
费 F S T 300 泰铢　AC S T 500 泰铢（不含早餐）
CC 不可使用　房间数 87 间　WiFi 免费

SP酒店
SP Hotel　　　　　经济型酒店

◆是位于接近城市中心位置，价格适宜的一家酒店。构造简朴，不过室内干净整洁。有VIP房间，800泰铢，特别宽敞，住着也舒适。

Map p.362
住 193/1 Nittayo Rd.
TEL 0-4251-3505　FAX 0-4251-3505
费 AC S 450 泰铢~　T 500 泰铢~（不含早餐）
CC 不可使用　房间数 43 间　WiFi 免费

餐　厅
Restaurant

　　这里的餐厅可以品尝到湄公河的大鲇鱼。每年的5~10月的雨季是鲇鱼最肥的季节。可用"半鱼半肉"来形容，美味至极，口感不可思议。游客只需到服务台点"普拉布酷"（Pla Bueg）或"猫鱼"（Cat Fish）即可品尝到风味独特的鲇鱼美食。空豪景酒店内部设有餐厅，朝向河流，全年供应鲇鱼。因为食材比较高级，所以每条100泰铢以上。

Thailand Northeast

曼谷

文前图正面-F3

塔帕农 *That Phanom* ธาตุพนม

泰国东北部的佛教圣地

热闹的老挝市场

位于塔帕农的著名寺院塔帕农寺，也深受老挝佛教徒景仰。每年阴历二月都会举办长达7天7夜的活动，老挝也有很多人来访。

✤ 前往方法

从曼谷出发
BUS 北部巴士总站出发需要11~12小时。VIP车915泰铢，一等车590泰铢，二等车451泰铢。

从佛统出发
BUS 从巴士总站出发开往穆达汉、乌汶方向的巴士需要大约1小时15分钟，二等车38泰铢，普通车27泰铢。迷你巴士40泰铢。

从穆达汉出发
BUS 从巴士总站出发大约1小时。二等车38泰铢，普通车27泰铢。迷你巴士40泰铢。从寺院正门附近的市场前出发。迷你巴士的末班车是17:30发车。

塔帕农寺
开 每天 6:00~17:30
费 免费

佛塔里的展览馆
开 每天 8:00~16:00
费 免费

这里聚集了虔诚的参拜者

塔帕农 漫步

游客可以乘坐巴士在塔帕农寺前下车。寺院正面道路通往湄公河。那周边都是繁华街道。周一~周四会举办"老挝市场"。交易一些老挝的土特产，十分热闹。每到法会的时候，会非常拥挤，水泄不通，不过平时这里是一个安静悠闲的城市。

塔帕农 主要景点

塔帕农寺 Wat Phra That Phanom
装饰精美的佛塔

即使从远处看也特别显眼的塔帕农寺的佛塔，呈典型的老挝线面风格。高达52米的塔内供奉着佛祖舍利，表面的装饰使用了大约110公斤的纯金。

据说原来的佛塔建造于9~10世纪，1975年8月11日19时左右，在一场暴雨中，不知道什么原因，一瞬间坍塌了。现在看到的佛塔是1979年重新建造的。佛塔的里面有2层木构造的博物馆，展示了寺院中使用的佛器、钟、佛像和古代的佛教经典。

 酒　店 *Hotel*

旅馆主要集中在高速公路和湄公河之间并行的帕纳拉酷路（Phanom Phanarak Rd.）和湄公河沿岸。中档酒店"塔帕农河畔酒店"（Thatphanom Riverview Hotel）也开业了。

利姆空旅馆
Rimkhong Bungalow 旅馆

◆ 位于面向河流的沿岸小路上，类似公寓的建筑物。带空调的房间带有热水淋浴。旺季时会上涨50泰铢。

住 130 Moo 14, Soi Prempoochanee
电 0-4251-1634
费 F⒮⒯300泰铢~　AC⒮⒯400泰铢
CC 不可使用　房间数 9间　WiFi 免费

库里萨达利姆空丽度假村
Kritsada Rimkhong Resort 旅馆

◆ 从寺院的出口出来沿河流方向走，走到尽头后向左转弯，步行5分钟左右就可以到达。是一家2000年开业的度假村。所有客房都带热水淋浴和冰箱。还有面向湄公河而建的高床式山间小屋风格房屋。

住 90-93 Rimkhong Rd.
电/传 0-4254-0088
费 AC⒮⒯500~600泰铢
CC 不可使用　房间数 15间　WiFi 免费

364

穆达汉 *Mukdahan* มุกดาหาร

通过桥和老挝相连的新商业都市

泰国和老挝中间隔着一条湄公河，有些城市是在湄公河沿岸和老挝交易往来发展起来的。穆达汉就是这些"边境开放城市"其中的一个。2006年开通了国际大桥，连通了对岸老挝首屈一指的大城市沙湾拿吉，从那里还有可以延伸到越南的印度支那高速9号线。穆达汉作为与老挝、越南以及中国等多个国家的贸易基地而热闹发展起来。

湄公河的对岸就是老挝

文前图正面-F3

穆达汉 漫步

贯穿城市中央的东西向松南撒提特路（Song Nan Satit Rd.）是穆达汉城市的主要街道。街道尽头是湄公河，湄公河沿岸有散步的道路，也有一些露天小店，非常热闹。湄公河的尽头向右转弯便是西蒙克泰寺，寺前的市场叫作印度支那市场，市场内有商店、露天小摊等。河岸边还有并排而列的各种小店，出售的越南陶瓷器、老挝生产的咖啡和茶叶、中国产的杂货等都特别便宜，沿着河流有100多米长。有很多从很远的地方赶过来的泰国人，白天特别混乱。

前往方法

巴士总站位于稍微偏离市区的位置，可以乘泰式人力三轮车前来（20～30泰铢）。

从曼谷出发
AIR 廊曼国际机场，飞鸟航空1天2次航班。详细内容请看官网（→p.503）
BUS 北部巴士总站出发需要10～11小时，VIP车829泰铢，一等车508～533泰铢，二等车395～413泰铢。

从那空拍论出发
BUS 需要大约1小时30分钟，二等车76泰铢，普通票52泰铢。迷你巴士80泰铢。

前往沙湾拿吉（老挝）
8:15～19:00期间，1天12班车，需要大约1小时，45泰铢。

穆达汉塔
☎ 0-4263-3211
开 每天8:00～18:00
费 50泰铢（外国游客费用）
距离穆达汉市区向南1公里。乘坐泰式人力三轮车单程30～40泰铢。寺内禁止穿鞋。

穆达汉 主要景点

穆达汉塔 Hor Kaew Mukdahan Map p.365 外
湄公河和老挝的风景一览无余 ทอหแก้วมุกดาหาร

1996年，为了纪念拉玛九世国王登基60周年建造的高达65.5米的观望塔。坐电梯上去，在6层有360°的全景瞭望台。不只是穆达汉周边，湄公河和对岸的老挝也可以一览无余。从那里爬楼梯到塔的最高处，那里供奉着佛像，有很多泰国人来这里参拜。瞭望台上准备了一些祭品，请献上20泰铢左右的布施吧。塔基座的一至二层是博物馆，展示着周边居住的泰国卡族等泰族的8个分支的相关资料。

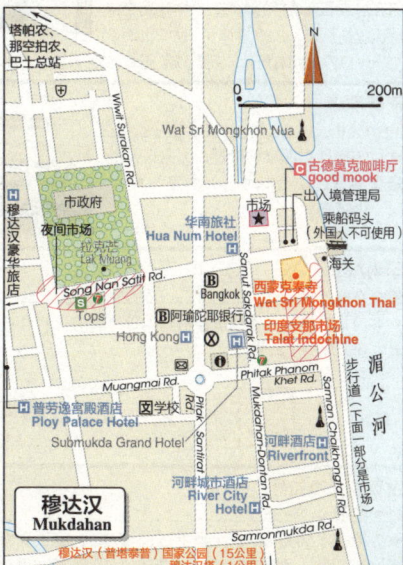

有很多人前来参拜

旅游小贴士

泰国出入境时的追加费用

泰国出入境管理局6:00~22:00是上班时间。周六、周日、节假日和平时的6:00~8:30、12:00~13:00、16:30~22:00通过时要追加5泰铢的费用。当天往返的情况，老挝一侧的出入境管理局有时也会需要追加费用。

老挝的签证

可以办理落地签。

穆达汉（普塔泰普）国家公园

费 200泰铢（外国游客费用）

交通 乘坐泰式人力三轮车往返400泰铢。

西蒙克泰寺 Wat Sri Mongkhon Thai

Map p.365

可以眺望湄公河的寺院

วัดศรีมงคลไทย

穆达汉有个传说，曾经创建这座寺院的陶金纳里（Thao Kinnaree）在菩提树下发现了两尊佛像，为了把佛像供奉起来，建立了这座寺院。正殿供奉着巨大的金色佛像。寺院前是印度支那市场。

穆达汉（普塔泰普）国家公园 Mukdahan(Phu Pha Thoep)National Park

Map p.365 外

奇形怪状的岩石林立着，值得观赏

อุทยานแห่งชาติมุกดาหาร

登山游览奇形怪状的岩石

公园位于距离市区向南15公里的地方，熔岩喷发后，形成的蘑菇形状的岩石分布在绿树成荫的公园里。公园里面有瀑布，如果能登上山顶，还可以眺望雄壮的湄公河和老挝的山脉。

酒店
Hotel

普劳逸宫殿酒店
Ploy Palace Hotel 高档酒店

◆酒店设施完善，是穆达汉内首屈一指的高档酒店。客房配有电视、冰箱、浴缸。距离市中心特别近，步行很快就能到达。酒店周围有购物中心，特别热闹。

Map p.365

住 40 Pitakpanomkhet Rd.

TEL 0-4263-1111 FAX 0-4261-1883

URL www.ploypalace.com

费 AC Ⓢ Ⓣ 1180泰铢～ CC J M V

房间数 154间 带泳池 WiFi 免费

河畔城市酒店
River City Hotel 高档酒店

◆所有的客房都配有电视、冰箱。暖色系的照明设施让人能够平静下来。750泰铢的客房是靠近道路的老馆，里面建立的高层建筑是新馆，1080泰铢～。设备比较齐全，可以说是物有所值。新馆顶层还有旋转餐厅。

Map p.365

住 28 Mukdahan-Dontan Rd.

TEL 0-4261-5444

FAX 0-4261-5451

URL www.rivercitymuk.com

费 AC Ⓢ Ⓣ 750泰铢～ CC M V

房间数 165间 带泳池 WiFi 免费

河畔酒店
Riverfront 经济型酒店

◆位于印度支那市场附近，面向湄公河建立的酒店。面向湄公河的客房有16间，1250泰铢。

Map p.365

住 22 Samran Chaikhongtai Rd.

TEL/FAX 0-4263-3348

URL www.riverfrontmukdahan.com

费 AC Ⓢ Ⓣ 850泰铢～ CC J M V

房间数 75间 WiFi 免费

华南旅社
Hua Num Hotel 经济型酒店

◆客房设计简单，室内干净清洁。带空调的房间有热水淋浴。电视能收到国际卫星信号。

Map p.365

住 36 Song Nan Satit Rd. TEL 0-4261-1137

费 F Ⓢ Ⓣ 200泰铢（公共卫浴）AC Ⓢ 350泰铢 Ⓣ 420泰铢（不含早餐）CC 不可使用

房间数 20间 WiFi 免费

咖啡厅
Cafe

古德莫克咖啡厅
good mook

◆各种咖啡50泰铢～，无糖蛋糕60泰铢～，意大利面和三明治等快餐100泰铢～。游客还可以从店里买原创的T恤或背包作为纪念品。

Map p.365

住 10 Song Nan Sathit Rd.

TEL 0-4261-2091 营 每天 9:00~18:00

CC J M V

泰国南部
Thailand South

碧武里（佛丕）	372	拉廊	423
华欣	374	普吉岛	426
春蓬	382	拷叻	450
素叻他尼	385	阁兰达岛	453
阁沙梅岛（苏梅岛）	388	皮皮岛	457
阁帕岸岛	407	甲米岛	463
阁道岛	411	董里	471
那空是贪玛叻	421	合艾	475

南通海滩（拷叻→p.450）

THAILAND SOUTH
泰国南部 早知道NAVI

泰国南部简介

泰国南部东西两侧被海洋环绕着，西邻安达曼海，东接泰国湾。除了有举世闻名的高级海滩度假胜地普吉岛、阁沙梅岛（苏梅岛），还有一些独具特色的海滩，例如有王室别墅的华欣。在合艾以南接近马来西亚的区域，可以感受到浓郁的伊斯兰风情，城市中建有清真寺，人们也身着伊斯兰服装。这里和北部、东北部有所不同，可以在这里发现泰国的另一面。曾经以印度尼西亚的旧港为中心，7世纪中叶兴起的室利佛逝王朝通过在苏门答腊岛和马来半岛的贸易通商逐渐繁荣起来。泰国南部也在其统治之下。也有传言说素叻他尼郊外的猜亚就是室利佛逝王朝的首都。

1 皮皮岛美丽的白沙海滩
2 有很多登岛的船，从快船到悠闲的渡船，丰富多样

SEASON
旅游旺季

泰国南部的雨季也是5月中旬~10月。像阁沙梅岛（苏梅岛）等东边的泰国湾一侧，11~12月的降水量是1年中最多的。前往海滩度假村的时候，一定要先确认清楚是去泰国湾海域还是安达曼海域。如果希望体验深海潜水或近海浮潜的游客请尽量选择在雨量较小的旱季前往。（安达曼海域10月中旬~次年5月中旬，泰国湾海域1~8月）。还可以在高档度假胜地全年停留，尽享海滨度假的休闲。

甲米岛的奥南海滩有很多面向外国人的店铺

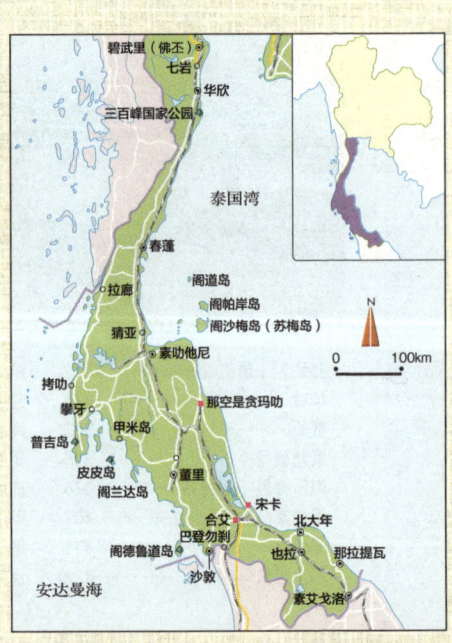

EVENTS

※ 活动的详细举办时间和内容,请参考
URL cn.tourismthailand.org

主要的活动信息

国际风筝节
【地点】华欣
【时间】3月

可以看到各种颜色鲜艳的泰国风筝。活动中有很多节目,比如说精彩的风筝表演、放风筝比赛,还有泰国传统民歌和舞蹈。

宋卡泼水节
【地点】合艾、宋卡
【时间】4月中旬

泼水节期间,除了盛装游行和舞蹈表演以外,还有网球、沙滩排球、各种比赛等活动,丰富多彩,热闹非凡。

普吉岛国际马拉松比赛
【地点】普吉岛
【时间】6月左右

2004年年底,由于地震、海啸的影响,普吉岛遭受了巨大的打击,为了促进普吉岛的复兴,2006年开始举办马拉松大赛。除了可以选择马拉松全程和半程,还有10.5公里马拉松、5公里慢走马拉松、2公里儿童马拉松等,适合各个阶段的跑步者参加。

普吉岛素食主义者日
【地点】普吉岛
【时间】10月上旬

普吉岛素食主义者日是由泰国华人创立的节日。参加者9天以内不能吃鱼和肉。期间还要举行盛大的仪式。

春蓬传统长划艇比赛
【地点】春蓬
【时间】10月下旬

春蓬自古以来的长划艇比赛,不只是竞赛,还举行各种水上游行。

普吉"国王杯"划船比赛
【地点】普吉岛
【时间】12月上旬

每年泰国国王拉玛九世诞辰(12月5日)前后就会举行盛大的划船大赛。第一名的团队将会获得"国王杯"。比赛也有海外的队伍参加。

南部的治安状况

靠近马来西亚国境的泰国南部,有很多独立的分裂分子在这里活动,时常发生枪击事件和爆炸事故。旅游局也会发布相应的安全信息。

HINTS

旅游小贴士

交通

乘客可以以曼谷为起点,乘坐巴士或者火车前往各大城市。从曼谷到南部的小城市合艾,需要大约14小时,坐火车需要16~17小时。从曼谷去往普吉岛可以乘飞机,每天有20次航班左右,需要1小时25分钟。乘坐巴士要14~15小时。除了华欣等曼谷周围度假地以外,从曼谷前往其他城市,路途遥远,可以根据自身情况,选择适当的交通工具出行。另外,在夜行长途汽车上一定要注意防盗。

住宿

普吉岛、阁沙梅岛(苏梅岛)等度假胜地不仅有水疗馆、宽敞的中庭、专用的泳池等各种设施一应俱全的高档度假酒店,也有充满自然风情的简易旅馆,住宿设施种类繁多,丰富多样。由于这里是度假胜地,所以费用方面会比其他区域高一些。另外,11月~次年5月期间,游客最好提前预订酒店。距离马来西亚比较近的地区,游客较少,不用担心没有地方入住。

从超高档酒店到便宜的旅馆,这里的住宿设施可以满足所有游客的需要

ACTIVITIES

娱乐活动

- 潜水
- 浮潜
- 帆伞运动
- 冲浪
- 水上摩托车
- 巡航

载满游客的小船驶向了小岛

FOODS

特色美食

- 烤肉(伊斯兰风味)
- 马塔帕(菜肉蛋卷)
- 萨特(马来风味串烧)
- 看台普拉(鱼咖喱饭)
- 炒糖豆(炒出来的糖豆)
- 海鲜美食
- 中国美食
- 马来西亚、新加坡美食

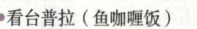
在南部的旅行中可以吃到新鲜的海鲜食品

在泰国的海滩上尽情游玩～！
海上运动
Enjoy Marine Activity

可以在海滩上尽情体验的活动

在普吉岛等泰国的海滩上，可以尽情地享受很多活动。游客们一定要好好体验，如果什么都不做就太可惜了。试着玩一些只有在海滩上才能玩的活动吧。但是，雨季的时候，风大浪高，十分危险，此时几乎很多都玩不了，所以建议尽可能在旱季去海滩游玩。

香蕉船
Banana Boat
充入空气后，皮船就会膨胀起来，变成香蕉形状。如果控制不好平衡，特别容易翻到水里，不过这也是乐趣之一。儿童和成人都可以玩。

双体船
Yacht, Catamaran
帆船和其他的活动相比会贵一些，但玩的人仍很多。双体船相对于一般帆船来说更容易操作。掌握操控要领后就可以在水面上驰骋了。

帆伞运动
Parasailing
可以来这里轻松地体验空中散步，这是一个特别受欢迎的项目。先把降落伞绑在身上，然后被快艇一下子拽到空中，感觉特别好。 

浮潜
Snorkeling
最容易掌握的水上运动，拿着面具、脚蹼、通气管三种装备就可以去海中探险了。

风中冲浪
Wind Surfing
在潜水商店或者酒店可以租借装备，还有教练指导。推荐高手或专业人士在风强劲的雨季前来挑战一番。

水上运动须知

有些酒店会有水上运动的项目提供,也可以选择海滩上专门经营相关项目的商铺。如果选择后者,要和海滩店铺经营者协商费用等问题。

选择海滩店铺时需要注意的事项

想参加各种海上运动的时候,在海滩上会发现有个小桌子,上面有海上运动的项目,椰木制作的费用表的牌子,那里有等待客人的经营者。这种情况直接去找这位经营者协商就可以。如果有在海滩上和你打招呼的类似导游的男人,他们大部分都是把你带到这些店里。

关于费用,因为有合同,哪家店大体都差不多,即使谈判交涉也不会便宜太多。相反会有一些爽约的事情,支付费用前一定要把相关事项谈清楚。游玩的时间、组团来的要问清楚是一个人的费用还是整体的费用等,条件必须明确。如果店主含糊其词不说清楚,最好去选择其他的店铺。

发生纠纷时需要注意的事项

最近普吉岛和芭堤雅发生了水上摩托车欺诈事件。店铺把摩托车组装成快要出故障的状态,或者是在看不到的地方划伤后租赁给游客,游客在游玩的过程中突然引擎熄灭,只能在海上漂流。如果向他们求助,他们会说"你把我的水上摩托车弄坏了""摩托车被你划伤了"之类的话,威胁收取高额的代理维修费。这时向警察或者旅游区警察局报警也没用(或许警察与这些店主有勾结),大部分的受害者都只能是忍气吞声,哑巴吃黄连有苦说不出。如果要在普吉岛和芭堤雅乘坐水上摩托,即使稍微贵点,也最好使用酒店介绍的店铺,这样就没有问题了。

选择季节

最好的季节就是雨水比较少的旱季。普吉岛、皮皮岛、阁兰达岛、拷叻、甲米岛等安达曼海在11月~次年5月是旱季。阁沙梅岛、阁道岛、阁帕岸岛等所在的泰国湾在1~8月是旱季。

在泰国获取C卡(潜水许可证)时要注意的事项

在泰国考取潜水许可证要比在中国容易得多。费用根据参加的店铺不同而异,一般游客都倾向选择便宜的店铺。但是,选择店铺时,除了费用,教练是不是中国人也要确认清楚,这点也十分重要。

为了在海中安全地潜水,有必要掌握正确的知识和技巧。费用特别便宜的店铺,有的时候接待处讲的是中文,但授课的时候却变成了英语。如果不能正确地理解授课的内容,将会危及生命的安全。如果听不懂英语或者不能完全理解英语的游客,即使多花点费用,也应该选一家说中文的店铺。

海滩的最佳季节

	1月	2月	3月	4月	5月	6月	7月	8月	9月	10月	11月	12月
游客较多的时期												
阁沙梅岛、阁道岛等泰国湾一侧的降雨量												
普吉岛、甲米岛等安达曼海一侧的降雨量												

旅行者较多的时期　　雨量:　…少　…多　…极多

泰国南部　●海上运动

垂钓
Fishing

这里被上天恩赐的渔场包围,在泰国也经常举办垂钓大赛。租赁一条小船在海上垂钓也是一件十分惬意的事情。有很多人就是专门为了钓鱼前来的。

水上摩托车
Water Bike (Jet Ski)

在驾驶前都要检查油是否足够,有没有磕碰划伤。在普吉岛和芭堤雅有租赁带故障的摩托车、收取额外的维修费用等恶性事件发生。据报道,还有被拿枪械威胁的事件。租赁的时候建议去正规的信誉比较高的旅行社或者酒店。

潜水
Diving

安达曼海和泰国湾有多处世界著名的可潜水的地方。可以去潜水公司、旅行社、酒店等申请。如果在这里停留天数比较多,可以拿一张C卡。这里也有潜水店教授潜水的技巧,可以来放心地游玩。

冲浪
Surfing

如果没有波浪就变得不好玩了,建议雨季来此体验这个项目。这里也有初学者可以玩的项目。

碧武里（佛丕） *Phetchaburi* นครเพชรบุรีฯ

古老寺院以及拉玛四世、五世宫殿所在的城市

文前图正面-B6

碧武里位于曼谷以南大约 160 公里的位置，在马来半岛尾部，自古以来作为交通枢纽，繁盛一时。可以站在山丘上的巴去布希圣山历史公园（拷汪宫）俯瞰平地上的城市街区和众多的寺院。碧武里也简称"佛丕"。

拉玛五世宫殿是一座特别漂亮的西洋风格建筑

交通

从曼谷出发

BUS： 从南部巴士总站出发 1 天 1 班车，120 泰铢。迷你巴士在 6:00~19:00 期间，大约每隔 30 分钟一班车，100 泰铢，需要大约 2 小时。

RAIL： 从华兰蓬火车站出发，每天有 3 班快车，2 班特快车，5 班快速，2 班普通车。一等座 657~1473 泰铢，二等座 128~598 泰铢，三等座 84~184 泰铢。快速 388 泰铢。从吞武里火车站出发普通车每天 3 班，快车 1 班，二等座 70~100 泰铢，三等座 61 泰铢。需要 3 小时~3 小时 30 分钟。

巴去布希圣山历史公园 / 巴去布希圣山国家博物馆
☎ 0-3242-5600
开 缆车 每天 8:30~16:30
　　博物馆 每天 9:00~16:00
费 200 泰铢（不含缆车费用 50 泰铢）
交 在山丘的西侧山脚有缆车的乘车处。如果从东侧走着登上去不收取缆车费用（50 泰铢）。

碧武里（佛丕）漫步

火车站位于城市的北部，距离市中心稍微有些远。车站对面的山丘上便是拷汪宫。市内交通双条车 10 泰铢，摩托车 20 泰铢~。拉玛五世宫殿位于城市的南部。

碧武里（佛丕）主要景点

巴去布希圣山历史公园（拷汪宫）
Phra Nakhon Khiri Historical Park (Khao Wang) Map p.372
拉玛四世的遗产　อุทยานประวัติศาสตร์พระนครคีรี

海拔 90 米的山丘上，西侧和南侧有两座建筑物。西侧有一座白塔，是供奉着拉玛四世雕像的天明塔（Phra Thinang Wetchayan Wichien Prasat），除此之外还有一些其他的建筑物。拉玛四世在 19 世纪 60 年代建造的行宫，现在一部分作为巴去布希圣山国家博物馆对外开放，里面展示了中国和日本的陶瓷器以及工艺品等。南侧有高达 45 米的白色佛塔帕崇塔（Phra That Chom Phet）以及红褐色的佛塔帕邦塔（Phra Prang Daeng）。

碧武里 Phetchaburi

拉玛五世宫殿
Phra Ram Ratchaniwet Palace Map p.372
深受国民爱戴的泰王的宫殿　พระรามราชนิเวศน์

深受泰国国民爱戴的拉玛五世

拉玛五世宫殿建造于 20 世纪初期，是拉玛五世雨季时使用的行宫。这里也称为"班普宫殿"（Ban Puen Palace）。一层是圆形的大厅，二层是学习室，还可以看到拉玛五世和拉玛六世的雕像。

苏旺纳朗寺
Wat Yai Suwannaram Map p.372
追忆大城王朝的寺院　วัดใหญ่สุวรรณาราม

苏旺纳朗寺位于碧武里河的东岸，佛殿

的墙壁上描绘着佛画。18 世纪缅甸入侵大城王朝的时候，人们在寺院内的一所建筑物内避难。至今大门上还留有缅甸军队用刀刻划的痕迹。

玛哈泰·沃拉威汉寺
Wat Mahathat WorawihanSuwannaram
寺院内耸立着白色佛塔

Map p.372

从拷汪宫向远处看，会发现碧武里河西侧耸立着一座醒目的白色塔。这座塔是高棉风格建筑，叫作帕邦哈塔（Pra Prang Ha Yot），高度 55 米，据说已经有 1000 多年的历史了。4 座佛塔围绕着中间的塔，周围建有长方形走廊，塔的正前方有 3 尊金色的佛像。

甘蓬立安古庙 Wat Mahathat Worawihan
庙内还留有古代的遗迹

Map p.372

从参拜的道路走向正殿途中，经过 5 处由红土建造的塔的遗址。有些塔已经崩塌了，没有坍塌的塔中还供奉着佛像。这些塔特别像是 12 世纪左右的高棉时代的遗址。

拷龙穴 Tham Khao Luang
照射进来的光线酝酿出一种神秘的氛围

Map p.372 外

距离拷汪宫大约 5 公里，位于山岩之中的洞穴。洞内沿着墙，并排着佛像和塔，里面还有金色的卧佛。

拉玛五世宫殿
开 每天 8:30~16:30（入馆是截至 16:00） 50 泰铢
交 从市区坐摩托车，30 泰铢

苏旺纳朗寺
费 免费

玛哈泰·沃拉威汉寺
费 免费

甘蓬立安古庙
费 免费

尺寸不同的 3 尊佛像并立

拷龙穴
费 免费 交 从市区乘坐摩托车 50 泰铢左右

这里还残留着高棉建筑风格的佛塔

泰国南部 ● 碧武里（佛丕）

酒店
Hotel

皇钻酒店
The Royal Diamond Hotel   酒店
Map p.372

◆酒店内设备完善，是一家中档酒店。位于稍微偏离市区的位置，安静悠闲。这里的工作人员也都特别热情。走到巴去布希圣山历史公园大约需要 5 分钟。

住 555 Moo 1，Phetkasem Rd.
电 0-3241-1061~70　FAX 0-3242-4310
URL www.royaldiamondhotel.com
费 AC S T 890 泰铢~
CC M V　房间数 57 室　WiFi 免费

贝加塞姆酒店
Phetkasem Hotel   酒店
Map p.372

◆贝加塞姆酒店位于高速公路沿线，最近几年一部分客房经过装修变得时尚华丽。如果带早餐需要 650 泰铢。所有客房都有热水淋浴。

住 86/4 Phetkasem Rd.　电 0-3242-5581
E laohapukdee@hotmail.com
费 AC S T 550 泰铢~（不含早餐）
CC 不可使用　房间数 50 室
WiFi 免费

白猴子旅馆
White Monkey Guesthouse   旅馆
Map p.372

◆白猴子旅馆是一家新开的旅馆，比较干净。公共浴室也特别干净整洁且有热水淋浴。这里有包括咖啡、面包、水果等的简单早餐。

住 78/7 Khlong Krachaeng Rd.
电 09-2840-1633、0-328908238
E whitemonkey.guesthouse@gmail.com　费 F S T 650 泰铢~　AC S T 800 泰铢~（公共浴室，含早餐）
CC 不可使用　房间数 12 室　WiFi 免费

拉宾旅馆
Rabieng Rimnum Guest House   旅馆
Map p.372

◆拉宾旅馆是一家价格合适的旅馆，像是有一种在家的感觉，住着很舒服。床稍微有些硬，位于道路边，稍微有些嘈杂。靠近河流沿岸的餐厅，视野很好。可连网的电脑 1 个小时 20 泰铢。

住 1 Shesrain Rd.
电 0-3242-5707、08-9919-7446
费 F S 120 泰铢 T 240 泰铢（公共浴室）　CC 不可使用　房间数 10 室
WiFi 免费

华欣 *Hua Hin* หัวหิน

正宗王室度假村

华欣筷子山脚下的寺院

拉玛七世的行宫"忧郁的宫殿"自1928年建成以来,至今作为王室的别墅而全国闻名。"华欣"在泰语中是"石头"的意思。海滩处多岩石,在这里感受不到像普吉岛以及阁沙梅岛(苏梅岛)充满南国风韵的气氛。这里的特征是可以沉浸在原汁原味的泰国城市中,享受度假旅游。

交通

从曼谷出发

BUS:从南部巴士总站出发1天有7班车。需要3~4小时。一等车158泰铢。迷你巴士从战争胜利纪念碑、北部巴士总站每天有30班车,从南部巴士总站每天也有30班车,需要时间2小时30分钟~4小时。180泰铢。从素万那普国际机场出发的VIP巴士1天有6班车,274泰铢。
URL www.airporthuahinbus.com

从芭提雅出发

BUS:迷你巴士1天5班车,需要4~6小时,400泰铢。

华欣漫步

华欣市区面积不是太大,走着就可以转一遍。火车站到华欣海滩大约1公里,从达姆努卡塞姆路(Damnoenkasem Rd.)转入纳乐达姆利路(Naresdamri Rd.),再到乔姆心路(Chomsin Rd.),步行大约15分钟。去

往稍微远点的地方可以乘坐绿色的双条车、在车站或酒店门口待客的摩托车、嘟嘟车等，特别方便。有时会有司机推荐你去近郊观光，但不要忘了确认时间、地点、一个人的费用。

穿过城中心的拍卡塞姆大街

华欣 主要景点

华欣海滩 Hua Hin Beach
泰国南部安静的成人度假村　　　　　Map p.374-B2

和华欣名字特别适合，这里有较大的岩石，充满白砂的沙滩上有片区域的沙子还会发出声响。有很多游客来这里享受日光浴和感受华欣的一项著名活动——骑马（20分钟300泰铢~）。

这里的骑马活动特别受欢迎

宣申海滩 Suanson Beach
美丽的海滩，沙子会发出声响　　　　Map p.375-B

这里的沙子特别细软，踩上去有一种"咻~咻~"的声音，所以被称为"会发出声音的海滩"。感觉特别棒，氛围非常好。

华欣火车站和王室候车室
Hua Hin Train Station & The Royal Lounge
可爱的火车站和候车室　　　　　　　Map p.374-A2

曾经王室成员出访官的时候使用的候车室。构造像寺院那样华丽。这里不对外开放，一般人只能从外面看。

一般只让人从外面参观，不让入内

华欣筷子山 Khao Takiab
在这里可以看到大佛像和猴子　　　　Map p.375-B

距离从市区向南大约6公里的地方，可以看到一个小山丘和巨大的金色立佛像。再登上台阶，从高处的佛塔向远处眺望，可以将城市尽收眼底。这里也

可以向远处眺望，将华欣一览无余

有中国寺院的观音像，吸引了众多人前来膜拜。这里还有一个称号是"猴子山脉"，可见这里的猴子数量之多。

交通

从曼谷出发
RAIL：从华兰蓬火车站乘坐快车、特快列车需要3小时30分钟~4小时15分钟，每天有12班车。一等卧铺822~1022泰铢，二等卧铺252~622泰铢。二等座120-292泰铢，三等座44-234泰铢。从吞武里火车站出发，每天普通列车2班，快车1班，一等座190泰铢，二等座96泰铢，三等座42泰铢。

宣申海滩
从夜间市场旁边或者贝加塞姆路边乘坐前往普朗布里的巴士（20泰铢），摩托车（100~120泰铢），嘟嘟车（250泰铢），大约20分钟。

375

华欣筷子山

从夜间市场旁边出发的双条车，大约15分钟，10泰铢。如果到山上的寺院需要30泰铢，摩托车50泰铢，嘟嘟车150泰铢。

叻差哈克公园

开 24小时
免费
雕像从左边开始的顺序

兰甘亨大帝（素可泰王朝）、纳瑞宣王、纳莱王（以上是大城王朝），郑信王（郑信王朝），拉玛一世、拉玛四世、拉玛五世等（以上是现在的王朝）

"往日情怀"小镇

Phetkasem Rd.
0-3252-0311~2
www.plearnwan.com
周日～下周四 9:00~21:00，周五、周六 9:00~23:00（根据店铺而有所不同）。
在夜间市场附近的711对面乘坐绿色的双条车大约15分钟，10泰铢。夜里双条车不运营，摩托车50泰铢，嘟嘟车150泰铢。

希莱克费观景台

摩托车50泰铢，嘟嘟车150泰铢。从火车站的检票口向西大约5分钟。

华欣山区酒庄

204 Moo 9, Baan Khork Chang Patana, Nong Plup
08-1701-0222（预约）
华欣山区红酒商店
Villa Market, Hua Hin 84, 218 Phetkase Rd.
www.huahinhills.com
每天 8:30~18:30
华欣超市（参p.375-B）里面的华欣展示区前面，10:30和15:00有两班定点巴士。需要45分钟，往返300泰铢，需要预约。下酒菜和红酒、旅行团接送的套餐旅行费用在1700泰铢~。

实用信息

旅游资讯中心
Tourist Information Service Center
p.374-A1
at Clocktower
0-3251-2797~8
周一～周五 8:30~19:00
周六、周日、节假日 9:00~17:00

叻差哈克公园 Rajabhakti Park   Map p.375-B
开列着历代帝王雕像的著名地方

历代君王英勇的样子

叻差哈克公园位于华欣市区向南大约8公里的地方，于2015年8月开业。以开创现在王朝的拉玛一世为中心，聚集了素可泰王朝的兰甘亨大帝、大城王朝的纳瑞宣国王等著名君王的巨大雕像，一共有7座。雕像前面是一个超级宽广的公园，是市民休憩游乐的地方。

"往日情怀"小镇 Plearn Wan   Map p.375-A
充满怀古风情的观光市场

大人感到怀念，小孩感到新鲜

"往日情怀"小镇开业于2009年，在泰国的年轻人当中特别受欢迎。木构造的建筑物凸显出古代泰国城市街区氛围。这里有很多杂货、点心、二手唱片等的商店和餐厅、咖啡馆等，特别有意思。这里还有酒店，向里有观览车。

希莱克费观景台
Khao Hin Lek Fai View Point   Map p.375-B
可以享受多彩景观的漂亮山丘

从山丘上可以远远地眺望宽广的泰国湾，十分漂亮

希莱克费观景台位于距离城区2公里的山丘上，在立着拉玛七世雕像的公园有6处观景的地点。每处观看的风景都不相同，可以在这里尽情欣赏远处的风景。推荐早晨去或者太阳落山的时候去。有的台阶局部被破坏了，不太好走，建议穿着方便行走的鞋前来观光。

华欣 郊外景点

华欣山区酒庄 Hua Hin Hills Vineyard   Map p.375-B 外
可以享受红酒和美食的葡萄园

华欣郊外的山丘上有一家葡萄酒厂，这里有可以俯视72.8万平方米葡萄园的餐厅，视野开阔，景色优美。游客可以免费品尝红葡萄酒、白葡萄酒等7种葡萄酒。在餐厅有个试饮套餐，选择三种葡萄酒290泰铢~，带三种下酒菜的650泰铢，还有泰国美食（餐饮费和服务税费另算）。

修整有序的葡萄园

华梦拷寺 Wat Huay Mongkon   Map p.375-B 外
有不可思议力量的高僧

寺院内有泰国最有名的高僧的巨大雕像。北大年的清海寺的高僧普拉銮普塔（Phra Luang Phor Thuad）据说年少的时候就有不可思议的力量，成为僧侣后，作为守护神为人们斩妖除魔，深受人们欢迎。另外可以从口中有金色牙齿的大象肚子下面穿过，据说如果能顺利投入大象口中一枚硬币，就会有好运伴随。

七岩 Cha-am   Map p.375-A
距离曼谷很近的海滩度假村

七岩海滩度假村位于华欣和碧武里几乎中间的位置。面向泰国湾的海滩，特别宽广且简单朴素。在从曼谷等地来游玩的泰国人中特别受欢迎。近年来，周边增加了一些主题公园。

周边有很多度假旅游酒店

爱与希望之宫 Marukhathaiyawan Palace   Map p.375-A
松籁和鸟鸣不绝于耳

这座宫殿充分融合了泰国和西洋建筑风格，通风效果特别好，是干栏式的宫殿。酒店面向海滩而建，风景出类拔萃。建筑整体都是用柚木材质建造的，各建筑物有长廊连接，宫殿内还保留有拉玛六世的王座。

建立在海滩旁边的凉爽的宫殿

华欣大象村 Elephant Village Hua Hin   Map p.375-B
骑在大象上旅行

骑大象可以选择30分钟和60分钟两种。穿过寺院和当地人居住的村庄，向山顶爬去。大象在树木茂密的森林中悠闲地按照线路行走，最考验大象的是经过一个大的池子的时候要蹚水过去，探险氛围十足。

大象的背部摇晃得厉害，像是人喝醉了酒

三百峰国家公园 Khao Sam Roi Yot National Park   Map 文前图正面-B7
接触泰国的大自然

三百峰国家公园位于市区向南60公里的位置，由石灰岩组成的群山，面积宽广，有98平方公里。这里有猴子、松鼠等动物，也有水鸟、白行鸟等野生鸟类。利姆萨拉海滩（Laem Sala Beach）内有拉玛五世来访的纪念馆，还有帕亚那空山洞（Phraya Nakhon Cave）。

华梦拷寺
火车站稍微向南的方向有乘车处，白色的双条车40泰铢，另外也可以乘坐嘟嘟车和租赁摩托车。从市里向西大约18公里，乘车需要30分钟左右。

七岩
乘坐前往碧武里方向的巴士需要大约50分钟，30泰铢。七岩火车站周边距离海滩大约2公里，乘坐摩托车需要20泰铢。

爱与希望之宫
开 周四~下周二 8:30~16:00
休 周三
费 门票30泰铢，宫殿二层的门票30泰铢。每隔30分钟才能进二层1次。因为里面有军队的设施，有时候还会要求出示护照。
交 从华欣乘坐租赁的摩托车等大约30分钟就能够到达。进入军事管理范围内要再向前走5分钟。

华欣大象村
住 Behind Eitsukato Temple
☎ 0-3251-6181、08-99000-8095
开 每天8:00~17:00
费 30分钟600泰铢，60分钟1000泰铢。
在旅行社申请后，免费去酒店接送。

三百峰国家公园
费 200泰铢（国家公园门票）
交 租车或者乘出租车，也可以参加旅行团。乘坐出租车的情况下，往返2500泰铢左右。

🟧 旅游小贴士
熟练乘坐双条车吧
在华欣，双条车交通网相当发达便利。绿色双条车开向7-11（MAP p.374-A1）方向，经过南北方向的贝卡塞姆大街，去往机场、华欣筷子山方向10泰铢~，有很多班车。
另外，火车站向南大约100米的地方，有白色双条车乘车处（MAP p.374-A2 外），到达前面市场需要20泰铢，到达华梦拷寺需要40泰铢，1小时1班车。从旅游观光局领的小册子 Hua Hin Pocket Guide 里面有详细的信息。乘坐嘟嘟车需要100泰铢~，有点贵，所以还是灵活运用双条车吧。
其他的交通费用标准
从夜间市场到火车站乘坐摩托车需要20~30泰铢。

旅游小贴士

华欣的旅行社
🚩 **西部旅行社**
Western Tours
MAP p.374-B2
住 11 Damnoenkasem Rd.
TEL 0-3253-3303
FAX 0-3251-2560
URL www.westerntourshuahin.com
每天 8:30-19:00

如果包一个带司机的车，就可以自己组团去游玩。

从华欣出发的旅行团

游客可以在市内旅行社申请入团。带午餐和去酒店的接送。

三百峰国家公园（7 小时，1700 泰铢）：参观完菠萝园后，去往邦普渔村（Bang Pu Fishing Village）。从这里换乘船或者车前往国家公园。参观完帕亚那空山洞后是午饭时间。这个旅行团只有周二、周六才有。

碧武里旅行团（5 小时，1500 泰铢）：参观一系列景点，如拷汪宫、拷龙洞、玛哈泰·沃拉威汉寺等碧武里（→p.372）的景点，只有周四才有。

酒 店
Hotel

华欣的酒店数量众多，种类丰富，主要集中在繁华街区附近，这里从高档酒店到简易旅馆，可选范围广，可以满足不同客户的需要。特别是 1 夜 1500 泰铢的中档酒店特别多。这一档次的很多酒店客房带有浴缸，这也是华欣酒店的一个特点。由于距离曼谷比较近，有很多面向泰国上流社会或者外国游客的高级度假村相继在七岩和华欣筷子山开业。

11 月～次年 3 月的旱季到泼水节（泰国正月）所处的 4 月份，有很多酒店都会设定旺季的价格。一般来说全年都可以游玩，不过 5~10 月的雨季，海浪波涛汹涌。海滩沿岸的住宿要提前预约。

奇瓦颂国际养生度假村
Chiva Som International Health Resort 　高档酒店

◆ 酒店是一家高档度假村和健康俱乐部，游客在这里可以听从专业医护人员的建议，维护身体健康，通过练习瑜伽等健身项目，使身心得到充分的放松。来这里住宿最少要住 3 天，未满 16 岁不可以进来入住。Wi-Fi 只有在客房才能使用。

Map p.375-B
住 73/4 Phetkasem Rd.
TEL 0-3253-6536　FAX 0-3251-1154
预 （03）3403-5355
URL www.chivasom.com
费 AC ST 1 个人 3 夜 60000 泰铢～
CC ADMV　房间数 54 间　带泳池
WiFi 免费

中心海滩度假村华欣别墅
Centara Grand Beach Resort & Villas Hua Hin 　高档酒店

◆ 酒店在火车站竣工后的第二年即 1923 年建成，接纳来访拉玛七世行宫的游客，作为铁路酒店的形式开业。酒店保留着古典的建筑风格，但内部设施完善，是一家现代化的度假村。海滩前面还有一个宽敞的庭院，花园周围有 42 栋欧式别墅，别墅内有私人用极可意浴缸和泳池，十分舒适，可以悠闲地在这里放松身心。以前的名字叫"索菲特中心海滩度假华欣别墅"，2012 年由管理者把名字改成了现在的。

Map p.374-B2
住 1 Damnoenkasem Rd.
TEL 0-3251-2021~38
FAX 0-3251-1014
URL www.centarahotelsresorts.com
费 AC ST 10960 泰铢～
CC ADJMV
房间数 249 间　带泳池
WiFi 免费（连接快速网收费）

华欣希尔顿度假酒店
Hilton Hua Hin Resort & Spa 　高档酒店

◆ 华欣海滩沿岸，有一座 17 层的白色建筑物就是这家酒店。所有客房都可以享受到大海的风光，视野宽阔。这里还有一些可以看到海的泳池、餐厅、水疗馆和酒吧等，设施齐全。在大厅可以免费连接 Wi-Fi。

Map p.374-B2
住 33 Naresdamri Rd.
TEL 0-3253-8999　FAX 0-3253-8999
URL www.hilton.com
费 AC ST 10600 泰铢～
CC ADJMV
房间数 296 间　带泳池
WiFi 免费（连接快速网收费　1 天 400 泰铢～）

安纳塔拉华欣度假酒店
Anantara Hua Hin Pesort & Spa　高档酒店

Map p.375-A

◆ 安纳塔拉华欣度假酒店位于华欣机场1公里外的海滩沿岸，是一家高档的度假酒店。只有住在酒店的客人才能从面向主干道的门口进入。在椰树和热带植物茂密生长的热带花园中建有传统泰式风格的别墅、泳池、餐厅。在这里可以远离城区的喧嚣，有一种世外桃源的感觉。大厅周边可以免费连接Wi-Fi。

住 43/1 Phetkasem Rd.
TEL 0-3252-0250
FAX 0-3252-0259
URL huahin.anantara.com.cn
费 AC S T 6690 泰铢〜
CC A D J M V
房间数 187室　带泳池　WiFi 免费

斯林酒店
Sirin Hotel　中档〜经济型酒店

Map p.374-B2

◆ 斯林酒店距离海滩和繁华街道特别近。客房设计简单，除了4间房屋，其余都带浴缸，一层有餐厅，室外有小型的泳池。

住 6/3 Damnoenkasem Rd.
TEL 0-3251-1150、0-3251-2045
FAX 0-3251-3571
URL www.sirinhuahin.com
费 AC S T 2900 泰铢〜
CC M V　房间数 25间　带泳池
WiFi 免费

我的家园 @ 华欣酒店
My Place & Hua-Hin Hotel　中档〜经济型酒店

Map p.374-A2

◆ 客房干净清洁，环境舒适，是一家豪华的酒店。酒店附近有去往曼谷的巴士乘车处和迷你巴士乘车处，十分方便。屋顶上有极可意泳池。

住 17 Soi Hua-Hin 74, Amnuaysin Rd.
TEL 0-3251-4111
FAX 0-3251-4113
URL www.myplacehuahin.com
费 AC S T 1850 泰铢〜
CC M V　房间数 24间　带泳池
WiFi 免费

杰披侬酒店
Jed Pee Nong Hotel　中档〜经济型酒店

Map p.374-B2

◆ 酒店位于达姆努卡塞姆路上，地理位置优越。客房内设施齐全，有浴缸（只有六、七层有）、卫星电视、冰箱等。客房干净整洁，居住舒适。酒店还有小型的泳池。早饭可以选择泰国美食或者美国美食。

住 17 Damneonkasem Rd.
TEL 0-3251-2381
FAX 0-3253-2063
URL www.jedpeenonghotel-huahin.com
费 AC S T 1300〜1500 泰铢〜
CC M V
房间数 41间　带泳池　WiFi 免费

华欣微笑度假酒店
Smile Hua Hin Resort　中档〜经济型酒店

Map p.375-B

◆ 酒店距离南行、北行的巴士总站比较近，位于94号胡同向里大约200米的位置。设施比较干净、整洁。工作人员都特别亲切，住着很舒适。泳池有点小，这里还有当地人喜欢吃的日式餐厅"樱花寿司"。

住 250/139 Soi Hua Hin 94 Phetkasem Rd.
TEL 0-3251-5933
URL www.smilehuahinresort.com
费 AC S T 1600 泰铢〜
CC M V
房间数 39间　带泳池
WiFi 免费

拉加纳花园旅馆
Rajana Garden House　中档〜经济型酒店

Map p.374-A2

◆ 拉加纳花园旅馆附近就有去往曼谷的巴士和迷你巴士的乘车处，交通特别方便。客房宽敞且干净整洁，所有客房都带光纤电视、保险箱、热水淋浴。

住 3/9 Sa-Song Rd.　TEL 0-3251-1729
URL www.rajana-house.com
费 AC S T 1000 泰铢〜 简易小木屋风格 S T 1500 泰铢（年末年初和节假日期间涨价 500 泰铢，连休的周末涨200 泰铢，简易小木屋涨 500 泰铢）
CC 不可使用
房间数 19间　带泳池　WiFi 免费

泰国南部 ● 华欣

379

高尔夫酒店
Golf Inn

中档～经济型酒店

Map p.374-A2

住 29 Damnoenkasem Rd.
TEL 0-3251-2473
费 AC S T 800 泰铢～（不含早餐）
CC 不可使用
房间数 12 间
WiFi 免费

◆位于火车站附近的中档酒店。室内的设计简单，但是宽敞明亮，所有客房带热水淋浴、电视、冰箱。这里的服务人员特别客气。高尔夫球场位于距离酒店150米的地方。住在这里的顾客使用高尔夫球场可以2000泰铢打7折。

华欣旅馆
Hua-Hin House

旅馆

Map p.374-A2

住 42、44、46、48 Amnuaysin Rd.
TEL 0-3251-4442
费 AC S T 800 泰铢、900 泰铢
CC 不可使用
房间数 20 间
WiFi 免费

◆华欣旅馆位于华欣塔纳维特酒店（Tanawit Hotel & Spa）的斜对面。客房宽敞，干净清洁，也有没窗户的房间，除了这些没窗户的房间，其他的客房住着特别舒适。这里的工作人员都很友好。早晨的咖啡免费品尝。

肥猫旅馆
The Fat Cat Guesthouse

旅馆

Map p.374-B1

住 8/3 Naresdamri Rd.
TEL 08-6206-2455
费 AC S T 850～1150 泰铢
CC 不可使用
房间数 20 间
WiFi 免费

◆旅馆位于纳乐达姆利路旁，有的房间能够看到海洋。一部分客房位于内侧的大楼里面。这里的老板十分亲切，一层的钢琴吧和餐厅特别受欢迎。

莱斯波波背包客旅馆
Les BoBo's Backpacker Hostel

旅馆

Map p.374-A1

住 72/12 Dechanuchit Rd.
TEL 0-3251-1589、08-6332-6340
URL www.les-bobos.com
费 F S 390 泰铢～ T 490 泰铢～
CC 不可使用
房间数 10 间
WiFi 免费

◆旅馆位于夜间市场附近的小胡同内，是一家价格实惠的旅馆。所有的客房是独立房间，带光纤电视的客房 F S 370 泰铢、T 490 泰铢。最便宜的房间有点狭窄（洗衣机（5公斤以内，1次50泰铢）和电磁炉是公用的，公用淋浴房有热水。出入口是旋转门。

餐厅
Restaurant

桑姆杰姆餐厅
Son Moo Joom

Map p.374-A1

住 51/6 Dechanuchit Rd.
TEL 无
营 每天 6:30～13:20、17:30～19:30
CC 不可使用

◆这是一家老挝风味的火锅店，人气特别旺，每天店铺前面都要排长队，所以要尽早前往。猪肉、虾和鱼、蔬菜等很多配菜放一块混合煮，需要160泰铢。鱼贝熬制而成的浓汤鲜香可口。火锅只有晚上才有，白天是食堂，主要是面食，30泰铢～。

华欣咖啡吧
All in Hua Hin

Map p.374-A2

住 12/1 Sra-Song Rd.
TEL 0-3253-0067
URL www.all-in-huahin.com
营 每天 8:00～23:00（淡季截至22:00左右）
CC M V

◆这是一家自制面包和火腿特别好吃的咖啡吧兼餐厅。附近有去往曼谷的一等巴士和迷你巴士乘车处。照片上的早餐套餐是95泰铢。也可以打包外带，但只能是面包和火腿。

KO 海鲜餐厅
KO Seafood Restaurant

Map p.374–A1

住 Hua Hin Night Market
电 08-2350-6747
营 每天 17:00~23:00
CC 不可使用

◆夜间市场有很多家海鲜餐厅，一家连着一家，本餐厅就是这里的一家评价特别好的餐厅。店铺前面摆放着一些食材，关于制作方法和调味可以询问餐厅的服务人员。

贾普恩海鲜餐厅
Jae Porn Seafood

Map p.375–B

住 Fisherman Village，Khao Takiab
电 08-9657-5269
营 每天 9:00~20:30
CC 不可使用

◆在这里品尝刚出锅的海鲜，就会觉得这家店是当地最好吃的海鲜餐厅。餐厅有各种各样的鱼类、虾、蛤、螃蟹等，可以选择活着的生鲜，用自己喜欢吃的调味方法享受。像这样的店铺周围有很多家。

可可 51 餐厅
Coco 51 Restaurant

Map p.375–A

住 Soi 51，Phetkasem Rd.
电 0-3251-5757
URL www.coco51.com
营 每天 11:00~23:00 左右
CC A M V

◆餐厅建立在海边，是一家有浪漫氛围的餐厅酒吧，通常称为"可可吧"。这里的泰国美食和西式美食做得都特别拿手，服务特别周到。19:00-22:00（周五、周六是 20:00-23:00），餐厅有爵士和布鲁斯的现场演奏。

水疗馆
Spa

白色沙滩按摩馆
White Sand Massage & Spa

Map p.374–B1

住 48/2 Dechanuchit Rd.
电 08-5442-6333
URL www.whitesandmassagespa.com
营 每天 11:00~22:30
CC M V

◆位于华欣白色沙滩酒店的豪华水疗馆。有泰式按摩 60 分钟 550 泰铢~。精油头部按摩套餐 90 分钟 1000 泰铢等。

Column

周末就来购物天堂吧！

最近在华欣，市场非常受欢迎。最热闹的是 Hyatt Regency Hua Hin 酒店附近，只有周五~周日才营业的西卡达市场（MAP p.375-B）。这里不只是出售一些艺术品，野外剧场、广场舞和现场音乐比赛等都可以免费参加（除了特别的活动）。这里还有开放式的餐饮区，可以尽兴地游玩。除此之外，在中心街道有很多海鲜餐厅，那附近也有很多夜间市场（MAP p.374-A1）。每天在华欣俱乐部的旁边都会举行当地色彩浓厚的华欣品牌夜市（MAP p.375-B），周三~周日的傍晚开始。

贝卡塞姆大街 112 胡同向西行走 6 公里左右就能到达郊外的华欣两大水上市场，两个水上市场相隔 1 公里左右。虽然叫作水上市场，其实是沿着运河而建的一些建筑物的商店。可能是由于远的缘故，这里不是特别热闹，可以在这里感受悠闲宁静的氛围。这两个市场都是每天 9:00~18:00 开门营业。距离火车站比较近，有很多从郊外景点来的双条车，所以有时间的话建议来这里看看吧。

野外剧场表演

Thailand South

文前图正面-B8

春蓬 Chumphon ชุมพร

通往泰国湾各岛的大门

等待前往阁道岛船只的游客

交通

从曼谷出发
AIR：从廊曼国际机场出发，飞鸟航空1天1个航班，需要1小时5分钟。详细信息请参考官网（→ p.503）。
BUS：南部巴士总站和北部巴士总站出发的巴士都需要7~8小时，VIP车524泰铢，一等车337泰铢，二等车262泰铢，迷你巴士在南部巴士总站、北部巴士总站、战争胜利纪念碑，6:00~18:00期间运行，500泰铢（前往曼谷可以在巴묘换乘）。
RAIL：从华兰蓬火车站乘坐特快或者快速列车，每天有11班车，需要7~9小时。从吞武里火车站出发，1天2班车，根据火车不同费用不同。一等卧铺车1034~1234泰铢，二等卧铺车400~770泰铢，二等坐票300~400泰铢，三等坐票192~232泰铢。

从阁道岛出发
BOAT：游客可以搭乘快速船，1天2班，10:15 和 14:45 出发，大约需要2小时，600泰铢。夜间船是23:00 和 24:00 出发，需要6小时，300~400泰铢（从码头前往市区的出租车不同）。

从拉廊出发
BUS：大约需要3小时，100~130泰铢。迷你巴士120泰铢。6:00~17:00期间发车。

东乌亮海滩
双条车（30泰铢~。如果有大件行李追加20~25泰铢），大约需要30分钟。

旅游小贴士

旅行社
新无限旅游服务公司
New Infinity Travel Serivice
MAP p.382
68/2 Thatapao Rd.
0-7757-0176、08-9687-1825
www.infinitychumphon.com
每天 8:00~21:00

这里提供前往阁道岛、阁帕岸岛、阁沙梅岛船票的打折券。隆普拉亚公司码头的附近还经营着 Baan I Talay 旅馆。

春蓬位于马来半岛最狭窄的克拉峡谷（最窄的地方只有64公里）附近，这里的氛围悠闲宁静，物价低，对来往的游客也比较热情。郊外的海滩有很多简易小屋，可以在泰国湾岛屿周围尽情地享受潜水和浮潜。

春蓬 漫步

从市区来特别方便的东乌亮海滩

距离火车站步行约5分钟的萨拉登路（Saladaeng Rd.）和到了傍晚就有很多小摊的卡勒姆鲁安春蓬路（Krom Luang Chumphon Rd.）是春蓬的两条中心街道，这里聚集了银行、商店、酒店等。长途巴士总站位于距市区12公里的郊外（乘坐

382

摩托车 150~180 泰铢），火车站周边或中心街道也有来自曼谷、普吉岛和素叻他尼的巴士的车站。

 旅游小贴士

前往乘船码头

　　在旅行社或者旅馆购买乘船的船票，还负责接送，除了夜间船以外。乘坐出租车来这里需要 30~40 分钟，100 泰铢~。乘船码头根据运营的公司不同，场所也不一样。在火车站和巴士总站附近买票，船票的售价会高一些，所以建议在旅行社或者渡船的运营公司购票。

春蓬 主要景点

东乌亮海滩 Thung Wua Laen Beach　　Map p.382 外
幽静的白色沙滩　　　　　　　　　　　　อนุสาวรีย์กรมหลวงชุมพร

　　海滩位于市区东北部大约 16 公里的位置。绵延 2 公里，可以看到很多小木屋。在这里悠闲自得地放松身心也是一大乐趣。这里有冲浪学校，可以租借冲浪用工具。

从春蓬出发的旅行团

　　可以在旅行社或者旅馆等申请参加前往近郊的旅行团。目的地是塞里海滩（Sairee Beach）和当地有名的海军大将纪念碑、卢布罗洞窟（Rub Ror Cave）、东乌亮海滩等，费用在 1 个人 500~900 泰铢（大约需要 7 小时，含午饭和饮料，最少两个人）。

塞里海滩

酒　店
Hotel

春蓬爱特易酒店　　　　　　　　　　　　　　　Map p.382
A-Té Chumphon Hotel　　　　　　　　　　　　　　酒店

◆春蓬爱特易酒店开业于 2011 年，是市内首屈一指的高档豪华酒店。客房设施完善，房型众多，从标准间到豪华套间共 6 种。酒店配有大型泳池，度假氛围浓厚，特别适合在这里放松身心。大厅处有连网电脑，可以免费使用。

住 36 Municipality Market, Thatapao Rd.
TEL 0-7750-3222
FAX 0-7750-3618
URL www.atechumphon.com
费 AC S T 1650 泰铢~
CC M V
房间数 56 间
带泳池 WiFi 免费

纳纳武里酒店　　　　　　　　　　　　　　　　Map p.382
Nanaburi Hotel　　　　　　　　　　　　　　　　酒店

◆拥有简单时尚的房内专修设计，宽敞明亮，干净整洁，住起来很舒适。最便宜的房间也带浴缸。

住 355/9 Saladaeng Rd.
TEL 0-7750-3888
FAX 0-7750-3188
URL www.nanaburihotel.com
费 AC S T 900 泰铢　套间 2000 泰铢
CC M V
房间数 145 间
WiFi 免费

春蓬花园酒店（顺华旅行社）
Chumphon Gardens Hotel

酒店

Map p.382

◆酒店位于城市的中心且价格适宜。客房设计简单，带光纤电视、迷你吧台等，住着很舒适。只有套间含早餐，英语勉强可以沟通。

住 66/1 Thatapao Rd.
TEL 0-7750-6888、0-7751-2400~2
FAX 0-7751-2399
URL www.hotelcumphongarden.com
费 AC⑤T 标准间 590 泰铢 套间 1500 泰铢
CC MV 房间数 70 间
WiFi 免费

娜娜海滩酒店
Nana Beach Hotel

酒店

Map p.382 外

◆开放式泳池位于大海的对面，庭院设施完善，耸立着一排带带泳池的独立型别墅，再往里走是酒店式客房。

住 10/2 Moo 8，Thung Wua Laen Beach, Saphli，Pathio
TEL 0-7762-2999、08-0530-6674
URL www.nanaburihotel.com
费 AC 标准间 ⑤T1500 泰铢 带泳池客房 ⑤T2000 泰铢 CC MV
房间数 38 间 WiFi 免费（迎宾楼和一部分客房可以使用）

恰里恰度假酒店
Chalicha Resort

酒店

Map p.382

◆酒店位于塔泡运河附近，是休闲娱乐氛围十足的度假酒店。有城市里面很罕见的别墅，价格适宜，而且客房宽敞明亮，十分适宜居住。酒店楼设计装修时尚前卫。这里还有泳池。乘车去市中心大约 5 分钟。

住 185 Moo 9，T.Takdad
TEL 0-7750-2888 FAX 0-7750-2424
URL www.chalicha.com
费 AC⑤T550 泰铢~
CC MV（850 泰铢以下需要收 3% 的手续费）
房间数 50 间 带泳池
WiFi 免费

桑塔威旅馆
Santawee New Rest House

旅馆

Map p.382

◆桑塔威旅馆位于曼谷银行旁边的小路，再向里走的地方，有一种在家的感觉，而且价格适宜。客房简朴但干净整洁，公共浴室有热水。这是由一个经营烘焙咖啡和红茶的家族经营的旅馆，所以在这里可以品尝到店主自己烘焙的咖啡和不加牛奶的原味冰咖啡（各 30 泰铢）。

住 Soi 2，Thatapao Rd.，Saladaeng Soi 3 & Bangkok Bank Lane
TEL 0-7750-2147、08-9011-1749
费 F⑤T250~300 泰铢（公共浴室）⑤T350 泰铢
CC 不可使用
房间数 4 间

餐厅
Restaurant

普林克霍姆餐厅
Prik Horm

Map p.382

◆作为一家泰国南部独特的乡村土菜餐厅而知名。加入一种叫作萨糖的大豆子和虾用虾酱一块炒。萨糖炒大虾 180 泰铢~，适合和米饭、啤酒一起吃。罗望子（果肉柔软酸甜，是豆科常绿乔木）风味的汤和各种酸味的调味料，吃起来超级刺激，十分美味。

住 32 Thatapao Rd.
TEL 0-7757-0707
营 每天 11:00~23:00
CC 不可使用

素叻他尼 *Surat Thani* สุราษฎร์ธานี

开向泰国湾各岛屿的船只出发地

素叻他尼位于曼谷以南 700 公里处，是泰国南部最长的塔比河河畔的一座城市。这里有去往阁沙梅岛（苏梅岛）和阁帕岸岛的船只，因此吸引了很多外国背包客前来游玩。郊外还有训练猴子摘取椰子果实的学校。

位于猜亚的端正佛像

Thailand South

文前阁正面-B9

泰国南部 ● 春蓬／素叻他尼

交通

从曼谷出发
AIR：从素万那普国际机场出发，泰国航空 1 天 2 个航班，大约需要 1 小时 15 分钟，2420 泰铢~。从廊曼国际机场出发，亚洲航空 1 天 2 次航班，飞鸟航空 1 天 4 次航班。详情请参考官网（→ p.503）。
BUS：从南部巴士总站需要 10~12 小时。VIP 车 548 泰铢、731 泰铢、一等车 470 泰铢、二等车 370 泰铢。从北部巴士总站也有发车。迷你巴士从南部巴士总站 1 天 2 班，650 泰铢。
RAIL：从华兰蓬火车站出发每天 11 班车，需要 9~12 个小时。一等卧铺 1139~1379 泰铢，二等卧铺 458~848 泰铢，二等坐票是 358~438 泰铢，三等坐票是 217~257 泰铢。

素叻他尼 漫步

素叻他尼的城市中心是纳蒙路（Na Muang Rd.），聚集了酒店、银行、餐厅和公寓。班东路和纳蒙路边，到了夜里就会有很多露天小店，城市直到深夜都会热闹非凡。福建会馆周边也有很多小摊。

车辆穿行的第二巴士总站

旅游小贴士

素叻他尼火车站
火车站位于距离城市大约 14 公里的喷盆（Phun Phin）。第一巴士总站 5:00~18:30 期间，每隔 10 分钟就有 1 班巴士，15 泰铢，出租车 140 泰铢。

新巴士总站就在火车站的旁边
从城市中心向南大约 5

素叻他尼 主要景点

猴子训练学校 Monkey Training College   Map p.385 外

参观训练猴子表演   อนุสาวรีย์เจ้าพระยาสุรนารี

在泰国南部，人们大多都是利用猴子来进行椰子果实采摘的。这里

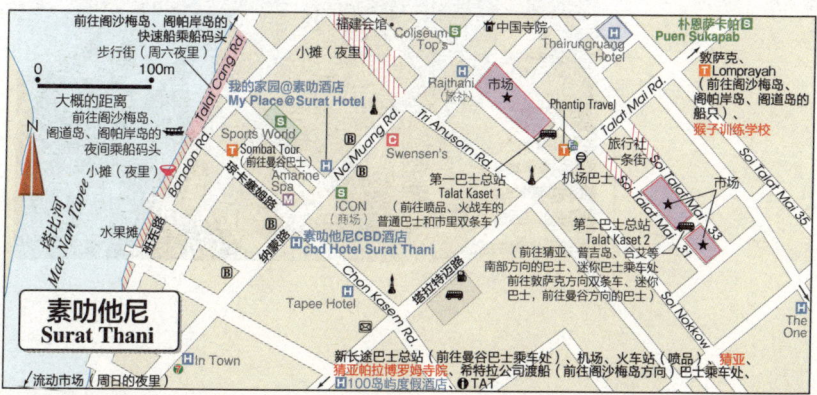

素叻他尼 Surat Thani

385

公里。从素叻他尼城市中心的第一巴士总站来这里乘坐双条车15泰铢。

从素叻他尼机场去市里
巴士100泰铢，迷你巴士150泰铢，出租车400泰铢。大约需要40分钟。

猴子训练学校
住 24 Moo 4, Tambon Thungkong, Amphoe Kanchanadit
电 0-7722-7351、08-4745-5662、08-5099-8072
URL www.firstmonkeyschool.com
营 随时。需要咨询
费 1个人300泰铢，2个人400泰铢，3人以上根据人数500泰铢~。
交 从第一巴士总站出发乘坐前往勘查纳迪（Kanchanadit）方向的双条车，50泰铢。在塔通迈（Thathong Mai）下车。另外往返于班东和塔通迈的双条车50泰铢。从敦萨岛出发的巴士可以在塔通迈中途下车。从塔通迈搭乘摩托车20泰铢。嘟嘟车从市里出发，加上等待的时间需要400~600泰铢。嘟嘟车返程时是在不同的建筑内，需要注意。

猜亚
交 从第二巴士总站出发的巴士或者双条车需要50分钟~1小时，40泰铢。乘坐迷你巴士需要150泰铢。

猜亚帕拉博罗姆寺院
交 从猜亚火车站前面乘坐摩托车大约5分钟，单程20泰铢。往返加上等待的时间50泰铢。

博物馆
开 周三~周日 9:00~16:00
休 周一、周二
费 免费

松蓬老师的女儿和弟子传承了他的技术

有已故的训猴大师松蓬师傅在1957年开设的学校。现在由松蓬师傅女儿和他的一些弟子们进行猴子的训练。弟子们训练的小猴子，经过半年就可以采摘椰子果实，还可以挑选哪些是熟了的果实。来参观的时候提前打电话预约。周边也有几家相同的机构，所以来的时候告诉他们说去"松蓬"，让他们带你来正宗的松蓬家。

素叻他尼 郊外景点

猜亚 Chaiya　　Map 文前图正面-B9
残留室利佛逝帝国遗迹的城市

猜亚是一座小城市，洋溢着幽静休闲的氛围，据说这里是7~8世纪繁盛一时的室利佛逝帝国的首都。

猜亚帕拉博罗姆寺院 Phra Borom That Chaiya　　Map p.385 外
受大乘佛教影响的寺院

寺院位于距离猜亚火车站大约1公里的位置，寺院内有8世纪室利佛逝帝国时代建立的佛塔。四角形的底座上有三层塔重叠，周边有连廊环绕。沿着连廊供奉着很多佛像，有的佛像金碧辉煌，仪态端正，有的佛像几乎被整体损坏。旁边的博物馆内展览着附近出土的文物。展品特别丰富，有10~13世纪的佛像、器物、绘画和挂毯等物品，特别值得一看。另外寺院的中庭也非常漂亮。

有独特美感的猜亚帕拉博罗姆寺院

酒 店
Hotel

素叻他尼 CBD 酒店
cbd Hotel Surat Thani

酒店

◆酒店位于城市的中心位置，是于2013年1月在商业区开业的一家酒店。客房设计装饰时尚前卫，室内宽敞明亮，设施齐全，住起来很舒适。

Map p.385

住 428/8 Na Muang Rd.
TEL 0-7728-1999
费 AC 豪华双人间 ⑤①690 泰铢，简易套间 ⑤①1190 泰铢（不含早餐）
CC 不可使用
房间数 60 间
WiFi 免费

100 岛屿度假酒店
100 Islands Resort & Spa

酒店

◆度假酒店内配有水疗设施。位于市区外，酒店前有通往市区的双条车。大厅的联网电脑可以免费使用。

Map p.385 外

住 19/6 By Pass Rd., Moo 3, Makhamtia
TEL 0-7720-1150~4 0-7720-1159
URL www.roikoh.com
费 AC ⑤① 900 泰铢~
CC J M V （+2.5% 的手续费）
房间数 174 间 带泳池
WiFi 免费

我的家园 @ 素叻酒店
My Place @ Surat Hotel

酒店

◆酒店位于城市中心位置，是一家靠近小摊街的便宜酒店。这里的工作人员非常亲切，酒店内住宿很舒适。干净清洁的客房内有光纤电视。公共浴室只有凉水，没有热水淋浴。

Map p.385

住 247/5 Na Muang Rd.
TEL 0-7727-2288
FAX 0-7727-2287
URL www.myplacesurat.com
费 F ⑤① 199 泰铢~（公共卫浴）320 泰铢~ AC ⑤① 490 泰铢~（不含早餐）
CC 不可使用
房间数 55 间 WiFi 免费

商 店
Shopping

朴恩萨卡帕
Puen Sukapab

◆使用罗望子和山竹等天然素材的肥皂30 泰铢~，柠檬防蚊商品 90 泰铢，备受好评。

Map p.385

住 452/139 Talat Mai Rd.
TEL 0-7728-2905
URL www.health4friends.Inwshop.com
营 周一~周六 8:00~20:00
休 周日
CC 不可使用

Thailand South

文前图正面-B8～B9

阁沙梅岛（苏梅岛）

Ko Samui เกาะสมุย

欢迎来到充满自然风光的度假胜地

碧水蓝天的拉迈海滩

阁沙梅岛（苏梅岛）地处泰国湾，是泰国第三大岛屿。自古以来阁沙梅岛就是背包客憧憬的地方之一，经过多年的观光开发，随着机场的建成，高档度假酒店相继开业，阁沙梅岛变得越来越受欢迎。在这里可以享受被美丽的大海和自然风光所环绕的度假生活，这里聚集了来自世界各地的大量游客。

■交通

从曼谷出发
AIR：从素万那普国际机场出发，曼谷航空公司1天有12～18个航班，需要1小时5分钟～1小时30分钟。3990泰铢～。泰国际航空每天2次航班，5635泰铢～。
BUS/RAIL＋BOAT：需要大约12小时。从北部巴士总站、南部巴士总站出发的VIP车916泰铢，一等车589泰铢，二等车458泰铢（另外加渡船费用150泰铢）。隆普拉亚公司的巴士＋船组合是1400-1450泰铢，火车＋船组合是658-1639泰铢。拷山路出发的VIP旅行巴士＋船组合是600泰铢～，等等。

从普吉岛出发
AIR：曼谷航空公司，1天4-5次航班，需要大约55分钟，2950泰铢～。
BUS＋BOAT：需要6-9小时，550-650泰铢。

从素叻他尼出发
BUS＋BOAT：请参考p.389的表格。

阁沙梅岛（苏梅岛）乘船

■充满旅游氛围的乘船游

前往阁沙梅岛（苏梅岛），乘飞机当然又快又方便，不过如果有时间，乘船前往也别有一番趣味，也可以享受一个快乐旅途。船只从马来半岛的城市——素叻他尼（→p.385）出发，或者从春蓬（→p.382）出发，途经阁道岛、阁帕岸岛，可以一边欣赏群岛的风景一边快乐地前行。

■便利的通票

前往阁沙梅岛（苏梅岛）的船只，载满了背包客

阁沙梅岛（苏梅岛）的大门——纳通码头

游客从曼谷，以及泰国各地前往阁沙梅岛（苏梅岛）的时候，从旅行社、船只运营公司或者车站购买通票，既方便又有折扣。这是去往春蓬或者素叻他尼的巴士、火车和各种船票组合在一起的票。购买通票后，就不需要在途中一项一项地买票了，有的票，还包括了从酒店、火车站和巴士站点到港口码头的交通费。通票的价格根据季节和售票地点会有所不同。多转几家看看。也有从阁沙梅岛（苏梅岛）出发的票。

■在素叻他尼购买船票

从素叻他尼市区向东乘车大约1小时就能到达敦萨克码头，有很多船只从这里出发。由于敦萨克码头交通不便，游客最好在船的运营公司或者旅行社购买通票。根据船的出发时间表，安排自己的巴士出行，这样效率会比较高。有从素叻他尼机场和火车站出发的班次。另外到达小岛后，去往各海滩的通行，使用船运营公司推出的岛内交通服务（100~200泰铢）会比较方便。

■ 前往阁沙梅岛的船舶种类和特征

高速船：隆普拉亚公司的大船速度最快。用巴士、船的通票，不仅可以在曼谷搭乘，在普吉岛、甲米岛、皮皮岛和合艾等南部的城市都能乘船。阁沙梅岛~阁道岛之间有希特拉发展公司的快速轮渡，方便乘坐。

快艇：宋萨姆公司的船只在航运。比高速船慢一点，晃动大一点，不过价格便宜。

轮渡：船体不会大幅度摇晃，乘坐的感觉最好。登船的时候会花费一些时间，有的时候会晚点。

慢船：连接阁沙梅岛和阁帕岸岛的木构造船。满月会时夜间也航运。

夜行船：从素叻他尼市内码头出发，船内空间很大，可以躺着，很舒服。一定要注意自己的贵重物品。

实用信息

① TAT MAP p.391
住 370 Moo 3, T.Angtong
☎ 0-7742-0540、0-7742-0720~2
开 每天 8:30~12:00、13:00~16:30

旅游警察署 MAP p.390-B1
住 119/32 Moo 1, 4169 Ring Rd.
☎ 1155, 0-7742-1281
FAX 0-7742-1360
开 每天 8:30~12:00、13:00~16:30

邮局 MAP p.391
开 周一 ~ 周五 8:30~16:30
周六 9:00~12:00
休 周日、节假日

出入境管理中心
MAP p.390-A1
住 46/3 Moo 1, Taweerat Phakdee Rd. ☎ 0-7742-1069
FAX 0-7742-1360
开 周一 ~ 周五 8:30~12:00、13:00~16:30
休 周六、周日、节假日

苏梅岛国际机场
MAP p.390-C1
☎ 0-7742-8500
营 每天 6:00~22:00

船只公司办事处
隆普拉亚公司
☎ 0-7742-7765~6
URL www.lomprayah.com

希特拉发展公司
☎ 0-7724-6086
URL www.seatrandiscovery.com

泰国南部

阁沙梅岛（苏梅岛）

高速船很少缺席航运，这艘船是隆普拉亚公司的双体船

很少摇晃，可以安心乘坐的大型轮渡

林海滩直航的慢船

睡觉的时候船就出发了，特别方便的夜行船

阁沙梅岛周边主要的航路清单

船的种类	发船数量（1天）	岛屿和出发到达码头						备注
		素叻他尼 需要时间/费用	阁沙梅岛 需要时间/费用	阁帕岸岛 需要时间/费用	阁道岛 需要时间/费用	春蓬 需要时间/费用		
隆普拉亚双体船	2班	敦萨克 45分钟/450泰铢	纳通	30分钟/300泰铢	敦萨克	1小时10分钟/500泰铢	梅海滩	1小时30分钟/600泰铢	坦马卡姆诺	包含到码头的车费
希特拉发展公司	2班	敦萨克 1小时30分钟/350泰铢	班拉克	30分钟/300泰铢	敦萨克	1小时30分钟/430泰铢	梅海滩		到敦萨克的巴士100泰铢
宋萨姆公司快艇	1班	—	—	—	敦萨克	2时/250泰铢	梅海滩	2小时30分钟/450泰铢	塔雅	阁沙梅岛~阁帕岸岛有3班
希特拉轮渡	15班	敦萨克 1小时30分钟~2小时/120泰铢	纳通						到敦萨克的巴士100泰铢
拉加公司渡船	15班	敦萨克 1小时30分钟~2小时/120泰铢	利帕诺						到敦萨克的巴士100泰铢
	7班	敦萨克 2小时~2小时30分钟/210泰铢			敦萨克				到敦萨克的巴士100泰铢
帕俄林公司慢船	4班	—		大佛寺	50分钟/200泰铢	林海滩			到各海滩接送100泰铢~

※ 根据公司和发船班次的不同，出发的港口也有所不同，需要注意。关于船次和出发的时刻一定要向当地的旅行社或船的运营公司确认。

※ 上述时间为一般时间。根据海域的状况，或许有发船延误或者到达延误、航运中止等状况发生，所以最好把日程安排的时间多富余出来一点。

※ 高速船、快艇、慢船等有时候在住宿的地方有接送服务，由于车辆都定员人数，所以要提前在柜台等地方预约。到达机场的巴士、出租车，在上述费用的基础上，再追加50~100泰铢的费用。

389

实用信息

船只公司的办事处

宋萨姆公司
☎ 0-7742-0157

希特拉发展公司
☎ 0-7742-6001
🌐 www.seatranferry.com

拉加渡船公司
☎ 0-7741-5230~3
🌐 www.rajaferryport.com

帕德林公司
☎ 0-7737-5113

阁沙梅岛（苏梅岛）漫步

■ 首先决定去哪个海滩吧

阁沙梅岛（苏梅岛）面积宽广，是一个比较大的岛屿，岛内交通需要一些时间。如果是没有决定住处、独自寻找目的地的情况，首先决定接下来想去哪个海滩，寻找住宿的地方等找到海滩之后再来安排。

■ 从机场前往各海滩

根据飞机到达机场的时间安排，很多去往海滩的车在车站等着。车票在售票处购买。由于车辆开往很多方向，所以一定要听从工作人员的指示。从机场到大佛海滩需要大约5分钟，除此之外的海滩要15~30分钟，把乘客送到各酒店，然后再出发需要花费一些时间。由于

阁沙梅岛（苏梅岛）
Ko Samui

车辆有限，如果没有赶上大巴车，只能等下次飞机航班落地，或者乘坐出租车。

■ 从港口码头前往海滩

到达阁沙梅岛（苏梅岛）之后，可以乘坐在码头等待船靠岸的一些交通工具，如迷你巴士、双条车、出租车等。有时候住宿的地方或渡船运营公司会有安排，所以要确认清楚。

阁沙梅岛（苏梅岛）岛内的交通

■ 双条车

固定线路的双条车主要有3条。从纳通码头的乘船处有经过湄南海滩去往恰文海滩的车，另外去往拉迈海滩的双条车是凑齐人数后发车。恰文海滩和拉迈海滩之间一天有很多次车，所以特别方便观光游览。看到双条车后，举一下手，车就会停下。如果去恰文海滩费用是50泰铢左右。乘车时告诉司机要去的目的地，向司机确认一下金额。费用根据所去目的地不同可以谈。如果租一辆价格就十分昂贵了。

■ 出租车

车顶上虽然有标记，写着"METER TAXI"，价格方面也可以商谈。不打表计价。

■ 摩托车（摩的）

从纳通镇到各海滩是可以跑的，但是他们不会在各海滩之间跑。乘一次摩的50泰铢~。

■ 租赁汽车、摩托车

租赁汽车或摩托车作为岛内的交通工具十分方便。可以在酒店或者各海滩的店里申请。租借的天数越长越划算。一般租借时要把护照抵押在那里。有些是不上保险的，要注意。骑着摩托车不戴安全帽是要被罚款的。夜间酒驾的人会增多，要注意安全。

出租车的配色十分显眼

🌟 旅游小贴士

从机场到岛内各地的出租车/豪华客车费用表

大佛海滩	100/500 泰铢
波普海滩	125/500 泰铢
恰文海滩	125/500~600 泰铢
崇文海滩	125/500 泰铢
湄南海滩	175/600 泰铢
拉迈海滩	175/700~900 泰铢
纳通镇	225/1000 泰铢

※ 豪华客车5人以上发车。

纳通镇前往各海滩的双条车/出租车费用表

湄南海滩	80/600 泰铢
波普海滩	100/700 泰铢
恰文海滩	100/800 泰铢
拉迈海滩	100/800 泰铢
大佛海滩、崇文海滩	100/800 泰铢

淡季的时候双条车会便宜10~20泰铢，出租车会便宜100~200泰铢。

线路在车上都有标明，为了保险起见，上车时再确认一下

千万要注意不要发生事故

● 阁沙梅岛（苏梅岛）

泰国南部

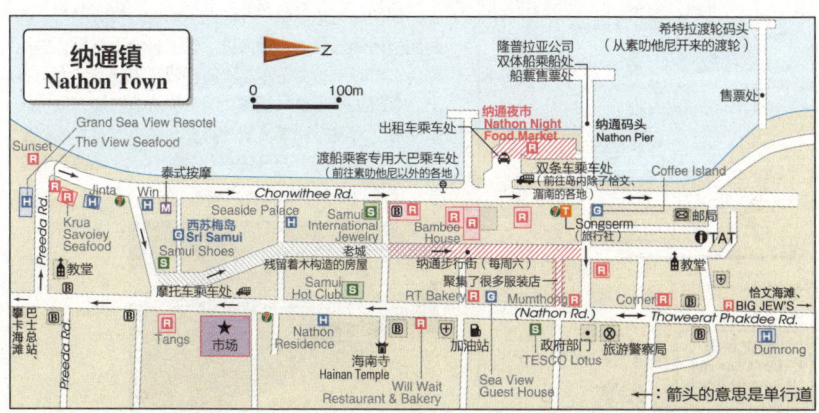

旅游小贴士

观光景点
View Point
MAP p.390-C2

从恰文海滩到拉迈海滩有很多连续的缓坡，弯曲的道路也有很多。可以一边欣赏恰文海滩美景，一边品尝椰子冰的美味。

眺望雄伟壮丽的宽阔大海

阁沙梅岛（苏梅岛）的主要海滩

恰文海滩 Haat Chaweng —— Map p.390-C1~C2

有很多旅行团聚集的恰文海滩

恰文海滩位于岛屿的东部，是岛内最大的海滩。海滩上的白沙细软，和碧蓝的大海相映衬，非常美丽。这里适合游泳，海上运动也特别流行。但是，11月~次年2月，海浪较高，一定要注意安全。从4169号环岛公路通往恰文海滩的道路路旁，有很多时尚漂亮的小木屋和大型的度假旅游酒店、餐厅、酒吧等，还有一些旅行社、特产店。到了夜里也十分热闹，观光团的游客大部分会聚集在这里。物价也是岛内最高的。

拉迈海滩 Haat Lamai —— Map p.390-C2

可以悠闲自得休闲放松的拉迈海滩

拉迈海滩位于恰文海滩的南侧，简单自然，有一种简朴的氛围。海水清澈见底，适合游泳和海上运动。海滩沿岸有很多中档度假村、便宜的简易小木屋，北侧高档酒店一直在增加。这里也有餐厅和酒吧，但是不如恰文海滩豪华大气。街市里有酒吧区域，旺季的时候，夜里会非常热闹。

湄南海滩 Haat Maenam —— Map p.390-B1

湄南海滩是以位于岛屿北侧的湄南村为中心，向两侧呈弓形延伸的广阔海滩。这里的沙子略粗，呈浅茶色，与对岸的阁帕岸岛隔海相望，还能看到海上日出。海滩虽然不是平浅滩，但常年波浪较缓，适合风中冲浪。海滩沿岸零星地分布着简易小木屋和高档度假酒店。面对着环岛4169号公路，所以交通特别方便。夜里可以安静地休闲度过。

湄南海滩可以欣赏到海上日出

恰文海滩 Haat Chaweng (Chaweng Beach)

波普海滩 Haat Bophut

Map p.390-B1

หาดบ่อผุด

波普海滩位于湄南海滩的东侧。白色沙滩延绵 2 公里，波浪也比较平缓。沿着沙滩有一些中档~高档的酒店。从主干道上下来到渔村的大门处，大门的前方保留着古老的城区街道。这里是最能感受到泰国风情的地方。海滩上有一条小道，道路的两侧聚集了时尚的精品店、餐厅和酒吧，与古老街区氛围不可思议地融合在一起。这片海域的状态常年都比较稳定，体验一下海上运动也是很不错的。

波普海滩残留着朴素的渔村氛围

大佛海滩 Haat Big Buddha（Haat Phra Yai）

Map p.390-C1

หาดพระใหญ่

大佛海滩位于岛屿的东北部，是距离机场最近的海滩。从这里有去往阁帕岸岛林海滩方向的船。在这里洗海水浴时，可以看到金光闪闪的大佛，非常不可思议。住宿设施的数量相比之下较少，环境幽静。

前往阁帕岸岛的船在大佛海滩出发

崇文海滩 Haat Choeng Mon

Map p.390-C1

หาดเฌิงมอญ

崇文海滩位于恰文海滩的北侧，在一个狭长的海湾内，非常美丽。这里有高档度假酒店，到处都有餐厅和旅行社。来这里的出租车特别少，所以交通稍微有些不方便。

■ 岛屿西侧的海滩

白沙细软丝滑，感觉超级好

从纳通镇前往海岛西侧的出租车非常少，游客如果不是租车前会个很不方便。这里没有繁华的街道，住宿设施也比较少。和北侧、东侧热闹繁华的地方相比简直就像两个不同的世界。这里环境幽静，适宜长期居住。这里的夕阳特别漂亮，比较有名气。

往返于阁沙梅岛（苏梅岛）和敦萨克（素叻他尼）的渡船码头周边有琼库拉姆海滩（Haat Chon Khram），再向南一些有西海岸唯一的大型度假村所在的塔林纳姆湾（Ao Taling Ngam）。南端的林克姆岬（Laem Hin Khom）和塔林纳姆湾中间的攀卡海滩（Haat Phangka）水特别浅，即使起风，浪花也就到膝盖的深度。

旅游小贴士

租赁汽车、租赁摩托车
租赁汽车（含保险）
　　　　　　1300 泰铢~/天
租赁摩托车
　　　　　　150~700 泰铢/天

水上运动的价格明细
风中冲浪　　500 泰铢~/天
水上摩托艇
　　　　　　800 泰铢~/20 分钟
水上滑板　　800 泰铢~/周
双体船　2000 泰铢/小时
（带教练需要追加 800 泰铢）
帆板　1500 泰铢（根据风的情况，有时候玩不了）
香蕉船　1 人 200 泰铢（3 人以上 5 人以下）

曼谷~阁沙梅岛（苏梅岛）的长途巴士注意事项
乘坐开往南部方向的巴士，有一条曼谷~阁沙梅岛（苏梅岛）的线路，因为偷盗事件频发，导致臭名昭著。大部分是在特定公司的巴士内发生的事件。不过乘坐从南部巴士总站和北部巴士总站出发的政府的巴士（999 路）会比较安全，特别受欢迎。但是，无论乘坐什么巴士，看管好自己的行李物品是自己的责任，贵重物品一定要保存好。

999 路 VIP 巴士办公室
📍 304/10 Moo 3, Chaweng
📞 0-7742-1125
🕐 每天 6:30~17:30

乘坐双条车（出租车）的注意事项
一般的司机要价偏高，虽然麻烦，游客最好还是在乘坐之前，咨询一下 TAT 或旅游公司，了解好行情后和司机交涉价格。交付车费的时候尽量费用刚好，不用找零钱，这样也会省去不必要的麻烦。谈好价格后一般都不会变了，但是有的司机临时加价，像这种情况，要记下司机的编号，向旅游警察局投诉。还有一条就是不要乘坐在高档酒店待客拉活的车。

泰国南部 ● 阁沙梅岛（苏梅岛）

露天端坐的大佛

大佛
住 Big Buddha
开 每天 5:00～20:00
费 免费
交 从纳通镇出发，乘坐前往波普海滩的双条车，然后请司机去趟大佛寺，需要追加 50 泰铢左右。

旅游小贴士

注意假票！
在曼谷的华兰蓬火车站周边，会有人贩卖前往阁沙梅岛（苏梅岛）的伪造的通票。购买通票时要前往信誉度比较高的旅行社购买。

千手观音寺
住 Haat Big Budda
费 免费
交 在纳通镇乘坐前往大佛海滩的双条车。100 泰铢左右。

拷华闪避宝塔
开 每天 9:00～22:00
费 免费
交 租赁汽车、出租车等前往。

可以在这里眺望美丽的风景

辛塔辛亚
交 在纳通镇乘坐前往拉迈海滩的双条车，100 泰铢左右。

纳蒙瀑布
交 在纳通镇乘坐前往拉迈海滩的双条车，100 泰铢。
费 50 泰铢（含饮用水）

阁沙梅岛（苏梅岛）主要景点

大佛 Big Buddha　　　　　　　　Map p.390-C1
椰树茂密的南洋小岛上有金光闪闪的黄金佛像

海面上有一个小岛，岛上有一座寺院叫作帕雅寺（Wat Phra Yai），寺院内供奉着金光闪闪的大佛。参拜或者参观的时候，要在台阶下面脱掉鞋子才能向上爬。楼梯上有一个回廊，可以在这里眺望波普海滩的风景。从阁沙梅岛（苏梅岛）到寺院的通道是填海而建的，道路两边有很多特产店。

千手观音寺 Wat Plai Laem　　　Map p.390-C1
供奉着独特佛像的寺院

从波普海滩到大佛海滩的途中，经过一座寺院，这里有特别引人注目的巨大千手观音像。周围建成了风景特别漂亮的公园。寺院仿佛漂在了湖上，寺院内的壁画也特别精美。

泰国特别珍贵的千手观音像

拷华闪避宝塔 Khao Hua Jook Pagoda　Map p.392-A
适宜登高望远的佛塔

登上恰文海滩北侧的山丘，金色的宝塔就建在那里。周围是瞭望台，可以360°无死角地眺望恰文海滩，风景特别好。佛塔中有佛足石。

辛塔辛亚 Hinta Hinyaai　　　　Map p.390-B2
来这里欣赏奇特风景

这里有很多巨大的岩石横躺在海岸上，其中有的岩石被称为"爷爷石""奶奶石"。作为礼物，这里有独特的椰子奶糖，其他的地方没有卖。游客们可以在小摊上试尝一下刚做好的椰子奶糖。

看架势要突破天际的"爷爷石"

纳蒙瀑布 Na Muang Waterfall　Map p.390-B2
可以治愈心灵的美丽瀑布

纳蒙瀑布全长40米，从岩石表面倾泻而下。瀑布平稳，没有激流，瀑布潭可以作为泳池在里面游泳。想乘凉且喜欢玩水的游客可以在这里悠闲地放松，不要忘记带着泳衣前往。路过第一个瀑布，继续上山往深处走，就会发现第二个瀑布，这里有岛上首屈一指的美丽景观。

清澈的水流从岩石上倾泻而下，十分凉爽

苏梅岛水族馆 & 老虎动物园
Samui Aquarium & Tiger Zoo

Map p.390-B2~B3

在这里可以看到海狮曲艺表演、老虎钻火圈

水族馆和老虎园位于苏梅岛兰花度假村里面。在水族馆可以看到生息在泰国湾内的热带鱼和乌龟、鲨鱼等。动物园里有孟加拉虎、豹子。每天的13:30有海狮的表演秀，14:30是老虎和热带鸟的表演。也许是和人比较熟悉了，老虎比较温驯，可以和那些可爱的老虎合影留念。

游客们可以和海狮、老虎合影留念

岛屿探险 Island Safari

Map p.390-B1~C1

骑着大象在森林中漫步

在波普海滩与恰文海滩几乎中间的位置有一个大象训练学校。在这里游客可以观看小象和猴子的表演，还可以骑着大象漫步于丛林中。山路坡道较陡，随着大象沉稳有力地一步步向前走，道路不好的时候身体摇晃幅度较大，十分刺激。稍微向上走一段之后，视野就会豁然开朗，可以看到椰树林对面的广阔大海，雄伟的景观让人叹为观止。

纳蒙探险公园 Namuang Safari Park

Map p.390-B2

这里有很多动物的表演秀

在纳蒙第二瀑布继续向前的徒步线路入口处有一个探险公园。里面有大象的曲艺表演、猴子摘椰子表演，还有鳄鱼、鸟、蛇等为主力的5个表演节目。大约2小时，可以尽情欣赏。开着四驱越野车到山顶的景点去兜兜风、在瀑布潭里游泳、骑大象漫游、岛内观光等项目丰富多彩，可以玩得比较尽兴。迷你动物园内虽然有鳄鱼，但没有什么特别之处。

特别佩服大象训练师

天堂公园农场 Paradise Park Farm

Map p.390-B2

和动物们充分接触

阁沙梅岛的最高峰是坡姆山（Pom Mountain），这里有片森林，被开发了20英亩的土地，用来建造宽敞的娱乐农场。在动物园可以向一些动物喂食，如鸽子、鹦鹉、猴子、兔子和鹿等，充分与动物接触。这里也有风景特别好的无边界大泳池和餐厅，可以在这里尽情享受度假生活。有的旅行团设置了套餐，如参拜库拉母庙（→p.396）和骑大象旅行等。

体验向小动物喂食

苏梅岛水族馆 & 老虎动物园
住 33/2 Moo 2，Maret South Lamai Beach（Baan Harn Village）
电 0-7742-4017~8
FAX 0-7742-4019
URL www.samuiaquariumandtigerzoo.com
营 每天 9:00~16:30
费 门票（包含观看演出费用）750 泰铢
　　如果带鸟和海狮合影需要 950 泰铢。
CC JMV （+3%的手续费）

和老虎合影拍照纪念
每天 9:00~17:00。1~2 人的时候，拿着照相机可以拍五组照片，600 泰铢。如果需要打印 800 泰铢。

岛屿探险
住 43/2 Moo 1，Bophut
电 0-7742-5563~5
URL www.islandsafaritour.com
营 每天 9:00~17:00，表演秀在 9:45、11:00、14:30
费 免费（不含表演秀）

骑大象漫游
费 30 分钟 700 泰铢，45 分钟+表演秀 900 泰铢，
　　只有 45 分钟的套餐带大象和猴子的表演秀。岛内免费接送。其他也有半天~1 天的探险旅行团。

用鼻子支撑倒立的大象

纳蒙探险公园
住 Na Muang Waterfall，225/11 Moo 2，Na Muang
电 0-7742-4098、4663、08-6475-7538~9
URL namuangsafarisamui.com
营 每天 8:00~17:00
费 带接送旅行团
　门票+表演秀+迷你动物园
　　　　　　　750 泰铢
　上面的套餐+缆车+骑大象漫游+饮食　1600 泰铢
　　骑大象漫游 30 分钟 700 泰铢，60 分钟 1200 泰铢
　　表演时间 10:30、14:00

天堂公园农场
住 217/3 Moo 1，Taling Ngam，
电 08-1255-1222
营 每天 9:00~17:00
费 400 泰铢

泰国南部 ● 阁沙梅岛（苏梅岛）

大山的宏伟景观
On Khao-Pom Mountain
- 08-1271-2808
- 每天 10:00~18:00
- 不可使用

泳池1天100泰铢。这里有更衣室和淋浴房,但是毛巾需要自备。餐厅的菜单有泰国美食和西餐,面食和油炸食品是100泰铢~,价格实惠。

库拉母庙
- Route 4169 Ring Rd., near Ban Tha Po
- 租赁汽车、租赁摩托车、出租车。

实用信息

阁沙梅岛的医院

以下医院24小时都可以接诊,24小时有救护车。可以用英语沟通,可以使用保险和信用卡。

曼谷苏梅医院
Bangkok Hospital Samui
- MAP p.392-B
- 57 Moo 3, Thaweerat Phakdee Rd., Bophut
- 0-7742-9500
- www.bangkokhospitalsamui.com

这里有岛内最先进的设备设施,是拥有专业医生的私人医院。游客初诊需要花费3000泰铢。

苏梅国际医院
Samui International Hospital
- MAP p.390-C1
- 90/2 Moo 2, Northern Chaweng Beach Rd.
- 0-7723-0782
- www.sih.co.th

泰国国际医院
Thai International Hospital
- MAP p.390-C1
- 25/25 Opposite Tesco Lotus, Bophut
- 0-7724-5721~6
- www.thaiinterhospital.com

大山的宏伟景观 The Mountain Grand View　　Map p.390-B2
风景绝佳的餐厅和泳池

从4169号环岛公路,可以欣赏到榴莲的田地和椰树林,驱车走山道,在坡姆山的山顶附近有好几处瞭望台和瞭望餐厅。大山的宏伟景观里面有瞭望台和观光海洋餐厅,这里还有可以欣赏到绝美风景的泳池。

库拉母庙 Wat Kunaram　　Map p.390-B2
戴着墨镜的僧人木乃伊

曾经是这座寺院住持的当僧(Phra Khlu Samathakittikhun/Dang Pyasilo、1894~1973),舍弃了尘世间的富裕生活,50岁开始出家,大约用了20年时间,进行打坐修行,受众多弟子的敬仰。曾经自己预言寿命是79岁8个月仙逝,结果和他预言一样。根据这位僧人的遗嘱,弟子们把他按照冥想的状态进行安置。这位僧人的信徒每天都会来这里参拜。

戴着墨镜的木乃伊

纳通镇 Nathon Town　　Map p.390-A1, P391
岛内的交通枢纽

每当有来自素叻他尼和阁帕岸岛的船只或者轮渡靠岸的时候,这个小岛门户就会热闹起来,变得特别有活力。海岸沿线的道路旁聚集了双条车乘车处、旅行社、货币兑换处、餐厅、酒店等,北侧还有邮局和TAT。关于特产,同样的物品要比海滩上的店铺便宜。这

里也有食品市场和杂货市场,有时间可以在这里逛逛。但是这里天黑得早,太阳落山以后大部分店铺就会关门,只有小摊街热闹非凡。

阁沙梅岛(苏梅岛)最大的城镇——纳通

阁沙梅岛(苏梅岛)路边市场　　Column

阁沙梅岛(苏梅岛)内主要的海滩,根据周几的不同,步行街的道路市场会从傍晚开始营业。这里有时尚店、杂货店、食品店、热带鸡尾酒的露天小店,特别适合漫无目的地闲逛。有时候这里还举行演唱会。恰文海滩在广场举办,湄南海滩在中国寺周边举办,波普海滩是古老的码头城市风情……根据海滩不同,氛围也都不相同。让我们到处转转吧。开始的时间大体都是17:00~22:00。

举办日期安排

海滩	星期
恰文海滩	周二、周四、周六
湄南海滩	周四
波普海滩	周五
纳通镇	周六
拉迈海滩	周日

在湄南海滩的步行街上碰到的一家冰激凌店

红统群岛国家海洋公园
Ang Thong Islands National Marine Park

Map 文前图正面-B8-B9

纯自然原始风貌的群岛

红统群岛国家海洋公园位于阁沙梅岛（苏梅岛）西侧大约30公里的位置，乘船需要大约2小时。这里有40座岛屿，美丽的大海和石灰岩的群山形成了独特的景观。公园内部的达腊岛（Ko Wua Talab）是公园的中心，岛上有瞭望台，虽然有些辛苦，但是还是尝试挑战

从阁沙梅岛乘船2小时到达滨海乐园，和教导员一起划桨探险

一下吧。最好不要穿海滩凉鞋，因为爬的时间有些长，很吃力，要做好心理准备。喜欢在海里游泳的游客，可以去高台阶入口5分钟路程的另外一个瞭望台，那里是潜水的胜地。木质的台阶从海滩一直通到瞭望台。北侧是慈母岛（Ko Mae Koh），岛内有个面积为250米×350米、深7米的湖。

灵活参加旅行团

在交通不怎么方便的阁沙梅岛（苏梅岛）上，游客想最有效率地参观岛内的景点，参加旅游团特别合适、方便。可以在酒店的旅游办事处或者旅行社申请。由于有风的日子船体晃动幅度较大，晕船的游客请提前做好准备措施。路程和费用根据旅行社不同而各异。申请旅行团之前一定要确认好旅行的内容。

岛内旅行团（1天，1200泰铢~）：参观辛塔辛亚、布达兹魔术公园、苏梅蝴蝶园、大佛等，含三餐费用。

红统群岛国家海洋公园旅行团（1天，1750泰铢~，包括国家公园门票）：从阁沙梅岛乘船大约2小时，可以游览瞭望台和湖泊，或者在海里体验浮潜。从纳通镇出发与北海岸的码头出发的旅行团和费用有些不同，含早餐和午餐，潜水器材也可以租借船里的。

阁道岛、南园岛大型船旅行团（1天，2200泰铢~）：这个旅行团前往两个岛屿，阁道岛（→p.411）和南园岛（→p.412），阁道岛的浮潜和潜水特别有名。旅行团会根据当天的天气状况，对游览线路略微进行调整。这里海的透明度比红统群岛周边的海域还要高。这里可以租借浮潜的器材，提供午餐。

森林探险旅行团（1天，1700泰铢）：乘坐四轮驱动车来到森林中探险，十分刺激。参观完那些景点以后，可以欣赏猴子摘椰子的表演，骑大象，在瀑布潭里游泳等，回到大佛海滩还可以欣赏海上落日。节目丰富多彩。如果不骑大象1400泰铢。

■ 阁沙梅岛（苏梅岛）潜水

在岛内的潜水商店，取得C卡（潜水证书）或申请参加旅行团。参加旅行团的游客不要忘记带着C卡和航海日志。另外，阁沙梅岛的潜水以乘船潜水为主，需要器材，在海里要能够自己照顾自己。11月~12月初，周边海域的风浪较大，一定要注意。

当日往返的潜水旅行团，在南园岛和阁道岛周边有多处潜水地点（→p.413），每天都会去。费用和地点根据乘坐的船的种类不同而不同。

旅游小贴士

潜水费用标准
- 浮潜　　　　2500泰铢
- 体验潜水　　4200泰铢~
- 专业潜水　　4500泰铢~

Ⓢ **好棒屋**
● 总店
- Map p.390-B1
- 44/109 Moo 3, Maenam
- 0-7733-2008、08-1979-0251
- FAX 0-7733-2084
- 每天 9:30~18:30

● 恰文海滩分店
- Map p.392-B
- 63/34 Moo 3, Chaweng Beach
- 0-7742-2645
- FAX 0-7742-2646
- 周五~下周三 9:00~12:00、13:00~18:30
- 周四（4月29日~5月6日、7月、8月无休）
- www.houbou-ya.com

乘坐大型的高速船前往南园岛和阁道岛潜水、浮潜的旅行团特别受欢迎。在普吉岛也有分店，泰国湾、安达曼湾等都有覆盖。可以去咨询酒店的手续、岛内的参观团、租车等事项。

Ⓢ **苏梅潜水服务**
Samui Diving Service
- Map p.390-C1
- 47/10 Moo 4, Bophut
- 08-9873-7497
- FAX 0-7741-7369
- www.samuidiving.net
- 每天 8:00~19:00
- 11月1日~12月20日（预订）

酒 店
Hotel

不愧是一大岛屿观光景点，酒店和水疗度假村等沿沙滩而建。根据海滩和位置不同，所感受的氛围也不一样，所以最好先决定下来想去哪个海滩。例如与城市隔绝的高档度假村，那里有完善的设备设施，有很多项目，适合想悠闲放松的人前往。但如果周围什么都没有，想去市里需要打车，车费也是一笔不小的开销，如果想体验热闹的氛围，就适合住宿在市区的住宿设施里面，这样会比较方便。即使是高档酒店，有的地方也没有浴缸，预约时要确认清楚。

阁沙梅岛（苏梅岛）的旺季是12月～次年4月和7~8月。年末年初和泰国的连休假时，费用会有所上涨，淡季的时候有时能够有30%~50%的折扣。旺季时寻找面向海滩的客房会很困难。恰文海滩南部的恰文海滩道路周边、拉迈海滩的街市等有很多价格适宜的住宿设施。湄南或波普的街道路边也有写着"390泰铢起"的便宜的酒店和旅馆。

恰文海滩

苏梅中心海滩度假村
Centara Grand Beach Resort Samui 　酒店

◆恰文海滩首屈一指的大型高档度假村。客房的设计风格品位较高，几乎所有的客房都有阳台和浴缸，设备设施完善。这里有日本料理、巴西美食、泰国美食等餐厅。

Map p.392-B
住 38/2 Moo 3, Chaweng Beach
TEL 0-7723-0500
FAX 0-7742-2385
URL www.centarahotelsresorts.com
费 AC S T 7760泰铢～
CC A D J M V
房间数 200间　带泳池　WiFi 大厅周边免费

诺拉海滩度假村
Nora Beach Resort & Spa 　酒店

◆诺拉海滩度假村是恰文海滩北侧的水疗度假村。距离市中心较远，环境幽静。酒店内的热带花园中建有泳池，可以将大海的景色尽收眼底。周边分布着别墅区，前面的海滩有些狭窄，不过不影响眺望风景，优雅别致。

Map p.390-C1
住 222 Moo 3, Chaweng Beach
TEL 0-7742-9400　FAX 0-7742-9498~9
URL www.norabeachresort.com
费 AC 高品质客房 S T 4680泰铢～
田园别墅 S T 7020泰铢～
CC J M V　房间数 113间　带泳池
WiFi 免费

茵披安娜度假村
Impiana Chaweng Noi Resort Koh Samui 　酒店

◆酒店远离喧嚣的环境，像是与世隔绝的世外桃源，十分幽静，适合想悠闲度日放松身心的游客。穿过泳池，可以到达恰文诺一海滩。可以在这里潜水，放松自我。豪华客房和套间内有浴缸。

Map p.390-C2
住 91/2-3, Moo 3, Chaweng Noi Beach　TEL 0-7744-8994
FAX 0-7744-8999
URL www.impiana.com
费 AC S T 9000泰铢～
CC A M V
房间数 96间　带泳池　WiFi 免费

苏梅岛喜来登度假酒店
Sheraton Samui Resort 　酒店

◆酒店面向恰文诺一海滩，是一家环境幽静的度假酒店。位于一个小山丘上，海的一侧有客房，视野开阔，风景特别漂亮。面向海滩的地方有泳池和餐厅。可以免费使用连接网络的电脑。

Map p.390-C2
住 86 Moo 3, Chaweng Noi Beach
TEL 0-7742-2020~36
FAX 0-7742-2396
URL www.sheratonsamui.com
费 AC S T 5200泰铢～
CC A D J M V
房间数 141间　带泳池
WiFi 免费

苏梅岛阿玛丽度假酒店
Amari Koh Samui　　　　　　　　　　酒店

◆苏梅岛阿玛丽度假酒店使用木材装修，以树木原色为主基调，设计时尚，环境轻松宁静。有酒店楼和泰式村庄风格建筑，都带有泳池。2016年3月末进行了装修。

Map p.392-A
住 14/3 Chaweng Beach
TEL 0-7723-0077
FAX 0-7730-0311
URL www.amari.com
费 AC S T 5950 泰铢～
CC A D J M V
房间数 187 间　带泳池　WIFI 免费

苏梅岛依阿库拉酒店
Akyra Chura Samui　　　　　　　　　酒店

◆2011年开业的度假村。酒店内风格特别时尚。客房的装修以放松休闲为主题，宽敞明亮，让人有一种安心的感觉。不满12岁的小孩不能入住。

Map p.390-C1
住 99/9 Moo 2, Chaweng Beach
TEL 0-7791-5100
FAX 0-7791-5111
URL www.theakyra.com
费 AC S T 3900 泰铢～
CC A D J M V　房间数 65 间　带泳池
WIFI 免费

恰文海滩花园度假村酒店
The Chaweng Garden Beach Resort　　酒店

◆酒店位于恰文海滩的中间，距离繁华街道不远，为环境幽静的中档酒店。有酒店楼和简易小木屋，高品质的多床房和花园简易小木屋都带浴缸。

Map p.392-A
住 162/8 Moo 2, Chaweng Beach
TEL 0-7796-0394　FAX 0-7723-0111
URL www.chawenggarden.com
费 AC 酒店 S T 3600 泰铢
小屋 S T 7650 泰铢
CC A M V　房间数 162 间　带泳池
WIFI 免费

苏梅岛帕努帮酒店
Panupong Hotel　　　　　　　　　　酒店

◆酒店位于从恰文海滩道路到俱乐部街道的里面。客房的面积为32平方米，比较宽敞舒适。这里的工作人员也比较热情亲切。根据房屋的朝向不同，靠近俱乐部街道的客房早上都能听到嘈杂的声音，看房子的时候要确认一下。

Map p.392-A
住 147/1 Moo 2, Chaweng Beach
TEL 0-7732-4464、08-6952-1763
FAX 0-7741-3290
E panupongapartment@hotmail.com
费 F S T 900 泰铢～ AC S T 1200 泰铢～（不含早餐）　CC 不可使用
房间数 110 间　WIFI 免费

O.P. 小屋度假村
O.P.Bungalow　　　　　　　　　　　酒店

◆酒店面向北侧幽静的海滩，是一座小巧玲珑的住宿设施。这里有泰国和中国餐厅，可以在这里悠闲地品尝美食，放松一下。椰树树荫处有一些简易小木屋，是2009年建造的。酒店客房带有电视、冰箱和热水淋浴。

Map p.392-A
住 111 Moo 2, Chaweng Beach
TEL 0-7730-0555、0-7723-0913~4
FAX 0-7730-0554
URL www.opbungalow.com
费 AC S T 2000 泰铢～（不含早餐）
CC M V （+3% 的手续费）
房间数 34 间
WIFI 免费（淡季每天 100 泰铢）

P & P 苏梅度假村酒店
P & P Samui Resort　　　　　　　　酒店

◆酒店位于恰文海滩正中间的位置，是一家价位适宜的酒店。这里有酒店楼和简易小木屋，费用合适，且客房宽敞。泳池在海滩前面，稍微有点小。如果长期在这里居住会有折扣。

Map p.392-A
住 4 Moo 2, Chaweng Beach
TEL 0-7730-0550~2
FAX 0-7730-0350
E p_psamuiresort@hotmail.com
费 AC S T 1000 泰铢～（不含早餐）
CC M V （+3% 的手续费）
房间数 66 间　带泳池　WIFI 1天 100 泰铢

P. 恰文旅馆
P.Chaweng Guest House　　　　　　　　　　　　旅馆

Map p.392-B

◆ 旅馆位于海滩的南部，宽敞且干净明亮的客房 2010 年经过改造，所有的客房都带热水淋浴、电视、冰箱。这里也有 3 人屋（900~1200 泰铢）。连网电脑 1 小时 20 泰铢。

住 46/31 Moo 3, Chaweng Beach
TEL/FAX 0-7723-0684
费 AC S T 800 泰铢～
CC A M V （+4% 的手续费）
房间数 45 间
WiFi 免费

湄南海滩

苏梅岛圣塔布里度假村
Santiburi Beach Resort & Spa　　　　　　　　酒店

Map p.390-B1

◆ 属于岛内首屈一指的高档度假酒店。客房有套房和独立的别墅 2 种类型。木地板，客房内带有 AV 等设备设施，淋浴房比较宽敞，特别适合居住。这里有阁沙梅岛（苏梅岛）最大型的泳池、水疗馆以及 73 杆的皇家高尔夫球场（18 个洞），高尔夫球场到酒店之间免费接送。在这里可以免费使用连接网络的电脑。

住 12/12 Moo 1, Maenam Beach
TEL 0-7742-5035
FAX 0-7742-5040
URL www.santiburi.com
费 AC S T 16902 泰铢～
CC A D J M V
房间数 71 间　带泳池
WiFi 免费

可可棕榈海滩度假酒店
Coco Palm Beach Resort　　　　　　　　　　　酒店

Map p.390-B1

◆ 前往阁帕岸岛、阁道岛、南园岛的双体船码头附近有一家海滩度假酒店。里面有 3 种类型的简易小木屋和 4 种类型的别墅。家庭用小木屋带浴缸。

住 26/4 Moo 4, Maenam Beach
TEL 0-7724-7288
FAX 0-7742-5321
URL www.cocopalmbeachresort.com
费 AC S T 4200 泰铢～
CC A M V　房间数 98 间　带泳池
WiFi 免费

波普海滩

安纳塔拉苏梅波普度假酒店
Anantara Bophut Koh Samui Resort　　　　　酒店

Map p.390-B1

◆ 酒店内部有一个无边界大泳池，可以看到海洋 30 米，围绕泳池三面而建的酒店楼呈"U"字形，除此之外，还有 20 幢泳池别墅。具有传统泰式风格的度假村，所有的客房都带私人阳台。卧室和浴室之间为开放一体式构造。

住 99/9 Moo 1, Bophut Beach
TEL 0-7742-8300　FAX 0-7742-8310
URL samui.anantara.com.cn
费 AC S T 10000 泰铢～
CC A D J M V
房间数 126 间　带泳池
WiFi 免费

苏梅汉莎酒店
Hansar Samui　　　　　　　　　　　　　　　　酒店

Map p.390-B1

◆ 苏梅汉莎酒店于 2010 年开业，是一家注重设计构造的度假村酒店。所有客房都可以观赏大海的风景，宽敞明亮。浴缸位于房间里面，是面向情侣的设计，特别受欢迎。可以免费使用连网电脑。

住 101/28 Moo 1, Bophut Beach
TEL 0-7724-5511　FAX 0-7724-5995
URL www.hansarsamui.com
费 AC S T 7816 泰铢～
CC A D J M V
房间数 74 间　带泳池
WiFi 免费

苏梅第六感度假村
Six Senses Samui

酒店

◆ 所有客房都是别墅风格，共有 66 间房屋，59 间客房带私人大型泳池。位于阁沙梅岛（苏梅岛）的北端，从室内可以远远眺望宽广的大海，神清气爽。是 2015 年 7 月份刚刚改造完成的豪华度假酒店。

Map p.390-C1

住 9/10 Moo 5，Baan Plai Laem, Bophut
TEL 0-7724-5678
URL www.sixsenses.com
费 AC S T 20625 泰铢～
CC A D J M V
房间数 66 间　带泳池
WiFi 免费

苏梅岛棕榈海滩度假村
Samui Palm Beach Resort

酒店

◆ 这里有围绕泳池而建的酒店楼和沿海滩而建的别墅区。客房宽敞明亮，所有客房带有浴缸。海洋的前面有大型的泳池，在泳池旁边的亭子可以享受海滩按摩，十分享受。早餐丰盛，特别美味可口，即使一直在这里住着也不会感到乏味。

Map p.390-B1

住 175/3 Thaveerat-Pakdee Rd., Bophut Beach
TEL 0-7742-5494～5、0-7724-5060～2
FAX 0-7742-5358
URL www.samuipalmbeach.com
费 AC 酒店楼 S T 3500 泰铢～ 别墅 S T 4500 泰铢～　CC A M V
房间数 127 间　带泳池
WiFi 1 天 100 泰铢

地球度假村
World Resort

酒店

◆ 这是一家沿海滩而建的度假村，价格合理，普遍都能接受。酒店客房时尚、简单、明亮。简易小木屋，有着原始风貌，是让人能够休闲放松的设计装修。客房内带空调、电视、热水淋浴和迷你吧台。这里还有可连通的客房。

Map p.390-B1

住 175/1 Moo 1，Bophut Beach
TEL 0-7742-5355～6、0-7724-7202
FAX 0-7742-5355
URL samuiworldresort.com
费 AC S T 1250 泰铢～
CC J M V
房间数 57 间
WiFi 免费

美元度假村
Dollar Resort

酒店

◆ 是在物价较高的阁沙梅岛，全年一晚仅需要 399 泰铢的便宜度假村，推荐长期居住。这里的客房较新，干净整洁，有空调、电视、冰箱等，房间内宽敞明亮。距离波普海滩和村庄较近，徒步就可以到达，购物和吃饭特别方便。只是这里英语很难沟通。

Map p.390-B1

住 58/33 Lanthong Rd., Moo 1, Bophut Beach
TEL 0-7743-0828、08-3507-9995
费 AC S T 399 泰铢
CC 不可使用
房间数 18 间
WiFi 免费

大佛海滩

香料酒店
The Scent Hotel

酒店

◆ 酒店隶属泰国最高级连锁集团旗下，是一家精品度假村。这里有欧式、泰式以及中国风格建筑，优雅古典，端庄大方。酒店里面使用自己公司的产品，大厅还出售精油和香薰。可以免费使用连网电脑。入住前提前预约还可能有不少的折扣。

Map p.390-C1

住 58/1 Moo 4，Bangrak Beach
TEL 0-7796-2198
FAX 0-7796-2199
URL www.thescenthotel.com
费 AC S T 25560 泰铢～
CC A V
房间数 15 间　带泳池
WiFi 免费

泰国南部　●阁沙梅岛（苏梅岛）

401

崇文海滩

通赛湾度假村酒店
The Tongsai Bay Cottages & Hotel　　酒店

Map p.390-C1

◆通赛湾度假村酒店建立在海滩的斜坡上，在这里可以眺望大海。这里有宁静的海滩、两个泳池和水疗馆，可以悠闲自得地在这里休闲。这里所有的客房都比较宽敞，根据客房不同，有的阳台上放有浴缸。

住 84 Moo 5，Choeng Mon Beach
TEL 0-7724-5480　FAX 0-7742-5462
预 TEL (03)3461-8585
FAX (03) 3461-8550
URL www.tongsaibay.co.th
费 AC 海滩套间 S T 12947 泰铢　豪华套间 S T 16478 泰铢
CC A D J M V
房间数 83 间　带泳池　WiFi 免费

皇家船屋海滩度假村酒店
The Imperial Boat House Beach Resort　　酒店

Map p.390-C1

◆皇家船屋海滩度假村酒店是将以前运米的船只改造成了船体套间（S T 11300泰铢），这也是酒店独有的特色。船形状的大型泳池和烧烤备受好评，这里设备设施齐全，配有餐厅和水疗馆等设施。

住 83 Moo 5，Choeng Mon Beach
TEL 0-7742-5041
FAX 0-7742-5460
URL www.imperialhotels.com
费 AC S T 4879 泰铢～
CC J M V
房间数 210 间　带泳池　WiFi 免费

雷姆南海滩

苏梅岛悦榕庄
Banyan Tree Samui　　酒店

Map p.390-C2

◆在独占拉迈湾的私人海滩的斜坡上建有别墅、水疗馆、泳池等设施。所有的客房都是泳池别墅，从泳池可以眺望野外自然景色。这里有极可意浴缸、桑拿房等设施也很齐全，水疗服务也特别受欢迎。

住 99/9 Moo 4，T.Maret，Lamai Beach
TEL 0-7791-5333
FAX 0-7791-5388
URL banyantree.com
费 AC S T 31370 泰铢～
CC A D J M V
房间数 88 间　带泳池
WiFi 免费 NET 免费

拉迈海滩

苏梅亭阁别墅度假村
The Pavilion Samui Villas & Resort　　酒店

Map p.390-C2

◆这里有酒店式和别墅式两种房型，所有的客房都带极可意浴缸，酒店的装修也特别有魅力。2013年开放了时尚客房，2014年在这些客房对面又新开业了一栋。拉迈海滩上也另外开了两家姐妹酒店。可以免费使用连网电脑。

住 124/24 Moo 3，Lamai Beach
TEL 0-7742-4030、0-7742-4420
FAX 0-7742-4029
URL www.pavilionsamui.com
费 AC S T 4725 泰铢～
CC A M V
房间数 94 间　带泳池　WiFi 免费

拉迈椰子度假村
Lamai Coconut Resort　　酒店

Map p.390-C2

◆位于拉迈海滩中央，所有客房都是简易小木屋类型，都带热水淋浴、电视、冰箱。海滩前面的房间会贵500泰铢，不过所有的客房都在海边，都很方便。

住 124/4 Moo 3，Lamai Beach
TEL 0-7723-2169、0-7723-3236
FAX 0-7723-2169
URL www.lamaicoconutresort.com
费 AC S T 1500 泰铢，2000 泰铢（不含早餐）CC J M V（+3%的手续费）
房间数 30 间
WiFi 免费

班安卡朗加纳（拉迈中心）
Baan Karnjana（Lamai Central） 旅馆

◆旅馆位于海滩和繁华街道附近，是一家十分方便的住宿设施。客房干净整洁，所有客房带电视、热水淋浴，800泰铢的房间带有迷你吧台。

Map p.390-B2~C2
- 住 87 Moo 3，T. Maret，Lamai Beach
- 电 0-7723-2391
- URL www.baankarnjana.net
- 费 AC S T 600泰铢，800泰铢
- CC 不可使用
- 房间数 32间
- WiFi 免费

塔林纳姆湾

洲际苏梅岛班安塔林度假村
InterContinental Samui Baan Taling Ngam Resort 酒店

◆度假村为2011年开业，风景绝佳的豪华度假村。位于塔林纳母海滩的高地上，从大型的泳池和客房可以眺望大海壮阔的风景。这里的餐厅和酒吧作为看落日的著名地点十分受欢迎。也有很多从其他地方赶来的游客。

Map p.390-A2
- 住 295 Moo 3，Taling Ngam Beach
- 电 0-7742-9100
- 传真 0-7742-3220
- URL www.samui.intercontinental.com
- 费 AC S T 14573泰铢~
- CC A D J M V
- 房间数 79间　带泳池
- WiFi 免费

塔林日落海滩度假村
The Sunset Beach Resort & Spa，Taling Ngam 酒店

◆度假村的观赏日落客房除了在阳台上能够看到日落的景象，在床上或者极可意浴缸里面也可以观赏到日落的美景。客房分为四个区域，中间有花园别墅。这里的工作人员服务热情亲切，在这里居住会感到很放松。

Map p.390-A2
- 住 126/9 Moo 3，Taling Ngam Beach
- 电 0-7742-8200
- 传真 0-7742-8250
- URL www.thesunsetbeachresort.com
- 费 AC S T 7400泰铢~
- CC A M V
- 房间数 21间　带泳池　WiFi 免费

利帕诺

可爱利帕度假村
The Lipa Lovely Resort 酒店

◆利帕诺的著名餐厅"逼格囧海鲜餐厅"就在这里，海滩前面有个花园，附近有简易小木屋和泳池。客房内有电视、DVD播放器、冰箱和咖啡机等，设备完善。这里可以免费租借电影DVD。这里还有儿童房。

Map p.390-A2
- 住 95/70 Moo 2，Tong Yang Beach，Lipa Noi　电 0-7748-5775~6
- 传真 0-7723-4262
- URL www.thelipa.com
- 费 AC S T 2250泰铢~（不含服务税）
- CC A（+5%的手续费）J M V（+3%的手续费）
- 房间数 38间　带泳池　WiFi 免费

纳通镇

西苏梅岛
Sri Samui 旅馆

◆2013年6月开业，客房宽敞明亮，干净整洁。房间内有大尺寸的床以及电视、冰箱和热水淋浴。可以三个人住，住宿费用相同。这里的工作人员热情友好，不过英语沟通有些困难。

Map p.391
- 住 328/6 Moo 3，Nathon Town
- 电 08-1917-1222
- 费 AC S T 700泰铢~
- CC 不可使用
- 房间数 12间
- WiFi 免费

餐厅
Restaurant

因来自欧美的游客比较多,这里有世界各国的美食餐厅,味道也比较正宗,不过价格有些贵。

爱兰德餐厅
The Islander

Map p.392-A

◆爱兰德餐厅位于恰文海滩道路的对面。这里经常有游客光顾,一直都很热闹。比较受欢迎的有比萨 220 泰铢~,还有一种特色菜,是把牛肉和蔬菜用红酒炖一下,加上鸡肉、土豆泥等,290 泰铢~。餐厅内有 Wi-Fi。

住 166/79 Chaweng Beach Rd.
电 0-7723-0836
营 每天 8:00~次日 2:00
CC M V

等待餐厅
Will Wait Restaurant & Bakery

Map p.392-A

◆这是一家在当地特别受欢迎的餐厅。菜单上有泰国菜和西餐等,范围很广。选好刚做出来的面包做成三明治,或者汉堡包,售价 100 泰铢左右。

住 200/10 Moo 2, Chaweng Beach Rd., Chaweng Beach
电 0-7723-1152
营 每天 9:00~23:00
CC M V

克劳克迈餐厅
Khrok Mai Restaurant

Map p.390-C1

◆克劳克迈餐厅是位于泰国国际医院附近的一家餐厅,可以在独立出去的竹亭座位享受美食。在当地非常受欢迎,一直都有很多顾客,而且这里上菜也快。这里有盐腌的螃蟹和淡水鱼汤、香肠、烤猪大肠等少见的美食,来这里挑战一下没有听说过的美食吧。

住 Route 4169, Chaeng Besch
电 08-7263-1669
营 周二~周日 12:00~次日 23:00
休 周一
CC 不可使用

萨北拉 2 号餐厅
Sabeinglae 2 Restaurant

Map p.390-C1

◆辛塔辛亚附近有名的海鲜餐厅"萨北拉"的分店。推荐这里的特色美食泰式酱汁烤虾 100 克 120 泰铢,泰式炸虾 140 泰铢等。每天 19:00 开始有现场演奏。

住 Next to Wimaan Buri Resor, 200 M00 6, Bophut
电 0-7796-2333
URL www.sabienglae.com
营 每天 11:00~22:00
CC J M V

拉侬餐厅 2 号店
Ranong Restaurant 2

Map p.390-C1

◆经营泰国美味的家常菜,像是大众食堂。1 道菜 60 泰铢~,价格实惠。从傍晚开始到深夜一直都有很多人,特别热闹,充满活力。鲈形目海鱼的卵和鳐的咖喱等,可以品尝到只能在这里才有的泰国南部美食。

住 Moo 2, Chumchon Chaweng Yai Soi 4,
电 08-1894-3852
营 每日 10:00~次日 4:00
CC 不可使用

维查纳波利
Vecchia Napoli

Map p.392-A

◆1994 年开业的南部意大利美食餐厅。主厨是意大利厨师,他最拿手的美食是那不勒斯风味的比萨和通心粉,来这里用餐,每个人的预算是 500~600 泰铢。

住 166/31 Moo 2, Chaweng Beach
电 0-7723-1229
营 周二~周日 14:00~次日 23:00
休 周一
CC J M V

悬崖海鲜餐厅
Tarua Samui Seafood Bar & Restaurant

Map p.390-C2

◆走在环岛道路上，在从恰文海滩到拉迈海滩去的途中，有一个叫"大锁"的巨大岩石，餐厅就在岩石的前面，位于道路对面，外形像条船。可以在这里一边眺望大海，一边享用新鲜的海鲜食品，品尝原汁原味的当地风味。素吻他尼著名特产是大的生蚝（1 个 60 泰铢），一定要试着尝尝。

住 210/9 Moo 4，Ring Rd.
电 0-7744-8495
营 每天 11:00~23:00
CC M V

克鲁波普泰餐厅
Krue Bophut Thai Cuisine Restaurant

Map p.390-B1

◆餐厅位于波普海滩的一个渔村，在这里可以看到大海。装在青瓷餐具里的泰国南部美食、气氛、服务，每一项都很优雅。打扮得时尚一点，去那里转转吧。

住 16/16 Moo 1，Bophut Beach
电 0-7743-0030、5035
URL www.kruabophut.com
营 每天 13:00~24:00
CC M V

小堀餐厅
Kobori Japanese Restaurant

Map p.390-B1

◆2014 年 1 月开业的餐厅。这是一家面向外国人的日式料理店。这里以非常受欢迎的旋转寿司（120~320 泰铢）为主，下酒菜、盖饭、面食和铁板烧等菜单上都有，特别丰富。餐厅不仅菜肴美味，店长也非常平易近人，有时还能看到他和顾客一起换装成武士模样，或者身穿剑道服装等。这里有很多种类的衣服，可以换装后拍照留念。在欧美人中大受好评。

住 183/4，Moo 1，Mae Nam
电 08-3174-6530
URL www.samuikobori.com
营 每天 13:00~15:00、17:00~23:00
CC 不可使用

纳通夜市
Nathon Night Food Market

Map p.391

◆从素吻他尼乘坐轮渡，来到纳通码头的入口处，附近有很多露天的小摊。在物价较高的阁沙梅岛（苏梅岛），这里可以很便宜地品尝到当地的美食。傍晚时分，可以边欣赏落日边吃饭。

住 Nathon Pier
营 17:00 左右~22:00 左右
休 第三个周三
CC 不可使用

北奥托餐厅
Bei Otto

Map p.392-A

◆这里有自家制作的香肠，是特别受欢迎的德国美食餐厅。咖喱香肠 285 泰铢，这里还有牛排和生蚝等。德国的生啤 160 泰铢~。餐厅的地理位置优越，交通方便。

住 15 Moo 2，Chaweng Beach
电 08-1891-2978
营 每天 9:30~23:00
CC 不可使用

 夜 店 *Night Spot*

夜店主要集中在恰文海滩的中心部和拉迈海滩的酒吧街上。这两个地方都热闹非凡，一直能够持续到深夜零点左右。

雷吉俱乐部
Reggae Pub

Map p.392-A

◆位于恰文湖泊中州的酒吧一条街上的大型俱乐部。2015 年迎来了 27 周年的老牌店铺。舞台上时常举办现场演唱会。

住 3/3 Moo 2，Chaweng Beach
电 0-7742-2332
营 每天 19:00~次日 2:00
CC 不可使用

绿杧果俱乐部
The Green Mango Club

◆是治文海滩的俱乐部一条街内人气最旺的大型俱乐部。俱乐部旁边就是它的姊妹店"Sweet Soul"，那家店铺也比较有人气，很受欢迎。

Map p.392-A
住 195 Moo 2，Chaweng Beach Rd.
☎ 0-7723-0828
URL www.thegreenmangoclub.com
营 每天 20:00~次日 2:00
CC 不可使用

帕里斯歌舞演出
Paris Follies Cabaret

◆位于热闹非凡的恰文海滩道路中心部的一家人妖表演秀的酒吧。没有门票和小费，只需要交一些饮品费用（200 泰铢~）就可以在这里尽情地享受。在这里能够看到身穿豪华绚丽服装的人妖们能歌善舞的身姿。

Map p.392-A
住 66/92 Moo 2，Chaweng Beach Rd.，Chaweng
☎ 09-8729-1895
URL www.facebook.com/parisfolliescabaet
营 表演秀 每天 20:00、21:00、22:00、23:00 CC 不可使用

阿克酒吧
Ark Bar

◆阿克酒吧是恰文海滩最热闹的海滩酒吧。放置在沙滩上的座席逐年扩大中，这里非常热闹，经常到了深夜还有很多游客。

Map p.392-A
住 159/89 Moo 2，Chaweng Beach Rd.
☎ 0-7796-1333
URL www.ark-bar.com
营 每天 7:00~次日 2:00（亮灯是在 18:00 左右） CC 不可使用

商店 Shopping

时尚店、箱包店和工艺品店主要集中在恰文海滩的主街道上，那里是很多外国游客聚集的地方。

苏梅岛尚泰购物中心
Central Festival Samui

◆苏梅岛尚泰购物中心是岛屿内最大的购物中心。位于恰文海滩道路入口处，上二层，与银行的分行并排着，货币兑换比较方便，建议在这里兑换货币。

Map p.392-A
住 Moo 2，Chaweng Beach Rd.，Chaweng Beach ☎ 0-7796-2777
URL www.centralfestival.co.th
营 每天 11:00~23:00
CC 根据店铺不同会有所不同

EGO 丝绸之家
EGO The House of Silk

◆泰国丝绸专卖店。丝绸围巾 250 泰铢~。从适合作为礼物的小物品到帽子、包、衬衫、床罩等，品种丰富多样。

Map p.392-A
住 157/12 Moo 2，Chaweng Beach Rd.
☎ 0-7723-0947
营 每天 10:30~23:00
CC A D J M V

水疗馆 Spa

和平热带水疗
Peace Tropical Spa

◆护理室有 9 间，可在双人床的单间里面接受按摩。有药物桑拿和极可意浴缸、全身按摩、精油疗法、全身护理等，推荐选择套餐。这里还免费接送恰文海滩周边的顾客。

Map p.390-B1
住 17 Moo 1，Bophut Beach
☎ 0-7743-0199~0200
URL www.peacetropicalspa.com
营 每天 10:00~22:00
CC J M V

希拉容水疗
Silarom Spa

◆希拉容水疗位于海面突起的岩石之上，有一种神秘的氛围。这里有泰式、中式足疗相结合的芳香蒸汽按摩套餐，2 小时 2200 泰铢~。

Map p.390-C2
住 5/5 Moo 5，Baan Hin Sai Resort，Lamai Beach ☎ 0-7744-8510~1
URL www.silaromspa.com
营 每天 10:00~18:00（最后接待时间）
CC M V

阁帕岸岛 *Ko Pha-Ngan* เกาะพะงัน

朴素小木屋和自然美景相得益彰的城市

林海滩的小型船码头

> Thailand South
> 曼谷
> 文前图正面-B8

泰国南部

● 阁沙梅岛（苏梅岛）阁帕岸岛

阁帕岸岛是阁沙梅岛（苏梅岛）北侧的一个大型岛屿。海滩周边度假村日益兴旺，但山里还有未开发的地方，使岛屿具有特别神秘的氛围。

阁帕岸岛 漫步

阁帕岸岛的中心是敦萨拉，但是游客主要集中在岛屿东南部的林海滩。可以在到达敦萨拉后立刻动身前往林海滩，或者从阁沙梅岛（苏梅岛）乘坐大佛海滩出发的船，直接进入林海滩。如果想要安静悠闲度过的游客，或者想要体验浮潜的游客，建议去北部的海滩。

岛内交通的话，过了敦萨拉码头的长栈桥后，前面有个广场，那里有去往各海滩的双条车。乘坐双条车去往林海滩大约需要30分钟，100泰铢。迷你巴士150泰铢。敦萨拉~林海滩之间一般频繁发车，但是如果运气不好，乘客较少的时候，可以和司机交涉（1辆车500泰铢~）。其他的区域，在宋海滩或者尧海滩，10:00左右有开往敦萨克的双条车（150泰铢~）。返程的双条车，提前预约一下比较保险。虽然道路完善了很多，不过也有很多陡坡和转弯的地方，驾驶租赁摩托的时候一定要慎重。

交通

从曼谷出发
BUS RAIL+BOAT：从南部巴士总站出发乘坐999路VIP车，900~1130泰铢。一等车585泰铢（渡轮需要另外再交220泰铢）。隆普拉亚公司的巴士+轮船票1300~1350泰铢，火车+轮船的通票是848~1789泰铢。从拷山路出发的VIP旅行大巴+轮船是650泰铢等。所有的车都需要12小时~。

从春蓬出发
BUS+BOAT：需要3小时10分钟~4小时，1000泰铢。

从素叻他尼出发
BUS+BOAT：需要3小时~3小时30分钟，从市内出发550泰铢，从机场出发650泰铢。

从阁沙梅岛（苏梅岛）、阁道岛出发
请参考p.389的图表。

旅游小贴士

机场建设中
岛屿东部的坦萨带特（Than Sadet）正在建设机场，但是竣工日期不明。

注："海滩"在泰语里的发音是"haat"，泰国南部方言有短音化的习惯，听起来就像"hat"。

407

旅游小贴士

岛内交通

从敦萨拉前往主要的海滩,乘坐迷你巴士150泰铢。从林海滩去往其他的海滩,在出租车(双条车)乘车处24小时都能打到车。到敦萨拉150泰铢。21:00以后包车是600泰铢~。

林海滩出租车乘车处

阁帕岸岛的旅行社

阁帕岸旅游公司
Phangan Traveler Co., Ltd
周一~周五 8:00~16:00
周六、周日、节假日
phangan-traveler@phangan-traveler.com
www.phangan-traveler.com

旅游公司提供酒店、租房的预约,车或者船的接送,旅行团报名等服务。公司的官网上有住宿的相关信息。也有岛屿观光出行的景点和游玩项目的介绍。游客可以通过邮件进行咨询。

什么是满月盛会?

提起阁帕岸岛,肯定就会想到"满月盛会"。到了旺季的时候,从全世界各地聚集前来参加满月盛会的游客达到10000人左右,热闹非凡。这个大型的聚会开始于20世纪90年代,在林海滩前面的简易木屋里举行。聚会特别有人气,逐渐扩大了起来,现在沿着林海滩的酒吧和俱乐部全都参加这个盛会。盛会当天,所有的店不收门票,只收取饮品费用。可以轻松地前来尝试一下。这里的饮料,鸡尾酒特别流行。他们把各种不同的酒放在酒杯里掺在一起。鸡尾酒大多是一些威士忌和伏特加等烈性酒,度数高,容易上头,所以注意不要喝多了。

注意不要喝太多烈性酒,避免醉酒

阁帕岸岛 主要景点

敦萨拉码头

林海滩的东西两侧分别被称为日出海滩和日落海滩。连接这两个海滩的道路和海滩沿岸有很多商店、旅馆、简易小木屋等。到了夜晚,日出海滩就会有餐厅、酒吧的桌子摆出来了,届时会聚集很多欧美的背包客。满月盛会非常有名,但这个时期物价上涨得厉害,同时警察为了防止游客吸毒,会加大执法的力度。

阁帕岸岛的海滩

日出海滩是满月盛会的中心地带

湄海滩、日落海滩的落日都很美

从湄海滩穿过细软的沙洲就可以到达对岸的玛岛

■ 林海滩 Haat Rin

林海滩位于岛屿的东南部,突起的山丘将海滩分割成东西两部分。步行5~10分钟就可以在东西海滩走一圈。东海滩被称为日出海滩,西海滩被称为日落海滩。

■ 湄海滩 Haat Mae Haad

湄海滩位于岛屿的西北部,和突出的玛岛(Ko Ma)相连接。通过白沙小道上可以到达玛岛。玛岛作为潜水和浮潜的旅游胜地特别受欢迎。

■ 尧海滩 Haat Yao

尧海滩位于岛屿的西北部。这里是一片入海口腹地,环境十分安静。

■ 萨拉海滩 Haat Salad

萨拉海滩是一个小型的入海口海滩,朴素自然。

■ 宝托海滩(Bottle Beach) Haat Kruad

宝托海滩位于岛屿的北部,美丽的白沙,景色宜人,不过交

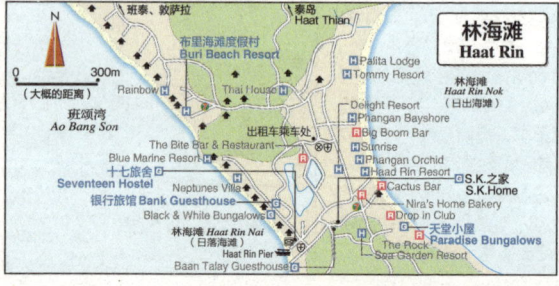

通有些不方便。从林海滩或者敦萨拉乘坐双条车，到达北部的察洛克湾（Ao Chalok Lum）需要 40~50 分钟，从那里坐船需要 5~10 分钟。

■ 敦那畔海滩 Thong Nai Pan

敦那畔海滩是一个原始自然的美丽海滩，没有被人为开发。从敦萨拉乘车前来，道路十分不好走，大约需要 1 小时。从林海滩乘船来这里需要大约 20 分钟。游客可以参加从林海滩出发的旅行团来这里观光。

酒 店
Hotel

在林海滩分布着众多沿海滩而建的简易小木屋，城市里面有旅馆和酒店。日落海滩的木屋价格比一日出海滩会更便宜。这里有很多安静的海滩，可以根据个人喜好选择，推荐前往萨拉海滩、湄海滩和敦那畔海滩。林海滩的住宿设施，到满月盛会的时候，房租会上涨 1.5~2 倍，还有很多住宿设施的要求是最少要住 5~10 天，所以尽量早点预约。

林海滩

布里海滩度假酒村
Buri Beach Resort — 酒店 — Map p.408

◆度假村面向日出海滩而建，有别墅和酒店客房两种类型。这里有大型的泳池，可以将大海一览无余。在这里悠闲放松会感觉超级幸福。

- 住 120/1 Haat Rin Nai Beach
- TEL 0-7737-5481
- FAX 0-7737-5482
- URL www.buribeach.com
- 费 AC S T 2700 泰铢~
- CC M V （+3% 的手续费）
- 房间数 100 间　带泳池
- WIFI 免费

银行旅馆
Bank Guesthouse — 旅馆 — Map p.408

◆银行旅馆位于日落海滩上，是一家价格适宜的旅馆。客房比较新，而且干净整洁。客房带有电视、热水淋浴和保险柜。满月盛会的时候，入住条件是一个人 500 泰铢且连续住宿 5 夜以上才可以。

- 住 110/45 Moo 6, Haat Rin Nai Beach
- TEL 0-7737-5454
- E phanganbank@gmail.com
- 费 AC S 500 泰铢　T 600 泰铢
- CC M V
- 房间数 18 间
- WIFI 免费

天堂小屋
Paradise Bungalows — 旅馆 — Map p.408

◆天堂小屋是满月盛会的中心举办地。客房的大小多种多样，所有客房内部带有热水淋浴。海滩上举办活动的时候会搭舞台。满月盛会的时候最少要住 5 夜才可以。

- 住 130/4 Moo 6, Haat Rin Nok Beach
- TEL 0-7737-5244
- FAX 0-7737-5245
- URL www.paradisehaadrin.com
- 费 AC S T 600 泰铢~
- CC M V （+3% 的手续费）
- 房间数 68 间　带泳池
- WIFI 免费（只有餐厅和泳池旁边可以使用）

十七旅舍
Seventeen Hostel　　　　　　　　　　　　　　　旅馆

◆ 林海滩的多床房旅馆持续增加，在2012年开业的十七旅舍就是其中之一。旅馆比较新且干净整洁。前台在一层服装店内。附近还有姐妹旅舍米奇旅舍（URL www.mickeyhostel.com）。

Map p.408
- 住 95/4 Moo 6，Haat Rin Beach
- TEL 08-3547-7354、09-1157-4811
- FAX 0-7737-5353
- URL www.seventeenhostel.com
- 费 AC D 550 泰铢~
- CC 不可使用
- 房数 3 间（38 张床）
- WiFi 免费

敦那畔海滩

通塔潘度假酒店
Thongtapan Resort　　　　　　　　　　　　　酒店

◆ 酒店位于敦那畔海滩的北侧，环境幽静。山的斜坡上建有很多类型不一的简易小木屋。从海滩去往市里，大约行走10分钟。

Map p.407
- 住 22 Moo 5，Thong Nai Pan Beach
- TEL 0-7723-8538　FAX 0-7744-5068
- 费 F S T 1600 泰铢~　AC S T 2000 泰铢~
- CC M V（+3% 的手续费）
- 房数 30 间
- WiFi 免费（只有迎客楼和一部分客房可以使用）

察洛克湾

马里布海滩度假村
Malibu Beach Bungalows　　　　　　　　　　酒店

◆ 度假村位于岛屿北部的察洛克湾。有着白色沙滩和渔村风景的私人海滩，8:00~22:00 对外开放。

Map p.407
- 住 65/1 Moo 7，Chalok Lum Bay
- TEL 0-7737-4057、08-1747-6603
- FAX 0-7737-4055
- URL malibubeachbungalows.com
- 费 F S T 1200 泰铢~　AC S T 2000 泰铢~　CC J M V（+3% 的手续费）
- 房数 20 间　带泳池
- WiFi 50 泰铢/天

 餐　厅 *Restaurant*

海渡日本酒吧餐厅
Kaito Japanese Bar & Restaurant

◆ 餐厅 2005 年开始营业，是一家日本料理店。荞麦面 160 泰铢，猪排饭 190 泰铢，咖喱饭 220 泰铢等，这里也有日本酒和梅酒。

Map p.407
- 住 214/6 Moo 1，Thong Sala
- TEL 0-7737-7738
- E kaito-phangan@hotmail.com
- 营 周一~周六 16:00~21:00（LO）
- 休 周日
- CC 不可使用

通杨海景餐厅
Thongyang Sea View Restaurant & Lounge Bar

◆ 通杨海景餐厅位于高地上，从敦库拉南部可以看到阁沙梅岛（苏梅岛）北部的帕农拉玛。这里的日出也特别有名，也有写者当天太阳落山的时间。像三明治之类的快餐 70 泰铢，西餐和冬荫功汤（180 泰铢~）等泰国美食也很丰富。

Map p.407
- 住 32/4 Moo 4，Baantai, Koh Pha-ngan
- TEL 0-7737-7448、08-1535-7217
- 营 每天 10:00~22:00
- CC 不可使用

410

阁道岛 *Ko Tao* เกาะเต่า

泰国湾内的浮潜胜地

有着美丽夕阳的塞里海滩

阁道岛同阁沙梅岛（苏梅岛）一样，也是游客喜欢的人气岛屿。岛上有很多潜水学校，所以有很多亚洲、欧洲的游客前来这里学习潜水，希望取得C卡（潜水证书）。乘船出海潜水在这里也非常流行。虽然这里陆陆续续地在增加一些中档～高档的度假村，但是岛屿还是幽静朴素的氛围。

阁道岛 漫步

岛屿西侧的湄海滩上的村落是岛屿的中心区。这里的船坞码头有从

Thailand South

··· 文前图正面-B8

泰国南部 ● 阁帕岸岛／阁道岛

交通

从曼谷出发
BUS+BOAT：从拷山路出发，巴士和高速船的夜间联票，需要9~12小时，850~1100泰铢。从南部巴士总站出发，VIP车943泰铢，一等车880泰铢。

从阁沙梅岛（苏梅岛）出发
BOAT：1天5个班次。双体船在纳通码头出发需要大约3小时。从湄南码头出发经过阁帕岸岛，大约需要2小时，600泰铢。从班拉克码头出发，乘坐高速渡轮（经过阁帕岸岛），大约需要2小时，600泰铢，从纳通码头出发，乘坐快艇（经过阁帕岸岛），需要大约2小时45分钟，400泰铢。

从阁帕岸岛出发
请参考p.389的表格。

从春蓬出发
请参考p.389的表格。

从素叻他尼出发
BUS+BOAT：双体船和巴士的通票在机场购买600~900泰铢，火车站购买750泰铢，市里购买700~800泰铢。需要6~7小时。除此之外，还有快艇（大约6小时，600泰铢）和夜行船（大约10小时，650泰铢）。费用和日程安排请在当地确认最新的信息。

清澈见底的南园岛海域

这才是真正的泰国海滩！视野辽阔

湄海滩的碧水蓝天

🌴 旅游小贴士

岛内交通

这里有去往岛内各地的双条车,还有皮卡出租车,1辆300泰铢~。从湄海滩到达察洛克班拷,1辆车300泰铢,人数越多越便宜。

南园岛

🏷 100泰铢(在南园岛潜水度假村住宿的游客不收取费用。另外,只在海滩游泳,不上岸的游客也不收取费用)

🚤 从湄海滩码头乘坐隆普拉亚公司的船,1天2班船,需要大约15分钟,往返300泰铢。另外,游客可以租赁长尾船,单程150泰铢,往返300泰铢,人数和等待的时间可以谈。为了保证岛屿的质量,禁止带鸟拉罐和瓶子进入岛屿,游客自己的垃圾要全部带回。

岛外发来的船只,除此,这里还有发往木屋的班车或船。也有去往各海滩的双条车在这里等待拉客。原则上说,路通到哪里,双条车就能开到哪里。如果寻找住宿设施,建议乘坐这种双条车吧。阁道岛有很多道路坡比较陡且道路狭窄,还有道路未经整修,租赁摩托车(1天200泰铢~)的外国游客经常会在这里发生事故,需要注意安全。

从湄海滩的码头第一个拐角处(📖p.412)向右转弯,进入一条小道。这里有很多商店、潜水店、餐厅和酒吧等,一直延伸到湄海滩。湄海滩是一个入海口,浅滩平缓,景色优美。朝相反方向走,就是向左转弯,能够通向塞里海滩。大约30分钟左右就可以走到海贝度假村周边。海滩长约17公里,最近几年,海滩的周边发展迅速,现在成为岛内最热闹的地方。聚集了一些度假村酒店、餐厅、酒吧、商场等。

前往岛屿的南部,乘坐双条车大约10分钟就可以到达。察洛克班拷(Chaloak Baan Kao)有岛屿居民的村落和美丽的海滩、沿海的小木屋,特别适合散步。

阁道岛 主要景点

■ 阁道岛的海滩

东侧: 岛屿东侧的海滩是潜水的好地点。零星地分布着一些小木屋。因为没有双条车的固定线路,所以交通不方便而且费用特别贵。不过正因如此,这片海滩原始自然,很少被人为开发,有一种神秘的气息。

西侧: 阁道岛西侧有湄海滩、塞里(Sairee)海滩等浅滩相连,有很多度假村。湄海滩距离码头特别近,交通方便。主要的海滩塞里海滩特别适合潜水和浮潜。可以在这里眺望夕阳西下,适合悠闲自在地度过。

北侧: 这里没有住宿设施。波浪较为平缓,像是一个天然的泳池,所以适合潜水的初学者和刚取得C卡(潜水证书)的游客。也可以在这里享受浮潜。

南侧: 南侧环境较为幽静,零星分布着小木屋,适合喜欢悠闲自在度过的游客。岛屿南部有泰安奥古,别名叫"岩石海滨",在这里浮潜时可以欣赏到水下种类繁多的鱼类。

南园岛 Ko Nang Yuan　Map p.411-A
三个岛屿一个海滩

南园岛位于阁道岛的西北,乘船大约15分钟的地方有三个连在一起的小岛,周边有很多珊瑚,适合浮潜和潜水。

沙洲把阁道岛和南园岛连接了起来

阁道岛的潜水注意事项

阁道岛是亚洲首屈一指的潜水胜地，发展快，潜水学校多，每年都有众多的潜水爱好者来这里考取 C 卡（潜水证书）。这里的潜水学校教得比较认真，游客可以在这里真正学到潜水的技巧。不只是有初学者考取 C 卡的项目，还有去岛屿周边潜水的项目，特别受欢迎。费用都很便宜是其一大魅力。

■ 阁道岛的潜水季节

阁道岛海浪平缓，全年适合潜水，不过最为合适的潜水季节是 2~10 月，其中最为适宜的季节是 4~5 月和 7 月上旬~10 月上旬。这段时间海水清澈度和透明度都特别高，可以悠闲惬意地享受潜水之乐。之后从 10 月后半期到 11 月开始雨季到来，风也变强了。特别是 11~12 月份，海浪较高，透明度下降。水温全年平均 29℃，潜水服 3 毫米就够了。距离潜水的地点较近，船移动距离不远，比从阁沙梅岛赶来要舒适得多，而且便宜。可以持续在这里居住几天悠闲地潜水。

■ 主要的地点

春蓬礁 Chumphon Pinnacles：阁道岛著名的代表性地点。梭子鱼成群结队穿梭于巨大的海底山脉之间，可以碰到大群的海葵鱼和蝴蝶鱼。这里见到鲨鱼的情况比较多，初学者如果运气好还可以和鲨鱼一起游泳。

西南礁 South-West Pinnacles：西南礁位于阁道岛的西南方向，较为隐蔽。巨大的岩石从水深 25 米的地方耸立起来，形成尖塔的形状。在这里可以看到大型的旗鱼和回游鱼。

船帆石 Sail Rock：船帆石位于阁道岛与阁帕岸岛之间，是一座从海底深 40 米的地方突出来的直径差不多有 25 米的岩石。被称为"烟囱"的竖着的洞穴地形起伏较大，十分有趣；这里有群生的珊瑚景观，十分漂亮。水面清澈，透明度高，鱼类繁多，是一个特别受欢迎的潜水点。在这里可以看到水中大群的燕尾鱼和旗鱼穿梭的身姿。

南园岛周边 Ko Nang Yuan：此处的地形复杂多变，有被称为水中生物宝库的"白岩"（White Rock），水下通道众多的"绿岩"（Green Rock），还有"双子岩"（Twins）以及可以洞穴浮潜的"南园洞"（Nang Yuan Cave）等，这里聚集了很多特别又美丽的潜水点。除此之外，南园岛周边珊瑚繁多，五颜六色，绚烂多姿，这里还有很多蝴蝶鱼、海葵及雀鲷。

塞里海滩 Sairee Beach：塞里海滩特别受游客欢迎，在这里可以看到虎鱼和海牛。南部岛屿的下午，也有很多游客在这里悠闲地潜水放松。

豪洛克班拷湾风平浪静，可以在这里悠闲放松身心

旅游小贴士

乘船出海浮潜

浮潜的目的地也就是本书介绍的地点和海滩周边地区，不过根据当天的气候和浮潜的能力会有所不同。浮潜的费用岛内差不多都一样，1~4 次潜水 1000 泰铢/次，5~9 次潜水 900 泰铢/次，10~14 次潜水 800 泰铢/次，15 次潜水以上 700 泰铢/次。随着潜水的次数增多，每次的潜水费用就会降低（含潜水器材和饮料费用）。

各种套餐和需要天数

开放水域（3~4 天）
　　　　　　　9800 泰铢
高级课程（2~3 天）
　　　　　　　8500 泰铢
应急反应课程（1 天）
　　　　　　　3500 泰铢
救援潜水员（2~3 天）
　　　　　　　9500 泰铢
潜水教练　　2500 泰铢~

搭乘 ATV

主要的道路没有修缮，坡比较多，道路到处都有连接有问题的地方。因此 ATV 车（全地形对应车）的租赁在这里变得非常受欢迎。费用是 1 小时 200 泰铢，1 天 600 泰铢。

塞里海滩
Sairee Beach

酒　店
Hotel

　　度假村主要集中在西侧海滩和南侧海滩。湄海滩和塞里海滩周围有很多餐厅和夜店，在这附近住宿会比较方便。南部的察洛克班拷除海滩沿岸分布着很多度假村外，还有一种悠闲宁静的氛围。东海岸的交通十分不方便，有一种神秘的氛围。

　　住宿的设施种类繁多，从只有床的简易小木屋到高档的度假村酒店应有尽有。这里不仅有潜水的店铺，有的度假村里面还配有潜水商店，这也是一大亮点。费用根据季节的不同而不一样。一般在1~4月、6月中旬~9月中旬是旺季，5月~6月中旬、9月中旬~12月中旬是淡季。年初年末是旅游高峰的季节。一般淡季会有10%~30%的折扣。

阁道岛

阁道岛小屋度假村
Koh Tao Cabana　　　　　　　　　　　酒店

Map p.411-A

◆塞里海滩的北侧有一个鲜为人知的度假村，这里的客房有三种，全都是独立的小木屋楼栋，但是概念风格却不相同。2010年，玛卡姆、拷依泳池、奥纳兹等5栋别墅和水疗馆开业。面向大海的餐厅，视野特别出色，十分受欢迎。

住 16 Moo 1，Sairee Beach
TEL 0-7745-6504~5　FAX 0-7745-6250
URL www.kohtaocabana.com
费 AC S T 4000泰铢~
CC M V （+3%的手续费）
房间数 55间
WiFi 免费（豪华间和公共区域）

阁道岛蒙特拉度假村
Koh Tao Montra Resort & Spa　　　　酒店

Map p.412

◆度假村位于湄海滩的北侧海滩，是于2008年开业的潜水胜地。这里有湄海滩最大的泳池，客房楼围绕其而建。超级房有70平方米，宽敞舒适。临海滩而建的海滩别墅带私人极可意浴缸。可以欣赏到海洋风景的餐厅十分浪漫。连网的电脑1分钟2泰铢。

住 1/51 Moo 2，Mae Haat
TEL 0-7745-7057~7061
FAX 0-7745-7056
URL www.kohtaomontra.com
费 AC S T 4700泰铢~
CC M V 房间数 62间
WiFi 免费

森西海滩天堂度假酒店
Sensi Paradise Beach Resort　　　　　酒店

Map p.411-B

◆酒店位于湄海滩的南端，环境幽静。别墅分布在岩石和椰树林中间，神秘且注重隐私，景色秀美壮丽。推荐入住从阳台上可以看到大海的浪漫套间和位于山丘庭院内的家庭套房。客房内没有电视和电话。可以免费使用连接网络的电脑。

住 27 Moo 2，Mae Haat
TEL 0-7745-6245
URL www.sensiparadiseresort.com
费 F S T 3500泰铢~ AC S T 3500泰铢~
CC A M V （+2.5%的手续费）
房间数 72间　带泳池　WiFi 免费

阁道岛天堂度假村
Koh Tao Resort-Paradise Zone　　　　酒店

Map p.411-B

◆度假村建立在察洛克班拷的小山丘顶上。在泳池和餐厅就可以欣赏到大海的美丽风景。这里的房型有很多种，有特价房、公寓式套房，还有高档豪华房。可以免费使用连接网络的电脑。

住 19/1 Moo 3，Chalok Baan Kao
TEL 0-7745-6133
FAX 0-7745-6419
URL www.kohtaoresort.com
费 AC S T 3000泰铢~
CC M V 房间数 32间　带泳池
WiFi 免费

414

杜斯特邦查度假村
Dusit Buncha Resort 酒店

Map p.411-A

◆度假村位于塞里海滩北端的岩石上，充满了神秘的氛围。这里充分利用了自然地形，度假村内高低不平的地方较多，请多注意。距离南园岛比较近的地方有一个观光景点——南园平台餐厅，也向普通游客开放（🕐 每天 7:00~22:00）

住 31/3 Moo 1，North Sairee Beach
TEL 0-7745-7098
URL www.dusitbunchakohtao.com
费 AC S T 2500 泰铢~
CC J M V （+3%的手续费）
房间数 40 间　带泳池
WiFi 免费

斯帕维曼度假酒店
Thipwimarn Resort 酒店

Map p.411-A

◆度假酒店位于塞里海滩北端的景点处。有很多热带树木，绿树成荫，十分有魅力。从高地上可以观看大海的客房和泳池，有种奢侈神秘的气氛。这里的别墅有私人泳池。酒店距离市区有点远，因此环境宁静，适合悠闲安静地在这里住宿。精品房（3900 泰铢）以上的客房可免费连接 Wi-Fi。

住 16/7 Moo 1，Sairee Beach
TEL 0-7745-6409
URL www.thipwimarnresort.com
费 F S T 1800 泰铢~ AC S T 2300 泰铢~
CC M V
房间数 17 间　带泳池
WiFi 免费（只有大厅周边可以使用）

简单生活度假村
Simple Life Resort 酒店

Map p.413

◆度假村位于塞里海滩的中心地带，是一家中档酒店。客房宽敞明亮，有泳池、按摩店和氛围特别好的餐厅酒吧等，设备设施齐全完善，十分受游客的欢迎。

住 14/11 Moo 1，Sairee Beach
TEL 0-7745-6142
URL www.kohtaosimpleliferesort.com
费 AC S T 1700 泰铢~
CC A J M V （+3%的手续费）
房间数 57 间　带泳池
WiFi 免费

海贝度假村
Sea Shell Resort 酒店

Map p.413

◆海贝度假村由一座2层的酒店楼（共60间客房）、别墅和海滩边的泳池等设施组成。这里还有潜水商店，可以申请潜水的运动，参加潜水商店活动的话，酒店的住宿费用会有折扣。这里也有泰式按摩的教室。

住 9/1 Moo 1，Sairee Beach
TEL 0-7745-6299、0-7745-7108
FAX 0-77456271
URL www.seashell-kohtao.com
费 AC S T 1000 泰铢~
CC A（+5%的手续费）M V（+3%的手续费）房间数 110 间　带泳池
WiFi 免费（除了一部分客房）

阿南达别墅酒店
Ananda Villa 酒店

Map p.412

◆这里除了有楼房式的高级房间外，还有位于沙滩上的环保简易小木屋、旅馆等。

住 9/1 Moo 2，Mae Haat
TEL 0-7745-6478、08-1893-9070
URL anandavilla.com 费 F S T 500 泰铢~ AC S T 1200 泰铢~（不含早餐）CC M V 房间数 21 间
WiFi 免费（迎宾楼周边）

普力克泰度假村
Prick-Tai Resort 酒店

Map p.413

◆度假村位于塞里海滩，是一家价格适宜的住宿设施。场地内有酒店楼和成排的小木屋。海滩上有两间面向家庭用的大房间。2013年增加了泳池和新的大楼。

住 10/44 Moo 1，Sairee Beach
TEL 0-7745-6601　费 F S 250 泰铢（公共浴室）T 400 泰铢（冷水淋浴）、600 泰铢、700 泰铢、1800 泰铢 AC S T 1300 泰铢~2500 泰铢（不含早餐）CC 不可使用
房间数 38 间　带泳池　WiFi 免费

泰国南部　●阁道岛

阁道岛太阳微笑旅馆
Sun Smile Travel & Lodge Ko Tao　　　　旅馆

◆客房宽敞明亮，设备设施齐全完善，在这里居住会感到很舒适。这里配有旅行社，可以买到各种票和参加各种旅行团。这里的工作人员英语很好，亲切热情。

Map p.413
住 15/35-38 Moo 1，Sairee Beach
TEL 0-7745-6813　FAX 0-7745-6344
E sunsmile_kohtao@yahoo.com
费 AC D 350 泰铢～ S T 1500 泰铢～
CC M V （+3%的手续费）
房间数 14 间
WiFi 免费

坤英旅馆
Khun Ying House　　　　旅馆

◆旅馆干净整洁，价钱适宜。客房内配有电视和冰箱。在这个价位来说，设备算是很全了。这里还有1个客房8张床的多床房（别栋 Good Dream）。一层有旅行社和网吧（1分钟2泰铢）。

Map p.413
住 15/19, Moo 1，Sairee Beach
TEL 08-1483-1245
费 F S T 800 泰铢～（公共浴室）
AC D 350 泰铢～ S T 1400 泰铢～
CC M V （+3%的手续费）
房间数 9 间 +32 张床
WiFi 免费

阁道岛背包客旅舍
Koh Tao Backpackers Hostel　　　　旅馆

◆多床房全部都是男女共用的8人房间。共用淋浴房，有热水。可以使用相关联酒店的泳池。参加潜水课堂可以免住宿费。计划增建二层。

Map p.413
住 14/102 Moo 2，Sairee Beach
TEL 08-8447-7921
URL www.kohtaobackpackers.com
费 AC D 300 泰铢
CC 不可使用
房间数 4 间（32张床）　带泳池
WiFi 免费

南园岛

南园岛潜水度假村
Nangyuan Island Dive Resort　　　　酒店

◆这是南园岛唯一的一家住宿设施。所有客房都是海景房。简易小木屋零星地分布在三个岛屿上，设备和费用都不相同。豪华房有热水淋浴，24小时可以用电。可以使用连接网络的电脑，1分钟3泰铢。

Map p.411-A
住 46 Moo 1，Ko Nangyuan
TEL 0-7745-6088~93
FAX 0-7745-6088
URL www.nangyuan.com
费 F S T 1500 泰铢～ AC S T 2000 泰铢～（包含办理入住和退房时从阁道岛的往返船费）
CC J M V （+3%的手续费）
房间数 70 间

餐厅
Restaurant

在这里住宿的欧美人较多，所以这里有很多意大利餐厅和法国餐厅，还有一些咖啡厅。这里西餐的档次也比较高。

泡特北罗地中海酒吧
Porto Bello Mediterranean Bistro

◆这是一家地中海美食餐厅酒吧，服务周到，菜品味道鲜美。这里的比萨170泰铢～。特色美食通心粉、肉食和鱼类的菜品也都非常美味可口。比萨、通心粉和沙拉可以送外卖。

Map p.413
住 9/39 Moo 1，Sairee Beach
TEL 0-7745-7029，外卖：08-4440-7028
URL www.portobellokohtao.com
营 每天 17:00～23:00
CC 不可使用

塞里塞里餐厅
Sairee Sairee Restaurant

Map p.413

◆餐厅和旅馆同在一个建筑内，时尚豪华的装修十分吸引人。不仅有香甜松软的牛排（250克，290泰铢~），还有比萨和意大利面等美食，都是140泰铢~，分量十足。位于塞里海滩的中心位置。

住 30/10 Moo 1，Sairee Beach
电 0-7745-6216
营 每天 8:00~23:00（LO）
CC 不可使用

銮帕餐厅
Luang Pae Restaurant

Map p.411B

◆銮帕餐厅位于高地上，白天十分清爽，傍晚时分眺望着远处的风景，浪漫气氛浓厚。这里有泰国美食和西餐，评价都特别高。最受欢迎的是菜单中"E4"的菜品——红酒煎菲力牛排350泰铢。肉比较厚，浇上调味料，十分美味。如果预约还可以免费接送（需要咨询）。

住 Mae Haat
电 0-7745-7090，08-6287-1039
营 每天 10:00~24:00
CC 不可使用

绿色椅子餐厅
Blue Chair Restaurant

Map p.413

◆采用以绿色为主体颜色的室内装修，是一家可爱的泰国餐厅。到了夜里就会点上蜡烛，有一种浪漫的氛围。这里有炒菜、咖喱饭、冬荫功汤等美食，70~90泰铢，价格适宜。

住 24 Moo 1，Sairee Beach
电 09-2234-1131
营 每天 8:00~22:00
CC 不可使用

导叨维塔
Dolce Vita

Map p.412

◆这是一家意大利餐厅兼红酒酒吧，由经验丰富的意大利主厨掌管。自制的意大利面、比萨和甜点都非常受欢迎。除了牛排和海鲜食品，西红柿面也广受好评，且分量十足。

住 Mae Haat
电 08-4845-3785
营 每天 12:00~22:00
CC 不可使用

塔淘海景餐厅
Taa Toh Seaview Restaurant

Map p.411-B

◆在这里开放的平台上用餐，可以俯视着海湾，感觉很舒适。这里有泰国菜和西餐，享用美食的同时，可以悠闲地沏一杯茶，特别惬意。

住 44 Moo 3，Tiang Og Bay
电 0-7745-6502
营 每天 8:00~22:00
CC M V

恰罗克寺港餐厅
Chalok Harbor Restaurant

Map p.411-B

◆面朝大海而建的餐厅，视野极好。这里有泰国菜和一些国际美食。

住 19/1 Moo 3，Chalok Baan Kao
电 0-7745-6133
营 每天 7:00~22:00
CC M V（消费500泰铢以上可以使用）

---

995 烤鸭餐厅
995(Roasted Duck)

Map p.413

◆这家餐厅的主食是烤鸭（180泰铢）和面食。面食一份70泰铢~，照片上的烤鸭面（带汤）70泰铢。鸭汤味道鲜美可口，十分受欢迎。

住 Moo 1，Sairee Beach
电 无
营 每天 10:00~21:00
CC 不可使用

卡酷莱亚餐厅
Kakureya Japanese Bar Restaurant

Map p.412

◆ 这是一家日本料理小酒馆，里面的美食是根据当季的食材手工制作的。推荐软炸竹夹鱼（270泰铢）和红烧猪肉（230泰铢）。从餐厅的高地处可以登高望远，俯视湄海滩的街市和海域。这里的座席较少，来前最好预约。

住 25/40 Moo 2, Sonserm Rd.（Soi Ruam Jai）
电 08-6059-0408
营 每天 16:00~22:00（LO 21:30）
休 6月、11月
CC 不可使用

扎斯特明餐厅
Just Ming Restaurant

Map p.413

◆ 这是一家日本食堂，刚炸出锅的猪排做出来的猪排饭 80泰铢，放有很多蔬菜的咖喱饭 130泰铢等，分量很足。这里也有泰国美食，80泰铢左右。

住 14/2 Moo 1, Sairee Beach
电 08-7920-5586
营 每天 7:30~18:00
CC 不可使用

夜店
Night Spot

菲式沙滩
Fizz Beach Lounge

Map p.413

◆ 这里是岛屿内最时尚的海滩酒吧。一边听着DJ播放的音乐，一边悠闲地窝在舒适的沙发里，心情愉悦得能让人忘记时间的流逝。

住 Moo 1, Sairee Beach
电 08-6278-7319
营 12:00~次日 2:00（淡季~次日 0:00）
CC 不可使用

水疗馆、按摩店、瑜伽
Spa、Massage、Yoga

阁道岛壮丽水疗馆
Majestic Spa Koh Tao

Map p.413

◆ 这家豪华的水疗馆位于塞里海滩中心稍微向北走一点的位置。充满高档感，房间干净整洁，手法熟练的工作人员技艺高超，能够治愈身心的疲劳。足底按摩60分钟400泰铢，芳香精油按摩60分钟600泰铢，这里还有蒸汽桑拿和极可意按摩浴缸。

住 14/41 Moo 1, Sairee Beach
电 08-4356-4421、09-1309-8839
营 每天 10:00~24:00（最终接待时间 23:00）
CC 不可使用

加玛卡瑞水疗度假村
Jamahkiri Resort & Spa

Map p.411-B

◆ 位于可以俯视岩石海滩的绝佳地点。"加玛卡瑞"的意思是"山中的乐园"。在这里可以选择喜欢的精油，进行精油按摩和泰式古典式按摩，这里还有芦荟身体护理、蒸汽桑拿等服务。3小时包含3种服务的加玛卡瑞套餐 1950泰铢。这里还有可以住宿的别墅豪华客房（共36间）。

住 21/2 Moo 3, Ao Thian Ok
电 0-7745-6400
URL www.jamahkiri.com
营 每天 10:00~22:00（最终接待时间 19:00）
休 无
CC M V

418

香巴拉瑜伽中心
Shambhala Yoga Centre

Map p.413

◆这家瑜伽俱乐部以哈他瑜伽为主，在欧美游客里面特别有人气。所有级别的瑜伽班都不需要预约，可以轻松前来咨询。1次300泰铢，10次2500泰铢。

住 Blue Wind Resort, 14/2 Moo 1, Sairee Beach
TEL 08-4440-6755
URL www.shambhalayogakohtao.com
営 上午 每天 10:00~12:00，下午 周一、四、五 19:00~20:30、周二、三、六 17:00~18:30
休 无　CC 不可使用

 潜水商店、旅行社
Dive shop、Travel agency

　　岛内有30家以上的学校，有些店也有中国专员，但11~12月季风的时候或者有旅行团的时候，中国专员可能不在，需要事前确认。

大佛潜水度假村
Buddha View Dive Resort

Map p.411-B

◆大佛潜水度假村面朝岛屿南部的察洛克班拷海滩，这里还有住宿设施，提供潜水服务。可以根据游客的实际情况来安排课程。

住 45 Moo 3, Chalok Baan Kao Bay
TEL 0-7745-6074
FAX 0-7745-6210
URL www.taotou.com
営 每天 7:00~18:00
休 11月~1月中旬
CC M V

亚洲潜水度假村
Asia Divers & Resort with Hobo-Ya

Map p.413

◆亚洲潜水度假村位于塞里海滩，里面有泳池，可以提供潜水服务。潜水体验以及教学都有专员辅导，可以放心参加。

住 18/1 Moo 2, Sairee Beach
TEL 08-1958-0214（呼叫中心）
URL www.hobo-ya.com/kohtao
営 7:30~21:00
休 11月~1月中旬
CC M V

大蓝潜水
Big Blue Diving Chaba

Map p.413

◆2014年8月，搬迁到了塞里海滩特别受欢迎的酒店里，里面还有咖啡厅。这里有潜水体验项目，有经验丰富的教练进行指导。

住 14/126 Moo 1, Sai Ree Beach
TEL 0-7745-6179
営 每天 8:00~19:00
休 12月~次年1月
CC M V

欢乐时光探险
Goodtime Adventures

Map p.413

◆旅行社推出攀岩、蹦极和徒步爬山等多种项目，可以充分体验阁道岛大自然的美好风光。这里有经验丰富的工作人员可以对应初学者或者专业人士。这里还有空中飞人套餐。别栋内有集体宿舍和旅馆房。

住 South Sairee Beach
TEL 08-7275-3604
URL www.gtadventures.com
営 每天 8:30~19:00
CC 不可使用

潜水者的天堂，让我们在阁道岛开始潜水吧！

●潜水的第一步：取得C卡（潜水证）

鱼类生活的海洋与大陆是完全不同的两个世界，十分美丽。可以轻松自在地体验海底世界的运动就是潜水了。由于人类不能在海里呼吸，行动也受限制，所以必须借助可以呼吸的氧气瓶和潜水器材，这样就可以自由自在地在水里游玩了。

由于水中世界和陆地上不同，进入水中世界前，需要掌握专业的知识和技巧才能更好地享受潜水。所以要考取叫作C卡的潜水证书。课程会教授潜水器材的使用方法，以及安全快乐潜水的技巧。虽然说是上课，但不是特别辛苦，绝大部分游客都可以快乐地学习知识和技巧。课程结束后就会发C卡，天晴的时候就可以作为一名潜水者进入到海洋的世界。

顺便提一下，所谓的"潜水体验"是针对那些没有潜水资格、没有C卡却向往潜水活动的游客。可以在一些水浅浪小的海域短时间潜水。泰国潜水证的费用比较低，所以如果时间充裕的话可以在这里参加课程，取得C卡。

●在泰国享受潜水

泰国南部，以马来半岛为界，东侧是泰国湾，西侧是安达曼海，这两片海域的气候不一样。泰国湾是被印度尼西亚半岛和马来半岛包围的平稳海域，另一边的安达曼海则和印度洋相连，有色彩斑斓的鱼类。两片海域可以看到的鱼类和水中的景观有一些差异。还有，两片海域游玩的最佳季节刚好错开，所以全年都可以在两片海域之一体验潜水的乐趣。西侧有普吉岛和皮皮岛周边地区，东侧是阁沙梅岛（苏梅岛）和阁道岛等，都是潜水比较有名气的地方。

其中，最近几年潜水者激增的就是位于泰国湾一侧距离马来半岛70公里的岛礁——阁道岛。这里比普吉岛、皮皮岛、阁沙梅岛（苏梅岛）开发晚了一些，现在岛上还保留着充满大自然气息的神秘氛围。岛

课程的中间，可以悠闲地在海滩放松

屿周边有很多奇形怪状的岩石，地形多变。附近的潜水点可以看到美丽的水中景观。阁道岛水流平缓，适合潜水初学者，而且物价水平较低，另外在这里还很容易遇到大型鲸鲨。因此吸引了很多游客前来这里游玩，有初学者到专业人士等各种水平的游客。

海面上聚集的潜水用船

●在阁道岛取得C卡

阁道岛聚集了潜水初学者迈出第一步的最重要因素——海域平稳有魅力、价格低廉实惠。如果在这里开始学习潜水，推荐找一家靠谱的潜水店。

潜水课程的学习内容会涉及"如何更加安全地潜水"，其中还会有一些由于理解不透彻导致遇难的实例。如果英语不是特别出色，英语授课的课程就应该有理解不透彻的地方，所以还是建议选择用汉语授课的学校。岛内潜水的费用，任何一家店都差不多。相反如果费用太过低廉，很可能是一块儿上课的学生有很多，或者是报名的时候说汉语，授课的时候变成了外国人授课。所以报名前一定要确认清楚。

阁道岛上正规经营的潜水店的都会非常负责细致地教给初学者技巧。如果有机会来阁道岛，一定要体验一下潜水，去看看美丽的海底世界。

通过潜水来观看水中的世界

那空是贪玛叻

Nakhon Sri Thammarat นครศรีธรรมราช
南部的佛教中心地带

过去，这座城市被称为"姆安那空"，7~8世纪在室利佛逝时代，这里曾是佛教的中心地带。13世纪时和南印度特别是斯里兰卡的交易特别频繁。有很多商人在塞卡欧海边定居。据推测，这一带是现在的玛哈泰寺的所在地，昔日被外国人称为"六昆"。

在这里可以看到泰国南部的传统技能

那空是贪玛叻 漫步

城市的中心位于火车站周边，这里聚集了酒店、银行和市场。从那里向南是拉差达慕路（Ratchadamnoen Rd.），沿着街道行走3公里左右便是佛教的圣地玛哈泰寺（Wat Phra Mahathat）。国家博物馆在玛哈泰寺更靠南的地方。

零星分布在城市里的古代佛教遗址

那空是贪玛叻 主要景点

玛哈泰寺 Wat Phra Mahathat   Map p.422
建立在南部佛教中心地带的巨大佛塔

巨大的白色佛塔高度大约53米（有的资料记载是77米和78米），据说佛塔建立于室利佛逝时代。里面供奉着从斯里兰卡转移来的佛祖舍利。佛塔周围的回廊有很多的佛像，还供奉着鼻子上绑着蝴蝶结的大象雕像。从早晨开始就有很多虔诚的信徒前来参拜。寺院内有一座小型的博物馆，展览着睡佛、佛像、骨头等。

泰国国内第二高的佛塔

国家博物馆 National Museum   Map p.422
喜欢历史的游客不容错过

国家博物馆开业于1974年，里面主要展示了南泰国北部的历史遗产。一层公开展览了各王朝的遗物，涉及堕罗钵底王朝、室利佛逝王朝、素可泰王朝、大城王朝以及现在的却克里王朝。这里有很多展览品和佛像、法器有关，通过在此参观可以了解泰国佛教文化的变迁。二层展览了古代使用的农具、渔具、皮影等生活用品和工艺品。这里有中国制造的陶

Thailand South

泰国南部 ● 阁道岛／那空是贪玛叻

🚌 交通
从曼谷出发
AIR： 从廊曼国际机场，飞鸟航空1天3次航班，亚洲航空公司1天2次航班，需要大约1小时5分钟。日程安排和运费请参考网页（→ p.503）。
BUS： 从南部巴士总站出发需要12~13小时，VIP车986~1064泰铢，一等车634~739泰铢。
RAIL： 从华兰蓬火车站出发每天2班车，大约需要15小时，一等卧铺1272~1472泰铢，二等卧铺728~828泰铢，二等座458泰铢，三等座283泰铢（根据火车种类不同价格也有所不一样）。
从合艾出发
BUS： 需要大约4小时，普通车70泰铢。

❄️ 旅游小贴士

市内的交通
双条车沿着拉差达慕路南北行驶，在市内移动需要10泰铢。

玛哈泰寺
🕐 每天 8:00~16:30
💰 免费
玛哈泰寺是通称，正式的名字为"玛哈泰·窝拉玛哈·维罕"（Wat Phra Mahathat Woramaha Wihan）。
🚗 从火车站乘坐双条车（10泰铢）或者乘坐摩的（50泰铢~）。

寺院内的博物馆
🕐 每天 8:30~16:00
💰 随意捐赠（最少20泰铢）
博物馆内禁止拍照。

国家博物馆
🕐 周三～周日 9:00~16:00
🚫 周一、周二、节假日
💰 150泰铢（外国游客费用）
🚗 从火车站乘坐双条车（10泰铢）或者乘坐摩的（30泰铢~）。

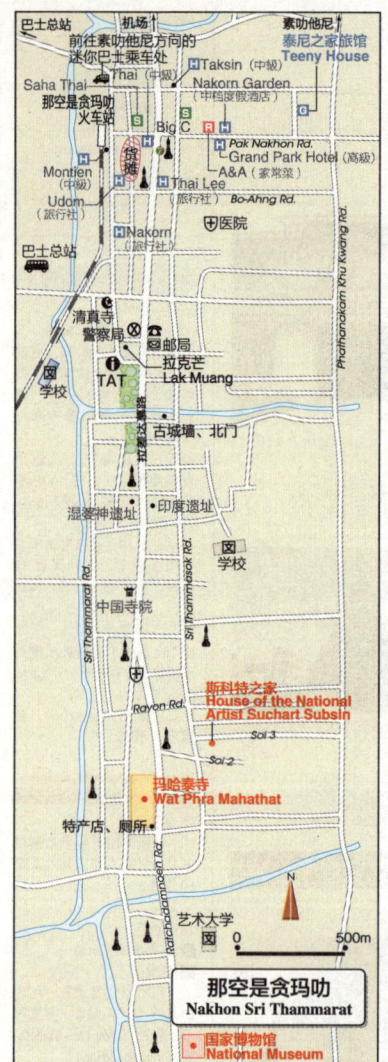

瓷器、泰国的青瓷和日本的有田烧等。屋外也有遗址的展示。

斯科特之家
House of the National Artist Suchart Subsin
Map p.422

皮影道具、皮影戏

泰国南部有一种名为"南"（Nang）的传统皮影戏表演。这是一种用牛或者水牛的皮革制作出皮影道具，由小棍操作投影的表演，据说是从印度流传过来的，在印度尼西亚和马来西亚也可以看得到。在这里居住的斯科特（Mr. Suchart Subsin）一度使这种失传了的传统文化再次复兴，因而受到了国王的表彰，被称为皮影戏大师。这里是斯科特住的地方另外兼制作工坊和商铺、南塔銮博物馆（Nang Talung Museum），另外还有表演皮影戏的小屋。年迈体弱的斯科特后来让他两个儿子继承他的家业，游客们可以看到他们在制作工坊制作皮影的过程。大家可以在表演皮影戏的小屋观看皮影戏，故事内容根据人数和观看皮影戏的群体不同而有所不一样。面向外国游客的皮影戏在10~20分钟。

有一个博物馆和小屋

手工制作皮影让人印象深刻

斯科特之家
住 6 Soi 3，Sri Thammasok Rd.
电 0-7534-6394
开 每天 9:00~16:30
费 50 泰铢。包含参观皮影戏表演的费用，需要预约。

皮影戏表演小屋再往里，有一座陈列着古代生活用品和工艺品的建筑物，可以免费参观。

皮影时近时远，有一种梦幻的氛围

酒　店
Hotel

泰尼之家旅馆
Teeny House
Map p.422

◆从火车站向东延伸的帕库·那空路进入一条小路里面。客房内干净整洁，色彩鲜艳的装修显得十分可爱。有10间房是双人房，还有1间可3人用的豪华房。所有客房都带热水淋浴。

旅馆

住 12/51 Lung-Taladsod Khu Khwang Rd.
电/FAX 0-7535-7156、08-1956-4705
E teeny_house@hotmail.com
费 AC S T 500泰铢、650泰铢
CC 不可使用
房间数 11 间
WF 免费

拉廊 Ranong ระนอง

连接缅甸的温泉之乡

悠闲寂静的拉廊市区

拉廊位于马来半岛最为狭窄的克拉峡谷南侧，在安达曼海一侧有渔港。从这里可以看到对岸的缅甸最南端的城市——高当，还可以从这里去参观拜访。拉廊的郊外多是未经开发的自然小岛和森林地带，现在作为一个新的旅游休闲胜地正在引起人们的关注。

拉廊 漫步

拉廊城区的中心道路是路安拉特大街（Ruangrat Rd.），这里聚集了酒店、银行和市场，市场的前面是双条车的停靠站。面向道路的建筑物，二层部分如屋檐般延伸到步行街上，颇具马来半岛上福建华人众多的小镇的风貌。也有的店铺挂出缅甸语的牌子，在这里还可以经常看到穿着传统服饰的缅甸人。

拉廊 主要景点

热泉（温泉）Hot Spring
拉廊的象征——河里有水喷出

拉廊为一个温泉胜地，在这里有两处公园，可以欣赏温泉水从河里喷涌而出。距离市中心较近的拉库萨瓦林温泉（Raksawarin Hot Spring），建筑物的旁边有泡脚的地方，可以免费使用。稍微有些热，泡上5分钟全身都会变得很暖和。附近有拉廊缇妮迪酒店经营的缇妮迪温泉（Tinidee Hot Springs），费用是40泰铢。从市内向南13公里的国家公园里也有蓬拉温泉（Pornrung Hot Sping），里面有露天的浴池。

Thailand South

泰国南部 ● 那空是贪玛叻／拉廊

交通

这里有往返于城市市场前和巴士总站的双条车，15泰铢。

从曼谷出发
AIR：从廊曼国际机场出发，飞鸟航空1天1个航班。需要1小时35分钟。详细内容请参考官网（→p.503）
BUS：从南部巴士总站出发，大约需要9小时。VIP车725泰铢、544泰铢，一等车466泰铢，二等车363泰铢。

从普吉岛出发
BUS：需要5~6小时，一等车240~270泰铢。

从春蓬出发
BUS：需要大约3小时，100~130泰铢，迷你巴士150泰铢。

拉库萨瓦林温泉
市场前有双条车，大约10分钟，20泰铢。
免费

缇妮迪温泉
每天7:00~21:00
从市场乘坐双条车前往，大约10分钟，20泰铢。
40泰铢（毛巾等免费提供），有更衣室、柜子

蓬拉温泉
从巴士总站乘坐出租车200泰铢。
200泰铢

前往缅甸的船坞码头
可以乘坐在城市里行驶的双条车和摩托车。

带有屋顶的半露天蓬拉温泉

跨越国境

■ 缅甸一日游

拉廊的出入境管理处

穿越国境的费用
合乘渡船100泰铢~，包船需要400~500泰铢。进城费10美元。这里只接受新币，所以来的时候要准备好比较新的纸币。出入境管理处有商店，但价格有些贵，500泰铢新币可以买10美元的东西。

出入境管理处
☎ 0-7781-3225
⏰ 每天 7:00~18:00
16:30 停止接待。

在海峡的对岸是缅甸最南端的城市高当（Kawthaung，维多利亚 Vivtoria Point），如果有跨越国境的计划，事先要根据自身情况，办理好签证。首先到市内的帕克纳姆港（Paknam Municiple Pier）的萨潘啦出入境管理处（Sapanpla Immigration Check Point）办理出境手续，然后和船员协商价格，乘坐长尾船前往。30~40分钟就可以到缅甸的入境管理处的小岛，船员把护照的复印件出示给相关的工作人员。到达高当码头后，首先要把护照的复印件提交给警察，然后在入境管理局缴纳进城的费用。船到达码头后，有很多的缅甸人要来帮忙办理进入缅甸的手续，然后收取手续费，这时候一定要干脆地拒绝掉。办完手续后，乘坐摩托车等工具，去码头附近的市场或者山上参观睡佛等，在城里好好转一圈。

酒 店
Hotel

稍微远离城市的地方有两家高档酒店，路安拉特大街沿线有数家中档酒店和旅馆。也有可以泡温泉的住宿设施。

拉廊缇妮迪酒店
Tinidee Hotel@Ranong　　　　　　　　　　　酒店

Map p.423

◆拉廊缇妮迪酒店是市内最高档的酒店。这里设施设备齐全，有健身中心、泳池、餐厅和使用温泉的露天浴池等。冰激凌酒吧是市内最火的夜店。2011年在酒店的旁边开了另外一家姊妹店"缇妮迪酒店"（Tinidee Inn）570泰铢~（不含早餐），非常漂亮美观，也可以使用拉廊缇妮迪酒店的露天浴池和泳池。在这里住宿的游客去往缇妮迪温泉不收取费用。

🏠 41/144 Tamuang Rd.
☎ 0-7782-6003~6
📠 0-7783-5238
🌐 www.tinideeranong.com
费 1690泰铢~
CC AJMV
房间数 138间
WiFi 免费

拉廊特兰德酒店
The b Ranong Trend Hotel

酒店   Map p.423

◆ 2011年开业，这里的客房、餐厅、酒吧和大厅等设施都非常时尚。屋顶上的开放泳池可以观看城市夜景，充满了度假休闲的氛围。提前预约，住宿费可以便宜100泰铢。餐厅里还有牛肉火锅自助（169泰铢）。

住 295/1~2 Ruangrat Rd.
TEL 0-7782-3111
URL thebranong.com
费 AC S T 1300泰铢~
CC A J M V （+3%的手续费）
房间数 23间　带泳池
WiFi 免费

猕猴桃兰花旅馆
KIWI Orchid & PL Guesthouse

旅馆兼旅行社   Map p.423

◆ 位于巴士总站附近的旅馆兼旅行社。房屋朴素，淋浴只有凉水。这里有英语水平特别好的茶依姐帮忙，可以安排巴士、旅行团、缅甸观光和租赁摩托车等。在餐厅可以吃到帕泰和拉廊的著名特产龙虾，还有纯咖啡也非常美味。可以使用连接网络的电脑，1小时40泰铢。

住 96/19-20 Moo 1, Phetkasem Rd.
TEL 0-7783-2812、08-1691-0404
E jaikangkleaw@yahoo.co.th
费 F S T 250泰铢~（公共浴室）
CC 不可使用
房间数 8间
WiFi 免费

餐厅
Restaurant

拉廊隐蔽的餐厅酒吧
Ranong Hideaway Restaruant & Bar

Map p.423

◆ 这里的菜品种类十分丰富，让人难以取舍。这里的泰国美食有罗勒炒肉盖饭45泰铢和帕泰50泰铢等，价格实惠。西餐分量也十足，包括牛排75~350泰铢和意面135泰铢~，自家制作的比萨195泰铢~，等等。店内有Wi-Fi。

住 323/7 Ruangrat Rd.
TEL 0-7783-2730
URL www.ranonghideaway.com
营 每天 10:00~23:00
CC 不可使用

水疗馆
Spa

拉廊遥罗水疗馆
Siam Hot Spa Ranong

Map p.423

◆ 水疗馆的前面就是温泉，距离非常近。进入温泉需要150泰铢，单间需要600泰铢（可以进入2个人），包括饮料、毛巾、租赁泳衣。这里还有脚底按摩60分钟300泰铢，泰式按摩90分钟400泰铢等服务。

住 73/3 Moo 2, Phetkasem Rd.
TEL 0-7781-3551~3
FAX 0-7781-3554
URL www.siamhotsparanong.com
营 每天 10:00~20:00
CC 不可使用

泰国南部 · 拉廊

Thailand South

文前图正面-A1

交通

从曼谷出发
AIR： 从素万那普国际机场出发，泰国国际航空1天10~16个航班，大约需要1小时25分钟，3015泰铢~。除此之外，曼谷航空公司1天6~7个航班。也有便宜的航空公司有航线，详细内容请参考官网（→p.503）。
BUS： 从南部巴士总站、北部巴士总站出发需要14~15小时。VIP车704、938泰铢，一等车603泰铢、794泰铢，二等车529泰铢、543泰铢。
RAIL： 从华兰蓬火车站出发，乘坐夜行列车到素叻他尼，然后再换乘大巴，比坐直达巴士更舒适。

从阁沙梅岛（苏梅岛）出发
AIR： 曼谷航空公司每天5~6次航班，需要大约50分钟，3200泰铢~。

从甲米岛出发
BUS： 需要3~4小时，260泰铢，迷你巴士140-400泰铢。

从素叻他尼出发
BUS： 需要大约4小时30分钟，195泰铢~。迷你巴士200泰铢~。

从皮皮岛出发
BOAT： 1天7班，需要2~3小时，费用根据乘坐的船而定，300-500泰铢（去往普吉镇、各海滩酒店的车费另算）。注意季节不同时，发船次数和出发时间会有所变动。

从合艾出发
BUS： 需要大约12小时。VIP车521泰铢，一等车376泰铢，二等车293泰铢，迷你巴士260泰铢~。

实用信息

普吉岛国际机场
URL www.airportthai.co.th
机场巴士
前往普吉镇
URL www.airportbusphuket.com
前往芭东海滩
URL www.phuketairportbusexpress.com
出租车呼叫中心
TEL 1584（泰语）
可处理一些和出租车发生摩擦或者遗忘物品在出租车上的情况。

普吉岛 *Phuket* ภูเก็ต

泰国最大的岛屿，被誉为"安达曼海的珍珠"

普吉岛是泰国最有名气的度假旅游胜地。这里有私密氛围浓厚的海滩和热闹非凡的夜生活，以及各种水上运动。而且这里可以满足不同游客的住宿需求，从简易小木屋到超高档的豪华酒店，应有尽有。

最有名气的是芭东海滩

到达普吉岛

■从机场前往普吉镇和各海滩

普吉岛国际机场位于岛屿的北部，乘坐出租车从机场到普吉镇大约需要30分钟。到达岛屿的最南端需要将近1小时。这里也有双条车和迷你巴士，不过途中停留站点较多，比较花费时间。

豪华客车出租车： 从机场到普吉镇需要650泰铢，到达芭东海滩需要800泰铢。在机场到达大厅附近有柜台。

打表出租车： 出了出口向右，有柜台可以咨询。询问后，按照指定的号码乘坐出租车。费用是打表的金额加上100泰铢的手续费。到达芭东海滩需要800泰铢左右。根据场所不同，有时要比豪华客车出租车便宜。但是需要等车，会花费一些时间。

迷你巴士： 从机场到普吉镇需要150泰铢，到达芭东海滩需要180泰铢，到达卡伦海滩、卡塔海滩需要200泰铢。可以在目的地或者目的地附近下车。

机场大巴： 到达普吉镇的老巴士总站（长途巴士总站1 MAP p.429-B2）需要大约1小时30分钟，100泰铢。自2013年7月起前往芭东海滩的普吉岛机场大巴快车开始运营。到达芭东海滩需要2小时，120泰铢。

双条车： 巴士总站外面的道路有乘车处，到达普吉镇的拉廊路（Ranong Rd.）需要30泰铢。

■乘坐长途巴士到达普吉岛

主要的长途巴士到达2012年开始运营的普吉镇北侧4公里处的新巴士总站（长途巴士总站2。MAP p.427-B3~C3）。到达普吉镇乘坐双条车10泰铢，摩的80泰铢~，出租车200泰铢。如果前往岛屿南部的各海滩，乘坐摩的250~300泰铢，乘坐出租车450~600泰铢。一部分巴士到达拉廊路的老巴士总站（长途巴士总站1），这点需要注意。

■从码头前往普吉镇、各海滩

皮皮岛或甲米岛，有船抵达普吉镇东部的拉萨达码头(Ratsada Pier MAP p.427-C4)。买票的时候，要确认一下是否包含到酒店的车票。

426

实用信息

❶ TAT
MAP p.429-B1
住 191 Thalang Rd.，Talad-Yai
TEL 0-7621-1036、2213
FAX 0-7621-3582
开 每天 8:30~16:30
URL www.tourismthailand.org/phuket
除了能够领到地图和宣传册，还有免费的咖啡

旅游区警察局
MAP p.429-A1 外，p.431-A2
TEL 1155

出入境管理中心
MAP p.429-B2 外
住 482 Phuket Rd.
TEL 0-7622-1905
URL www.phuketimmigration.go.th
开 周一~周五 8:30~16:30
休 周六、周日、节假日
※ 芭东海滩有出入境管理中心和旅游区警察局入驻。
Public Service and Tourist Security Center (MAP p.429-A2)
开 周一~周五 10:00~15:00
休 周六、周日、节假日

泰国国际航空
MAP p.429-A1
住 78 Ranong Rd.
TEL 0-7636-0444
FAX 0-7636-0485~6
机场办事处
TEL 0-7632-7144、0-7632-7246、0-7635-1218

曼谷航空
MAP p.429-A1
住 158/2-3 Yaowarat Rd.
TEL 0-7622-5033~5
呼叫中心 1771
机场办事处
TEL 0-7620-5400~2

普吉镇医院
普吉岛曼谷医院
Bangkok Hospital Phuket
MAP p.429-A1 外
TEL 0-7625-4425
URL www.phukethospital.go.th
开 24 小时
可以做人工透析。

芭东海滩的医院
瓦塔那国际医院
Wattana International Clinic
MAP p.431-A3
TEL 0-7634-0690、0-7634-1244
URL wattanaclinic.com
开 周一~周六 9:00~19:00（周日只接受复诊）

普吉岛 漫步

普吉岛的总面积大约 543 平方公里，南北长约 45 公里，面积宽广。但是岛内的公共交通不是特别完善，出行较为不便。如果要游览景点，就参加负责接送的旅行团吧。

■ 岛内的交通工具

连接城镇和海滩的双条车，其标记是蓝色的喷涂

游客可以乘坐的交通工具有双条车、巴士、嘟嘟车、摩的等。如果到处逛，建议租赁汽车或者摩托车，便宜又方便。在旅行社可以租带有导游司机的车。

双条车、巴士：有固定线路的交通工具。普吉镇拉廊路的巴士乘车处是起点，不过在各海滩之间移动相对来说就不方便了。虽然乘坐起来不怎么舒服，不过比较便宜。运行时间为 7:00~18:00，主要的线路几乎是每隔 30 分钟就有一班车，中途乘车的时候，要举手示意，可以在固定线路上方便的地方下车。

在普吉镇内和周边，也有被称为微型巴士的粉色双条车在行驶。线路有三条，线路图可以从泰国观光局 TAT 获取。每天的 6:30~20:30，每隔 15~30 分钟就有一班车运行，费用为 1 次 10 泰铢~。

嘟嘟车（出租车）：普吉岛内的嘟嘟车均为小型卡车或者面包车改造而成，里面有简单的座椅。费用可以交涉，语言不通的时候就写在纸上确认清楚。

摩的：城镇内、各海滩内都是 40 泰铢~。

租赁汽车、租赁摩托车：除了 Avis、Hertz 之外，普吉镇和各海滩都有租赁汽车和摩托车的店铺。费用为 110cc 摩托车 1 天 200~300 泰铢，SUV 汽车 1 天 2400 泰铢左右~，乘用车 1 天 1400 泰铢~（不含油费）。芭东海滩周边有很多坡和多弯地带，道路难行，多发交通事故。普吉镇周边的交通量比较大，一定要注意安全。乘坐摩托车的时候一定要戴好安全帽。

● 从拉萨达码头出发的迷你巴士、出租车费用

目的地	迷你巴士	出租车
普吉镇	100 泰铢	1 人 100 泰铢
普吉岛国际机场	200 泰铢~	600 泰铢
芭东、卡塔、卡伦海滩	150 泰铢~	500 泰铢
班塔欧海滩	—	600 泰铢
奈通、奈杨海滩	—	600~700 泰铢
查龙湾、拉崴海滩	—	600 泰铢

● 从普吉镇出发的双条车费用和所需时间

目的地	费用	时间
芭东海滩	30 泰铢~	25 分钟
卡伦海滩	35 泰铢~	35 分钟
卡塔海滩	35 泰铢~	30 分钟

● 从普吉镇出发的嘟嘟车、出租车费用

目的地	费用
城镇内	100 泰铢~
芭东海滩	500 泰铢~
卡伦海滩	600 泰铢~
卡塔海滩	600 泰铢~
普吉岛国际机场	600 泰铢~

● 从新巴士总站出发的出租车、摩托车费用

目的地	出租车	摩托车
普吉镇	200 泰铢	80 泰铢
老巴士总站	200 泰铢	60 泰铢
拉萨达码头	400 泰铢	120 泰铢
芭东海滩	450 泰铢	250 泰铢
卡伦海滩	600 泰铢	280 泰铢
卡塔海滩	500 泰铢	280 泰铢
拉崴海滩	500 泰铢	250 泰铢
普吉岛国际机场	600 泰铢	—

自由行游客的强大后盾

普吉岛是泰国最大的岛屿。不过独自寻找住宿的地点、独自寻找景点，还是很不方便。相比之下利用旅行社容易得多。去酒店或水疗馆，通过旅行社还会有折扣，通过旅行社也可以更有效率地参观景点。

Ⓣ J & R 旅行社　J&R Travel　　MAP●p.431-B2

住 135/19 Paradise Complex, Rat-U-Thit Rd., Patong Beach
电 0-7634-4093、08-0519-7770　FAX 0-7634-4094、0-7629-2632
URL www.jandrphuket.com　营 每天 9:00～20:00

普吉岛经营多年的旅行社，可以介绍酒店和安排买票以及提供旅行团的服务。根据亲身经历向游客介绍观光景点。

Ⓣ 好棒屋普吉岛店　Ho-bo-Ya Phuket & Similan　　MAP●p.427-B4

住 135/31 Moo 4, Chalong Bay　电 0-7628-0282（呼叫中心）
FAX 0-7628-0300　营 8:30～21:30（电话接待是每天 8:00～22:00）
URL www.houbou-ya-phuket.com

旅行社可以安排旅行团和酒店，在阁沙梅岛（苏梅岛）、阁道岛有分店。名气特别大。这里还有住宿设施，可以提供停留一晚的服务。

Ⓣ 山竹旅行社　Mangosteen Travel　　MAP●p.427-B4

住 23/480 Moo 2, Phanason City Thepanusorn Villa
电 08-9867-2723　URL www.phuket-kankouryokou.com
营 每天 9:00～18:00（电话预约截止到 21:00）

这里可以安排各种旅行团，有很多特别受欢迎的观光旅行。

旅游小贴士

嘟嘟车的纷争

普吉岛的嘟嘟车在海滩内活动就收费 200 泰铢，要比其他地区贵很多，因此特别容易引起纷争，建议尽量不要乘坐。发生纠纷的时候可以与出租车呼叫中心联系。电 1584、08-9646-8222。

粉色双条车

经过长途巴士总站 2、萨哈品（普吉镇的南侧）的寺莱岛方向的 3 路车。

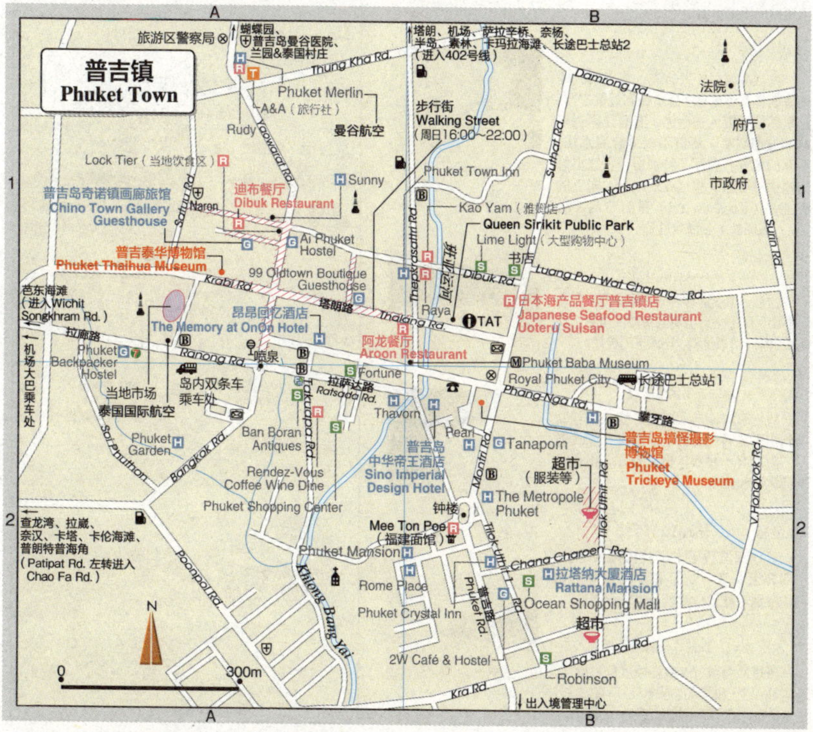

泰国南部 ● 普吉岛

BEACH 普吉岛的海滩

芭东海滩、卡伦海滩、卡塔海滩是普吉岛具有代表性的海滩。每个海滩都是浅滩，有很多酒店和简易小木屋，可以在这里享受各种水上运动。租赁汽车或者摩托车，可以在岛内巡游，去探索那些鲜为人知的出色的海滩也是一大乐趣。

芭东海滩 Haat Patong ทาดป่าตอง

芭东海滩是一个可以代表普吉岛的广阔海滩，波浪平稳，特别适合游泳。周边聚集了一些酒店、简易小木屋、餐厅、购物中心和特产店等。海滩几乎中心的位置是邦拉路（Bang-La），周边有不计其数的酒吧，可以在这里感受热闹非凡的夜生活。拉特提透路（Rat-U-Thit Rd.）从傍晚开始就有很多小摊出没，一直到夜里都很热闹。

普吉岛最热闹的芭东海滩

卡伦海滩 Haat Karon ทาดกะรน

芭东海滩的南侧有一个长长的海滩，这里有一种较为平静的氛围。走在沙滩上有一种"咻咻"的声音。酒店分布在海滩的沿岸，有20多家店，除此之外，在卡伦的城区还有很多旅馆。也有餐厅、商店、酒吧，不会在这里感到不方便。如果感到芭东过于热闹的游客可以来这里游玩。

卡伦海滩气氛宁静，可以在这里休闲放松

卡塔海滩 Haat Kata ทาดกะตะ

卡塔海滩包裹着小小的海角，分为大卡塔海滩和小卡塔海滩两部分。小卡塔海滩要比大卡塔海滩宁静，特别适合想安静度日的游客。繁华街道位于从海滩稍微向里的位置。

想在安静的海滩游玩就来卡塔海滩吧

拉崴海滩 Haat Rawai ทาดราไว

拉崴海滩位于普吉岛的最南端，距离普朗特普海角有2公里，靠近普吉镇。这里的沙子混入一些泥，有前往附近岛屿的渡船码头，所以不太适合海水浴。沿海的地方有餐厅，特别适合在这里悠闲地喝着啤酒眺望远处的风景。附近的凯亚岛（Ko Kaew Yai）和阁希岛（Ko Hae，珊瑚岛）是潜水胜地。

不适合海滩游玩的拉崴海滩

奈汉海滩 Haat Nai Harn ทาดในหาน

这是一个安静祥和的小型海滩。周边有群山，爬上去后会看到海滩的全景。从南端山脉上可以眺望夕阳西下的美景。

宁静的奈汉海滩

卡玛拉海滩 Haat Kamala ทาดกมลา

从芭东海滩向北跨过一座山，就会感到出乎意料的安静。这里有几家度假村。附近有小村落，也有餐厅、出租车辆的店铺和旅馆。

虽然距离芭东海滩特别近，但是环境特别悠闲的卡玛拉海滩

素林海滩 Haat Surin ทาดสุรินทร์

素林海滩位于卡玛拉海滩的北侧，中间隔着海角。这里和卡玛拉海滩相同，特别宁静，自然风光也十分漂亮。

班塔欧海滩 Haat Bang Thao ทาดบางเทา

班塔欧海滩有5家高档度假村酒店，有巡回的巴士和船到达各酒店。所有的酒店设备设施登记后即可使用，最后一起结算。

班塔欧海滩宽广的沙滩

普吉岛 主要景点

普吉镇
汉标 → p.426

塔朗路的周边（地图p.429-A1~B1）被称为古城区，这里利用各式风情的建筑物，增加了时尚流行的和旅somewhere。另外塔朗路从2014年开始，周日的16:00~22:00左右设置了步行街。建筑也点亮灯光，氛围特别好。

露天小店集中的步行街

普吉泰华博物馆
住 28 Krabi Rd.
电 0-7621-1224
网 www.thaihuamuseum.com
开 每天9:00~17:00
费 200泰铢

美丽的建筑，一定要去看看

普吉岛城市景观台
交 从普吉镇乘坐嘟嘟车大约10分钟。往返150~200泰铢。如果有吃饭或需要嘟嘟车司机等的时候，提前把包含等待时间的费用谈清楚。
费 免费

卡伦景观台
交 从卡伦海滩乘坐嘟嘟车大约15分钟，往返400~500泰铢。从芭东海滩乘坐嘟嘟车大约30分钟，往返1000~1200泰铢。

普吉镇 Phuket Town
Map p.427-B4~C4 p.429

普吉岛的城市中心

普吉岛全岛被设为普吉府。府会所在地就是普吉镇。除了中心商业区，还可以在拍喃岛看到中国—殖民式建筑。1518年葡萄牙人把普吉岛作为贸易往来的基地，之后在19世纪大量的中国劳动力作为锡矿山的劳工进入普吉岛，这也是那段历史的遗物。

普吉泰华博物馆 Phuket Thaihua Museum
Map p.429-A1

了解开拓普吉岛的华人的历史

展示了普吉岛华人的历史

1934年创立的普吉岛最早的汉语学校的建筑物经过修复之后于2010年重新开放。这里主要介绍了20世纪初华人移民到普吉岛的奋斗开拓史、锡矿贸易发展史，以及服饰和饮食文化等，这里有13间展览室。有录像和动画的说明，资料十分丰富，特别值得一看。博物馆到处洋溢着法国装饰派艺术气息，也特别引人注目。

普吉岛城市景观台 / 朗山（考朗）
Phuket City Viewpoint/Rang Hill(Khao Rang)
Map p.427-B4

可以欣赏绝美的风光，新开发的旅游景点

可以在这里欣赏普吉岛的绝美风景

普吉镇西北侧有一个小高山——朗山，2014年在朗山的顶部建设了"普吉岛城市景观台"。朗山山顶上的公园一直以来就视野开阔，是欣赏风景的好地方，新的瞭望台建立在山丘的顶部，有着直冲云霄的构造，在这里可以欣赏到城镇的街容巷貌、普吉湾的全景风貌。在山顶上还有眺望视野比较好的普吉山顶咖啡餐厅（→ p.441）。

卡伦景观台 Karon View Point
Map p.427-B5

可以一次看到3个海滩

在卡伦景观台可以欣赏到雄伟壮丽的景观，十分受欢迎。从山丘上设立的瞭望台，按照顺序可以看到小卡塔海滩、大卡塔海滩和卡伦海滩。从这里看过去，3个海滩就像连在了一起，十分壮观。

推荐在这里看夕阳西下的风景

普朗特普海角
Laem Phrom Thep（Cape Phrom Thep）
普吉岛首屈一指的景观胜地

Map p.427-B5

แหลมพรหมเทพ

普朗特普海角位于普吉岛最南端的位置，附近零星分布着近10个海岛，风景十分壮观，可以在这里欣赏夕阳。眺望点还设有阳台式的瞭望台，旁边建有一幢小型灯塔博物馆，展示了古时的灯泡。从灯塔俯视眺望景色壮丽。广场上供奉着印度教的创造神梵天像，前来请愿的信徒非常多。

可以在这里欣赏由蓝色海洋和绿色山脉交织形成的雄伟壮丽景观

普朗特普海角
从普吉镇乘坐嘟嘟车来此大约需要40分钟，往返1000~1200泰铢。

可以让愿望实现的梵天像

泰国南部

● 普吉岛

考卡特景观台 Kao-Khad View Point
从海角的高地上眺望大海

Map p.427-C4

หอชมวิวเขาขาด

位于攀瓦海角前的高地上，景色壮丽。可以在瞭望台360°全景欣赏周边的景点，例如攀瓦海角、普吉岛湾、珊瑚岛、龙岛、查龙湾、大佛坐镇的那库特山等。

从高高的山丘上观赏南国海域风景

考卡特景观台
从普吉镇乘车大约20分钟。嘟嘟车往返800~1000泰铢。

大佛
Big Budda(Praputthamingmongkol Eaknakakeeree)
崭新的大佛，眺望绝美景致

Map p.427-B4

พระพุทธมิ่งมงคลเอกนาคคีรี

普吉岛的第二大高山——那库特山上有一尊正在建设中的大佛，高45米，直径25.45米，重135吨。这尊大佛是使用缅甸产的曼德勒产和泰国产的11000块大理石建造而成的。在博物馆可以看到关于建造大佛的过程资料。这里的视野特别开阔，可以将查龙湾和普吉镇尽收眼底，一览无余。

持续建设中的大佛

大佛
租赁出租车。从普吉镇往返1600泰铢，从芭东海滩往返1000~1200泰铢。也有岛内观光旅行团来这里。
开 每天 6:00~19:00
免费

普吉岛水族馆 Phuket Aquarium
海水鱼类宝库

Map p.427-C5

พิพิธภัณฑ์สัตว์น้ำภูเก็ต

普吉岛水族馆位于攀瓦海角的尽头附近。正式的名称是海洋生物探索中心（Marine Biological Research Centre），是一座海洋生物研究所。馆内有周边海域的热带鱼和栖息在红树林的鱼类。水族馆内有一条海底隧道形状的水槽，水槽内水的重量是110吨，在这里可以看到色彩斑斓的小鱼和虾在里面自由自在地游动。

虽然隧道有些短，不过因为是水中隧道，海滩探险的氛围十足

普吉岛水族馆
51 Moo 8, Sakdidet Rd.
0-7639-1126
www.phuketaqurium.org
开 每天 8:30~16:30
大人180泰铢，小孩100泰铢

喂食或看表演秀
周六、周日 11:00~11:30
大人100泰铢，小孩50泰铢
从普吉镇的市场前乘坐车顶有"Aquarium"标记的双条车，大约25分钟，25泰铢。嘟嘟车300泰铢左右。

飞溅丛林水上乐园

- 65 Moo 4, Mai Khao Soi 4, Mai Khao Beach
- 0-7637-2111
- www.splashjunglewaterpark.com
- 每天 10:00~18:00
- 大人 1295 泰铢，小孩 650 泰铢，5 岁以下小孩免费
  ※ 禁止带饮料食物入内，如有发现，1 人罚 1000 泰铢
- 从各海滩出发的固定线路巴士，去时有 2 班车，回时有 3 班车。每人单程 250 泰铢，往返 400 泰铢。

回归童心，尽情地游玩

查龙寺

- 每天 6:00~17:00（进入寺院内的时间） 免费
- 从普吉镇乘车前来大约 20 分钟

菩同寺

- 每天 6:00~17:00 免费
- 从塔朗出发，沿着与去往普吉镇相反的方向在主干道上行走，走一会儿就能看到佛像的标识在道路的右前方，在那个位置向右转弯。从去往通赛瀑布的岔路口走 10 分钟即可到达。

普吉岛探险

- 38/60 Moo 5, T.Chalong
- 0-7625-5021~2、0-7625-4710~1
- www.islandsafaritour.com
- 每天 8:00~17:30
- 骑大象 30 分钟 + 看大象表演 + 喂大象水果 + 接送费，总共 800 泰铢~
- CC M V
- 可以去旅行社申请参加旅游团。

普吉岛动物园

- 23/2 Moo 3, Soi Palai, Chaofa Rd., T.Chalong
- 0-7637-4424、0-7628-2043
- www.phuketzoo.com
- 每天 8:30~18:00

猴子表演
　　9:00、12:00、14:30、16:45
鳄鱼表演
　　9:45、12:45、15:15、17:30
大象表演
　　10:30、13:30、16:00

- 大人 500 泰铢，小孩 300 泰铢，与大象合影留念 200 泰铢
- 参加旅行团，包含到酒店接送服务会比较方便。
- 门票 + 接送：大人 650 泰铢~，小孩 450 泰铢~

飞溅丛林水上乐园 Splash Jungle   Map p.427-A2
水上表演十分盛行

在迈考海滩有一个巨大的水上公园，这里除了有水道滑行活动，还有全长 335 米的流动泳池、桑拿、迷你水族馆，可以带着孩子来这里游玩一天。

查龙寺 Wat Chalong   Map p.427-B4
普吉岛最大的寺院

建筑造型特别优美

查龙寺是岛内 29 座寺院里最大的一座，深受平民百姓的信奉。正殿供奉着两位高僧的佛像，据说两位高僧 1876 年平息了当地的动乱，有很多人想借助两位高僧不可思议的神奇力量而在佛像上贴金箔。另外佛塔上供奉着佛祖舍利，有很多人来这里许愿。

菩同寺 Wat Pra Thong   Map p.427-B2
胸部以上露出地面的珍贵佛像

泰语的"Pra"是"佛像"的意思，"Thong"是"黄金"的意思

佛像只有胸部以上露出地面，特别不可思议。关于佛像，有一个传说，很早之前，有一个放牛的小孩，把牛拴在一根从地面凸出来的黄金棍上，之后水牛突然就死了。小孩的父亲挖掘之后，发现这根黄金棍是佛像头部。于是他开始挖，但是佛像胸部以下怎么都挖不出来，于是在那里建了一座寺院。

普吉岛探险 Island Safari   Map p.427-B4
在普吉岛的大自然中和动物亲密接触

乘坐水牛车拍照留念

普吉岛的大自然丰富多彩，可以在这里享受很多项目，例如观看大象、猴子的表演、骑大象等活动。除此之外，还有参观泰拳竞技、感受舒适水疗、参观泰式水田和参加泰国美食学校等丰富多样的旅行项目。

普吉岛动物园 Phuket Zoo   Map p.427-B4
可以看到泰式大象表演的动物园

在这里可以和大象亲密拍照留念

普吉岛动物园绿色环绕，充满了悠闲宁静的氛围。动物园内有迷你水族馆、兰花园、饲养着大约 3000 只鳄鱼的鳄鱼园，还有可以欣赏猴子、鳄鱼、大象表演拿手绝活的表演秀。

普吉岛锡矿山博物馆 Phuket Mining Museum   Map p.427-B3
参观后可以了解因锡矿而繁荣的普吉岛历史

异国风格的美丽建筑物

2011年3月，经过改造后重新开业。在这里可以参观受中国和柬埔寨的影响建设而成的具有异国风情的粉色建筑物。这是一座介绍因锡矿产业而发展起来的普吉岛和华人历史的博物馆，馆内通过丰富的立体模型，展示了从地球诞生时的矿物历史到近现代的城市和文化，非常值得一看。外面再现了矿山开采的面貌。

丛林飞跃 Flying Hanuman   Map p.427-B3
在森林中穿梭，特别刺激！

卡特瀑布附近有一片森林，森林的树木上设置了一个个平台，平台间用钢丝绳连接，可以通过滑车滑下去，也可以通过吊桥感受那份惊悚的氛围。开朗乐观的工作人员耐心地指导着大家在吊桥上面走，有一种人猿泰山的感觉。推荐最长400米、游玩2小时的线路。

普吉岛搞怪摄影博物馆 Phuket Trivkeye Museum   Map p.429-B2
这里有著名的画或者电影的某一画面，还有非常有意思的照片！

这里展示了很多滑稽的画作

2013年9月开业的独特的博物馆。里面有《蒙娜丽莎》等名画的滑稽模仿作品等，以搞怪的心态展现出来，在画的面前拍一些搞怪的照片，任何人都能成为世界的主人公。一个人去不方便拍照片留念，所以和朋友一起去玩吧。

奈杨国家海洋公园
Nai Yang National Marine Park   Map p.427-A2
普吉岛最长的海滩

奈杨国家海洋公园位于岛屿的西北部。从北部的迈考海滩（Mai Khao Beach）一直延伸到机场南部的奈杨海滩（Nai Yang Beach），全长大约9公里的海岸线被政府保护了起来，保证了大自然的美丽。这里海水特别清澈，可以潜水或享受海水浴。另外，这里作为海龟产卵的地方而特别出名。

通赛瀑布 Nam Tok Ton Say   Map p.427-B2
治愈心灵的平静瀑布

瀑布的周边像是小型的植物公园，有座位、长椅和香菇形状屋顶的亭子，除了这些还有迷你动物园和自然展览厅。瀑布位于穿过小型的池子后再向前一点的位置。

普吉岛锡矿山博物馆
- Moo 5, Kathu-Ko Kaeo Rd., Kathu
- 0-7651-0115
- 周二～周日 9:00~16:00
- 周一
- 100泰铢
- 乘坐出租车或者租赁汽车、摩托车。

丛林飞跃
- 89/16 Moo 6, Soi Namtok Kathu, Wichitsongkram Rd., Kathu
- 0-7632-3264、08-1979-2332
- www.flyinghanuman.com
- 每天 8:00、10:00、11:00、15:00、1小时30分钟的线路只有8:00和15:00。
- 3小时线路3250泰铢。含午餐3490泰铢，1小时30分钟线路2300泰铢。
- 包含：接送费（有一部分地区收费）+饮料+水果+水+带有LOGO的T恤。

距离地面比较高，压力山大

普吉岛搞怪摄影博物馆
- 130/1 Phang-Nga Rd., Phuket Town
- 0-7621-2806
- 每天 9:00~19:00（最终入馆时间 18:00）
- 大人500泰铢，小孩300泰铢

奈杨国家海洋公园管理办公室
- Thalang District
- 0-7632-7152、0-7632-8226
- 每天 8:30~16:30
- 租车或者乘坐嘟嘟车。可以打上述电话咨询野营场地。

通赛瀑布
- 位于塔朗（Thalang）村内2~3公里的地方。从普吉镇乘坐双条车，首先要到塔朗（30泰铢），再从塔朗乘坐摩托车（100泰铢）。如果从塔朗步行来这里，大约需要40分钟。

普吉岛幻多奇乐园
- 99 Moo 3, Kamala Beach
- 0-7638-5111~3
- www.phuket-fantasea.com
- 开 周五~下周三 17:30~23:30
- 休 周四
- 费 表演+晚餐+接送
  2500泰铢
  表演+接送 2100泰铢
  表演是从21:00开始（周三、周五19:30也举行表演。另外，根据预约的情况，18:00、23:00也有可能举行表演）。一般游客会尽早入场，欣赏余兴节目和晚餐。可以在旅行社购买带接送的票。

普吉岛暹罗梦幻剧场
- 55/81 Moo 5, Chalerm-prakiet Rd., Rassada
- 0-7633-5000
- 0-7633-5055
- www.siamniramit.com
- 开 周三~下周一 17:30~22:30（晚餐时间18:00~20:00、表演20:30~21:45）
- 休 周二
- 费 仅表演秀 1500泰铢~
  表演秀+晚餐 1900泰铢~
  接送 300泰铢

普吉岛西蒙人妖秀
- 8 Sirirach Rd., Patong Beach
- 0-7634-2114
- www.phuket-simoncabaret.com
- 开 表演秀时间 每天 18:00、19:45、21:30
- 费 700泰铢，VIP 800泰铢
  可以在酒店或者旅行社申请。带接送服务的比较方便，申请时要确认清楚。在普吉镇北侧有姊妹店"普吉岛西蒙明星秀"（Map p.427-B4）
- www.simonstarshow.com

旅游小贴士
芭东海滩的饮食区
从邦拉路（Soi Bang-La）进入一个小道，会发现"芭东走廊"（Patong Promenade）（www.patongpromenade.com Map p.431-B3），三层有餐饮区。面食70泰铢~，在当地食堂比较少，所以这个饮食区实属难得。

干净整洁的饮食区

436

普吉岛幻多奇乐园 Phuket Fanta Sea
眼花缭乱的豪华演出一定要来看

 Map p.427-A3

这里有各种乘坐工具，还有迷你动物园，动物园内有白虎

普吉岛幻多奇乐园位于卡玛拉海滩的高地上，是一座大型的主题公园。面积大约57万平方米，十分宽广，园内有泰国的工艺品、大象的玩具等商店，还有装饰得金碧辉煌的餐厅"黄金肯纳里"、容纳3000座席的大剧院"象王的宫殿"，里面的表演秀也是精彩绝伦。民族舞蹈、空中芭蕾、魔术杂技表演以及大型舞台剧等，美术灯光绚丽豪华，很好地利用了舞台，一步步地展开，表演秀的时间是1小时15分钟，每一场都特别震撼，堪称经典。还有一个场面是30多头大象集体登场，气势磅礴，十分壮观。

普吉岛暹罗梦幻剧场 Siam Niramit Phuket
通过豪华的表演秀学习泰国的传统文化

Map p.427-B3

在巨大的舞台上表演，十分壮观

以泰国的传统文化和历史，以及天堂和地狱等泰国人的心理状态为主题，这里有70多种表演秀，非常豪华。这里有100位以上的演出者，身着500套以上的华丽服装，表演精彩的舞蹈和空中杂技。园内有再现泰国北部、中部、南部古老生活习惯的村落、野外剧场和水上市场，所以一般来这里观光会先在里面逛逛，然后欣赏国际化表演，观看表演秀。

普吉岛西蒙人妖秀 Simon Cabaret
独特的人妖表演秀

Map p.427-A4

普吉岛排在第一位的娱乐项目。这里经常举办豪华的人妖表演秀。唱世界各国的歌曲，跳着一些奇特的舞蹈。表演秀的时间为1.5小时，在欢快的气氛下时间过得非常快。除了表演秀，在建筑物外面站着一大排"美女"，可以和"她们"留影合照，但是要给小费（1个人40泰铢~）。

表演结束后就是拍照留念的时间了。可以选一个喜欢的姿势进行合影

普吉岛 郊外景点

攀牙 Phang-Nga
石灰岩构造出的独特景观

Map 文前图正面 -A9

พังงา

攀牙湾有161座小岛，风光明媚，平甘岛（Ko Phingkan）就是其中知名的岛屿之一，这里有一座岩石像是一个巨大的锥子插进了海洋，曾经出现在电影《007之金枪人》里面，设定场景时这里设置了

在攀牙湾可以看到被海水侵蚀的石灰岩有很多不可思议的造型

很多反射板，为了把太阳能提供给秘密基地，电影放映后此处一下子变得十分有名气。即使现在还被人们称为"詹姆斯·邦德岩石"，非常有人气。由于此处为石灰岩地貌，所以很多岛上有洞窟存在，可以在这里看到很多美丽的钟乳石地貌。

普吉岛的旅行团

普吉岛的旅行团特别容易受到天气的影响，所以去现场看看什么情况再进行申请是明智的选择。可以在酒店的旅行团办事处和旅行社申请。导游主要讲的是英语。费用根据时期的不同而有变化。以下信息可作为参考：

探险旅行团（半天，1600泰铢）：在这里可以体验骑大象漫游、乘坐水牛车、划船等，还可以观看橡胶树液提取、泰拳竞技、大象和猴子的表演。包括餐费。

大象旅行团（1天，700泰铢~）：骑在大象的背上，在普吉岛的森林进行大约30分钟漫步（漫步1小时900泰铢）。参加旅行团，可以体验在攀牙湾真正的漫步旅行。

漂流运动（1天，1500泰铢~）：去攀牙的漂流运动旅行团，附带参观国家公园和骑大象漫步。还可以在瀑布潭里游泳。

拉查岛旅行团（1天，1500泰铢~）：从查龙湾出发，可以享受潜水之乐。只有在11月~次年4月举办。

皮皮岛旅行团（1天，1150泰铢~）：全年人气较高，可以在岛屿周边潜水等。

■ 让我们去潜水吧~！

普吉岛位于美丽的安达曼海，从普吉岛出发的潜水活动，除了在岛屿周边，还有前往皮皮岛、拉查岛、锡米兰群岛、素林群岛等航海旅行，可以体验丰富多彩的潜水活动。这里的季节分为10月中旬~次年5月中旬的旱季，和5月中旬~10月中旬的雨季。水温全年都保持在28℃左右，考虑到天气和透明度，还是旱季去最合适。航海旅行也只有旱季才出发。有时候聚集到一定的人数，根据希望的天数和内容，可以商谈旅行计划。

即使是初学者，练2.5~3天就能拿到C卡（潜水资格证）。可以选择便宜的英语授课，但如果英语水平达不到相应的水平，还是去参加汉语授课比较保险，毕竟是性命攸关的事，要慎重。

攀牙
● 200泰铢（国家公园门票）
● 从普吉岛乘坐巴士大约需要2小时30分钟，一等车85泰铢，二等车65泰铢。5:15~19:10期间，大体一个小时一班车。从曼谷南部巴士总站出发，大约需要13小时，VIP车960泰铢，一等车617泰铢、659泰铢，二等车480泰铢。

攀牙的巴士总站和攀牙湾有一定的距离，参加旅行团比较方便。

✦ 实用信息

● **查龙湾**

Ⓢ **好棒屋普吉岛店**
Hobo-Ya Phuket & Similan
Ⓜ p.427-B4
🏠 135/31 Moo 4, Chalong Bay
☎ 0-7628-0282（呼叫中心）
📠 0-7628-0300
🕐 每天8:30~21:30（电话接待是8:00~22:00）
🌐 www.houbou-ya-phuket.com

这里有体验潜水的商店，同时也有住宿设施。参加课程免住宿费。可以预约旅行团。在阁沙梅岛（苏梅岛）、阁道岛也有分店，店铺覆盖了整个泰国。

● **卡塔海滩**

Ⓢ **卡塔潜水服务**
Kata Diving Service
Ⓜ p.430-A
🏠 32 Karon Rd., Kata Beach
☎ 0-7633-0392
📠 0-7633-0393
🕐 每天9:00~20:00
🌐 www.katadiving.info

1989年开始创立，有泰国最大级别的巡游船。

（费用举例）
● 体验潜水：2300泰铢~
● 开放海域：取得C卡的课程，需要2.5~3天。10900泰铢~
● 海上公园（鲨鱼观赏、海葵礁潜水、巡航快艇）：3700泰铢
● 小拉查岛：2850泰铢
● 大拉查岛：3700泰铢
● 皮皮岛：4100泰铢
※ 包含油费、潜水指导费、船费。体验潜水、开放海域等课程费用包括器材费。

普吉岛 Spa & Esthetic
治愈水疗馆向导

普吉岛聚集了可以代表泰国的一些高档度假村，其中高档的和价位适宜的水疗馆也相继开业了。让海滩上游玩了一天的身体在水疗馆保养一下，来感受一下度假休闲的氛围吧。

正宗泰式沐塔湖畔水疗馆
Mookda Authentic Thai Spa 水疗

Map p.427-B4

住 75/18 Moo 6，Vichitsongkram Rd.，Kathu　TEL 09-5421-4224
FAX 0-7632-1845
URL www.mookdaspa-phuket.com
营 每天 9:00~22:00（最晚接待时间 19:00）　CC A J M V（+3%的手续费）

◆位于绿树成荫的湖畔，环境比较幽静，是一个自然水疗馆。岸边有香草园，休闲的氛围浓厚。在极可意按摩浴缸里悠闲自在地望着湖面，使用有机素材治愈身心。全身护理中特别推荐头部按摩套餐3小时30分钟（4300泰铢）。通常头部按摩使用芝麻油，不过这里使用的是椰子油，可以更好地使肌肤和头发保温，这也是沐塔水疗馆的特色。在水疗时使用的产品可以在 S 沐塔商店 Mookda （营 每天 9:00~18:00 MAP p.427-B4）等同品牌旗下店铺购买。

左／和大自然的风景融为一体的护理
右／芳香的精油和磨砂洁面膏等，在咨询的时候多尝试几种

巴莱水疗馆
Baray Spa 水疗

Map p.430-B

住 38 Kata Kwan Rd.，Kata Beach
TEL 0-7633-0979
FAX 0-7633-0905
URL www.phuketsawasdee.com
营 每天 10:00~22:00
CC A D J M V（+3%的手续费）

◆巴莱水疗馆位于萨瓦迪别墅和巴莱别墅里面，通过高档的内部装修可以感受到这里豪华的气质。这里主要有头部按摩，向额头上持续滴油来缓解身心的紧张。套餐3小时30分钟，5500泰铢。

素可文化健康水疗馆
Sukko Cultural Spa & Wellness 水疗

Map p.427-B4

住 5/10 Moo 3，T.Wichit
TEL 0-7626-3222
URL www.sukkospa.com
营 每天 10:00~20:30（餐厅截止到21:00）
CC M V

◆这里以泰国传统医学为基础，把人的身体分为"土、水、凤、火"四个区域，根据人的体质进行相应的护理治疗。套餐是2小时3900泰铢~。如果没有预约，另收税费。

普吉东方水疗馆
Orientala Spa 水疗

Map p.431-B2

住 2nd Fl.，49/145 Rat-U-Thit 200 Pee Rd.，Patong Beach
TEL 0-7629-0387
URL www.orientalaspa.com
营 每天 10:00~次日 0:00（最晚接待时间 22:00）
CC M V

◆普吉东方水疗馆是一家位于芭东海滩的按摩店。泰式按摩2小时950泰铢，足底按摩1小时500泰铢，价格适宜能够接受。2位以上，在芭东海滩内免费接送。

普吉岛的
推荐商店 *Shopping*

虽然各海滩都有面向外国游客的店铺，但是如果购物还是最好来购物中心，更加方便。芭东海滩的江西冷购物中心和普吉镇郊外的尚泰普吉购物中心非常有人气。

泰国南部 ● 普吉岛

柠檬草屋
Lemongrass House 　　　　　化妆品、杂货

◆班塔欧海滩（MAP p.427-A3）附近有总店，这里是分店。这里的精油以柠檬为主，使用香草手工制作的精油和按摩用油、肌肤护理用品等也非常时尚。

Map p.427-B5
住 Fisherman Way Business Center, 5/46 Moo 5, Viset Rd., Rawai
TEL 09-3637-4409
URL www.lemongrasshouse.com
营 每天 9:00~22:00
CC J M V

陶瓷工艺店
Ceramics 　　　　　　　　　　陶瓷店

◆这里主要是经营陶瓷的店铺，普吉岛数量众多的度假村酒店内可以经常看到这个牌子。这里的洗头液瓶、洗手液瓶和香炉、杯子＆托盘等日常用品也特别丰富，适合买来作为礼物。

Map p.427-B4
住 71/3 Wichitsongkram Rd.
TEL 0-7632-1917
FAX 0-7620-2087
URL www.ceramicsofphuket.com
营 周一~周六 8:00~17:00
休 周日
CC A M V

尚泰普吉购物中心
Central Festival 　　　　　　　购物中心

◆尚泰普吉购物中心是普吉镇郊外大型的购物中心。三层有中央百货、时尚店和生活用品等的租赁店铺、各种餐厅、电影院。

Map p.427-B4
住 74-75 Moo 5 Crossroad, Chalearmprakiatherd Rd.and Wichitsongkram Rd.
TEL 0-7629-1111
营 10:30~22:00
CC 根据店铺不同会有所不同

江西冷购物中心
Jungceylon 　　　　　　　　　购物中心

◆占地面积5000平方米的场地内有购物中心、罗宾逊百货、酒店等，是一座多功能的综合设施。这里也有电影院、美食区、各种餐厅、按摩店等。融合灯光和音乐的喷泉，特别有名。

Map p.431-B3
住 181 Rat-U-Thit 200 Pee Rd., Patong Beach
TEL 0-7636-6022
URL www.jungceylon.com
营 商店每天 11:00~22:00（餐饮店根据店铺会有所不同）
CC 根据店铺不同会有所不同

早发品种周末市场
Choafa Variety Weekend Market 　超市

◆周末市场位于瓦特纳卡对面的广场，只有周末才营业。另外有个名字是"塔拉特市场2"（开放市场）。这里有T恤和泰式裤子、泰式裙子、包和一些杂货等，非常便宜。这里有很多小摊，可以边吃边逛两不误。

Map p.427-B4
住 Virat Hongyok Rd.
TEL 无
营 周六、周日 16:00~22:00
休 周一~周五
CC 不可使用

普吉岛的 Restaurant & Night Spot
餐厅、夜店

普吉岛是国际旅游观光胜地，这里不仅有泰国餐厅，还有很多经营世界各国美食的餐厅。新鲜的海产品种类丰富，一定要尝一尝。有很多味道和氛围都特别好的餐厅，不过整体来说价格偏高。

悬崖餐厅
Baan Rim Pa　　泰国菜

◆悬崖餐厅建在可以眺望海滩的高地上，特别是到了夕阳西下的时候，景色美妙绝伦。特别套餐1265泰铢~，丰富多样的菜品用小碟子盛上来，特别有品位。这里还有烘托氛围的钢琴吧。

Map p.431-A1
住 223 Phra Barami Rd.，Patong Beach
Tel 0-7634-0789、0-7634-1768
FAX 0-7661-8239
URL www.baanrimpa.com
营 每天 12:00~23:30
CC ADJMV

普吉芭东蕉树皮餐厅
Kaab Gluay　　泰国菜

◆从芭东海滩向里面走一点就会发现一座寺院，餐厅位于寺院的旁边，没有墙体的开放式构造有一种在家的感觉。这里特别普通的泰式饭菜非常美味，在外国游客中特别受欢迎。两个人如果要吃饱500~600泰铢。

Map p.431-B1
住 58/3 Phra Barami Rd.，Patong Beach
Tel 0-7634-6832
营 每天 11:00~次日 2:00
CC JMV

萨拜萨拜店
Sabai-Sabai　　泰国菜

◆萨拜萨拜店位于邮局的拐角处，是一家氛围轻松的泰国小饭馆，在这里可以品尝到泰国美食和自家制作的面包。冬荫功75泰铢，油炸米饭90泰铢，泰国咖喱160泰铢等分量十足。经常有很多欧美人。

Map p.431-A3
住 100/3 Soi Post Office，Thaweewong Rd.，Patong Beach
Tel 0-7634-0222
营 8:00~22:00（LO 21:30）
休 4月
CC 不可使用

阿龙餐厅
Aroon Restaurant　　泰国菜

◆阿龙餐厅是伊斯兰餐馆，这里有南部美食。不加辛辣调料的咖喱饭25泰铢~，帕塔尼风味的沙拉30泰铢，鸡肉咖喱炒饭40泰铢，一定要品尝一下。

Map p.429-A1~B1
住 124 Talang Rd.，Talad Yai
Tel 08-7886-0482、08-7896-3680
营 周一~周六 6:30~17:00
休 周日
CC 不可使用

堪样海鲜餐厅
Kan Eang @ Pier　　泰国菜

◆位于查龙湾码头附近，是一家对海边的餐厅，充满了浪漫的气息。这里的烧烤也特别有名气，使用的食材是从普吉岛捞获的新鲜海鲜。最受欢迎的是普吉龙虾（时价）和生蟹。

Map p.427-B4
住 44/1 Viset Rd.，Moo 5，Rawai，Chalong Bay
Tel 0-7638-1212
FAX 0-7638-1715
URL www.kaneang-pier.com
营 每天 8:00~23:00（LO 22:30）
CC JMV

普吉山顶咖啡餐厅
Tunk-Ka Cafe 　　　　　　　　　泰国菜

◆咖啡餐厅位于朗山的山顶，视野超群。这是1973年开业的老牌店铺，可以品尝泰国味道。菜单No.6有加入了椰奶的螃蟹咖喱饭（小份150泰铢，大份300泰铢），特别有名。推荐景观最好的阳台席位，需要预约。

Map p.427-B4
住 Top of Rang Hill, Kosimbee Rd., Phuket Town
电 0-7621-1500、08-2412-2131
营 每天 11:00~22:00
CC A J M V（500泰铢以上可以使用）

日本海产品餐厅
Japanese Seafood Restaurant Uoteru Suisan　日本料理

◆在大阪比较有人气的海鲜居酒屋在普吉岛开了分店。使用新鲜的食材制作的寿司2个50泰铢~，煮肉串1根20泰铢~。盖饭和套餐也是日本的特有的味道。在拉崴海滩（MAP p.427-B5）、船街礼品街（MAP p.427-A3）也有分店。

Map p.429-B1
住 12/1 Montri Rd., Talad Yai
电 0-7621-1678
URL www.uoteru.co.www
营 每天 12:00~14:30、17:00~21:30
休 不定期休息
CC J M V

卡帕尼纳餐厅
Capannina　　　　　　　　　意大利美食

◆店里特色比萨和自家做的意面特别美味，这里还有海鲜美食和红酒储藏柜。2014年，餐厅从卡塔海滩的繁华街道搬迁到了这家酒店的一层。预算2个人500泰铢~。

Map p.430-B
住 98/82-83-84-85 The Beach Center, Kata Rd., Kata Beach
电 0-7628-4450
URL www.capannina.co.th
营 每天 12:00~次日 0:00
CC M V

迪布餐厅
Dibuk Restaurant　　　　　　　法国美食

◆迪布餐厅位于普吉镇老城区，是一家高档的泰式＆法式餐厅。加上前菜和主套餐，1个人需500~600泰铢。可以品尝到正宗的味道。红酒的储藏量特别丰富，也可以当作咖啡酒吧使用。

Map p.429-A1
住 69 Dibuk Rd., Talad Yai
电 0-7621-4138
E nokdibuk@hotmail.com
营 每天 11:00~23:00
CC A V

第九楼餐厅酒吧
The 9th Floor Restaurant & Bar　地中海美食

◆在这里用餐可以欣赏到芭东海滩的夜景，是一家地中海餐厅，可以品尝地中海风味海鲜和牛排。这里也作为一个正宗的酒吧营业，有鸡尾酒和红酒等，种类特别丰富。预算每人1000泰铢~（不含饮料）。

Map p.431-B2
住 Patong Grand Condotel 9th Fl., 47 Rat-U-Thit 200 Pee Rd., Patong Beach
电 0-7634-4311、08-1079-2699
URL www.the9thfloor.com
营 每天 16:00~次日 0:00
CC A M V

老虎迪斯科
Tiger Disco　　　　　　　　　夜店

◆位于普吉岛最大的娱乐街——班克拉路，是一家最受欢迎的俱乐部。有舞池酒吧和迪斯科，最热闹的时候是深夜零点。入场费400泰铢，赠送两种饮料。道路的北侧新建了演唱会的会场。

Map p.431-B3
住 49 Bang-La Rd., Patong Beach
电 0-7634-5112
URL www.tigergrouppatong.com
营 每天 21:00~次日 5:00
CC 不可使用

泰国南部 ● 普吉岛

普吉岛的 Hotel & Guest House
度假村酒店

普吉岛的北部海滩零星地分布着几家五星级高档酒店。南部海滩有多种住宿设施，从高档度假村到预算紧张时可选择的旅馆，还有适合长期停留的住宿设施等。

普吉岛斯攀瓦酒店
Sri Panwa　　　　　　　　　　　　　攀瓦海角

◆位于攀瓦海角的平缓丘陵地带，是有52栋别墅的超高档度假酒店。每栋都有独立的大门和围墙，可以保证住户的隐私。各别墅有阳台、亭子、开放式的极可意浴缸、淋浴房和私人泳池。泳池的尽头是客房室，越过泳池可以欣赏海洋的绝美风景。在公共区域的平台上有两处眺望风景特别好的地点"BABA Pool Club"和"BABA Nest"如果要去，需要提早预约。这里也有从私人海滩出发的旅行船，可以优雅地在酒店度过欢乐的时光。

Map p.427-C5
住 88 Sakdidet Rd.
TEL 0-7637-1000
FAX 0-7637-1004
URL www.sripanwa.com
费 AC S T 21976 泰铢～
CC A D J M V
房间数 52 间　带泳池
WiFi 免费

从"BABA Pool Club"眺望的风景绝美超群

特别有品位且能够让人平静的卧室

普吉岛万豪温泉度假酒店
JW Marriott Phuket Resort & Spa　　迈考海滩

◆酒店位于普吉岛北部的迈考海滩，是一家五星级度假酒店。从机场到这里交通方便，周围环境幽静，远离嘈杂区域。可以在这里的大型泳池和"曼达拉水疗馆"悠闲放松，这里有13家餐厅和酒吧，可以在此尽享美食。

Map p.427-A1
住 231 Moo 3，Mai Khao Beach
TEL 0-7633-8000　FAX 0-7634-8348
URL jwmarriottphuketresort.com
费 AC S T 11100 泰铢～
CC A D J M V　房间数 265 间　带泳池
WiFi 免费（会员登录）

蓝珍珠酒店
Indigo Pearl　　　　　　　　　　　奈杨海滩

◆蓝珍珠酒店紧邻奈杨国家海洋公园，是普吉岛设计最为时尚的度假村。这里有带管家服务的私人泳池别墅。水疗馆、餐厅等配套设施也比较完善。

Map p.427-A2
住 Nai Yang Beach，Amphur Thalang
TEL 0-7632-7006　FAX 0-7632-7338
URL www.indigo-pearl.com
费 AC S T 12188 泰铢～
CC A D M V
房间数 261 间　带泳池　WiFi 免费

普吉岛乐谷浪都喜天丽酒店
Dusit Thani Laguna Phuket　　　　芭东海滩

◆这里有18洞的高尔夫球场和水疗馆，是一个豪华的度假酒店。穿过有椰子树和泳池的热带氛围庭院，就到海滩了。酒店内几乎所有的地方都能够连接Wi-Fi。还有美食与水果拼盘的体验教室。

Map p.427-A3
住 390 Srisoonthorn Rd.Bantao Beach
TEL 0-7636-2999
FAX 0-7636-2900
URL www.dusit.com
费 AC S T 10000 泰铢～
CC A D J M V
房间数 254 间　带泳池　NET
WiFi 免费

442

普吉岛悦榕庄酒店
Banyan Tree Phuket　　　　　　　芭东海滩

Map p.427-A3

◆所有房间均为独立别墅式，设有私人泳池，保护客人隐私。另外在每个开放区域都有附带浴缸。

这里分为3个不同概念的旅游度假村：主要别墅群为"悦榕庄"，奢华的"双层别墅 柏悦榕庄"设有24小时专职警卫。在别墅内可以享受皮肤护理。另外，还有以瑜伽和健康饮食为主的"悦榕庄水疗胜地"。可以尽情享受酒店豪华的氛围。

住 33、33/27 Moo 4, Srisoonthorn Rd., Cherngtalay
TEL 0-7637-2400　FAX 0-7632-4375
URL banyantree.com
费 豪华别墅 AC S T 17449 泰铢～
CC A D J M V
房间数 173 间　带泳池　WiFi 免费

泰国南部 ●普吉岛

房屋内统一为简单的装饰风格

从客房可以直接通往私人泳池，泳池也很宽阔

普吉岛乐谷浪悦椿度假酒店
Angsana Laguna Phuket　　迈考海滩

Map p.427-A3

◆场地的面积为600英亩，以乐谷浪为中心，整体看起来像一座城市的高档度假村。这里配备了餐厅和水疗馆等设施。面向海滩的餐厅"XANA Beach Club with Attica!"作为俱乐部也特别有名气。

住 10 Moo 4, Srisoonthorn Rd., Cherngtalay
TEL 0-7632-4101　FAX 0-7632-4108
URL angsana.com
费 AC S T 5934 泰铢～
CC A D J M V　房间数 404 间　带泳池
WiFi 免费

普吉岛素林酒店
The Surin Phuket　　　　　　　素林海滩

Map p.427-A3

◆2012年12月改造完成后重新开放营业的酒店，是由在巴黎特别活跃的建筑设计师艾特·塔淘鲁主持设计。白砂海滩就在酒店前，在酒店部分房间的阳台和露天走廊可以将美丽的大海尽收眼底。以前称为"普吉岛柴迪酒店"。

住 Pansea Beach, 118 Moo 3, Cherngtalay
TEL 0-7662-1580～2
FAX 0-7662-1590
URL www.thesurinphuket.com
费 AC S T 11453 泰铢～
CC A D J M V
房间数 108 间　带泳池　WiFi 免费

普吉岛特瑞萨酒店
Trisara　　　　　　　　　　　　纳通海滩

Map p.427-A2

◆普吉岛首屈一指的高档度假村。距离其他的度假村较远，所以是一家隐蔽的私人氛围浓厚的度假村。这里的泳池别墅和套间，都可以看到安达曼海，属于海景房。套间117平方米，别墅240平方米，都特别宽敞。水疗馆也是别墅户型。这里还有草药桑拿和淋浴房等设施，属于私密空间，也可以两个人同时护理。在眼前就可以看到海平面的阳台，感受着海风的气息接受护理，有一种特别幸福的感觉。还可以在这里体验瑜伽、冥想等项目。

住 60/1 Moo 6, Srisoonthorn Rd., Cherngtalay　TEL 0-7631-0100
FAX 0-7631-0300
URL www.trisara.com
费 AC S T 955 美元左右～
CC A D J M V
房间数 39 间　带泳池
WiFi 免费

水疗馆有视野超好的阳台

从大型的泳池可以将大海一览无余

443

拉弗洛拉度假酒店
La Flora Resort & Spa 　　芭东海滩

Map p.431-A2

住 39 Taweewong Rd., Patong Beach
TEL 0-7634-4241
FAX 0-7634-4251
URL www.laflorapatong.com

◆这是一家豪华时尚的度假酒店。所有的客房都面向泳池，紧邻海滩。虽然设计简单，但是装修风格简练且有魅力。迷你酒吧的饮料免费。工作人员的服务态度友好和善。在拷叻有姐妹店。

费 AC S T 13600 泰铢～
CC A D J M V
房间数 67 间　带泳池　WiFi 免费

钻石崖温泉度假酒店
Diamond Cliff Resort & Spa 　　芭东海滩

Map p.431-A1

住 284 Phra Barami Rd.
TEL 0-7638-0050　FAX 0-7638-0056
URL www.diamondcliff.com

◆海滩北侧高地上的高档酒店。所有客房都有悠闲的阳台，几乎大部分的房间都是海景房，可以看大海的美丽景观。这里的水疗服务仅限在这里住宿的顾客。大厅可以免费连接 Wi-Fi，可以免费使用连接网络的电脑。

费 AC S T 12500 泰铢～
CC A D J M V
房间数 318 间　带泳池　WiFi　NET 免费

普吉岛千禧芭东度假村
Millennium Resort Patong Phuket 　　芭东海滩

Map p.431-B3

住 199 Rat-U-Thit 200 Pee Rd., Patong Beach
TEL 0-7660-1999　FAX 0-7660-1986
URL www.millenniumhotels.com

◆酒店位于江西冷购物中心（→ p.439）的旁边，是一座大型的酒店。这里有建在巨大泳池旁边的楼栋和靠近主干道的海滩旁边楼栋，泳池周边的客房带有私人极可意浴缸。

费 AC S T 6000 泰铢～（不含早餐）
CC A D M V
房间数 418 间　带泳池　WiFi 免费

普吉岛芭东小憩酒店
The Nap Patong 　　芭东海滩

Map p.431-A2

住 5/55 Haat Patong Rd., Patong Beach　TEL 0-7634-3111
FAX 0-7634-3116
URL www.thenappatong.com

◆酒店设计时尚流行，是一种休闲氛围的豪华酒店。从阳台通过螺旋式楼梯来到复式结构的房间，十分有特色。也可以利用这里的水疗馆，做一下全身护理，使身心得到放松。

费 AC S T 6900 泰铢～
CC A M V　房间数 136 间　带泳池
WiFi 免费

段哥吉特温泉度假酒店
Duangjitt Resort & Spa 　　芭东海滩

Map p.431-A4

住 18 Prachanukhroh Rd., Patong Beach
TEL 0-7636-6333
FAX 0-7636-6321
URL www.duangjittresort-spa.com

◆芭东海滩最大的花园型酒店，占地约有 14 公顷，有 445 间客房的酒店楼和 63 栋简易木屋以及别墅，而且还有 3 个大型的泳池。不是这里会员的客人也能够使用维曼水疗，非常有人气。

费 AC S T 5124 泰铢～
CC M V　房间数 508 间　带泳池
WiFi 100 泰铢 /1 小时

诺富特普吉岛复古公园度假酒店
Novotel Phuket Vintage Park Resort Hotel 　　芭东海滩

Map p.431-B2

住 89 Rat U Thit 200 Pee Rd., Patong Beach
TEL 0-7638-0555
FAX 0-7634-0604
URL www.accorhotels.com

◆ 2012 年 11 月开业，是一家十分受欢迎的酒店。酒店的中心是 2000 平方米的巨大泳池，为芭东最大的泳池。这里除了有水疗馆之外，还有水上运动与泰国美食教室等丰富多彩的活动。

费 AC S T 4035 泰铢～
CC A J M V
房间数 303 间　带泳池
WiFi 免费

普吉岛阿玛瑞酒店
Amari Phuket　　　　　　　　芭东海滩

◆酒店位于芭东海滩最南端的高地，场地内绿树葱葱，分布着很多客房，所有的客房都是带阳台的海景房，每间客房都有开放的构造，度假氛围浓厚。在大厅和大厅的吧台处可以免费连接 Wi-Fi。

Map p.431-A4
住 Patong Beach　TEL 0-7634-0106~14
FAX 0-7634-0115
URL www.amari.com
费 AC S T 5200 泰铢~
CC A D J M V
房间数 197 间　带泳池　WiFi 免费

阿玛塔度假村
Amata Resort　　　　　　　　芭东海滩

◆从主道路出来进入一条小路，度假村选址特别方便，同时又十分安静。客房宽敞明亮，带有浴缸，住着很舒适。预约的时候可以要求去新馆。泳池有两个，位于一层和屋顶上，这里的工作人员十分友好，可以放心轻松地在这里居住。

Map p.431-B3
住 189/29 Rat-U-Thit 200 Pee Rd., Patong Beach　TEL 0-7634-6091~3
FAX 0-7634-6166
URL www.amatapatong.com
费 AC S T 3000 泰铢~（不含早餐）
CC M V　房间数 213 间　带泳池
WiFi 免费

普吉岛艾美海滩度假酒店
Le Meridien Phuket Beach Resort　　卡伦海滩

◆小卡伦海滩，也称为"休闲海滩"。酒店就面向小卡伦海滩而建，是一家高档的度假村。16 万平方米的场地内有水疗馆和网球场。简练的装修设计和优质的服务使度假村特别受欢迎。大厅的周边可以免费使用 Wi-Fi。

Map p.427-A4
住 29 Soi Karon Nui, Karon Beach
TEL 0-7637-0100
FAX 0-7634-1583
URL www.lemeridienphuketbeachresort.com
费 AC S T 10140 泰铢~
CC A D J M V　房间数 470 间　带泳池
WiFi NET 400 泰铢/天

普吉岛慕温匹克度假酒店
Movenpick Resort & Spa　　　　卡伦海滩

◆海滩的前面有一大片绿树成荫的场地，带泳池的独立型别墅矗立其中。几乎所有的客房都是海景房，有一些是套间。也有适合长期居住的客房。直接预约酒店还可以免费使用 Wi-Fi。

Map p.430-A
住 509 Patak Rd., Karon Beach
TEL 0-7639-6139
FAX 0-7639-6144
URL www.moevenpick-hotels.com
费 AC S T 9496 泰铢~
CC A D J M V
房间数 363 间　带泳池
WiFi NET 免费

普吉岛卡塔泰尼海滨酒店
The Shore at Katathani　　　　　卡塔海滩

◆小卡塔海滩高地的斜坡上建造的别墅。从卧室、泳池等地方都可以将大海一览无余。还可以使用卡塔泰尼海滩度假村酒店（下面介绍的酒店）的设施。

Map p.430-B
住 18 Kata Noi Rd.
TEL 0-7633-0124
FAX 0-7633-0426
URL www.theshore.katathani.com
费 AC S T 24750 泰铢~
CC A D J M V
房间数 48 间　带泳池
WiFi 免费

普吉岛卡塔泰尼海滩度假村酒店
Katathani Phuket Beach Resort　　卡塔海滩

◆酒店位于小卡塔海滩，私密氛围浓厚。所有的套房、皇家套房都是海景房。可以在互联网中心使用 Wi-Fi 和连接网络的电脑，在大厅也可以免费连接 Wi-Fi。

Map p.430-B
住 14 Kata Noi Rd.
TEL 0-7633-0124~6　FAX 0-7633-0426
URL www.katathani.com
费 AC S T 高品质房 6440 泰铢~
CC A D J M V
房间数 528 间　带泳池
WiFi 200 泰铢/天

萨瓦斯德乡村酒店
Sawasdee Village & Baray Villa　　　卡塔海滩

Map p.430-B

◆位于地中海俱乐部（Club med）附近的一家隐蔽的度假村。面对着泳池而建的花园豪华客房40间，还有14栋别墅，是双层建筑，构造和公寓楼相似。

住 38 Kata Kwan Rd.，Kata Yai Beach
TEL 0-7633-0979
FAX 0-7633-0905
URL www.phuketsawasdee.com
费 AC S T 12500 泰铢～
CC A D J M V
房间数 54 间　带泳池
WiFi 免费

甜蜜海滨度假村
Sugar Marina Resort-Fashion-　　　卡塔海滩

Map p.430-B

◆大卡塔海滩繁华道路上的一家价格适宜的度假村。以前的名字是"甜蜜帕姆度假村"，2014年重新改造后再次开业。客房围绕着泳池而建，一层的客房可以直接连到泳池。

住 20/10 Kata Rd.，Kata Beach
TEL 0-7628-4404
FAX 0-7628-4438
URL www.sugarmarina-fashion.com
费 AC S T 6480 泰铢～
CC A M V　房间数 108 间　带泳池
WiFi 免费

普吉岛维特度假酒店
The Vijitt Resort Phuket　　　拉崴海滩

Map p.427-B5

◆位于拉崴海滩的一家隐蔽度假村。从悠闲安静的海滩到小丘陵的7.28公顷的范围都是这家度假酒店的场地。在椰树茂密的朴素的自然环境里建造了独立型的别墅。海滩前面还有泳池和餐厅，氛围很好。

住 16 Moo 2，Viset Rd.，Rawai
TEL 0-7636-3600　FAX 0-7636-3699
URL www.vijittresort.com
费 AC S T 8000 泰铢～
CC A M V　房间数 92 间　带泳池
WiFi 免费

普吉岛科莫点雅姆酒店
Point Yamu by COMO　　　雅姆海角

Map p.427-C3

◆一座时尚的度假酒店宁静地矗立在雅姆海角。海角的尽头有客房、泳池、餐厅和水疗馆等。所到之处，视野开阔，环境优美。没有专用的海滩，可以乘坐专用的船去往附近的小岛。

住 225 Moo 7，Paklok，Thalang
TEL 0-7636-0100
FAX 0-7636-0123
URL www.comohotels.com/pointyamu
费 AC S T 15500 泰铢～
CC A D J M V　房间数 106 间　带泳池
WiFi 免费

普吉岛威斯汀度假酒店
The Westin Siray Bay Resort & Spa Phuket　　　西瑞岛

Map p.427-C4

◆西瑞岛位于普吉镇向东6公里的位置，本酒店于2010年在西瑞岛上开业。建立在西瑞湾高地上的别墅视野开阔，适合眺望风景。可以在这里感受体验一种与世隔绝的静谧，不过去往城区的交通有些不方便。在大厅可以免费使用 Wi-Fi。

住 24/1 Moo 1，T.Ratsada
TEL 0-7633-5600
FAX 0-7633-5700
URL www.westinsiraybay.com
费 AC S T 4590 泰铢～
CC A D J M V
房间数 257 间　带泳池
WiFi 470 泰铢 / 天

拉查酒店
The Racha　　　拉查岛

Map p.427-C5 外

◆拉查酒店位于普吉岛的南端，被清澈见底的海洋包围的拉查岛上，是一家豪华的度假酒店。这家酒店独自占了整个海湾的风景，特别有一种私人海滩的感觉。这里也特别适合潜水和浮潜运动。

住 42/12～13 Moo 5，Rawai，Ko Racha Yai
TEL 0-7635-5455
FAX 0-7635-5637
URL www.theracha.com
费 AC S T 12107 泰铢～
CC A D J M V
房间数 70 间　带泳池
WiFi 免费

普吉岛其他的酒店
Hotel

普吉岛面积非常大，在岛内的交通既浪费钱又浪费时间，所以选择合适的酒店特别重要。在预约网站上，可以以优惠价格预约高档度假酒店，不过由于没有地图，到了当地发现周边没有配套设施，出租车出行费每天都要几千泰铢，这样的事例也有发生。在高档度假酒店逗留，要使用里面的配套设施，例如度假村酒店内的饮食、水疗、旅行团和交通服务等，旅行成本就会变得昂贵。如果没有太多的预算，推荐订市内的酒店。在旅行期间，去哪里，办什么事等可以让当地的旅游公司做一个游玩方案，十分方便省心。

如果在岛内最热闹的、有夜市的芭东海滩寻找便宜的住宿设施，可以从班古拉路出发，穿过拉特尤提特路（Rat-U-Thit），旁边就是江西冷购物中心（→p.439），然后去往里面的娜娜一路。这里前往海滩和繁华街道走着都可以到，聚集了很多旅馆，越向里走费用越便宜。市场价在旺季时900~1200泰铢，淡季时带空调的客房也有350泰铢的。如果喜欢去安静氛围的地方建议去卡伦海滩和卡塔海滩。海滩沿岸有高档度假酒店，向里面走一些，也有价格适宜的旅馆。如果为了潜水而来，可以选择兼运营潜水商店的住宿设施，住宿费会有折扣。如果接下来要去皮皮岛和甲米岛，只在这里住宿一晚，可以在普吉镇选择一家旅馆，这里有很多价格适宜的旅馆。

普吉镇

昂昂回忆酒店
The Memory at OnOn Hotel 酒店

◆1929年开业的老牌旅馆昂昂，在2013年4月份重新改造再次开业。灵活运用了殖民风格建筑，装备上现代的设备，打造成一家豪华的酒店，简直就像脱胎换骨。二层是多床房，公共空间和设施也较为齐全。女性用的客房带有淋浴房。

Map p.429-A1
住 19 Phang-Nga Rd., Talad Yai
TEL 0-7621-2161
FAX 0-7621-4341
URL www.thememoryhotel.com
费 AC D 男女共用400泰铢~、女性专用500泰铢~（不含早餐）
S T 2000泰铢~　CC M V
房间数 35间+多床房36张床
WIFI 免费

普吉岛中华帝王酒店
Sino Imperial Design Hotel 酒店

◆酒店的客房是以白色为主基调装饰的柔色，十分漂亮，而且功能多样。还附赠快餐面和清凉饮料。

Map p.429-B2
住 51 Phuket Rd., Talad Yai
TEL 0-7623-0098~9
FAX 0-7623-0097
URL www.sino-imperial-phuket.com
费 AC S T 1400泰铢~
CC A M V （+3%的手续费）
房间数 39间　WIFI 免费

拉塔纳大厦酒店
Rattana Mansion 酒店

◆酒店距离超市和罗宾逊百货特别近。所有客房带空调、卫星频道电视。带有浴缸的客房900~1050泰铢。

Map p.429-B2
住 18 Canajaroen Rd.
TEL 0-7622-2600、3056
FAX 0-7622-2603
URL www.rattana-phuket.com
费 AC S T 700~1050泰铢（不含早餐）
CC M V　房间数 63间　WIFI 免费

普吉岛奇诺镇画廊旅馆
Chino Town Gallery Guesthouse 旅馆

◆旅馆为2014年开业，这里有描绘老城镇的画。客房有多床房也有单间，都特别宽敞且干净明亮，住着舒适。这里有面包、咖啡、水果等简易自助早餐。

Map p.429-A1
住 113 Soi Soon U-Thit, Yaowarat Rd.
TEL 0-7668-4005、08-6941-8783
URL chinotownphuket.com
费 AC D 399泰铢 S T 690泰铢（含早餐）CC 不可使用　WIFI 免费

芭东海滩

皇家天堂温泉酒店
The Royal Paradise Hotel & Spa 酒店

◆从大街上有一条进入酒店的小路，酒店内特别安静，客房的设施也比较齐全。二层的阳台上可以免费使用Wi-Fi。

Map p.431-B2
住 135/23，123/15~16 Paradise Complex, Moo 3, Patong Beach
TEL 0-7634-0666　FAX 0-7634-0565
URL www.royalparadise.com
费 AC S T 2495 泰铢～
CC A D J M V
房间数 350 间　带泳池　NET 482 泰铢/天

美而雅酒店
Meir Jarr Hotel 酒店

◆前往海滩和繁华街道步行大约10分钟就可以到达。屋顶上的泳池，视野超群，风景优美，特别适合观光。根据客房的位置不同，到了夜里，靠近夜间俱乐部的客房会有噪声，预订的时候要注意。

Map p.431-A4
住 224 Rat-U-Thit 200 Pee Rd., Patong Beach　TEL 0-7634-9741~4
FAX 0-7634-9746~7
URL www.meirjarrhotel.com
费 AC S T 2500 泰铢～
CC M V　房间数 83 间　带泳池
WiFi 免费

波帕宫酒店
Poppa Palace 酒店

◆在繁华街道稍微靠里的地方，位置方便并且环境安静。客房宽广且干净整洁。这里有2座泳池。

Map p.431-B2
住 14, 16 Soi 1, Rat-U-Thit 200 Pee Rd., Patong Beach
TEL 0-7634-5522　FAX 0-7634-1206
E www.poppapalace.com
费 AC S T 3950 泰铢～　CC M V
房间数 105 间　带泳池　WiFi 免费

芭东怀特精品酒店
@White Patong Boutique Hotel 酒店

◆酒店的入口位于酒吧街，是一家特别受欢迎的酒店。以白色为主基调的内部装修，清爽明快。设备齐全，适合居住。

Map p.431-B3
住 171/8 Soi San Sabai, Rat-U-Thit 200 Pee Rd., Patong Beach
TEL 0-7634-4141　FAX 0-7634-4649
URL www.whitepatong.com
费 AC S T 2500 泰铢～（不含早餐）
CC M V（+3% 的手续费）
房间数 44 间　WiFi 免费

芭东鸟苑旅馆
The Bird Cage Patong Guesthouse 旅馆

◆客房装修较为单调，因为推崇节能环保，所以只配备了光纤电视和冰箱等最低限度的配置。虽然距离繁华街道比较近，但是夜里非常安静。

Map p.431-B2
住 6/1-3 Soi 1, Rat-U-Thit 200 Pee Rd.
TEL 0-7629-3195~6　FAX 0-7629-3197
E thebirdcage-phuket@hotmail.com
费 AC S T 1200 泰铢～
CC M V（+3% 的手续费）
房间数 30 间
WiFi 免费

拐点旅馆
Break Point 旅馆

◆距离海滩和繁华街道较近，非常方便。所有的客房都带有电视、冰箱、保险柜。一层有比萨和海鲜食品的餐厅，非常美味。

Map p.431-A3
住 110/10 Thaweewong Rd., Patong Beach
TEL 0-7634-4211
FAX 0-7634-0718
URL www.phuketbreakpoint.com
费 AC S T 1000 泰铢～
CC 不可使用
房间数 11 间　WiFi 免费

芭东胶囊旅馆
Capsule Hostel Patong 旅馆

◆位于邦拉路的正中间，进了肯德基所在建筑物的地下就可以发现该旅馆。男女分开，分别住在不同的胶囊，里面有照明灯和电源，馆内非常干净清洁，有柜子、桑拿（男女兼用，免费）和热水淋浴等设施。早晨的面包吐司和咖啡、水果免费供应。由于地处酒吧街的地下，会有一定的噪声。在意这方面的游客入住前要考虑清楚。

Map p.431-A2
住 B1 Fl., Bang-La Mall, 29/1 Soi Bang-La, Patong Beach
TEL 0-7629-2172
费 AC D 300 泰铢　胶囊公寓 S 400 泰铢　T 700 泰铢（含早餐）
CC M V
房间数 10 间 145 张床
WIFI 免费

卡伦海滩

巴西寄宿画廊旅馆
Casa Brazi Homestay & Gallery 旅馆

◆酒店采用赤陶的风格，色彩时尚。家庭般的服务使酒店有很多回头客。距离卡伦海滩步行大约10分钟。带风扇的房间只有两间，带有露天的走廊。

Map p.430-A
住 9 Luangpochuan Soi 1, Karon Beach TEL 0-7639-6317、08-1333-7745
URL www.phukethomestay.com
费 F S T 1000 泰铢～　AC S T 1350 泰铢～　CC 不可使用
房间数 21 间　WIFI 免费

卡塔海滩

卡塔颜色酒店
The Color Kata 酒店

◆酒店使用的装饰色彩效果非常好。夜里有配光布景，氛围特别棒，也特别适合情侣。

Map p.430-B
住 65, 67/1~2 Katekwan Rd., Kata Beach
TEL 0-7633-0979　FAX 0-7633-0905
URL www.thecolorkata.com
费 AC S T 2000 泰铢～
CC J M V　房间数 23 间
WIFI 免费　NET 免费

普吉岛金塔安达曼酒店
Jinta Andaman 旅馆

◆距离卡塔海滩500米，距离卡伦海滩800米，是徒步就能够到达这两个海滩的豪华酒店。多床房为女性专用，有隔出来的房间，感觉像是单间，构造独特。这里也有泳池，多床房的住客也可以免费使用。

Map p.430-B
住 98/45 Patak Rd., Kata Beach
TEL 081970-4100、08-9874-2805
URL www.jintaandaman.hostel.com
费 F D S 400 泰铢～　AC 高品质房 S T 1400 泰铢～　CC 不可使用　房间数 35 间 + 多床房 5 张床　带泳池　NET　WIFI 免费

查龙湾

码头42精品度假酒店
Pier 42 Boutique Resort and Spa 酒店

◆查龙湾码头附近的度假酒店。有机水疗在潜水后来做的人特别多。这里的咖啡厅和杂货店都特别时尚。

Map p.427-B4
住 42 Viset Rd., Near Chalong Pier
TEL 0-7638-4477~80　FAX 0-7638-4475
URL www.pierfortytwo.com
费 AC S 2970 泰铢　T 3245 泰铢～
CC A J M V　房间数 24 间　带泳池
WIFI 免费

普吉岛背包客旅馆
Phuket Backpacker Inn 旅馆

◆位于好棒屋潜水商店附近的住宿设施。里面有热水淋浴，男女分开的多床房，可以看漫画、DVD，免费使用厨房和洗衣机。在好棒屋听课的话免住宿费。这里也有别栋——迷你公寓。（AC S T 1800 泰铢，房间数 10 间 WIFI 免费）。

Map p.427-B4
住 135/32 Moo 4, Rawai, Chalong Bay
TEL 0-7628-0282
费 AC D 250 泰铢
CC 不可使用
房间数 14 张床　WIFI 免费

449

拷叻 *Khao Lak* เขาหลัก

遭遇过海啸后重建的海滩度假胜地

文前图正面-A9

拷叻位于普吉岛北侧80公里的位置，是面向安达曼海域的度假旅游胜地。沿着海滩建设度假村的热潮一直在持续，不过城市整体氛围朴素宁静。可以在这里体验锡米兰群岛、素林群岛的潜水，在国家公园感受大自然的魅力。

锡米兰群岛和素林群岛
只有11月～次年4月的旺季有潜水和浮潜的旅行团。可以去潜水商店或者酒店申请参团。从城区乘车大约15分钟可以到达发船的塔普拉姆码头。

锡米兰群岛美丽的大海

拷叻 漫步

巴士总站位于城市北部市场的附近。如果定下来要去的海滩或者酒店，可以告诉巴士司机，让司机在目的地附近停车。拷叻被大自然环绕，城市和海滩都比较幽静（→p.20）。如果有时间可以参加旅行团，去游览观光市内的拷叻·拉姆路国家公园和位于近郊的南部最大的拷索国家公园、锡米兰群岛海洋国家公园。

拷叻 主要景点

锡米兰群岛和素林群岛
Ko Similan, Ko Surin
Map 文前图正面-A9

拷叻海滩是潜水员憧憬的天堂

由九座小岛组成的锡米兰群岛具有美丽的海滩，有独特的生物链。自南向北20公里的素林群岛遇到鲸鲨和蝠鲼的概率较大，是潜水员憧憬的天堂。

主要海滩

■ **邦萨海滩 / 帕克韦伯海滩 Haat Bangsak / Haat Pakweeb**

位于岛屿的北部，两个海滩加起来长约11公里。除了零星分布着高档度假村之外没有其他的建筑物。这里与世隔绝，远离喧嚣，可以在此享受悠闲度假生活。

450

安静的帕克韦伯海滩

交通

从曼谷出发
BUS 从南部巴士总站出发去往拷叻，乘坐经塔库阿帕前往普吉岛的巴士，在中途下车。需要12~13小时。VIP车1011泰铢，一等车621泰铢、644泰铢，二等车483泰铢。

从普吉岛出发
BUS 乘坐去往塔库阿帕方向的巴士，在中途下车。需要大约2小时。二等车100泰铢。从普吉岛国际机场出发乘坐出租车1小时~1小时30分钟，1800泰铢。

实用信息

❶ 拷叻的信息
 www.khaolaknavi.com

■ 酷考海滩 Haat Khuk Khak
这里有数家中档~高档度假村，是一片幽静清闲的区域。

■ 邦尼昂海滩 Haat Bang Niang
海滩沿岸有中档~高档度假酒店，贝卡塞姆路到海滩有餐厅和商店。

■ 南通海滩 Haat Nang Thong
南通海滩位于拷叻的中心地带。海滩沿岸有很多酒店聚集。也有餐厅和商店，是拷叻最方便的区域。

■ 拷叻海滩 Haat Khao Lak
国家公园入口附近，是最南端的海滩。这里零星分布着数家度假村。

南通海滩的特征：沙子是茶色的

酒店
Hotel

西海岸的海滩沿岸有几家中档~高档度假村。观光季节是在11月~次年4月，其中最适合游玩的季节是海浪较为稳定的1~4月。淡季的时候歇业的店铺较多，会变得冷清。

萨罗晋酒店
The Sarojin 酒店

◆豪华度假酒店环境安静，注重个人隐私。宽广且绿树成荫的庭院内零星分布着客房。居住在这里可以受到热情的款待和细心的服务。（→ p.23）

Map p.450-A
住 60 Moo 2, Khuk Khak, Takua Pa
电 0-7642-7900~4　FAX 0-7642-7906
预 (03)3461-8585
URL www.sarojin.com
费 AC S T 14300泰铢~
CC A D J M V　房间数 56间
WiFi 免费

南通海滩度假酒店 2
Nang Thong Beach Resort 2

◆ 2009 年完成改装重建。建立在静谧海滩上的简易木屋和别墅，装修简单时尚且十分干净整洁。面向海滩的方向有餐厅和泳池，住着特别舒适。

Map p.450-B
住 13/8 Moo 7, Haat Nang Thong
电 0-7648-5911
FAX 0-7648-5912
URL www.nangthong2.com
费 AC S T 2000 泰铢~3000 泰铢（不含早餐）
CC J M V
房间数 50 间　带泳池
WiFi 免费（只有一部分客房）

洁琅酒店
Jerung Hotel

◆ 酒店内的客房宽敞明亮，通风较好，木地板，在这里住着心情很舒畅。这里设施齐全，有热水淋浴、电视和冰箱。除此之外还有很多餐厅和商店。

Map p.450-B
住 24 Moo 7, Khuk Khak, Takua Pa
电 0-7648-5815
FAX 0-7648-5819
E www.jerunghotel.com
费 AC S T 1500 泰铢~
CC J M V（+3% 的手续费。1000 泰铢以上可使用）
房间数 22 间
WiFi 免费

 餐　厅
Restaurant

元藏餐厅
Enzo Bistro Fusion Japanese

◆ 这家餐厅使用当地的新鲜海鲜或者有机蔬菜作为食材，手艺高超，特别好吃。有很多顾客专门从普吉岛来品尝这里的美食。有 70 种食品可以选择的自助餐特别受欢迎（男性 666 泰铢，女性 555 泰铢，老人 444 泰铢，5~11 岁小孩 222 泰铢，限 1 小时）。自助餐的席位必须要预约。

Map p.450-B
住 67/281 Moo 5, Bang Niang Beach Rd.
电 0-7648-6671
URL www.enzo-khaolak.com
营 每天 13:00~23:00（淡季~22:00）。自助餐~19:00（LO 18:30）、21:00~23:00（LO 22:30）
CC J M V

 潜水商店
Dive shop

大蓝潜水
Big Blue Diving

◆ 这是一家位于城市中心的潜水店，经常在安达曼海举办活动。曼谷的考山路和阁道岛也有店铺。

Map p.450-B
住 4/53 Moo 7, Haat Nang Thong
电 0-7648-5544
营 每天 9:00~21:00
休 5~10 月
CC J M V

452

阁兰达岛 *Ko Lanta* เกาะลันตา

人气急剧上升中的度假小岛

甲米岛向南大约 70 公里的地方有两个小岛，北侧的是小阁兰达岛（Lanta Noi），南侧的是大阁兰达岛（Lanta Yai）。正在进行旅游观光开发的大阁兰达岛南北长约 27 公里，西海岸的各海滩上有为数众多的度假村已在建设中。只有每年旺季的时候才有从甲米岛和皮皮岛发出的定期船来这里，和南部其他岛屿相比，这里悠闲寂静的氛围更浓厚。阁兰达岛也去往周边岛屿潜水的根据地。

被美丽沙滩环绕的岛屿

阁兰达岛 漫步

大阁兰达岛的北端是莎拉丹村（Saladan Village），有岛内唯一一处繁华街道。从岛外各地来的船只到达莎拉丹村北侧的船坞码头（莎拉丹码头）。村子的中心部步行 30 分钟就可以转一圈，这里有旅行社、便利店、商店和餐厅，南边有超市。岛屿的西海岸沿岸有全长超过 3 公里的长滩，包括帕拉海滩（Phra Ae Beach）在内的 13 个海滩，目前正在建设度假村。从 1 晚 300~400 泰铢的简易小木屋到 1 晚 5000 泰铢的高档水疗度假村，住宿设施多种多样。根据预算，可供选择的范围很广。在岛屿东南部，有一座居民大多数为伊斯兰教徒的古老村庄，和西侧正在建设的度假村风格不同，另有不一样的魅力。

满载乘客前往阁兰达岛的渡船

※ 泰国南部迷你巴士叫作"迷你面包车""面包车"等。

泰国南部 ● 拷叻／阁兰达岛

交通

从普吉岛出发
BUS 可以乘坐直接开进轮渡的迷你巴士，特别方便。长途巴士总站 2 出发的迷你巴士 1 天有 8 班车，260 泰铢。从各海滩出发 600~800 泰铢。
BOAT 经过皮皮岛的船只 1 天 2 个航班（淡季 1 个航班）。需要大约 4 小时，600 泰铢。

从皮皮岛出发
BOAT 1 天 5 个航班（淡季 1 次航班），需要大约 1 小时，300~800 泰铢。

从甲米岛出发
BUS 到达甲米镇的迷你巴士 8:00~16:00 期间每个整点发车，需要 2 小时 30 分钟。300 泰铢。从奥南海滩 1 天 2~4 个航班，大约需要 3 小时，450 泰铢。
BOAT 从甲米镇、奥南海滩出发，只有旺季时候有船，1 天 1 次航班，470 泰铢。大约需要 2 小时 15 分钟。

从董里出发
BUS 迷你巴士 1 天 6 班车，需要 2 小时 30 分钟~3 小时 30 分钟。300 泰铢（需要确认渡轮的运费 13 泰铢是否需要另行缴费）。

旅游小贴士

水上运动费用参考
浮潜　　　　　　1900 泰铢
潜水旅行
　皮皮岛　　　　3500 泰铢
　爷爷石、奶奶石
　　　　　　　　4100 泰铢~
PADI 课程
　体验潜水课程　5000 泰铢
　开放水域课程
　　　　　　　 15000 泰铢~

架桥计划
计划建造一座把小阁兰达岛和本土连接在一起的大桥。在长年受阻之后，近期工程终于开始动工了。

阁兰达岛 主要景点

老城区
🚗 乘坐摩托车、双条车，或者出租车。

迈考洞窟
开 每天 8:00~16:30（最晚出发）
☎ 08-0881-4431
¥ 300 泰铢（国家公园门票 200 泰铢＋导游）

　导游旅行团随时都可以出发。免费租赁前照灯。5 岁以下儿童禁止入内。因为要穿过山间小道，游玩时要穿运动鞋。注意防蚊虫叮咬。
🚗 乘坐摩托车或者出租车。

旅游小贴士

阁兰达岛的潜水商店
Ⓢ 帕姆海滩潜水店
Palm Beach Divers
🗺 p.453
📍 47 Moo 3，Phra Ae Beach
☎ 08-7806-4314、0-7568-4603
🌐 www.palmbeachdivers.com
💳 CC MV（＋3.5%的手续费）
　PADI 五星商店。这里有去往皮皮岛的线路。

阁兰达岛的旅行团
四个岛屿旅行
　一日游的安排是去珊瑚礁非常美丽的阁兰达岛、科普岛（或者是玛岛）享受潜水，去穆克岛探险，去哈依岛吃午饭。在旅行社或者酒店可以申请，有到住宿地方的接送服务，器具的租赁和午餐的费用加一起，乘坐长尾船 1000 泰铢，乘坐快速船 1500 泰铢。

岛内双条车的费用标准

从莎拉丹村出发	
克朗道海滩	50 泰铢
帕拉海滩	70 泰铢
克朗空海滩	100 泰铢
克隆尼海滩	150 泰铢
康庭湾 1 辆车	300 泰铢

老城区 Old Town（Sri Raya）　Map p.453
多民族不同文化融合形成的历史城区

　500 年前西吉卜赛人、300 年前伊斯兰教信徒、200 年前华人先后来到这里，于是形成了多民族文化混合的独特氛围。随着观光旅游的发展，这里也被称为"老城区"。至今沿海还有建造 100 年以上的柚木构造房屋，现在成了旅馆和餐厅。从栈桥有去往国家公园等的乘船旅行发出。

沿海而建的老城区

迈考洞窟
Khao Mai Kaew Cave(Tham Khao Mai Keaw)　Map p.453
矿业洞窟漫步

大阁兰达岛中有一个天然的钟乳洞。和导游一起进入山间小路，大约慢步行走需 30 分钟，在洞窟内探险 1 小时左右。途中可以下竹子的台阶，进阴小的洞窟，探险氛围十足。洞窟内道路湿滑，一定要注意脚下。

在洞窟内旅行探险

阁兰达岛主要的海滩

■ **克朗道海滩 Haat Khlong Dao**
海滩寂静，是适合作海水浴场的浅滩。

■ **帕拉海滩 Haat Phra Ae（长滩 Long Beach）**
帕拉海滩的白沙延绵不绝，风景优美。沿海有 20 家以上度假酒店。这里的海滩特别宽阔，悠闲的氛围十足。

　除此之外，南部还有岩石较多、可以享受浮潜乐趣的克隆空海滩和有价格适宜的住宿、餐厅等设施的克隆尼海滩。

酒 店
Hotel

阁兰达岛11月~次年4月是旺季，5~10月是淡季。从甲米岛和董里出发的迷你巴士全年都有发车，但是观光专用船淡季的时候不出航，就会显得特别安静冷清，有些住宿设施也会在此期间关门歇业，而开业的住宿设施住宿费用也有可能降到一半左右。北部海滩沿海处有价格适宜的简易小木屋，克隆尼海滩和康庭湾也有便宜的住宿设施。甲米岛和董里出发的迷你巴士能够送到酒店或旅馆，但是康庭湾以南，迷你巴士就不到了。如果选择南部的住宿设施可以利用酒店的接送服务或者乘坐出租车前往。

拉维瓦林温泉度假酒店
Rawi Warin Resort & Spa 　　　　　　酒店

◆酒店位于大阁兰达岛西侧海岸几乎中央的位置，是位于克隆空海滩的高级奢华度假村。这里有环绕泳池和花园而建的别墅和酒店楼，外形美观优雅，眺望风景视野特别好。

Map p.453
住 139 Moo 8，Khlong Tob Bay
☎ 0-7566-7400~98
FAX 0-7560-7499
URL www.rawiwari.com
费 AC S T 6320 泰铢~
CC M V
房间数 185 间　带泳池　WiFi 免费

帕南兰酒店
Phra Nang Lanta 　　　　　　　　　　酒店

◆酒店位于康庭湾。每间客房都有名字，客房名字与装修的颜色和室内氛围相配合，在泳池的旁边可以免费使用 Wi-Fi。这里的住客还可以免费租赁自行车、皮艇。屋顶有可以看到海洋的水疗馆。淡季的时候会有折扣。

Map p.453
住 139 Moo 5，Ba Kan Tiang Bay
☎ 0-7566-5025
FAX 0-7566-5030
URL www.vacationvillage.co.th
费 AC S T 8500~9500 泰铢
CC A J M V
房间数 15 间　带泳池
WiFi 免费

兰塔卡苏里那海滩度假酒店
Lanta Casuarina Beach Resort 　　　　酒店

◆面向帕拉海滩而建的中档度假酒店。距离海滩18米远有开放式大泳池和餐厅，可以在这里看着大海的风景，放松一下身心。有的客房带浴缸，预约的时候要确认。

Map p.453
住 288 Moo 3，Phra Ae Beach
☎ 0-7568-4685
FAX 0-7568-4689
URL www.lantacasuarina.com
费 AC S T 2900 泰铢~
CC M V
房间数 65 间　带泳池
WiFi 免费

逃生小木屋
escape-cabins 　　　　　　　　　　　酒店

◆这是一家小型的度假酒店。有8间别墅和客房，建在可以远眺山中景色的寂静之地。带厨房、起居室、阁楼的小屋有93平方米，特别适合举家来这里住宿。这里也有视野开阔的泳池。

Map p.453
住 483 Moo 3，Phra Ae Beach
☎ 08-4446-8909
FAX 0-7568-4240
URL www.escape-cabins.com
费 AC S T 2200 泰铢~
CC 不可使用
房间数 8 间　带泳池
WiFi 免费

兰塔美人鱼精品酒店
Lanta Mermaid Boutique House 酒店

Map p.453

◆位于克朗道海滩主干道沿线，交通非常便利。设备相同，靠海、路和靠山的客房费用有所不同。靠近海洋、道路的客房视野开阔，开放感好，靠近山体的客房寂静。这里的工作人员十分友好热情，有很多回头客前来居住。

住 333 Moo 3, Saladan, Khlong Dao Beach
TEL 0-7568-4364、08-2671-5888
FAX 0-7568-4906
URL www.lantamermaid.com
票 AC S T 2690 泰铢～
CC M V 房间数 18 间 WF 免费

固光海滩度假村酒店
Kaw Kwang Beach Resort 酒店

Map p.453

◆克朗道海滩北端可以看到海湾的风景，环境优美且安静。这里既有价格适宜的简易木屋，也有正对海滩的大客房，房型多种多样。旺季的时候只有带空调的房间提供早餐。

住 16 Moo 1, Saladan, Kaw Kwang Beach TEL 0-7566-8260
0-7566-8259
URL www.lanta-kawkwangresort.com
票 F S T 600 泰铢～
AC S T 1000 泰铢～（不含早餐）
CC M V（+3% 的小费）
房间数 60 间 带泳池
WF 餐厅周边可以免费使用

康庭湾景观度假酒店
Kantiang Bay View Resort 酒店

Map p.453

◆便宜的带风扇客房是四间简易木屋。这里有餐厅、酒吧、旅行社办事处、按摩房、网吧等配套设施，十分方便。只有带空调的客房有热水淋浴。是阁兰达岛全年营业的酒店。在这里可以免费使用连接网络的电脑。

住 9 Moo 5, Ba Kan Tiang Bay
TEL 0-7566-5049、08-1787-5192
FAX 0-7566-5050
URL www.kantiangbay.net
票 F S T 500 泰铢～
AC S T 1500~3000 泰铢～（不含早餐）
CC M V（+3% 的手续费）
房间数 25 间
WF 免费（餐厅周边）

蜜蜂的小村庄旅馆
Bee Bee Little Village Bungalows 旅馆

Map p.453

◆克隆空海滩上有一些朴素的简易小木屋，住着很舒服。这里可以申请各种旅行团，餐厅的美食让人流连忘返。可以免费使用 Wi-Fi。

住 Moo 2, Khlong Khong Beach
TEL 08-1537-9932
E beebeepiya02@hotmail.com
票 F S T 600~900 泰铢
CC 不可使用
房间数 15 间
WF 免费（一部分客房除外）

餐　厅
Restaurant

从萨拉丹繁华街道向西走有海鲜餐厅一条街（照片）。主干道上到了傍晚就会有很多小摊聚集于此。各海滩，除了酒店内部有餐厅以外，沿着主干道，零星分布着泰国美食、意大利美食、北欧美食餐厅和酒吧、小酒馆。山腰上有一家眺望视野极佳的餐厅"Viewpoint Restaurant"（MAP p.453）。

456

皮皮岛 Ko Phi Phi เกาะพีพี

环境宁静悠闲的珊瑚礁小岛

皮皮岛位于甲米岛向南大约42公里、普吉岛向西南48公里的位置，处于安达曼海域，由大小6个岛屿组成。最大的岛屿观光开发完善，称为大皮皮岛。它的南侧有一个小型的无人岛，电影《海滩》曾经在这里取景，由此名声大噪，被称为小皮皮岛。岛屿的周围零星地分布着美丽的潜水点。

美丽的通赛湾

皮皮岛 漫步

从普吉岛和甲米岛、阁兰达岛发来的船只一靠岸，就会有一些导游或者住宿设施来拉客的人聚集在码头。穿过栈桥，就可以进入岛屿中心的通赛区。这里有酒店、旅行社、餐厅、商店、网吧等设施，也是当地的一条繁华街道。如果想去海水浴场、体验海上运动，可以去甲米的海滩，从栈桥前往罗达拉姆海滩需要步行10分钟。从中心街道到东北方向瞭望台的途中有便宜的旅馆，还有陆续新建的度假村。如果希望找一个安静的地方居住，可以在通赛区乘坐长尾船去长滩或者蕾姆通海滩。确定好住宿的地方以后，可以参加海滩潜水旅行团。作为岛屿的清洁费用，进入岛屿的时候在栈桥每人收取20泰铢。

旅游者来此首先要通过这个栈桥

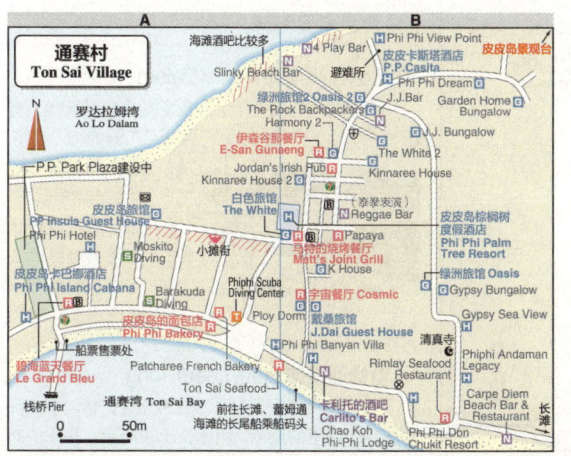

Thailand South

文前图正面-B10

泰国南部 阁兰达岛／皮皮岛

交通

从普吉岛出发
BOAT 从普吉镇东侧的拉萨达码头前往通赛湾的栈桥，有数家公司都有船运营。1天2~4班次，8:30、13:30（旺季的时候11:00和14:30也发船）。需要1小时30分钟~2小时，500~750泰铢。8:30、13:30出发的安达曼韦伯玛斯塔公司的船经过敦萨，到蕾姆通海滩，800泰铢。拉萨达码头购票没有在旅馆或者旅行社购票划算，旅馆和旅行社购票有优惠券，可以打折。从皮皮岛出发的票250泰铢或特别便宜的时候，要确认清楚是否包含到住宿地方的交通费。从拉萨达码头接送的情况请参考p.428。东海滩的酒店有独自运行的专用船，所以预订时要向酒店或者旅行社确认清楚。

从甲米岛出发
BOAT 从库隆吉拉特码头（p.463右）有数家公司都有运营的航班。1天4个班次。9:00、10:30、13:30、15:00出发，需要大约1小时30分钟，400泰铢。昂timing海滩1天1班次，9:30出发，450泰铢。船在航行途中，在海上经过普拉那区域。

旅游小贴士

普吉岛和甲米岛出发的1日游旅行团

当日往返的观光团在皮皮岛度过的时光实在是太少。可以购买单程票，回去的时间自己定。如果时间和日程有富余的游客可以买单程票来这里，悠闲自在地游玩几天。

外国游客较多，夜里也特别热闹

457

皮皮岛景观台

开 每天 5:30-19:30　费 30泰铢
禁止带酒精类饮料。

旅游小贴士

长尾船的费用

从通赛区去长滩
　每人 100 泰铢（2 人起。
如果是 1 个人的时候需要 200
泰铢。19:00 以后是 150 泰铢）
租赁的价格
　3 小时 1500 泰铢，6 小时 3000 泰铢

皮皮岛 主要景点

皮皮岛观景台 Pee Pee View Point Map p.458

海滩画着优美的曲线，在这里可以看到耸立着的悬崖峭壁

越过通赛湾的栈桥沿闹市区向右走，在皮皮小旅馆向左转，朝着罗达拉姆湾方向走 10 分钟就可以到达皮皮梦幻旅馆附近，那里有通向皮皮岛景观台的台阶。前一段台阶较陡，后半段就比较

从这里可以看到皮皮岛的入海景观

平缓了。从开始爬台阶到登顶需要 20~30 分钟。观景台位于一块巨大岩石突起处，可以看到两侧宽阔的海域，眺望视野极佳。

小皮皮岛 Ko Phi Phi Lay Map p.458

探寻世外桃源的游客最爱的无人岛

从水面上微露出一点的燕窝洞口

从大皮皮岛乘坐长尾船来这里需要大约 25 分钟，乘坐快船大约 10 分钟。无人岛上到处都是岩石，值得一看的景点是海盗洞穴（Tham Viking），墙上保留着酷似船的壁画。这个洞穴是海燕的栖息地，它们的巢便是珍贵的燕窝（一般禁止入内）。

岛屿周边都是悬崖峭壁，之间有一些美丽的小型海滩，是浮潜的绝佳胜地。电影《海滩》还在这座岛屿的玛雅湾取过景。

皮皮岛主要海滩

■ 罗达拉姆海滩 Ao Lo Dalam

浅水区域面积较广的罗达拉姆海滩

罗达拉姆海滩位于大皮皮岛通赛区域北侧，宽广的海滩，白色的沙子十分漂亮。从浅滩向里望去，碧绿的水显得十分优美。可以在这里享受日光浴或海水浴，悠闲自在地游玩。

■ 蕾姆通海滩 Haat Laem Tong

蕾姆通海滩位于大皮皮岛的北端，是向东南延伸长约 1 公里的海滩。由于位于东海岸，旱季的时

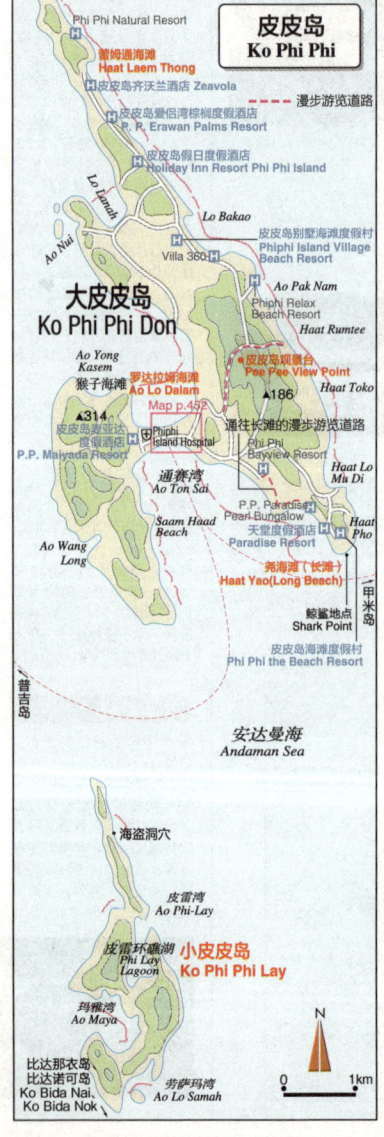

458

候风浪较大,相反到了雨季的时候海面变得较为平静。海水深度适中,在水深10米的位置有拦网,所以可以放心地在这里浮潜。初学者来这里体验潜水可以从海滩向里走,能够看到珊瑚礁。去往摩斯奇岛、班布岛需要乘坐长尾船10~20分钟,这些区域都可以潜水和浮潜。

蕾姆通海滩是安达曼海域首屈一指的漂亮海滩

■ 尧海滩 Haat Yao(长滩 Long Beach)

长滩位于大皮皮岛的东南侧。在这里可以欣赏到东侧马来半岛升起的太阳,西侧大皮皮岛雄伟壮观的风景。海滩只有数家度假村酒店,环境幽静,氛围特别好。这里还有大片珊瑚礁,可以在这里浮潜游玩。

■ 浮潜地点

大皮皮岛的南部、长滩附近的欣派 & 鲨鱼礁(Hin Phae & Shark Point)、东北部的班布岛(Bamboo Island)、小皮皮岛的玛雅湾(Ao Maya)、皮雷湾(Ao Phi-Leh)、劳萨玛湾(Ao Lo Samah)等。

浮潜1日游: 根据海洋的状况会有所不同,主要包括大皮皮岛东部的罗姆迪(Lo Mu Di)、拉姆提海滩(Haat Rumtee)、班布岛附近的珊瑚礁、大皮皮岛西部的拉那湾(Lo Lanah)、阿奥努衣、猴子海滩、旺龙湾(Ao Wang Long)、小皮皮岛的玛雅湾(Ao Maya)、劳萨玛湾、皮雷湾、比达那衣(Bida Nai)、比达诺可(Bida Nok)等。

旅游小贴士

长尾船的费用
通赛区到蕾姆通海滩(也有从罗达拉姆湾出发的) 800~1300泰铢

潜水、浮潜、旅行团的费用参考
自带器材可以打折。
2船潜水　　　　　3400泰铢
开放水域(3~4天)
　　　　　　　　13800泰铢
高级(2~3天)
　　　　　　　　11300泰铢
动力潜水
原地潜水(2次) 2500泰铢
沉船潜水(2次) 4300泰铢
爷爷石,奶奶石(2次)
　　　　1天 5500泰铢~
浮潜　　　　　　 700泰铢
日落浮潜　　　　 800泰铢

两条漫步游览道路
2014年在通赛湾建成了一条漫步游览的道路。另外在通赛区的东侧"Phi Phi Bayview Resort"前面有一条通往长滩的漫步游览道路。道路虽然进行的铺装,但还有几个地方坑坑洼洼,像是山间小路,需要注意。单程需要20~30分钟。

通赛湾沿岸的漫步游览道路

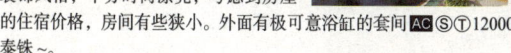
酒 店
Hotel

在通赛区的中心大多是1000~2000泰铢的中档酒店。400~500泰铢的便宜旅馆分布在距离繁华街道远一点的地方。在东海岸还有大型的度假村酒店,配有水疗设施。11月~次年4月是旺季,除此之外,很多酒店、旅馆会打折,费用便宜20%~50%。

通赛区

皮皮岛卡巴娜酒店
Phi Phi Island Cabana　　　　　酒店

Map p.457-A

◆皮皮岛卡巴娜酒店是一家可以代表皮皮岛的豪华度假酒店。客房装修是东方装饰风格,十分时尚漂亮,考虑到房屋的住宿价格,房间有些狭小。外面有极可意浴缸的套间 AC S T 12000泰铢~。

住 58 Moo 7,Ton Sai Village
TEL 0-7560-1170~7　FAX 0-7560-1178~9
URL www.phiphi-cabana.com
费 AC S 7000泰铢 T 8000泰铢
CC A(+5%的手续费) M V(+3%的手续费)　房间数 162间　带泳池
WiFi 免费(大厅和泳池旁边)

皮皮岛棕榈树度假酒店
Phi Phi Palm Tree Resort　　　　酒店

Map p.457-A~B

◆皮皮酒店系列的度假村。客房围绕着泳池而建,分为豪华房、泳池房、套间3种房型。酒店位于繁华街道的中心位置,没有特别悠闲的氛围,不过特别方便。一个房间可以住两个大人和一个未满10岁的小孩。连接泳池的客房禁止未满10岁的小孩入住。酒店全面禁烟。

住 125/89 Moo 7,Ton Sai Village
TEL 0-7560-1062　FAX 0-7560-1046
URL www.pphotelgroup.com
费 AC S T 4050泰铢~
CC M V(+3%的手续费)
房间数 65间　WiFi 免费

皮皮岛麦亚达度假酒店
P.P.Maiyada Resort　　　　　　　　　　　酒店

Map p.458

◆ 2014年开业的中档酒店。是一座位于山脚下的3层建筑物。距离海滩特别近，步行大约1分钟就可以到达。距离繁华街道和海岸酒吧街有一定的距离，所以这里环境幽静，适合喜欢安静的游客入住。

住 144 Moo 7，Ao Lo Dalam
TEL 09-3774-3677　FAX 08-0539-5378
URL www.ppmaiyadaresort.com
费 AC S T 2000 泰铢～
CC M V （+3%的手续费）
房间数 96 间　带泳池
WiFi 免费

皮皮卡斯塔酒店
P.P.Casita　　　　　　　　　　　酒店

Map p.457-B

◆稍微靠里的度假村酒店，有酒店式客房和木屋式客房，在通赛中心部极为少见，这里的泳池带喷气式按摩。从码头步行10分钟即可到达，距离罗达拉姆海滩大约60米。面向海滩酒吧街方向的简易小木屋整晚都特别吵，预约的时候要确认清楚。

住 125/89 Moo 7，Ton Sai Village
TEL 00-7560-1214～5、08-1892-6242
FAX 0-7560-1215、1261
URL www.pphotelgroup.com
费 简易小木屋 AC S T 2600 泰铢～
酒店楼 S T 3300 泰铢～
CC M V （+3%的手续费）
房间数 130 间　带泳池
WiFi 免费（大厅、泳池周边）

皮皮岛旅馆
PP Insula Guest House　　　　　　　旅馆

Map p.457-A

◆距离繁华街道较近，不过环境幽静。旅馆配有热水淋浴、卫星频道电视、冰箱、保险柜等设施。这里的工作人员比较热情友好。旅馆内禁烟，在阳台吸烟的时候要关上窗户。

住 194 Moo 7，Ton Sai Village
TEL 0-7560-1205
URL www.ppinsula.com
费 AC S T 1700 泰铢～（住宿2夜以上）CC 不可使用
房间数 19 间　WiFi 免费

白色旅馆
The White　　　　　　　　　　　旅馆

Map p.457-B

◆以白色为主基调的客房时尚漂亮，住着舒适。带光纤电视、热水淋浴、冰箱。这里的浴室有些狭窄。别栋的白色旅馆2"The White 2"（TEL 0-7560-1067）是带屋顶花园的别墅（AC S T 1600 泰铢～）。

住 125/100 Moo 7，Ton Sai Village
TEL 0-7560-1300
URL www.whitephiphi.com/th
费 AC S T 1300 泰铢～
CC 不可使用
房间数 8 间　WiFi 免费

绿洲旅馆2
Oasis 2　　　　　　　　　　　旅馆

Map p.457-B

◆位于繁华街道的价格适宜的旅馆。客房宽敞明亮，干净整洁，不过淋浴只有凉水。与繁华街道中间隔了一条街的安静区域有这家店的姊妹店"绿洲旅馆"，那边一共有12间房，F S T 600～800 泰铢。

住 125 Moo 7，Ton Sai Village
TEL 0-7560-1207、08-3650-2460
费 F S T 600 泰铢（公共浴室）700 泰铢～
CC 不可使用
房间数 12 间　WiFi 免费

戴桑旅馆
J.Dai Guest House　　　　　　　旅馆

Map p.457-B

◆最近皮皮岛有多张单人床的多床房在逐步增多。公共淋浴有热水。对面同系列的旅馆"策略宿舍"（Ploy Dorm）只有凉水淋浴。当前台没有人的时候可以去对面的"宇宙餐厅"咨询。

住 139/1 Moo 7，Soi Chaokoh，Ton Sai Village
TEL 0-7560-1088、08-4851-8117
费 AC D 500 泰铢 S T 1000 泰铢
CC 不可使用
房间数 3 间 +7 张床
WiFi 免费

长滩

皮皮岛海滩度假村
Phi Phi the Beach Resort 酒店

◆位于长滩的东端，建在山丘斜面上的别墅给人印象特别深刻。在这里的高地可以欣赏绝色的美景，度假村内可乘坐嘟嘟车或二轮车移动。海滩沿岸设有小型泳池。在迎客室可以使用连接网络的电脑，3泰铢/分钟。

Map p.458
住 177 Moo 7，Long Beach
℡ 0-7581-9206、08-9866-4013
FAX 0-7581-9210
URL www.phiphithebeach.com
费 AC S T 4300 泰铢～ CC J M V
房间数 100 间 带泳池 WiFi 免费

天堂度假酒店
Paradise Resort 酒店

◆这里建有多间面向大海的简易小木屋。2015年增加了海景楼。从海滩就可以直接去潜水地点，特别有魅力。在海滩还可以接受按摩。

Map p.458
住 Long Beach
℡ 08-1968-3982、08-1968-3989
URL paradiseresort.co.th
费 AC S T 3000 泰铢～（只有旺季带早点） CC J M V（+5% 的手续费）
房间数 35 间 WiFi 免费

东海岸

皮皮岛齐沃兰酒店
Zeavola 酒店

◆皮皮岛数一数二的高档度假村。是由天然木材建造的温馨别墅，全部都是套间。在位于山丘上的泳池别墅，向郁郁葱葱的森林方向望去可以看到大海，趣味十足。

Map p.458
住 11 Moo 8，Laem Thong Beach
℡ 0-7562-7000 FAX 0-7562-7025
URL www.zeavola.com
费 AC S T 10800 泰铢～
CC A D J M V
房间数 53 间 带泳池 WiFi 免费

皮皮岛别墅海滩度假村
Phiphi Island Village Beach Resort 酒店

◆位于东海岸的正中央地带，绵延800米，独占整个海滩。海滩上建有简易小木屋，山丘上建有泳池别墅，可以在喷气式按摩泳池看到大海的美景。可以免费使用连接网络的电脑。

Map p.458
住 49 Moo 8，Lo Bakao Bay
℡ 0-7562-8900 FAX 0-7562-8955
URL www.phiphiislandvillage.com
费 AC S T 16224 泰铢～
CC A D J M V 房间数 155 间 带泳池
WiFi 免费（大厅周边和一部分客房可以使用）

皮皮岛假日度假酒店
Holiday Inn Resort Phi Phi Island 酒店

◆简易小木屋建立在海滩的沿岸，椰树树影婆娑，环境十分悠闲。潜水、滑皮艇1小时以内可以免费玩。

Map p.458
住 54 Moo 8，Laem Thong Beach
℡ 0-7562-7300、0-7626-1860~3
FAX 0-7562-7397 URL www.ihg.com
预 0120-677651
费 AC S T 8122 泰铢～
CC A D J M V 房间数 126 间 带泳池
WiFi 免费（公共区域和一部分客房）

皮皮岛爱侣湾棕榈度假酒店
P.P. Erawan Palms Resort 酒店

◆酒店位于海滩的中间地带。有酒店式房屋和简易小木屋。所有的客房都离海特别近。在泳池可以一边看大海的美景，一边休闲放松。

Map p.458
住 45/9 Moo 8，Laem Thong Beach
℡ 0-7562-7500~23
FAX 0-7562-7524
URL www.pperawanpalms.com
费 AC S T 4200 泰铢～
CC A J M V 房间数 46 间 带泳池
WiFi 免费（只有大厅周边）

※ 皮皮岛的旅馆接待中心19:00下班，所以要尽早地办理入住。

餐厅
Restaurant

通赛区里面有意大利美食餐厅、西欧美食餐厅、牛排店、小酒馆等很多种类型的餐饮设施。沿着主干道有海鲜餐厅，可以一边眺望大海的美景，一边享用海鲜餐厅的美食。

碧海蓝天餐厅
Le Grand Bleu

Map p.457-A

◆ 1992 年开业，是已经经营 20 多年的老店，一直受到人们的喜爱。是一家时尚的法国美食餐厅。白葡萄酒贻贝和奶油沙司组合 195 泰铢，是不可错过的美食，一定要尝尝。外脊肉牛排 550 泰铢和鸡肉饭 280 泰铢等一些肉食菜品分量十足。这里的泰国美食种类也丰富多样。

- 137 Moo 7，Ton Sai Village
- 08-1979-9739
- 每天 18:30~23:00
- 5/20~7/10，9/20~10/10
- CC 不可使用

皮皮岛的面包店
Phi Phi Bakery

Map p.457-A

◆ 1989 年开业的面包店咖啡厅。有各种自家烤制的面包，非常美味。口感松软的奶油面包圈（25 泰铢），推荐品尝。二层的座席上放着靠垫，是铺席风格。

- 97 Moo 7，Tongsai Village
- 0-7560-1017
- www.facebook.com/phiphibakery
- 每天 7:00~16:30
- CC 不可使用

宇宙餐厅
Cosmic

Map p.457-B

◆ 推荐餐厅自制比萨 130 泰铢～和意面 100 泰铢～。比萨和意面都有 20 种以上不同的口味，种类十分丰富。带着刚出锅的香气的比萨直径 30 厘米，算是尺寸特别大的，奶酪的分量也特别足。餐厅内有免费 Wi-Fi。

- 125/83 Moo 7，Ton Sai Village
- 08-9866-9984
- 每天 9:30~22:30
- CC 不可使用

伊森谷那餐厅
E-San Gunaeng

Map p.457-B

◆ 经常伊森（泰国东北部）美食的大众食堂。推荐火腿 70 泰铢，混合煮汤 150 泰铢等。

- Moo 7，Ton Sai Village
- 08-4734-5300，09-8035-5228
- 每天 18:00~24:00
- CC 不可使用

马特的烧烤餐厅
Matt's Joint Grill

Map p.457-B

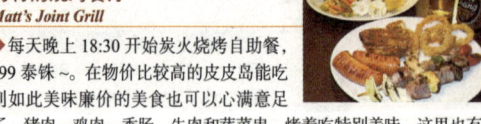

◆ 每天晚上 18:30 开始炭火烧烤自助餐，299 泰铢～。在物价比较高的皮皮岛能吃到如此美味廉价的美食也可以心满意足了。猪肉、鸡肉、香肠、牛肉和蔬菜串，烤着吃特别美味。这里也有汉堡、沙拉、炸马铃薯和长棍面包等，种类丰富。店内有免费 Wi-Fi。

- Moo 7，Ton Sai Village
- 08-4889-6147，08-9520-6191
- 每天 9:00~23:00
- CC 不可使用

夜店
Night Spot

卡利托的酒吧
Carlito's Bar

Map p.457-B

◆ 提到皮皮岛的夜晚，一定要说一下称为"泡依"的火焰表演。这种表演在其他的海滩酒吧也有，但是说到表演者的水平，就要数这里最高了。这里的表演者曾经在大赛上获奖，技艺十分高超。表演时间是每天 21:30~。

- Moo 7，Ton Sai Village
- 08-1797-6344
- 每天 12:00~次日 1:00
- CC 不可使用

甲米岛 *Krabi* กระบี่

复杂的喀斯特地貌岛屿与海滩

Thailand South

泰国南部 ● 皮皮岛／甲米岛

甲米岛周边有许多从地表中凸出的石灰岩，形成了独特的景观。有的海滩必须乘船才能抵达，在这里可以远离世俗，身心得到解放。周边还有130多个岛屿和珊瑚礁群，很适合在此浮潜。

由石灰岩形成的小山

甲米岛 漫步

甲米镇的中心位于甲米河附近经过整修的乌塔拉基路（Uttarakit Rd.）周边。那里有酒店、旅馆、餐厅、旅行社、银行等设施。乌塔拉基路以南还有邮局和电话局。海滩都相距较远，每个海滩上都有餐厅和酒店。市内交通乘坐摩的（20泰铢）最为方便。各地的长途巴士在甲米镇郊区的公营巴士总站或者两家私营巴士公司的站台停靠。

从甲米镇去往周边海滩的巴士总站

❈ 交通

从曼谷出发
AIR 从素万那普国际机场乘坐泰国国际航空的航班，每天有4班，需要大约1小时20分钟。2600泰铢～。廉价航空公司的信息请参见各航空公司的官网（→p.503）。
BUS 从南部巴士总站出发需要12小时～13小时30分钟，VIP车885泰铢～，一等车569~603泰铢。从北部巴士总站出发需要大约12小时30分钟，一等车589~603泰铢。

从苏梅岛出发
AIR 曼谷航空每天一班，需要大约55分钟，3100泰铢～。
BUS+BOAT 需要6小时30分钟～12小时，400~600泰铢。

从普吉岛出发
BUS 需要3-4小时，120~145泰铢。迷你巴士140-350泰铢。

从素叻他尼出发
BUS 需要大约3小时，150泰铢。迷你巴士根据车地不同需要180~300泰铢。

从皮皮岛出发
BUS+BOAT 9:00、10:30、11:30、15:00、15:30一天5班，需要1小时30分钟～2小时，300~800泰铢。

463

实用信息

① TAT
- MAP p.463 右
- 292 Maharat Rd.
- 0-7562-2163、0-7561-2812
- 每天 8:30~16:30
- www.tourismthailand.org/krabi

甲米岛国际机场
- MAP p.463 右

从奥南海滩乘出租车需要600泰铢，乘嘟嘟车需要400泰铢。从甲米镇乘坐出租车需要350泰铢。

巴士总站
- MAP p.463 右
- 0-7561-1804

从甲米岛的巴士总站到甲米镇可以乘坐红色或白色的双条车，需要15分钟，30泰铢。摩的需要60泰铢，嘟嘟车需要150泰铢。去往奥南海滩可乘坐白色双条车，需要1个小时，60泰铢。乘坐嘟嘟车或出租车需要400泰铢。巴士总站17:00就关闭，17:00以后只能在道路上乘坐。

机场的国内线巴士总站

旅游小贴士

从码头出发的方法

从码头到达甲米镇乘坐出租车200泰铢，到达机场需要400泰铢。

帕南区

从甲米镇的朝发栈桥乘坐长尾船需要45分钟，150泰铢。凑齐6人以上即可发船。包船的话大概900泰铢左右。以皮皮岛上开来的船只，有的可以在帕南区的海面上换小船直接进入帕南区。到达地点随季节变动。去往甲米镇的船只一旦晚点就不可再乘坐了，请注意。

从奥南海滩开来的船只需要大约15分钟，往返200泰铢（8人以上）。18:00~次日0:00 150泰铢（6人以上）。雨季经常停运，请注意。

甲米岛 主要景点

帕南区 Phranang Area
Map p.464 上

被绝壁隔离的神秘美景

แหลมพระนาง

适合攀登奇岩的场地有很多

半岛的尾端岩石耸立，因此游客只能乘船前往这座小孤岛。可以在岛上步行游览。

东莱雷海滩： 海滩上有码头，从甲米镇有直达这里的船只。由于海滩红树林茂盛，小石子也多，所以不适合海水浴，但可以在此感受潜水。

西莱雷海滩： 海滩的沙粒呈灰褐色，是一片与世隔绝的地带。步行道上有一排排餐厅和店铺，十分受欢迎。有往返于奥南海滩的船只。

帕南海滩： 海滩上还有一个帕南洞穴，可以在里面游泳。有往返于奥南海滩的船只。

帕南洞穴探秘： 登上帕南海滩西端的大岩石，眼前的海滩与岩石之间有大片树木，里面有山路。步行20米左右是悬崖峭壁，左侧即是洞穴。在洞穴里面的凸起处可以将帕南海滩一览无余。洞穴中光线昏暗，需要带上手电筒。洞穴深处有一架梯子，登上去可以看到东莱雷海滩，然后从离地面80米的横洞穴出去。有的地方没有护栏，请游客多加注意。此活动适合有经验的探险者。

奥南海滩 Ao Nang Beach
Map p.464 下

设施齐全的观光胜地

หาดอ่าวนาง

海滩全长1公里左右，有许多小贝壳。海岸线笔直延伸，远山的风

464

光无比壮丽。沿路有酒店、餐厅、旅行社、货币兑换处以及特产店等。东端的悬崖后面是莱雷海滩。由于没有道路可走，只能乘船前往。

奥南海滩大道

诺帕拉塔拉海滩 Nopparat Thara Beach　Map p.463 右
美丽的自然风光被完好地保存了下来

位于奥南海滩以西驱车约 5 分钟的地方。海滩的一部分作为国家公园被指定为自然保护区。退潮时可以步行至附近的岛屿游览，是很受当地人欢迎的休闲胜地。近年来，周边陆陆续续开了好几家中高档酒店。

苏山怀万年贝冢滩 Su-San Hoi　Map p.463 右
拥有贝类化石的珍稀海滩

海滩上散落着含有贝类化石的平整岩石，因此被称为"万年贝冢滩"（Fossil Shell Beach）。过去海滩上的岩石数量更多，后来因为总有人随意拿走，现在已经减少了许多。

裸露着贝类化石的苏山怀万年贝冢滩

甲米岛　郊外景点

虎穴（老虎洞）Tiger Cave(Wat Tam Sua)　Map p.463 右
老虎洞中的精美寺院

虎穴位于甲米镇以北约 10 公里处，寺院建在悬崖峭壁旁边的洞穴之中。由于洞穴曾是老虎的栖息地，故而得此名，洞穴内部有佛足石，可以从栅栏外参拜。登上 1237 级台阶就来到了顶端的展望台，从这里可以一览绝美风景。展望台上还有一尊大型的黄金佛像在镇守着甲米镇。另外，寺院深处还有一棵历尽沧桑的千年古树。院内还设有佛教学校，有僧侣和尼姑（女性修行者）在此学习。

库隆托姆天然温泉瀑布
Khlong Thom Thermal Waterfall　Map p.463 右外
天然露天温泉

从甲米镇向南驱车行驶 1 小时左右即可到达。这里也设有浴池，但是最值得推荐的还是天然的露天温泉瀑布。瀑布宽 10 米，高 5 米，流下的水全部为温泉水。水流冲刷得石灰岩就如同浴池一般，十分方便下水。水温 39℃左右，不冷不热，下水时需要穿着泳衣。

泰式温泉不可裸浴

泰国南部 ●甲米岛

奥南海滩
从甲米镇乘坐双条车需要大约 30 分钟，50 泰铢。每 30 分钟~1 小时一班。18:30~22:00 为 60 泰铢。乘坐出租车需要 600 泰铢，乘坐嘟嘟车需要 400 泰铢。夜晚从甲米镇到奥南海滩方向有时要等车 30 分钟以上。奥南区内乘坐双条车需要 10 泰铢，摩的 30 泰铢，三轮车和嘟嘟车两人以上每人 30 泰铢。

诺帕拉塔拉海滩
从甲米镇乘坐双条车需要大约 30 分钟，50 泰铢。从巴士总站出发需要大约 40 分钟，60 泰铢。大概每隔 30 分钟一班。从奥南海滩乘坐三轮车或出租车需要 40 泰铢，乘坐长线船需要 100 泰铢。

白砂海滩——诺帕拉塔拉海滩

苏山怀万年贝冢滩
散客中心 8:00~16:00
200 泰铢（国家公园门票）
距离甲米镇约 17 公里。乘坐双条车需要大约 40 分钟，50 泰铢；乘坐出租车需要 400 泰铢。

虎穴
Krabi Noi　免费
从甲米镇乘坐双条车需要大约 20 分钟，40~50 泰铢。从奥南海滩乘坐出租车往返需要 1700 泰铢，嘟嘟车往返为 1400 泰铢。有的石阶相当陡峭，请注意。

库隆托姆天然温泉瀑布
Khlong Thom Nuea, Khlong Thom
每天 8:30~18:00
90 泰铢
乘坐出租车或租借摩托车。跟团游会更加方便（→p.466）。

在举行仪式时，会有许多信徒聚集于此

翡翠池
🕐 8:00~17:00（最后入场时间）
💰 200泰铢（国家公园门票）
🚗 乘坐出租车或租赁摩托车。跟团游更方便。

🌴 旅游小贴士

关于旅游团中的国家公园门票
自2015年6月起，国家公园的门票不包含在团费之中，需要在当地单独缴纳门票费用。4岛一日游线路需在奇金岛或达普岛缴纳，皮皮岛一日游线路需在班布岛或玛雅海滩缴纳，分别为400泰铢。在割喉岛需缴纳300泰铢。

旅游团费用
根据旅行社不同费用也有较大差异。一定要确认好团费里包含什么项目。

🇸 皇家攀岩俱乐部
King Climbers
📍 p.464 上
🏠 Walking Street, Rai Lay West
📞 0-7566-2096, 08-1797-8923
📠 0-7566-2097
🕐 周一~周五 8:30~20:30
周六、周日 8:30~18:00
🌐 www.railay.com

从初学到高级开设有各种线路。全部保险，并附带攀岩工具。如果预约的话，可以免费乘坐从甲米镇或奥南海滩发出的迷你巴士。三天6000泰铢，一天1800泰铢（包含饮用水和午餐），半天1000泰铢（包含饮用水和水果）。

翡翠池 Sra Morakot(Emerald Pool) — Map p.463 右外
可以在清澈的水中游泳

人们在清澈的水中享受游泳

从库隆托姆天然温泉瀑布出发驱车15分钟左右，在森林中会看到一个石灰岩形成的天然泳池，现已被指定为国家公园。碧绿清澈的水面波光粼粼，十分美丽。水深1~2米，非常适合游泳。周六、周日泰国人很多，非常热闹。

甲米岛的旅游团

4岛一日游（1天、350泰铢~）：游览帕南湾上的波达岛、奇金岛、达普岛及帕南海滩。退潮时可以通过海中小道到达达普岛，十分壮观。含野餐费，使用快艇的话需要1000泰铢。

皮皮岛一日游（1天、850泰铢~）：乘坐快艇游览大皮皮岛、小皮皮岛和班布岛。含野餐费。乘坐大型船游览不包括班布岛费用为1200泰铢。

库隆托姆天然温泉瀑布&翡翠池一日游（1天、1200泰铢）：包括含有大量温泉水的天然露天浴池，以及翡翠池、洞穴寺院虎穴等的一日游线路。穿上泳衣来感受一下甲米岛的天然温泉吧。

皮艇游（半天~1天、900~2100泰铢）：游览石灰岩峡谷周边明媚风光、Ao Talen的红树林、钟乳洞隧道、古代人壁画洞穴。另外，在克隆曼海滩上的国家公园内有一座割喉岛，很适合浮潜。

攀牙湾一日游（1天、800泰铢）：攀牙湾位于普吉岛和甲米岛之间，是电影《007系列之金枪人》的外景拍摄地。还可以体验骑象和皮划艇（2200泰铢）。打着"James Bond Tour"招牌的商店有很多。

一起来挑战攀岩吧 — *Column*

奥南区的海边悬崖陡峭、奇石凸起，是攀岩的最佳地点。全世界的登山家都来挑战这里的奇岩。线路从10米初级水平的到120米高级水平的，范围广阔，只要在攀岩商店申请旅游团，就可以从绳子的打结方法开始为你详细地讲解。所以不论谁都可以挑战。基本上建议两人同行。首先教练会将两位体验者身上的绳子绑在岩石上，攀岩时虽然紧张但是因为可以自由调整绳子的长度，所以不用担心会掉下去。如果真的悬在半山腰了，教练会在下面大喊："右脚踩上面的岩石，左手再……对！踩着那块岩石向上登！"只要按照教练指示，就能慢慢掌握手脚位置和重心移动的决窍。当体验者千辛万苦地登上山顶后，会观赏到雄伟壮丽的绝美风景。

教练在热心地传授

酒 店
Hotel

甲米镇的旅馆带公共浴室的为 150~300 泰铢，带独立浴室的为 300 泰铢~，带热水淋浴的为 350 泰铢~。1000 泰铢的话就可以住上相当好的客房。背包客最喜欢住在这种便宜的旅馆，然后乘坐双条车去奥南海滩游览。建议从那里乘坐长线船去往帕南区。如果想要尽情地享受度假生活，就去餐厅和酒店众多的奥南海滩；如果想要体验远离世俗的生活，可以居住在帕南区。地方色彩浓厚、安静闲适的诺帕拉塔拉海滩周边有许多现代中档酒店。从奥南海滩驱车 20~30 分钟可到达克隆曼海滩和达普桂海滩，那里散布着许多高档酒店。甲米岛 11 月~次年 4 月是旺季，度假酒店在旺季以外的时期大多可以享受 30%~50% 的折扣。

甲米镇

甲米舒适酒店
Krabi Cozy Place Hotel 酒店

Map p.463 左

◆设施齐全的小型酒店。设有泳池，这在镇上同档次的酒店中很少见。位于中心街里侧，所以十分安静。早餐是欧陆式风格。

住 67/9 Issara Rd.
TEL 0-7563-0603、08-1903-5735
FAX 0-7563-0605
URL www.krabicozyplacehotel.com
费 AC S T 1350、1450 泰铢
CC A J M V （+3%的手续费）
房间数 22 间　带泳池　WiFi 免费

橙树酒店
Orange Tree Houes 酒店

Map p.463 左

◆酒店位于周末市场的正前方。是一家小型酒店。内装充满现代艺术风格，十分时尚。早餐是烤面包片和橙汁、咖啡、红茶的欧陆风格。

住 12 Pruksa-Uthit Rd.
TEL 0-7561-2884　FAX 0-7561-2885
URL www.krabiorangetree.com
费 AC S T 990 泰铢
CC V　房间数 13 间　WiFi 免费

班图旅馆
Ban To Guesthouse 旅馆

Map p.463 左

◆房间干净整洁，全部带有热水淋浴，价格公道。二楼以上客房可以欣赏窗外风景，视野开阔，建议居住。只有 4 间客房是风扇房，入口处有餐厅。

住 22/6 Chao Fah Rd.
TEL 0-7561-2950、08-6475-0177
E bantoguesthouse@yahoo.com
费 F S T 450 泰铢 AC S T 650 泰铢
CC 不可使用　房间数 20 间　WiFi 免费

K. 旅馆
K.Guesthouse 旅馆

Map p.463 左

◆距离主路约 100 米。是一家家庭旅馆。二楼亚洲风格的客房配有热水淋浴和阳台，通风效果好，值得推荐。2015 年店内经过装修后变得更加美观。

住 15-25 Chao Fah Rd.
TEL 0-7562-3166
E kwankgs@hotmail.com
费 F S T 300 泰铢（公共浴室）
AC S T 700 泰铢
房间数 20 间　WiFi 免费

派克上旅馆
Pak-Up Hostel 旅馆

Map p.463 左

◆时尚的小型宿舍楼。除女性单间以外，其他的都是男女混合房间，公共浴室有热水。在屋顶上还有视野开阔、气氛活跃的酒吧。而且活动中的胜者还可以得到一杯免费啤酒之类的奖励。

住 87 Uttarakit Rd.
TEL 0-7561-1955　FAX 0-7562-0878
E www.pakuphostel.com
费 AC D 360 泰铢
房间数 14 间（112 张床）
CC M V （+2%的手续费）
WiFi 免费

奥南海滩

提帕度假酒店
Tipa Resort　　　　　　　　　　　　　酒店

◆距离海滩步行仅3分钟的一家中档度假酒店。入口附近是酒店客房，山丘上的森林中还有木屋客房。右图是柚木建造的木屋客房 AC ⓈⓉ 5000 泰铢~。网上预订可以打折。PC网络每天100泰铢。

Map p.464 下
住 121/1 Moo 2, Ao Nang Beach
TEL 0-7563-7527~30、0-7569-5027~9
FAX 0-7563-7211
URL www.krabi-tipa-resort.com
费 AC 木屋客房 ⓈⓉ 2000 泰铢~ 酒店客房 ⓈⓉ 3000 泰铢
CC MV（+3%的手续费）
房间数 120间　带泳池　WiFi 免费（小木屋等部分客房信号较弱）

J. 公寓
J.Mansion　　　　　　　　　　　　　酒店

◆距离海滩约5分钟。客房和设备虽然简约，但是位置方便、价格公道。附近还有同系列的 H J. 酒店（J.Hotel），约2公里的北部有 G J. 公寓2号（J.Mansion），距离诺帕拉塔拉海滩1公里处还有 G J. 旅馆（J.Guesthouse）。

Map p.464 下
住 302 Moo 2, Ao Nang Beach
TEL 0-7569-5128、08-1845-9496
FAX 0-7569-5130
URL www.jmansionaonang.com
费 F ⓈⓉ 1000 泰铢 AC ⓈⓉ 1200 泰铢
CC MV（+3%的手续费）
房间数 21间　带泳池　WiFi 免费

帕南酒店
Phra Nang Inn　　　　　　　　　　　酒店

◆位于海滩前的三星级酒店。海景楼和温泉楼环泳池而建，共有5种客房。房间颜色各异，生动可爱。温泉楼内的客房设有浴缸，适合情侣使用。

Map p.464 下
住 Ao Nang Beach
TEL 0-7563-7130~3
FAX 0-7563-7135
URL www.vacationvillage.co.th
费 AC ⓈⓉ 4000 泰铢~
CC A J M V
房间数 69间　带泳池　WiFi 免费

帕南区

锦达旅馆
Jinda Guest House　　　　　　　　　旅馆

◆奥南海滩周边的一家低价旅馆。有空调房和风扇房，均配有电视和冰箱。女店主亲切友善。公共浴室也有热水。

Map p.464 下
住 247/6 Moo 2, Ao Nang Beach
TEL 0-7563-7524
费 F ⓈⓉ 800 泰铢（公共浴室）1000 泰铢 AC ⓈⓉ 1200 泰铢~
CC 不可使用　房间数 14间　WiFi 免费

瑞亚维德度假酒店
Rayavadee　　　　　　　　　　　　　酒店

◆在陡峭的石灰岩壁前建有泳池和餐厅，是被甲米岛独有的自然所包围的五星级度假酒店。10.5公顷的庭院充满野趣，水疗馆和餐厅里到处都有动物图案的点缀，在高品质的空间里有许多充满魅力的娱乐场所。

Map p.464 上
住 214 Moo 2, Phranang Beach
TEL 0-7562-0740~3　FAX 0-7562-0630
URL www.rayavadee.com
费 AC ⓈⓉ 11500 泰铢~（不含税）
CC A D J M V
房间数 102间　带泳池　WiFi 免费

日出热带度假酒店
Sunrise Tropical Resort　　　　　　酒店

◆酒店位于红树木茂盛的东莱雷岛的入海处，别墅楼建于绿树环绕的庭院中，最适合休养身心。被称为"热带别墅"的酒店楼内是大床房和三人间，共有12间客房。比别墅楼的客房更为经济实惠。餐厅和泳池周边Wi-Fi信号良好，客房内的信号不太稳定。

Map p.464 上
住 39 Moo 2, Rai Lay East Beach
TEL 0-7581-9418~20　FAX 0-7581-9421
URL www.sunrisetropical.com
费 AC 酒店栋 ⓈⓉ 3200 泰铢~　别墅楼 ⓈⓉ 4500 泰铢~　CC J M V
房间数 40间　带泳池　WiFi 免费

诺帕拉塔拉海滩

奥南海滩度假酒店
Holiday Inn Resort Krabi Ao Nang Beach 酒店

◆位于海滩正前方的大型度假酒店。2013年12月新馆开业。儿童房内设有儿童用的上下铺，还有带儿童房的家庭房等。新推出的客房是色彩柔和的装修风格，小型滑坡游泳池很受儿童和成人的欢迎。酒店还推出各类活动，也有面向儿童的，推荐一家三口居住。

Map p.464 下
- 住 123 Moo 3，Ao Nang Beach
- TEL 0-7581-0888　FAX 0-7581-0889
- 预 FREE 0120-677651
- URL www.holidayinnkrabi.com
- 费 AC S T 4200泰铢～
- CC A J M V　带泳池　房间数 173间
- WiFi 免费

圣塔拉安达得维温泉度假酒店
Centara Anda Dhevi Resort & Spa 酒店

◆位于奥南海滩和诺帕拉塔拉海滩之间。与圣塔拉系列的其他酒店相比，规模较小，但是有滑坡泳池、水疗室、餐厅等各种度假设施，使用方便，布局合理。而且服务人员十分亲切友善。

Map p.464 下
- 住 182 Moo 3，Ao Nang
- TEL 0-7562-6222　FAX 0-7562-6200
- URL www.centarahotelsresorts.com/centara/cak/
- 费 AC S T
- CC A D J M V（+3%的手续费）
- 房间数 135间　WiFi 免费

郊 外

索菲特甲米佛基拉高尔夫水疗度假村
Sofitel Krabi Phokeethra Golf & Spa Resort 酒店

◆推测是拉玛五世时代殖民风格建筑。外观优美，内装融入了西洋风与泰国现代化元素，营造出一派祥和的空间感。床上用品使用高档纺织品，带给人们优质的睡眠。酒店拥有甲米岛最大的7000平方米泳池和9洞高尔夫球场，还有儿童乐园等设施。水疗馆使用欧舒丹产品进行护理，效果显著。商务中心内的PC用网络可免费使用。

Map p.463 右外
- 住 200 Moo 3，Khlong Muang Beach
- TEL 0-7562-7800　FAX 0-7562-7899
- URL www.sofitel.com/6184
- 费 AC S T 8736泰铢～　CC A D J M V
- 房间数 276间　带泳池
- WiFi 免费（高速Wi-Fi 500泰铢/天）

纳卡曼达温泉度假酒店
Nakamanda Resort & Spa 酒店

◆酒店位于充满神秘气氛的克隆曼海滩。客房全部为天然木质的别墅房。有的别墅房配有极可意浴缸和泳池。酒店内的水疗有多种护理方式。PC用网络免费。

Map p.463 右外
- 住 Khlong Muang Beach
- TEL 0-7564-8200　FAX 0-7564-4390
- URL nakamanda.com
- 费 AC S T 9500泰铢～
- CC A D J M V　房间数 39间　带泳池
- WiFi 免费

餐 厅
Restaurant

甲米镇虽然是位于泰国南部的城镇，但是在地方餐馆、市场、西餐厅也有许多价格低廉的美食。奥南海滩和帕南区有许多面向旅游团的餐厅，但是价格很贵。在奥南海滩的沿岸还有海鲜餐厅一条街。

旺赛海鲜城
Wangsai Seafood

◆很受当地泰国人欢迎的一家餐厅。有以海鲜为主的各式泰国菜。团体客由于人数较多，每道菜品的菜量也会稍多些。开放式阳台座席最适合欣赏大海和夕阳美景。尽量提前预约。

Map p.464 下
- 住 98 Moo 3，Nopparat Thara Beach
- TEL 0-7563-8128、08-1891-7740
- 营 每天 11:30～22:00（LO 21:30）
- URL www.wangsaiseafood.com
- CC 不可使用

泰国南部 ●甲米岛

469

旺娜斯餐厅
Wanna's Place

Map p.464 下

◆很受当地人喜爱的一家瑞士餐厅。有干酪火锅、烤香肠等多种菜品。推荐菜有黄金牛排（690泰铢）。可以按照自己的口味在炎热的溶岩板上煎制牛排。

住 32/1 Moo 2, Ao Nang Beach
电 0-7563-7484~6
营 每天 7:00~11:00（只限旺季），12:00~23:30
CC M V

浦坝酒吧餐厅
Poo Dam Bar & Restaurant

Map p.463 左

◆在当地很受欢迎的一家海鲜餐厅。使用新鲜素材做成的菜肴美味可口。虽然鱼贝类产品是按时令价格出售，但是泰式炒饭（60泰铢）、沙拉（100泰铢）的价格公道，令人欣喜。店名的Poo Dam指的是像剪刀大小的螃蟹，1公斤700泰铢左右。购买需看当天情况。数量有限，尽早去为好。

住 Night Plaza, Uttarakit Rd., Krabi Town
电 08-1676-6867, 08-1535-1524
营 每天 17:00~23:00
CC 不可使用

柯东餐厅
Ko Tung Restaurant

Map p.463 左

◆以红色为基调的时尚内装，很受当地女性欢迎。海鲜类产品十分充足，自家制的炸虾为100泰铢，十分美味，备受好评。另外，还有鸡肉咖喱（80泰铢）等泰国南部菜品。

住 36 Khongkha Rd.
电 0-7561-1522
营 周一~周六 11:00~22:00
休 周日
CC 不可使用

 夜　店 *Night Spot*

奥南中心区
Ao Nang Centerpoint

Map p.464 下

◆位于奥南海滩路内的娱乐中心。夜晚这里霓虹闪烁、流光溢彩，有20多家店铺上演钢管舞和人妖表演。是甲米岛上最大的娱乐场所。

住 Moo 2, Ao Nang Beach Rd.
电 营 CC 因店而异

周末市场
Weekend Market

Map p.463 左

◆甲米镇每周末举行的集市。有沙拉、面条、炸食、水果、生啤、点心等各种小吃摊；还有服装和鞋子等露天杂货摊。特设的舞台上有当地人的唱歌和舞蹈表演。另外画人像的摊位也非常受人欢迎。

住 Sai 8, Maharat Rd., Krabi Town
开 周五~周日 17:00~22:00
休 周一~周四

 水疗馆 *Spa*

瓦瑞克温泉度假村
Wareerak

p.463 右外

◆位于库隆托姆天然温泉瀑布（→p.465）对岸的一家温泉度假村。可以体验在露天浴池中进行水疗和按摩的一日游。包括甲米岛的接送服务为1800泰铢~。既有住宿设施又能享受水疗，不过因为是在森林中泡温泉，所以请注意防虫。

住 18, Moo 7, Khlong Thom Nua, Khlong Thom
电 0-7563-7136
FAX 0-7563-7134~5
预 (03) 3461-8585
URL www.vacationvillage.co.th
CC A M V

董里 Trang ตรัง

因贸易而繁荣的古代港口城市

董里自古就是作为马六甲海峡通航船只的中转站而繁荣起来的。近郊有许多面朝安曼达海的美丽岛屿和海滩，这里作为中转站吸引了许多背包客来访。

董里的主要街道

泰国南部

甲米岛／董里

交通

从曼谷出发
AIR 从廊曼国际机场乘坐飞鸟航空，每天一班，需要 1 小时 20 分钟。详情请见官网（→p.503）。从董里机场到市区可乘坐迷你巴士或嘟嘟车，需要 100 泰铢，15 分钟。
BUS 从南部巴士总站出发需要 12～15 小时，VIP 车 1053 泰铢，一等车有 612 泰铢、677 泰铢、787 泰铢 3 种价位，二等车 526 泰铢。从北部巴士总站出发一等车 751 泰铢。从长途巴士总站到市区乘坐双条车需要 12 泰铢，嘟嘟车 40 泰铢起，用时 15 分钟。
RAIL 从华兰蓬火车站每天有两趟火车到达董里，需要 15～16 小时。一等卧铺 1280～1480 泰铢，二等卧铺 521～831 泰铢。二等座 421～461 泰铢，三等座 245～285 泰铢。

董里 漫步

董里的城市中心位于火车站沿线的拉玛六世大道（Rama 6 Rd.）周边。火车站前的广场上有商场和警察局，沿路还有商店和餐厅。从车站前或拉玛六世大道上的旅行社可以获取周边岛屿的信息。

从火车站前到巴士总站可以乘坐市内巡回的白色双条车（12 泰铢）

董里 主要景点

潭塔雅皮拉姆寺 Wat Tantayaphirom　Map p.472
白色佛塔高高耸立

该寺是董里规模最大的寺院，院内有一座白色的佛塔高高耸立。在佛塔里供奉着佛足石，来参拜的人络绎不绝。大道的斜对面有一座道教的大型寺院，有许多华人来此参拜。

潭塔雅皮拉姆寺
从塔克朗路出发，过一个路口后步行 5 分钟左右即可。从火车站前乘坐摩的或嘟嘟车需要 20～30 泰铢。

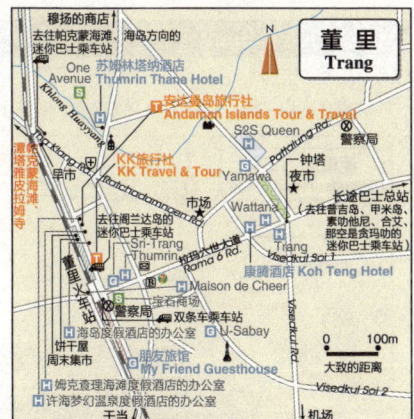

潭塔雅皮拉姆寺院的正殿旁边有一座白塔，十分引人注目

董里 郊外景点

帕克蒙海滩 Haat Pak Meng　Map p.472
耸立在白砂海滩上的奇形岩石

帕克蒙海滩位于董里城以西约 39 公里的希考（Si Kao）。海面上的

帕克蒙海滩
从塔克朗路上的乘车场（MAP p.471）乘坐迷你巴士，需要 40～50 分钟，80 泰铢。8:00～16:00 整点发车。

471

去往董里周边岛屿的方法

去往近郊岛屿的船只只在旱季运行。包船需要1200~1700泰铢。

海岛（奈岛）

帕克蒙海滩北端的码头12:30发船，需要50分钟，450泰铢。乘坐迷你巴士到达码头需要80泰铢。如果在董里旅行社预订岛上住宿的话，迷你巴士+船需要550泰铢~。旺季需要收取国家公园门票费200泰铢。

姆克岛、克雷登岛

从库昂特库码头乘船需要40~50分钟。从董里火车站前乘坐迷你巴士+船需要1.5~2小时。去姆克岛可以乘坐11:30的渡船，需要250泰铢。旺季时长线船也会运行。10:00出发，到姆克岛的法兰海滩需要350泰铢，到达克雷登岛需要450泰铢。

利邦岛

从董里火车站前前往哈特亚欧乘坐迷你巴士需要大约1小时，80泰铢。从那里乘船需要大约20分钟，50泰铢，然后乘摩的到达海滩需要100泰铢。迷你巴士8:00~16:00每小时一班，渡船人满即可出发，大约30分钟一班。

✿ 旅游小贴士

旅行社

▮ KK旅行社 KK Travel & Tour
MAP p.471
⌂ 40 Sathanee Rd.
☎ 0-7521-1198、0-7522-3664
◷ 每天 8:00~19:00

▮ 安达曼岛旅行社 Andaman Islands Tour & Travel
MAP p.471
⌂ 66/8 Sathanee Rd.
☎ 08-9647-2964、0-7521-6110
◷ 每天 7:30~20:00
URL www.trangandamantravel.com

岩石被侵蚀成各种形状，形成岛屿，景色壮观。在海滩沿岸有许多家餐厅，吸引了许多前来度假的泰国游客。海滩北部的码头有旅行社。可以选择乘船游览周边岛屿。参观洞穴和尝试浮潜900泰铢~（3~4人参加时每个人的费用）。码头的前面还有小渔村。

海岛（奈岛）Ko Hai (Ko Ngai) — Map p.472
董里的海上小岛 เกาะไหง

小岛位于帕克蒙海滩外，乘船大约需要1小时。碧绿的海水波光粼粼，周围只有白砂海滩和珊瑚礁，可以悠闲惬意地度过。在东海岸的长滩沿岸有中档~高档的9家酒店。

海岛的海滩美丽且宽广

姆克岛 Ko Muk — Map p.472
神秘的洞穴奇观 เกาะมุก

未经雕琢的自然朴素的岛屿。岛上有12家度假酒店。洞穴内的海水为碧绿色，闪闪发光，十分美丽，是著名的观光景点。

克雷登岛 ko kradan — Map p.472
被国家公园选中的岛屿 เกาะกระดาน

被美丽海水包围的安静岛屿。由于岛上几乎都被国家公园所占据，所以度假酒店的开发比海岛和姆克岛要晚一些，这几年才开始推进。2008年，岛上的第一家高档度假酒店开业，随后又建起了多家度假酒店。物价比其他岛屿要高。

利邦岛 Ko Libong — Map p.472
居民大多为伊斯兰教徒 เกาะลิบง

利邦岛面积广阔，大约有40平方公里。是董里周边最大的岛屿。渡

轮每天都出海，还可以当天往返。位于岛屿西部的通牙卡海滩（Thung Yakha Beach）保持着原始的自然风光。海滩沿岸分布着多家度假酒店，但是淡季时有的不营业，所以请在董里的旅行社进行预约确认。

利邦岛是鲜为人知的美丽岛屿

酒 店
Hotel

酒店多分布在市区，旅馆多在火车站前的街上。岛上的度假酒店在雨季等淡季价格会有所下调。

董 里

苏姆林塔纳酒店
Thumrin Thana Hotel　　　　酒店
Map p.471
◆市内排名第一的高档酒店。多为商务人士居住。虽然多少有些陈旧，但是设备齐全、客房舒适。

住 69/8 Huayyod Rd.　TEL 0-7521-1211
FAX 0-7522-3288~90
费 AC S T 1600 泰铢～（连休时+300 泰铢）　CC A J M V
房间数 289 间　WiFi 免费

康腾酒店
Koh Teng Hotel　　　　　　酒店
Map p.471
◆ 1948 年开业的酒店。外观是木质的二层建筑，看上去相当陈旧，但是客房宽敞、干净整洁，有很多外国游客在此居住。入口的咖啡厅可以享受免费 Wi-Fi。F 200 泰铢以上的客房配有电视。

住 77-79 Rama Rd.　TEL 0-7521-8622
费 F S T 200、260、380 泰铢
AC S T 320、420 泰铢（不含早餐）
CC 不可使用
房间数 40 间

朋友旅馆
My Friend Guesthouse　　　旅馆
Map p.471
◆从火车站步行 3 分钟即可到达。客房十分干净，所有房间都配有电视和热水淋浴。早餐免费供应董里的特产——饼干和咖啡。

住 25/17~20 Sathanee Rd.
TEL 0-7522-5447、5984
FAX 0-7522-5976　费 AC S T 650 泰铢~
CC M V　房间数 35 间
WiFi 免费

海岛（奈岛）

在董里火车站前的办事处可以预订或安排交通。岛屿的海滩沿岸只有中档度假酒店，而且也只能在度假酒店内的餐厅就餐。

海岛度假酒店
Koh Ngai Villa　　　　　　酒店
Map p.472
◆位于岛屿西岸海滩中央的一家价格公道的度假酒店。由竹子和混凝土建造的小屋，散布在椰树林中。房间终日通电，但是没有热水。淡季时会有打折活动。

住 Ko Ngai.　TEL 08-5224-8702、0-7520-3263　FAX 0-7521-0496　URL www.kohngaivillathai.com　费 F 竹屋 S T 950 泰铢 AC 海景房 S T 1500 泰铢 海滩木屋 S T 1800 泰铢 CC J M V（+3%的手续费）房间数 48 间 WiFi 免费（只限餐厅）

泰国南部 ● 董里

许海梦幻温泉度假酒店
Koh Hai Fantasy Resort & Spa 酒店

Map p.472

◆酒店分为加勒比海和巴黎两大区域，客房的名字也都与此相关。最豪华的房间是海景木屋（见右图），AC S T 17143 泰铢，Wi-Fi 免费，还设有泳池、餐厅、酒吧等多种设施。

住 5 Moo 4，Ko Ngai　TEL 0-7520-6960~2
FAX 0-7520-6964　董里预订办公室
TEL 0-7521-5923、0-7521-0317
曼谷办公室　TEL 0-2316-7918
　　　　　　　　0-7521-0317
URL www.kohhai.com
费 AC S T 3933 泰铢~
CC J M V　房间数 90 间
带泳池　WIFI 免费（餐厅周边）

克雷登岛

七海度假酒店
The Seven Seas Resort 酒店

Map p.472

◆七海度假酒店是克雷登岛上设施最齐全的高档度假酒店。海滩前有一排排小木屋，在海滩上还可以看到美丽的日出。淡季时提供机场往返接送服务。三天两夜（每天含两餐）的优惠价格为 15000 泰铢左右。

住 221 Moo 2，Ko Kradang
TEL 08-2490-2442、08-2490-2552
FAX 0-7520-3391
URL www.sevenseasresorts.com
E info@sevenseasresorts.com
费 AC S T 4900 泰铢~
CC A D J M V　房间数 39 间
带泳池　WIFI 免费

姆克岛

姆克查理海滩度假酒店
Koh Mook Charlie Beach Resort 酒店

Map p.472

◆酒店位于岛屿南部的海滩对面。可以欣赏到落日美景。酒店还推出洞穴奇观等旅游项目。PC 上网 1 小时 2 泰铢。

住 164 Moo 2，Ko Muk
TEL 0-7520-3281~2　FAX 0-7520-3283
URL www.kohmook.com
费 F S T 1350 泰铢~
AC S T 2690 泰铢~
CC J M V　房间数 80 间
带泳池　WIFI 免费（只限餐厅和大厅）

合艾 Hat Yai หาดใหญ่

充满活力的南部最大商业都市

位于市区以北的钟楼

合艾在语速很快的南方口音里多变成了合加、合那，但是合艾（Hat Yai）才是其正式名称。这座城市因与马来西亚进行商业交易而繁荣起来，高楼大厦鳞次栉比。铁路、公路以及航线等交通线发达，是泰国南部重要的经济和交通中心。

Thailand South

泰国南部 ●董里／合艾

文前图正面-C10

交通

从曼谷出发
AIR 从素万那普国际机场出发的泰国航空的航班一天有6班，需要1小时20分钟，1900泰铢～。也有一些廉价航空公司的航班，具体的请参见官网（→p.503）。

合艾漫步

合艾的市区在火车站东西两侧扩展，酒店和餐厅位于火车站东侧与铁路平行的尼帕乌迪大街1~3条（Niphat Uthit 1st~3rd）周边。火车站正对东侧的市区，从车站一直走在右侧有一家罗宾逊商场。长途巴士总站位于市区以南的郊外，稍稍有些不便。大部分长途巴士都经过贝加赛姆路的钟楼（广场，或者叫HONALIKA），在那里下车可节省时间。从也拉、北大年或董里开来的迷你巴士可以将游客送到指定地点或酒店，十分方便。

合艾白天最繁华的地方要数金荣市场周边的小吃街和钟楼里面的市场。从利园酒店到奥丁购物中心一带有许多商场、餐厅、特产店以及按摩房。夜里还有许多马来西亚人来此游玩，十分热闹。

等待接客的嘟嘟车

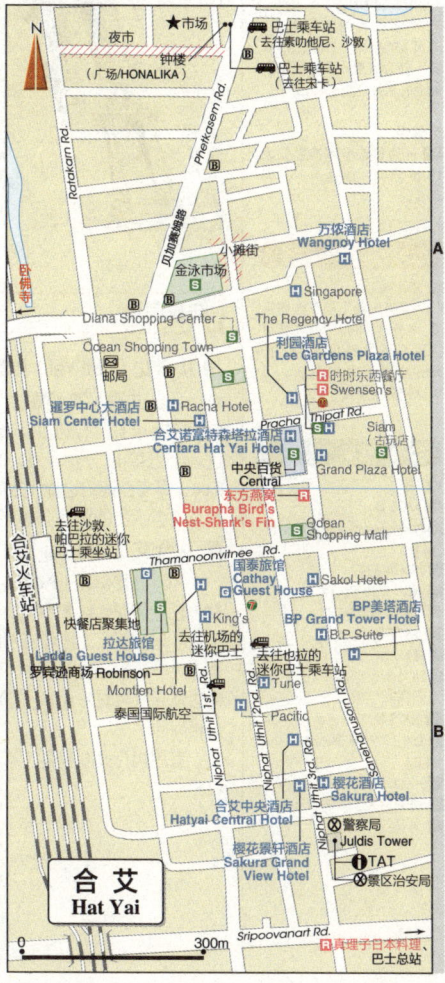

合艾 Hat Yai

475

交通

从合艾的巴士总站去往市区乘嘟嘟车需要30~40泰铢。

从曼谷出发
BUS 从南部巴士总站出发需要大约14小时,VIP车1162泰铢。一等车747~872泰铢,二等车581泰铢。
RAIL 华兰蓬火车站一天有5班车可以到达合艾,需要16~17小时。由于路途时间较长,建议选择卧铺。根据车型不同,一等卧铺价格为1394~1594泰铢,二等卧铺为555~945泰铢,二等座455泰铢,三等座259泰铢。内燃特快705泰铢。

从宋卡他尼出发
BUS 乘坐迷你巴士需要大约4小时,250泰铢。
RAIL 需要大约7小时,二等座95泰铢,三等座55泰铢(仅为运费,根据列车不同会有追加费用)。

卧佛寺
从市区乘坐摩的需要大约10分钟,往返为80~100泰铢。

旅游小贴士

从机场到市区
乘坐机场出租车大约需要30分钟,300泰铢(从市区到机场为280泰铢)。拼乘迷你巴士为80泰铢,可以送到指定地点。

实用信息

TAT
p.475-B
Juldis Tower, Niphat Uthit 3rd Rd.
0-7424-3747
每天 8:30~16:30

景区治安局
p.475-B
1155
24小时

泰国国际航空
p.475-B
180/182/184 Niphat Uthit 1st Rd.
0-7423-3433
周一~周六 8:00~17:00
周日

合艾 主要景点

卧佛寺 Wat Hat Yai Nai
合艾最著名的寺院

Map p.475-A 外

卧佛寺位于贝加赛姆路,距离机场大约3公里,是一座大型寺院。院内有一座全长35米、高15米、宽10米的卧佛,有许多泰国人前来参拜,十分热闹。卧佛的基坛部分是纳骨堂,可以从佛身后面进入参观。

卧佛像横卧在没有墙壁的凉亭中

跨越国境

■ **从合艾(Hat Yai)到黑木山(Bukit Kayu Hitam)(马来西亚)**

从合艾到马来西亚一般要经过沙道(Sadao)进入黑木山(Bukit Kayu Hitam),交通也很方便,乘坐巴士、迷你巴士、或者出租车都可到达。巴士每10分钟一班,20泰铢。泰国的边境开放时间是5:00~次日0:00(马来西亚的边境开放时间需在当地确认)。在泰国与马来西亚之间的免税店以及马来西亚边境右侧的餐厅内可进行货币兑换。

■ **从合艾(Hat Yai)到巴登勿刹(Padang Besar)**

经过巴登勿刹(Padang Besar)去往马来西亚时,从合艾的巴士总站乘坐巴士需要大约2小时,40泰铢。乘坐从市区发出的迷你巴士需要60泰铢。马来西亚的地名也叫巴登勿刹,和泰国一样,但是发音略有不同。距离火车站步行约5分钟。泰国的边境开放时间为5:00~21:00,马来西亚的边境开放时间为6:00~22:00,由于有1小时的时差,所以开放时间其实是相同的。

有跨境打算的游客,需提前根据自身情况办理好签证。

酒店
Hotel

从马来西亚去往合艾的游客较多，尤其是从伊斯兰教的休息日周五开始，游人如织，请多注意。市区建有许多经济～中档酒店。合艾很多中档以下的旅馆需要暂押停留期的护照。在火车站周边有许多便宜的旅馆。

合艾诺富特森塔拉酒店
Centara Hat Yai Hotel
高档酒店　Map p.475-A

◆位于城市中心的高档酒店。与中央百货商场同楼，六层是大堂，七至十八层是客房。客房是以米色和黑色为主的现代装饰风格。酒店内设有泳池、桑拿、健身中心、水疗；还有泰国水疗、印度尼西亚菜、日本料理和中国菜的餐厅。

住 3 Sanehanusorn Rd.
TEL 0-7435-2222
FAX 0-7435-2223
URL centralhotelsresorts.com
费 AC S T 4050 泰铢～
CC A D J M V
房间数 245 间
WiFi 免费

BP 美塔酒店
BP Grand Tower Hotel
高档酒店　Map p.475-B

◆位于市区南部偏静的区域，客房内还配有风扇，十分舒适。

住 74 Sanehanusorn Rd.
TEL 0-7435-5665
FAX 0-7423-9767
费 AC S T 1350 泰铢～
CC A D M V
房间数 247 间　带泳池
WiFi 免费

利园酒店
Lee Gardens Plaza Hotel
高档酒店　Map p.475-A

◆位于购物中心上层的大型酒店。十层是大堂，十层以上是客房。还配有迷你吧台、电视机和吹风机。顶层的空中餐厅视野极佳。早餐为自助式。

住 29 Pracha Thipat Rd.
TEL 0-7426-1111
FAX 0-7435-1677
URL www.leeplaze.com
费 AC S T 1350 泰铢～
CC A J M V
房间数 405 间　带泳池
WiFi 免费

万侬酒店
Wangnoy Hotel
中档酒店　Map p.475-A

◆ 2011 年新装开业。地处繁华街附近，出行方便，价格实惠。客房虽小但附带阳台。

住 114/1 Saengchan Rd.
TEL 0-7435-3441-2
FAX 0-7435-3443
费 AC S 1000 泰铢　T 1500 泰铢
CC M V
房间数 70 间
WiFi 免费

樱花景轩酒店
Sakura Grand View Hotel
中档酒店　Map p.475-B

◆中档高层酒店。内装豪华。客房的视野极佳，房间内还设有保险箱、迷你吧台、卫星电视和浴缸。对面同系列的樱花酒店（Sakura Hotel）（MAP p.475-B、AC S T 830 泰铢～）是家庭式气氛，房间干净整洁。

住 186 Niphat Uthit 3rd Rd.
TEL 0-7435-5700
FAX 0-7435-5722
URL www.sakuragrandviewhotel.com
费 AC S T 1300 泰铢～
CC J M V
房间数 291 间
WiFi 免费

暹罗中心大酒店
Siam Center Hotel

中档酒店　　　Map p.475-A

◆建于商业区的 16 层高层酒店。外观是混凝土式现代建筑，但客房内装多用暖色调，让人身心放松。客房有风扇和大书桌。酒店距离步行街也非常近。

住	25-35 Niphat Uthit 2nd Rd.
TEL	0-7435-3111
FAX	0-7423-1060
URL	www.siamcenterhotel.com
费	AC⑤①985 泰铢～（不含早餐）
CC	JMV
房间数	200 间
WiFi	免费（只限大堂周边）

合艾中央酒店
Hatyai Central Hotel

经济型酒店　　　Map p.475-B

◆虽然价格便宜，但是内装却丝毫不差，非常华丽。房间虽小，但是设备齐全，干净整洁。所有客房均配有浴缸。

住	180-181 Niphat Uthit 3rd Rd.
TEL	0-7423-0000~01
FAX	0-7423-0990
URL	www.hatyaicentralhotel.com
费	AC⑤①695 泰铢～（不含早餐）
CC	JMV
房间数	250 间
WiFi	免费（只限大堂周边）

拉达旅馆
Ladda Guest House

旅馆　　　Map p.475-B

◆从火车站步行约 3 分钟。客房十分干净整洁，而且价格便宜。爱干净的女性旅客也可以居住。无窗的房间较多，只有淋浴，没有电视。入口处的牌子不太好找。

住	13-15 Thammanoonvithi Rd.
TEL	0-7422-0233
费	F⑤300 泰铢　①450 泰铢
	AC⑤450 泰铢　①550 泰铢
CC	不可使用　房间数 24 间　WiFi 免费

国泰旅馆
Cathay Guest House

旅馆　　　Map p.475-B

◆一层是旅行社，三层是前台。房间并不算干净，但是适合于在意价格的旅客。只有淋浴。

住	93/1 Niphat Uthit 2nd Rd.
TEL	0-7424-3815　FAX 0-7435-4104
费	F⑤①240 泰铢
CC	MV（+3% 的手续费）
房间数	28 间
WiFi	30 泰铢 / 小时、100 泰铢 / 天

餐厅
Restaurant

在新加坡和马来西亚有许多面向大众的肉骨茶（猪肉制成的药膳汤）店铺。

东方燕窝
Burapha Bird's Nest-Shark's Fin

Map p.475-B

◆在这里可以品尝到鱼翅和燕窝。鱼翅汤 400 泰铢～，燕窝 100 泰铢～。

住	20-24 Sanehanusorn Rd.
TEL	0-7423-2415
营	每天 7:30～次日 0:00
CC	JMV

真理子日本料理
Marichan

Map p.475-B 外

◆位于巴士总站附近，是合艾唯一一家日本人经营的日本料理店。有各种套餐，分量十足。

住	109 Soi Khumutit 1，Thungsao 2
TEL	0-7423-0636
营	周一～周六 10:30～13:00、16:00～21:00
休	周日
CC	AJMV

旅行的准备和技巧
Travel Tips

前往泰国……………………480	交通入门……………………499
旅游的手续和准备……………481	在泰国获取各国的签证………510
旅游的信息收集………………483	通信状况……………………511
泰国与周边各国	酒店相关事宜………………512
边境城市一览表…………484	饮食相关事宜………………514
泰国岛屿＆海滩名单…………485	旅行中遇到的麻烦……………517
旅游的季节……………………486	紧急时刻的医疗用语…………519
旅行的行李和服装……………488	提前了解泰国………………520
货币兑换和旅游预算…………490	泰国历史年表早知道…………523
出入境手续……………………493	泰国美术史概观……………524

陈旧的泰式咖啡屋的工具

前往泰国

从中国去往泰国一般会选择乘坐飞机。也可以从周边国家利用陆路或海路渡过湄公河到达泰国。

乘飞机去往泰国

北京、上海、广州、成都等多个城市均有直飞泰国的航班。不同时期票价差额较大，提前订票或通过网络订票会更便宜些。

从北京出发：可乘坐中国国际航空（CA）和泰国国际航空（TG）的直飞航班。到曼谷大概需要5小时。

从上海出发：可乘坐东方航空（MU）、上海航空（FM）和泰国国际航空（TG）的直飞航班。到曼谷大概需要4.5~5小时。

从广州出发：可乘坐南方航空（CZ）和泰国国际航空（TG）的直飞航班。到曼谷大概需要3~3.5小时左右。

从成都出发：可乘坐泰国国际航空（TG）的直飞航班。到曼谷大概需要3小时。

从陆路去往泰国

马来西亚、老挝、柬埔寨、缅甸与泰国边境接壤，可以通过陆路到达泰国。但是，不论哪种情况，必须从允许外国人通过的出入境口岸进入泰国。

利用铁路

从马来西亚出发：乘坐马来铁路北上，从巴登勿刹口岸进入泰国。马来西亚的火车站名与英文相同，但是读音略有不同。火车站内设有两国的出入境管理处，可以在此办理出入境手续。

从老挝出发：万象郊外的塔纳兰火车站一天有两班去往廊开的火车。分别为10:00和17:30发车，需要15分钟，费用为20泰铢。

利用公路

从马来西亚出发：从黑木山（Bukit Kayu Hitam）途经沙道（Sadao）到达合艾（→p.475）；或者从查古尔（Chang urum）到巴登勿刹（→p.476）、从科劳（Keloh）到勿洞（Betong）、从东海岸的兰斗班让（Rantau Panjang）到素艾戈洛。

从老挝出发：从万象出发，渡过湄公河上的泰老友好之桥到达廊开（→p.351）；或者渡过泰老第二友好之桥从沙湾拿吉到穆达汉（→p.365），也可以从巴色到春梅（→p.334）、从坎塔奥到邦纳卡塞。

从柬埔寨出发：从波贝到亚兰（→p.221）、从库隆科空到哈特列克（→p.207）、从波尔布特派的据点所在地阿龙奔（Anlong Ben）到四色菊（→p.326）、从奥斯玛到素林郊外秋姆。

从缅甸出发：外国人可从大其力到湄赛（→p.269）、从渺瓦底到湄索、从提基到普那容（北碧郊外）、从高当到拉廊（→p.423）通过国境。相反，如果有缅甸的签证，从泰国也可通过上述地点到达缅甸。进行缅甸国内游。

乘船渡过湄公河去往泰国

从老挝乘船渡过湄公河可以到达泰国。现在，连接班纳克森（Bannakasen）和巴科（Bunkan）之间的渡船外国人也可使用，其他渡船外国人不可使用。

从海路去往泰国

从马来西亚的瓜拉玻璃（Kuala Peris）坐船渡海，进入沙敦港口。海路定期会有船只到达泰国，目前正规的线路只有这一条。

旅游的手续和准备

首先要办理护照

护照是公民在国际间通行所使用的身份证和国籍证明，也是一国政府为其提供外交保护的重要依据。护照是在境外证明身份的唯一合法证件。没有护照，就不能从中国出境，因此在打算出境时首先要办理好护照。办理签证时，需保证护照的有效期在6个月以上。

办理护照的地点

办理护照，必须要本人到户口所在地县级以上的公安局出入境管理部门办理，不能委托他人代办。从2013年7月起在全国43个城市都可以异地办理。详情可登录公安部出入境管理局（www.mps.gov.cn）查询。

办理护照所需要的资料

1. 近期彩色免冠照片一张以及填写完整的《中国公民出入境证件申请表》。

2. 居民身份证和户口簿及复印件；在居民身份证领取、换领、补领期间，可以提交临时居民身份证和户口簿及复印件。

3. 未满16周岁的公民，应当由其监护人陪同，并提交其监护人出具的同意出境的意见、监护人的居民身份证或者户口簿、护照及复印件。

4. 国家工作人员应当按照有关规定，提交本人所属工作单位或者上级主管单位按照人事管理权限审批后出具的同意出境的证明。

5. 省级地方人民政府公安机关出入境管理机构报经公安部出入境管理机构批准，要求提交的其他材料。

办理流程

公民申请普通护照，应当本人向其户籍所在地县级以上地方人民政府公安机关出入境管理机构提出，并提交以上真实有效的材料。

1. 申请材料递交：将填写好的贴好照片的申请表格和所需材料递交到受理窗口，待工作人员审核完毕后，领取《受理中国公民出入境证件申请回执单》单，核对回执单内容确认无误后签名。

2. 缴费：申请人在递交完申请后须立即持《受理中国公民出入境证件申请回执单》到收费处交费（申请人须在受理当日交费。未按时限交费，领取证件日期将另行通知。若申请后一个月内未交费，视为自动放弃申请，申请材料不再退还本人）。

3. 领取护照：通常办理时限为10~15日。申请人本人可按照回执单上注明的取证日期按时领取证件。也可由他人代领，代领人携带《受理中国公民出入境证件申请回执单》、本人身份证、护照申请人身份证复印件到出入境管理处领取护照。还可选择快递上门，须在办理护照当天在出入境管理处内的邮政速递柜台办理。

关于签证

根据双边协定，持中国外交护照和公务护照人员入境泰国30日之内免签。

泰国的签证分过境签证、旅游签证、商务签证、非移民类签证、外交签证、官方签证、礼遇签证七类，其中非移民类签证分为ED、F、O三种。旅游签证有效期为三个月或六个月，费用230元人民币，可以停留30~60天。

办理各类签证的具体要求详见泰国驻华使馆网站（www.thaiembbeij.org/thaiembbeij/cn/thai-service/isa）。

特别提示：泰国要求护照有效期必须在6个月以上，否则将被拒绝入境。在出国前应仔细检查护照有效期限，以免造成不必要的损失。

办理旅游签证所需材料

1. 有效期6个月以上的护照，1张填写完整的签证申请表和2寸的白色背景的彩色照片2张。

2. 往返机票复印件或确认过的机票订单。

3. 不少于10000元人民币的存款证明。

4. 由申请人本国单位或有关部门出具的担保信（英文或泰文），注明申请人的姓名、赴泰目的），公司抬头纸打印并加盖公章。

* 若有儿童随行，家长请出示相关关系证明，如户口簿、儿童的出生证明或结婚证（复印件）。

** 已退休人员出示退休证明（复印件）可以不需要再出具单位担保信。

*** 自由职业者需出示在街道办办理的居住证明。

落地签

中国游客从第三国赴泰旅游可以在曼谷国际机场、普吉国际机场、甲米国际机场移民局检查站申请停留期不超过15天的落地签证。申请落地签证时，需要填写TM88表格，准备

4厘米×6厘米证件照片一张，准备手续费1000泰铢（仅泰币，不退还），并须出示相当于10000泰铢/人或20000泰铢/家庭的现金或等值外币，不超过15天往返机票（电子票打印版）。

签证的申请方法

可向泰国驻华各使领馆提出申请，提交所需材料，签证费230元（可在泰国停留60天）。

具体事宜可咨询泰国驻华使领馆

● 泰国驻华大使馆
住 北京市场朝阳区光华路40号
URL www.thaiembeij.org
TEL 010-65321749
FAX 010-65321748

● 泰国驻华大使馆签证处
住 北京市建国门外大街乙12号双子座大厦西塔15层1501B
TEL 010-65661149，65664299，65662364（咨询签证信息请拨打分机：102-103）
FAX 010-65664469
签证受理时间：周一~周五 09:00~11:00
签证领取时间：周一~周五 14:00~16:00（国家法定节假日闭馆，其他闭馆时间请关注官网通知）

● 泰国驻上海领事馆
住 上海市威海路567号晶采世纪大厦15层
TEL 021-62883030
FAX 021-62889072

● 泰国驻广州领事馆
住 广州市海珠区友和路36号
TEL 020-83858988
FAX 020-83889567，83889759

● 泰国驻昆明领事馆
住 云南省昆明市东风路顺城双塔东塔18楼
TEL 0871-63168916，63149276
FAX 0871-6316 6891

● 泰国驻成都领事馆
住 四川省成都市航空路6号丰德国际广场3号楼12层
TEL 028-66897861
FAX 028-66897869

● 泰国驻西安领事馆
住 西安市曲江新区雁南三路钻石半岛11号

TEL 029-89312831，89312863
FAX 029-89312935

● 泰国驻厦门领事馆
住 福建省厦门市虎园路16号厦门宾馆3层
TEL 0592-2027980，2027982
FAX 0592-2028816

● 泰国驻南宁领事馆
住 广西省南宁市金湖路52-1号东方曼哈顿大厦1-2层
TEL 0771-5526945/946/947
FAX 0771-5526949

● 泰国驻青岛总领事馆
住 山东省青岛市香港中路9号青岛香格里拉中心办公楼1504-1505单元
TEL 0532-68877038，68877039
FAX 0532-68877036

延长滞留期的手续

持旅游签证入境的情况，可以在泰国国内的出入境管理办公室办理滞留期延长的手续。申请时必要的资料为申请表（可以从窗口领取）、护照、照片（长6厘米×宽4厘米）2张。手续费为1900泰铢。免签入境的情况可延长30天，但只能延长一次。根据相关工作人员的评定，也有被拒绝延长的情况。另外，如果超出规定滞留期，在出境时会有一天500泰铢的罚款。

● 曼谷的出入境管理办公室
住 Government Center Chaengwattana Bldg., B, No.120, Moo 3, Chaengwattana Rd.
TEL 0-2141-9889
FAX 0-2143-8228
URL www.immigration.go.th
开 周一~周五 8:30~16:00　周六 8:30~12:00
休 周日

关于海外旅游保险

海外旅游保险是指在旅游期间发生死亡、伤害、疾病、财产被盗等情况时给予相应的补偿。境外就医的费用和旅行风险都相对较高，建议选择全面的海外旅游保险。国内各大保险公司都有相应的险种，可以在出发前去保险公司咨询。

旅游的信息收集

提前搜集信息是保障旅游顺利的关键

出门在外准确的信息必不可少。为了加深对泰国的印象,最好在出发前查阅各种关于泰国的信息。在中国也有很多地方可以查到有关泰国的信息,为了让旅行更加充实,可以利用以下场所。

● **泰国国家政府旅游局(TAT)**
URL inter.tourismthailand.org/cn/

● **泰国国家旅游局**
URL www.amazingthailand.org.cn

● **泰国国家旅游局北京办事处**
住 北京市东长安街东方广场 E1 办公楼 902 室
Tel 010-8518 3526-29
E-mail tatbjs@tat.or.th;tatbjs@tatbjs.org.cn
管辖范围:北京市、天津市、河南省、河北省、山西省、黑龙江省、吉林省、辽宁省、内蒙古自治区

● **泰国国家旅游局上海办事处**
住 上海市黄浦区南京西路 288 号创兴金融中心 2703 室
Tel 021-3366 3409
Fax 021-33663410
E-mail info@tatinchina.com
管辖范围:上海市、浙江省、江苏省、安徽省、湖北省、山东省

● **泰国国家旅游局广州办事处**
住 广州市越秀区环市东路 368 号花园酒店 M07
Tel 020-83651823
E-mail tatguangzhou@tat.or.th
管辖范围:广东省、江西省、湖南省、海南省、福建省

● **泰国国家旅游局昆明办事处**
住 云南省昆明市三市街 6 号柏联广场写字楼 1301 室
Tel 0871-6317 8840
E-mail tatkunming1301@hotmail.com
管辖范围:云南省、贵州省、广西壮族自治区

● **泰国国家旅游局成都办事处**
住 四川省成都市人民南路 2 段 1 号仁恒置地广场写字楼 1404 室

Tel 028-6465 6299
E-mail tatchengdu.info@tat.or.th
管辖范围:四川省、重庆市、陕西省、甘肃省、宁夏回族自治区、青海市、新疆维吾尔自治区、西藏自治区

咨询有经验的旅行达人

听去过泰国的人的经验会对自己的旅行起到很大作用。例如问问大学的旅游社团,可能会碰上去过泰国旅游的人。或者去泰国菜馆、泰国食材店、泰国杂货店、泰式按摩房等地去咨询一下,因为那里的人可能都对泰国比较了解,也许可以打听到对自己旅行有帮助的信息。

此外,也可在一些大型旅游网站上通过互动问答方式获取相关信息,有时也可得到更为实用的信息,但是网上互动需要自身一些技巧和外语能力。

在当地收集信息

到达泰国后如果想得到相关信息可以去泰国国家政府旅游局(TAT)的办公室。里面有泰国各地的宣传手册。曼谷的信息可以去曼谷出入境管理中心获取。

府厅所在的地方城市一般也有 TAT 办公室或当地运营的旅游办公室,里面也有包含周边地区在内的地图或宣传手册等。还有英语版的可供参考。

地方工作人员一般都很热情,但是大多不懂英语。所以很多人过去只能拿份资料却无法进行咨询。因此,酒店住宿无法预约,巴士与火车的相关信息也只能去巴士总站或火车站自己查询。所以出发前稍微学一点泰语旅行会更方便些。

泰国国内的主要城市基本上都有 TAT 办公室

泰国与周边各国边境城市一览表

接壤国家	泰国城市名	接壤城市	签证	边境处的泰国出入境管理局的开放时间	备注	页码
柬埔寨	亚兰	波贝	可办理落地签	7:30~17:00	签证手续费1200泰铢或30美元。照片2张，若没带照片需追加100泰铢，可能会被索要好处费，所以最好提前准备好签证	p.221
柬埔寨	加春	奥斯玛	可办理落地签	8:30~16:30	签证手续费1200泰铢或30美元。照片2张，若没带照片需追加100泰铢，可能会被索要好处费，所以最好提前准备好签证	p.322
柬埔寨	哈特列克	库隆科空	可办理落地签	8:30~16:30	签证手续费1000泰铢或30美元。照片2张，若没带照片需追加100泰铢，可能会被索要好处费，所以最好提前准备好签证	p.207
马来西亚	合艾	黑木山	需要	5:00~24:00	从合艾乘坐巴士大约30分钟	p.476
马来西亚	沙敦	瓜拉玻璃、兰卡威岛	需要	6:00~21:00	乘船出境。去往瓜拉玻璃或兰卡威岛	未登载
马来西亚	素艾戈洛	兰斗班让	需要	5:00~21:00	交通相对便利	未登载
马来西亚	巴登勿刹	巴登勿刹（英文写法相同）	需要	5:00~21:00	从合艾乘坐巴士大约2个小时	p.476
马来西亚	勿洞	科劳	需要	6:00~21:00	从合艾乘坐巴士4~5个小时	未登载
缅甸	三塔山口	帕亚能兹	需要	6:00~18:00	曾经关闭（只允许泰国人和缅甸人入），请在当地的旅游咨询处确认	p.185
缅甸	湄赛	大其力	需要	8:00~17:00	从大其力进入缅甸境内只能乘坐飞机。陆路只可到达恰依咯和蒙拉，允许14天滞留期，需要500泰铢或10美元	p.269
缅甸	湄索	渺瓦底	需要	6:00~18:00	渺瓦底向前路途相当难走，请做好心理准备。允许14天滞留期，需要500泰铢或10美元	未登载
缅甸	普那容（北碧郊区）	提基	需要	8:00~17:00	2013年8月新开通线路	未登载
缅甸	拉廊	高当	需要	6:00~18:30	允许14天滞留期，需要500泰铢或10美元	p.424
老挝	清孔	会晒	可办理落地签	8:00~18:00	周六、周日、法定节假日通过出入境管理处时需缴纳10泰铢手续费	p.274
老挝	春梅	巴色	可办理落地签	6:00~18:00	周六、周日、法定节假日通过出入境管理处时需缴纳10泰铢手续费	p.334
老挝	那空拍侬	他曲	可办理落地签	8:00~18:00	6:00~8:30、12:00~13:00、16:30~22:00通过出入境管理处时需缴纳10泰铢手续费	p.362
老挝	廊开	万象	可办理落地签	6:00~22:00	6:00~8:30、12:00~13:00、16:30~22:00通过出入境管理处时需缴纳10泰铢手续费	p.353
老挝	穆达汉	沙湾拿吉	可办理落地签	6:00~22:00	6:00~8:30、12:00~13:00、16:30~22:00通过出入境管理处时需缴纳10泰铢手续费	p.365
老挝	邦纳卡塞	坎塔奥	可办理落地签	8:00~18:00	位于黎府的山里。有面向当地人的市场	未登载
老挝	汶干	北汕	可办理落地签	7:00~11:30 13:30~16:30	位于廊开以东湄公河沿岸80公里处	未登载

注：信息可能会有变动情况，签证情况请在出发前咨询各国驻华使领馆，其他信息必须要在当地确认。

泰国岛屿&海滩名单

岛名、海滩名	地区	住宿类型 高档酒店	住宿类型 经济型酒店	住宿类型 旅舍、小木屋	机场	桥梁（可从本土渡过）	潜水	夜生活	页码	备注
拷叻	安达曼海	○	○	△	○（普吉岛）	本土	○	×	p.450	
阁骨岛	泰国湾	△	○	○	○（对岸的达呦）	×	△	×	p.214	雨季无娱乐
甲米岛	安达曼海	○	○	○	○	本土	○	△	p.463	
苏梅岛	泰国湾	◎	◎	◎	○	×	○	◎	p.388	
沙美岛	泰国湾	×	○	◎	×	×	△	×	p.200	
阁道岛	泰国湾	△	○	○	○（对岸的春蓬）	×	◎	×	p.411	
阁昌岛	泰国湾	○	○	○	○（对岸的达呦）	×	○	×	p.210	
海岛（奈岛）	安达曼海	×	○	○	○（对岸的董里）	×	△	×	p.472	雨季无娱乐
芭堤雅	泰国湾	○	◎	○	○（近郊）	本土	△	●	p.186	
阁帕岸岛	泰国湾	△	○	○	×（建设中）	×	△	△	p.407	
皮皮岛	安达曼海	△	○	○	×	×	○	×	p.457	
华欣	泰国湾	◎	◎	○	×	本土	○	△	p.374	
普吉岛	安达曼海	◎	◎	△	○	○	○	○（芭东海滩为●）	p.426	
马克岛	泰国湾	×	○	○	○（对岸的达呦）	×	△	×	p.213	雨季无娱乐
阁兰达岛	安达曼海	△	○	○	×	×	○	△	p.453	
利邦岛	安达曼海	×	○	○	○（对岸的董里）	×	△	×	p.472	雨季无娱乐

●：非常多　◎：多　○：有　△：少　×：无

旅游的季节

泰国的季节大致可分为三类

泰国地处热带地区，除了南部的马来半岛之外，国土大部分区域为热带季风性气候。一年中一天最高气温 30~35℃，最低气温曼谷为 24~27℃，清迈为 14~24℃。平均湿度为 70%~80%。让人感觉全年都很炎热。季节大致可分为雨季、旱季和暑季。

雨季（5月中旬~10月中旬）

雨季时期，每天都是乌云密布，雨水接连不断。因为并不是一整天都在下雨，而且气温比暑季要低一些，所以可以趁雨停歇之际到街上转转。但是如果下起雨来会十分猛烈，暴雨倾盆而下，道路也常常积水。在雨季即将结束时，大雨会连下数日。各地发生洪水也是在雨季将要结束的时期。东北部除了这个时期以外

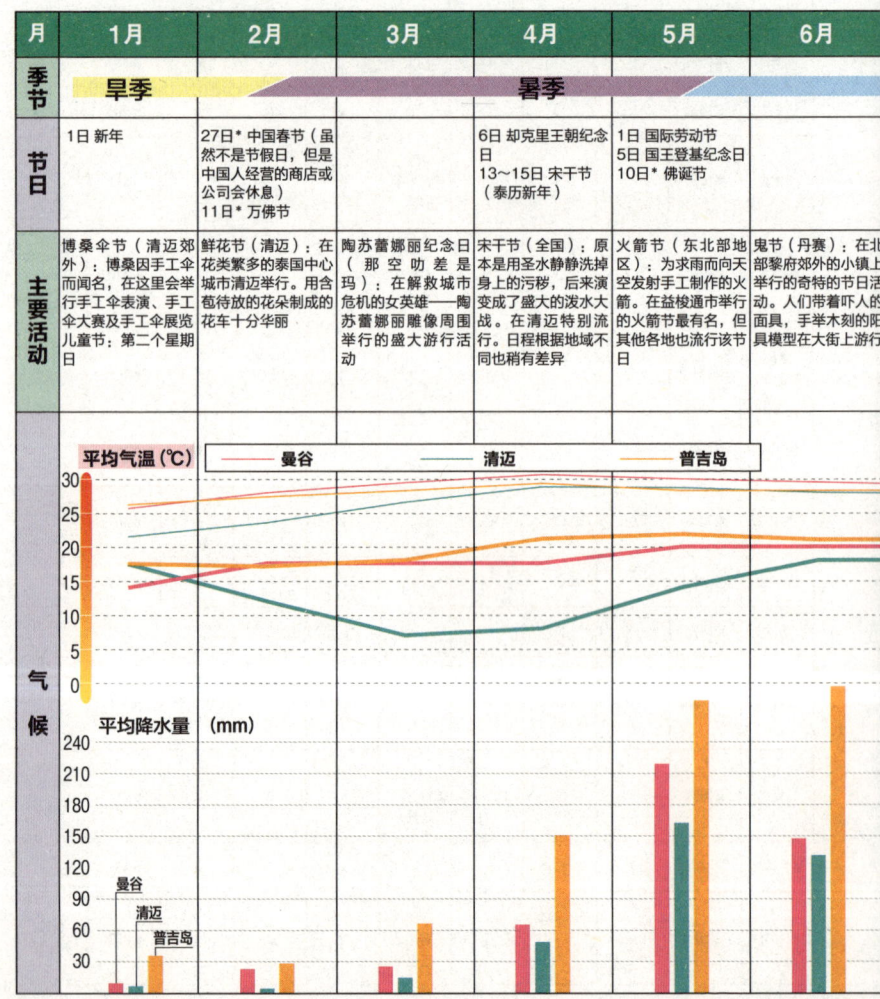

月	1月	2月	3月	4月	5月	6月
季节	旱季		暑季			
节日	1日 新年	27日* 中国春节（虽然不是节假日，但是中国人经营的商店或公司会休息） 11日* 万佛节		6日 却克里王朝纪念日 13~15日 宋干节（泰历新年）	1日 国际劳动节 5日 国王登基纪念日 10日* 佛诞节	
主要活动	博桑伞节（清迈郊外）：博桑因手工伞而闻名，在这里会举行手工伞表演、手工伞大赛及手工伞展览儿童节：第二个星期日	鲜花节（清迈）：在花类繁多的泰国中心城市清迈举行。用含苞待放的花朵制成的花车十分华丽	陶苏蕾娜丽纪念日（那空叻差是玛）：在解救城市危机的女英雄——陶苏蕾娜丽雕像周围举行的盛大游行活动	宋干节（全国）：原本是用圣水静静洗掉身上的污秽，后来演变成了盛大的泼水大战。在清迈特别流行。日程根据地域不同也稍有差异	火箭节（东北部地区）：为求雨而向天空发射手工制作的火箭。在益梭通市举行的火箭节最有名，但其他各地也流行该节日	鬼节（丹赛）：在北部黎府郊外的小镇上举行的奇特的节日活动。人们带着吓人的面具，手举木刻的阳具模型在大街上游行

带*的节日是根据农历或泰历制定的，所以每年会有不同。以上是2017年的日期。另外，节日与周六、周日重合时，会在周一安排倒休。

降水量并不多，即使雨季一般也不影响旅游。但是5~6月东北部异常炎热，连泰国人都不愿前往。

旱季（10月中旬~2月中旬）

这是最适合旅游的季节。空气干燥，每天都是清爽的晴天，基本不会下雨。气温较低，甚至圣诞和年初时早晚还会感到丝丝寒意。泰国人即使身着长袖也还会感到寒冷。但是泰国南部的泰国湾一带是个例外（宋卡和苏梅岛等地），11~12月是年降水量最多的时期。所以这片地区在2~4月是旅游旺季。

暑季（2月中旬~5月中旬）

年后气温逐渐上升，同时湿度也上升，意味着雨季将要临近。即使到了夜里气温也不下降，从早到晚酷暑难耐。在东北各地会举行祈雨的火箭节。在4月中旬的宋干节（泰国的新年）上人们互相泼水，此后，到了暑季的后半期，天气变得不稳定，每天都会刮风，预兆着雨季即将到来。2011年的降水量最多，甚至发生了50年没有过的洪水。如果在旅行途中发现有洪水的苗头，一定向TAT咨询相关信息，泰国的洪水也不是说来就来，不要慌张，小心应对即可。

旅行的准备和技巧 ● 旅游的季节

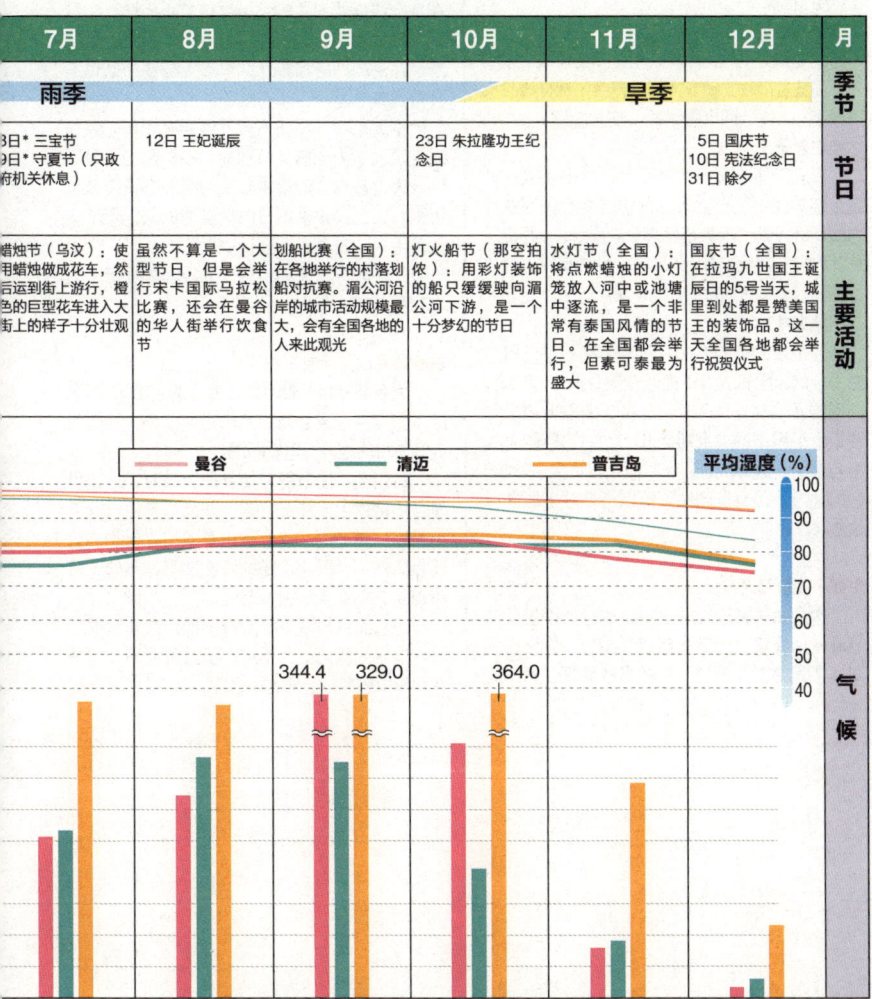

主要活动的详细内容请咨询TAT。也可以参见 URL www.tourismthailand.org/See-and-Do/Events-and-Festivals。

487

旅行的行李和服装

尽量轻装上阵

在收拾行李时,对于一些不知道带还是不带的东西请果断选择不带。因为这种会让你犹豫不决的东西一般也派不上什么用场。

贵重物品及其携带方法

像护照、财物等贵重物品如何携带才能防止丢失呢?这是常常让旅行者烦恼的问题。虽然没有保证万无一失的方法,但可以举一些例子以资借鉴。

①放进腰包缠在腰上

这是很大众化的方法,但是却会让人一眼明白那里放着财物。很多人因为携带了贵重物品所以很小心,这反而欲盖弥彰,被小偷盯上。

②挂在脖子上

戴在肚子上藏在衬衫里面,从很久以前就是主流方法,至今依然有背包客喜欢采用这种方法。缺点是"形象不好看""用钱时不好掏出来""穿薄衣时会显出来"等。虽然也有人就挂在外面,但是有遭抢的风险。

③不随身携带

这是最安全的方法。贵重的物品可以寄存在酒店的保险箱里,不把巨款随身携带。只是,在泰国必须随身携带身份证件,所以游客必须要带上护照(泰国人则是ID卡)。这样做首先不会接受到盘问,而且夜间检查时不会惹麻烦。有的地方不接受复印件,所以还是带上原件保险些。

用哪个旅行箱装好

这是由游客旅行风格决定的。如果想稍微节省一点旅费,行李全部随身携带,乘坐任何交通工具都不受限制,那样当然最好。这样的话,可以选择大型背包。如果出行都是坐车那就无所谓了。只是,不论选择哪种旅行箱都记得要上锁。

在泰国旅行时的穿着

可以选择一些夏日风格的服装。海边的话穿什么都可以,但在一些正式的场合还是要注意着装。最好是轻便凉快,又不失礼节的服装。具体来说,最好是薄点的长裤和带领的衬衫。像半截裤、沙滩拖鞋、T恤衫在旅游时穿可以,在是一些需要参拜的场所会被禁止入场。在看重身份的泰国,人们还是容易以外表来进行判断。在高档酒店和餐厅,穿着太随便的话也不会得到尊重。

泰国也有一些让人意外的寒冷场所。在长途空调巴士内会感觉特别冷。高档酒店、餐厅以及大型超市、购物中心等场所的空调冷风也很强。因此,如果不习惯吹空调的人,可带一件薄毛衣、夹克衫或运动服之类的长袖。山上一般早晚较凉,去环山旅行的游客最好带上毛衣和厚一点的袜子。

在泰国可以买到的东西

大多数日用品都可以在泰国的超市里买到。除了特别中意或必须要用的东西以外,其他的到旅游目的地再买也没问题。

日用品:住在特别便宜的旅馆时,旅馆可能会不提供毛巾和肥皂等。如果打算住低价旅馆最好自带毛巾。或者到达泰国后在便利店或药妆店购买。因此,仔细考虑一下,不如选择中档以上的酒店会更轻松些。

医药品:与欧美等国家不同,在泰国很容易就能买到医药品。不过,经常服药的人还是在旅行中携带一定量比较放心。

旅游行李检查表

	用品名称	需要程度	有无	备注
贵重物品	护照/签证	◎		没有的话尽早办理!
	现金（人民币）	◎		不要忘记从自家到机场往返所需的人民币
	外汇（美元等）	△		如果打算去泰国的邻国需要准备美元，在泰国主要用泰铢
	电子机票行程单	◎		或者机票
	海外旅行保险	◎		为了以防万一建议投保
	信用卡	◎		高额支付时比较放心
	国际现金卡	○		已经办理的话就带上
	照片	○		以备护照遗失等情况，准备3张左右
	YH会员证、国际学生证	△		有的话可带上
洗漱用品	肥皂	□		到处都可以买到，准备一块小的就行
	洗发水	○		自带护发功能的会更方便
	毛巾	□		在海滩时使用，准备1条
	牙膏、牙刷	◎		小型的就可以
	刮胡刀	○		男士必备
	卫生纸	□		带上一卷会比较方便
	洗涤剂	△		打算自己洗内衣的人需要准备
	防晒霜	○		怕晒的人请准备
衣物类	衬衫	◎		准备2~3件
	短裤	○		去正规的寺院时不可穿。在房间内穿OK
	泳衣	○		住带泳池的酒店或徒步旅行中在水中游玩时使用
	长裤	◎		得体的服装才会得到尊重
	长袖衬衫、运动衫	○		防止空调开得太冷
	沙滩凉鞋	○		在当地购买很便宜
	鞋	○		在国内穿惯的鞋
	帽子	○		在太阳下游玩时需要
	内衣	◎		如果每天清洗的话带2~3件足够
	袜子	○		准备1~2双
	睡衣	△		可以用T恤衫代替
药品及杂物	药品	◎		止泻药、感冒药、防虫喷雾等
	生理用品	○		在当地可以买到
	圆珠笔	○		写字的情况可能会相当多
	记事本	◎		在当地买很便宜
	日记本	○		可以记录下旅行的回忆
	塑料袋	◎		用于整理行李
	指甲刀	○		总感觉旅行中指甲长得格外快
	手电筒	□		参加环山游览和住在便宜小木屋的人
	数码相机	○		小型轻便的相机。不要忘记内存卡
	笔记本电脑	○		提供免费Wi-Fi的旅馆和咖啡厅、餐厅在增加中
	雨具	○		如果下雨的话也可以等待雨停
	睡袋	△		与其露营不如住在简易旅馆
	手机	○		注意通信方式
	泰语会话集	◎		在英语不流通的泰国是必备品
	旅游指南	◎		还可以再带上《走遍全球 曼谷》
	袖珍书	○		长时间坐车时使用
	随身听	△		确保电源

◎：必需品　○：如果有会很方便、特定人需要　□：背包客必备　△：根据喜好携带

旅行的准备和技巧 ● 旅行的行李和服装

489

货币兑换和旅游预算

泰国的通用货币及其种类

泰国的通用货币为泰铢Baht。通常简写成B（本书里用B表示），辅助货币是萨当（Satang），100萨当等于1泰铢。

纸币的种类：10、20、50、100、500、1000泰铢

硬币的种类：25、50萨当，1、2、5、10泰铢

关于纸币：最近10泰铢的纸币渐渐看不到了，主要流通的纸币有5种。20、50、500、1000泰铢现有新旧两种版本在流通。

关于硬币：2泰铢硬币为黄色，1泰铢硬币为银色，请注意区分。25萨当的硬币直径为16毫米，非常小。

关于随身携带的现金

泰国国内的银行基本都可以兑换人民币，所以带人民币出行即可。只是无法兑换硬币，所以请准备一些纸币。

便利的信用卡

在泰国中档以上的酒店、餐厅和商店基本上都可以使用信用卡结账。但是手续费却经常是由客人来承担的，所以使用前请确认。流通率最高的是VISA，其次是JCB等。支付或用ATM时需要输入密码，如有不明之处请在出发前两周向发卡行确认好。

关于兑换

在城市中的支行或兑换商，以及繁华街上的银行外币兑换处等地都可以将人民币兑换成泰铢。现金兑换时不需要手续费。银行营业时间为周一~周五的9:30~15:30，周六、周日和法定节假日休息（各支行多少有些不同，位于大型购物中心的分行有的周六、周日和法定节假日也营业）。繁华街上的银行兑换处一般比分行营业时间要长，利用更方便。汇率根据银行而异。

也可以出发前在国内的银行或机场兑换部分泰铢。另外在中档以上酒店也可以兑换货币，但是有的酒店汇率不是很理想。

由于财产被盗的风险较大，所以尽可能不要携带大量现金上路。换好必要的现金，高额支付时使用信用卡，小额支付使用现金，这样安排较为妥当。

用银行卡提取现金

如果使用国际信用卡，那么可以在泰国的银行窗口或ATM机取出泰铢。ATM机会收取150~180泰铢的手续费。在银行窗口取现不需要手续费，但有时会被要求出示护照。

银联卡

银联卡可在泰国九成商户消费，包括大型百货店、机场和市区免税店、餐厅、酒店和旅游团购店等。还可以在泰国几乎所有ATM用银联卡提取泰铢。

旅游的预算

泰国的物价上下幅动较大，餐费、交通费和住宿费等如果稍加控制还是可以节省一些。由于最近物价上涨，建议选择中档酒店和餐厅。

不同旅行方式的预算

以下数字都是一人旅行的情况，如果两个人的话，房费可以折半，会更便宜些。这些是不包含购物的最低花销的预算（1泰铢=0.1937人民币元，2016年11月）。

修行节约式，在某处蛰居的旅行

花费：

住宿费（简易旅馆，公共浴室）⋯⋯⋯⋯150泰铢
早餐（在小摊上用咖啡和炸面包）
⋯⋯⋯⋯⋯⋯⋯⋯⋯⋯⋯⋯⋯⋯⋯⋯⋯25泰铢
午餐（在小摊子吃面条）⋯⋯⋯⋯⋯⋯30泰铢
晚餐（在大众餐厅吃两碟小菜+米饭、水）
⋯⋯⋯⋯⋯⋯⋯⋯⋯⋯⋯⋯⋯⋯⋯⋯⋯100泰铢
在房间内喝的水⋯⋯⋯⋯⋯⋯⋯⋯⋯⋯10泰铢

合计：315泰铢（约61元人民币）

解析：

如果预算不多，又想长期旅行，可以选择这个类型。压低住宿费、在小摊上用餐，出门尽量步行是关键。但是这种程度在曼谷也仅仅是能够生存下来而已。偶尔也可以喝一次啤酒（1罐30~40泰铢），或在正规一点的餐厅吃一餐（200泰铢）。反过来想，一天最低预算也要300泰铢左右，加上交通费，可以算出旅行的最低预算，这样就知道自己手头上还富余多少钱。

背包客聚集的城市物价也低

闲庭信步式，自由自在地旅行
花费：
酒店费用（在中档酒店住宿）············1000 泰铢
早餐（在酒店就餐）····················120 泰铢
午餐（在市场的小吃摊吃面）·············35 泰铢
足疗（1 小时，包含小费）··············300 泰铢
晚餐（在餐厅就餐）····················300 泰铢
交通费（三轮车）······················40 泰铢
在咖啡厅小憩·························50 泰铢
在小酒馆要一瓶啤酒和一碟小菜·········200 泰铢
合计：2045 泰铢（约 396 元人民币）

解析：
　　如果一天有 400 元人民币，就可以很舒适地度过。在酒店费用上不用太过节省，曼谷酒店 1500 泰铢左右就能接受。其他地区 800 泰铢左右就可以住中档酒店，相当划算。在中档以上的酒店用早餐是 100~300 泰铢。虽然在外面的小摊吃饭会节省很多，但是不符合讲究品位的宗旨。在这种情况可以随机应变。一些节约派偶尔也要享受一下这种生活。

环游各地式，节约的背包旅行
花费
住宿费（旅馆带风扇的单人间。有浴室和卫生间）······················200 泰铢

地方酒店的性价比很高

早餐（在小摊吃面）····················25 泰铢
午餐（在市场就餐）····················35 泰铢
交通费（乘坐巴士需要 2 小时左右到达邻镇）
·································50 泰铢
市内交通费（从巴士总站到酒店可乘坐摩的）
·································30 泰铢
晚餐（在餐厅要米饭和菜，再加一罐啤酒）
·································150 泰铢
合计：490 泰铢（约 95 元人民币）

解析：
　　地方城镇的物价比较低，不过出行需要花交通费所以抵消了。娱乐设施较少，减少了一些不必要的花销，所以也不用太节省。旅行时一直太节省容易积累压力，这时可以去大城市娱乐一下，减少厌倦感。南部是泰国较富裕的地区，餐饮等费用会稍微高一些。需要注意的是国家公园的门票。地方景点有的设在国家公园内，外国人门票为 100~200 泰铢，对于节约派来说可能有点心疼。如果感觉这个价位高的话，表示你已经习惯了泰国的金钱观了。

休闲度假式，节约又享受的旅行
花费：
住宿费（附带风扇、淋浴、卫生间的小木屋）
·································800 泰铢

国家公园的门票对外国人会稍贵一些

早餐（在小木屋的餐厅就餐）…………100泰铢
在海滩做按摩……………………………250泰铢
午餐（在城镇餐厅要一套饭菜）………60泰铢
午后小憩（一小瓶啤酒）………………50泰铢
晚餐（在海滩沿岸餐厅点菜和啤酒）…250泰铢
租借自行车1天…………………………200泰铢
在俱乐部喝啤酒…………………………250泰铢

　　　　　合计：1960泰铢（约379元人民币）

解析：
　　想在小岛的沙滩上悠闲度过的话可以选择这种方式。住在简易木屋的话费用也就是这种程度。如果是只能供睡觉的棚屋会更便宜。每天在海滩上无所事事度过的话，只需要住宿费和餐饮费即可。只是餐饮费比城市内稍高一些。

享受人生式，奢华"不差钱"的旅行
花费：
酒店费用（住在酒店）…………………7000泰铢
早餐（酒店的自助早餐）………包含在住宿费里

在海滩上即使什么都不做也感到十分快乐

午餐（在观光胜地附近用餐）…………300泰铢
Spa（2小时，包含小费）……………5000泰铢
交通费（包一天出租车）………………2000泰铢
晚餐（可以观看泰国舞蹈的晚餐）……1500泰铢
在酒店休息室喝酒………………………600泰铢

　　　合计：16400泰铢（约3176人民币元）

解析：
　　想要在泰国享受奢华般的旅行，那么在花费上要做好心理准备。不过花费高得到的服务质量也高。酒店、餐厅都选择豪华型，租借带空调的车优雅地游览观光，还可以通过Spa放松身心。

曼谷的高档酒店

在泰国要有正确的金钱消费感觉

　　去国外旅游最困扰的问题就是不知道当地货币的价值。花多少钱能买来什么样的东西，服务费支付多少妥当？这些都不了解的话购物会比较困难，而且也容易买到高价物品。所以最好还是尽早把握当地的货币价值。开始可以先拿出10泰铢，看看能买到什么。
　　实际调查一下会发现，10泰铢在曼谷乘坐无空调的巴士还会找零，在小摊上可以喝一杯泰式咖啡。30泰铢可以吃一小碗面或一碗饭。
　　顺便提一下，从2013年1月开始在泰国法定最低工资每天300泰铢，如果一天工作8小时，等于每小时37.5泰铢。不论怎样想节约旅行费用，一天的花销都很难低于泰国法定的最低工资，这样想的话就能够理解泰铢的价值了。

出入境手续

泰国入境的手续

到达泰国～入境
以下介绍的是素万那普机场的流程。和廊曼机场相同。

入境需填写必要的文件
在飞机上空姐会发给乘客一张入境卡Arrival/Departure Card（=A/D卡），在到达前需要正确填写有关事项（填写示例p.494）。飞机上没有领到的话可以到机场获取。从陆路或海路入境时，可以在边境处的出入境管理处领取。

在机场的手续
①入境检查
到达后按照Arrival（到达）指示牌去往入境检查柜台Immigration。泰国人和外国人的柜台是分开的。出示护照和已填写完的入境卡，工作人员会盖上印章。

②领取行李
入境检查后向前走是领取行李区域。在显示有自己所乘航班号的转盘上取出自己的行李。如果出现行李有破损或没有出来等情况，可以去Baggage Service柜台办理相关手续。

③海关检查
到达区的出口处是海关柜台。如果没有需要申报的物品可以从绿色出口直接通过。如果带有超过2万美元的现金或贵重物品、高昂礼品时，需要填写关税申请表，然后到柜台上计算出应缴的税额。

可以免税带入泰国的烟酒
香烟：纸烟200根，或者其他类250克。
酒类：1瓶（或者1升以内）
超过以上数量时需要向海关申报，如果没有及时申报会被处以高额罚款。敬请注意。

机场大厅
①兑换货币
在机场内有银行货币兑换处，24小时营业。汇率比市内要差一些。素万那普国际机场地下一层也有兑换处，位于机场轻轨站内的售票处旁边有一个兑换点，比银行汇率要划算。如果有有时间的话最好来这里换钱。
S Super Rich
TEL 08-1830-9908
営 每天10:00～20:00

②安排住宿
没有安排好住宿，也没有任何头绪的人可以去泰国酒店协会（THA）的服务台咨询酒店事宜。还可能有折扣。但是无法介绍便宜的旅馆。

关于带入飞机内的液体物品的限制　Column

乘坐中国或泰国的国际航班，乘客需注意带上飞机的液态物品（包含胶状物及喷雾）有以下限制。如果不满足以下条件，就不容许带上飞机（可以放入托运的行李箱中）。

- 装入100毫升以下容器内的液体（超过100毫升的容器即使装有100毫升以下液体也不可以带入）。
- 装入可再封的容积1升以下的透明塑料袋中。袋子长宽合计要在40厘米以内。
- 每位旅客只能带一个袋子，在检查时要向工作人员出示，以便顺利通过。
- 医药品、婴儿奶品、婴儿食品不受严格限制（但有时可能需要接受询问）。
- 为了能够有效率地检查随身物品，上述

提到的塑料袋以及笔记本电脑等电子产品需要从包中取出，并将外衣脱下来分别出示给检查人员。

- 过完安检后在免税店购买的烟酒类可以带上飞机。只是如果在国外转机的话，根据该国规定有可能会被没收。

每个容器的容量在100毫升以下
塑料袋的长宽合计不超过40厘米

● **出入境卡片（所有地方的都用英文楷体填写）**

入境卡（正面）

ARRIVAL CARD — Thai Immigration Bureau

- Family Name: 姓
- First Name and Middle Name: 名
- 男性在这里画× / 女性在这里画×
- Nationality: 国籍
- Passport No.: 护照号码
- Date of Birth: 出生日 / 月 / 公历年
- Visa No.: 签证号码
- Address in Thailand: 在泰国的停留地、酒店名和地址
- Signature: 签字（和护照相同）

入境卡（反面）

For non-Thai resident only — 在选择处画×

- Type of flight 航班种类：Charter 包机 / Schedule 定期航班
- First trip to Thailand 第一次来泰国：Yes 是 / No 否
- Traveling on group tour 是否是团体旅游：Yes 是 / No 否
- Accommodation 住宿地：Hotel 酒店 / Youth Hostel 青年旅舍 / Guest House 旅馆 / Friend's Home 朋友家 / Apartment 公寓 / Others 其他
- Purpose of visit 出行目的：Holiday 旅游 / Meeting 会议 / Business 商务 / Incentive 奖励旅游 / Education 求学 / Conventions 结社 / Employment 营业 / Exhibitions 展览会 / Transit 运输 / Others 其他
- Yearly income 年收入（换算成美元）：Under 20,000 US$ / 20,000–40,000 US$ / 40,001–60,000 US$ / 60,001–80,000 US$ / 80,001 and over / No income
- Occupation: 职业（参照下例）
- Country of residence
  - City/State: 居住城市/省
  - Country: 居住国名
- From/Port of embarkation: 出发地
- Next city/Port of disembarkation: 目的地

出境卡

DEPARTURE CARD — Thai Immigration Bureau

- Family Name: 姓
- First Name and Middle Name: 名
- 男性在这里画× / 女性在这里画×
- Date of Birth: 出生年月日
- Nationality: 国籍
- Passport No.: 护照号码
- Signature: 签字（和护照相同）

英语的职业示例

公司职员：OFFICE CLERK　公务员：GOVERNMENT OFFICIAL　医生：DOCTOR　护士：NURSE
教师：TEACHER　农业：FARMER　渔业：FISHERMAN　学生：STUDENT　主妇：HOUSEWIFE
退休人员：PENSIONER　无业人员：NONE

---

③**机票信息再次确认**

　　需要再次确认机票信息的人如果能在机场内确认好就放心了。各航空公司的服务台都设在出发大厅，通常是根据该航空公司的航班时间营业。如果没有开放放弃在机场确认，打电话或在市里的办公地点进行确认。

④**不要理会在机场专门拉客的人**

　　在到达大厅等地会有向你问话拉客的人，绝对不要理会。

机场大厅

　　素万那普国际机场的抵达大厅在机场大楼的二层，明亮宽敞。设有机场出租车、酒店预

约、旅游咨询、租赁手机、银行货币兑换、TAT 的柜台以及咖啡厅等服务设施。从机场去往市区的方法请参照 p.46。三层有餐厅、咖啡厅、药妆店等。邮局位于四层的出发口。

在曼谷换乘国内航班

乘坐泰国国际航空公司等国际航班到达曼谷素万那普国际机场，再换乘国内线前往清迈、清莱、普吉岛、甲米岛、阁沙梅岛（苏梅岛）的乘客，在到达后按照"Transfer"的指示牌去办理转机服务的"Passport Control"接受入境检查，然后进入国内线出发口的候机大厅（大厅A和B）。托运的行李在最终目的地领取。

转机时工作人员会在乘客的胸前贴一个小标签。在最终目的地，从曼谷换乘国内线的乘客和国际线的乘客领取行李的地点是不同的。工作人员会以这个标签为记号来指引乘客，所以请不要中途摘下。在从清迈、清莱、普吉岛、甲米岛、阁沙梅岛（苏梅岛）经停曼谷回国时，需要在各自的机场办理出境手续。

换乘廊曼国际机场航班的乘客，和到达曼谷的乘客一样，需要在位于候机大厅 D 的一般入境检查柜台办理入境手续，行李也需要自己搬运。素万那普国际机场和廊曼国际机场之间的交通方法请参照 p.50。

泰国出境的手续

提前到达机场

乘坐国际航班时，尽可能要比出发时间提前 2 小时到达机场办理手续。如果是从曼谷市区出发，可乘坐巴士或出租车等交通工具去往机场。因为平时白天路上堵车严重，所以需要留出充足时间（大概 1~2 小时）。如果是早晨或夜间乘坐出租车的话，虽然跟出发地也有关系，但是走收费道路的话不到 30 分钟就可以到达机场。

出发时的手续

首先找到所乘航空公司的柜台，然后排队办理登机手续（MAP p.496）。如果在柜台无法办理的大件行李（例如冲浪板和高尔夫球袋等），则需要在出发楼层里的超重行李窗口办理相关手续，所以一定要留出足够时间。托运行李、领登机牌、过安检，然后就是办理出境手续。泰国人和外国人的出境审查柜台不同，所以注意不要排错队。那里会有工作人员为你引导。柜台上需要出示写好的出境卡、护照和登机牌。

素万那普国际机场面积广大、人员混杂，请注意

通过出境审查处后到达出发大厅。那里设有餐厅和免税店，在乘机前可以购物和用餐来消磨时间。但是有的登机口很远需要走好长时间，所以要事先确认好登机口的位置。

在出发大厅可以做的事情

素万那普国际机场的出发大厅有许多免税店和各种商店、各种餐饮店（价格较高）以及泰式按摩房等。还有免费 Wi-Fi（在信息服务台获取两小时有效的密码）。没花完的泰铢可以在银行的货币兑换处进行兑换，注意兑换时最好保留好收据。硬币无法进行兑换，只能带回去留作纪念或是花光它。

即将登机

机票上印有乘机时间，以防迟到尽量提早去往登机口。在候机室或登机口可能会再次要求检查护照，所以请提前准备好。

●禁止带出泰国的

佛像：不论是古董还是仿品，除了首饰或护身符之类的小物品以外，佛像均不可以带出泰国。如果被发现会被没收。若想合法带出泰国需要与泰国艺术局考古学、博物馆办公室商谈。
TEL 0-2628-5032
5 万以上的泰铢：带出泰国的泰铢限额为每人 1.5 万泰铢。
相当于 2 万美元以上的外币：如果携带 2 万美元以上的外币出境，可能被认为在泰国进行了非法劳动，从而被作为税金没收。入境时若持有 2 万美元以上外币时，记住一定要向海关申报。若出境时携带的现金外币比入境时还多的话，也需要报税。

素万那普国际机场（曼谷国际机场）
Suvarnabhumi International Airport

www.suvarnabhumiairport.com

二层 抵达 只有二层有机场接送巴士乘车处　部分为国内线
Level 2 Arrivals

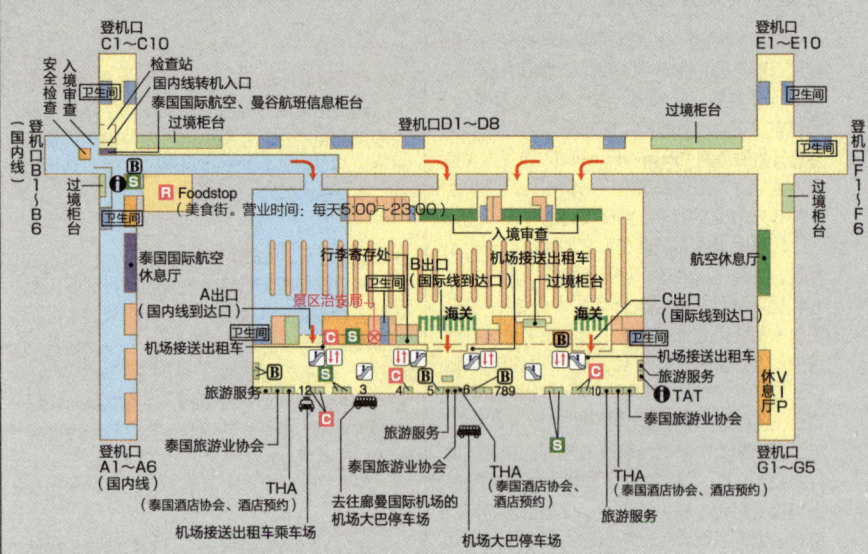

一层 巴士大厅 只有一层有打表式出租车
Level 1 Bus Lobby 地下一层有机场轻轨站和去往 H 诺富特素万那普机场酒店的通路

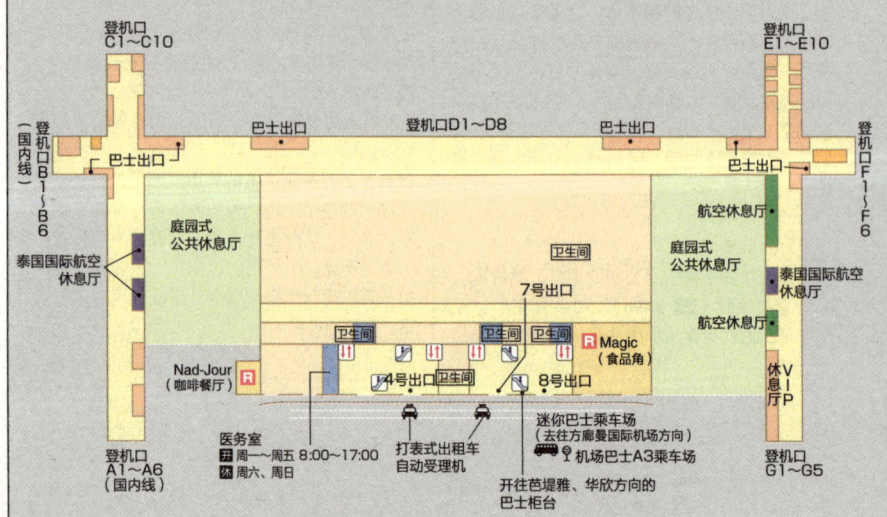

496

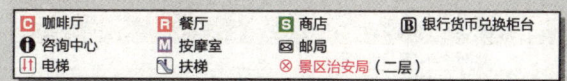

四层 出发 六层是航空公司柜台、七层是展望台
Level 4 Departures

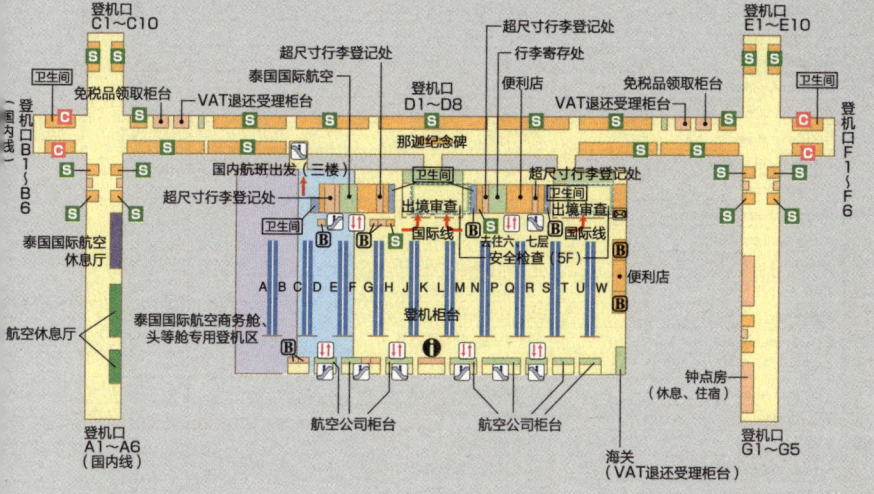

三层 会议厅、欢迎厅
Level 3 Meeting and Greeting Gallery

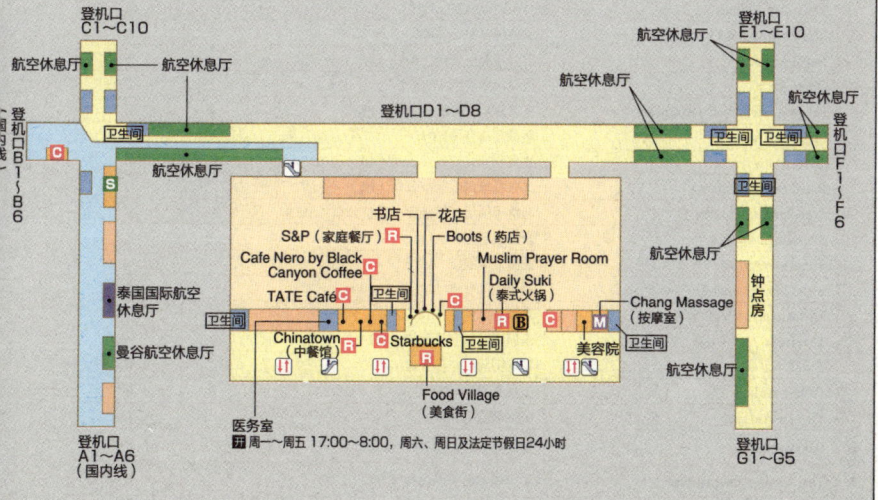

	素万那普国际机场　主要航空公司的登机手续柜台（按字母顺序排列）	
	航空公司（二字代码）	柜　台
	Aeroflot Russian Airlines	俄罗斯航空公司（SU）	P
	Air Bangan	缅甸薄甘航空公司（W9）	N
	Air China	中国国际航空公司（CA）	U
	Air France	法国航空公司（AF）	P
	Air India	印度航空公司（AI）	P
	Air India Express	印度航空快运公司（IX）	P
	All Nippon Airways	全日空（NH）	L
	Asiana Airlines	韩亚航空公司（OZ）	L
	Austrian Airlines	奥地利航空公司（OS）	G
	Biman Bangladesh Airlines	孟加拉航空公司（BG）	W
	British Airways	英国航空公司（BA）	N
	Cathay Pacific Airways	国泰航空公司（CX）	M
	China Airlines	中华航空公司（CI）	S
	China Eastern Airlines	中国东方航空公司（MU）	U
	China Southern Airlines	中国南方航空公司（CZ）	U
	Delta Air Lines	美国达美航空公司（DL）	N
	Druk Air	不丹皇家航空公司（KB）	W
	Egypt Air	埃及航空公司（MS）	Q
	El Al Israel Airlines	以色列航空公司（LY）	W
	Emirates	阿联酋航空公司（EK）	T
	Ethiopian Airlines	埃塞俄比亚航空公司（ET）	U
	Eva Airways	长荣航空（BR）	Q
国	Finn Air	芬兰航空（AY）	S
	Garuda Indonesia Airlines	印度尼西亚鹰航空公司（GA）	G
际	GMG Airlines	孟加拉 GMG 航空（Z5）	R
	Gulf Air	海湾航空公司（GF）	T
线	Japan Airlines	日本航空（JL）	R
	Jetstar Airways	捷星亚洲航空（JQ）	U
	KLM Royal Dutch Airlines	荷兰皇家国际航空公司（KL）	P
	Korean Air	大韩航空（KE）	M
	Kuwait Airways	科威特国际航空公司（KU）	R
	Lao Airlines	老挝航空（QV）	R
	Lufthansa German Airlines	德国汉莎航空公司（LH）	G
	Malaysian Airlines	马来西亚航空（MH）	M
	Myanmar Airways International	缅甸国际航空（8M）	N
	Nepal Airlines	尼泊尔航空公司（RA）	W
	Oman Air	阿曼国际航空（WY）	T
	Pakistan International Airlines	巴基斯坦国际航空公司（PK）	L
	Philippine Airlines	菲律宾航空（PR）	T
	Qantas Airways	澳大利亚快达航空公司（QF）	N
	Royal Brunei Airlines	文莱皇家国际航空公司（BI）	U
	Scandinavian Airlines	北欧（斯堪的纳维亚）航空公司（SK）	K
	Singaporea Airlines	新加坡航空（SQ）	K
	SriLankan Airlines	斯里兰卡航空公司（UL）	G
	Swiss International Air Lines	瑞士国际航空（LX）	S
	Thai Airways International	泰国国际航空（TG）	H,J*
	Thai Royal First Class	泰国国际航空头等舱（TG）	A
	Thai Royal Silk Class	泰国国际航空商务舱（TG）	B
	Turkish Airlines	土耳其航空（TK）	U
	Vietnam Airlines	越南航空（VN）	L
国内线	Bangkok Airways	曼谷航空公司（PG）	F*
	Thai Airways International	泰国国际航空国内线（TG）	C

*：曼谷航空公司的国际线也可以在相同柜台办理相关登机手续。

交通入门 巴士、租借汽车、租借摩的

巴士之旅

泰国国内有良好的道路交通网,巴士线路也十分完备、价格也便宜,可以轻松乘坐。几乎所有的城镇都有巴士站,车辆川流不息。

连接广大国土的长途巴士
长途巴士的种类

不分昼夜往来于泰国国内主要城市的长途巴士,按照价格由低至高依次大体可分为:无空调的普通巴士、有空调无卫生间的二等空调巴士、带卫生间的一等空调巴士,以及座位数量少车内空间宽敞的 VIP 巴士四种类型。相同线路但巴士不同的情况会根据巴士类型来收费。

普通巴士

车型各式各样,因为没有空调,所以窗户一般都是打开的状态。下雨的时候需要关上窗户,这时车里就会如蒸笼般闷热,只能靠风扇来散热。由于价格低廉,对对自己的体力有自信的节约派旅行者来说是最佳交通工具。现在这种长途巴士正在减少。

车身为橙色或绿色,上面有各种各样的装饰,不论开到哪里都十分显眼。车龄大多很老了,一侧能坐两人,另一侧能坐三人,椅子也是又硬又窄。前后的间隔也很窄,身高超过 1.7 米的人坐着会十分难受。大件行李可以放在车下或车后部的行李箱里,但是如果不是在柏油路上行驶的话会弄脏行李,所以尽可能还是将行李带进车中,不过车里要是人太多的话就还是不要带进来了,这也是一种基本的礼仪。

通常起点和终点都是在巴士总站,途中可随时上下车。巴士过来时只要稍稍招一下手即可上车,下车时也是和司机说一声即可。或者在上车时提前告诉司机自己在哪里下,只要司机没有忘记,就会在那里停车。车票可以乘车前在巴士总站买,也可以在下车前和司机买。无指定座位。

普通巴士的座位

二等空调巴士

和普通巴士是相同的行驶线路。是普通巴士的升级版。车身为白、橘两色,座位感觉像中国的观光巴士,座椅可以调整角度。基本上无指定座位。

一等空调巴士

分为国营和民营两种,费用与服务项目大体相同,没有什么区别。从巴士总站出发的主要为国营巴士,民营巴士一般从巴士公司办公区或巴士公司的车站发车(有的车辆也会路过国营巴士总站)。车身一般为蓝色和白色,车内设有卫生间和电视,还有饮品、小吃、毛巾等服务。

基本上都是指定座席,所以只能从出发地乘车。

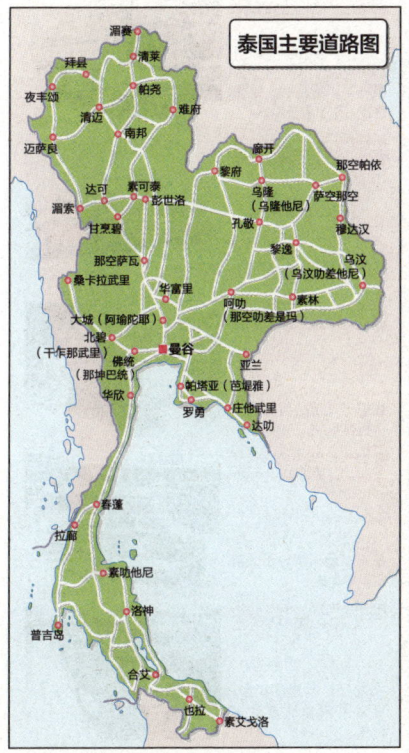
泰国主要道路图

VIP 巴士

一等空调巴士的豪华版。座位比较少，大概有 24~32 个，但座位设计豪华，车内也宽敞。夜间长途乘车时会比较舒适。与其他巴士相比费用较高，但物有所值。民营巴士公司会从专门的巴士站发车。车上还设有按摩椅、可以观看电影的个人视频装置等。由于乘坐人多，建议提前预订。

其他巴士

也有一些旅行社在运行一些去往清迈、泰国南部观光地等外国游客较多城镇的廉价巴士或迷你巴士。但是这些车的设备和服务都比较差，还经常发生盗窃事件，不建议乘坐。

巴士与巴士总站
预订

一等空调巴士或 VIP 巴士由于是指定座位，可以预订。预订后应尽快将车票拿到手。座位号通常标在椅子后面。二等空调车和普通巴士先上车者有座。

车票的大致费用

普通车 1 小时大概 35~40 泰铢。二等空调车是普通车的 1.5 倍左右，一等空调车是普通车的 2 倍，VIP 巴士比一等空调车要贵上 100~150 泰铢。

巴士的出发时间

巴士的出发时间可在各巴士总站确认。有的城镇在 TAT 也可以看到发车时刻表，如果没有的话需要自己查询。

巴士总站的地点

大部分城镇的巴士总站都位于偏离市区、交通不便的场所。有的城镇的巴士总站根据目的地或巴士种类（普通、二等空调巴士的巴士总站和一等空调、VIP 巴士的巴士总站。或者东、南、北等方位的目的地）分布在多个地方。有的巴士公司有自己专用的巴士站，出发前最好在酒店前台确认好在哪个巴士站乘车。

去往巴士总站时，与其说英文的"BUS TERMINAL"，不如说泰语的"BO KO SO"更

中远距离行驶的交通工具

VIP巴士
座位不多，因此每个人的空间很大，是豪华型巴士。

一等空调巴士
服务好，速度快，乘坐舒适。车上有卫生间。

二等空调巴士
普通巴士的升级版。

普通巴士
价格最便宜的交通工具。

中~近距离、市内行驶的交通工具

迷你巴士
比巴士价位高一些，但是有空调。速度也快，十分方便。但是携带大件行李时不方便乘坐。

大型双条车
往返于城市之间的较大型的双条车。

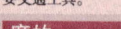
小型双条车
小型双条车是地方的主要交通工具。

嘟嘟车
基本上是三个轮子，和出租车类似。

摩的
乘客可以坐在后座上。

三轮车
人力三轮车速度较慢，可以悠闲地欣赏城镇风光。

易懂。到达目的地后，再回到城镇或是住宿的地方可以乘坐三轮车或嘟嘟车。司机们有时会极力给你推荐旅馆或酒店，那是因为带一个客人过去会拿到提成。会利用这种方式招徕客人的旅馆大多价高或脏乱，总之评价不好，请多注意。

乘坐巴士出行时的注意事项

因为普通巴士和二等空调巴士没有卫生间，所以请在乘车前去卫生间。中途想去卫生间的话只能在有巴士站的城镇或加油站才可以。即使有也要2~3小时才能看见一处，运气不好的话车子会直接开到终点。

巴士总站有公共卫生间，一次2~5泰铢。在中途休息时要去卫生间一定要和司机或车长说一声，否则可能会把你落下。不论是普通巴士还是空调巴士，都禁止在车厢内吸烟或饮酒。

其他交通工具

往返于地方城市的短途巴士（迷你巴士）

一般乘坐的是小型巴士。比较破旧，乘坐也不舒适，而且只有泰语报站。但是如果去巴士总站的话，会有人问你要去哪儿，并告诉你应该坐哪辆车。

去一些不通巴士的小城镇，可以乘坐一种叫作双条车的交通工具（在北部清迈周边等外国人聚集的观光地也被称作"迷你巴士"）。这种车其实就是在中小型卡车上设置座位和棚子改装而成的。放学回家的孩子们会集体乘坐，为了买到新鲜食材的大妈们也会乘坐。可以看到泰国人生活化的一面，是一件非常有意思的事情。

迷你巴士

最近增加的带空调的迷你巴士十分便利和舒适。发车点有巴士总站和营运公司门前两处。由于车内狭窄，如果携带有大件行李的话不建议乘坐。

地方巴士

在中小型都市，双条车发挥着都市巴士的作用。虽然大体线路规定好了，但是如果对当地情况陌生的话就很难乘坐。可以在旅馆的前台收集当地信息，若能很好地利用起双条车，可以省掉许多交通费。

三轮车、嘟嘟车和摩的

三轮车：不论是人力的还是机动的，只要是三个轮子的所有地区都会称之为"三轮车"。机动的三轮车有时也会被叫作嘟嘟车来加以区分，但是也没有必要过分纠结于名称。

摩的：小型摩托车，乘客可以坐在车后座。

虽然名称和形状不同，但是利用方法大都相同。先要告诉对方要去的地方，然后和司机商谈价格。游客往往因为不了解行情而被宰，所以如果感觉对方开价过高，一定要毫不留情地砍价。另外，人力三轮车和机动三轮车在价格上没什么差别。

从巴士总站到酒店乘坐三轮车或嘟嘟车的大致费用

· 开价在20泰铢以下……这个价位一般是打不到车的，不要犹豫立刻上车。
· 开价在30泰铢……在不了解当地行情的情况下可以约定的费用。如果距离不近的话可能还比较合适。

乘坐长途巴士时请注意防盗　　Column

在曼谷最需要注意的就是乘坐夜间巴士时发生的偷窃事件。其手法很简单，人们在车厢内陷入深度睡眠后，小偷会将你行李中的贵重物品一扫而空。到了目的地，与乘务员告别，到达旅馆放下行李一看，才发现自己的贵重物品已经不翼而飞。

不论是旅行箱还是背包，上锁还是没上锁，都有可能是小偷的目标。趁人们熟睡之际。他们会把乘客脚下或行李室的行李偷走，不容易被发觉。偷窃事件多发的线路为从曼谷到苏梅岛、从素叻他尼或清迈到曼谷的夜间巴士，不是客运公司而是旅行社运营的低价巴士发生类似事件最多，几乎每天都有。

对策：1.乘车前记住车辆牌照或运营公司名称。2.贵重物品不要放在行李里，一定要随身携带。3.下车前确认贵重物品是否还在，如果发现遗失请立刻报警或向景区治安局报告。但有时警察和偷窃者是一伙，所以会敷衍了事。所以最好不要乘坐旅行社运营的低价巴士。尽量乘坐从巴士总站始发的国营巴士或民营巴士，这样才比较放心。

- 开价在40泰铢……可能30泰铢就可以乘坐，和司机商谈一下价格。
- 开价在50~60泰铢……在城区活动的话这个价位有些贵。但是如果到目的地需要10~15分钟以上的话也差不多。
- 开价在100泰铢……要不就是距离太远，要不就是敲竹杠。

以上是在一般地方城市乘坐三轮车的参考价格。在地方城市，只要是在城区活动的话一般都是统一价格，所以提前在酒店等地问好行情再还价会比较容易。砍价的窍门是不要总和一个司机讲价，觉得这个司机的价高就换另一个。另外，不论几个人乘坐费用都是按照一辆车的价格来收费。在旅游景点的话费用可能会略高些。

最近，在三轮车和嘟嘟车聚集的地方，很多都贴有到达主要场所的报价表。这时就不必和司机讨价还价了，比较轻松。

租借汽车和租借摩托车之旅
租借前的注意事项

在正规店铺租借时，可能会要求客人出示国际驾照。在普吉岛、芭堤雅等海边胜地或清迈等地没有国际驾照也可以租到，一般对方不会说什么，但这样毕竟是违法行为所以还是携带为好（中国大陆公民，可以出发前用目的地语言对驾照进行公证，携带原件及公证件）。如果被盘查人员抓到的话会被罚款（300~500泰铢）。或者会认为你有向店员贿赂的嫌疑。而且万一卷入事故当中，没有驾照的话也不能走海外保险。

在租借过程中，要事先观察汽车或摩托车有无外伤或异常。也要检查发动机看看动力装置是否正常。如果不检查就开走，返还时若有什么问题双方就会产生争执。另外，还要确认好租借合同，看一下是否已购买保险。因为不正规的店铺有很多。

驾驶前的注意事项

泰国与中国不同，是靠左侧行驶，开车时需要适应一段时间。泰国有自己的行车礼仪和交通规则。不过，像没有信号灯、没有路灯、强行加塞、急刹车、突然变道等现象也是家常便饭，请谨慎驾驶。

不论是像曼谷那样的大城市，还是像普吉岛、阁沙梅岛（苏梅岛）等度假胜地，在骑摩托车时都必须戴上安全头盔、系好安全带。

出行前的注意事项

不论怎么方便，平常不习惯开车和骑摩托的人都最好不要尝试。造成死亡的重大事故并不少见，所以请一定要高度重视。

主要汽车租借公司的咨询电话

一般大型租车公司都会上保险，所以可以放心使用。小型汽车每天的租借费用为1600泰铢左右。

Avis
在中国的免费咨询电话：400-882-1119
Hertz
在中国的免费咨询电话：800-988-1336

交通入门 飞机

飞机之旅

在曼谷有两处机场

从泰国出发的国内航班，可以选择泰国国际航空公司和曼谷航空公司从素万那普国际机场起飞的航班，也可以选择飞鸟航空公司和泰国One-Two-Go航空公司从廊曼机场起飞的航班。两个机场距离较远，注意不要弄错了机场。

泰国国内线的航空公司

泰国的国内航空网大多是连接曼谷和地方城市的航线，连接地方城市间的航线很少。除了泰国国际航空公司Thai Airways International（TG）以外，从曼谷到苏梅岛的航线可以选择很受欢迎的曼谷航空Bangkok Airways（PG）或飞鸟航空（DD），以及较便宜的航空公司，例如亚洲航空（FD）、One-Two-Go航空（OX）等。

建议选择用时较少的飞机

乘飞机旅行的优势，就是它的速度。从曼谷到清迈如果坐火车的话需要大约10小时，但如果乘飞机的话，只需要1小时10分钟。乘飞机 1 小时左右的距离费用大概为 2600 泰铢左右，是比较合理的。

泰飞机可以有效地利用时间

主要航空公司办事处
● 泰国国际航空
24 小时订票服务　☎ 0-2356-1111
● 素万那普国际机场办事处
☎ 0-2134-5483
🌐 www.thaiairways.com
● 曼谷航空
🌐 www.bangkokair.com
● 亚洲航空
🌐 www.airasia.com
● 飞鸟航空
🌐 www.nokair.com
● 泰国东方航空
🌐 flyorientthai.com
● Kan Airlines 航空
🌐 www.kanairlines.com
● Solar-aviation 航空
🌐 solar-aviation.magicssoft.com

泰国国际航空公司中国办事处
● 北京
🏠 北京东长安街 1 号东方广场东方经贸城西 3 办公楼 3 层 303-4 室 100738
🕐 周一～周五：09:00 - 12:00 & 13:00 - 17:00
☎ 010 - 85150088
📠 010 - 85151134
✉ reservation.bjs@thaiairways.com.cn
● 上海
🏠 上海市南京西路 288 号创兴金融中心 23 层 2302 单元（近人民广场）200003

泰国国际航空公司国内航线、曼谷航空公司航线图

低价航空公司的国内航线图

营 周一~周五：09:00-17:00
TEL 021-33664000
FAX 021-33664010
E reservation.sha@thaiairways.com.cn

● 厦门
住 厦门市鹭江道8号国际银行大厦23C 361001
营 周一~周五：09:00-17:30
TEL 0592-2261688
FAX 0592-2261678
E reservation.xmn@thaiairways.com.cn

● 广州
住 广州市环市东路368号花园酒店地铺G3 510064
营 周一~周五：09:00-17:30
TEL 020-83652333
FAX 020-83652300
E reservation.can@thaiairways.com.cn

● 昆明
住 云南省昆明市北京路98号锦江大酒店附楼2楼 650011
营 周一~周五：09:00-17:30
TEL 0871-63511515
FAX 0871-63167351
E reservation.kmg@thaiairways.com.cn

● 成都
住 四川省成都市顺城大街8号中环广场1座12楼1202-03室 610016
营 周一~周五：09:00-17:00
TEL 028-86667171 028-86667575
FAX 028-86669887
E reservation.ctu@thaiairways.com.cn

国内机票的预订、购买

机票的预订和购买可以在各个航空公司的办事处、旅行社、网上（在网上结算需要用信用卡）办理。节省时间的空中之旅很受欢迎，

有的季节航线（从曼谷到清迈或从曼谷到普吉岛）非常拥挤。如果打算好了就要尽早订票，以免价格上调。

登机手续与机舱环境

国内线的登机手续通常是在出发前1~2小时开始，在30分钟前结束。在办理登机手续前需要过行李安检。办理登机手续时需要排队，并出示登机牌和有效证件（护照）。一般国内线的机场建设费是每人100泰铢，曼谷航空运营的苏梅岛机场是400泰铢，素可泰和达叻机场是200泰铢，原则上是购买机票时一起支付。转机时不用支付。在进入候机室时，需要检验护照和登机牌。

选择低价航空公司

乘坐亚洲航空、飞鸟航空、One-Two-Go航空等廉价航空公司的飞机，虽然食品和饮料是收费的，但是因为座席是无指定的，所以大大削减了开支，实现了从曼谷到清迈的低价飞行。机票可以在位于市里或机场的办事处预约，也可以在网上办理，费用结算需要用信用卡。

增加了航班线路的国内线航空公司

泰国国际航空国内线票价一览表				
航　　线	票价（单程）	航班数（1天）	所需时间（分钟）
曼谷~清迈	2535泰铢~	7	70
曼谷~清莱	2050泰铢~	4	80
曼谷~孔敬	2150泰铢~	8	55
曼谷~乌隆他尼	1950泰铢~	4	65
曼谷~普吉岛	3015泰铢~	10	85
曼谷~合艾	1900泰铢~	6	90
曼谷~甲米	2600泰铢~	3	80

注：以上是本书调查时在网上购买预售经济舱的打折票价。价格可能会在无通告的情况下发生变更，仅供参考。

交通入门 火车

火车之旅

泰国的铁路网线路较少，几乎都是单线行驶，火车都比较破旧。即便如此，火车与巴士和飞机相比，空间更宽敞，而且有一种独特的旅行情怀。有的火车上还有餐车，可以在里面愉快地用餐。车厢内严禁吸烟、饮酒。

●泰国国铁的主要线路

主要线路大致可分为北线、东北线、东线、南线这四条。

①北线

从曼谷到清迈全长756公里，到达终点需要11~13小时。

②东北线

从曼谷出发到达东北部的呵叻（264公里），然后分成开往北部的廊开（624公里）和开往泰国最东部的乌汶（575公里）两条线路。到达廊开需要11小时，到达乌汶需要8~12个小时。

③东线

从曼谷到达柬埔寨边境全长255公里。到达终点的亚兰需要5小时30分钟。火车在边境前的亚兰站停车。在卷入东南亚战乱之前，火车可以直达柬埔寨的首都金边。

④南线

南下马来半岛，到达泰国南部最大城市合艾（929公里），然后分为去往东南方的素艾戈洛线路（1143公里）和去往南方的巴登勿刹线路（990公里）。到达素艾戈洛需要15~22小时，到达巴登勿刹需要大约17小时。从巴登勿刹可以继续换乘马来西亚铁路。

●关于火车的种类

泰国国铁的火车有特快（SP.EXP.=Special Express）、内燃特快（SP.EXP.DRC=Special Express Diesel Railcar）、快车（EXP.=Express）、快速（RAP=Rapid）、普快（ORD.=Ordinary, COM., LOC.）等种类。其价格因列车等级、座位舒适度、速度而有所不同。如果是相同等级的座位，不同种类火车在舒适度上差距很小。硬要说的话最好的应该是内燃特快，与其他列车相比，它用时最短，而且空调效果很好。

●关于座位等级

卧铺票和坐票分为一等、二等、三等三个等级。

一等：带空调的两人包厢（单间）。夜晚可变为上下两层的卧铺。追加一定费用也可以变为双人床。

二等：座位在一侧，只能供两个人座，有空调和风扇两种。卧铺的床垂直于过道，上下两层。下铺有窗户，而且比上铺宽敞。如果出发时买的是坐票，可以中途请列车员换成卧铺。有的列车还有女性专用车厢。内燃特快和内燃快车只有指定座位空调二等座。

三等：2~3人一排的座位。有的车厢使用木

泰国铁路主要线路图

注：泰国国铁的维护管理不佳，经常发生脱轨事故。整备期间会停运，请多注意。

板或塑料座位。南线以外均为风扇。有的短途列车是长椅座位。

● **关于乘车费用**

价格是以距离计算。乘坐优等列车、卧铺以及带空调的火车时需要追加费用。追加的费用根据火车类型和乘坐距离又有不同（→ p.509）。

● **车票的提前预售**

可提前 60 天购买车票，在全国主要车站都可以买到车票。

车票上印有列车号、出发时间、车厢号和座位号。一、二等座都是指定座位的，所以可以按车票入座。三等座是自由席，人多的时候可能没有座位。所以长途的乘客应尽快进入列车占上座位。三等座不能提前购买，只是列车快出发前才开始出售。

● **关于改签、退票**

改签的话，普通座席需要收取 20 泰铢的手续费，空调座席和卧铺需要 50 泰铢的手续费，60 天以内可以改两次。但是，只能在原定列车出发前 1 小时前才能办理。退票的话，在出发前 3 天办理需要 20% 的手续费，在出发前 1 小时办理需要 50% 的手续费。

车票样本

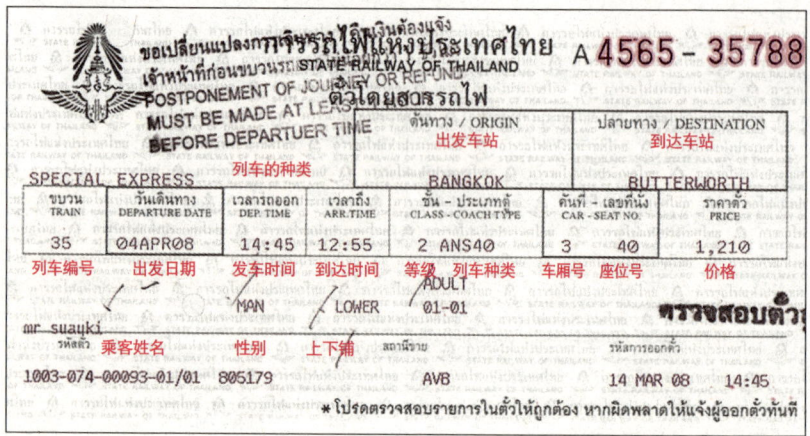

乘火车跨越国境

从曼谷换乘列车，可以通过马来西亚到达新加坡。利用火车跨越国境，是一场很少能体验到的奇妙之旅吧。

马来西亚国铁的国际列车开始运行

从 2015 年 9 月，连接泰国的合艾与马来西亚南边的新加坡之间的国境站——JB 中央站的国际列车（Tren Ekspres Peninsular）开始运行。经过两次换乘后，可以实现从曼谷到达新加坡。

关于国境处的手续

国际列车会在巴登勿刹站停车，办理完泰国的出境手续后，紧接着去马来西亚的巴登勿刹站办理入境手续。到达终点站 JB 中央站后办理马来西亚的出境手续，然后去乌德兰兹站办理新加坡的入境手续。

● 曼谷→新加坡

车次\站名	SP.EXP (DRC) 41	Tren Ekspres Peninsular 21	71
曼谷	22:50		
哈特亚依	12:34	17:45	
JB 中央站		16:25	17:30
乌德兰兹			17:35

● 新加坡→曼谷

车次\站名	68	Tren Ekspres Peninsular 20	RAP 170
曼谷	9:30		
哈特亚依	9:35	17:00	
JB 中央站		11：50	14:45
乌德兰兹			9:00

铁路时刻表

本书调查时数据，仅供参考（刊登了主要车站和长途、优等火车信息）

凡例
SP.EXP.= 特快　SP.EXP.DRC= 内燃特快
EXP.= 快车　RAP.= 快速　ORD.，COM.，LOC.= 普快　↓ = 通过　‖ = 此路不通　a.= 到达时间
d.= 出发时间

北线（Northern Line）下行　　曼谷~清迈

主要站点	车次	COM. 303	LOC. 409	COM. 311	RAP. 111	SP.EXP (DRC) 7	ORD. 201	SP.EXP (DRC) 3	ORD. 209	ORD. 211	RAP. 109	ORD. 207	COM. 315	COM. 301	COM. 313	SP.EXP 317	SP.EXP 1	RAP. 305	RAP. 13	RAP. 107	RAP. 105	EXP. 51
华兰蓬	d.	04.20		04.40	07.00	08.30	09.25	10.50	11.20	12.55	13.45	14.05	16.10	16.30	16.50	17.25	18.10	18.20	19.35	20.10	21.00	22.00
班шi	d.	04.36			07.23	08.50	10.04	11.13	11.42	13.18	14.08	14.28	16.36	16.53	17.14	17.46	18.34	18.43	19.57	20.33	21.17	22.24
敦姆安	d.	05.00			07.49	09.13	10.30	11.40	12.08	13.45	14.34	14.59	17.03	17.24	17.46	18.16	18.57	19.16	20.23	21.00	21.42	22.55
朗西特	d.	05.09		05.25	07.58	09.21	10.41	11.48	12.19	13.54	14.43	15.10	17.14	17.37	17.59	18.29	19.07	19.25	20.32	21.09	21.50	23.05
班贝	d.	05.36			08.25		11.14		12.51	14.19		15.43	17.48	18.16	18.34	19.00		19.56	↓		21.11	↓
大城	d.	05.50	06.00	LOC.	08.38	09.48	11.28	12.16	13.05	14.32	15.19	15.58	18.01	18.33	18.49	19.14	19.45	20.10	21.07	21.44	22.23	23.36
班巴奇	d.	06.17	06.28	401	08.59	↓	11.52	↓	13.30	14.54	15.37	16.26	18.30	19.08	19.15	19.48	↓	↓	22.03	22.38	↓	
华富里	d.	07.05	07.15	06.00	09.44	10.29	12.41	13.00	14.24	15.58	16.23	17.27	19.30	20.00		20.30	20.42	↓	22.00	22.39	23.16	00.31
班塔库里	d.	407		07.15	10.36		14.09		15.40	17.01	17.28	18.41								00.06		
那空沙旺	d.		07.25	06.00	08.11	11.24	11.40	15.11	14.07		17.53	18.27	19.35					22.17		23.31	00.06	00.50	02.24
塔巴基	d.	06.17	403	09.36	12.42	12.26	16.40	14.57		19.15	19.37									01.30	02.10	03.37
彭世洛	d.	07.29	05.55	10.55	13.45	13.22	17.55	16.04			20.37						00.18		01.49	02.38	03.09	04.40
乌达拉迪	d.	09.07	07.37		15.24	14.27		19.12			22.23								03.08	04.05	04.36	06.06
西拉昂特	d.	09.17	07.40		15.29	14.33		19.15			22.37						01.54		03.21	04.18	04.40	06.20
登恰	d.	10.13			16.30	15.24					23.42						02.51		04.19	05.15		07.20
南邦	d.	12.36				17.33					02.04						05.01		06.33			10.01
南奔	d.	14.16				19.15					03.44						06.51		08.21			11.50
清迈	a.	14.35				19.30					04.05						07.15		08.40			12.10

北线（Northern Line）上行　　清迈~曼谷

主要站点	车次	SP.EXP (DRC) 4	RAP. 108	EXP. 52	SP.EXP 14	SP.EXP 2	COM. 314	COM. 306	COM. 316	COM. 302	COM. 318	ORD. 208	LOC. 410	ORD. 212	ORD. 202	RAP. 106	RAP. 112	RAP. 210	RAP. 102	LOC. 402	SP.EXP 8	LOC. 408
清迈	d.			15.30	17.00	18.00													06.30		08.50	09.30
南奔	d.			15.48	17.20	18.20													06.52		09.05	10.00
南邦	d.			18.04	19.27	20.17													08.37		10.41	12.02
登恰	d.		19.05	20.26	21.41	22.36											07.30		10.46		12.39	14.19
西拉昂特	d.	19.50	20.12	21.30	22.36	23.33						16.30			07.30	08.27			11.47		13.26	15.33
乌达拉迪	d.	20.00	20.19	21.37	22.42	↓						16.33			07.35	08.33			11.53		13.32	15.38
彭世洛	d.	21.40	22.09	23.01	00.01	00.50						18.10		06.05	08.55	10.03			13.18	13.45	14.44	17.24
塔巴基	d.	22.39	23.20	00.07	↓	↓								05.30	07.18	09.52	11.12		14.28	14.58	15.32	18.42
那空沙旺	d.	↓	00.15	01.14	01.59	02.41					05.00	COM.		07.01	08.35	10.49	12.42		15.16	16.22	19.55	
班塔库里	d.	↓	01.41	↓							05.52	304		08.09	09.32	11.32	13.37	16.00	17.00	17.29	↓	
华富里	d.	01.30	02.28	02.45	03.24	04.05			04.40	05.15	06.00	07.06	08.00	09.18	10.56	12.14	14.39	17.32	18.06	18.45	17.28	
班巴奇	d.	03.02	↓	↓	↓	↓			05.37	06.12	06.46	08.02	08.43	10.08	11.49	12.56	15.28	18.24	18.55		↓	
大城	d.	02.27	03.21	03.39	04.24	04.59	05.12	05.50	05.58	06.43	07.11	08.26	09.00	10.27	12.14	13.11	15.59	18.49	19.16		18.06	
班贝	d.	↓	↓	↓	↓	↓	05.27	06.02	06.15	06.58	07.22	08.40	09.12	10.39	12.29	13.25	16.16	19.03	↓			
朗西特	d.	03.02	04.03	04.20	05.07	05.46	06.02	06.32	06.55	07.34	07.51	09.13	09.33	11.09	13.03	13.43	16.51	19.38	20.01		18.31	
敦姆安	d.	03.10	04.14	04.30	05.18	05.58	06.15	06.43	07.11	07.48	08.01	09.24	09.43	11.19	13.14	13.53	17.03	19.49	20.13		18.40	
班шi	d.	03.37	04.46	05.00	05.48	06.27	06.49	07.16	07.41	08.28	08.38	09.56	10.08	11.46	13.42	14.17	17.35	20.16	20.42		19.05	
华兰蓬	a.	04.00	05.10	05.25	06.15	06.50	07.15	07.50	07.50	08.20	08.50	09.05	10.20	10.35	12.10	14.40	18.00	20.35	21.10		19.25	

东北线（Northeastern Line）下行　　曼谷~乌汶、廊开

主要站点	车次	COM. 339	LOC. 415	LOC. 431	SP.EXP (DRC) 21	RAP. 135	LOC. 433	LOC. 419	SP.EXP (DRC) 75	LOC. 427	EXP. 439	ORD. 71	ORD. 233	RAP. 145	COM. 341	COM. (DRC) 77	EXP. 343	RAP. 139	EXP. 69	EXP. 67	RAP. 133	EXP. (DRC) 73	RAP. 141
华兰蓬	d.	05.20			05.45	06.40		08.20			10.05	11.40		15.20	17.15	17.15	18.35	18.55	20.00	20.30	20.45	21.50	22.25
班斯	d.	05.34		06.06	07.12			08.40			10.27	12.05		15.44	17.36	17.36	18.58	19.17	20.23	20.48	21.06	22.11	22.47
敦姆安	d.	05.53		06.29	07.39			09.05			10.51	12.25		16.09	18.05	18.05	19.25	19.42	20.50	21.09	21.31	22.35	23.11
朗西特	d.	06.33		↓	↓			↓			11.25	15.48		16.43	18.55	18.55	↓	↓	↓	↓	↓	↓	23.42
班贝	d.	06.45			06.59	08.26		09.42			11.25	13.07		16.57	19.10	19.10	20.02	20.26	21.41	21.51	22.18	23.09	23.54
大城	d.	08.05		05.00	07.45	09.23	05.30	10.30		11.45	12.16	14.06		18.15	20.25	20.25	20.51	21.24	22.35	22.46	23.15	23.55	00.53
肯科			421							417		429							‖				
呵叻	d.	06.10	06.20	08.29	10.11	12.24		11.15		14.20	17.00	16.00		21.25	23.33	23.33	00.23		01.53		02.31		03.52
布昂亚依	d.		07.58	10.09		10.15		14.14		16.40		17.42		19.40			00.48		02.50		03.57		
孔敬	d.		09.35	11.55				15.37				19.17		EXP.	EXP.	EXP.	02.06		04.19		05.35		
乌隆他尼	d.		11.33					17.10				21.40		913	917	917	03.36		05.58		07.40		
廊开	a.d.		12.20					17.45						07.30	14.45	14.45	04.15		06.45		08.35		
塔那连	a.												07.45	15.00				423		425			
拉姆恰	d.	08.55			↓	14.59		13.55			17.13		↓	19.54			00.21		03.04	04.40	↓	05.07	06.50
素林	d.				12.11	15.55		14.41			17.23		17.11	20.00			00.32		03.17	04.50	04.32	05.19	07.01
四色菊	d.	11.07			13.20	17.08		15.50			19.06		18.40				02.21		05.09		06.32	07.18	09.08
乌汶	a.	12.15			14.00	18.00		16.45			20.05						03.35		06.15		07.25	08.30	10.20

注：时刻有时会在未通知的情况下发生变更，请务必在当地确认好时间。
铁路信息中心 ☏1690（24 小时）

南线（Southern Line）下行　曼谷~北碧、合艾、库昂拉路菩林

主要站点	车次	SP.EXP (DRC) 43	ORD. 261	RAP. 171	SP.EXP 35	SP.EXP 37	ORD. 169	EXP. 355	EXP. 83	RAP. 173	EXP. 167	SP. 85	SP. 39	SP. 41	MIX 485	ORD. 255	ORD. 257	ORD. 251	ORD. 259	ORD. 351	RAP. 177
华兰蓬	d.	08.05	09.20	13.00	14.45	15.10	15.35	16.40	17.05	17.35	18.30	19.30	22.50	22.50			12.45				
班斯	d.	08.27	09.40	13.33	15.09	15.34	16.08	17.00	17.30	18.08	18.55	19.55	23.13	23.13		07.30	07.50	13.11	13.55	17.50	19.30
吞武里	d.		10.46	14.36	16.09	16.36	17.13	18.31	19.10	19.56	20.57	00.08	00.08		08.35	08.37	14.27	15.21	18.54	20.29
佛统	d.	09.21	11.04				18.28					04.35	09.05	09.21	19.12						
诺布朗特	d.						20.15					05.52	10.25	16.26							
素潘武里	a.											06.14	10.42	16.32							
北碧												08.20	12.35	18.30							
桂河大桥																					
那姆托克	a.																				
功武里	d.	10.03	11.43	15.25	17.00	17.29	18.19	19.23	20.06	20.49	21.49	00.51	09.45	15.15	19.55	21.22					
碧武里	d.	10.40	12.34	16.10	17.46	18.14	19.08	20.10	20.53	21.35	22.35	01.28	10.25	16.44		22.05					
华欣	d.	11.26	13.35	17.14	18.42	19.10	20.07		21.07	21.51	22.33	02.13	11.14	17.49		22.56					
巴蜀	d.	12.28		18.35		20.35	21.34		23.16	23.55	01.01	03.29	13.27	19.20		00.30					
春蓬	d.			21.12	22.34	23.15	00.42	ORD.	01.16	02.48	03.18	05.25	445	06.30	16.55	03.47					
朗斯万	d.	15.29		22.23		02.12		447	04.01	04.33	05.25	06.48	07.47	18.15	489	05.05					
素叻他尼	d.	16.45	00.22	01.23	02.00	03.45	06.20	04.24	05.48	06.23	07.06	08.05	08.05	09.43		16.55					
基里拉塔尼空															17.55						
董里							08.05		10.31	11.20		ORD.									
干当												463				ORD. 451	ORD. 455	ORD. 457			
那空是贪玛叻	a.		RAP. 175	04.20	05.04	05.46	07.36	10.34	EXP. 953	09.55			10.55		11.10	14.18	06.00	09.58	14.15		
博他伦												06.02			16.50		08.20	12.21	16.55		
合艾	d.	ORD. 453	06.30	05.52	06.35	07.20	09.15	12.13	16.00			07.45	12.34				10.07	14.20			
巴塔尼			07.38	08.09		08.56	10.49	14.03				09.18	14.03				11.44	16.15			
也拉		06.30	08.04	08.46		09.26	11.20	15.12				09.55	14.30				12.25	17.10			
素艾戈洛	d.	08.40	10.00	10.45		11.20	17.35					12.10					14.50				
巴登勿刹					07.55			16.50													
库昂拉路菩林	a.d.							05.30													

南线（Southern Line）上行　库昂拉路菩林、北碧、合艾~曼谷

主要站点	车次	ORD. 446	RAP. 174	RAP. 168	SP.EXP (DRC) 954	EXP. 42	EXP. 86	EXP. 84	RAP. 170	RAP. 172	SP. 36	SP. 38	ORD. 448	ORD. 464	ORD. 176	ORD. 454	ORD. 458	ORD. 456	ORD. 452
库昂拉路菩林	d.				21.20														
巴登勿刹	d.				08.30														
素艾戈洛											17.40	14.20	06.30	12.25	14.55	15.25		09.00	
也拉					14.55			11.30	12.35		16.09	08.28	14.32	16.37	17.40		06.35	11.22	
巴塔尼					15.19			12.57	14.05		16.44	08.57		17.04			07.16	12.06	
合艾		06.40			09.20	16.23		14.45	15.39	18.45	18.10	10.58	17.05	18.15			09.18	13.50	
博他伦		08.53		13.00	17.36		16.23	15.19	20.19	19.47	13.00				06.00	11.00	15.34		
那空是贪玛叻			13.00					15.00					SP. EXP (ORD.) 490			08.30	13.55	18.05	
干当				12.40	12.40	17.25													
董里				13.29	(ORD.) 44										ORD. 254				
基里拉塔尼空			13.25	16.47	17.38	20.41	20.14	21.26	23.57	23.28	17.55	ORD. 40	RAP. 178	ORD. 00.58					
素叻他尼	d.	15.13	18.27	19.20	21.52	21.04	22.05	23.09		11.54	19.45		06.00	05.45					
朗斯万	d.	16.30	19.36	20.31	22.49	22.49	21.22	23.59	00.44	02.34	02.06	ORD. 262	12.46	20.58	ORD. 252	07.01			
春蓬			22.58	23.36	01.17	01.47	00.26	03.31		04.42	05.17	ORD.		14.56	16.29	06.05	14.10	16.01	11.46
巴蜀			00.45	01.16	02.22	02.22	01.47	04.15	04.56	06.29				15.09	16.47	02.36	ORD. 352	07.16	13.58
华欣			01.53	02.11	03.10	03.10	02.58	05.17	05.32	05.58	07.27		16.00	06.29	ORD.		07.49	16.00	05.00	ORD. 260
碧武里			02.44	03.04	03.50	03.50	04.08	06.08	06.23	07.49	08.29					02.44	03.04		
功武里				05.20		07.12													
那姆托克		ORD. 356				07.19													
桂河大桥																			
北碧																			
素潘武里		04.20																	
诺布朗特		06.04																	
佛统		06.24	03.38	04.03	04.36	04.36	04.58	07.02	07.24	07.43	09.01	08.40	17.14	18.24	04.13	06.02	09.44	15.02	18.50
吞武里				04.45	05.33	05.33		08.08	08.33	08.50	10.06	09.45	18.35	19.20		07.10	10.25	16.16	17.40
班斯		07.37			05.33	05.55	08.01	08.55	09.15	10.27	10.07	19.08	19.47		11.05	11.00	16.42	17.45	
华兰蓬	a.	08.05	05.10	05.35	05.55	05.55	06.30	08.35	09.15	09.20	10.10	19.25	19.55						

东北线（Northeastern Line）下行　曼谷~乌汶、廊开

主要站点	车次	LOC. 422	RAP. 142	EXP. 74	EXP. 78	EXP. 68	EXP. 420	EXP. 140	EXP. 70	COM. 344	LOC. 424	LOC. 428	ORD. 234	EXP. (DRC) 914	EXP. 918	LOC. 416	LOC. 432	LOC. 418	RAP. 136	LOC. 146	LOC. 426	SP.EXP 22
乌汶	d.	15.15	16.50			18.30	18.45	19.30			06.20							07.00	08.45	12.35	14.50	
四色菊		16.14	17.57	19.05		19.30	19.48	20.28			07.16							08.04	09.51	13.44	15.31	
素林		18.04	19.31	20.25		20.14	20.59	21.22	22.02		07.03	09.35	05.20	07.49				09.39	11.30	15.28	16.41	
拉姆恰		18.15	19.38			21.30	22.13		07.13	09.15	05.28						09.48	11.39	15.37		
塔那连	d.					134				10.00	17.30											
廊开	a.d.				18.15	18.30	19.10				07.00			12.55								
乌隆他尼				18.52	19.19	19.59			LOC. 430	LOC. 440	05.55	07.38			13.40							
孔敬				20.19	21.06	21.38					07.57	09.12			13.55	15.36						
布亚亚依					21.36	22.46	23.17					05.50	05.50	09.38	10.45	12.20	15.47	17.14				
呵叻			22.14	22.54	23.04	23.37			09.50	11.45	08.22	10.18	07.45		11.25			17.40	19.00	12.33	14.54	18.25	18.47
肯科							342	340														
大城	d.		01.32	01.58	02.22	02.46	03.52	03.08	05.05	05.20	08.45	11.36	12.28		10.40	14.44	17.10	20.30		15.30	17.50	20.53
班贝			02.37	02.54	03.15	03.48	04.04	06.23	04.91	12.40	13.17			15.35					16.37	19.05	21.42	
朗西特		02.50						06.29												19.18		
敦姆安	a.	03.29	03.42	04.00	04.51	04.42	06.27	07.34	10.22	12.55	14.04			16.19			17.40	19.56	22.16			
班斯		03.58	04.09	04.33	05.14	05.33	07.01	08.07	10.42	13.14	14.29			16.47			18.14	20.30	22.39			
华兰蓬	a.	04.25	04.35	05.00	05.50	05.45	07.30	08.40	11.10	14.15	14.55			17.10			18.40	21.00	22.55			

铁路时刻表（接上页）

东线（Eastern Line）下行	车次	ORD. 275	ORD. 283	ORD. 279
主要站点		曼谷~芭堤雅、亚兰		
华兰蓬	d.	05.55	06.55	13.05
亚兰	a.	11.35	‖	17.35
芭堤雅	a.		10.35	
班布鲁塔昂	a.		11.20	

东线（Eastern Line）上行	车次	ORD. 280	ORD. 284	ORD. 276
主要站点		芭堤雅、亚兰~曼谷~		
班布鲁塔昂	d.		13.35	
芭堤雅			14.21	
亚兰		06.40		13.55
华兰蓬	a.	12.05	18.15	19.40

从曼谷（华兰蓬站）到各主要城市的距离和基本费用（本书调查时）

（单位：泰铢）

北线	km	一等	二等	三等
敦姆安	22	21	11	5
斑贝	57	54	28	12
大城	71	66	35	15
华富里	133	123	64	28
那空沙旺	246	218	110	48
彭世洛	389	324	159	69
乌塔保	485	394	190	82
登恰	534	431	207	90
南邦	642	512	244	106
南奔	729	575	273	118
清迈	756	593	281	121

东北线	km	一等	二等	三等
那空叻差是玛	264	230	115	50
素林	420	346	169	73
四色菊	515	416	201	87
乌汶	575	460	221	95
孔敬	450	368	179	77
乌隆他尼	569	457	219	95
廊开	624	497	238	103

东线	km	一等	二等	三等
差春骚	61	57	30	13
乔布里	108	102	53	23
芭堤雅	155	—	—	31
巴真武里	122	115	59	26
亚兰	255	—	—	48

运费

距离	一等	二等	三等
~100km	0.932	0.488	0.215
101~200km	0.853	0.420	0.180
201~300km	0.785	0.375	0.160
301km~	0.739	0.336	0.145

（每公里的费用）

南线	km	一等	二等	三等
佛统	64	60	31	14
北碧	133	123	64	28
桂河大桥	135	127	66	29
纳姆托克	194	186	95	41
叻武里	117	110	57	25
碧武里	167	153	78	34
华欣	229	202	102	44
巴蜀	318	272	135	58
春蓬	485	394	190	82
素叻他尼	635	519	248	107
董里	829	660	311	135
那空是贪玛叻	816	652	308	133
博他伦	846	675	318	137
合艾	929	734	345	149
也拉	1039	815	382	165
素艾戈洛	1143	893	417	180
巴登勿刹	990	767	360	156

不同列车追加费用

SP. EXP.（Special Express）1, 2, 35, 36（特快）	120
SP. EXP.（Special Express）（上述以外特快）	100
EXP.（Express Train）（快车）	80
RAP.（Rapid Train）（快速）	60

三等空调车追加费用

距离	含就餐服务		无就餐服务
	二等	三等	
~500km	100	50	50
501km~	150	80	70

卧铺追加费用

种类		费用
一等卧铺		400
二等卧铺（空调）	上段	220~250
	下段	270~320
二等卧铺（风扇）	上段	150~240
	下段	100~150

（根据车型不同会有细微差异）

注：泰国国铁的追加费用，根据所乘车型及车厢不同有细微差异。以上时刻表中的乘坐车型未知，所以具体费用请向火车站等地咨询。铁路信息中心 ☏ 1690（24 小时）

从曼谷出发的费用一览表

目的地	一等卧铺		二等卧铺			二等座席		三等座席	
	AC	上段	下段	AC上段	AC下段	AC	FAN	AC	FAN
彭世洛	1064	409	459	629	699	449	309	—	219
清迈	1353	531	581	791	881	611	431	—	271
素林	1046	419	469	619	689	389	319	—	223
乌汶	1180	471	521	691	761	—	371	—	245
孔敬	1068	429	479	619	699	399	329	—	227
乌隆他尼	1177	469	519	689	759	479	369	—	245
廊开	1217	488	538	708	778	498	388	—	258
华欣	922	352	402	522	622	382	292	294	234
素叻他尼	1279	458	508	758	848	578	438	397	297
合艾	1494	555	605	855	945	675	535	439	339
巴登瓦斯	—	—	—	1120	1210	—	—	—	—

马来铁路费用

等级	L		F	S	1	2	3
路线	单人	2人使用					
巴塔瓦斯~库昂拉路普林	—	—	RM85	RM43	—	RM30	RM17
库昂拉路普林~新加坡	RM180	RM130	RM86	RM43	RM68	RM34	RM19

RM1（马来西亚货币：林吉特）≈ 1.58 人民币

马来西亚铁路分为以下等级
L：Fremier deluxe　F：1st class sleeper　S：2nd class sleeper
1：1st class seat　2：2nd class seat　3：3rd class seat

在泰国获取各国的签证

在曼谷获取周边国家的签证

如果要去泰国邻国旅游，可以在位于曼谷的各国大使馆获取签证。印度、缅甸和柬埔寨可以在网上办理，取得 e 签证，虽然费用会高一些，不过很方便。

印度大使馆　　　　　　　　MAP p.70-B1
关于印度旅游签证的获取

由于签证发放工作已委托给民营单位受理，所以不用去大使馆，在以下场所即可办理。

Indian VISA and Passport Application Center
MAP p.64-B5
住 22nd Fl., Asoke Bldg., 253 Asok Montri Rd.(Soi 21)
电 0-2664-1200~1
URL www.indiavisathai.com
开 申请签证在周一~周五的 8:30~14:00，领取签证在 16:30~17:30
费 6 个月 1785 泰铢（除泰国在住者以外追加 400 泰铢）
备注：在网上注册提交申请后，在窗口办理手续，6 个工作日后可以领取（周四申请的话下周三领取）。所需材料为护照、2 张照片（宽 35 毫米×长 35 毫米）、印度出境的机票（没有时请出示理由证明）和申请书（可从网上打印好带过去）。印度的办事风格很混乱，这一点在泰国也可以感受到。例如发放日提前或者不同的受理人费用不同等。

另外还有方便的 e 签证，需要在出发前 4 天申请，旅游签证每人为 60 美元。
URL indianvisaonline.gov.in/visa/tvoa/html

缅甸大使馆　　　　　　　　MAP p.68-B5
住 132 Sathorn Nua Rd.（签证部门在巴黎大道 Pan Rd. 从侧面入口进入）
电 0-2234-4698
开 申请签证 9:00~12:00，领取签证 15:30~16:30
费 28 天（有效期 3 个月）810 泰铢
备注：在两个工作日后发放（花费 1260 泰铢的话上午申请下午即可领取；花费 1035 泰铢的话下午申请转天即可领取）。需要带护照和 2 张照片。

另外还有方便的 e 签证，需要 5 天才能发放。滞留期 28 天的费用为 50 美元。
URL evisa.moip.gov.mm

老挝大使馆　　　　　　　　MAP p.59-F2
住 520，502/1-3 Soi Sahakarnpram, Pracha Uithit Rd.(Soi Ramkhamhaeng 39), Bangkapi
交通 从战争胜利纪念碑或 MRT Huai Khwang 站乘坐 36 路公交车即可到达。从战争胜利纪念碑出发需要大约 1 个小时，MRT Huai Khwang 站出发需要大约 30 分钟。
电 0-2539-4018
URL www.laoembassybkk.gov.la
开 9:00~12:00，13:00~16:00
费 1200 泰铢
备注：申请时需要提前电话预约。两个工作日后发放（如果周五申请的话周一可以领取。花费 1400 泰铢可以当天领取）。需要护照和两张照片。乘飞机入境时，在万象机场也可以领取签证。

柬埔寨大使馆　　　　　　　MAP p.59-F2
住 518/4 Pracha Uthit Rd., (Soi Ramkhamhaeng 39)（老挝大使馆附近）
电 0-2957-5851~2
FAX 0-2957-5850
开 9:00~12:00　领取时间相同
费 1 个月 1200 泰铢
备注：原则上 3 个工作日后发放。需要护照原件及其复印件一份，照片一张。

签证有效期为 3 个月，但其实只能停留 1 个月，这点请注意。在金边国际机场也可以办理落地签，不过比较花时间。在边境处也可以办理落地签，但很可能会被索取好处费，搞得不愉快。

还可以登录柬埔寨外务国际合作部的官网，获取 e 签证。只是结算费用时需要用信用卡支付。
URL www.evisa.gov.kh

越南大使馆　　　　　　　　MAP p.69-E1
住 83/1 Witthayu Rd.
电 0-2251-5838 ext.116
开 8:30~11:30，14:00~16:30
费 1 个月 2200 泰铢
备注：不包含周六、周日，3~4 天后发放（如周五申请需周三领取）。花费 3300 泰铢（加急费）上午申请当天下午即可领取。需要护照和照片一张。

通信状况　网络、电话、邮政

网络

● 网络广泛普及
泰国人的手机移动互联也在广泛普及，因此很多酒店、旅馆及餐厅都提供 Wi-Fi 服务。大多也都是免费的。

● 网吧的减少
由于 Wi-Fi 的普及，网吧慢慢开始减少。外国旅游者集中的地区还残留有几家，但很多地方的网吧都改成了联机游戏中心，放学后的傍晚时分，很多孩子会涌入其中。

泰国的电话

国内电话
泰国没有地方区号，全国座机号码均为 0 开头的 9 位数字。手机号码是首位为 08 或 09 的 10 位数字。不论从哪里打到了哪里，都是要输入全部数字。

国内电话、公用电话的使用方法
费用：固定电话往市区打一次需要 3 泰铢（+附加税），时间不限。公用电话（有绿色、蓝色、不锈钢等各种类型）往市区打 3 分钟以内是 1 泰铢。有的餐厅和酒店设有不找零的 5 泰铢专用公用电话。往市外打电话根据距离价格不同。

公用电话的使用方法：投入硬币或插入卡片听到提示音后输入电话号码。需要注意的是在号码键盘旁还有一个按钮，打通后如果不按下这个按键，对方就无法听到你的声音。

打通后会听到"嘟———嘟———"的长音，通话中会听到"嘟、嘟、嘟"的短音。

绿色公用电话是电话卡专用机。卡片有 25、50、100、250、500 泰铢 5 种面值，在书店、超市、便利店都可以买到。

国际电话

通过泰国电话运营商从泰国打电话
使用一般座机电话（家庭或酒店电话）：可以使用通信公司或网络国际电话。

要是想通过当地话务员可拨打 100。可以指定电话号码通话，也可以是对方指定电话号码通话，费用由对方承担。

如果想打给北京的（010）1234-5678
国际电话识别号码　中国的国家代码　省略0的区号　电话号码
001（20泰铢/分） 007（9泰铢/分）　+　86　+　10　+　1234-5678 008（8泰铢/分） 009（7泰铢/分）

从酒店客房打国际电话会被算在服务费里，价格很高，请注意。

使用预付费卡：有 TOT（泰国电话公司）的 PIN Phone 108 和 CAT 电信的 Phone NET、Thai Card，都可以直接打给对方。根据提示输入电话卡上的号码，再输入对方的电话号码（总共有将近 40 位，非常麻烦）。

从电话局或邮局打电话：电话局和一些邮局设有国际电话专用的的电话亭，可以拨打国际电话。

从中国向泰国打电话
泰国的国家代码为 66，打国际长途的话不需要拨打电话号码首位的 0，按照以下方式拨打即可。

如果想打给曼谷的 0-2123-4567
00 国际电话识别号码　+　66 泰国的国家代号　+　2123-4567 （去掉首位0）

在泰国购买 SIM 卡
泰国主要的移动运营商有 3 家，AIS、TRUEMOVE、DTAC（相当于"中国移动"，"中国联通"）。

基本都可以在 7-11 便利店买到。

1. Truemove 卡
费用：SIM 卡 49 铢，含有 5～7 泰铢话费，然后再买个 50 泰铢的充值卡就够用了。英文是 truemove inter sim card，充值卡是 top up card。

2. Happy 卡
7天无限量上网卡英文叫"HAPPY TOURISM 299"，套餐由 100 泰铢的话费，及 199 泰铢的 7 天无限量 3G 上网流量组成。

3. 1-2-CALL 卡
1-2-CALL 卡是泰国最大移动通信公司 AIS 发行的 SIM 卡，在小海岛上信号也很好。可以从绝大部分 7-11 店购买，可以让店员充值并设置语言为英语，售价为 250 泰铢，内含 50 泰铢话费。打回中国国内为 6 泰铢/分钟。拨打泰国电话：5:00~17:00 时间段，每个泰国国内电话收 1 泰铢，17:00~次日 5:00 时间段每分钟收 1 泰铢。

泰国的邮政

往中国寄国际邮件的方法
在明信片和信封表面醒目地写上 CHINA，收信人地址和姓名都用中文表示即可。一般 4~7 天可以到达。邮票可以在邮局或书店等地买到。还有多种纪念邮票，可以在邮局挑选。

泰国到中国的邮费（航空件）
明信片： 12~15 泰铢（根据大小不同）
信封： 10 克以内为 14 泰铢。10 克以上每增加 10 克追加 5 泰铢，最多限重 2 千克。
泰国国内邮费
明信片： 2 泰铢
信封： 3 泰铢~

往中国邮寄包裹的方法
邮局有各种尺寸的包装箱。海运 SEA MAIL 大约需要 1 个月，空运 AIR MAIL 大约需要一周。空运水陆联运 SAL（Surface Air Lifted）不论费用还是时间都在空运和海运之间，需要 2~3 周。EMS 根据重量会比空运便宜很多，而且 3 天就能到达中国。

邮局的营业时间
基本如下所述，但根据邮局不同也会稍有差异。有的邮局工作日营业到 22:00，也有周日照常营业的邮局。
开 周一~周五 8:30~16:30　周六 9:00~12:00
休 周日、法定节假日

曼谷中央邮局（G.P.O） MAP p.67-F4
Bangkok General Post Office
邮局业务位于建筑正面的右端。
住 Soi 32，Charoen Krung Rd.，Bangrak, Bangkok 10501
电 0-2233-1050

酒店相关事宜

泰国的住宿种类
泰国的住宿种类大致可分为酒店和旅馆两种。

泰国的酒店
一般来讲，一晚上的标准价在 1000 泰铢以下的是经济型酒店，1000~3000 泰铢的是中档酒店，3000 泰铢以上的是高档酒店（有些地方城市会更便宜）。从设备上来看，没有空调、冰箱、电视、电话的是经济型酒店；有泳池的是中~高档酒店；如果还有健身房和 Spa 可认为是高档酒店。高档酒店规模庞大，一般兼设有餐厅等饮食设施。不论哪种档次的酒店基本上客房内都有卫生间和淋浴，每天都有服务人员前来打扫。

高档酒店一般还要支付税金（7%）和服务费（住宿费的 10%）（包括税金和服务费在内的费用总额称为 Nett）。中档以下的酒店只支付房费即可。不论如何，在办理入住时都不要忘记向酒店确认。

泰国的旅馆
背包族和经济型旅游的外国游客最常选择的住宿方式。旅馆样式多种多样，有公寓式的、民家式的，还有商店式的。有的旅馆入口处会有餐厅或旅行社，便于收集当地信息。一般这种旅馆的客房是只有一张床的单人间，卫生间和淋浴公用。南部岛屿和北部山岳的"小木屋"也属于这一类。最低 100 泰铢起步，也有类似于学生宿舍的大房间。基本上不用支付税金和服务费，只支付房费即可。

泰国的旅社
中档以下的酒店不仅有泰语还有用汉字写着"旅社"牌子，有的酒店没有英文招牌。原本是用来给商人住宿的地方，所以多设在繁华街或火车站前等方便地段。客房内有卫生间和淋浴，也有饮用水、肥皂和浴巾，基本上和普通酒店相同。价格最低的是风扇房，150~200 泰铢，空调房为 250~350 泰铢左右。在没有旅馆的城镇，这是最经济实惠的住宿设施。只是不论哪家旅社都相当陈旧，而且大多没有餐饮等设施（也就是说没有早餐服务）。

高档酒店

在酒店内可以享受用餐和游泳,充实且愉快。

中档酒店

在大一点的地方城市费用大概为 500~1000 泰铢。环境舒适。

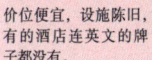

经济型酒店、旅舍

价位便宜,设施陈旧,有的酒店连英文的牌子都没有。

旅馆

有多种样式,居住者主要为外国游客。

其他住宿设施

在泰国各地都有青年旅舍,出示 YH 会员卡可以享受折扣。但是费用和设施与普通旅馆没有太大差别。YMCA 或 YWCA 只在曼谷、清迈和清莱等地有,费用为 500~1200 泰铢,和中档酒店相同。也可以认为是一家中档酒店。

酒店事宜

是否需要预订

不论哪座城市酒店的数量都比较多,除了 11 月~次年 2 月的旅游旺季,以及举行大型庆典和活动的情况之外,都不需要预订。打算在中档以下的酒店、旅舍、旅馆住宿的话也没必要提前预订。特别是旅馆和旅舍,不管有没有预约,都是以来店先后顺序安排客房(熟客的情况除外)。

高档酒店的情况则恰好相反,高档酒店欢迎身份明确的客人,所以尽可能提前预订。提前一天或一个小时都可以,打一个电话就可以让入住更顺利。

在上述旅游旺季以及中国的春节(泰籍华人休息的时期)、4 月 13~15 日的泰历新年,游客明显增多,以防万一还是提前预订比较放心。

酒店的预订方法

预订酒店有以下几种方法:

①网上预订

在各种可以预订酒店的网站上比较一下价格,选择最便宜的一家是明智之举。因为即使是相同酒店不同网站的价格有时也大不相同。另外,在酒店自身的官网上也会推出一些酒店内的 Spa 或餐厅的打折优惠活动。所以也不要只看重价格,检索一下酒店的活动,综合考虑一下。

②酒店预订办事处

全球性的连锁酒店或高档酒店在中国设有预订房间的办事处,可打电话预订。

③直接向酒店预订

通过电话、传真或邮件来进行预订。建议使用可以留下证明的传真和邮箱。

酒店价格时常浮动

特别是高档酒店,价格虽然都写着"定价",但实际上费用并不固定。根据预订途径或方式不同,费用也会有很大差异,所以最好多方比较后再预订。以下的方法都比酒店定价要便宜,最近有很多酒店不设定价,而根据客源情况来随意变动价格。

1. 3~10 月的淡季,不论哪家酒店(除了旅馆和旅舍)都会有打折活动。在入住前请确认好,如果没有打折活动可以提出要求。

2. 通过当地的旅行社预订。这样肯定能保证打到七、八折,如果有协议的酒店会更便宜。

客房的种类

在泰国不论床的大小,只要是一张床都叫作单人间,两张床的客房叫作双人间或双床房。没有纯粹的单人间,即使是"单人间"大都也可以说是双人间,或者是大床房。旅馆大多也是双人间或大床房,即使一个人入住有时也会收取两人的费用。本书中一人住宿的情况称为单人间,两人住宿的情况称为双床房,分别刊登了各自的费用。

选择酒店的方法

只从价格和外观上是无法确定该酒店是否舒适的。如果有所犹豫,可以在入住前先看一下客房。这和酒店价格无关,全世界的住宿设施都会满足这个要求。关于房间的构造、门锁的情况、浴室的清洁度、床铺是否舒适、温水的出水情况、卫生间的马桶是否好用等，都一一亲自确认一下再做决定也不迟。如果一切OK，那么就可以在这里住下来。

酒店内贵重物品的保管

在高档酒店里一般会有保险箱供客人使用。

中档酒店在前台后面有保险箱，可以把护照等贵重物品寄存于此。但是现金最好不要寄存。

在便宜的旅馆既无保险柜也无保险箱，即便有也不过是带锁的柜子而已。因此，贵重物品必须由自己妥善保管。重要的物品要不就出门时带上，要不就收在包里面并上好锁。不论是什么样的旅馆，如果贵重物品随意放置就等于让别人去偷。就算丢了也无法追究责任。高档酒店也并非可以完全放心，但是越便宜的旅馆风险就越大。

饮食相关事宜

去哪里吃、吃什么

品尝美食是旅行的一大乐趣。能够在旅途中吃到美味的食物，就可以说是一次愉快的旅程。这一点上，可以说泰国能绝对满足。

泰国富饶的土地上培育出了种类丰富的蔬菜，再加上宗教方面的忌讳少，所以对鱼、肉等食物几乎没有禁忌，尤其是南部地区，以各种特有的调味料及香料做成了多种多样的美味菜肴。

说起泰国菜，很多人就会想到冬荫功汤（放入虾熬制的酸辣汤），但是冬荫功汤的味道也是因地制宜。有的椰奶味道浓厚；有的呈透亮的鲜红色，十分辛辣；有的呈透明状且没有辣味，光是这些能够写成一本书了。

如此美妙的泰国美食世界，即使是短期的旅行，也请尽量品尝体验。

在哪里吃

漫步泰国的街道，不论何时何地，都有人在吃着什么。繁华街上满是餐馆，有的街上还有小吃摊，只要是人多的地方必有小吃摊，在巴士总站停车的巴士车厢内，或者行驶的火车车厢内，还可以看到卖食品和饮料的孩子。

餐饮设施的种类

泰国的饭店各式各样。大致可分为小吃摊＆饮食广场、餐馆、餐厅三种类型。

小吃摊＆饮食广场： 最方便接触到泰国美食的就是小吃摊了，每个小吃摊都有固定的品种，面摊只做面、米饭摊只做饭菜、甜品摊只做甜品。因为材料都摆在眼前，即使语言不通用手指一下就可下单，安心且方便。基本上很少有做错的时候。面类和饭类都是25~40泰铢。

现在很多小吃摊都聚集在一处，然后可以办通用卡购买，这种现代化形式被称为饮食广场。

餐馆： 在光线稍显昏暗的店内摆放着许多餐桌，啤酒和果汁等饮品放在一个大型冷藏柜中。店门前陈列着多种新鲜蔬菜和鱼肉类，后面紧挨着厨房，如果刚好有油烟冒出，就表示已做好了一位顾客点的菜。有一种大众食堂的氛围。虽然餐馆也有菜单，但是顾客可以根据食材自由组合成菜品。虽然可以尽量满足顾客的各种需要，但是一道菜里很少出现多种食材。一般炒菜就是一种蔬菜加一种鱼类或肉类。2道菜加一碗米饭也不过是100~150泰铢。

也有的餐馆摆放着多种现成的饭菜，这样的话可以选出一两盘菜再加上饭，30~40泰铢。

餐厅： 有正规的招牌，而且里面都有空调。这个级别的餐饮设施几乎都有英文菜单，内装也十分讲究，餐具统一，气氛很好。不过菜品其实和餐馆大同小异，不过摆盘很美观，餐具也很豪华，给人一种很上档次的感觉。价格是餐馆的两倍以上，多人同行每人最少200泰铢左右。

其他餐饮设施

汉堡、炸鸡、比萨等快餐也很受欢迎。汉堡王、麦当劳、肯德基、必胜客、米斯特甜甜圈等快餐店在泰国基本都有。如果不幸吃不惯泰国的美食，可以去吃这些快餐。

支付方法

除了快餐以外，通常都是饭后结账。用餐后不要立即起身，叫来服务员指一下餐桌，让她们计算价格。在高档餐厅有把零头当作小费的礼仪。

要仔细检查饭费和找零是否正确

即使不是故意的有时也会有算错价格的情况发生。一定要仔细核对账单和找零。

泰国的推荐饮食

推荐的早餐

在酒店和旅馆，早餐有烤面包加鸡蛋的美式快餐，稍微豪华一些的酒店有自助式早餐。想吃泰国风味的话推荐泰式杂烩粥。放入炼乳的咖啡和油条也是很有人气的搭配。把油条放入甜咖啡中食用会异常美味。如果去市场等人多的地方，也有专门提供早餐的小吃摊。

推荐的午餐

在街道的小吃摊或餐馆享用午餐是最简单的方法。如果看到大锅里呼呼冒着热气、玻璃柜里有黄色和白色的面，那就是面摊了。只要指定面的种类和是否要汤，就能做出相应的面条。如果看到中式炒菜锅，可以点一碗泰式炒饭。有鸡肉、猪肉、牛肉、鲜虾等各类炒饭可供选择。食材大都放在可以看见的地方，想要哪种只要用手一指就可以，非常方便。一碗面或炒饭在25~40泰铢。

推荐的晚餐

泰国的主食是米饭。所以正规的餐食是米饭和菜。一般的米饭都是粳米蒸出来的饭。去东北部地区还可以点糯米饭，这种饭可以直接用手抓着吃。

城镇的大众食堂，吃饭气氛愉悦，在店前都会陈列着当日所进的食材。如果有想要的菜品直接报出名字即可，也可以选择食材指定做法。如果在正规的餐厅就餐，会有英文的菜单，最好多人前往，这样可以点汤类、炒饭、泰式咖喱、蒸食、泰式沙拉等多种菜品。

泰国的甜品

泰国人喜欢吃甜食，所以在泰国有各式各样的甜品小摊。可以让旅客大饱口福。把块状水果、果汁腌渍的马铃薯或南瓜、果冻等摆成一排，挑选自己喜欢的几种，浇上冰沙和椰奶，这就是泰式甜品"鲁姆阿米"。"鲁姆阿米"在泰语里是"好朋友聚集在一起"的意思。甜甜的水果、凉凉的冰沙、再加上口感浓郁的椰奶，有一种说不出来的美味。

另外，甜品店里的甜品有水果拼盘、冰激凌、果冻椰子汁和萨里拉（用米粉做成的带颜色的绳状点心，再放入椰奶中）等。在中式甜品店里还有加入姜汁的芝麻糯米球等甜品。

吃饭来这里！

饮食广场（一卡通餐饮）

设在大型商场等地的现代化餐饮街。首先要买一张所有餐饮通用的卡片，随意充入金额，然后在喜欢的店内刷卡，大部分店都有食品的照片，所以即使语言不通也没有关系。而且选择范围广，深受外国游客欢迎（→p.130）。

餐厅

有英文菜单。内装和餐具都十分讲究，装盘也相当美观。中档餐厅的预算每人200~300泰铢，高档餐厅估计要500泰铢以上。需要注意的是里面的服务员不一定都会英语。

餐馆

一般没有菜单，即使有也只有泰语的，服务员几乎都不懂英语。食材大多都陈列在店前，即使语言不通也可以点自己想吃的菜。每人预算100泰铢左右就可吃饱。

小菜摊

摆放着各种炒菜，想吃哪个用手一指即可，所以不用担心语言不通的问题。菜品的种类根据店的规模而不同。基本上50泰铢就可吃饱。

小吃摊

基本上一个摊位只卖一种食品。面摊只做面，甜品摊只做甜品。只要看看坐在那里的客人碗里装的是什么，就能知道这是卖什么的小摊了。一碗大概25泰铢起步。

泰国的饮食方法　实践篇

餐具的使用方法

泰国饮食一般使用勺子和叉子。不论在小吃摊还是高档餐厅，这一点是相同的。有的地方也会添上一副筷子，但不论是使用勺子和叉子，还是使用筷子，都可以根据菜品选择自己喜欢的方式。

使用方法和西餐刀叉的握法不同，右手拿勺，左手拿叉，好像握铅笔那样轻拿轻放。用叉子把食物聚集，然后用勺子舀着吃。当饭菜太大无法一口吃下时，可以把勺子当刀子用来切开。这时要用叉子按住食物。用叉子直接叉起饭菜放入口中也可，但这一般是小孩子的吃法。

冬荫功汤或泰式清汤等汤类一般用大碗（或一种叫作MOFAI的火锅）盛出。在餐厅等地会配有碗和瓷汤匙，方便食用。普通家庭的餐桌上不怎么使用小碗，都是用自己的勺子直接从大碗里舀着喝。

用餐的基本礼仪

嘴绝对不要直接接触餐具：拿起平底盘直接吃上面的饭粒或是抱起大碗直接喝汤，这些都是用餐礼仪的大忌。饭菜一定要用勺子（或汤匙）放入口中。但在中餐馆，端起饭碗用筷子吃饭不属于违反礼仪。

不要一口吃掉饭菜：大块的饭菜必须要切成一小块一小块再食用。即使是KFC的炸鸡，按照泰国的习俗，也应该用手把鸡肉撕开来吃。汉堡包和三明治除外。

糯米要用右手来进餐：用指尖抓起适量的米，轻握后放入口中。只要餐桌上有糯米，其他的饭菜也可以用手来抓着吃。在以糯米为主食的地区，用手抓饭吃是基本的习俗。普通的米饭用勺子来吃。

面类的食用方法

泰国人在吃面前会按照自己的喜好来调味。

泰国的面类在调味前会比较清淡，也就是处于一个未做好的状态。面条端上来后先要尝一下咸淡，然后再按自己的喜好调味。

餐桌上一般都会放有四种调料，分别是：辣汁（茶色液体、鱼酱油）、腌有辣椒的醋汁（透明液体）、辣椒粉和砂糖。可以根据个人口味酌情添加。一般中国人很少会往面条里放糖，但是和辣椒粉一起放入面条中，会产生一种香醇的味道，异常美味。可以说，没有放入这两样的面条就不能算是泰式的面条，所以请务必品尝一下。

四种调味料

就餐时的饮品

一般是喝水或茶，茶又分为热茶和凉茶两种。也有很多人喜欢可乐和橙汁之类的软饮料。泰国的软饮料非常甜，将饮料倒入放满冰块的玻璃杯中，等冰块稍微融化一点后再饮用。鲜榨果汁和果昔也值得推荐。特别是用西瓜制成的冰果昔，深受人们的喜爱。

在泰国能够喝到的各种酒　　　　Column

令人眼花缭乱的泰国啤酒

泰国最有名气的啤酒要数盛夏牌（Singha）啤酒。英语的读法其实应该是"Sing"。为了符合时代的需要，酒精含量降低，没有了以前那么浓郁的口感，但是取而代之的是一口就能让人记住它的味道。还有轻啤Shingha Light，比盛夏啤酒度数要低，口感也更独特。盛夏啤酒也有生啤，叫作"Shingha Draft"，只出售罐装。

现在最受欢迎的是廉价啤酒。印有大象图案的象牌啤酒（Beer Chang）售价仅为盛夏啤酒的70%，而且巧妙地利用了人气乐队Carabao做宣传，销售额一路上涨，压倒常年市场份额第一的盛夏啤酒。而且，象牌啤酒还有出口品，在国外也能够买到。

其他的啤酒还有印有狮子图案的狮牌啤酒、贴有美丽蓝色标签的Cheer、印有奔马标志的Archa等。现在，盛夏啤酒、象牌啤酒、狮牌啤酒三家一直处于激烈的竞争中。

国外啤酒有获得荷兰啤酒专利许可生产的荷兰喜力（Heinekken），作为一款高档啤酒品牌一直深受人们喜爱。此外，还有在当地生产的朝日干啤和麒麟、以及新加坡的虎牌（Tiger）、菲律宾的San Miguel Light、丹麦的Carlsberg、老挝的Beer Lao等外国啤酒。在外国游客较多的城镇酒馆里，还可以喝到吉尼斯黑啤和嘉士伯。体验丰富的啤酒文化，也是旅行当中的一大乐事。

促销女郎

如果去稍大一点的餐厅，会看到除了服务员之外，还有一位好像赛车女王一样穿着性感的女性来为你拿菜单和推荐啤酒。这是啤酒公司请来的促销女郎。名字叫作Cheer Beer。就好像女啦啦队员一样。在一些节日活动中也可以看到她们的身影，在大力推销自己公司的啤酒。在大型餐厅有时有好几家公司的促销员，她们一般都能很友好地相处。

生啤

现在有很多地方可以喝到生啤。从装酒的容器倒入玻璃杯中的啤酒，看上去就无比美味。但是需要不起沫倒满整杯，如果沫太多会被客人说"太小气"之类的话。畅饮整杯生啤实在是痛快无比。

在泰国品尝啤酒以外的酒

泰国也生产威士忌。具有代表性的是平民喜爱的湄公酒，饮用方法一般是与大量的冰块和苏打水以及可乐兑在一起喝，这样口感会没那么浓烈，可以像啤酒那样大口大口地喝，这才是正宗的泰国饮法。其他还有深受大众欢迎的Sang Thip，味道和湄公酒相近，但是比湄公酒便宜些。不过这些酒虽说都叫"威士忌"，其实原料不是麦子，而是由米或甘蔗制作而成的，严格地说并不是威士忌，而是属于烧酒和朗姆酒一类的。颜色很像威士忌是由于添加了焦糖。

泰国也生产红酒。有夏特登·路易、夏特、蒙斯、巴列等多种品牌，竞争激烈。泰国的威士忌和红酒在素万那普国际机场就可以买到，可以作为伴手礼带回去。

如果对市场上的酒已经厌倦了的泰国游们，可以品尝一下地方的RaoKao。这是一种大米酿造的烧酒，非常可口。在田间的一些小卖部里有售。只是在法律上来说还是属于私酿酒，不能公开出售。

Heinekken是当今泰国高档酒的代名词

由于价格便宜而畅销的象牌酒店

泰国最具代表性的啤酒——盛夏啤酒

人气啤酒之一——狮牌啤酒

旅行中遇到的麻烦

保护好自己

了解坏人的手法，清楚地表达意思

在泰国旅行时遇到的麻烦有多种情况。使用刀枪之类的暴力事件并不多，但是巧言接近游客，然后借机诈骗贵重物品的事件有很多。首先要了解他们作案的大致手段，关键时刻一定要大声说"NO"！或者用中文断然拒绝，这样可以防止受骗。对方那貌似关心的暧昧笑容就是麻烦的根源。

提前了解就可以免于被骗的实例

假货诈骗事件

不要理会宝石贩卖者　多发!!

在曼谷市内的繁华街或大王宫周边等地会有陌生人过来向你搭话。

"去哪里？去××？哎呀，可惜今天那里休息。不如去这家店看看怎么样，今天下午是最后一天政府公认的大甩卖，你真是很幸运啊。"陌生人会这样向你极力推荐。或者嘟嘟车的司机说带你去哪里玩，一小时10泰铢。被拉到了目的地的寺院后，又会被同样的方式搭讪，从最初的半信半疑到哪里的寺院都有泰国人那样说，就会慢慢开始相信。这样就掉入了坏人设好的巧妙连环套里了。

如果去了推荐的店里，会有人在一旁鼓吹煽动，"泰国的宝石很便宜，在这里多买一些拿回去卖很划算。"而且还会拿出一些在这里买过商品的外国人护照复印件。这就样，从来没买过宝石的人，可能会在这里花大价钱买好多宝石，但是回到国内的宝石商那里就会遭到拒收，当然了，这种和玻璃没有什么两样的烂宝石怎么会有人要。即使生气也为时已晚。

还会用同样的手段把你骗到裁缝店里，让你定制西服，过几天就收到了粗制滥造的残次品。

购买高价商品时一般会用信用卡付款，签字的也是本人，所以没法抱怨。责任在没有好好确认商品的客人身上。受害人都异口同声说当时鬼使神差似的就签上字了，其实就是被对方的花言巧语给蒙蔽了。

这样性质恶劣的商店每年拉客都用相同的手段，与嘟嘟车司机勾结，出现在游客集中的地方。但是最近，有些外国人也与他们狼狈为奸。不论如何，在曼谷的大王宫周边或繁华街道上有向你亲切打招呼的陌生人，绝对不可以理睬。

一掷千金!? 绝对不可相信的扑克赌博

"好漂亮的衬衫啊，在哪里买的？""我妹妹也在中国的××市工作。""我母亲卧床不起了，请来帮她好吗？"等，这些人会用英语向你搭话。如果相信他去了他家，会被灌输许多赌博可以赚钱的事情，还许诺介绍给你一个容易受骗的外国富翁。如果相信他的话开始了赌博（先让你专心练习欺诈），开始会让你赢几局，在最后决一胜负时会被对方逆转，输得一无所有，当然，除了这富翁以外全是骗子。

普吉岛恶劣的喷射滑艇经营者

和朋友六人在前往芭东海滩时，租借了五台喷射滑艇，一台1500泰铢，可用30分钟。大家一起出海游玩，但玩了10分钟左右一个朋友的喷射滑艇就停止了，然后我们其他人的喷射滑艇也不太好用起来，包含我在内的三台喷射滑艇在驶向很远的海面后也慢慢不动了。30分钟左右朋友的滑艇动起来了，但是我的滑艇过了一个小时也没有动静。这时租借公司的工作人员过来了，但他只说了一句"10分钟后会来人，在这等着"就走了。又过了30分钟，傍晚将至，天色变暗，寒冷加上体力不支，我们处于危险的边缘，多亏有对西班牙夫妇伸出援手，把我们带回海岸，此时雨里夹着沙土，浪花越来越高，真是千钧一发。

回到岸上之后，泰国的工作人员大发雷霆，说我们已经超过了一个小时以上，要交3000泰铢的罚金。态度极其恶劣。而对于我们刚才差点有性命之忧，却只字不提，只是想要趁机敲诈。我们反复说叫他们老板来，这样太不讲理了，但却遭到了殴打，还被用尖尖的棒子威胁，我们只好当场付了3000泰铢，之后报了警。

警察告诉我们，这里的滑艇都是由泰国的黑手党操控，特别是在一天快结束的时候一定会出问题。所以游客们尽量不要选择滑艇游玩。

警察还说，黑手党不仅掌控芭东海滩，整个普吉岛的滑艇都由他们掌管。在珊瑚岛等地20分钟才600泰铢，所以30分钟1500泰铢已算高价。结果是即使警察介入也无济于事，只能忍痛放弃了3000泰铢。如今想来，滑艇的制动障碍、长时间无人援助，都是为了最后收取罚金。所以，一定要特别小心普吉岛上的滑艇（特别是傍晚时分）。我们是绝对不会再去玩滑艇了。

迷失于曼谷的女子

在街上，突然有位颇有几分姿色的女子上前搭话："对不起，我有点迷路了……"

听口音，就像是刚来泰国的外国人。只是由于自己也是外国人，跟她说对道路也不太熟悉，对方就会说："谢谢。对了，要不要来我住的酒店休息一下？"

如此挑拨的话语，一般男子都会产生冲动而无法冷静判断。到了酒店，就会按男子预想的那样一步步展开了。但是，关键时刻女子的朋友突然进来，于是房间内一片混乱，女子说了一句："下次吧。"男子也来不及仔细收拾，道别后身上的贵重物品已被盗走。

也有在房间里让你喝下掺有安眠药的果汁或者趁你淋浴时偷走贵重物品等多种作案手法。但是依常理思考，本身向外国人打听道路就很奇怪。而且对方往往是男扮女装，还有的本身就是男子。

欺诈游客的骗子类型分析
不要相信主动前来搭讪的人！

大部分情况都是对方主动过来和你说话。骗子的特征是身着西服、拿着手机，装成警察、大学教授、大企业的职员等身份，为的是让你对他放松警惕。对中国人的话会说"我曾经在中国工作过"或者"我以前在××（中国某大型企业）工作过"等持亲切友好的态度来接近你，这些其实全是谎话。

不要相信与你套近乎的人！

明明是初次见面，却摆出一份十分亲昵的态度，请你吃饭喝茶，说一些"能和你相识真好"之类的话，其实这些都是钓你上钩的鱼饵。

不要相信用外语与你闲聊的人！

这些人大都是英语达人。其中还有会说两句汉语的人。这些人抓住了外国人在泰国语言不通的弱点，但是在泰国，会英语的人一般都会从事有地位的工作，而不是旅游行业。白天一般没有时间和游客闲谈。

不要相信向你诉苦的人!

"想去中国学习但是没有钱""想学习汉语但是工作太忙,没时间去上课"这种向中国人诉苦而为了让他们放松警惕的话语数不胜数。抓住了中国人心肠软的弱点进行行骗。因此被骗的都是"老好人"类型。

是不是所有上前来靠近自己的人都不可信呢?

对于在大街上过来搭话的人最好都不要相信。虽说里面也许也有好人,但是与其相信后倒了大霉不如还是加强警惕为好。但是相反如果我们问路的话,对方一般都很热心地回答。

紧急时刻的医疗用语

●想找酒店问药时
我感觉身体不舒服。
I feel ill

有止泻药吗?
Do you have a antidiarrheal medicine?

●去医院
附近有医院吗?
Is there a hospital near here?

有中国医生吗?
Are there any Chinese doctors?

请带我去医院。
Could you take me to the hospital?

●在医院的会话
我想预约就诊。
I'd like to make an appointment.

我是格林酒店介绍过来的。
Green Hotel introduced you to me.

叫到我的名字时请告诉我。
Plese let me know when my name is called.

●在诊察室
需要住院吗?
Do I have to be admitted?

下次什么时候来?
When should I come here next?

需要长期治疗吗?
Do I have to go to hospital regularly?

打算在这里再停留两周。
I'll stay here for another two weeks.

●诊察结束
诊疗费多少钱?
How much is it for the doctor's fee?

可以用保险吗?
Does my insurance cover it?

可以用信用卡支付吗?
Can I pay it with my credit card?

请在保险文件上签字。
Please sign on the insurance papar.

※ 出现以下症状时,可以让医生检查

☐ 恶心 nausea	☐ 畏寒 chill	☐ 食欲不振 poor appetite
☐ 头晕 dizziness	☐ 心悸 palpitation	
☐ 发热 fever	☐ 腋下体温 armpit	_____ °C / °F
	☐ 口内体温 oral	_____ °C / °F
☐ 腹泻 diarrhea	☐ 便秘 constipation	
☐ 水样便 watery stool	☐ 软便 loose stool	1日　　次　　times a day
☐ 有时 sometimes	☐ 频繁 frequently	不间断 continually
☐ 感冒 common cold		
☐ 鼻塞 stuffy nose	☐ 流鼻涕 running nose	☐ 打喷嚏 sneeze
☐ 咳嗽 cough	☐ 痰多 sputum	☐ 血痰 bloody sputum
☐ 耳鸣 tinnitus	☐ 耳背 loss of hearing	☐ 耳溢 ear discharge
☐ 眼眵 eye discharge	☐ 眼睛充血 eye injection	☐ 视觉模糊 visual disturbance

※ 可以指着下列单词对医生陈述必要情况

●陈述食物状态
生的　raw
野生的　wild
油腻的　oily
没有经过烹饪的
　uncooked
做好后放置很久的
　a long time after it was cooked
●受伤时
被扎了、被咬了　bitten
割到了　cut
摔倒了　fall down
被打了　hit
扭到了　twist

坠地　fall
烧伤　burn
●疼痛
火辣辣　buming
针刺一样　sharp
锐痛　keen
痛感强烈　severe
●原因
蚊虫　mosquito
蜜蜂　wasp
牛虻　gadfly
毒虫　poisonous insect
蝎子　scorpion
海蜇　jellyfish

毒蛇　viper
松鼠　squirrel
(野)狗　(stray) dog
●在何时何地
在森林时
　went to the jungle
在潜水时
　did diving
在野营时
　went camping
在登山时
　went hiking (climbling)
在河里游泳时
　went swimming in the river

旅行的准备和技巧 ● 旅行中遇到的麻烦

提前了解泰国

泰国的宗教

泰国的宗教与中国的宗教不同

虽然中国也有佛教,但是泰国的佛教和中国的几乎完全不同。最好提前有所了解。

中国的佛教以大乘佛教为主。而泰国的佛教是在斯里兰卡、缅甸、柬埔寨、老挝等地传播的小乘佛教。小乘佛教是在13世纪传到素可泰王朝的,之后的历代王朝把小乘佛教定为国教,小心地维护至今。现在的泰国有95%都是佛教信徒。

泰国人最信仰的神是呲

现在泰国人所信仰的佛教大多加入了精灵论的要素和婆罗门的色彩。首先,精灵论的要素是"呲"的存在说。虽然名字听上去很可爱,但是却是包含了精灵、恶灵、妖怪等广泛超自然存在体的总称。泰国人从接受佛教之前,就对此深信不疑。

现在人们为了祈求生命和房屋得到保护祭祀着呲,认为否则就会遇到晦气的事。城市角落和民宅庭院都可以看到用花装饰的小鸟窝似的祠堂。这些就是用来祭祀呲的。

另外,婆罗门教也对泰国的佛教产生了很大的影响。至今还可以在王室的仪式上看到。对于大众来说,可以看到其对湿婆神的信仰、宋干节、占星术等的重要影响。

寺院是人们的社交场所

泰国的寺院并不仅仅是修行和祭祀场所。虽然每天都有人来此参拜,但是有些地方寺院也被作为集会所、商谈处、娱乐中心、医院和学校。起到了地区中心或公民馆的作用。

在节假日或佛教盛典之际,会出现小吃摊、移动游乐园、戏剧和舞蹈表演,大家边喝边唱一直到天明。此外,人们还可以在此听取经法、在树荫下小睡等。可以说寺院有多种多样的作用。

在大城市,很多从贫穷地方来的少年会住在这里一边做见习僧或寺院男仆,一边上学。可以在遵守基本礼仪的条件下和他们进行交流,这样可以更深入地了解泰国。

理解泰国人的关键词

MAI PEN RAI

这是说明泰国人国民性的代表词语。也就是"毫不在意"的意思。对犯了错的人说这个词语是为了鼓励他,对自己说这个词语是为了让自己不再犯同样过错,让事情完美收场。

SANUKU

是"愉快""有趣"的意思。如果不开心、没意思可以说"mai sanuku"。努力让自己保持快乐的心情是泰国人做事的基本原则。

SABAI

是"感觉不错""心情很好"的意思。

泰国人常常处于 sabai 的状态,如果状态不好可以说"mai sabai"。感冒、身体不适、下雨、堵车等所有令心情变坏的场合都可以说"mai sabai"。不过在泰国还是希望能够 sanuku 和 sabai 地度过。

泰国旅行时的基本礼仪

泰国国民性有和中国相似的地方,尊老爱幼、举止稳重会受人欢迎。此外,在泰国还有以下几点需要特别注意。

尊重宗教

不只是佛教,对所有的和宗教相关事物都要保持尊重。不可因为自己不是宗教徒就抱以轻浮态度。在国外,尊重对方的文化是最基本的礼仪。另外,在佛教和伊斯兰教中,男女并不平等,所以可能会有让女性产生反感的地方。最重要的是不要过于意气用事,要学会入乡随俗。

寺院参拜时的注意事项:注意不要穿过于暴露的衣服。而且像正殿等地方是严禁穿鞋进

不论哪家寺院都可以看到热心参拜的人们

人的，要注意观察周围的泰国人，看看他们是怎样行动的。

尊敬僧侣

为了防止游客影响到僧侣修行，女性最好不要与僧侣太过亲近。即使是僧侣主动向你打招呼（外国女游客经常会遇到这种情况），也要按照礼仪保持一定距离。因为和女性直接接触属于破戒，所以女性不要主动要求和僧侣握手之类的。

尊敬王室

泰国的王室非常受泰国人民的尊敬。所以千万注意不要在人前随意批判王室。因为泰国有对王室不敬之罪，如果行为放肆很有可能成为警察的目标。电影院或剧院开幕前会放映国王的肖像、播放王室赞歌，这时候必须起立致意。另外，在机场、巴士总站和火车站等大型公共场所，每天8:00和18:00一天两次要播放国歌或王室赞歌。这时尽量起身，保持不动的状态。

尊重警察

泰国的警察虽然薪水不高，但是权力很大。如果对警察无礼，或者动手，可能会招来大麻烦。

头部是很重要的部位

泰国人认为人的头部是精灵寄宿之处，十分重要，所以尽量不要去触碰他人的头部。有教养的人不小心碰到了对方的头部也会赶紧道歉。爱抚小孩子的头部也是不好的行为。

左手被视为不洁

泰国人认为右手干净、左手不洁。因此，用左手去拿重要的东西会让人反感。手抓饭也最好使用右手。左撇子在日常生活中可以不必在意，但在公共场合绝对不可破坏规矩。

脚掌不净

脚掌和左手一样表示不洁。所以光脚在佛前时，脚掌绝对不可以对着佛像。在公共场合坐着的时候也尽量不要将脚掌对着他人。

不要从别人腿上迈过去

在泰国，不可以从他人的腿上迈过去。尤其在巴士或火车的车厢内以及剧院等地一定要注意。如果别人的腿挡住了去路，可以和对方说一声请他挪开。双人座席如果坐在过道座，靠窗座的人想要进去时，正确的做法应该是身体转动90度，留出空间让人过去。还要注意腿不要挡路。

泰国的卫生间

因为地方不同所以习惯也不一样。泰国和中国在卫生间的使用上也存在较大差异。基本构造和中国大致相同，但是也有很多令人困惑的地方。与其到时麻烦，不如提前了解一下。

泰国的卫生间

泰国的卫生间一般是蹲便器，不过没有前面的遮挡处。便器底部是一条又长又宽的沟，前后都有排水口，沟的两侧是放脚的位置。脚踩处铺有瓷砖，有时是足形的瓷砖。一看就能明白。正确的蹲姿可以让排泄物直接落到排水

旅行的准备和技巧 ● 提前了解泰国

要对僧侣表示尊敬再接近

泰国的蹲式厕所，面朝左前

521

口（身体朝向门一侧的情况较多）。

便器的旁边有一个装好的大水箱，如果没有水箱就会有一个大水桶，总之就是为了存水用，也有手提水桶的情况。泰国人如厕后，不用纸擦而是直接用水洗。擦水的纸不要扔进便池，要扔进纸篓。泰国的厕所没有能够冲走卫生纸的宽大排水管，即使是水溶性的卫生纸也会造成堵塞。

在外国人较多的旅馆等地，有的卫生间会贴有"请不要把卫生纸扔进便池，请扔到旁边的纸篓里"这样的文字提示。

可以用卫生纸的卫生间

当然也并不是泰国所有的卫生间都是泰式风格。在中档以上的酒店或餐厅以及国际机场等外国人较多的地方，也会设有普通的西式卫生间。这样的卫生间即便将卫生纸扔进便池也没有问题，没有像泰式那样可以用水清洗的水龙头或水槽。

虽然在大城市有不少西式卫生间，不过有的却把坐便器拆掉了。因为使用者多半是当地人，并不习惯坐便器，总是踩在上面如厕，造成坐便器损坏，所以干脆把它拆掉了。还有的卫生间一开始安装的就是蹲便器。仔细观察便器的边缘就会发现有脚踩过的痕迹，但是不习惯的话还是有些危险。如果怎么都不习惯蹲下来如厕的话，只能半弯着腰来解决了。

哪里有卫生间

在城镇游览时会突然想去厕所，或者由于身体不适想立刻上厕所。但是泰国的厕所究竟设在什么地方呢？以下为大家介绍主要的卫生间所在地。

酒店：高档酒店可以毫无顾虑地使用卫生间，而且里面还非常干净。中档以下的酒店在大厅周边没有卫生间。所以去了也没有用。不过实在着急的话，也可以使用工作人员的卫生间或空房间里的卫生间。

购物中心：本书所介绍的城市（政府所在地级别）大都有一家购物中心。谁都可以使用里面的卫生间。在地方城市的乐购、Big C 等大型超市里也肯定设有卫生间。

火车站、巴士总站：是收费厕所，一次 2~5 泰铢。这种地方的的厕所完全是泰式的，地板上总是湿漉漉的。大件行李可以交给入口的收费人员来保管。卫生纸也可以在入口处买到。曼谷所有的 BTS 车站和大部分 MRT 车站里都没有公共卫生间。

市场：在市场的一角一般会有厕所。也是泰式的，而且大多都收费（1~3 泰铢）。不过基本上都不出售卫生纸，所以请自己备好。

寺院：寺院一般也都有卫生间。在院内一角如果有禅房的话应该也有卫生间，当然都是免费的。而且也都是泰式的，没有卫生纸。

寺院内卫生间的牌子。上面的字念"HONA—MU"，下面的字念"SIKA—"，都是卫生间的意思

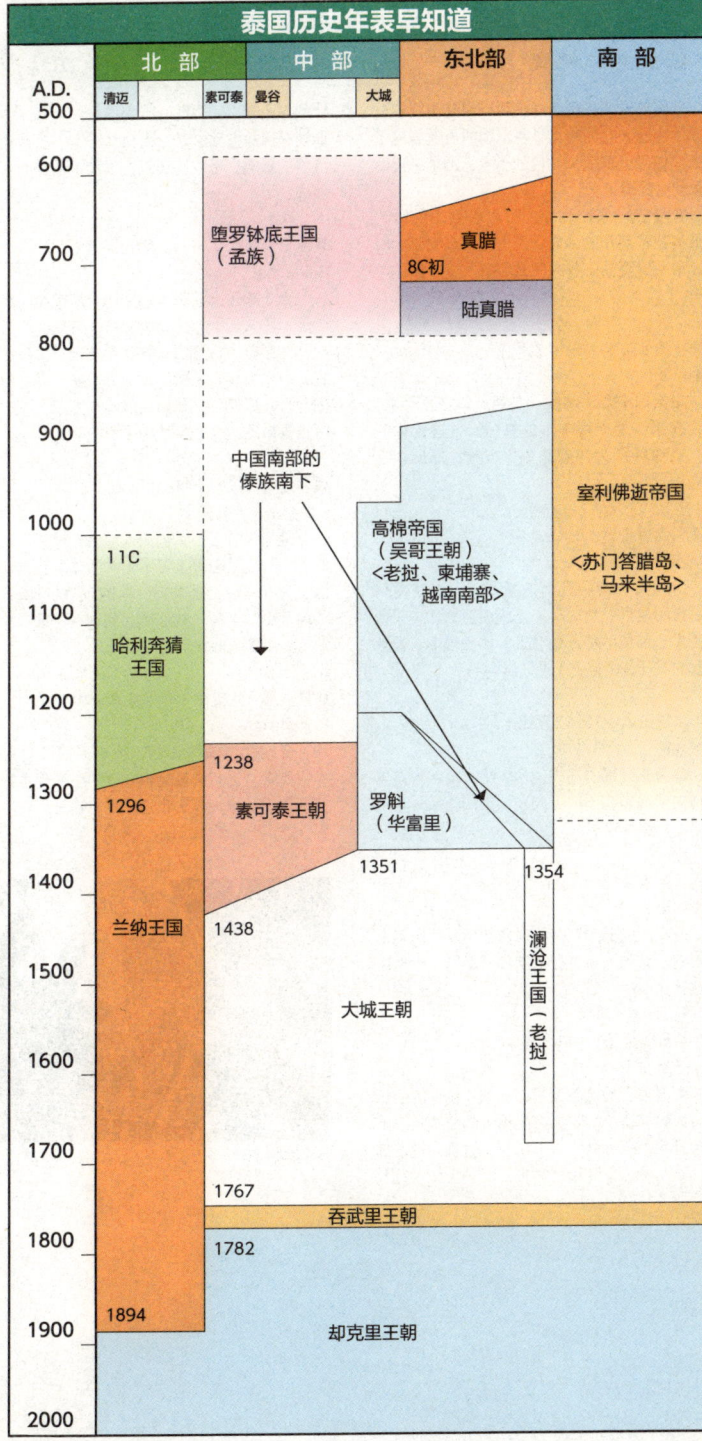

泰国美术史概观

泰国美术风格的变迁也可以说是泰国佛教美术的变迁。它的特点是将王朝的更迭展现了出来。如果追踪那个时代的美术，那个时代的背景便会浮现出来。

在曼谷国家博物馆，可以看到不同时代用最高技术制作的佛像，并由此追溯到每个时代。请一定要抽一些时间来了解一下泰国的美术史。

●堕罗钵底美术（6~11世纪）
Dvaravati

在泰国中部（佛统、乌通、华富里等地）繁荣起来。受印度美术的影响，释迦佛像较多。佛像特征为身着薄衣，方脸，厚唇，一字眉。

●室利佛逝美术（7~13世纪）
Srivijaya

由残留在泰国南部的猜亚、那空是贪玛叻、素叻他尼等地的马来民族创造的爪哇式密教美术。佛像的特点是卷发，体型较小。大乘佛教的观音菩萨像也是受其影响。

●华富里美术（10~13世纪）
Lopburi

分为东北部的高棉美术、中央地区华富里在高棉美术影响下的傣族和孟族的作品。寺院内印度系作品较多。

●乌通美术（12~15世纪）
U-Thong

受泰国北部哈利奔猜残留的堕罗钵底美术的影响，直到大城王朝前期都是泰国中央地区的佛教分水岭。

●兰纳泰美术（11~18世纪）
Lanna Thai

泰国独有的佛教美术的开端。佛像的面部稍圆，唇部变小，不再有高棉人的特征。眉毛呈弯月状，眼神从上向下俯视。这就是现在佛像的基本形态。另外，青铜佛像取代了一大半前期石佛的主流位置。从16世纪起，受缅甸军侵略的影响，寺院在建筑上添加了精美的木雕装饰。

●素可泰美术（13~15世纪）
Sukhothai

由于素可泰王朝信仰从锡兰（现在的斯里兰卡）传入的上座部佛教，所以可见锡兰美术对其的影响。像像的头部和面部较长，鼻梁笔直，眼角上扬。整体线条十分流畅，带有中性的色彩。以四处宣传佛法的释迦牟尼为原型的行走佛形象，也是素可泰时代的作品。

●阿瑜陀耶美术（14~18世纪）
Ayutthaya

最初吸收了王朝创始人的出生地——乌通的风格，但是随着素可泰美术的强烈影响，面部变为椭圆形，后期又受婆罗门教的影响，在装饰上更加豪华。从那时起到现在，泰国佛像渐渐多用黄金做成华丽的装饰。

●拉达那可欣美术（曼谷美术，18世纪~）
Rattanakosin

受现代潮流的影响，吸收了西洋现代美术的要素。在与佛教艺术并存的王室建筑物以及日常用品中可以看出这一点。造型更注重写实、技术上也更加细腻。

泰国寺院本身就是一件艺术品

策　　划：高　瑞　谷口俊博
统　　筹：北京走遍全球文化传播有限公司　http://www.zbqq.com
项目执行：王欣艳　王佳慧
责任编辑：王佳慧
责任印制：冯冬青

图书在版编目（CIP）数据

泰国／日本《走遍全球》编辑室编著；曹晓春，岳野译. —— 2版. —— 北京：中国旅游出版社，2017.4

（走遍全球）

ISBN 978-7-5032-5785-8

Ⅰ.①泰… Ⅱ.①日…②曹…③岳… Ⅲ.①旅游指南—泰国　Ⅳ.①K933.69

中国版本图书馆CIP数据核字（2017）第046200号

北京市版权局著作权合同登记号　图字：01-2017-1584
审图号：GS（2017）32号　本书插图系原文原图

本书中文简体字版由北京走遍全球文化传播有限公司独家授权，全书文、图局部或全部，未经同意不得转载或翻印。
GLOBE-TROTTER TRAVEL GUIDEBOOK
Thailand 2016～2017 EDITION by Diamond-Big Co., Ltd.
Copyright © 2016～2017 by Diamond-Big Co., Ltd.
Original Japanese edition published by with Diamond-Big Co., Ltd.
Chinese translation rights arranged with Diamond-Big Co., Ltd.
Through BEIJING TROTTER CULTURE AND MEDIA CO., LTD.

书　　名：泰国

原　　著：日本《走遍全球》编辑室
译　　者：曹晓春　岳野
出版发行：中国旅游出版社
　　　　　（北京市建国门内大街甲9号　邮编：100005）
　　　　　http://www.cttp.net.cn　E-mail：cttp@cnta.gov.cn
　　　　　营销中心电话：010-85166503
制　　版：北京中文天地文化艺术有限公司
经　　销：全国各地新华书店
印　　刷：北京金吉士印刷有限责任公司
版　　次：2017年4月第2版　2017年4月第1次印刷
开　　本：889毫米×1194毫米　1/32
印　　张：16.75
印　　数：1–7000册
字　　数：694千
定　　价：108.00元
ISBN　978-7-5032-5785-8

版权所有　翻印必究
如发现质量问题，请直接与营销中心联系调换